수가대 성 토마스 신학총서 01-4

A Companion to the Summma

성 토마스 아퀴나스의 신학대전 해설서 Ⅳ

「신학대전」 제3부, 제1문제~제90문제; 보충부, 제1문제~제99문제

월터 패렐 지음
윤주현 · 안소근 공역

수원가톨릭대학교 출판부

Summa Theologiae

성 토마스 신학총서

기획위원 곽진상, 유희석, 황치헌, 박찬호, 한민택, 김대우, 곽승룡, 윤주현, 안소근, 조규홍

수가대 성 토마스 신학총서는 가톨릭 교회 역사상 가장 위대한 학자로서 가톨릭 신학을 대표하는 성 토마스의 신학을 한국 교회에 체계적으로 소개함으로써 한국 신학의 기초를 놓고자 하는 총서입니다. 이를 위해 본 총서는 성 토마스의 신학, 영성, 성경 주해서 시리즈를 비롯해 성 토마스 신학을 심도 있게 연구, 소개한 현대 신학자들의 주요 연구서들을 소개하고자 합니다.

수원가톨릭대학교 출판부

+ 성 토마스 아퀴나스 석상. 슬로베니아 류블랴나 성 니콜라스 대성당

「수가대 성 토마스 신학총서」를 발간하며

주지하다시피, 성 토마스 아퀴나스는 이천 년 교회 역사상 최고의 신학자로 평가받는 분이다. 특히 그분의 신학은 전체적인 면에서 그 어느 신학자보다도 균형 감각을 갖추고 있으며 그 내용에 있어서도 정통 신앙 고백을 견지하고 있어, 역대 교황 성하께서는 신학생들과 사제들에게 성 토마스의 철학과 신학을 깊이 있게 연구하고 가르치도록 권고해 왔다. 한 마디로, 성 토마스는 가톨릭교회의 신학을 대표하는 최고의 석학이다.

신학의 역사를 보면, 교부시대에 큰 획을 그은 각 학파의 걸출한 인물들을 비롯해 수많은 교부를 통해 신앙 고백의 내용들이 체계적인 성찰 과정을 거치게 되며, 이를 바탕으로 중세로 넘어와 신학은 한 단계 업그레이드 되어 체계화, 종합화에 이르게 된다. 여기에는 중세 신학의 정점에 있는 성 토마스의 공헌이 컸다. 이후 다양한 신학적 쇄신을 비롯해 신학 논쟁의 중심에는 거의 언제나 성 토마스의 사상이 자리하고 있었다. 그리고 그 해결책 역시 성 토마스를 통해 주어지고 있음을 보게 된다. 성 토마스의 방대한 신학 작품들은 시대마다 계속해서 신학 발전의 원동력이 되어왔으며 이는 특히 그의 대표작이자 역사상 최고의 신학 작품 가운데 하나로 평가받는 「신학대전」에 대한 다양한 주해를 통해 뒷받침되었다.

성 토마스의 신학은 16세기에 들어와 빅토리아, 소토, 카노에 의해 살라망카 학파를 중심으로 새로운 전기를 맞이하며 트리엔트 공의회의 신학을 뒷받침해 주었다. 또한, 그 이후 수아레스, 벨라르미노, 카니시오에 의해 발전된 바로크적 스콜라 신학 시대를 주도한 중심축이 되었다. 19세기에 들어와 성 토마스의 신학은 계몽주의를 비롯해 무신론 등 신앙에 도전하는 많은 사조에 직면해서 다시 한번 네오토미즘을 통한 신학적 쇄신의 원천이 되었으며, 현대로 들어와 2차 바티칸 공의회에 영향을 미친 솔수아르 출신 신학자들의 사상적 원천이 되어 주었다. 이처럼 성 토마스의 신학은 13세기 이후 현대에 이르기까지 가톨릭 신학의 중심에서 수많은 신학자와 영성가에게 천상의 빛을 전해주었으며 교회 교도권의 가르침을 탄탄히 뒷받침하는 탁월한 사상적 바탕이 되어왔다.

이처럼 성 토마스의 사상은 중세 이후로 현대에 이르기까지 가톨릭 교회의 교도권과 신학의 중심 기둥이 되어왔지만, 정작 한국 교회에는 거의 소개되지 못한 게 현실이다. 물론 여러 토미스트들의 노력으로 그분의 생애를 비롯해 철학에 대한 개괄적 입문서 또는 형이상학, 인식론 분야가 일부 꾸준히 소개되어 온 것은 사실이다. 그러나 정작 그분의 사상에 있어서 핵심이라고 할 수 있는 신학을 비롯해 성경 주석 시리즈 그리고 철학 분야 이외의 다양한 작품들에 대한 소개는 전무한 상태이다. 철학은 신학적 메시지를 전하기 위해 필요한 해석학적 도구이다. 한국 교회에는 이 해석학적 도구만 소개되었을 뿐, 성 토마스가 제시한 방대한 신학적 파노라마는 거의 소개되지 못했다. 더욱 안타까운 것은 그분의 역작인 「신학대전」이 아직까지 한국어로 온전히 번역되지 못한 데 있다. 아직까지도 한국 신학계에는 가톨릭 신학을 떠받치는 가장 큰 기둥인 성 토마스의 사상을 갖고 있지 못하다. 그러나, 감사하게도 정의채 몬시뇰께서 지난 1980년대부터 「신학대전」 번역을 주도해 오셨고, 2017년부터 한국 성 토마스 연구소의 이재룡 신부님, 윤주현 신부님, 안소근 수녀님께서 그 작업을 이어받아 2031년 조선 대목구 설정 200주년까지 완역을 목표로 혼신의 노력을 다하고 계시다.

한 마디로, 한국 신학계에서 성 토마스 신학 분야는 아직 미개척 분야로, 불모지나 다름없다. 하여 한국 신학계의 백년대계를 위해 수원가톨릭대학교 교수진은 지난 2016년 「성 토마스 신학총서」 시리즈를 발행하기로 결정하고, 이를 위한 준비를 차분히 진행해 왔다. 본 시리즈는 성 토마스의 사상 가운데 철학을 제외한 분야들, 즉 신학, 인간학, 그리스도론, 삼위일체론, 덕론, 영성, 성경 주석 시리즈 분야의 주요 원전 및 연구서들을 소개할 예정이다. 철학 분야를 제외한 것은, 지금까지 한국에 소개된 거의 대부분의 성 토마스 관련 작품이 철학 분야에만 집중되어 있어서 상대적으로 충분하다고 판단했기 때문이다. 한국 교회 안팎에서 활동하는 대다수의 토미스트들은 철학자들로서 철학적 관점에서 토미즘을 잘 소개해 왔다. 지금 한국 교회가 필요로 하는 것, 그러나 여전히 커다란 공백으로 남아있는 것은 철학 이외에 신학의 제 분야에 대한 성 토마스의 사상이다.

여기 이 총서 시리즈의 네 번째 작품으로 「신학대전 해설서」 제4권을 소개한다. 이 작품을 포함한 「신학대전 해설서」 1~4권은 1900년대 성 토마스 신학의 대중화를 이끈 미국의 도미니코 회원, 월터 패렐(Fr. Walter Farrell, O.P.) 신부의 역작으로, 이 시리즈는 「신학대전」 대중화에 크게 기여한 작품으로 평가받는다. 이 책은 그가 1938년부터 5년간 출판한 4권의 작품(*A Companion to the Summa*) 가운데 4권에 해당된다. 제목이 말해 주듯이, 이 작품은 토마스의 대표작인 「신학대전」이 간직한 핵심적인 논증과 통찰을 일반인들이 이해하기 쉽게 현대어로 풀어쓴 책으로서 가장 성공적이었다는 평가를 받았다. 일반 대중이 알아듣기 쉬운 표현을 즐겨 쓴 점만 보더라도, 그의 관심사가 어디에 있는지 쉽게 짐작할 수 있다. 「신학대전」을 조금이라도 읽거나 그 내용이 지닌 심오함과 난해함을 조금이라도 아는 사람이라면, 그가 얼마나 다채롭고 풍부한 현실감각을 발휘하여 토마스 신학의 정수(精髓)를 쉽게 해설하려고 노력했는지 바로 알 수 있다.

이 총서 시리즈가 한국 교회에 탄생하기까지 산파 역할을 해 주신 총서 기획 위원회 김대우 신부님, 안소근 수녀님, 유희석 신부님, 윤주현 신부님, 조규홍 교수님, 한민택 신부님, 황치헌 신부님께 진심으로 감사드린다. 또한, 이 책이 잘 출판될 수 있도록 수고해주신 출판부장 정진만 신부님과 출판부 여러 분들께 감사드린다. 부디 이 시리즈를 통해 장차 한국 교회에 성 토마스라는 거대한 기둥이 세워짐으로써 한국 신학 발전을 위한 중요한 초석이 마련되길 진심으로 기원한다. 「수가대 성 토마스 신학총서」를 삼위일체 하느님과 성모님 그리고 성 토마스께 맡겨드리며…

2022년 3월 20일 사순 제3주일에
수원가톨릭대학교
총장 곽진상 신부

들어가는 말

성 토마스는 「신학대전」이 마무리되기 전에 영면(永眠)하셨다. 모든 학자가 그렇게 운이 좋은 것은 아니다. 이 제4권은 성 토마스의 행운을 염두에 두고 오래전에 기획된 「신학대전 해설서」 시리즈를 완결하는 작품이다. 시리즈의 제1권은 인간의 생명, 인간적 행위, 그리고 인생을 살아가는 데 있어 기초가 되는 궁극적인 질문들에 관한 탐구였다. 제2권은 인간의 삶과 인간적 행위를 이해하는 열쇠를 제공해 준다. 제3권은 넘치는 충만함 가운데 살아가는 인생의 여정에 집중해서 연구했다. 반면, 제4권은 인간이 걸어가야 할 고귀한 길에 대해, 그리고 이 여정의 끝에서 그를 기다리는 목표에 대해 규명한다.

"나는 길이다."라고 선언하신 분은 하느님의 아드님이셨다. 이 책은 그분의 말씀을, 그 말씀이 의미하는 바 그대로 받아들인다. 그렇다면 이 책의 주제는 하느님의 아드님께서 우리를 하느님께 인도하기 위해 인간이 되신 숭고한 신비, 즉 '강생의 신비'라고 할 수 있다. 이 책은 단순히 이 신비에 대한 조사에 멈추지 않고, 하느님께서 사람들 사이에 머무는 가운데 미친 모든 영향을 규명하고자 한다. 여기서 우리는 그리스도의 생애를 다음과 같이 구체적으로 살펴보게 될 것이다. 즉, 그분의 복되신 어머님이 간직한 신비, 성사 생활 가운데 지속하는 그분의 생명, 우리가 걸어야 할 참된 길의 정상인 천상의 신비, 그 이외 모든 길이 모이는 출구인 지옥에서 겪게 될 상실의 신비 등이 그러하다.

이 작품은, 어떠한 정당화 작업이나 호교론을 수반하지 않은 채, 시작부터 마지막까지 초자연적인 실재들에 대해 다룬다. 반면, 앞서 출간한 작품들에서는 정당화 작업을 활용했다. 그러나 이제는 논리의 목적들과 관련해서 이러저러한 추론의 유효성을 재야 하는 지점에 있지 않다. 우리는 이미 신성하게 결정된 사실에 직면해 있다. 만일 이 작품을 읽는 독자가 사실들에 대해 굶주려 있다면, 그는 바로 이 책에서 신적 사실들로 구성된 감미로운 잔칫상을 발견하게 될 것이다. 반면, 만일 이런 사실들, 특히 초자연적인 사실들이 그에게 싫증만 더해 준다면, 불편함을 마주하게 될 것이다.

그러나 필자는 영적인 사정들에 대한 맛을 느끼지 못하는 사람들을 위해서가 아니라 하느님을 갈망하는 모든 사람을 위해 이 작품을 집필했다. 만약 필자가 이 책을 통해 하느님의 신비에 대한 배고픔을 인정하는 용기를 지닌 사람들을 위해 빵을 줄 수 있다면, 성 토마스는 자신의 작품을 완성하지 못한 데 대해 용서받을 수 있고, 필자는 이 시리즈를 시작한 뻔뻔함에 대해 용서받을 수 있을 것이다. 다시 한번, 필자는 이 네 권의 해설서에서 소개된 가치 있는 모든 것에 대해 성 토마스께, 그리고 부족한 부분들이 더 잘못되지 않도록 내게 진심 어린 비판을 해 주신 모든 분께 진심 어린 감사를 드리고 싶다.

Dominican House of Studies

Washington, D. C.

저자 월터 패렐 신부, O.P.

역자 후기

본서는 월터 패렐 신부가 「신학대전」의 대중화를 위해 1938년 출판한 작품(A Companion to the Summa [vol. 4])의 제4권에 해당한다. 어느새, 「신학대전 해설서 I~IV」 시리즈를 한국 교회에 소개하는 작업을 마무리하게 되었다. 고무적인 일이 아닐 수 없다. 주지하다시피, 「신학대전」은 성 토마스의 작품 가운데 그의 사상을 종합하는 최고의 작품이자 이천 년 그리스도교 역사 전체를 통틀어 가장 중요한 신학 작품으로 손꼽힌다. 19~21세기의 역대 교황 성하께서는 성 토마스의 사상을 가톨릭 신학을 대표하는 사상으로 언급하시며 그의 사상을 공부하도록 적극적으로 권하셨다. 성 토마스는 교도권에 의해 필터링 된 교부들의 심오한 사상을 비롯해 스콜라 시대의 다양한 철학적, 신학적 주제들을 아리스토텔레스의 균형 잡힌 철학적 전망을 바탕으로 집대성함으로써 교회 역사상 전무후무한 최고의 신학적 비전을 제시했다. 그 후 서방 가톨릭교회를 통해 오늘날까지 발전된 신학의 큰 흐름은 성 토마스의 사상에 대한 주석과 시대에 맞게 재창조되어 소개된 것이다. 현대 가톨릭교회의 쇄신에 영향을 준 신학자들 가운데 상당수가 성 토마스의 사상을 출발점으로 삼았음은 익히 알려진 사실이다.

그러나 이렇듯 아무리 강조해도 지나치지 않을 성 토마스의 사상이 아직 한국 가톨릭교회에는 온전히 소개되지 못한 것은 안타까운 일이 아닐 수 없다. 역사적으로 스콜라 시대는 신학과 철학이 나뉘어 독자적인 길을 모색하며 발전하기 시작한 시기로 평가받는다. 그리고 성 토마스는 이를 주도한 대표적인 학자였다. 성 토마스의 체계에서 철학과 신학은 각각 독자적인 영역으로 드러나고 있다. 철학은 인간의 이성적 능력과 학문적 방법론을 바탕으로 추론하는 가운데 제반 존재자들의 근본적 원리를 탐구한다. 반면, 신학은 하느님에 의해 계시되고 그리스도를 통해 알려졌으며 교도권의 엄격한 식별을 통해 선별되어 교회 공동체를 통해 고백된 온 계시 진리들을 그 출발점으로 삼는다. 물론, 성 토마스는 신학적 진리들을 인간 이성의 능력을 바탕으로 해명하는 가운데 소위 “이해를 추구하는 신앙”을 지향하지만, 철학은 계시 진리들을 출발점으로 삼지 않으며 철저히 이성을 통해 드러나는 자연적인 빛을 통해 진리를 추구할 뿐이다. 거두절미하고, 우리는 성 토마스에게서 철학 체계와 신학 체계가 서로 독자적인 영역으로 분명히 드러나고 있으며, 철학을 통해 신학적 진리들이 깊이 있게 해명되고 있음을 보게 된다. 그러나 선대의 교부들과 달리, 그가 제시한 이 철학적 진리는 철학적 체계 내에서는 순수 철학적인 언사들과 더불어 제시되고 있으며 계시 진리들을 직접 언급하지 않는다. 따라서 성 토마스의 전체 사상 가운데 ‘철학’ 분야가 먼저 소개된 한국 가톨릭교회에는 그의 신학이 여전히 미지의 영역으로 남아 있다. 나는 「수가대 성 토마스 신학총서」 시리즈가 한국 신학계에 남아 있는 이 공백을 조금이나마 메워줄 수 있으리라 희망한다. 그리고 이 시리즈의 첫 번째 작품으로 본서가 포함된 성 토마스의 「신학대전 해설서 I~IV」를 신학도 여러분에게 소개한다. 물론 그의 「신학대전」에는 철학과 신학이 한데 녹아 있다. 그러나 적어도 이 해설서 시리즈를 통해 독자들은 그의 철학만이 아니라 이를 바탕으로 그 사상적 깊이나 넓이 그리고 균형 감각에 있어서 타의 추종을 불허하는 천사적 박사의 신학 세계에 대한 전체적인 소묘를 접할 수 있으리라 믿는다. 더욱이, 우리는 월터 패렐 신부님의 이 작품 덕분에 중세의 지극히 추상적이고 사변적인 언어로 쓰인 「신학대전」의 내용을 우리들의 실생활과 연계해서 성찰하고 내면화할 좋은 기회를 얻게 되었다. 본서는 성 토마스와 관련된 다른 어느 연구서에 비할 바 없이 「신학대전」이라는 엄청난 보물창고에 빼곡히 쌓여있는 성 토마스의 가르침에 쉽게 다가서게 해 준다. 「신학대전」을 어렵게 느끼는 독자들이라면 이 시리즈를 안내 삼아 그 심원한 세계로 들어가길 적극적으로 추천한다.

이 기회를 빌려 이 해설서 시리즈뿐만 아니라 「수가대 성 토마스 신학총서」 시리즈를 통해 성 토마스의 신학, 영성, 성경 주해서 시리즈 등 주옥같은 성 토마스 관련 원전 번역서 시리즈와 연구서들이 한국 교회에 소개될 수 있도록 좋은 못자리를 만들어주신 수원가톨릭대학교의 전 · 현 총장 신부님을 비롯해 모든 교수 신부님들께 역자, 저자들을 대표해 진심으로 감사드린다. 이 시리즈의 출발점에는 성 토마스를 한국 교회에 대중화하기 위한 바오로 출판사의 한기철 신부님과 대전가톨릭대학교 총장을 역임하신 곽승룡 신부님 간의 만남이 있었다. 역사상 최고의 신학자이지만, 너무 어려운 철학자로만 소개되어 사제들, 신학생 사이에서마저 외면받아온 성 토마스의 숨겨진 진면목(眞面目)을 소개해야 한다는 대의(大意)에 의기투합한 대전가톨릭대학교의 곽승룡 신부님, 조규홍 교수님, 안소근 수녀님 그리고 본인은 2015년부터 팀을 이뤄 근 1년 만에 상당한 결실을 얻을 수 있었다. 하지만 열악한 한국 가톨릭 출판계, 바오로 출판사의 어려운 상황 등으로 인해, 당시 약 6권의 출판 원고가 준비되었음에도, 이 프로젝트는 무기한 중단되어 좌초될 위기를 겪어야 했다. 그 와중에 수원가톨릭대학교 교수 신부님들의 초대로 본인은 지난 2016년부터 수원가톨릭대학교에서 다양한 영성신학 과목들을 가르칠 수 있었다. 이런 인연이 학문적인 인연으로 발전하면서 수원가톨릭대학교 신부님들의 적극적인 협력과 배려로, 이 프로젝트는 수원가톨릭대학교 신부님들을 중심으로 「수가대 성 토마스 신학총서」 시리즈로 새롭게 탄생하는 행운을 얻게 되었다. 감사하고 또 감사한 일이다. 하느님께 그리고 이 시리즈가 탄생할 수 있도록 참여한 안소근 수녀님과 조규홍 교수님, 전 · 현 수원가톨릭대학교 총장 신부님과 모든 교수 신부님들께 다시 한번 진심으로 감사드린다. 이 시리즈를 통해 이제 「신학대전 해설서 I~IV」가 세상의 빛을 보았지만, 앞으로 그간 숨겨진 성 토마스의 진면목을 보여 줄 대작들에 대해서도 충분히 기대해도 좋다고 말하고 싶다. 한국 신학계는 「수가대 성 토마스 신학총서」를 통해 가톨릭 신학을 완성한 성 토마스의 신학,

영성, 성경 주해서 관련 작품들을 접함으로써 장차 자신이 나아가야 할 확실한 길을 발견할 수 있으리라 믿는다.

마지막으로, 「신학대전 해설서 I~IV」가 36년 전 정의채 몬시뇰을 통해 시작되어, 5년 전부터 한국 성 토마스 연구소 소장이신 이재룡 신부님과 안소근 수녀님, 본인이 팀을 이뤄 간행하고 있는 한글 번역본 「신학대전」 시리즈에 한층 더 쉽게 다가서게 해 줄 수 있다면 기쁘겠다. 한글로 번역될 「신학대전」의 총 부수는 72권으로, 이재룡 신부님은 정의채 몬시뇰께서 주도해 오신 제1기 번역팀에 이어 새로 구성된 제2기 번역팀을 이끌며 2019년부터 시작해서 조선대목구 설정 200주년이 되는 2031년까지 12년 동안 남은 작품들을 비롯해 「성 토마스 개념 사전」, 「아퀴나스의 윤리학」, 「중세 라틴어 사전」 등 성 토마스 관련 주요 프로젝트를 주도하는 가운데 한국 토미즘 분야에 큰 초석을 마련하고 계시다. 이미 제2기 번역팀은 지난 2019년부터 2022년 초까지 3년 동안 15권(신학대전 8[천사의 활동], 17[인간적 행위], 18[도덕성의 원리], 19[정념], 20[쾌락], 21[두려움과 분노], 22[습성], 23[덕], 24[성령의 선물], 25[죄], 26[원죄], 27[죄의 결과], 28[법], 29[옛 법], 30[새 법과 은총])의 작품을 새롭게 번역, 감수해서 출간함으로써 지난 십 수년간 정체되어 온 「신학대전」 번역에 큰 물꼬를 텄다. 또한, 작년에는 성 토마스의 사상 연구에 있어 중요한 기초 자료가 되는 「성 토마스 개념 사전」과 「아퀴나스의 윤리학」이라는 대작(大作)을 출간하기도 했다. 본서를 비롯해 장차 「수가대 성 토마스 신학총서」 시리즈를 통해 출간될 많은 작품이 「신학대전」 제2기 번역팀의 프로젝트와 맞물려 한국 가톨릭교회에 토미즘을 활짝 꽃피우는 계기가 되기를 진심으로 바라마지 않는다. 본서를 비롯해 「수가대 성 토마스 신학총서」 시리즈를 통해 출간될 모든 작품은 「신학대전」 제2기 번역팀을 통해 지속적으로 조율되어 새롭게 개정되고 있는 성 토마스 관련 용어 표준을 따르고 있음을 밝혀둔다.

지난 겨울 방학 동안 본서의 번역 작업을 마무리하기 위해 내내 고시생처럼 보내야 했다. 본서의 출간을 앞둔 상황에서 「신학대전 해설서 I~IV」를 기획하고 번역, 출간하기까지 많은 힘든 고비들이 있었다. 그러나 본 시리즈가 성 토마스의 「신학대전」 전체 72권을 읽기에 앞서 독자들에게 이 거대한 산을 넘게 해주는 친절한 안내자로서의 역할을 십분 수행할 수만 있다면, 그간의 어려움을 모두 잊어버릴 수 있겠다. 많은 사람이 「신학대전」의 중요성에 대해서는 알고 있지만, 그 산이 너무 거대하고 난해해서 도무지 다가설 엄두가 나지 않는다고 말한다. 그분들에게 그 산의 전체 지도를 일목요연하게 보여 주고 쉽게 설명하는 이 시리즈를 주저 없이 추천한다. 이 시리즈를 통해 그 거대한 산에 오르고자 하는 용기를 갖게 되기를 기원한다.

본서를 비롯한 「신학대전 해설서 I~IV」 시리즈를 삼위일체이신 하느님과 성모님께 봉헌하며, 무엇보다 역자가 신학을 가르치고 있는 수원가톨릭대학교와 대전가톨릭대학교의 모든 교수 신부님과 신학생을 비롯해 전국의 모든 신학도에게 이 책을 드린다. 특별히, 지난 3월 20일 불현듯 작고하신 가르멜 수도회의 선배 이종욱 안셀모 신부님께 이 책을 드린다. 안셀모 신부님과는 35년 전 서울 가톨릭대학교를 함께 다니며 형제애를 나눈 적이 있다. 신부님은 마산 가르멜 수도원에서 부수련장으로 함께 해주셨고 대구 가르멜 수도원에서는 4년간 함께 수도 생활을 하며 좋은 도반(道伴)이 되어 주셨다. 전혀 예상치 못했던 안셀모 신부님의 타계로 훌륭한 인재를 잃어버린 가르멜 수도 가족 모두는 애통해하고 있다. 신부님은 생전에 사부 십자가의 성 요한을 많이 좋아하셨고, 특히 오르간 연주에 조예가 깊으셨다. 부디, 천상에서 사부님과 벗하며 주님을 찬미하는 가운데, 영원히 천상에 울려 퍼질 바하의 오르간곡들을 연주하며 우리를 위해 기도해주시길 바라마지 않는다. 마지막으로, 토마스 성인께 한국 가톨릭 신학계, 철학계에 토미즘이라는 거대한 학문적 초석을 마련하기 위해 불철주야로 혼신의 노력을 다하고 계신 여러 학자들에게 필요한 지혜의 빛을 전구해 주시길 청하며…

2022년 3월 25일 주님 탄생 예고 대축일에
인천 가르멜수도원에서 윤주현 신부, O.C.D.

차례

제1장 신비와 인간

제2장 시대의 꿈 (제3부, 제1문제 ~ 제3문제)

제3장 그 길의 진실 (제3부, 제4문제 ~ 제8문제)

제4장 우리와 비슷함 (제3부, 제9문제 ~ 제15문제)

제5장 인간과 그의 하느님 (제3부, 제16문제 ~ 제21문제)

제6장 신적 중개자 (제3부, 제22문제 ~ 제26문제)

제7장 하느님의 어머니 동정 마리아 (제3부, 제27문제 ~ 제34문제)

제8장 하느님의 무력함 (제3부, 제35문제 ~ 제39문제)

제9장 인간 그리스도 (제3부, 제40문제 ~ 제45문제)

제10장 제물이신 그리스도 (제3부, 제46문제 ~ 제52문제)

제11장 죽음의 정복 (제3부, 제53문제 ~ 제59문제)

제12장 삶의 효과적인 표징들 (제3부, 제60문제 ~ 제65문제)

제13장 영적인 어린이와 성인 (제3부, 제66문제 ~ 제72문제)

제15장 불사의 희생 제물 (제3부, 제79문제 ~ 제83문제)

제16장 끊임없는 부활 (제3부, 제84문제 ~ 제90문제; 보충부, 제1문제 ~ 제28문제)

[결론]

제17장 병자와 그들의 의사 (보충부, 제29문제 ~ 제40문제)

제18장 가정의 축성 (보충부, 제41문제 ~ 제68문제)

[결론]

제19장 삶의 마지막 (보충부, 제69문제 ~ 제91문제)

제20장 영원한 시작 (보충부, 제92문제 ~ 제99문제)

A Companion to the Summa

성 토마스 아퀴나스의

신학대전 해설서 Ⅳ

제1장 신비와 인간

1. 신비의 매력
   (1) 자연적 증인들
   (2) 구체적인 증거
   (3) 현대 불합리의 합리성
2. 과학의 호소력
3. 신비와 인간의 정신
   (1) 지식을 향한 세 가지 갈증
      1) 문제의 해결을 위한 갈증
      2) 자연적 신비들에 대한 통찰을 얻기 위한 갈증
      3) 신적 신비들에 대한 통찰을 위한 갈증
   (2) 신비와 진보 또는 성장
4. 신비가 없는 세상
   (1) 현대의 비극
   (2) 비극적인 현대의 탈출
   (3) 현대 불합리의 합리성
5. 신비에 대한 작품 –「신학대전」
   (1) 시작이신 하느님의 신비
      1) 하느님 자신에 대한 신비
      2) 하느님으로부터 유래한 세상의 신비
         a. 천사의 신비
         b. 유형적 세계의 신비
         c. 인간의 신비
   (2) 목적이신 하느님의 신비
      1) 인간의 목적의 신비
      2) 인간적 행위의 신비
      3) 덕의 신비
   (3) 길이신 하느님의 신비
      1) 그리스도의 강생과 생애의 신비
      2) 성사들의 신비
      3) 네 가지 최종적 실재들의 신비 : 죽음, 심판, 천국, 지옥

[결론]
1. 본향을 향한 초대인「신학대전」
2. 인류의 어머니
3. 인류의 본향

제1장 신비와 인간

현대적인 노력의 상당 부분은 어떤 식으로든 신비를 근절하는 데 전념하고 있다. 앞선 세 권의 책들과 더불어 이 책은 신비를 주장하고 신비를 옹호하고자 한다. 신비에 대해 비웃을 수도 있고, 냉정하게 추방할 수도 있으며, 해부를 목적으로 강제로 수술대에 묶어둘 수도 있다. 하지만, 신비는 신비로움을 멈추지 않기 때문에 확실하게 매력적인 것으로 남아 있다. 그리고 인간은 비록 그 신비를 몰래 거래해야 해도, 결국 자신의 몫을 갖게 될 것이다.

1. 신비의 매력

(1) 자연적 증인들

신비는 인간에게 숨 쉬는 것만큼 자연스럽고, 자연은 쉽게 변하지 않는다. (오락에서 사용되는) 장난감은 사용되거나 버려질 것이 아주 분명하기 때문에, 단지 오락으로 밝혀질 기괴하게 무서운 신비와 함께 행진하는, 환상적으로 아름답고 신비스러운 어린아이의 세계는 완전히 자연적인 세계이다. 우리는 살아가면서 나중에는, 비록 사악한 왕자들을 추방하기는 어려워도, 신데렐라, 요정, 대모, 그리고 용맹한 기사들을 필요로 하지는 않게 된다. 그러나 우리는 신비를 끝까지 간직하려 한다. 어린아이가 신비에 푹 빠져들려 하는 즐거움은 신비의 자연스러움과 매력을 드러내는 많은 증거 가운데 하나일 뿐이다. 그중에서도 특히, 원시 부족들의 풍부한 민속과 아일랜드 사람들이 그렇게 충실하게 보존하는(그리고, 실제로 아직도 만들어내고 있는) 즐겁고 섬세하게 아름다운 이야기를 언급할 수 있다.

이상하게도, 신비한 것에 대한 많은 부정들은 사실 그것을 인정하는 것처럼 보인다. 어느 영업 외판원은 친절하게 인내심을 갖고 몇 년 안에 과학이 성경의 신비, 특히 기적이라고 언급되는 신비를 완전히 해명해 줄 것이라고 내게 장담한 적이 있다. 그의 말은 내게 큰 흥미를 일으켰고, 당연히 나는 그 외판원으로 하여금 계속 이야기하도록 독촉했다. 그는 구약에 나오는 예리코(성경표기) 성벽이 기적적으로 무너졌다는 예를 들어 자신의 주장을 힘있게 몰아갔다. 그 성경 이야기에 대한 설명에 따르면, 그 도시가 갑작스럽게 파괴된 것은 이스라엘 자손이 불었던 나팔소리의 기적적인 위력에 있었다. 그는 이것이 아주 오래된 방식이라고 설명했다. 이 설명에 있어서 실질적인 부분은 유대인 나팔수들의 영리함에 있었다. 오르간이 정확한 음을 내서 포도주잔을 산산조각내듯이, 나팔의 정확한 음이 벽을 무너뜨렸다는 것이다. 간단히 말하자면, 그 나팔수들은 성벽을 무너뜨릴 만큼 아주 정확한 음을 냈다는 것이다. 성벽이 무너진 기적 이야기를 해명하던 그에게 "그렇다면 그것은 어떤 음이었을까?"라는 질문을 하자, 이야기는 결국 신비의 영역으로 되돌아갔다.

그는 이 질문이 편파적이라며 질문에 대해 분개했다. 그는 이 질문으로 인해 오히려 자신이 신비의 필연성을 역설적으로 입증했으며, 신비를 찾아내어 그 안에 쉬고 심지어 신비가 존재하지 않는 휴식처로서의 신비를 새롭게 창조하기까지 하는, 인간의 마음이 보여주는 절대적인 성향에 대해 자신이 무의식적으로 입증했다는 사실을 알게 되었기 때문이다.

어느 특정한 신비가 아무리 이성보다 높을지라도, 신비의 매력이 터무니없을 리는 없다. 오히려 그 매력의 배후에는 심오한 이성, 즉 인간의 마음과 정신의 본성에 깊이 그 근원을 두고 있는 이성이 있다. 지식에 대한 우리 인간의 갈증은 8년 또는 18년간의 학교 교육에 의해, 또는 1년간의 연구 또는 평생의 연구에 의해 결코 해소되지 않는다. 그 갈증은 무한한 진리와 무한한 선을 향한 것이다. 어떤 사물에 대한 명확한 지식, 또는 그 사물에 대한 견해는 단지 지식을 향한 새로운 행로의 출발점, 진리 속으로의 더 깊이 잠기기 위해 뛰어내리는 지점으로서의 역할을 할 뿐이다. 그것은 우리가 새로우면서도 확실하지 않은 어떤 목표를 향해 달려갈 때, 우리 뒤에 남게 되는 흔적과 같다. 우리는 우리가 간직한 무한한 능력에 걸맞은 대상을 볼 수 있을 때, 비로소 우리의 전 존재가 부르짖으며 갈구하는 그 궁극적 행복에 접근한다. 그런 대상은 신비스럽다.

여기서 어떤 이론을 만들려는 것은 아니다. 그것은 초라한 진리의 제공자인 그 영업 사원의 바쁜 생활에서 겪게 되는 일반적인 경험이다. 그가 실제적인 문제들과 직접 적용할 수 있는 것들로 가득한 강의원고를 가지고 강단에 올라서도록 해야 한다. 그렇지 않으면, 청중들은 그의 말을 지루해할 것이다. 반대로, 그의 지적 방랑이 천사의 본질, 인간의 지성, 또는 우주의 근원들과 같은 것들을 건드리면, 토끼를 쫓고 싶어 하는 사냥개처럼, 청중들은 자신을 묶고 있는 끈에서 자유로워지고 싶어할 것이다. 그들은 논쟁에 열중하기를 열망하는 한, 그의 해명이 끝나는 것을 참지 못할 것이다.

(2) 구체적인 증거

이것을 확인하기 위해 말하자면, 신부는 절대로 고독하지 않다는 것이 사실이다. 실제로 그는 혼자 있을 기회가 거의 없다. 그가 입고 있는 로만 칼라는 다음과 같은 공개적인 선언의 의미를 간직하고 있다: “여기 신비를 다루는 사람이 있습니다.” 그 초대에 저항할 수 있는 사회의 계층은 없다. 결과적으로 신부는 구두닦이, 택시 기사, 짐꾼, 대학교수, 변호사, 어린아이와 함께 끊임없이 흥미로운 대화를 나눈다. 그리고 그는 이를 통해 항상 배우게 된다. 그랜드 센트럴역(뉴욕의 기차역)의 매표원이 매표창구 아래로 성경을 내밀며 구약 예언서에 대한 설명을 요구하는 가운데 조급한 여행자들을 그대로 세워둘 때, 신부는 너무 놀라지 말아야 한다. 그 신부는 시카고 유니온역의 안내데스크 뒤에 있는 직원이 대답 대신에 다양한 질문과 함께 자신을 맞이할 때, 절대 조급해하지 않도록 해야 한다. 그는 지금도, 앞으로도, 그리고 언제나 항상 그의 코가 어떻게 생겼든 혹은 그의 의복이 얼마나 낡았는지 상관없이, 매혹적인 대화 상대자가 될 것이다. 왜냐하면, 신부는 신비스러운 사람이기 때문이다.

(3) 현대 불합리의 합리성

2. 과학의 호소력

신비에 대한 이러한 욕구는 너무나 강렬해서, 인간으로 하여금 분명한 것 앞에서 싫증이 나게 하고, 미지의 것을 향해 앞으로 나아가기 위해 노력하며 열망하는 가운데, 가만히 있지 못하게 한다. 만일 인간이 완전한 만장일치로 과학적 지식을 유일하고 확실한 지식으로 받아들이며, 과학자들이 이 지식의 모든 세부사항을 분명하게 만드는 데 성공한다면, 오히려 절망의 해일(海溢)이 세계를 휩쓸고 말 것이다. 과학자들은 매일 아침 식사 전에 십여 명을 사격 대에 줄 세워 놓을 것이고, 신문들은 이런 공공의 적들을 처형하는 소식을 전하는 커다란 기사 제목들을 달고 있을 것이다.

사실, 과학의 무한한 세부사항과 기술적 난해함이 과학에 엄청난 권위를 부여하고 말았다. 과학의 진보는 너무 빠르고 지나치게 기술적이어서 인간은 그 결과를 파악하기 어렵다. 만일 과학이 철학적 정의나 신학적 정의의 간결함과 명료함을 갖추게 된다면, 과학은 마루를 닦거나 그릇을 씻는 일처럼 따분해지고 말 것이다. 적지 않은 현대 작가들이 이 진리에 대한 통찰력으로, 신비를 지니지도 않고 과학기술적인 세부사항도 갖추지 못했을 뿐만 아니라 추천하기에도 애매한 인기 상품들을 배출해 내고 있다. 이런 상황에 직면해서 혼란에 빠진 평범한 인간은 자신이 신비에 직면하고 있다고 생각할 것이다. 분명, 아주 많은 사람이 당연히 그렇게 생각한다. 이와 대조적인, 토마스가 제시한 죄에 대한 매우 간결하면서도 완벽한 정의가 있다: “악한 인간적 행위”(actus humanus malus) 신학자들과 세탁하는 여인들은 그것을 항상 음미하게 될 것이다. 그 정의는 간결하면서도 명료하다. 그리고 인간적 행위가 지닌 인간성과 그의 죄가 지닌 사악함이라는 이중적인 신비를 포괄한다.

인간의 정신은 지적인 양식을 가져야 하므로, 그것은 신비를 지니고 있어야 한다. 인간의 정신이 그런 음식을 가져야만, 인간의 정신은 고요한 인내 속에서 굶어 죽지 않을 것이다. 그러므로, 인간은 신비들을 찾기 위해 반란을 도모할 것이다. 그래서 그러한 신비들을 발견할 수 있는 희망이 있는 곳이면 어디든, 심지어 지옥의 입구까지도 갈 것이다.

3. 신비와 인간의 정신

(1) 지식을 향한 세 가지 갈증

1) 문제의 해결을 위한 갈증

근대의 스콜라 학자들은 인간의 정신이 삼중적인 갈증을 갖고 있다는 사실을 강조하기 위해 그 모습을 변형시켰다. 이 세 가지 중에 가장 작은 것은 문제들에 대한 해결, 즉 방법의 질문에 대한 대답을 얻기 위한 갈증이다. 이것은 정비공이 갖는 갈증이다. 그것은 세상에 대해 인간이 갖는 개념과 그 활동 간의 질서에 대한 문제로서 개념적인 일이다. 이러한 노선에서 볼 때, 진보는 과거의 실수를 바로잡음으로써 이루어지는 수평적 추진에 있다. 그에 따라 인간은 지난날의 지적 고향을 떠나 분명하면서도 언제나 굽은 길을 따라 앞으로 나아간다. 이 모든 것에는 반드시 계속되는 시작과 끝없는 비극적인 씁쓸함과 수많은 실패 위에 성공이 만들어진다는 비극적인 모습이 있다. 인간은 집에서 살도록 만들어졌지만, 방랑하는 가운데 나아간다.

2) 자연적 신비들에 대한 통찰을 얻기 위한 갈증

두 번째는 현실과 존재 그리고 사물을 그 자체로 알기 위한 철학적 갈증이다. 이 지식에 있어 진보는 수평적이 아니라 수직적이며, 과거의 실수를 교정하는 것을 통해 이루어지지 않고 이미 가진 지식을 심화시킴으로써 이루어진다. 인간은 이를 위해 집을 뒤로하고 떠나 큰길을 달려 내려가지 않고, 오히려 체스터튼(1874~1936 : 영국의 가톨릭 문필가)이 표현하듯이, 자신만의 성을 바탕으로 탑들을 세워 자신의 정원에서 기꺼이 일한다. 이것은 신비, 형이상학, 철학에 대한 지식이다. 세상의 모든 것에는 존재의 요소가 있으므로, 신비의 요소가 있을 것이다. 신비에 관한 지식은 결코 총망라될 수 없다. 이것이 우리가 모든 인간을 철학자로, 심지어 비록 소수의 사람들이 과학자라 해도, 그들 모두를 과학자로 보는 이유이다. 인간은 신비에 대해 정통하다. 그의 정신은 본질적으로 존재를 위해, 물자체(物自體)를 위해 만들어졌다. 이는 그의 정신이 신비를 위해 만들어졌다고 말하는 것이나 다름없다. 과학적 문제에 대한 앎과 비교해 볼 때, 존재와 가치에 대한 앎은 유아용 고무젖꼭지에 비유되는 따뜻한 우유가 가득 찬 병과 같다고 할 수 있다. 인간의 지성은 오직 신비라는 자양분이 풍부한 음식을 섭취함으로써 그 지혜와 힘을 증가시킨다.

3) 신적 신비들에 대한 통찰을 위한 갈증

만약 인간의 정신이 형이상학에 정통하다면, 다른 모든 신비보다도 신비들을 다루는 신학에서는 그보다 훨씬 더 정통하다. 신학의 신비들은, 사실, 우리가 성인이라고 부르는 위인들이 영양을 공급받은 음식이다. 인간의 정신은 다른 그 무엇보다도 하느님을 위해, 무한한 진리의 끝없는 지평을 위해 만들어졌다. 이것이 바로 인간의 능력에 걸맞은 충분하고 합당한 대상이다. 인간은 하느님에게 친숙하며 초자연적인 것에 친숙하다. 그는 여기서 자신이 오랫동안 갈구해오던 자기 고향에서 태양의 온기를 쬐고 있는 그 땅의 원주민이다.

(2) 신비와 진보 또는 성장

4. 신비가 없는 세상

(1) 현대의 비극

만일 인간에게 신비적인 차원이 없다면, 그에게는 집이 없게 될 것이고 불만스러우며 절망적이고 파괴적이며 심지어 동물처럼 변하고 말 것이다. 인간은 방랑자다. 방랑이 오래 지속될수록 그는 더 괴로워진다. 현대의 비극은 정확하게는 모든 인간을 문밖으로 내보내 세상에서 헤매게 하고 그에게서 신비를 강탈하여 방랑자로 만든 데 있다. 더 정확히 말해, 현대의 비극은 인간이 머무는 집의 벽과 지붕을 무너뜨리려는 시도에 있다. 이런 시도는 성공할 수 없다. 인간은 본성 깊은 곳에서부터 자신의 집을 수호하려 한다. 인간 사고의 본성 자체가 자신의 정신을 지붕 없이 방치하게 하는 시도를 헛되게 한다.

이러한 시도는 사람들에게 혐오에 대한 동기를 충분히 마련해 주었다. 만일 이것이 성공한다면, 사람들은 항상 아래를 내려다봐야 할 것이다. 왜냐하면, 그들이 올려다볼 수 있는 것은 아무것도 없기 때문이다. 그들은 자신의 개인적인 옹졸함과 한계들에 대해 잘 알고 있지만, 자신 안에서 충만한 지적 완벽함을 찾아야 한다. 하지만 이상하게도, 우리는 오늘 이 모든 것을 자만심과 주제 넘음을 위한 근거로 바꾸려고 했다. 우리는 오직 수평적으로 움직이는 가운데 우리 위에 아무것도 없다고 여기면서, 마치 벌레들이 자신들이 헤집고 다니는 먼지를 비웃는 것처럼, 우월한 높이에서 아래를 내려다볼 뿐이다.

이러한 시도는 사람들에게 싫증이 날 만큼 충분한 근거를 제공했다. 왜냐하면, 사람들은 진부한 세상을 선사 받았으면서도, 그 세상에 대해 흥분하도록 요청받기 때문이다. 이렇듯 불쌍한 사람들은 수 세기 동안 형성된 불확실한 작품이자 진(眞), 선(善), 미(美)의 환영(幻影)에 의해 우롱당하지 않으려는, 우연하고 무의미한 요소들이 뒤섞인 이상한 결과물이다. 늙고 냉소적이고 피곤한 상태에서 사라져가는 별들이 있는 허름한 하늘 아래 사지를 뻗고 누워있는 사람들은 파리똥 자국이 있는 천장을 응시하며 병상에 누워있는 환자들처럼 일렬로 정렬해 있다.

또한, 이러한 시도는 인간들에게 파괴성, 악랄함, 야수성에 대한 충분한 근거를 주었다. 국가적, 국제적인 차원에서 활동하는 갱단의 행패는 그러한 세계에서 지나가는 현상이 아니라 자연적인 결과이다. 왜 사람들은 그렇게 실망스러운 세상을 싫어해서는 안 될까? 왜 그들은 그렇게 실망스러운 사람들과 이상, 희망을 존중해야 하는가? 그들은 고문받는 존재로 살도록 강요당하고 있는데, 왜 그들은 자기 자신을 미워해서는 안 되는가? 사람들은 이런 세상에서 살아갈 수 없다.

(2) 비극적인 현대의 탈출

인간은 이런 세상에서 살아갈 수 없었다. 그 시도는 실패했다. 굶주린 인간의 정신은, 사막에서 죽어가는 사람이 자신의 병든 뇌에서 덧없는 희망을 불러내어 자신의 고뇌를 가중시키듯이, 그렇게 그 자신의 신비를 불러냈다. 현대인의 지적인 노숙으로부터의 탈출은 아마도 그의 지도자들이 자신을 비난했던 그 방랑보다 더 비극적일 것이다. 왜냐하면. 그는 분명 하느님의 집이 아닌 다른 집으로 들어갔기 때문이다. 일종의 최신식 악마 숭배를 통해 소환된 괴물들이 이제 현대인을 집어삼키려 위협한다. 신비의 가면이 기관, 정당, 사회계층, 욕망을 덮어버렸다. 향이 타오르고, 호산나를 노래하고, 신들은 자신의 숭배자들이 인간들을 파괴하도록 부추기고 있는 형국이다.

이런 설명이 절대로 인간과 사물에 대한 전면적인 비난은 아니다. 그보다는 그것은 인간의 삶이 견딜 수 없는 상태에 대한 진술이다. 여전히 이런 상황은 오늘날 수많은 사람이 받아들여야 하는 현실이다. 더구나 사람들은 그것이 어떤지 알면서도 어쩔 수 없이 이런 상황을 받아들이고 있다. 오직 신비만이 사람들을 구원할 수 있음에도 불구하고, 그들은 신비로부터 도망간다. 그들이 구원에 대해 무관심해서가 아니라 신비가 그들에 의해 비관적으로 왜곡되었기 때문이다. 두려워해야 할 필요가 없는 것들에 대해 두려워하기를 거부하는 태도에 고귀한 품위가 있다. 단지 사색의 노동으로부터의 탈출이라고 여겨지는 길을 택하길 거부하는 사람에게는 힘이 있다. 오늘날 신비는 종종 인간의 지성에 대한 모욕, 인간의 용기에 대한 모욕, 일하려는 인간의 의지에 대해 모욕으로 여겨진다. 그러나 다행스럽게도 신비는 이들 중 어떤 것도 아니다.

(3) 현대 불합리의 합리성

신비가 이성을 능가하는 것은 사실이지만, 그렇다고 이것이 인간은 자연적 또는 초자연적으로 그 신비를 알 수 없다는 것을 의미하지는 않는다. 인간에게는 아직 더 알아야 할 것이 많이 있고, 그는 용기와 겸손의 자세로 끊임없이 노력하는 가운데 거기에 다가갈 수 있다. 신비에 대한 통찰은 그것이 비록 아주 작은 것이라 해도 다른 모든 지식보다 더 크게 인간을 만족시킨다. 신비는 인간 정신의 완성보다 훨씬 더 우위에 있다. 신비는 이 물질적 세계에서 질문되고 있는 인간의 고유한 특권인 그 끈질긴 "도대체 왜?"에 대한 대답을 준다. 하찮은 것을 갖고 인간이 만족하길 기대하는 것은 마치 다 큰 성인이 어린이용 장난감을 갖고 놀며 행복하기를 기대하는 것과 다름이 없다.

이 점을 입증하기 위해 멈추어 설 필요는 없다. 신비는 일반적으로 박학한 사람과 현명한 사람 간의 구별에서 모든 사람에 의해 받아들여지며 성인(聖人) 안에서 충만하게 확인되기 때문이다. 우리는 무지한 여성이 매우 현명할 수도 있는 데 반해, 박학한 교수가 아주 어리석을 수도 있다는 점을 잘 알고 있다. 사람들은 핀리 피터 던(Finley Peter Dunne)이 만든 가상의 인물인 "미스터 두리"[1]가 보여준 지혜에 경의를 표하지만, (두리의 이야기 상대가 되는) 중요한 인물들은 그가 하는 말을 전혀 이해하지 못했다. 인간은 신비의 영역에서 탐험하는 가운데 전부이신 하느님의 충만함에 대한 무엇인가를 감지하게 된다. 그는 이 하느님으로 인해 존재하며 궁극적인 지복직관에서 그가 누리게 될 천국 또한 그분이 될 것이다. 인간은 신비에 대한 인식과 함께 실재 자체와 관련된 어떤 것을 이해하고, 자기 지성의 가능성에 있어서 정점에 있는 숭고한 인간적 행위를 하게 된다. 그럼으로써 그는, 시간과 장소, 물질과 정치, 전쟁, 가족 간의 다툼과는 독립적으로, 모든 것을 포함하는 신적인 봄(visio divina)에 어떤 방식으로든 참여한다. 한마디로, 인간은 지혜의 관점을 가지고 있다. 지혜는 결코 게으른 자나 비겁한 이의 보상이 아니다.

1) 역자 주 : 미스터 두리(또는 마틴 J. Dooley)는 미국 언론인 핀리 피터 던(Finley Peter Dunne, 1867~1936)이 만든 가상의 아일랜드 이민자 바텐더이다. 핀리 피터 던은 아일랜드 방언 및 변형된 언어를 사용하는 독특한 대화를 구사하는 이 가상의 인물을 통해 다양한 주제(종종 국내 또는 국제 문제)를 이슈화했다. 이는 특히 1898년 스페인과 미국 간의 전쟁 동안 매우 인기를 얻었다.

5. 신비에 대한 작품 –「신학대전」

이 작품에 선행하는 세 권은 최고의 신비에 대해 다룬 작품인 성 토마스의 「신학대전」을 자세히 검토했다. 「신학대전」은 항상 신비에 대해 다룬 작품이며 앞으로도 그렇게 남아있을 것이다. 왜냐하면 그것은 신학 작품, 즉 최고 실재이자 최고의 신비이신 하느님에 관한 작품이기 때문이다. 이 작품의 독자들은 신비에 대해 다룬 이 책이 게으른 인간이 만든 사색의 노동으로부터의 도피처가 아니라는 것을 의심할 여지없이 증언할 수 있다. 신비에 대한 이 작품이 두려움이 아닌 용기와 사랑을 불러일으킨다는 것을 증언할 수 있고, 이 책이 실재에서 벗어나려는 유치한 시도가 아니라 오히려 실재에 대한 신성한 주장을 펼치고 있다는 것을 증언할 수 있다. 이 책의 독자들은 신비라고 하는 지적인 음식을 자라게 하는 힘을 증언하는 사람들이며, 신비가 촉진하는 실제적인 성장을 보여주는 증인들이다. 또한, 그들은 지성을 충족시키면서도 과다하지 않고, 그보다는 지성의 힘을 또렷하게 해주는 정신의 실질적인 진보를 보여주는 훌륭한 증인들이기도 하다.

여러분들은 이 '신비'(mysterium)라는 음식이 지성뿐만 아니라 우리의 의지와 욕구도 만족시키고 있다는 점을 선행하는 이 시리즈의 세권을 통해 알게 되었으리라 믿는다. 사실, 마음은 머리보다 더 멀리 갈 수 없다. 갇혀 있는 정신은 갇혀 있는 마음을 의미한다. 인간이 마음은 지혜의 문이 활짝 열릴 때에만 비로소 원하는 대상을 향해 달려갈 수 있다.

「신학대전」에 대한 연구를 완성하는 이 해설서 시리즈의 마지막 작품인 본서는 그 주제에 있어 선행하는 세권의 작품들에 비해 결코 뒤지지 않는다. 이 작품이 계획하는 신비를 향한 기나긴 여정에 대한 준비로서, 우리가 신비와 친숙해지기 위해 이미 해 왔던 작업을 신속하게 살펴보고자 한다.

이 해설서 시리즈 전체를 통해 분명히 드러나는 한 가지 사실은 성 토마스의

「신학대전」이 분명 하느님에 관해 다룬 작품이며, 따라서 분명 최고의 신비에 관해 다뤘다는 점이다. 우리는 세상의 질서를 지탱하는 뿌리와 세상의 기원에 대해 살펴보는 가운데 성 토마스와 더불어 하느님의 존재에 대해 규명했다. 그리고 조금도 지체하지 않고 하느님의 본성 자체의 신비를 향해 대담한 탐험을 시작했다.

(1) 시작이신 하느님의 신비

1) 하느님 자신에 대한 신비

본 시리즈의 제1권을 읽은 독자들은 하느님의 단순성이 지닌 아름다움, 하느님의 완전성이 지닌 순수함, 형언할 수 없는 하느님 선성이 참으로 열망할 만하다는 점, 무한하신 하느님의 장엄함, 하느님의 불변성이 우리에게 주는 위안, 하느님의 영원하심이 지닌 혜안, 그분의 전능하심이 간직한 친밀함, 그분의 단일함이 간직한 평화를 기억할 것이다. 이 모든 신비는 우연히 드러난 것이 아니라 신중하고 예리한 숙고와 더불어 드러났다. 하느님께서 우리를 격려해 주셨기 때문에 우리는 감히 하느님을 바라볼 수 있었다.

우리는 하느님의 지식, 그분을 바라보는 것이 무엇인지 주저하지 않고 물어보았다. 오직 그분만이 우리 마음의 복도, 우리 정신의 복도를 자유롭게 거닐 수 있으시다. 그분만이 가장 하찮은 피조물의 가장 사소한 행동을 이루는 세부적인 것들을 아시고 일으키실 수 있다. 우리는 감히 모든 진리의 근원이신 하느님의 생각과 진리 자체를 탐구할 수 있었다.

앞 단락에서 언급한 "우리"가 약간 의외일 수도 있겠다. 이런 애매모호함은 여러 페이지에서 간과되어 왔지만, 더 이상은 그렇게 넘길 수 없다. 이 작품의 독자들과 저자는 학생과 스승의 입장에 있지 않다. 사람들이 성 토마스에 대해 공부하기 시작할 때, 700년간 도미니칸 연구소의 특징인 가족적인 토론 분위기를 피할 수는 없다. 여기에는 분명 한 분의 스승만 있다. 그밖에 다른 모든 이들은 결코 자신의 과목을 끝내지 못한 학생들이다.

우리는 배우는 과정에서 서로 동료라고 하는 격려가 되는 확신을 갖고, 하느님의 자유 안에서 그분의 의지를, 특히 그분의 의지가 보여주는 선에 대한 효력과 그것이 어떻게 구현되는지 보았다. 우리는 선성(善性)을 찾아내는 사랑이 아닌 바로 그 선성을 창출하는 그분의 사랑에 매료되었다. 우리는 모든 정의와 진리의 근원에 있는 하느님의 자비를 보면서, 그분의 자비와 정의가 지닌 긴밀한 관계에 적잖이 놀랐다. 또한, 하느님의 능력과 연결된 성부 하느님의 섭리도 발견했다. 그분의 섭리는 완전히 특별한 방식으로 우리에게 영향을 미친다. 왜냐하면, 우리는 모든 피조물 가운데 유일하게 그분의 생명에 참여할 수 있기 때문이다.

심지어 우리는 하느님의 참행복을 엿보기도 했고, 더 나아가 신성(神性)을 이루는 내적 생명에서 위격들이 삼위일체를 이루는 자립체적 지식과 사랑까지 엿볼 수 있었다. 그리고 여기서 우리는 하느님의 끊임없는 그러면서도 변함없는 활동에 대한 약간의 어렴풋한 인식을 얻을 수 있었다.

2) 하느님으로부터 유래한 세상의 신비

a. 천사의 신비

b. 유형적 세계의 신비

지금까지 언급한 모든 것은 그 자체로 본 하느님의 신비였다. 우리가 하느님으로부터 나온 피조물들의 과정을 숙고한다면, 신비는 사라지지 않았다. 왜냐하면 우리는 여전히 하느님, 다른 모든 것의 시작이자 기원으로서의 하느님을 숙고하고 있었기 때문이다. 우주의 시작과 지속에 대한 숙고는 우리로 하여금 지루함에 빠지도록 가만히 놔두지 않았으며, 천사들의 세계는 또 다른 신비의 금광이었다. 천사들에게 주입된 종(種)들, 즉 천사들의 사랑, 인간의 마음에 담겨있는 그 이상

(理想)의 실현은 우리가 배우기 위해 보내야 되는 기간에 점철된 고된 일과는 대조되는 것이다. 천사들의 죄와 벌은 그러한 종류의 지식, 사랑과 더불어 강철 같은 우리 정신의 견고함에 합당한 신비들을 우리에게 제공해 주었다.

c. 인간의 신비

7일간의 창조에 대한 빠르지만 정확한 검토는 천사보다 조금 못하지만 물질의 세계보다 훨씬 더 높은 세계, 즉 우리 인간들의 세계로 서둘러 나아갈 수 있게 해주었다. 여기 모든 것이 한 번에 우리 눈앞에 있었다. 인간의 영혼, 그 영혼이 육체 그리고 육체의 여러 기관과 이루는 결합, 인간을 식물 세계와 동물 세계 그리고 천사의 세계를 구성하는 어떤 것 심지어 신적인 세계를 이루는 어떤 것을 포함하는 우주로 만드는 인간 영혼의 힘에 대한 연구에서도 여전히 신비는 부족하지 않았다. 우리는 지식을 통해 우주의 모든 것을 우리 정신 속으로 끌어들이는 인간의 능력을 보았고, 그가 자신의 사랑을 통해 우주 전체로부터 나와 하느님을 향해 나아가기 위한 능력도 보았다.

물론, 동물보다 낮아지거나 천사보다 높이 치솟을 수 있는 불가피한 인간 욕구의 모순이 있었다. 무엇보다도, 우리는 지적 본성의 특권, 우리의 모든 행동을 우리가 살고 있는 세계로부터 구별해내는 지배 도구인 우리의 자유재량에 대한 연구에 상당한 시간을 보냈다.

인간성에 대한 그림을 완성하기 위해서는 다른 두 가지 고려사항이 필수적이었다. 그래서 우리는 천국의 성인들처럼, 육신과 분리된 영혼과 지상에서 인간 존재의 첫 번째 출현, 첫 번째 남자와 첫 번째 여자에 대한 지식을 숙고했다. 만일 하느님의 모상인 인간이 자신의 고귀한 품위를 잊지 않았다면, 에덴의 정원에서 살았을 수도 있는 자신의 삶을 고려할 때, 그들에게는 당연히 어떤 향수(鄕愁)가 있었으리라는 점을 쉽게 이해할 수 있다.

우리는 더 넓은 전망으로 돌아가, 하느님의 안목에 걸맞은 숨 막히는 파노라마인 세상의 통치와 보존에 대해 살펴보았다. 우선, 물질세계와 천사들의 세계에 대한 통치를 살펴보았다. 천사들의 세계에서 우리의 감탄을 자아내게 한 것은 그 세계가 현기증이 날 정도로 다양한 아름다움으로 가득 차 있다는 것이다. 또한, 세상에 대한 통치에서 피조물들은 그들 편에서 수행해야 할 몫이 있음을 보았다. 왜냐하면 하느님은 자신의 권능을 나누길 두려워하는, 경계심이 강한 독재자가 아니기 때문이다. 따라서, 우리는 천사들, 인간들, 그리고 유형적 피조물들로 대변되는 피조물들의 다양성에 대해 연구했다.

이 모든 것은 본 시리즈의 제1권에 수록된 작업들이다. 즉, 제반 사물들의 하느님, 존재하는 그대로의 하느님 그리고 존재하는 제반 사물들로 구성된 세상에 대한 연구가 거기에 담겨 있다. 이 모든 것은 말하자면 신비들에 대한 연구로서, 본질적인 실재들에 대한 연구인 셈이다. 그러나 무엇보다도 그것은 첫 장부터 마지막 장에 이르기까지 최고의 실재이자 최고의 신비이신 하느님에 대한 연구였다. 그것은 하느님 그 자체에 대한 연구이자 그분으로부터 유래하는 피조물들의 세계 가운데 현존하시는 하느님에 대한 연구였다. 모든 면에서 볼 때, 그것은 존재하는 제반 사물들을 보게 하는 방식으로서, 사물들을 아무런 목적도 없이 무(無)에서 유래한, 이해할 수 없는 공허(vacuum) 가운데 이해할 수 없는 방식으로 정지해 있는 실재가 아니라, 목적을 향해 질서 지어지고 미리 질서 지어진 실재로 사물들을 보게 해준다. 그 세계 내에서 모든 사물은 자신의 자리에 있었고 그 각각의 자리를 이해하고 그것들이 전체와 갖는 관계를 이해함으로써 우리는 사물 그 자체를 인식할 수 있는 가능성을 갖게 되었다. 거기에는 어떠한 평가절하나 과대평가가 있지 않았다. 또한, 구름 속에서 정신을 잃어버리듯이 비현실적인 생각을 갖거나 머리를 진흙 속에 묻어버리는 것처럼 현실을 외면하는 어리석은 실수는 전혀 없었다. 우리는 이 작업을 통해 지혜의 정점을 건드릴 수 있었고 영원한 진리에 대한 종합적이고 포괄적이며 평온한 견해를 가질 수 있었다.

(2) 목적이신 하느님의 신비

1) 인간의 목적의 신비

반면, 우리는 제2권에서 제반 사물의 세계에서 행위의 세계로 넘어갔다. 결국, 실체는 어떤 역할을 위해 존재하며 사물들은 목적을 위해 존재하고 행위는 목적에 도달함으로써 그 의미를 얻게 된다. 행위는 그 이외에 다른 어떤 설명도 가질 수 없다. 행위의 세계는 무엇보다도 목적들의 세계이다. 그것은 우리 시대에 거의 이해되지 못하는 세계이지만, 상당히 밀도 깊은 의미로 충만한 세계로, 궁극적 원인이 다른 모든 원인 위로 들어 올려지며 그 선성(善性)의 광채가 제반 사물로 뻗어 나간다. 이로 인해 제반 사물들은 욕구될 만한 실재들이 된다. 이를 성 토마스와 더불어 다음과 같이 표현할 수 있다. 즉, 제1권이 작용인으로서의 하느님에 대한 연구를 담고 있다면, 제2권은 목적인으로서의 하느님에 대한 연구를 담고 있다.

2) 인간적 행위의 신비

우리는 당연히 복잡하고 때로는 우습지만 항상 중요한 인간적 행위의 세계에 관심을 가졌다. 의심할 여지 없이 그 관심이 지향하는 진정한 끝은 여기 그리고 지금 우리의 특정한 인간적 행위들을 향해 있었다. 어쨌든 우리는 행위라는 명백한 사실을 출발점으로 삼았다. 그곳에 행위가 있으므로 목적도 그곳에 있다. 인간의 삶은 목적으로 향하는 경주에 지나지 않는다. 그래서 우리의 첫 번째 임무는 그 목적이 무엇인지 결정하는 것이었다. 우리는 모든 가능성에 대한 고된 검토를 거쳐, 하느님의 본질에 대한 영원한 봄이라고 하는 최고의 신비에 이르렀다.

인간의 일상적인 행위들은 목적을 향한 발걸음들이다. 여기서 신비들은 풍부하며, 제2권의 남은 부분은 우리로 하여금 이러한 우리의 행위들을 분석하게 해준다. 행위들을 인도하며 제2권을 마감하게 해주는 외적 원리들은 분석하기에 수월했다. 그 원리들이란 인간을 자신의 목적으로 인도하는 주도적 요소로서의 법과 매우 작은 행위들까지 영원한 의미를 부여받게 해주는 은총이다. 내재적 원리들과 관련해서, 한편으로는 정념(passio)에 죄의 탓이 있는 것처럼 비난하려는 입장을 거부했으며, 다른 한편으로는 우상들에게 고개 숙이듯이 그렇게 정념들에 직면해서 고개를 숙이려는 입장도 거부하는 가운데, 정념들을 제시했다. 우리는 정념들을 있는 그대로 살펴보았다. 그것은 인간적 감정의 움직임들로서, 이성에 의해 제어되고 관리될 때 인간의 삶이 성공에 이르는 데 상당히 중요한 역할을 수행한다.

3) 덕의 신비

제2권의 나머지는 습성(habitus)을 위해 할애되었다. 성공의 이야기는 좋은 습성이나 덕, 즉 인간의 특권이자 절대적 필요에 관한 이야기였다. 여기서 우리는 용기, 절제처럼 정념들에 질서를 부여하는 인격적인 습성들에 대해 살펴보았다. 정의(iustitia)라는 사회적 덕은 우리가 다른 사람들과 더불어 맺는 관계들을 조절해준다. 신앙(fides), 희망(spes), 참사랑(caritas)은 우리의 정신과 마음을 하느님과 더불어 우정을 향유할 수 있도록 들어 올려준다. 이 성대한 건물의 정점에는 성령의 선물들이라는 신비스럽고 신적인 아름다움이 있다.

다음으로 우리는 악습(vitium)이나 죄(peccatum)에 관한 이야기, 즉 인간의 타락에 관한 이야기를 살펴보았다. 우리는 악습들의 내밀한 본성과 그 비극을 규명한 후, 무지와 정념 그리고 악의에서 그 원인들을 찾아내고자 시도했다. 또한, 우리는 하느님, 인간, 악마가 인간이 범하는 잘못에 어떻게 관여하는지도 살펴보았다. 우리는 죄에서 유래하는 무시무시한 결과들, 즉 영혼의 막대한 부(富)를 상실하고 철회할 수 없는 영원한 형벌에 처하게 될 가능성에 직면해서 두려움에 떨기도 했다.

사실, 제2권에 담긴 이 모든 작업은 인생의 의미가 그 기초를 두고 있는 일반적인 원리들에 대한 설명이었다. 이는 행복에 이르거나 상실하는 것과 연관된다. 제3권 전체가 더욱 세밀하게 분석하고 검토할 정도로 이 주제는 아주 흥미롭다. 즉, 제3권은 행복과 관련된 습성들인 다양한 덕, 그리고 불행과 관련된 습성인 악습들에 대해 자세히 다뤘다.

제3권은 자유(libertas)를 비롯해 충만하게 사는 것이 무엇인지에 대한 연구를 담고 있다. 인간은 참사랑을 통해 신적 생명과 사랑에 참여하는 가운데, 신앙을 통해 정신 그리고 희망을 통해 의지와 더불어 충만한 삶을 살아간다. 또한, 우리는 정의(iustitia)의 개념과 함께 사회적인 삶에 관해 분석한 바 있다. 그리고 불의(iniustitia)의 개념과 더불어서는 무정부 상태(anarchia)에 관해 살펴보았다. 더 나아가, 우리는 하느님을 향한 정의로서의 종교(religio)를 살펴보았다. 이는 인간에게 있어 하느님에 따라 사회적인 삶을 살아가기 위한 기초를 마련해준다. 또한, 우리는 용기의 비밀, 영혼의 위대함이 지닌 비밀, 절제 가운데 자신을 지배하는 비밀에 대해 살펴보았다. 그리고 겸손의 진리를 이해하기 위해 시도했다. 우리는 정숙과 놀이의 문제 그리고 기적에 대해서도 살펴보았다. 제3권은 사람들에게 열려 있는 두 가지 삶의 방식, 즉 관상과 활동에 대한 진지한 비교와 평가로 끝났다.

삶과 행위에 관한 이 모든 복합적인 메들리는 하느님께서 그 시작과 끝에 계시며 당신의 무한한 선함을 바탕으로 한 영원한 매력으로 인간을 부르시기 때문에 이해될 수 있다. 다시 한번 더 하느님을 향해 눈길을 돌리기로 하자. 바로 여기에 인생의 의미가 있다. 즉, 우리는 여기서 인간이 어디에서 와서 어디로 가는지, 그리고 그는 어떤 길을 거쳐 목적에 이르게 되는지 보게 된다. 하지만 그리스도인의 삶의 신비가 완전히 밝혀진 것은 아니다. 여기에는 하느님 안에는 당신만이 아시는 헤아릴 수 없을 정도로 많은 신비가 있다. 우리는 삼위일체의 아름다움과 신비 속으로 쉽게 사라져 버릴 수 있다. 천사들의 생명과 세상 그리고 인간 안에는 많은 신비가 담겨 있다. 그러나 우리는 아직 마지막에 이르지 못했다. 우리를 목적으로 인도하는 길을, 그리고 혼란을 예방해주는 빛에 대해 살펴봐야 한다. 이 '길'과 '빛' 모두 하느님의 말씀이시며 성모님의 아드님이신 진리, 즉 그리스도로부터 선사된 것이다. 이것이 바로 본서, 즉 제4권의 주제가 될 것이다. 우리는 본서를 통해 신비의 정점에 이르며 정신과 마음 모두 최고로 만족에 이르게 될 것이다.

(3) 길이신 하느님의 신비

1) 그리스도의 강생과 생애의 신비

우리는 본서의 바로 다음 장에서 불신자들에게는 걸림돌이자 어리석음인 신비, 즉 하느님께서 인간이 되신 강생의 신비에 잠기게 될 것이다. 베들레헴은 언제까지고 사람들의 정신이 만나는 장소이자 그 마음이 만나는 장소이기도 하다. 성모님의 품에 안겨있는 삼위일체의 제2위격이 간직한 신비는 영원토록 고갈되지 않을 것이다.

우리는 단지 그 사실을 숙고만 하지 않을 것이다. 일단 그 신비가 밝혀지면, 철학이 제시하는 좋은 관점들을 바탕으로 그 신비의 핵심을 파고들게 될 것이다. 이렇게 해서 그리스도의 모든 숨은 생애를 살펴보고, 그분의 신적 위격 안에서의 인성과 신성의 결합이 내포한 충만한 의미를 해명하고, 하느님의 어머니이신 마리아의 삶을 조명하게 될 것이다. 그분 친히 말씀하신 대로, 진리이신 그리스도께서는 "생명의 빛"이시며 "세상의 빛"이기 때문이다. 우리는 진리를 따를 것이다. 우리는 기쁘고 고통스러우며 영광스러운 길을 따라 그분의 뒤를 따를 것이다. 십자가 위에서 이룩된 하느님 죽음의 드라마에 이르기까지, 그리고 모든 죽음의 죽음인 그분의 영광스러운 부활에 이르기까지 그분이 걸으신 모든 걸음을 뒤따를 것이다.

2) 성사들의 신비

3) 네 가지 최종적 실재들의 신비 : 죽음, 심판, 천국, 지옥

마지막으로, 본서가 제시한 신비들의 정점으로서 우리는 그리스도께서 제정하신 성사적 구조인 그리스도의 생명의 연장(延長)에 대해 성찰하고자 한다. 그것은 인간의 삶에 있어서 보다 결정적인 측면들, 즉 출생, 성장, 음식, 타락, 사랑, 질병, 죽음 등에서 켜지는 지속적이고 충만한 빛이다. 또한, 우리는 인간이 영원한 시작이자 다함이 없는 마지막인 그 목적에 이르기까지 접하게 되는 마지막 실재들을 통해 진리를 뒤따르게 될 것이다. 우리는 이 궁극적 신비를 향유하기 위해 영원으로 건너가길 희망한다.

[결론]

1. 본향을 향한 초대인 「신학대전」

본서는 평신도들을 위한 「신학대전」의 출판 시리즈를 완결한다. 「신학대전」 자체가 미완성이라고는 하지만, 이 연구가 그에 대한 소기의 결론이라는 것은 매우 의미심장하다. 「신학대전」은 한 사람을 위해 또는 한 세대를 위해서라기에는 위대한, 대단히 위대한 작품이다. 「신학대전」이 미완성으로 남은 것은 사람들이 집으로 가는 길에 있는 임시 대피소라는 성격을 강조하기 위함이다. 그것은 최종적인 집이 아니라 영원한 집이 주게 될 풍요를 미리 맛보게 해준다. 이 임시 대피소는 사람들의 마음과 정신을 이 최종적인 집으로 인도한다. 하지만 이 대피소가 집의 분위기를 갖는 이유는 그것이 신비 위에 지어졌기 때문이다. 만일 신비가 없다면, 인간의 정신과 마음은 자기 존재의 무의미한 허무함을 한탄하는 방랑자로 남게 될 것이다.

2. 인간의 어머니

3. 인간의 본향

「신학대전」은 세상의 어머니인 가톨릭교회가 오랜 세월 동안 특별히 선호해 온 작품이다. 왜냐하면, 성인들의 어머니인 교회는「신학대전」에 관해 읽는 것보다「신학대전」을 읽도록 인도된 사람은 불모와 오류로 점철된 목적 없는 길에서 벗어나는 게 지극히 어렵다는 것을 확신하고 있으며 역사도 이를 입증했기 때문이다.

만일「신학대전」이 아직 걸어가야 할 사람들의 길에 놓은 정류소라면, 사람들의 어머니인 교회는 순례자들의 어머니라는 사실이 분명하다. 사람들은「신학대전」에서 아직 영원한 집에 있지 못하며 교회 안에서도 역시 그러하다. 왜냐하면, 인간은 오직 최고의 실재 안에서만, 최고의 신비 안에서만, 즉 오직 하느님 안에서만 그 집을 발견할 수 있기 때문이다.

제2장 시대의 꿈 (제3부, 제1문제 ~ 제3문제)

1. 인간과 그의 꿈들
   (1) 꿈의 내용
   (2) 꿈이 없는 세상
2. 비전의 실현 – 강생
   (1) 강생의 본성
      1) 믿을 교리
      2) 사람들의 오류들
   (2) 강생의 신비
   (3) 강생의 사실에 대한 신빙성
3. 강생의 적합성
   (1) 하느님의 본성으로부터
   (2) 강생의 목적으로부터 : 인간 구원
      1) 우리의 몸값
      2) 선을 향한 장려
      3) 악을 삼가함
   (3) 강생의 시간으로부터
4. 위격적 결합
   (1) 일치의 요소들
      1) 본성과 위격의 구별
      2) 결합의 다양성
   (2) 위격적 결합의 특성들
   (3) 은총, 공로, 결합
5. 위격과 결합
   (1) 삼위일체의 세 위격에 있어서 결합의 관계
   (2) 제2위격과의 관계

[결론]

1. 현대세계와 강생
   (1) 이성과 신비
   (2) 초기 오류들과의 대조
   (3) 상실한 기초들
2. 그리스도교 세계와 강생
   (1) 말씀이 사람이 되시다 : 성모님의 실현
   (2) 그리고 우리 가운데 사셨다 : 사도들의 실현

제2장 시대의 꿈 (제3부, 제1문제 ~ 제3문제)

꿈은 아편이나 영감이 될 수 있다. 꿈은 겁쟁이가 현실에서 도피하는 방법일 수 있다. 그러나 그것은 또한 인간의 길을 밝히는 별일 수 있어서, 별이 동굴 위에 멈춰 섰을 때조차 세상에서 가장 심오한 의미의 계시로 계속해서 사람들을 인도한다. 또한, 꿈은 인간을 자신 위에 태우고 세상을 가두는 장벽을 뚫고 지상 사물들의 무리를 넘어, 쉬지 않고 돌진하는 군마(軍馬)가 될 수도 있다.

꿈은 그것이 백일몽이든 비전이든 앞을 보지 못하는 정신을 소유한 사람에게는 아무 쓸모가 없다. 만일 그가 주위의 공포를 보지 못하거나 전투를 영광스럽게 해주는 훌륭한 목표를 볼 수 없을 정도로 눈이 침침하다면, 그는 꿈을 꾸지 않을 것이다. 사실 그는 꿈을 꿀 수 없다.

1. 인간과 그의 꿈들

(1) 꿈의 내용

어떤 의미에서든, 사람들은 언제나 꿈을 꾸어왔다. 왜냐하면, 사람들은 눈이 멀지 않았기 때문이다. 우리 중에는 현실에서 벗어나기 위해 자신의 꿈을 이용하는 겁쟁이들이 늘 얼마간 있었다. 하지만 그 비율은 언제나 낮았는데, 그것은 사람의 마음이 사랑이라는 위험한 일을 감히 다시 할 수 있을 정도로 고집이 세기 때문이다. 훨씬 더 많은 비율의 사람들이 비전으로 산다는 의미에서 꿈에 의지해 살고 있다. 사람의 마음과 정신 앞에는 언제나 비전이 있었다. 만일 그렇지 않다면 어떻게 그의 마음과 정신이 궁극적으로 무한 그 자체를 이해하기 위해 안간힘을 쓰며, 이미 가진 것을 넘어 그 마음과 정신을 내뻗칠 수 있겠는가?

문명의 첫걸음을 뗄 당시, 인간에게는 평범한 것들도 높고 어려워 보였다. 그런 시대에 사람들 비전은 낮고 비열하기까지 했다. 그러나 그 후, 다른 시대에 사람들의 비전은 필사적인 전투의 자욱한 먼지 밖으로 크게 솟아 나온 용기 있는 기쁜 함성처럼 놀라웠다. 그들이 보여준 비전은 대담하고 거칠 것 없는 초인적인 비전이었다.

달리 말해, 인간이 꿨던 꿈의 내용은 인류의 지평이 열리는 데 따라서 주어졌다. 모든 사람의 삶 뒤에는, 모든 기회와 적절함 넘어, 그 꿈이 하느님에게까지 뻗어갈 수 있는 꿈을 꾸는 사람의 혼이 조금이라도 있다. 때로는 하느님이 되려 하는 미친 생각 속에 투쟁하는 일종의 악몽처럼 숨 막히고 뒤틀린 꿈도 있다. 때로는 현실을 너무 좁고 왜곡된 구멍을 통해 보는 실망스럽고 움츠러든 상상과 같은 꿈도 있다. 때로는 인류의 수준이 현실의 최고봉에 있기 때문에 사람들이 신과 같다는 터무니없는 자만심을 중심으로 돌아가는 왜곡된 상상과 같은 꿈도 있다. 그러나 하느님께서 우리 가운데 거하시는 것을 보려는, 우리와 비슷하시면서도 여전히 하느님으로 머무시는 것을 보려는, 꿈들 가운데 최고의 꿈이 더욱 끈질기게 존재했다. 그 꿈은 하느님을 집에 거하시는 분이자 친숙하고 만질 수 있는 분으로 본다. 그 꿈이 보려는 분은 하느님이자 동시에 인간이지만, 타락한 본성과 더불어 정체된 진부함으로부터 사람들을 들어 올려 줄 능력을 가진 하느님이시다.

(2) 꿈이 없는 세상

사람들에게 멀리 바라보는 지평들이 남아 있는 한, 그들은 꿈을 꾸고 비전을 보았다. 그러나 이러한 지평을 빼앗기면서, 꿈이 간직한 많은 마법도 사라지고 말았다. 사람들의 지평이 줄어들고 아무것도 보지 못할 정도로 소경이 되어 살아가는 것은 우리 시대가 간직한 부끄러움이 아닐 수 없다. 이제 인간은 자신의 인간성이라는 단조로운 호수 속에 끊임없이 자신을 비춰 보며 본성의 협소한 파노라마 속에서 피로한 눈을 비빌 뿐이다. 그러나 이는 우리에게 꿈과 관련해서 여전히 어떤 가능성을 남겨주었다. 그의 본성 자체는 결국 거부되고 말았다. 인간에게는 자신의 인간성에 대한 권리마저 거부되고 말았다. 오직 그에게는 자존감을 정당화하는 그 무엇을 찾기 어려운 육체적인 측면들에 대한 분석 가운데 구토하기 위해 아래를 바라보는 것만 허용되었다. 이미 어린아이들의 동화를 가득 채운 비전들은 삭제되었어야 했다. 결국, 우리는 앨리스가 이상한 나라에서 했던 여행은 심리적으로 틀렸다고 보았다. 왜냐하면, 우리의 꿈은 모두 성(性)으로 축소됐어야 했기 때문이다.

인간이 이렇듯 비전 없는 세계를 견디기에는, 이 세계가 너무 어리석고 야만적이며 동물적이다. 인간은 이 세계에 적합하지 않다. 그대가 원하는 것만 행한다면, 그대에게는 언제까지고 마음에 각인된 신성한 초조함과 다함 없는 갈증만 남게 될 것이다. 우리는 비전이 빛나는 것을 불가능하게 만들었으며 꿈을 향한 열망을 질식시키려 했다. 또한, 우리는 비전을 뿌리채 뽑아버리고 그 대신 거기에 사람들의 마음을 움직이게 하는 모든 것에 대한 혐오를 심으려 했다. 만일 사람들이 죽기를 바라지 않는다면 꿈을 꿔야 한다는 사실을 우리는 망각했다. 그들의 가장 깊은 곳에 있는 것이 반란을 일으키므로, 그들은 병들고 말 것이다. 그들은 생명 자체에 대해 의심할 것이므로, 자신들의 협소한 한계 속에 갇힌 채 절망의 나락으로 떨어지고 말 것이다. 그도 아니면, 반대되는 모든 주제에도 불구하고, 그들은 꿈을 꿀 것이다.

2. 비전의 실현 – 강생

(1) 강생의 본성

1) 믿을 교리

꿈을 꾸는 사람들은 지성과 의지의 본성 자체에서 그 이유를 보게 된다. 그러나 꿈들 가운데 가장 큰 꿈, 즉 우리가 하느님과 팔짱을 끼고 함께 걷는 꿈에는 인간의 본성보다 더 견고한 이유가 있다. 그것은 하느님의 오래된 약속에 의지하고 있다. 그것은 기다리고 있는 것이 무엇인지 알고 있는 민족이 참을성 있게 그 성취를 기다린 약속이지만, 동시에 공허감이 크다는 것만을 알았던 세상은 진득하게 기다리지 못했던 약속이었다.

갈릴래아의 동정 마리아가 천사에게 "보십시오, 저는 주님의 종입니다. 말씀하신 대로 저에게 이루어지기를 바랍니다."라고 대답했을 때, 그 꿈은 실현되었고, 그 바람은 현실이 되었다. 그 순간 하느님께서 강생하시어 인간이 되셨다. 그 말씀이 육신을 취하시어 우리 가운데 사셨다.

성 토마스는「신학대전」에서 하느님과 인간에 대해 철저하게 고찰하기 전까지는 그리스도의 강생에 대해 언급하지 않았는데, 여기에는 상당히 타당한 이유가 있다. 하느님과 인간에 대해 깊이 알아야만, 그분의 강생에서 드러나는 인성과 신성 간의 결합이 간직한 탁월한 진가를 받아들일 수 있기 때문이다. 오직 하느님의 무한하고 눈부신 완전함과 인간의 한계 지어지고 실수하는 최선의 완전함을 대조함으로써, 우리는 그리스도의 강생이 보여주는 무한한 사랑의 관대함과 인간이 하느님께 얼마나 큰 빚을 졌는지 그 은혜로움 가운데 무엇인가를 조금이나마 엿볼 수 있다. 인간이 하느님과 맺는 관계 그리고 최종 목적에 이르기 위한 인간의 필사적인 노력을 이해할 수만 있다면, 우리는 하느님께서 당신께로 되돌아올 수 있도록 우리를 개별적으로 인도하는 가운데 얼마나 부드럽게 배려하시는지 더욱 쉽게 이해할 수 있을 것이다. 하느님 또는 인간 둘 중에서 어느 한 편도 없으면, 강생은 아무 의미가 없다. 양편 모두에 대한 지식이 없다면, 강생의 신비를 규명할 가능성은 없다. 인간이 누구이며 그의 운명을 분명히 알지 못한다면, 강생이라고 하는 믿을 수 없는 사실이 내포한 충만하고도 내밀한 의미를 알아들을 수 없다.

천사 라파엘이 긴 여정과 안전한 귀향길에서 어린 토비아를 보호하고 안내하는 모습은 지상에서 하느님의 삶이 어떤지 우리에게 어렴풋이 보여준다. 하느님은 현세에서 천사가 그랬듯이 인간의 형상을 취하셨을 뿐만 아니라 인간의 본성을 취하셨다. 그분은 우리를 어린아이처럼 대하셨다. 그분은 우리의 손을 잡고 당신의 삶의 모범과 더불어 우리가 어떻게 삶을 살아야 하는지 보여주시며 우리가 어린아이와 같이 되기를 바라셨다. 우리가 신성의 위엄으로 인해 당신을 두려워하지 않도록, 그분은 우리에게 익숙한 본성, 삶에서 다가오는 투쟁에 맞서기 위한 발판인 그 본성 가운데 오셨다.

많은 사랑과 희생이 강생에 담겼으며 수 세기에 걸쳐 많은 사랑과 희생이 거기서 나왔기 때문에, 이 신비를 이야기하는 데 있어 감정이 앞서기 쉽다. 그러나 이것은 결코 토마스의 방식이 아니다. 그 신비가 간직한 대단한 감정적 호소력 때문에, 우리는 그 신비가 내포한 지적인 측면을 확고하고 분명하게 해야 한다. 우리는 믿음을 통해 지극히 거룩하신 삼위일체 가운데 제2위격인 하느님의 말씀(Verbum Dei)께서 복되신 동정 마리아로부터 참된 인성을 취하셨음을 알고 있다. 우리는 여기서 유일한 위격, 즉 하느님의 아드님의 위격을 보게 된다. 반면, 이 위격에는 두 개의 완전하고 완벽한 본성이 있다. 인성과 신성이 그것으로, 이 둘은 실제로 서로 구별되며 오직 하느님의 아드님의 위격 안에서 결합된다. 위격이신 그리스도는 동시에 참 하느님이자 참 인간이시다. 또한, 그분은 영원으로부터 하느님이시며 시간 속에서는 인간이시다.

이러한 비례의 진리에 직면해서, 인간의 사고(思考)는 반항할 수 있다. 그러나 진리를 거스른 반항은 오류로 끝나는 것을 의미한다. 뛰어난 이들은 이러한 오류에 도달하기 어렵다는 점을 우리는 즉시 알 수 있다. 모든 오류의 가능성을 재빨리 없애버리는 것은 사람들의 오랜 특권이다. 예컨대, 우편으로 보낼 편지를 준비하는 비교적 간단한 문제에서 실수할 수 있는 영역은 이름, 도로명, 번호, 도시, 국가, 반송 주소, 우편요금, 편지를 넣어두는 사서함 등 단지 한정된 부분뿐이다. 그러나 미국에서 매일 일어나는 실수는 이 모든 면에서 이루어지고 있다. 우리는 실수에 따라 좌우될 수 있다. 그리고 그것은 오늘날과 마찬가지로 2천년 전에도 그랬다.

2) 사람들의 오류들

강생의 신비에는 그리스도의 신성(神性)과 인성(人性), 그리고 하나의 신적 위격 안에서 인성과 신성의 결합이라는 세 가지 요소가 연관되어 있다. 교회가 탄생한 후 4세기에 걸쳐 그리스도와 관련되어 생긴 모든 오류는 이 세 가지 요소를 거슬러 일어난 것이다. 어떤 사람들은 그리스도가 하느님이 아니라고 말하면서 그분의 신성을 부정했다. 그들은 그리스도를 가장 완전한 인간으로, 인간보다 더, 천사보다도 더 완전하다고 보았다. 반면, 다른 사람들은 그분의 신성을 옹호하면서, 그분은 인간이 아니라고 주장했다. 아마도 그분의 몸은 유령과 같은 육신일 뿐이거나, 만일 그분의 육신이 진짜라면, 그것은 지상적인 육신이 아니라 천상적인 육신이어야 한다고 보았다. 또한, 어떤 이들은 그분의 고통과 죽음에 관한 증거가 압도적이므로 그분이 육신을 가졌다는 것을 인정하지만, 영혼을 가질 수는 없었을 것이라고 말하기도 했다. 그러나 영혼이 없을 것이라는 점을 입증하기에는 곤란하기에, 그들은 적어도 그리스도가 인간적인 의지를 갖지 않았을 것으로 보기도 한다.

그리스도의 신성과 인성에 대한 공격이 오류의 가능성을 모두 소진한 것은 아니다. 그 둘 사이의 결합에 대한 문제가 여전히 남아 있다. 일부 이단자들은 그 결합이 부주의하게 함께 던져진 돌무더기처럼 완전히 우발적이라고 주장했다. 반면, 다른 사람들은 그러한 잘못에 분개하여, 그 결합을 본질적인 것으로 주장함으로써 반박하기도 했다. 마치 물질과 영이 결합되어 영혼도 아니고 육체도 아닌 인간을 형성하게 된 것처럼, 그들은 신성과 인성은 어떻게든 융합되어 하느님도 아니고 인간도 아닌 신비스러운 제3의 존재를 형성하게 되었다고 보았다.

이 문제에 있는 오류는 신비이기에 놀랍지 않으나 그 오류의 이유는 언제나 우리를 아연실색하게 한다. 그것은 우리가 마치 수학 문제를 다루듯 그렇게 신비를 다룰 수 있다는 생각에 근거한다. 우리는 신비를 받아들여 살아가고, 신비를 통찰하는 데 만족하지 않는다. 오히려 우리에게는 신비를 우리 인간 정신의 차원으로 축소시킴으로써 신비를 파괴하려는 경향이 있다.

(2) 강생의 신비

여기에 무한하신 신적 위격이 관련되어 있어서 신비가 존재한다는 것은 당연하다. 그 진리는 너무 넓어서 오직 신적 사고(思考)의 문들만이 그 진리를 꿰뚫어 볼 수 있다. 우리의 정신은 이 진리와 만날 때 어머니를 껴안고 싶어 하는 아주 작은 어린아이의 팔처럼 드러난다. 어린아이가 자신의 팔로 사랑하는 이를 감쌀 수는 없어도 어머니에게 매달릴 수는 있듯이, 우리 정신의 팔들이 이 진리를 감쌀 수는 없어도, 적어도 그 진리에 매달릴 수는 있다. 우리는 어떤 인간적인 수단으로도 강생의 진리를 밝혀낼 수 없다. 그것은 하느님께서 우리에게 알려 주셔야 한다. 우리는 진리를 완전히 이해할 수 없다. 왜냐하면, 그 진리는 당연히 신적인 진리이기 때문이다. 그러나 우리는 그 진리 위에서 튼튼하게 성장할 수 있고, 그렇게 성장해서, 진리를 조금이나마 꿰뚫어 보고, 그 진리에 대한 무지를 깊이 깨달으며, 성심을 다해 이 강생의 진리를 규명할 수 있다.

이러한 작업에서 우리가 이성으로 할 수 있는 일은 반대자들의 빗발치는 작은 돌멩이들을 막아내고 어떤 반대에도 불구하고 이 신비가 선사하는 완전한 자유를 발견하는 데 있다.

강생은 실재, 특히 집착할 가치가 있는 실재이다. 사실, 그것은 우주의 중심적인 실재로서, 늙고 피곤하고 환멸을 느끼고 절망하는 우주에 젊음을 되돌려준 실재이다. 강생은 천국의 문을 다시 열어주었다. 그것은 한 시대의 시작보다 훨씬 더 중요하다. 그것은 바로 자신의 핏줄 속에 자유를 간직하고 있는 피조물들을 위해 그들을 노예 상태로부터 해방한 사건이다. 그것은 그리스도교 신앙의 본질적인 사실이다.

우리는 당연히 역사적인 예수 그리스도에 대해 말할 수 있다. 하지만 오늘날 역사의 예수를, 동일한 인간적 차원 위에서 여정을 걸은 사람들과는 본질적으로 다르지 않은, 단순한 역사의 한 인물로 여기며 언급하는 것이 유행처럼 번져 있다. 이러한 관점을 수용함과 동시에 그리스도교의 권리들과 요청들을 보존하려 하는 것은 어불성설이다. 그러나 이러한 현대의 세련됨이 사실은 그리스도교 신앙을 부정하는 것이라고 사람들에게 지적하면서, 나는 마치 어린아이에게 산타클로스는 없다고 말하는 것처럼 비정함을 느껴왔다. 만약 그리스도가 신이 아니라면, 그리스도교 신앙은 비열한 속임수라는 결론을 단순히 얼버무려 넘길 수는 없다.

(3) 강생의 사실에 대한 신빙성

그리스도는 하느님이시다. 우리는 이것을 이성으로 입증할 수 없지만, 이성의 원리들에 대해 갖는 확실함보다 더 분명히 이 사실을 알 수 있다. 여기 우리 자신과 최고 진리 사이에는 인간적인 이성의 빛과 같은 그런 매개체는 없다. 이 진리는 진리 자체의 직접적이고 충만한 권위에 의해 우리에게 도달한다. 그것은 증명될 수 없는 진리이며 우리가 믿어야 하는 진리이다. 그러나 믿는 데 있어 그렇듯 어려운 진리도 아니다. 이 진리가 내포한 내적 신비에도 불구하고, 그것은 탁월하게 신뢰할 수 있는 진리이다.

그리스도의 존재와 그분의 말씀들은 여하한 모든 역사적 진리처럼 확실하다. 더욱이, 인간이신 그리스도께서 당신이 하느님이시라 말씀하실 때, 이는 숨어서 하시는 말씀도 모호하게 암시하시는 것도 아니라, 제자들과 군중 앞에서 그리고 재판관들 앞에서 공개적으로 하신 말씀이다. 그분은 그런 의미로 이해되었고, 진정 이 말씀을 하셨기 때문에 돌아가셨다. 그분의 진술은 믿을 만한 가치가 있다. 그분의 전 생애가 그분이 바보도 아니고 거짓말쟁이도 아니었음을 증언한다. 그분은 어떤 역할로 자신을 이야기하는 배우가 아니셨다. 그분의 가르침이 지닌 뛰어남, 그분의 삶이 보여준 완전함, 하느님과 인간에 대한 그분의 사랑이 이를 충분히 증언하고도 남는다. 그에 반하게 말하는 것, 즉 그리스도께서 속았다든지 그분께서 사람들을 속였다고 말하는 것은 역사적 증거 앞에서 사라져 버릴 뿐이다. 하물며 바보도 아니고 거짓말쟁이도 아니었던 이 분께서는 자신이 하느님이라고 거듭 진지하게 주장하셨다.

그분이 하신 말씀들은 당신이 하느님이라는 사실을 장엄하게 추인해준다. 예컨대, 타볼산에서 그분의 성변용(聖變容)과 요르단강에서 받은 세례에는 이를 확증해주는 말씀이 있다. 그분의 교회가 퍼져나가고 유지되는 것은 기적이었다. 교회는 그분의 강생을 자신의 근본적인 교의(敎義)로 제시한다. 하느님은 진리라는 단순한 이유로 오류를 섬기는 기적은 일어나지 않는다. 그리스도는 당신의 말씀이 진리임을 보여주는 분명한 증거로서 기적을 행하였다. 그분은 이루어질 예언을 하셨다. 그분을 통해 구약의 모든 예언이 성취되었다. 역사의 사실들 가운데 믿을 만한 가치를 갖는 것이 있다면 그것은 그리스도께서 하느님이시며 하느님께서 인간이 되셨다는 사실이다. 우리는 이 사실을 믿음으로써 인류의 모든 역사가 선회하는 이 중심 진리를 얻게 된다.

만일 하느님께서 어설프게 인간을 사랑하는 분이셨다면, 우리는 강생에 관한 다양한 것들을 해명해야 했을 것이다. 인간적인 사랑과 관련될 때, 우리는 사랑하는 연인의 좋은 지향들에 대해 신뢰해야 한다. 우리는 그 연인이 넥타이를 제대로 매주고 싶어서 그의 옷에 커피를 쏟으려 한 것도 아니고, 아가를 깨우기 위해 지나치게 쾌활한 음성으로 인사한 것도 아니며, 대중의 열광을 불러일으키기 위해 기차역에서 요란하게 키스한 것도 아니라는 점을 알고 있다. 인간의 사랑은 그 표현에 있어 종종 어설프고 당혹스럽지만, 하느님의 사랑은 그렇지 않다. 엄밀히 말해, 그분의 사랑은 신적이기에, 모든 면에서 완벽하다. 그렇다면, 그리스도의 강생이 하느님의 편에서나 인간 편에서 그리고 심지어 모든 면에서 완벽하다는 것은 놀라운 일이 아니다.

3. 강생의 적합성

(1) 하느님의 본성으로부터

우리는 영원 속에서 강생의 완벽한 아름다움을 더 잘 보게 될 것이나, 지금도 하느님의 위대한 업적을 찬찬히 바라보며, 우리의 비틀거리는 정신이 마음을 완전히 잃기에 충분할 만큼 그 신비가 간직한 아름다움을 관상할 수 있다. 예를 들어, 가시적 세상이 한 세트의 눈가리개를 의미하는 것이 아니라 우리 눈에 새로운 시력을 주는 렌즈라는 것을 알고 있고, 눈에 보이는 것에만 멈추지 말고 우리 눈 앞에 펼쳐진 가시적 세상을 통해 하느님의 비가시적 신비들을 꿰뚫어 봐야 한다는 것을 우리는 알고 있다. 하느님의 완전함은 그리스도의 강생에서 어떤 가시적 세계도 나타낼 수 없을 정도로 분명히 드러난다. 하느님께서 인간이 되시는 것보다 더 위대한 것은 없기에, 성모님의 아드님이신 그 아기 안에는 처녀의 자궁이나 육신의 나약함을 마다하지 않는 하느님의 선하심이 드러난다. 또한, 그 아기 안에는 인간 자신을 통해 인간의 악을 기워 갚으려는 현명한 정의의 증거가 있으며, 마지막 한 닢까지 무한한 값을 치르는 지혜의 증거가 있고, 진정 광대한 능력을 드러내는 증거가 있다. 왜냐하면, 하느님이 인간이 되시는 것보다도 더 위대한 것은 없기 때문이다.

또한, 하느님의 무한한 선하심의 측면에서 그리스도의 강생을 바라보더라도, 강생은 눈부신 광채로 우리의 정신에 빛난다. 엉뚱하기 그지없는 인간의 행동으로 인해, 그의 미덕은 묘비명의 소재로 삼는 데 반해, 악습은 신문 첫 장에 실린다. 아마도 썩은 사과 한 개가 박스에 담긴 모든 사과를 썩게 할 수 있다는 것을 우리가 너무나 잘 알기 때문일 것이다. 그러나 좋은 이웃이 자기 주위에 좋은 이웃들로 가득 채우고, 현명한 사람이 자신의 지혜를 나누는 가운데 주위가 더 풍요로워지며, 거룩한 사제가 자기 본당의 모든 평판을 바꿀 수 있음은 분명하다. 퍼트리는 능력은 악보다는 선에 더 해당된다.

하느님은 형언할 수 없는 삼위일체의 경계 내에서 당신의 선성(善性)을 퍼트리며, 그 안에서 선에 대한 활동은 무한하며 완전하다. 하느님의 무한하신 선성이 자신 밖으로 확장되는 것보다도 더 하느님에게 합당한 것이 있으며 이러한 그분의 활동을 막을 수 있는 것이 있을까? 그리스도의 강생은 엄밀히 말해 하느님 편에서 자신의 무한한 선성을 외적으로 퍼트리는 것으로, 하느님은 이와 함께 자신의 순수 본성의 경계 안에서 초조하게 흔들리는 인간의 열망과 바람에 부응해서 그를 만나러 오신다. 만일 관대함에 대한 우리의 개념이 제한되지 않았다면, 우리는 하느님으로부터 더 이상 기대할 것이 없다는 점을 쉽게 인식할 것이다. 오직 하느님으로부터 기대할 것이 많다고 말할 수 있다. 언제나 여기서 억누를 수 없는 방식으로, 진리를 발견하는 곳에 이를 동반하는 선성과 이를 설명하는 사랑이 있다.

(2) 강생의 목표로부터 : 인간 구원

1) 우리의 몸값

강생의 본질적인 아름다움과 선함, 그것이 펼쳐준 하느님의 전망, 그것이 우리의 타락한 본성에 부여한 지고한 존엄성은 일부 신학자들이 한눈에 반할 정도로 탁월한 매력을 갖는다. 그들은 아담이 죄를 짓지 않았다 해도, 그리스도의 강생은 일어났을 것으로 보았다. 토마스는 강생의 매력을 표현하는 데 있어 그 누구에게도 뒤지지 않았지만, 그는 물리적으로뿐만 아니라 지적으로도 한눈에 반하지만은 않았던 사람이다. 그는 하느님에 관한 지고한 사정들을 탐구하고 있을 때도 자신의 발을 땅에 확고히 딛고 있으려는 습관을 갖고 있었다. 그는 이러한 논제에 있어서 어떠한 억측도 허용하지 않았다. 강생과 같은 진리는 계시에 의해서만 알려질 수 있다. 그리고 계시는 강생에 대해 단 하나의 확실한 동기, 즉 인간의 구원과 죄의 파멸이라는 동기를 부여한다. 토마스는 기쁨에 넘치는 "오 복된 죄여!"라는 표현을 통해 아우구스티누스와 함께 구원의 필요로 인해 촉발된 강생 개념을 공유했다.

어떤 경우에도 강생이 일어났을 것이라는 견해에 대한 토마스의 냉정한 부정은 강생이라는 로맨스에 찬물을 끼얹는 것처럼 보인다. 사실, 이러한 그의 태도는 우리의 눈과 머리를 맑게 하는 일종의 냉수 끼얹기처럼 여겨져 왔다. 그러나 그의 냉정한 태도는 우리가 진리를 추구하는 데 언제나 유용하다. 진리가 아닌 여하한 모든 기초 위에 세워진 역사는 언제나 애처로울 뿐이다. 그것은 처음부터 우리를 실망시키기 위해 단죄된 것이다. 반면, 강생에는 애처롭거나 우리를 현혹하는 어떠한 메시지도 담겨 있지 않다. 실제로, 성 토마스의 견해는 신적 지혜에 대한 보다 심오한 전망으로 우리를 인도해준다. 신적 지혜는 아담의 죄가 인간의 구원과 죄의 파멸이라는 결과를 일으키도록 우리를 인도해 준다. 성 토마스의 견해와 더불어 강생의 역사가 내포한 숭고함은 저하되지 않고 오히려 더 확고하게 인정된다.

2) 선을 향한 장려

인간 구원이라는 강생의 목적을 확고히 견지한다면, 강생이 이 목적에 이르게 해주는 적합하고 탁월한 수단이라는 사실이 쉽게 드러난다. 선을 향해 행동하고 악으로부터 분리된 것보다 더 구원된 인간을 잘 드러내는 것이 있을까? 믿음과 희망과 참사랑보다, 견고한 덕과 신적인 삶에 대한 적극적인 참여보다 더 효과적으로 선을 향해 인간을 움직이게 하는 것이 있을까?

물론, 걱정스러운 눈으로 그리스도를 바라보는 어느 미친 젊은이의 아버지가 "저는 믿습니다. 믿음이 없는 저를 도와주십시오."(마르 9,24)라고 말씀드리는 것이 그리 어렵지 않음을 알게 될 것이다. 그분께서 야이로의 딸을 살려내기 위해 가던 도중, 그분의 옷자락, 하느님 아드님의 옷자락을 만지기 위해, 여러 해 동안 하혈로 고통받던 여인이 그분 뒤로 가던 모습 속에 드러난 희망과 용기를 이해하기는 어렵지 않다. 자신의 스승을 따라 팔레스타인 지방을 오르내릴 만큼 대단했던 막달레나의 사랑은 골고타 동산에서 약 세 시간 동안 그녀의 마음속에 일깨워진 사랑에 비하면 아무것도 아니다. 성자 그리스도의 사랑처럼 강렬한 사랑에 저항하기는 어렵다. 하느님의 아드님과 함께 보고, 말하고, 살아감으로써 믿음을 고취시키는 것보다 더 쉽고 더 효과적인 방법은 없다. 우리를 만나러 오기 위한 그분의 배려가 담긴 증거보다 더 깊은 희망의 근원은 없다.

선행과 관련해서, 그리스도께서 지치신 몸으로 우리가 따라가야 할 길을 친히 표시해 주신 것보다 어떻게 더 우리에게 쉬울 수 있을까? 베들레헴에서 골고타 동산까지 가는 길은, 우리가 그분께 팔을 얹을 수 있는 한, 어려운 길이 아니다. 무거운 발걸음을 계속 끌고 가기에 앞서, 우리는 다른 사람에게 위로의 말을 건네고 도움을 주기 위해 고통의 한가운데서 멈춰 설 용기를 발견할 수 있다. 이것은 그리스도께서 남기신 모범, 천국의 복도를 가득 메운 모든 성인이 기쁘게 받아들인 모범이다.

마지막으로, 만일 우리가 하느님의 신성(神性)에 참여하도록 부름 받았다는 사실로부터 선을 향한 최고의 추진력을 얻게 된다면, 그것은 특히 우리의 인성이 본질적으로 신성에 참여하는 강생을 통해서 그렇게 된다. 그것은 우리가 저 천상에서 그리스도의 은총에 의해 선사되는 지복직관을 통해 인격적이고 개별적으로 신성에 참여할 때까지 그렇다.

3) 악을 삼가함

사람을 감옥에 가두거나 손발을 묶어둔다고 해서 그를 강제로 선하게 만들 수 있는 것은 아니다. 그에게 악과 싸울 수 있다는 것을 보여줌으로써 상당한 자존감을 올려주고, 그가 싸워야 할 것을 볼 수 있다는 사실을 제시해주며, 그럼으로써 그가 자유롭게 싸우도록 배려해주면, 그는 악을 삼가게 된다. 이는 그리스도께서 강생하셔서 우리를 위해 하신 일이기도 하다. 그분은 사탄의 우두머리를 그의 포로들 바로 앞에서 굴복시켰다. 그분은 지극히 높은 곳으로부터 떨어져 손상된 본성에 새로운 품위를 부여했다. 그분은 우리에게 교만의 잘못으로부터 우리를 보호해 주셨으며, 우리가 구원되는 것은 그분의 은총과 고통에 의한 것임을 보여주셨다. 그분은 우리의 눈을 하느님의 겸손을 향해 열어주심으로써 자만에 빠질 수 있는 잘못으로부터 우리를 보호해 주셨다. 그분은 우리를 악마의 노예 상태에서 해방시키는 속전(贖錢)을 지불함으로써 마침내 우리에게 자유라는 최고 선물을 얻어주셨다.

어떤 의미에서, 하느님의 아드님의 이 강생은 더할 나위 없는 적합성 그 이상이다. 엄격한 정의라는 면에서 볼 때, 인간에 대한 완전한 속죄를 위해서는 그리스도의 강생이 절대적으로 필요하다. 하느님은 자신의 신성 안에서 죄 때문에 괴로워하실 수 없다. 그리고 개인으로서 인간은 혼자서 무한한 대가를 치르고 인류 전체를 구원할 수 없었다. 고통받고 공로를 얻을 수 있는 본성이 무한한 가치를 지닌 생명을 누리는 한 인격에 의해 취해지는 것은 절대적으로 필요했다.

(3) 강생의 시간으로부터

하느님은 인간을 알고 계시고, 이 사실이 강생의 타이밍만큼이나 더 명백히 드러나는 곳은 없다. 숙제를 하는 어린아이가 스스로 하기 전에 주위로부터 너무 빨리 도움을 받게 되면, 자기 능력에 자만하며 그 도움을 원망할 수 있다. 그 아이는 도움을 너무 가볍게 여기거나, 반대로 도움에 너무 의존하여 노력을 하지 않을 수 있다. 언제나 어린아이인 인간은 도움을 받아들이기 위해 시간이 필요하다. 부끄러워하며 자신의 결점을 인정하려면 시간이 필요하다. 또한, 얼마나 많은 진리를 놓칠 수 있는지를 알기 위해서도 시간이 필요하며, 구약의 도움을 받는다고 해도, 얼마나 많은 덕이 사라질 것인지 인식하기 위해서도 시간이 필요하다. 달리 말해, 하느님만이 주실 수 있는 도움을 기꺼이 받아들이기 위해 인간에게는 시간이 필요하다. 인간은 또한 그토록 존엄하신 구세주를 환영할 준비를 하기 위해 시간이 필요하다. 그러나 인간은 신앙이 나태해질까 봐 너무 많은 시간을 가질 수 없었다. 실제로, 만일 그리스도의 강생이 세상의 종말까지 연기된다면, 인간은 어떤 것에든 익숙해질 수 있는 자신의 능력과 함께, 그때까지 뒹굴고 있을 구렁텅이에 잘 익숙해져서 여전히 그곳에 머무르고 있을지도 모른다. 아담의 타락과 그리스도께서 실제로 이 세상에 오신 시점 사이에 지나간 실제 시간 동안, 하느님에 대한 앎과 사랑 그리고 윤리적인 삶에 일어난 일을 살펴보는 것만으로도 이를 입증하기에 충분하다. 하느님은 인간에게 구원을 베풀기 위해 너무 늦지도 그렇다고 너무 빠르지도 않게 오셨다. 지극히 거룩하신 삼위일체 가운데 제2위격은 때가 충만하게 되자 인간이 되셨다. 모든 사람이 믿을 수 있도록 그분은 정확히 합당한 순간에 강생하셨다. 그리스도 이전에 살았던 모든 사람이 미래에 믿을 수 있도록, 현재에는 그분의 동시대 사람들이 믿을 수 있도록, 그리고 과거에는 그분 이후에 오게 된 우리 모두가 믿을 수 있도록 가장 적절한 때에 그분은 강생하셨다.

지금껏 우리는 강생의 사실, 그 사실의 신빙성, 더할 나위 없는 그 사실의 적합성에 대해 살펴봤지만, 아직은 강생의 신비 자체를 잠시 살펴본 것에 지나지 않는다. 이런 방식은 조금은 두려워하는 어떤 일을 마주한 사람의 방식과 같다. 그 사람은 책상을 치우고 서신을 정리하며 몇 달 동안 방치되어 온 자잘한 일들을 처리하지만, 가장 중요한 일에서 굳이 눈을 떼려 애쓰면서 부차적인 일을 하게 될 것이다. 결국, 그는 핑계가 바닥나서 일을 시작해야만 한다. 이제 그처럼 우리는 강생의 신비를 본격적으로 살펴보기 위해 그 신비의 핵심인 두 본성 간의 위격적 결합을 자세히 고찰하기로 하자.

4. 위격적 결합

(1) 일치의 요소들

1) 본성과 위격의 구별

우리는 계시에서 분명히 진술된 이 신비의 질료가 신성, 인성 그리고 신적 위격이라는 것을 알고 있다. 이 신적 위격은 동시에 두 본성 안에 존재한다. 그러나 여기서 말하는 위격은 오직 하나의 위격이다. 그리스도의 위격에 대한 이러한 소개는 그 신비로부터 가식적인 것을 걷어치우며 우리로 하여금 위격과 본성의 개념을 보다 더 깊이 규명하게 한다.

철학자는 다음과 같이 말하는 가운데 이 점을 쉽게 끌어낼 수 있다. 즉, 위격은 책임 있는 작용자(作用者)인데 반해, 본성은 위격과 더불어 행동한다. 그러나 이러한 설명을 선호하는 일부 철학자를 제외한다면, 이를 아무도 만족시키지 못한다. 그러나 예컨대 존 존스가 말하고 웃고 시를 즐기고 실수를 하는 인간이라는 점, 그리고 그가 인간이기 때문에, 인간 본성을 가지고 있기 때문에 이 모든 일을 한다는 것을 의식한다면, 이런 설명이 의도하는 메시지는 더욱 분명해진다. 병원 신생아실의 유리벽을 들여다보고 있는 자랑스러운 젊은 아버지는, 자신이 기다리는 아기에 대한 최소한의 관념도 갖고 있지 않다 해도, 모든 아기들이 인간이라고 말할 때, 진실의 핵심으로 나아갈 수 있다.

본성과 위격(인격)을 구별하는 것은 어렵지 않다. 모든 사람은 같은 인간 본성을 가지고 있지만, 동시에 모든 사람은 다른 인격이다. 이러한 차이를 언어라는 연약한 밧줄로 잡아내려 시도하기 때문에 어려움이 따른다. 아마도 우리가 그러한 차이에 가장 근접할 수 있는 것은 본성의 비독점적(非獨占的) 특성과 인격의 비통교적(非通交的) 특성에 대한 주장을 통해서일 것이다. 사실, 본성은 완벽한 단일체가 아니며 소통을 막지도 않는다. 반면, 인격적 특징은 인격을 우주의 다른 모든 것으로부터 구별하게 해주는 완전한 단일체를 규정한다. 그것은 완전한 실체로서 권리와 의무에 대한 역량을 갖는다. 인격적 특징이 있을 때, 본성은 행동할 수 있지만, 행위들은 인격의 것이다.

우리는 위격적 결합에서 인성과 신성을 발견하게 된다. 신적 위격을 구성하는 신적 위격성이 거기에 있다. 그러나 인간적 위격을 구성하게 될 인간적 위격성은 거기에 없다. 이 인성은 신적 위격성에 의해 위격화되었다. 그러므로 이러한 결합에는 인간적 위격이 없고 하느님의 아들로서의 위격만 있다. 여기서 말하는 결합은 본성에서 본성으로 이어지는 결합이 아니다. 인성과 신성은 서로 직접 연결된 것이 아니다. 두 본성은 지극히 거룩하신 삼위일체 가운데 제2위격의 인격성 안에서 결합된 것이다. 이 제2위격이 두 본성, 즉 인성과 신성에서 유래하는 행위들의 주체가 된다. 배고프고 갈증을 느낀 분은 다름 아닌 그리스도이셨다. 그분이 슬퍼하셨고 바로 그분이 죄를 용서하셨다. 죽은 이들을 부활시키시고 교회를 설립하신 분은 바로 그리스도이시다.

이 신비에서 하나의 본성에 결합되는 다른 본성의 개념은 이성의 관점에서 보면 이단일 뿐만 아니라 모욕이기까지 하다. 그것은 하나의 돌무더기처럼 인성과 신성이 함께 있다는 것을 의미한다. 즉, 두 본성이 실제로 결합하지 않은 채 나란히 서 있다는 것이다. 물론 그로 인한 결과는 한 인격이 아니라 두 인격이 될 것이다. 그리고 그리스도는 결코 존재하지 않았을 것이다. 그런 결합은 신성과 인성이 수소와 산소처럼 함께 융합되어 하느님도 인간도 아닌 신비한 제3의 존재가 된다는 것을 의미할지도 모른다. 만일 그러한 결합이, 육체와 영혼이 서로를 완성하여 인성을 형성하는 것처럼, 그 자체로는 불완전한 신성과 인성이 어떻게든 서로를 완성한다는 의미로 받아들여진다면, 그 결과는 새로운 불합리일 것이다. 왜냐하면 이런 결합의 결과는 하느님도 아니고 인간도 아니며, 게다가 그 과정 자체가 불완전한 하느님이 결함이 있는 인성에 의해 완성되고 완전하게 된다는 불합리한 오류를 내포할 것이기 때문이다.

그러므로 이 결합은 본성에 대한 본성의 결합이 아니라 위격적인 결합이다. 그것은, 인간의 육체와 영혼처럼, 위격이 불완전한 실체들의 결합으로 인한 결과라는 단순한 위격적 결합이 아니다. 여기서 위격은 결합에 의해 야기된 것이 아니라 그 결합에 앞서 존재한다. 이 유일한 위격적 결합에서 두 실체가 함께 있는 유일한 위격적 결합으로 불리는 것은 신성과 인성 모두가 완전하며 위격이 결합에 선행할 때이다. 이런 종류의 결합과 인간적 위격이 유래하는 위격적 결합 사이의 차이점은 인간적 위격의 결합이 해체되는 것에 대해 잠시 생각해 봄으로써 아주 분명히 드러난다.

인간이 죽으면 육체와 영혼의 결합은 해체된다. 인간은 원래 그 결합에서 비롯되었기 때문에, 그 해체로 인해 인간은 더 이상 존재하지 않게 된다. 존 스미스의 영혼이 천국에 있을 수 있지만, 그는 더 이상 존 스미스가 아니다. 사실 존 스미스는 육체와 영혼이 재결합되는 부활 때까지 어디에도 존재하지 않는다. 그리스도께서 십자가에서 돌아가셨을 때, 인성의 파괴를 통해 마찬가지로 그분의 육체와 영혼은 분리되었지만, 인성과의 결합보다 먼저 존재했던 그 위격, 즉 그분의 신적 위격은 계속 존재한다.

위격적 결합이라는 전적으로 독특한 이 결합과 더불어 지극히 거룩하신 삼위일체의 제2위격은 강생하셨다. 그러므로 이 신적 위격은 그리스도의 생애에서 자신의 모든 활동에 대한 책임을 진 주체이다. 지극히 거룩하신 삼위일체의 제2위격이 이 세상에 태어나셨고 성장하셨으며 수난하셨고 돌아가셨다. 그리고 정확히 바로 여기에서 우리는 성모님의 이 아드님이 하신 가장 작은 행위마저도 무한한 공로에 상응한다는 것을 보게 된다.

다음은 그리스도의 강생에 관한 고전적인 반론이다. 그에 따르면, 강생은 하느님에게 어떤 것을 첨가한다고 한다. 하느님은 강생 이전에 인간이 아니셨지만, 그 후에는 인간이시라는 것이다. 우리는 본 시리즈의 제1권에서 창조에 대해 다룰 때 이와 동일한 어려움에 직면한 적이 있다. 사실, 이러한 어려움은 근본적으로 하느님과 그분의 피조물들 간의 모든 관계에서 드러난다. 이제 우리는 그에 대한 대답을 '관계'(relatio) 개념에서 발견하게 된다. 이 대답은 다음과 같은 표현으로 환원된다. 즉, 신적 행위는 다른 존재자들을 완전하게 하지만, 무한히 완전하신 하느님 자신에게는 그 어떠한 완전함도 첨가하지 않는다는 것이다.

그러나 우리의 지성은 그 본성상 보다 더 정확한 해명을 요하므로, 그에 대해 좀 더 설명해 보기로 하자. 그러므로 우리는 이 관계 문제에 대해 고찰함으로써, 관계라는 것이 다른 것에 대한 어떤 것의 '태세'(dispositio)이외에 다른 것이 아니며, 그것은 언제나 두 개의 종착점(terminus)을 필요로 한다는 것을 발견하게 된다. 예컨대, 어떤 여행객이 기둥을 본다고 할 때, 그 둘 사이에는 관계가 개입해 설정된다. 두 실재가 없다면 이 관계는 전혀 이루어질 수 없다. 지구가 태양에 의해 뜨거워질 때 두 실재 사이에 관계가 형성되는 것처럼, 마찬가지로 인간 본성이 하느님의 말씀(Verbum Dei)에 의해 취해질 때에도 둘 사이에는 일정한 관계가 형성된다. 그런데, 여행객이 기둥을 보았다고 해서, 그 기둥에 어떤 것이 첨가되었다고 말할 수 있을까? 또는, 지구가 태양에 의해 뜨거워졌다고

해서 태양에 어떤 것이 첨가되었다고 말할 수 있을까? 물론 그렇지 않다. 이와 마찬가지로, 하느님의 말씀이 인간의 본성에 결합되었다고 해서, 이로 인해 하느님의 말씀에 어떤 것이 첨가되었다고 말하지는 않는다.

오히려 기둥에 직면해서 여행객에게, 하느님에 직면해서 인간 본성에 분명히 어떤 것이 추가되었다고 할 수 있다. 두 종착점 사이의 차이는, 한편에 '실제적 관계'가 있는 데 반해(즉, 여행객과 지구 그리고 인간 본성의 편에서), 다른 한편에는 '이유의 관계'(즉, 기둥과 태양 그리고 하느님의 말씀 편에서)가 있다는 점이다. 우리가 이 두 관계를 구별할 수 있는 대략적인 규범은 다음과 같다. 즉, '의존'(dipendentia)이 있는 곳에 실제적 관계가 있으며, '의존'이 없으면 단지 이유의 관계만 있다는 것이다.

아마도 우리가 사실들의 세계를 떠나 가능성의 세계를 향한다면 이 모든 것이 그렇게 압도적으로 보이지는 않을 것이다. 결국, 거대한 사람도 더 큰 사람 옆에 서게 되면, 그다지 커 보이지 않는다. 철천지원수의 바로 너머에 더 심한 철천지원수가 있다면 그 원수는 그다지 악하게 보이지 않을 것이다. 있을 수도 있는 그 위격적 합일들 중의 일부만이라도 보게 된다면, 위격적 결합이 그렇게 놀라워 보이지는 않을 것이다.

2) 결합의 다양성

신적 위격들 가운데 한 분이 창조된 본성을 취하셨다는 바로 그 사실로부터 각각의 신적 위격이 그와 동일하게 할 수 있으리라는 점이 분명히 드러난다. 만일 선행하는 것이 없었다고 해도, 그런 가능성은 신적 위격성의 본질 자체와 연결되어 있다. 강생은 인간 본성과 그 행위의 고유함을 취하는 행위가 이루어질 수 있는 곳에서 가능하다. 이 문제는 신적 위격이, 자신의 신적 본성과 자신의 신적 위격성의 무한한 완전함을 통해, 통상적으로 제2원인들에 위임된 작업을 직접 완수할 수 있는지의 여부를 아는 것으로 귀결된다. 이런 식으로, 세 신적 위격들 가운데 어떤 위격이든, 신적 위격이 창조된 본성을 취할 수 있다는 것은 모든 신적 위격이 전능하며 각각의 신적 위격이 자신의 무한한 위격성을 갖고 있다는 사실로 인해 분명하다.

(2) 위격적 결합의 특성들

신적 본성이 창조된 본성을 취할 수 있을까? 그럴 수 없다. 신적 본성은 여하한 모든 창조된 본성을 취하는 데 있어 직접적인 제1작용인이 될 수 없다. 물론, 신적 본성은 언제나 그 근간으로 남아 있지만, 그 행위의 즉각적인 원리는 아니다. 이러한 행위는 종착점에 관한 충만한 철학적 의미에서 볼 때, 위격성의 일부분이다. 하느님의 아드님은 자신의 신적 본성에 근거해서 기적들을 행하셨지만, 그 기적들을 행한 주체는 엄밀히 말해 위격이지 본성은 아니다. 바로 그 동일한 위격께서는 자신의 인간적 본성에 근거해서 수난하고 돌아가셨다. 그러나 수난하고 돌아가신 당사자는 위격이지 본성은 아니다.

하나의 신적 위격이 다른 두 위격을 제외한 채 창조된 본성을 취할 수 있을까? 만일 창조된 본성을 취하는 것이 취해진 본성을 취하고 보완하고 완전하게 하는 행위를 내포한다는 것을 상기한다면, 그에 대한 대답은 어렵지 않다. 취하는 능력은 신적 본성에 고유한 것이며 세 신적 위격 모두에게 공통된다. 그것은 마치 세 신적 위격 가운데 그 어떤 위격도 홀로 행위의 원리로 작용할 수 없으며 삼위일체에 있어 모든 외적인 신적 행위들은 공통된 것과 마찬가지이다. 그러나 창조된 본성에 실체를 부여하는 관점에서 볼 때, 이는 위격성에 속하는 것이지 본성에는 속하는 것이 아니며, 각각의 신적 위격의 무한한 위격성은 적합함 그 이상이다. 사실, 엄밀히 말해 이것이 강생에서 하느님이 진행하는 방식이다.

5. 위격과 결합

(1) 삼위일체의 세 위격에 있어서 결합의 관계

이 가능성들의 세계를 더 멀리 확장한다면, 하나의 신적 위격이 둘, 셋, 넷, 다섯 또는 그 이상의 창조된 본성을 취할 수 있을까? 아니면 반대로, 둘 또는 세 개의 신적 위격들이 동일한 창조된 본성을 취할 수 있을까? 이 모든 것이 조금은 터무니없어 보일지 모르지만, 결코 그렇지는 않다. 오히려 우리로 하여금 유일한 신적 본성 안에 있는 세 위격의 신비 가운데 숨겨진 엄청난 가능성을 엿보게 해준다. 신적 위격들의 지위는 본성의 공통성이 아닌 위격들의 공통성을 배제한다. 즉, 둘 또는 세 개의 신적 위격에 있어 동일한 창조된 본성 가운데 강생하는 것은 전적으로 가능하다. 이 경우, 이 위격들은 하나의 신적 본성을 공통으로 소유하는 것처럼, 공통으로 인간 본성을 소유하게 될 것이다.

한 위격이 취한 창조된 본성의 다수성(多數性)에 관한 질문에 대해서는, 신적 본성의 전능함과 신적 위격의 무한한 특성 때문에 창조된 본성을 취하는 것이 가능하다는 점을 기억한다면 별 어려움이 없다. 한 위격이 반 다스 혹은 한 다스의 창조된 본성을 취할 수 있는지 묻는 것은 단순히 하느님의 전능하심에 한계가 있는지, 그리고 신적 위격성의 광범위한 영역에 한계가 있는지 묻는 것과 같다. 그에 대한 대답은 분명하다. 하느님의 아드님은 한 다스의 인간 본성을 더 취하실 수도 있었다.

(2) 제2위격과의 관계

가능성들은 많았지만 세 신적 위격 가운데 하느님의 아드님께서 창조된 본성을 취하고, 특히 창조된 본성들 가운데 인간 본성을 취하는 것이 상당히 적절했다. 하느님의 영원한 사고(思考)이신 하느님의 아드님은 어떤 의미에서 모든 피조물의 전형(典型)이시다. 제반 존재자들은 이 전형에 참여함으로써 자신들의 종(種)으로 구성된다. 그럼으로써, 인간 본성은 이 신적 말씀에 참여하는 결합이 아닌 실체적 결합을 통해 영원하고 불변하는 완전함에 대한 자신들의 성소를 재확립하게 된다. 그러므로 우리는 하느님의 말씀이 집의 건축적 층(層)으로 드러난다고 말할 수 있다. 만일 집이 붕괴되었다면, 바로 이 층 위에 다시 복구할 수 있다.

[결론]

1. 현대세계와 강생

(1) 이성과 신비

적합성의 차원에서 볼 때, 하느님의 말씀은 영원한 지혜(Sapientia Eterna)의 사고(思考)로서, 인간의 모든 지혜는 거기에 기원을 두고 있다. 또한, 제자들이 스승이신 예수님의 말씀에서 지혜를 퍼올리며 완전해지듯이, 인간은 하느님의 말씀으로부터 지혜를 끌어내는 가운데 성장해간다. 그러므로 자신의 본성에 있어 충만한 완성에 이르기 위해서는 하느님의 말씀과 더불어 위격적 결합을 이루는 것이 최고의 행위이다. 더 나아가, 만일 사람들이 입양으로 하느님의 자녀가 되도록 부름 받았다면, 그들은 자신의 본성적 자녀됨을 통해 그리고 성자의 모상에 준해서 이런 자신의 입양적 자녀됨에 이르게 된다. 결국, 첫 인간은 알아서는 안 되는 것들을 알고자 하는 무질서한 열망으로 인해 죄를 범했기 때문에, 참된 지혜의 말씀을 통해 하느님께 다시 인도되는 것이 적절하다.

(2) 초기 오류들과의 대조

그리스도의 강생이 인간의 정신을 깜짝 놀라게 하는 데에는 충분한 이유가 있다. 그것은 현재에도 그러하며 언제나 그랬고 앞으로도 그럴 것이다. 엄밀히 말해, 그리스도의 강생은 인간의 정신력을 훨씬 능가하는 신비이기 때문에, 이 진리에 대한 공공연한 반항이 있어 왔다. 교회 역사의 초기에 이러한 반항은 엄청났다. 견고하고 강력한 오류들이 지적 기초 위에서 형성되었다. 오직 날카롭고 예리한 최고로 유능한 사람들만이 이런 미세한 오류들에 내포된 허점을 발견할 수 있었다. 이 초세기 동안 있을 수 있는 모든 오류의 가능성이 검토되고 논쟁에 부쳐졌다. 이어서 강생에 대한 지적인 반대는 언제나 쇠진해 갔고, 그에 대한 공격들은 성채(城砦)를 향해 투척된 항아리들의 파편 정도로 간주되었다.

종교개혁과 더불어 신앙의 지적 내용은 부차적인 차원으로 옮겨갔다. 이제 신앙의 내용은 일종의 신뢰, 확신, 감정과 관련된 어떤 것으로 축소되었다. 그 후, 그리스도교는 교회 밖에서 합리주의가 가하는 공격의 손쉬운 희생자가 되었다. 오늘날 안타깝게도 개신교도들의 그리스도교는 여러 세대에 걸쳐 불신을 유지해 온 지적 세계의 타격 아래 굴복하고 있다. 그렇게 훼손된 그리스도교는 소위 말하는 진보와 더불어 이상한 타협을 하고 있다. 왜냐하면, 더 이상 자신을 방어하기 위해 좋은 지적인 무기들을 갖고 있지 않기 때문이다. 그러므로, 오늘날 교회 밖에서 그리스도를 단순한 인간으로 여기는 것은 놀랍지 않다. 의심할 여지 없이 여기에는 초자연적인 것에 대한 어떤 수치심이 있다. 도처에서 초자연적인 것에 대한 공개적인 부인(否認)이 있다. 그리스도의 신성뿐만 아니라 모든 신성에 대한 부인이 증가하고 있다.

(3) 상실한 기초들

오늘날, 현대인의 정신에 그리스도의 강생은 점차 설 자리를 잃어가고 있는 형국이다. 현대인은 강생의 의미를 이해하기 어려워한다. 왜냐하면, 그 신비를 이루고 있는 구성 요소들을 이해하지 못하기 때문이다. 현대인은 하느님에 대해 전혀 알지 못한다. 심지어 그는 하느님이 존재하는지조차 모른다. 그런데 하느님은 강생에서 아주 중요한 부분을 구성하신다. 따라서, 현대인은 당연히 강생에 대해 알 수 없다. 현대인은 하느님만이 아니라 인간에 대해서도 알지 못한다. 사실, 그는 영혼의 영적인 특징과 영혼의 불멸에 대해 의심한다. 또한, 그는 영혼의 지적 능력과 자유재량 그리고 영혼의 기원과 목적에 대해서도 의심한다. 이러한 상황에서 강생을 받아들이는 것은 마치 낯선 두 사람이 아무런 목적도 알지 못한 채 결합하는 것과 다를 바 없다.

어쩌면 우리는 오늘날 신비에 대한 거부로 인해 강생에 대한 미래의 지식을 얻는 것조차 방해받고 있는지 모른다. 그러나 한편으로 신비를 거부하는 장벽이 무너지기 시작한다는 것은 우리 시대가 보여주는 희망적인 신호라고 할 수 있다. 아마도 그 장벽의 붕괴가 충분히 진행되었을 때, 우리는 비로소 인간의 의미와 하느님의 의미, 따라서 강생의 의미를 알아들을 수 있을 것이다. 확실히 현대인들은 꿈이 없는 세상에서 조급해하고 있다. 아마도 하느님, 그리스도에 관한 신비들은 진정한 꿈의 본질을 그들에게 돌려주고 인류에 합당한 고귀한 지평을 열어줄 것이다. 소위 현대세계는 강생에 대한 자각으로부터 너무 멀리 떨어져 있다. 오직 하느님의 지혜만이 거기에 이르는 데 필요한 시간을 헤아리실 수 있으리라.

2. 그리스도인 세계와 강생

(1) 말씀이 사람이 되시다 : 성모님의 실현

이 세계와 그리스도교 세계 사이에는 심연(深淵)이 있다. 그리스도교 세계에서 하느님의 아드님이자 말씀께서 사람이 되셨다. 열다섯 살 또는 열여섯 살의 소녀가 그분을 자신 안으로 기꺼이 맞아들였다. 그 여인의 마음은 타락한 본성이 들어 올려지고 하느님의 자기비움 가운데 선사된 사랑의 증거에 전율하는 첫 번째 인간의 마음이다. 그 여인은 하느님의 무한한 계획 앞에서 숨을 멈춘 채 그분을 온전히 믿었던 첫 번째 사람이다. 또한, 그 여인은 우리의 형제이신 그리스도와의 혈연을 받아들이고, 그 신성한 손님의 현존이 영혼들 안에서 일으킨 평온함, 용기, 영감(靈感), 그리고 대담하게 응답하는 사랑을 느낀 첫 번째 사람이다. 성모님은 그 놀라운 이야기를 세상 곳곳에 전하신 첫 번째 인간이시다.

(2) 그리고 우리 가운데 사셨다 : 사도들의 실현

하느님의 말씀께서는 그리스도인의 세상에서 사람이 되셨을 뿐만 아니라 우리 가운데 머무르셨다. 무지한 열두 사람이 그분의 삶속으로 들어가 그분과 함께 먹고 걸었으며 그분과 함께 잤고 별빛 아래 앉아 그분의 숭고한 가르침을 들었으며 그분이 수난하고 돌아가시는 것을 보았고 그분의 부활과 승천을 목격했다. 그리고 마침내 그들은 하느님께서 몸소 사람들이 가야 할 길을 알려주시기 위해 오셔서, 인간이 어떻게 사랑하고 일하며 희생하고 용서하며 고통받고 죽어야 하는지 진정한 본보기를 보여주셨음을 이해했다. 결국, 그들 역시 그 길을 택함으로써 그분이 자신들을 위해 남겨 주신 발자국을 따라 걸어갔다. 그리고 그 제자들의 뒤를 이어 2천 년간 수많은 사람이 그들과 같은 주님의 인도하심과 영감을 받아 같은 목표를 향해 길을 걸어갔다. 하느님께서 인간이 되셨다는 이 근본적인 진리는 그들의 놀라운 삶의 깊은 곳에서 작동했다. 바로 그 진리는 그들이 믿는 종교의 핵심을 형성했으며 세상 역사의 중심에 자리했다. 비로소 그들에게 꿈이 현실이 된 것이다.

그 꿈은 사람들로 하여금 제반 사물의 숨은 의미를 발견하게 해주는 빛이며, 직접 대면해서 하느님을 보는 경이로운 현실에 잠길 수 있도록 자신과 사회 그리고 자연의 모든 장벽을 깨부수는 힘이다.

제3장 그 길의 진실 (제3부, 제4문제 ~ 제8문제)

1. 높음과 낮음의 대비되는 접촉
   (1) 잘난 체하는 접촉
   (2) 품위 있는 접촉
2. 강생에서 신성과의 내밀한 접촉
   (1) 초기 오류의 근원 : 위에서 본 인간의 본성
      1) 하느님의 완전함과 인간적 한계 간의 대조
      2) 하느님에 의해 취해질 수 있는 가장 적합한 본성
   (2) 합일의 인간적 측면
      1) 취해진 인간이 아님　　2) 인간이 아님
      3) 아담의 그루터기에서 나온 개별 본성
3. 그리스도의 겸손 – 그리스도의 인성의 진리
   (1) 네 가지 오류와 그 근거
   (2) 그리스도 인성의 진리
      1) 실제적인 물질적 육체　　2) 모든 능력을 갖춘 인간의 영혼
   (3) 인간 본성이 취해지는 순서
4. 인간 본성을 고귀하게 함 – 그리스도의 은총과 덕
   (1) 신적 고귀함 : 합일의 은총
   (2) 창조된 고귀함 : 그리스도의 인간적 영혼에 있는 은총
      1) 그리스도의 개별 은총
         a. 그 본성　　b. 그에 수반되는 것들
         c. 예언과 사도적 은총　　d. 그리스도에게 있어 은총의 완전함
   (3) 그리스도의 주요 은총 : 수장(首長)으로서의 은총
      1) 그 본성
      2) 그 범위: 교회의 머리, 영혼과 육체의 머리, 인간들의 머리, 천사들의 머리이신 그리스도
      3) 인간 본성의 퇴화 : 악의 우두머리
         a. 악인의 우두머리로서의 악마
         b. 악인의 우두머리로서의 적(敵)그리스도

[결론]

1. 인간 본성의 진실
   (1) 다양한 전망과 진실
   (2) 인간 본성에 대한 다양한 전망들
      1) 위에서 본 전망들　　2) 아래에서 본 전망들
      3) 수평적 지평에서 본 전망들
   (3) 전망들의 진실
      1) 부분적인 견해로서　　2) 완전한 견해로서
2. 강생에 대한 믿음의 장애물들 – 인간 본성에 대한 무지
3. 강생과 인간 본성
   (1) 모욕이 아닌 찬사
   (2) 잘난 체하는 것이 아닌 품위 있게 함

제3장 그 길의 진실 (제3부, 제4문제 ~ 제8문제)

19세기의 전형적인 사고방식은 자연법이 동전 분리기가 동전을 분리하듯이 가차 없이 완벽하게 그리고 공정하게 일을 처리하는, 인간적 상황들에 대한 기계적인 분배자로 여겨졌다. 만일 어떤 사람이 굶주림에 허덕이며 산다면, 바로 그곳이 그가 속하는 곳일 것이다. 그리고 그는 자신에게 마땅한 장소를 찾은 것을 기뻐해야 할 것이라고 가정할 수 있다. 만약 어떤 사람이 부자라면, 그는 그 부를 즐길 수 있고, 그럴 자격이 있으며, 삶에 있어서 그의 지위는 바로 그것이라고 여길 것이다. 어떤 사람들은 높은 지위에 있고, 다른 사람들은 낮은 지위에 있지만, 그들은 모두 자신의 적절한 위치에 있는 것이다. 굶주림에 허덕이는 사람들이 이러한 이론을 만들지는 않았다는 점은 굳이 부연해서 설명할 필요는 없을 것이다. 또한, 그들만이 이러한 이론의 이름으로 부당한 대우를 겪은 것은 아니다. 이러한 이론이 상류층 사람들에게는 아주 많은 위안이 되겠지만, 사회 밑바닥에 있는 사람들에게 지극히 절망적인 메시지가 될 것이다.

1. 높음과 낮음의 대비되는 접촉

(1) 잘난 체하는 접촉

사회의 양극단은 상류층에서 생색을 내며 은인인 체하는 가운데 하층 사람들과 접촉할 때 그 만남이 이루어지곤 했다. 상류층 사람들은 빈민가를 찾았다. 이런 탐험들이 단지 재미의 한 형태이든 진정한 연민을 의미하든, 그들은 항상 도움을 받는 사람들에게 많은 부담을 던져주었다. 경멸하는 조롱이든 진정한 애덕의 행위든, 이런 접촉들은 모두 끓어오르는 분개심을 불러일으켰다.

자선단체가 생겨났을 때, 이 자연법의 철학은 곧 인간의 영혼을 완전히 깨뜨려 분개심을 덮어버렸다. 하층 사람들에 대한 의무의 실천에서 개인의 존엄성은 간과되고 그들이 열등감에 단단히 빠져있도록 방치했다. 물론, 가끔 여기저기서 반항하는 이가 자신의 부족함을 건드리는 것에 대해 아파하면서 그런 호의에 감사하길 거부하기도 했다. 그러나 전반적으로 자선단체는 그 단체의 희생자들의 상처받을 수 있는 취약성을 간과한 채 그들의 영혼을 깨부수고 자존심을 앗아갔으며, 마치 이것이 그들이 인생에서 기대할 수 있는 최선의 것인 양 그들의 마음을 움직임으로써 자선단체의 원조를 받아들이게 했다.

(2) 품위 있는 접촉

가난한 사람들에게 호의를 베풀 수 있는 또 다른 방법이 있는데, 그것은 그들에게 은인인 체하는 것이 아니라, 그들의 품위를 높이는 가운데 도와주는 방법, 즉 모든 부담을 기부하는 사람에게 지우는 방법이다. 몇 년 전 어느 공동모금회의 표어인 “손잡아 일으켜 세워주기”는 이러한 자선 방법을 정확하게 표현했다. 여기에는 낮은 처지에 있는 사람을 향해 고개를 숙이는 태도가 전제된다. 그 사람에게 필요한 무언가를 선물해 주려면 그에게 부족한 그 물건을 갖고 있어야 한다. 그러나 이미 자신의 불행에 대해 지나치게 잘 알고 있는 그 사람의 상황이 내포한 괴로움이 더 커지게 하는 고압적인 자세는 배제해야 한다. 반면, 그에게서 거의 꺼져버린 열정에 다시 불을 지피고 그의 능력을 깨우며 그에게 새로운 가능성을 전해줄 수 있어야 한다.

하느님의 아드님께서 병자에게 몸을 굽히고 치유의 기적을 일으키는 가운데 이러한 부분들을 강조하시며 "네 믿음이 너를 구원하였다"는 말씀을 통해 그를 일으키신 것이 바로 이런 방식이었다. 그분은 죄인이 자신이 범한 죄로 인해 얼마나 낙담하고 있는지 아시기에, 그에게 "용기를 내어라, 너는 죄를 용서받았다."(마태 9,2)라고 말씀하시며 사려 깊게 격려해 주셨다. 이것이 바로 은혜를 베푸는 그리스도의 방식, 하느님의 방식이다. 이런 태도가 '하느님의 방식'이라는 것만으로도 우리는 이런 방식을 바탕으로 사랑을 베풀어야 한다. 그것은 초자연적일 뿐만 아니라, 상류층 사람들과 하층 사람들을 함께 이끄는 건전한 방식이다.

신적인 질서가 전혀 방해받지 않은 이 우주 전체에서 가장 높은 존재와 가장 낮은 존재자들 간의 만남은 가장 낮은 곳에 있는 존재자들을 자신들의 열등한 처지에 고착시키지 않고, 오히려 그들을 높이 들어 올려 주고 고귀하게 만들어 준다. 그래서 예컨대 생장적 삶과 감각적 삶이 동물에게서 이루어질 때, 식물의 삶은 자신의 수준을 넘어서 스스로 행동하는 훨씬 더 고차원적인 영역으로 옮겨간다. 한편, 동물의 능력들은 인간의 이성적 능력과 긴밀하게 접촉하는 가운데 자신의 수준을 월등히 넘어서게 된다. 이는 우리 인간의 세계에서도 마찬가지이다. 인간은 고등한 지적 존재자들과 접촉함으로써 그의 정신은 우리를 놀라게 하는 지고의 영역으로 들어 올려진다. 거룩함과의 접촉은 죄인들 가운데에서도 최악의 죄인을 깊이 흔들어놓으며 그의 내면에 하느님에 대한 오랜 매력의 불을(비록 잠시만이라도) 지핀다.

사람들은 자신이 보호받고 있다고 느끼는 것을 좋아하지 않는다. 자신에게 우월감을 갖고 다가오는 사람으로 인해 겪는 아픔이 아무리 작다고 해도, 그는 그런 태도를 좋아하지 않는다. 사실, 그것은 그가 치유될 수 없는 실명으로 인한 희생자가 되었음을 보여준다. 사람과 사람이 접촉하게 될 때, 사람들이 우리에게 고개를 숙인다는 생각은 경멸과 상대적으로 우쭐한 만족 같은 것을 담고 있다. 인간에 대한 경멸은 이 세계처럼 거대한 인간의 마음에 합당하지 않는 소위 영적으로 편협한 행위에 불과하다. 그리스도는 자비로우셨다. 그분은 분노하셨지만, 결코 사람들을 경멸하지 않으셨다. 그분은 결코 맹목적이 아니셨기 때문이다.

2. 강생에서 신성과의 내밀한 접촉

사람과 사람 사이의 관계에는 힘과 지성 또는 거룩함에 있어서 우연한 차이가 있을 수 있다. 그러나 근본적으로 그들 모두는 인간성에 있어서 같은 수준에 자리한다. 하느님은 강생을 통해 신성과 인성 간에 있는 무한한 거리를 채워주셨다. 여기서 우리가 잊지 말아야 할 것은, 만일 아담을 풍요롭게 한 초자연적인 선물들을 없애버린 원죄로 인한 인간 본성의 부패를 겪지 않은 완전한 인간과 하느님 사이의 거리라 해도, 그것은 마찬가지로 무한하다는 점이다. 만일 인간에게 은인인 척하며 은혜를 베푸는 권리를 행사할 수 있는 자가 있다면, 그는 분명 하느님일 것이다. 하지만 하느님 편에서 인간의 본성을 취하는 것은 피조물의 헐어빠진 오두막집들 사이에 경외에 찬 복합 건물을 세우는 것과는 전혀 다르다. 그분이 이 세상에 오신 것은 인간의 품위에 흠집을 내는 불명예가 아니다. 그분은 모든 사람의 발걸음에 열린 형언할 수 없는 다양한 오솔길에 빛을 비춰줄 오래된 횃불과 새로운 횃불에 불을 붙이기 위해 이 세상에 오셨다.

(1) 초기 오류의 근원 : 위에서 본 인간의 본성

1) 하느님의 완전함과 인간적 한계 간의 대조

아마도 그리스도의 강생에 관한 오류가 일어난 근원 가운데 하나는 하느님과 인간 사이의 무한한 거리에 대한 일방적인 주장에 있지 않을까 한다. 대체로, 강생 이전에는 인간의 본성을 일관되게 위에서부터 바라봤다고 해도 무방하다. 유다인들과 이교도들은 모두 인간보다 훨씬 높은 신성(神性)에 자신들의 시선을 고정했다. 신들의 높이에서 본 인간 본성은 아주 작고 심지어 보잘것없는 것 같았다. 그들은 신의 완벽함에 현혹되어 인간에게서 최소한의 신의 모습도 찾아볼 수 없었다. 거대한 신성의 불에 압도된 나머지, 그들은 인간 본성의 불꽃을 알아차리지 못했다. 신은 너무도 위대하고 무한해서, 인간 본성을 포함한 모든 유한한 실재들에 대한 일종의 경멸적인 태도를 견지해야 했던 것 같았다. 그 당시 사람들에게 인간과 신의 결합이라는 생각은 위대한 신에 대한 모욕처럼 보였다.

그러나 이는 겉으로 합리적으로 보이게 하려는 반쪽짜리 진실에 불과하다. 인간 본성과의 긴밀한 접촉이 하느님께 어떤 것을 더 보탤 수 있다고 가정하는 것 자체가 하느님에게는 모욕적일 것이다. 반면, 인간 본성과의 접촉에서 존재론적으로 낮은 위치에 있는 인간을 품위 있게 해주는 은혜로움을 드러내는 것이 하느님에게는 결코 모욕이 될 수 없다. 오직 하느님의 정신만이 이런 관대한 호의를 베풀 수 있다. 또한, 인간 편에서 이런 그분의 관대함을 거절할 이유가 없는 것도 사실이다. 인간 본성이 창조주의 완전함으로부터 무한히 멀리 떨어져 있는 것은 사실이지만, 그렇다고 해서 인간 본성이 지닌 타고난 존엄성이 망각되거나 부정되는 것은 아니다.

2) 하느님에 의해 취해질 수 있는 가장 적합한 본성

만일 하느님이 창조된 본성을 취하고자 결정했다면, 확실히 인간 이외의 어느 피조물의 본성도 하느님과의 결합에 그렇게 적합하지는 않다. 그렇다고 인간 본성이 하느님과의 실체적인 결합을 위한 어떤 합당한 자격이나 권리 또는 자연적 능력을 갖추고 있음을 말하는 것은 아니다. 그러나 적합성의 관점에서 볼 때, 존재론적으로 인간보다 아래에 있는 모든 피조물은, 지성과 의지를 갖춘 유일한 하느님의 모상(imago dei)인 인간 본성과 비교하고, 하느님을 지복직관하는 가운데 그분과 영원히 대면하도록 예정된 인간의 운명이 지닌 엄청난 가능성을 고려할 때, 그러한 피조물들은 결코 인간에 미칠 수 없다. 사실들의 차원에서 보면, 즉 구원의 전망에서 보면, 인간보다 우위에 있는 피조물들은 여기서 제외된다. 왜냐하면, 천사들에게 있어서 죄의 행위는 불가역적(不可逆的)이며, 따라서 그들에게 있어서 구원은 불가능하기 때문이다. 자신의 행위에 고정되지 않은 인간의 경우에는 전혀 다르다. 그는 자신의 행위 하나로 자신의 운명을 영원히 결정하지 않는다. 인간은 하느님의 모상이지만, 흔들리는 모상이다. 그리고 그의 본성은 하느님과 실체적으로 결합할 수 있다. 그에게는 이것이 필사적으로 필요하다.

(2) 합일의 인간적 측면

1) 취해진 인간이 아님

하느님과 인간의 결합에 있어서 인간 본성에 적합하며 어떤 면에서는 필요한 이 결합에 관한 구체적인 사안들을 다루기 전에, 이 결합의 인간적인 부분을 정확히 규정하는 것은 대단히 중요하다. 여기서 관건은 하느님이 삶의 동반자를 찾기 위해 또는 당신 것으로 취하기 위해 인간 본성을 대표하는 사람을 찾아 나섰다는 게 아니다. 지극히 거룩하신 삼위일체 가운데 한 위격께서 인간 인격을 취하신 게 아니다. 여기서 인간 인격은 전혀 상관없다.

2) 인간이 아님

만일 하느님에 의해 취해진 실재에 하나의 인격이 있다면, 그것은 그 사람을 없애거나 그와 합쳤다는 식으로 설명되어야 한다. 첫 번째의 경우, 어린아이가 단지 불을 끄는 만족감을 얻기 위해 불을 붙이듯이, 그렇게 하느님께서도 갖고 놀기 위해 한 사람을 만드셨다는 식으로 해석된다. 반면, 두 번째의 경우, 강생에서 실제적인 결합은 없게 되며 단순히 두 위격, 즉 신적 위격과 인간적 위격 간의 접함만 있게 된다. 그렇다면 그리스도는 두 쌍둥이 간에 좋지 않게 배합된 제3의 존재를 가리키는 이름 이외에 다른 게 아니고 말 것이다. 강생을 통한 결합에서 하느님이 취하신 것은 인간 인격이 아니라 인간 본성임을 명심해야 한다.

강생을 통해 하느님이 취한 인간의 본성은 물질에 대한 플라톤의 이상주의적인 혐오에서 비롯된 유령 같고 비현실적인 본성이 아니다. 우리 본성이 내포한 물질적인 측면, 즉 우리의 몸이 아무리 붐비는 지하철 안에서 불편하고, 식사를 위해 식당에서 아무리 비싼 비용을 지불해야 한다고 해도, 인간으로 살아가고 활동하려면 우리는 육체를 지녀야 한다. 그래서 하느님은 강생에서 인간 본성을 취하셨다. 이 인간 본성은 인간의 정신에 존재하는 추상적이고 보편적인 본성이 아니다. 신성은 하느님의 정신 속에 존재하는 인간 본성에 대한 관념과 결합한 것이 결코 아니다. 사실, 그것은 하느님의 아드님이 관념과 함께 이룬 영원한 혼인을 의미한다. 그리고 그것은 실제로 신성 자체와 동일시되는 가운데 끝날 것이다. 그러나 결국 이는 모든 사람에게 공통된 구체적이고 보편적인 의미에서의 인간 본성은 아니다. 이 경우 그리스도는 불합리한 결과들과 함께 인간 본성을 소유한 분으로 전락할 수밖에 없다. 그에 따르면, 그리스도는 자신을 심문하고 살해하게 된다.

3) 아담의 그루터기에서 나온 개별 본성

오히려 하느님의 아드님이 취하신 인간 본성은 우리가 가진 것과 같은 단 하나의 인간 본성, 즉, 아담의 가계(家系)에서 취한 인간 본성이었다. 물론 하느님은 시험관 재료에서 인간의 몸을 만드신 다음, 새로 창조된 인간의 영혼을 불어넣으실 수도 있었다. 그분은 만물의 시작에서 그랬던 것처럼, 온전하고 완전한, 무(無)에서부터 이 인간 본성을 끌어내셨을 수도 있었다. 그러나 실제로 하느님은 그렇게 하지 않으셨다. 그분은 동정녀의 순결한 태중에서, 즉 성모님의 살과 피에서 그 본성의 질료적인 면을 취하셨다. 물론 영혼은 항상 하느님의 손에서 직접 와야 한다. 결국, 강생하신 분의 인간 본성은 시험관에서 만들어내거나 죄에 물든 것이 아니다. 하느님은 놀라운 당신의 권능을 드러내시고 부패한 인간 본성을 회복하심으로써, 원죄로 인해 타락하고 손상된 그 본성을 죄에 합당한 형벌에서 구하고 취하셨다. 그리고 그 본성을 신성의 높은 수준으로 끌어올리셨다.

낡아서 사라지도록 그냥 두어서는 안 되는 소설인 「말라키 신부의 기적」[2]에 보면, 여러 도시의 과학자들이 세계를 떠들썩하게 했던 기막힌 사건을 해명하기 위해 함께 불려간 장면이 있다. 그들이 받은 보도에 따르면, 한 댄스홀이 도시 한복판에서 바다에 솟아있는 어느 바위로 순식간에 옮겨졌고, 붙어있던 두 집 사이에 있던 자리에 갈라진 구멍을 생겼다. 그에 관해 조사한 과학자들은 아주 다양한 설명을 제시했다. 어떤 과학자들은 이웃의 소문과 달리, 댄스홀은 존재한 적이 없었고 그와 관련된 이야기 역시 헛소문이었다고 주장했다. 반면, 다른 과학자들은, 겉으로 드러나 보이는 모습에도 불구하고, 두 집 사이에는 정말로 갈라진 구멍이 없다고 주장했다. 그밖에 다른 과학자들은 여전히, 갈매기처럼 바위 위에 자리 잡고 있는 댄스홀과 이전 거주지에 있는 구멍은 무시한 채, 그 모든 사건에 대해 믿을 만한 목격자가 없기에, 정확히 무슨 일이 일어났는지 알 수 없다고 지적했다.

이런 허구적인 판단들은 유머러스하면서도 모순적인 표현이다. 그러나 이는 과장된 것이 아니다. 그것은 매우 인간적인 핑계들을 보여주는 전형적인 예들

---

2) 역자 주 : 1931년 스코틀랜드 출신의 브루스 마샬(Bruce Marschall, 1899~1987)이라는 작가에 의해 출간된 소설이다.

이다. 우리의 생각이 받아들이기 어려운 진실을 따르게 하기보다는, 세계를 우리가 견지하는 사고방식의 틀 속에 집어넣기 위한 핑계들인 것이다. 어떤 의미에서, 그 핑계는 인간적으로 이해할 수 있다. 가상(假像)의 손님들이 실재하는 재떨이를 엎지르거나 접시를 깨고 집안에서 무질서를 일으키지 않기 때문에, 우리 집을 순전히 가상 속의 손님들로 채우는 데는 불편함과 성가심이 훨씬 적다. 불행하게도, 진짜 살과 피를 가진 손님들은 이런 일들을 한다. 진리에 대한 수용은 우리로 하여금 강제로 문을 열어젖히고 우리의 완전한 꿈들을 심각하게 방해할 수 있는 손님들을 환대하게 한다.

살아계신 그리스도와 마주한 사람들은, 그분께서 잡수시고 주무시며 피곤해하는 것을 보았으며, 그분께서 말씀하시고 기도하시며 슬피 우시는 것을 보고, 그분의 인간 본성이라는 논쟁의 여지가 없이 확실한 진리를 마주했다. 이는 썩 내키지 않는 진리를 대변한다. 왜냐하면, 그것은 우리를 지나치게 하느님께 가까이 다가가게 하기 때문이다. 태양은 그 자리에 그대로 있을 때 아주 좋다. 하지만 너무 우리 곁에 다가오지는 말아야 한다! 그리스도 시대에 사람들은 로마 황제들에게 충성을 맹세했지만, 로마 군단을 이루는 그 어떤 장교도 황제를 자신의 집에 손님으로 맞이하는 주말을 기다리지는 않을 것이다. 대제사장들은 자신의 백성들에게 상당히 존경을 받았지만, 만일 백성들이 자기 집에 사제들과 함께 있다면 당혹스럽고 불편해하며 불안해할 것이다. 높은 자리에 있고 권력을 지닌 이 모든 이는 우리들로부터 멀리 있을 때 훨씬 더 좋다. 분명 그렇다면, 하느님에게서 뻗어나는 광채를 보고 그분을 우리가 사는 옆방에 모시고 싶진 않을 것이다. 아마도 이는 하느님에게 있으리라 생각하는 어떤 불완전함을 들춰내는 것에 대한 은밀한 두려움이 아니라, 그보다는 인간이 자신의 책임과 불완전함을 더욱 분명하게 보게 되는 데 대한 두려움일 것이다.

3. 그리스도의 겸손 – 그리스도의 인성의 진리

(1) 네 가지 오류와 그 근거

여하튼, 사람들은 비록 방해받지 않음에도 불구하고, 상당히 불가능하고 환상적인 것들로 진리를 대체하는 가운데, 진리로부터 도피하려 시도한다. 예컨대, 만일 그리스도께서 육신을 갖지 않았다고 말하게 되면, 사람들이 본 것은 단지 유령의 육신일 것이다. 그래서 사람들은 하느님으로부터 거리를 두었다. 그러나 이 모든 것은, 베들레헴에서 마리아의 탈혼에서부터 골고타 동산에서 막달레나의 눈물까지 심지어 그리스도의 발치에 달려드는 그 절망적인 마지막 죄인에 이르기까지, 그리스도에 관한 모든 이야기가 긴 사기에 불과하다는 것을 의미한다. 그렇다면 하느님이요 인간이신 그리스도를 따르는 사람들은 그분이 하느님이라고 하는 기괴한 거짓말의 희생자로 전락하고 말 것이다.

그러나 만족하기 어려워하는 사람들에게 그 반대되는 증거는 지나치게 선명했다. 그럼에도 불구하고, 그리스도께서 십자가 밑에 쓰러지자, 그들은 그리스도께서 실제적인 육신을 가졌다고 해도, 적어도 그 육신은 우리가 생명을 이어가는 것과 똑같은 그런 불완전한 육신은 아니었을 것이라고 말했다. 그것은 천국의 몸, 빛나는 별들이 형성되는 우수한 물질, 실로 형태를 잃어버릴 수 없는 특수한 물질로 만들어진 몸, 영혼으로부터 분리될 수 없는 몸이어야 했다는 것이다.

하지만, 그리스도는 고개를 떨어트리며 돌아가셨다. 그 증거가 너무 많아서 결국 사람들은 다시 그분의 몸이 실제적이며 물질로 이루어졌다는 사실에 동의했다. 그러나 그들이 빠져나갈 수 있는 모든 퇴로를 차단한 것은 아니다. 최소한, 그들은 그리스도께서 인간의 영혼을 갖지 않았을 것이라고 주장할 수 있을 것이다. 통상 인간의 영혼에 의해 완수된 일은 어떤 심각한 부적절함 없이 하느님의 말씀에 의해 아주 잘 이뤄질 수 있다. 그러나 그리스도의 영혼은 슬픔에 젖었고, 심지어 돌아가실 때까지 슬프셨다. 그리고 이 모든 것이 거짓이 아니었다면, 몸에 형상을 부여하는 영혼은 인간 본성을 구성하는 본질적인 부분이었을 것이다.

사람들은 진리에 대항하는 절박한 마지막 시도에서 그리스도의 몸과 영혼이 실재한다는 점에 동의했다. 하지만 그들은 그리스도께 인간의 지성과 의지를 지닌다는 것을 부인했다. 그들은 인간이 하느님을 거슬러 범한 근원적인 배반과 이로 인한 그들의 쇠락 그리고 인간적인 사랑이라고 불리는 변하기 쉽고 변덕스러운 것에 대한 책임이 있는 기관들을 그리스도가 갖고 있다는 사실을 믿을 수 없었다. 혹자는 그들이 바로 그 기관들이 성인들의 영웅적 행위를 비롯해 하느님을 위해 여타 모든 것을 포기하게 해주는 원천이라는 점을 생각하지 못했는지 의아해한다.

(2) 그리스도 인성의 진리

1) 실제적인 물질적 육체

그리스도의 강생에 대한 이 모든 구실은 잘못되었다. 그 모든 구실은 다음과 같은 한 가지 이유로 인해 잘못되었다. 그 구실들은 하나같이 그리스도의 인성을 부인하기 때문이다. 그것들은 기괴하기 짝이 없다. 왜냐하면, 가장 위대한 사랑의 행위를 생생한 거짓으로 만들어버리기 때문이다. 만일 그리스도가 실제적인 물질적 육신을 갖지 않았다면, 그분은 결코 인간이 아니다. 만일 그렇다면, 복음서들이 우리에게 전하는 그분의 모든 사랑 가득한 인간적인 행위들은 속기 쉬운 얼간이들이 불멸의 신성에 대해 전해준 환상에 불과하고 말 것이다. 여기서 우리가 관심을 갖는 신적 위격은 하느님의 말씀이자 제1진리이며 진리의 원천이시다. 사람들 한가운데 사셨던 그분의 생애에는 거짓을 위한 자리가 없다.

2) 모든 능력을 갖춘 인간의 영혼

만일 그리스도께서 영혼을 갖지 않았다면, 그분은 인간이 아니셨을 것이다. 만일 그렇다면, 그분의 몸 역시 가면이나 아니면 여러 가닥의 줄의 움직임에 기계적으로 반응해서 생명을 가진 것처럼 보이는 꼭두각시에 불과하고 말 것이다. 그렇게 되면, 그리스도의 영혼이 직면했던 다양한 투쟁과 난관을 극복하는 모델로부터 사람들이 끌어내던 동정과 이해, 용기와 영감의 모든 기초는 사라지고 만다. 만일 그리스도께서 생각이나 의지를 갖고 있지 않았다면, 그리스도께서 "그들이 믿지 않는 것에 놀라셨다."(마르 6,6)라고 기술한 복음사가의 말은 거짓일 수밖에 없다. 또한, 예수께서 겟세마니 동산에서 "제 뜻이 아니라 아버지의 뜻이 이루어지게 하십시오."(루카 22,42)라고 말씀하신 것은 아무 의미가 없게 된다. 만일 지성과 의지가 없다면, 하느님의 아드님의 몸은 동물적인 살에 불과할 것이다. 사실, 우리 인간은 이런 기관들과 더불어 동물 세계 위에 군림할 수 있으며 책임 있는 존재가 되고 가치 있는 행동을 할 수 있다. 따라서, 만일 그리스도의 몸이 실제적인 몸이 아니라면, 팔레스타인 지역에서 있었던 그분에 관한 모든 신비는, 모든 거짓말이 공허하듯이, 그렇게 공허한 어릿광대극에 불과하고 말 것이다.

이러한 오류의 창시자들은, 하느님 아드님의 강생을 마주하여, 마치 '이스트사이드'(east side)[3]의 북적대는 공동주택에서 지내는 어떤 가족이 자신들 가운데에 있던 천재를 갑자기 발견한 것만큼이나 크게 반응했다. 그들에게 있어서 인간 본성은 하느님에 의해 취해질 수 없었다. 왜냐하면, 그들은 인간의 본성에 대해 잘 알고 있다고 자부했기 때문이다. 그들은 모든 상황에서 인간의 본성을 보아왔고, 평생 그 본성과 함께 살아왔다. 그들이 범한 근본적인 실패는 인간 본성이 지닌 존엄성의 진가(眞價)를 인정하지 않았다는 데 있다. 그들은 인간 본

3) 역자 주 : 미국 뉴욕시 맨해튼 섬의 동부 빈민 지역을 일컫는다.

성이 지닌 하느님의 모상성, 하느님께서 인간 본성의 영적인 면을 직접 창조하셨다는 사실, 하느님을 지복직관(visio beatifica) 하도록 예정된 인간 본성의 궁극적인 운명을 간과했다. 그 세계의 사람들은 하느님을 존중하지 않았기 때문이 아니라 인간 본성을 경시하는 가운데 그리스도의 인간 본성을 부정했다.

하느님의 아드님은 성모님의 태중에서 그 결합의 인간적인 부분이 기적적으로 생명을 취한 바로 그 순간에, 참된 인간 본성, 즉, 영혼과 육체를 당신 자신과 결합시키셨다. 우주의 역사에 있어서 유일한 그 순간에, 하늘과 땅은 젊은 여인의 응답을 기다리기 위해 멈춰 섰다. 모든 사람의 꿈이 실현되는 것은 성모님의 응답에 달려 있었다. 성모님은 단호하고 관대하게 그리고 어떤 이의제기도 없이 응답하셨기에, 하느님은 인간이 되셨다.

(3) 인간 본성이 취해지는 순서

우리는 진정 품위의 질서에 대해 말할 수 있고, 말해야 한다. 이런 의미에서 우리는 영혼이 육신보다 우선하며 인간의 영적인 힘이 물질적 힘보다 우선한다고 말할 수 있다. 영혼은 육신의 생명 원리이기 때문에, 우리는 영혼을 우선시하는 가운데 인과율의 질서에 대해 말할 수 있다. 그러나 이 모든 것은, 순간일지라도 우리의 유한한 지성이 질서를 세워야 하기에 필요한, 말하는 방식이라는 것이 제대로 이해되어야 한다. 만일 우리가 마치 천사처럼 계단의 맨 아래에서 맨 위까지 한달음에 옮겨졌다고 해도, 우리는 그 계단을 세기 위해서 뒤돌아볼 수 있다. 50층까지 올라가는 현대식 엘리베이터를 탔을 경우, 엘리베이터가 얼마나 올라왔는지를 확인할 수 있는 숫자가 없다면, 우리는 불편함을 느낄 것이다. 이처럼, 강생의 신비에 있어서, 우리는 그 이전과 이후에 대해 구별하는 가운데 우리의 이성을 진정시키기 위해 시도할 수 있다. 하지만 이와 동시에 우리는 인간의 본성이나 자연적 차원 그리고 초자연적인 차원에서도 이 위격적 결합을 위한 매개체 역할을 할 수 있는 것이 아무것도 없다는 진리를 간과해서는 안 된다.

4. 인간 본성을 고귀하게 함 – 그리스도의 은총과 덕

(1) 신적 고귀함 : 합일의 은총

우리는 은총을 통해 하느님과 결합되었으므로, 은총을 위격적 결합의 끈으로 삼으려는 집요한 경향이 있다. 그러나 이는 아무런 의미도 없다. 만일 우리가 은총을 하느님의 의지에 있어서 무상적인 행위라는 의미로 여긴다면, 은총은 이 위격적 결합의 원인이지 끈은 아니다. 반면, 은총을 그리스도의 인간적 영혼의 은총으로 이해한다면, 은총은 겨우 위격적 결합의 효과라고 할 수 있다. 만일 은총이 위격적 결합 자체의 은총을 암시한다면, 우리는 인간 본성을 취하는 행위를 갖게 될 뿐, 인간 본성과 신적 위격 간의 끈을 갖지는 못한다.

만일 우리가 현기증으로부터 조금이나마 숨을 돌리기 위해 강생의 신비에 관한 고찰을 잠시 멈춘다면, 그 휴식의 순간에서조차 하느님이 우리와 아주 가까이 계신다는 것이 귀찮을 수 있다는 생각으로 인해 마음이 산란해진다. 우리는 이 강생의 진리가 보여주는 협소함에서 벗어나려는 시도 속에서 인간 정신의 뒤틀림과 머뭇거림을 이해할 수 있다. 사실, 우리가 훼손하고 있는 그 인간 본성이 하느님의 아드님 안에서 신성과 결합 되었음을 인정하는 것은 끔찍하다. 그리스도의 인간 본성이 내포한 모범의 진정성, 신성하게 날인된 그 진정성을 인정하게 되면, 우리의 비겁함과 두려움 그리고 낙담을 정당화하기 어렵다.

하느님께서 당신 자신을 스스로 낮추실 수도 있다는 데 대한 인간의 두려움에서 드러나는 보호자의 역할에는 그에 따라오는 우쭐해지는 위안 역시 있다.

그것은 마치 사람들이 강생 가운데 드러나는 하느님을 해외의 불결한 지역에 계시는 무죄한 분으로 바라보는 것 같았다. 거기서 사람들은 하느님이 어떤 식으로든 얼룩질까 두려워한다. 그래서 그들은 진리를 희생하더라도 하느님을 보호하고자 한다. 그런 오류들이 신뢰한 인간적인 차원에 대한 동일한 진리의 분명함을 고려한다면 이상하다. 초보자들을 위해 「신학대전」을 집필할 때, 성 토마스는 그렇게 자신을 낮추지 않았다. 초등학교 교사들은 아이들의 눈높이에 맞게 가르치기 위해 그들의 낮은 지적 수준으로 내려오지만, 자신의 품위를 떨어뜨리지 않고 또 그가 가르치는 아이들을 격하시키지도 않는다. 하느님은 강생에서 끌려 내려오시지 않고 그분 친히 내려오셨다. 하느님께는 강생이 아무 보탬이 되지 않았지만, 그것은 그분을 향한 우리의 존경심을 상당히 높여주는 무한히 관대한 그분 사랑의 자비로운 행위였다. 강생은 하느님이 사랑으로 우리를 찾아 내려오시는 그 밑바닥에 대한 생생한 묘사이다. 그러나 강생은 결코 하느님의 품위를 격하시키지 않는다.

반쪽만의 진실은 때로 위험하다. 그것은 언제나 무익하다. 만약 우리가 인간을 과소평가하게 된다면, 또한 하느님을 과소평가하게 된다. 그 결과 우리는 더 이상 하느님이나 인간에 대해 알 수 없게 된다. 우리는 저녁 식사에 대해 과소평가하면서 그 저녁 식사를 차린 요리사의 솜씨를 정당하게 인정할 수 없다. 초기 교회의 이단자들은 인간의 본성을 과소평가하면서 하느님의 본성을 망각했으며, 하느님의 지혜가 인간을 만들었다는 것을 잊고 말았다. 그러므로 그들이 인간 본성과 하느님의 결합이 하느님 편에서 최고의 관대함이고 인간에게는 더없는 은혜라는 것을 알지 못했다는 것이 놀랍지 않다. 그들은 그리스도의 강생이 인간 본성을 얼마나 고귀하게 하는지 깨닫지 못했다. 동시에 그들은 강생이 하느님께서 사람들이 살아가는 빈민가를 탐험하는 일이 아니라, 잊혀진 인간 본성의 잠재력을 각성시키고 그에게 더할 나위 없는 가능성을 제공하기 위해 오셨다는 것을 이해하지 못했다.

인간 본성은 다시 고양되는 것이 절실히 필요로 했다. 인간 본성은 너무 오랫동안 억압당했다. 아일랜드 과학자들에게서 드러나는 많은 자긍심은 어떤 의미에서 무지에 기반한 오랜 세월 동안의 비난에 대한 복수를 통해 설명될 수 있다. 분명, 미국 흑인들의 스포츠 챔피언에 대한 긍지는 자신들이 열등하다는 정당하지 않은 신념을 오랜 배경에 두고 있다. 실패에 대한 콤플렉스는 인간의 골수에 사무칠 수 있다. 만약 어떤 이가 자주 얻어맞는 경험을 했다면, 그는 실패를 예상하게 되고 바로 그 실패의 위협 앞에서 움츠러들게 될지도 모른다. 인간 본성은 죄와 악마 앞에서 정말 이런 처지에 있었다. 그에게는 승리하는 경험이 필요했다. 인간 본성은 다시 자기 자신이 되기 위해, 자신의 위대함에 대한 확실한 증거가 필요했다. 그리스도의 생애를 통해 놀랍게 실현된 이 승리의 표지에, 이 전망에 성인들의 행동을 설명해주는 이유가 있으며 죄인들이 상대적으로 크고 작은 성공과 함께 스승님의 발자취를 따르려 시도했던 이유가 있다. 인간 본성이 지닌 명백하고 실제적인 고귀함은, 당연히 하느님과 인간 본성 간의 위격적 결합에서도 드러난다. 만일 고귀하게 하는 것이 어떤 것을 의미한다면, 그것은 또한 들어 올리는 것을 의미한다. 이런 의미에서, 인간 본성은 사람들의 모든 꿈을 넘어 신성 자체와의 위격적 결합으로까지 들어 올려졌다. 그때부터 인류 가족의 모든 구성원은 자부심을 느낄 확고한 이유를 갖게 되었다. 자부심을 가질 만한 아주 작은 근거라도 크게 여기는 것은 상당히 인간적인 특성이다. 아버지나 어머니만 '내 아들'과 그가 한 뛰어난 일을 매우 자랑스럽게 말하는 것이 아니라, 형제자매 그리고 거리가 먼 사촌들도 그 집안의 뛰어난 가족 구성원의 이름을 들춰낼 기회를 놓치지 않는다.

(2) 창조된 고귀함 : 그리스도의 인간적 영혼에 있는 은총

그러나, 우리는 강생으로 인해 인간 본성이 들어 높여지는 것에 대해 충분히 감사드리기 위해 인간 그리스도 영혼의 내면을 살펴보아야 한다. 거기에서 우리는 인간이 도달하게 될 숭고한 수준에 대한 생생한 모습을 발견하게 될 것이다. 우리는 그분의 영혼에서 우리의 노력이 어디를 향해야 할지 알려주는 표지를 가질 수 있다. 우리가 하는 수고는 그 표지와 더불어 올바로 인도될 수 있다. 사실, 어떤 면에서 우리의 영혼이 더 나아지기 위해 활용한 수단들과 더불어 인간이 되신 그리스도는 완덕의 절정을 향해 여정을 걸으셨다.

1) 그리스도의 개별 은총

a. 그 본성

그리스도의 영혼 안에는 우리의 영혼을 거룩하게 하고 하느님께 의합하게 하는 성화은총(gratia sanctificans)과 똑같은 은총이 있었다. 만일 그리스도의 영혼이 초자연적인 수준으로 움직이려면, 그 은총의 있어야 했다. 우리와 마찬가지로 그분에게 있어서도 이 은총은 절대적으로 필수적이다. 그분은 모든 사람 가운데 최고로 고귀한 분으로 가장 숭고한 행위들을 하도록 부름을 받았으며 이런 행위에 비례해서 초자연적인 힘을 선사 받았다. 사람들 가운데 은총의 원인이자 원천이 되셔야 했던 분은 이 은총을 분배받았으며 이 은총의 충만함을 향유하셨어야 했다. 상존 은총 또는 성화하는 은총이라 불리는 은총이 그분에게 있었다. 이 은총이 그분에게 없을 수는 없었다. 더위를 느끼지 않은 채 불에 다가설 수는 없으며 분수의 물이 솟구치는 곳의 아래에 서 있다면, 거기서 나올 때 물에 젖어 있을 것이다. 찻잔을 물로 채우지 않은 채 그 잔을 강물에 담글 수는 없다. 이처럼, 그리스도의 인간적 본성은 하느님 자체와 본질적으로 내밀하게 결합되어 있다. 따라서, 그 본성은 하느님의 신성(神性)에 참여하지 않을 수 없었다. 그런데 창조된 인간 편에서 신성에 참여하는 것이 바로 성화은총이다.

b. 그에 수반되는 것들

그리스도의 영혼에 있는 은총으로 인한 결과들은 은총이 우리 영혼에 미치는 것과 같다. 그 결과들은 초자연적인 덕들이라는 탁월한 상태를 대변한다. 이는 본 시리즈의 제3권에서 다룬 주요 주제로, 인간이 손수 영원을 위한 벽감(壁龕)[4)]을 만드는 데 필요한 도구들이다. 그리스도는 자신의 인간적인 수고만으로 영원의 바위에서 우리가 할 수 있는 것 이상을 캐낼 수 없다. 그러나 이러한 초자연적인 완전함들은 그분 안에서 최고 단계에 도달한다. 이와 다르게 될 수는 없었다. 어린이의 폐의 상태로부터 그 아이의 성대가 지닌 능력에 대해 대략 추산할 수 있으며, 어떤 사람의 근력을 보고 그가 주먹질을 하게 될 경우, 가져올 파괴적인 효과를 짐작할 수 있다. 이처럼, 그리스도의 은총의 숭고함은 이미 그 자체로 거기서부터 솟아나는 완전함들의 목록을 간직하고 있다.

그리스도의 덕에는 한 가지 한계가 있다. 그러나 그것은 불완전에 떨어지는 한계를 넘어선다. 그리스도께서는 그 자체로 어떤 불완전을 내포하는 덕들을 지니지 않으셨다. 그런 까닭에, 예컨대, 그리스도께는 믿음이 없었다. 믿음은 하느님을 보는 것(visio Dei)이 결여된 상태, 즉 그리스도께서 잉태된 첫 순간부터 가졌던 이러한 결여를 내포하기 때문이다. 적어도 희망의 주요 대상인 지복직관(visio beatifica)의 관점에서 볼 때, 그리스도께는 희망이 없었다. 그리스도는 지복직관을 희망한 것이 아니라 이미 소유하고 계셨다. 그러나 육체의 부활 이후에 갖게 될 충만한 행복이라는 관점에서 본다면, 그리스도 안에도 분명 희망은 있었을 것이다.

c. 예언과 사도적 은총

그리스도에게는 받는 이의 구원을 위해서가 아니라 다른 이들의 구원을 위

---

4) 역자 주 : 서양 건축에서 벽면을 오목하게 파서 만든 부분. 그곳에 조각품 등을 안치한다.

해서 주어지는 사도적 은총들이 있다는 사실을 반박할 수 없도록 입증하는 예언의 은총과 기적의 은총이 거의 일상적으로 있었다. 물론 이는 그랬어야 했다. 왜냐하면, 그리스도께서 사도들의 우두머리셨고 신앙의 첫 번째 스승이셨기 때문이다. 이러한 은총들의 목적은 진리를 드러내는 것이다. 그분은 이 진리를 위해 세상에 오셨다.

d. 그리스도에게 있어 은총의 완전함

인간은 자신이 얼마나 하느님과 가까운가에 비례해서 완전하다. 이렇게 하느님과 가까움의 척도는 성화은총이다. 인간이신 그리스도에게는 모든 사람이 필요로 하는 것처럼 이 초자연적 완전함이 필요했다. 우리의 본성이 그런 것처럼, 그분의 인간 본성은 그 자체로 초자연적일 수 없었다. 그분에게는 초자연적인 완전함이 필요했고, 그분은 그것을 온전하고 충만하게 그리고 완전하게 소유하셨다. 이 모든 것이 인간이신 그리스도의 완전함이었다는 것을 기억한다면, 우리는 강생에서 인간 본성의 고양(高揚)에 관해 훨씬 더 많이 알 수 있을 것이다.

그리스도는 엄밀한 의미에서 은총으로 충만하셨다. 이 문장은 다른 사람들에 대해 당연하게 사용됐다. 그러나 그리스도에 대해서와 같이 절대적인 의미로 사용된 것은 아니다. 성모님은 은총이 가득하셨고, 세례자 요한도 은총이 가득했으며, 스테파노와 사도들 역시 은총으로 가득 차 있었다. 즉, 이들 각자는 자신들이 해야 할 일에 필요한 모든 은총을 가지고 있었고, 다른 이들보다 탁월하신 성모님은 자신에게 운명지어진 고귀한 일, 즉 하느님의 어머니가 되는 더할 나위 없이 고귀한 일을 하도록 정해졌다. 이와 같은 상대적 의미에서, 우리가 모두 은총으로 가득 차 있다는 것은 사실이다. 왜냐하면, 이 문제의 위안이 되는 진실은 우리가 모두 하느님이 우리에게 부여하신 일을 수행하는데 필요한 은총, 살아있는 동안 우리 형편에 따라 주어지는 책임을 완수하며 살아가는데 필요한 은총을 갖고 있기 때문이다.

그러나 그리스도 안에서 은총은 완전하게 충만했고, 오직 그분 홀로 그러하셨다. 그 누구도 전 인류의 구원보다 더 위대한 일을 갖지 않았기에, 그리스도께 있어, 은총의 상대적 충만함이 절대적인 충만함과 일치한다고 말할 수 있을 것이다. 그분께서 하셨어야 할 일은 오직 하느님에 의해서만 이뤄질 수 있었다. 인간이신 그리스도는 동시에 하느님이셨다.

하지만, 그리스도의 은총의 광채가 우리를 길 밖에 두게 해서는 안 된다. 그리스도에게 있어서 인간적인 특징은 모든 것이 인간이신 한에서의 그리스도에게 주어졌다고 계속해서 말하기에 충분히 강력하다. 그리스도의 은총과 덕은 인간 영혼의 덕이었다. 그러므로 그 은총과 덕들은 무한하고 창조되지 않은 것들이 아닌 유한하고 창조된 것들이다. 하지만 이것이 그리스도에게 있어서 은총의 충만함으로부터 아무것도 제거하지는 못한다. 그리스도의 은총이 다른 모든 이에게 은총의 근원으로서 도달하게 될 긴 시대를 고려한다면, 우리가 그것을 무한하다고 묘사하는 것이 틀린 말은 아니다. 분명, 그리스도의 은총에 어떤 증가가 있다는 것은 불가능하다. 은총이 하느님과 우리 사이에 가까움의 척도라면, 그리스도께서 어떻게 더 신성(神性)에 가까울 수 있겠는가? 우리가 삶의 목표에 도달하게 되면, 더 이상 은총의 증가는 불가능하다. 그런데, 그리스도는 이미 잉태된 첫 순간부터 하느님에 대한 지복직관을 소유하고 계셨다. 영광의 단계는 은총의 단계에 비례해서 단 한 번 결정적으로 주어진다. 그리스도는 당신의 생애 첫 순간부터 영광을 지니셨다.

그리스도의 영혼이 지닌 이러한 초자연적인 완전함은 그분의 강생이 우리 시대의 사람들에게 전해주는 가장 무게 있는 가르침 가운데 하나이다. 오늘날 정신이 멀쩡한 사람이라면 뉴욕에서 시카고로 소리쳐서 보내는 전갈(傳喝)을 대체하는 탁월한 대용품으로서의 핸드폰을 거부하지 않을 것이다. 그러나 멀쩡한 정신과 사리 분별이 있다는 것을 자부하는 오늘날의 수많은 사람이 하느님의 도움을 성공적인 인생을 살아가며 자급자족하는 자신들에 대한 모독으로 여기며 거부한다. 인간 중에 가장 완전하신 분께서 강생을 통해 이런 초자연적인 도움의 완전한 필요성을 인정하셨다. 그분은 이러한 하느님의 도움들을 배제한 상태에서가 아니라 바로 이 도움들과 더불어 완전하다고 느끼셨다.

이러한 가르침에는 특히 주목할 만한 점이 있는데, 이는 아무도 고립된 채 삶의 여정을 걸어가지 않는다는 분명한 사실 때문이다. 인간은 스스로에게 악을 행함으로써 다른 사람에게도 그렇게 한다. 반면, 스스로를 완성해가는 가운데 다른 사람들도 완성시킨다. 인간은 자신이 어디에 있든 그리고 무엇을 하든 자신의 삶과 자신이 접촉하며 지내는 사람들 간에 일정한 반향을 발견하게 될 것이다. 사도들을 비롯해 그분들을 뒤따른 모든 성인이 영적 자녀들을 낳았다고 한 말은 합당하다.

사람들에게 있어서 다른 사람의 삶에 미치는 이러한 영향은, 그것이 선한 것이든 악한 것이든, 단지 다른 사람의 삶의 외적인 측면에만 영향을 미치는 부수적인 것으로 남는다. 반면, 그리스도께서는 당신에게 모든 완전함을 부여한 바로 그 은총들을 통해 다른 사람들을 내적으로 완전하게 하신다. 교부들에게 있어 아주 소중한 "두 번째 아담"이라는 표현은 심오하면서도 정확하다. 실제로 그리스도는 두 번째 아담이셨다. 그분은 첫 번째 아담과 마찬가지로 사람들을 낳으셨다. 그러나 육체적인 본성이 아닌 영적인 완전함의 본성을 낳으셨다. 아담에게 있어서 육체적인 본성의 완전함이 다른 모든 이에게 있어서 처음부터 완전함의 원천이 됐던 것처럼, 그리스도에게 있어서도 영적인 본성의 완전함은 모든 완전함의 원천이 되었으며 이 역시 처음부터 그렇게 완전했다. 그리스도로부터 끝없는 진복자들의 대열이 유래했다.

(3) 그리스도의 주요 은총 : 수장(首長)으로서의 은총

1) 그 본성

그리스도의 완전함의 원천은 그분 영혼에 있는 상존은총(gratia habituale)이다. 그것은 다른 사람들의 완전함을 가능케 하는 원천으로서의 은총으로서, 그리스도의 으뜸 은총(gratia capitale)이다. 그것은 이 은총이 머리(capus)의 위치에 있는 은총이기 때문이다. 달리 말해, 그리스도는 이 은총으로 인해 다른 모든 사람의 머리가 되신다. 이 은총은 그리스도의 인간적 영혼 안에 있는 상존은총으로서 다른 사람들 안에 부어지기 때문에, 즉 다른 사람들의 완전함을 발생시키기 때문에 으뜸 은총이라 불린다.

그리스도는 '머리'로서 철저히 연구할 만한 가치가 있는 분이다. 왜냐하면, 오늘날 그리스도인들에게 잘 받아들여진 '신비체'(corpus mysticum)에 대한 교의 전체는 으뜸 은총의 실재에 의존하기 때문이다. 이러한 연구는 부분적인 난제들을 보여주지 않는다. 우리는 초자연적인 차원에서 일어나는 것과 정확히 병행하는 것을 본성적 차원의 물리적인 질서에서나 도덕적 질서에서 발견할 수 있다. 우리 머리와 몸을 구성하는 지체들과의 관계, 또는 국가 수반(首班)과 사회를 구성하는 나머지 요소들과의 관계를 살펴본다면, 머리이신 그리스도의 위치에 대해 충분히 분명한 개념을 가질 수 있다.

그러므로 우리는 머리의 특징들을 다음과 같이 요약할 수 있다. 머리와 지체들 사이의 구별과 동일본질성 그리고 질서의 관계가 그러하다. 구체적인 차원으로 내려가 보면, 모든 것은 아주 분명해진다. 예컨대, 첫 번째 특징, 즉 '구별'(distinctio)에 대한 구체적인 예를 들어보기로 하자. 그 누구도 발이 짓밟힌 것보다는 얼굴을 주먹으로 맞았을 때, 훨씬 더 심한 모욕감을 느낀다는 사실에 대해 많은 설명이 필요하지 않다. 또한, 한 국가의 수반이 도착했음을 알리기 위해 스물한 발의 예포를 쏜다고 해서 우리 중에 그 누구도 놀라지는 않는다. 하지만, 우리가 외출할 때 단순히 총성만 울려도 우리는 아주 이상하다고 여길 것이다. 우리는 이와 함께 머리와 그 지체들 간에 품위의 동기들 위에 기초한 실제적인 구별을 인정하게 된다. 또한, 우리는 간질 환자가 고층 빌딩 가장자리에서 발작을 일으키는 것을 볼 때, 같은 장소에서 줄타기 곡예사가 익살맞은 행동을 하는 것보다 걱정해야 할 더 많은 이유가 있음을 알고 있다. 사실, 우리는 국가의 수반이 책임을 지고 있을 때 제반 사안들이 잘 돌아가는지에 대해 완전히 신뢰하고 있다. 반면, 수반이 없을 때는 전혀 신뢰하지 않는다. 우리는 탁자 위에 있는 주먹이 머리에 생각이 일어나게 할 수 없다는 것에 대해 전적으로 확신한다. 반면, 우리는 머리가 손에 움직임을 전달할 수 있다고 기대한다.

우리는 머리와 지체들 간의 '동일본질성'(connaturalitas)의 특징과 관련해서 이와 동일한 병행을 구성할 수 있다. 그러나 반드시 그럴 필요는 없다. 만일 원시인들이 자신들의 의식(儀式)에서 착용한 일그러진 가면들이 단순한 가면들 그 이상이라면, 우리는 가면을 바라보면서 우리에게 극도의 공포를 주는 물건을 바라보는 것이 분명하다. 서로 아무 상관이 없는 머리와 지체들 간에 일관성 없는 결합은, 고양이와 카나리아 새를 같은 새장 안에 가두는 것처럼, 머지않아 무질서와 전쟁이 있으리라는 점을 쉽게 예측하게 한다. 총체적인 혼란을 피하려면 머리와 지체들 간에 질서 관계가 있어야 한다. 결국, 머리는 손으로부터 봉사를 받고, 다른 지체들은 머리의 명령에 따라 서로 봉사한다. 몸의 에너지는 머리에서 다른 지체들로 흘러가기 때문에, 머리와 지체들 간에는 연속성이 있어야 한다. 어떤 여성이 치장한 머리카락을 보존하기 위해서 밤에 자신의 머리를 떼어 두었으면 하는 막연한 바람을 가질 수는 있지만, 그것은 단지 환상일 뿐, 실제로 그렇게 시도하지는 않는다.

이 모든 특징은 우리의 머리이신 그리스도에게 고유한 것들이다. 이 단순한 진술은 그리스도께서 참으로 우리의 것이라는 사실을 강하게 강조한다. 그분은 우리의 본성이 인간이신 그리스도 안에서 들어 올려지게 될 수준이다. 이 진술은 우리가 그분과 더불어 누리는 친밀함이 얼마나 깊은지 보여주며 우리가 그분에게서 떨어질 때 얼마나 끔찍한 파국을 맞게 될지 보여준다. 우리는 그분과 하나이고 우리의 삶은 그분의 은총에 의해 이루어진다.

2) 그 범위 : 교회의 머리, 영혼과 육체의 머리, 인간들의 머리, 천사들의 머리이신 그리스도

이러한 진리가 간직한 영감을 주는 힘은 우리가 그리스도의 통치권이 무한하게 뻗어 나가는 것에 시선을 고정할 때 더욱 커간다. 그분은 교회 전체의 머리이시다. 왜냐하면, 그분은 머리가 육체를 위해 하는 것을 당신의 신비체를 위해 하시기 때문이다. 그분은 모든 지체 가운데 첫째가 되시며 가장 완전하시다. 그분에게서 다른 지체들에게 생명이 흘러간다. 그분은 모든 영혼과 모든 육체의 머리이시다. 왜냐하면, 그분의 인성은 모든 영혼과 육체의 구원을 위한 도구이시기 때문이다. 그분에게서 사람들의 영혼으로 은총이 내려온다. 그럼으로써 그들의 육체가 정의의 도구가 되게 하시며 그들에게 영원 속에서 불멸의 삶을 살도록 마련하신다.

그분은 절대적으로 모든 사람의 머리이시고 영원 속에 있는 진복자들의 머리이시다. 확실히 그분은 영광 속에서 당신께 결합해 있는 천국의 모든 믿는 사람의 머리이시고, 지상에서 참사랑과 더불어 그분과 결합된 은총 지위에 있는 모든 믿는 사람의 머리이시다. 경감된 의미에서 보면, 중죄에 빠져서 불행에 처하게 된 믿는 이들이 여전히 믿음으로 그분과 결합되어 있으므로, 그분은 그들의 머리이시다. 잠재적으로 보면, 그분은 믿음을 갖지 않았고 결코 갖지 않을 사람들의 머리이기도 하다. 그분은 아직 믿음을 갖고 있지 않지만, 장차 어느 날인가 믿음을 가질 사람들에게 가능적으로 머리가 되신다. 즉, 그분은 하느님과의 결합 가능성을 가진 모든 사람의 머리이시다.

또한, 그분은 천사들의 머리이시다. 천사들도 교회의 신비체에 속한다. 하느님과 가장 가까이 계신 그리스도는 최고의 완전함을 지니시며 가장 충만하게 하느님의 선물들에 참여한다. 천사들은 그분으로부터 은총과 영광을 받는다. 그리스도는 사람들과의 관계에서 누리는 머리로서의 특징을 천사들과의 관계 안에서도 마찬가지로 누리신다. 그리스도께서 하셨던 것처럼 사람들의 영혼에 직접 도움을 주는 사제직의 성찬례적 의미에서 만이 아니라, 사람들에 대한 외적인 통치라는 의미에서, 또 다른 그리스도들이 있다. 그분의 몸과 연결된 구성원들에게 은총이 흘러간다는 점에서 볼 때, 오직 그리스도만이 머리이시다. 그러나 외적 통치에 관한 한, 그리스도께서는 당신의 수위권에 대한 참여, 즉 시간, 장소, 권위에 있어서 제한적 참여를 허락하셨다. 이런 의미에서 볼 때, 교황은 그리스도의 대리자, 즉 그리스도의 수위권에 참여하는 교회의 가시적(可視的)인 머리이다.

3) 인간 본성의 퇴화 : 악의 우두머리

a. 악인의 우두머리로서의 악마

그리스도의 수위권에는 예외가 하나 있다. 그분은 지옥에 있는 저주받은 자의 머리가 아니다. 그들은 머리가 없는 자들로서, 질서 있는 집단이라기보다는 떼거리들이다. 그들은 결정적으로 자신들의 머리가 되는 분을 잘랐다. 그들은 머리를 공격함으로써 자신들을 파괴한 어리석음의 희생자들이고 노예들이다. 악마는 외적 통치라는 의미에서만 그 저주받은 이들의 머리이다. 왜냐하면, 악마는 사람들을 유혹하고 조롱하며 넌지시 속삭이고 짓궂은 소년처럼 욕하며 몰래 들어오거나 비겁하게 굴 수는 있지만, 인간이 그런 그의 행동에 항복하지 않는다면, 결코 인간 영혼의 문을 부술 수 없기 때문이다. 분명, 악마의 수위권은 인간 영혼의 깊은 곳까지 생명을 흘러 들어오게 하는 그리스도의 수위권과 비교될 수 없다. 그러나 악마는 실질적인 면에서 사람들을, 자기 본성의 모든 성향과 이성의 모든 지시 그리고 자기 마음에 영감을 불어넣는 모든 욕망을 거슬러, 파괴와 타락으로 이끄는 난해한 임무를 수행한다.

b. 악인의 우두머리로서의 적(敵)그리스도

의심할 여지 없이, 악마는 많은 수하를 거느리고 있다. 악마는 악인들의 머리, 그들의 보이지 않는 머리이다. 훗날, 세상의 종말에, 악인들은 적 - 그리스도(anti-cristus)를 가시적인 머리로 갖게 될 것이다. 적-그리스도는 악의 심연(深淵)에 영향을 미친다. 그는 사람들에게 급습해서 그들을 하느님으로부터 멀리 떼어내고 멸망시키려는 목표를 성취하고자 자신의 배후에 악마적인 도움을 주고 유인하기 위한 모든 힘을 갖고 있다.

[결론]

1. 인간 본성의 진실

(1) 다양한 전망과 진실

영화계와 사진계는 다른 각도와 위치에서 장면을 취하는 무한한 가능성을 활용하는 가운데 성장을 향한 큰 걸음을 내디뎠다. 두 분야 모두에서 몇 가지 놀라운 성과가 나왔다. 이는 희극적이고 비극적이며 우스꽝스럽고 무섭고 종종 극도로 굴욕적이기도 한 성과들이었다. 이 모든 성과 뒤에는 정말 심오한 진실이 숨어있다. 가장 친숙한 것들을 새로운 각도에서 보면 아주 이상하게 보일 수 있다. 해롭지 않은 양배추 잎사귀조차도 확대 렌즈를 통해 클로즈업해서 보면 사람을 괴롭히는 괴물처럼 보일 수 있다. 사물의 진리를 파악하는 것은 우리가 사물을 보는 관점에 크게 좌우되기 때문이다.

(2) 인간 본성에 대한 다양한 전망들

1) 위에서 본 전망들
2) 아래에서 본 전망들
3) 수평적 지평에서 본 전망들

그러므로 우리는 이런 방식을 바탕으로 인간 본성을 아래로부터 볼 수 있다. 그 관점에서 보면, 인간 본성은 거대하고 당당한 실재처럼 드러난다. 그러나 위에서 보면, 그것은 변변찮고 보잘것없는 실재로 축소되어, 마치 어린아이가 무심코 던져버린 작은 성냥갑처럼 보이기도 하고 1만2천 피트 높이에서 내려다본 일련의 화물차처럼 왜소해진다. 반면, 우리는 인간 본성을 본성 그 자신의 수준에서 바라볼 수도 있다. 그러면 인간 본성은 피조물 가운데 가장 낮으면서도 가장 높은, 감격적이고도 굴욕적인 실재의 결합으로 보인다. 성모님은 이런 식으로 자기 자신을 바라보았으며, 주님탄생예고에서 두려움 중에 내적 기쁨을 맛보았다.

(3) 전망들의 진실

1) 부분적인 견해로서
2) 완전한 견해로서

2. 강생에 대한 믿음의 장애물들 - 인간 본성에 대한 무지

만일 총체적인 실재로 고려되지 않는다면, 이 두 측면은 진실이다. 인간은 자기 아래 있는 생명의 부류들과 비교할 때 위대하고 특별하다. 그러나 하느님의 무한한 완전함과 비교한다면, 그는 아주 작고 보잘것없다. 인간 자신의 수준에서 보면, 그는 우주에서 가장 높은 것과 가장 낮은 것의 조합이다. 그는 위대한 사랑을 할 수 있고 아낌없이 희생할 수 있지만, 또한 대죄를 지을 수 있고 아주 이기적이기도 하며 지독히 불행한 실패를 겪을 수도 있다. 이것들 가운데 어느 하나를 인류의 총체적인 역사로 삼는 것은 어이없이 비참한 오류에 빠지는 것과 진배없다. 오늘날 자연주의자들은 이런 방식으로 인간을 아래로부터만 바라보면서 그를 완전함의 정점에 있는 존재로 본다. 반면, 인도주의자는 인간을 그 자신의 평면적인 수준에서만 보고 그 신비를 열어젖히는 해결의 열쇠를 갖지 못한 채, 굴욕과 영광의 역설을 지닌 인간 앞에서 당황스러워한다. 개신교 가운데 상당 부분은 인간을 위에서만 바라보며 그를 아주 보잘것없고, 부패하며 무능하고 절망에 적합한 존재로만 보았다.

3. 강생과 인간 본성

(1) 모욕이 아닌 찬사

인간 본성을 제대로 평가하려면, 어느 한쪽이 아닌 모든 각도에서 그를 보아야 한다. 무엇보다도 그리스도 강생이 지닌 의미를 제대로 파악하려면, 그런 태도를 지녀야 한다. 하느님의 아드님께서는 인간 본성을 택하셨다. 만일 인간을 아래로부터만 본다면, 우리는 강생의 필요에 대한 관념을 배제한 채, 강생을 부조리한 것으로 여기며 거부할 수밖에 없다. 반면, 인간을 위에서만 본다면, 우리는 그리스도의 강생의 개념을 신성에 대한 모독으로 간주한다. 그러나 인간을 위로부터 혹은 아래로부터가 아니라 인간 자신의 본성의 수준에서 본다면, 우리는 인간이 몸담고 살아가는 두 가지 세상에 대해 무지한 채로 남아 있을 수밖에 없다. 그는 하느님과 인간 모두에 대해 무지할 수밖에 없으며, 결국 그리스도 강생의 의미에 대해서도 무지한 채로 남을 수밖에 없다.

교회 역사의 초기부터 이교인들과 유다인들은 모두 인간을 위에서부터 바라보기를 선호했다. 또한, 이는 어느 시점까지 그리스도교 신자들에게도 마찬가지였다. 따라서 그 시대 사람들에게 있어서 강생 개념에는 충격적인, 심지어 신성(神性)을 모욕하는 무엇인가가 있다고 여겨졌다. 그러나 오늘날의 사람들은 인간 본성을 거의 배타적으로 아래에서부터만 보거나 기껏해야 인간 본성의 수준에서만 바라본다. 그들에게 그리스도의 강생은 인간 본성에 대한 모욕으로만 비칠 뿐이다. 진실은 이 두 양극단 사이에 있다. 왜냐하면, 진실은 인간 본성에 대한 총체적인 전망에 있기 때문이다.

(2) 잘난 체하는 것이 아닌 품위 있게 함

그리스도의 강생은 하느님 편에서 인간에게 건네는 은총 가득한 사랑의 행위이며 이는 언제나 환대받는다. 이 특별한 행위는 인간 본성을 들어 높이는데 매우 필요로 하며, 결코 인간 본성을 격하시키거나 그 본성에 불명예를 씌우지 않는다. 다시 말해, 하느님은 강생과 더불어 우리에게 마치 은인처럼 굴지 않으셨다. 그분은 우리가 지닌 결점들이 결코 치유될 수 없다고 하며 절망스러운 상태를 깨닫게 하는 냉소적이며 굴욕적인 방식으로 우리에게 오지 않으셨다. 오히려 그분은 진정 몸을 구부려 우리에게 오셔서, 그 대조되는 것이 가진 어떤 괴로움도 우리에게 주지 않으시고, 우리 안에 있는 오래된 불씨에 다시 불을 붙이고, 우리의 위대한 능력을 일깨워주시며, 우리의 모든 행동에 영원한 울림을 주려 하셨다.

제4장 우리와 비슷함 (제3부, 제9문제 ~ 제15문제)

1. 인간 본성에 대한 진술들
   (1) 악하고 부패한 것
   (2) 달콤하고 즐거운 것
   (3) 악과 선에 치우치지 않는 것
2. 인간 본성에 대한 그리스도의 간략한 진술
   (1) "마음은 간절하나 몸이 따르지 못한다."
   (2) 간략한 진술의 의미
      1) 모든 사람에게
      2) 우리와 같은 인간 그리스도에게
3. 그리스도의 인간 본성의 완전함 – 간절한 영
   (1) 은총과 덕의 완전함들 (제3장)
   (2) 지식의 완전함
      1) 일반적으로 : 인간적이고 신적인 지식
      2) 특별히 : 인간 지식
         a. 진복자의 지식
         b. 주입된 지식 : 그 대상과 행동 그리고 습관
         c. 획득된 지식
            ① 그 지식의 대상 ② 그 지식의 진보
            ③ 그리스도의 스승들
   (3) 그리스도의 영혼 안에서 능력의 완전함
      1) 단순히 전능하지 않다
      2) 상대적으로
         a. 다른 이들에게
         b. 그리스도 자신에게
            ① 그분의 몸에 ② 그분의 뜻을 실현하기 위해
4. 그리스도의 인간 본성의 결함 – 육신의 허약함
   (1) 일반적으로
   (2) 개별적으로
      1) 영혼의 결함들, 즉 지성과 의지의 결함들
      2) 감각적 욕구의 결함들
         a. 가능성
         b. 사실
            ① 고통, 슬픔, 두려움 ② 감탄, 분노
   (3) 그리스도 안에서의 결점들과 완전함들의 조화

[결론]

1. 역설의 찬란함
   (1) 인간의 장점과 약점
   (2) 하느님의 장점과 약점
2. 너무 난해한 진실
   (1) 권력을 가진 사람들에게
   (2) 사상가들에게
      1) 낙관주의 철학 2) 절망의 철학 3) 수욕주의(獸慾主義) 철학
3. 강생과 겁쟁이들

제4장 우리와 비슷함 (제3부, 제9문제 ~ 제15문제)

그리 오래되지 않은 얼마 전, 어느 의사들의 학회 모임에 관한 신문 보도는 다음과 같은 어느 의사의 말을 인용한 바 있다. 그에 따르면, 어머니들이란 그 자체로 매우 좋지만, 실제로는 잉여적(剩餘的) 존재에 불과하다고 한다. 오늘날의 어린아이는, 출생이라는 생물학적 우연성을 제외한다면, 어머니를 취할 수도 있고 또는 혼자 남겨질 수도 있다. 확실히 오늘날에는 전통적인 방식의 어머니가 정말 필요하지 않다고 그는 주장했다. 그 신문기자가 의사들의 학회 모임에서 제시하는 새로운 방향들과 관련해서 상황을 가볍게 다루려 했다는 점을 인정한다 해도, 소위 말해 어린아이가 자신의 삶을 살아갈 수 있도록, 어머니와 어린아이를 묶어주는 결속들을 지연시키려는 실제적인 경향이라는 사실은 여전히 남는다. 이 기사의 특징은, 자신의 어머니를 과다한 짐처럼 여기며 떨쳐버리려는 자녀의 마음을 보여주기 위해, 문제를 어린아이의 관점에서 고려하고 있다는 사실에 있다.

아마도 오늘날의 어린아이는 어머니 앞에서 그렇게 느낄 수도 있을 듯싶다. 그러나 이 서글픈 경우는 우리가 종종 소홀히 하는 가족의 연대가 간직하고 있는 대체 불가한 몇 가지 유익에 대해 성찰하도록 도와준다. 그러므로 오늘날의 어린아이들이 어머니라는 이름으로 인식된 잉여적 존재로부터 자유로워지려 한다고 가정해 보기로 하자. 만일 우리가 이러한 상황에서 유래하는 다양한 결과 가운데 하나에 머문다면, 그간 전혀 알지 못했던 분명한 것들에 대한 얼마간의 놀라운 통찰력을 갖게 된다. 아무도 진정으로 자신을 알지 못한다는 단순한 사실로 인해 그 아이가 얼마나 두려운 상태에 놓여 있을지 알아들어야 한다. 그 아이가 사귀게 될 친구들에게, 그는 실제보다 훨씬 더 좋은 아이처럼 보일 것이다. 그 아이와 사이가 좋지 않은 아이들에게는, 그가 실제보다 훨씬 더 나빠 보일 것이다. 반면, 다른 모든 사람, 매일 거리에서 그 아이를 스쳐 지나갈 수많은 사람에게, 그 아이는 단지 또 다른 이방인에 불과할 것이다. 사람들은 그 아이의 좋은 점이나 나쁜 점에 대한 의견을 나눌 만큼의 관심조차 없을 것이다.

집은 언제나 모든 사람에게 일종의 안도감을 준다. 사람은 자신의 친구들이 자신에 대해 보여준 지나치게 호의적인 평가를 보며 자신의 친구들이 틀렸다는 점을 알고 있다. 그는 자신이 가진 덕들의 한계에 관해 자기 내면에서부터 충분한 정보를 갖고 있다.

인간은 자신의 적수들이 불공정하며 그들이 생각하는 것만큼 자신이 그리 나쁘지 않기를 진심으로 바라고 있고, 실제로 그러기를 희망해야 한다. 때때로, 인간은 낯선 도시의 거리를 걷다가 자신이 선하든 악하든 전혀 신경 쓰지 않는 수많은 사람이 약간 두려울 수도 있다. 그러나 집에 돌아오면, 그는 진실이라는 환경에 휩싸이게 된다. 여기 있는 모든 사람은 그를 알고 있다. 아마도 그가 자신을 아는 것보다 더 잘 알고 있을 것이다. 집에 있는 사람들은 인간이 모든 면에서 완벽하지는 않다는 것을 알고 있다. 그들은 인간이 완전히 부패한 것은 아니라는 사실도 잘 안다. 그리고 그들은 그가 바로 그냥 그이기 때문에 그에게 관심을 두고 있다는 것도 알고 있다.

1. 인간 본성에 대한 진술들

만일 이러한 사실들을 염두에 두는 가운데 인간 본성에 구체적인 얼굴을 부여한다면, 우리는 왜 교회가 "우리의 거룩한 어머니이신 교회"로 불리게 됐는지 아주 쉽게 이해할 수 있을 것이다. 우리는 인간 본성을 다음과 같은 사람으로 비유하기를 좋아한다. 예컨대, 어떤 사람이 직장에서 일을 마치고 저녁이 되어 자기 집으로 돌아갔다. 온종일 머물렀던 세상에서 그는 낯설게 느꼈다. 어떤 이들은 그를 완전히 부패한 사람으로 여겼던 데 반해, 어떤 이들은 그들의 좋은 점을 보기도 했다. 인간 본성은 자신의 집인 교회로 돌아와 거기서 진리의 분위기를 발견하게 된다. 그는 따뜻한 옷으로 몸을 감싼 채 슬리퍼를 신고 휴식을 취하며, 희망을 위한 근거, 희생하기 위한 이유, 사랑하기 위한 이유를 찾아낸다. 여기서 인간 본성은 완전히 나쁘지도 좋지도 않은 실재로 드러난다. 여기서 인간 본성은 2천 년 전부터 중상 모략하는 모든 사람과 그 심부름꾼들에 맞서 강력하게 수호되어 왔다.

(1) 악하고 부패한 것
(2) 달콤하고 즐거운 것
(3) 악과 선에 치우치지 않는 것

사람들은 인간 본성을 비방하고 침을 뱉으며 경멸하다 못해 그것이 모두 부패했다고 주장해 왔다. 이는 많은 현대 지성인들의 경멸을 받아 마땅한, 그리스도교라는 이름만 간직한 추악한 이단이다. 이러한 경멸에 직면해서 본성에 대한 그들의 평가를 바꾸든지 그리스도교의 원리들을 포기하든지 선택해야 해야 했다. 반면, 어떤 사람들은 이 인간 본성이 전적으로 선하고 밝다고 주장하는 가운데 이를 탄탄한 주춧대 위에 올려놓았다. 현재 인간 본성에 대한 시각은 이 선상에 있으며 우스꽝스러운 듯한 인상을 전해준다. 그에 따르면, 인간 본성은 향과 희박한 공기가 배합된 것처럼 염증을 일으키며 자신의 구애자들을 경멸하는 듯한 인상을 준다.

또 어떤 사람들은 인간 본성이 지하철을 메운 수많은 사람 속에 있는 작은 물건처럼 팔꿈치에 밀리고 신발에 짓밟히며 함부로 취급되었다고 지적한다.

인간 본성은 대규모로 운영되는 진료소로 급하게 실려 가는 수천 명의 환자 가운데 하나처럼, 주사를 맞고 제압당하며 진단받고 처방받았다. 인간 본성은 능욕당하고 천대받으며 씁쓸함으로 가득했다. 왜냐하면, 그 누구도 그가 처한 상황을 진실로 신경 쓰지 않는다고 느꼈기 때문이다.

2. 인간 본성에 대한 그리스도의 간략한 진술

(1) "마음은 간절하나 몸이 따르지 못한다."

인간 본성에게 있어서 참으로 자신을 알아주는 집으로 돌아가는 것은 진정한 위로였다. 하느님의 발치로 와서 하느님이요 인간이신 주님께서 영원한 지혜의 말씀과 함께 여러 세기의 체험을 확증해 주시는 것을 듣는 것은 그에게 참된 위로였다. 그리스도께서 인간 본성을 취하셨다는 것은 아마도 가장 짧지만, 결코 표현된 적이 없는 가장 아름답고 심오한 종합이다. 그리스도께서는 겟세마니 동산에서 졸고 있던 제자들 앞에서 고뇌의 핏방울 흘리며 이렇게 말씀하셨다 : "마음은 간절하나 몸이 따르지 못한다."(마태 26,41) 비록 이 말씀은 짧지만, 인간 본성에 대한 신성하고 관대한 이해를 탁월하게 표현하고 있다. 그로부터 얼마 후, 그분은 예루살렘 여인들과 십자가에 못 박힌 우도(右盜) 그리고 당신의 어머니를 향해 그와 똑같이 걱정하셨다.

(2) 간략한 진술의 의미

1) 모든 사람에게

겟세마니 동산의 장면은 충분히 연구해볼 만한 가치가 있다. 한편에는 인내심이 크고 이해심이 많으며 아무런 요청도 하지 않으시는 동정심 많은 하느님이 계시다. 반면, 다른 한편에는 잠을 자는 무리가 있다. 이 무리는 이루지 못할 수도 있는 목표를 소중히 여기는 고결한 마음을 지닌 제자들로 이루어져 있다. 그들은 숭고한 것들을 간절히 열망하는 마음과 정신을 갖고 있지만, 그와 동시에 그들의 육신은 자주 결코 해서는 안 될 마지막 말(베드로가 "아니오"라고 하면서 주님을 부인했던 말)과 더불어 끝나곤 한다. 아주 훌륭한 사람들의 삶은 다음과 같이 요약될 수 있다. 즉, 우리는 추구하는 목표에 비해 언제나 턱없이 부족하다. 우리는 언제나 무익한 종에 불과하다. 사실 이것은 천사의 날개에 먼지를 묻히지 않도록 잘못에 대해 진지하고 순진하며 확고하게 뉘우치기 위해, 어린 시절의 첫 양심 성찰에서부터 천상 본향을 향해 떠나는 여행에서 우리를 동반해 주는 신성한 동반자와 팔짱을 끼고 떠나는 마지막 순간까지, 우리 생애의 모든 날을 집약한 진술일 수 있다.

우리가 이 장에서 고찰하고 있는 간단한 논술에서, 실수라고는 거의 하지 않았던 토마스가 학업 초기에 가졌던 견해들을 두 번이나 철회해야 했다는 것은, 정신의 힘에 대해 증언하는 그의 가르침들이 지닌 탁월함처럼, 육체의 나약함에 대해 입증하려는 것을 의미한다.

젊은 시절 어느 해던가 나는 크리스마스 전날 스위스 산간에 있는 어느 작은 교회로 파견되어 고해성사를 준 일이 있었다. 그때 나는 도착하자마자 주임신부님에게 그 지방 특유의 어떤 특별한 표현은 없는지, 즉 진실을 숨기는 것은 아니지만 영혼의 내면을 드러내는 힘든 일을 조금이나마 어렵게 만드는 표현들은 없는지 물었다. 이런 나의 질문에 대한 그분의 대답은 걸작이었다. 또한, 그것은 이 자전적 이야기를 소개한 유일한 이유이기도 했다. 그분은 어깨를 으쓱하며 내게 다음과 같이 말했다 : "언제나 똑같습니다."(C'est toujours la même chose) 그런 그분의 대답은 맞았다. 왜냐하면, 정신은 언제나 깨어 있지만, 육체는 언제나 나약하기 때문이다.

2) 우리와 같은 인간 그리스도에게

그리스도께서 감사하게도 인간 본성에 대한 이러한 진술을 우리에게 남겨 주셨다. 이는 하느님의 사랑이 인간에 대해 얼마나 깊은 이해심을 가졌는지 보여주는 아주 좋은 증거이다. 하느님의 아드님께서는, 마치 버릇없는 아이가 샐러드를 먹을 때 먹기 싫은 견과류만 솎아내거나 케이크에서 건포도를 골라내는 것처럼, 인간 본성을 선택하기에 앞서 당신이 좋은 것만 취하고 싫은 것을 배제하지 않으셨다. 그리스도는 인간의 본성 전체를 온전히 취하셨다. 인간 본성 가운데 이러저러한 부분을 거부하는 것은 속물적인 모습이다. 속물근성이 있는 사람은 관상기도 중에 탈혼하는 걸 좋아하지만 일하며 땀 흘리는 것을 혐오한다. 그것은 마치 난초나 다이아몬드에는 미소 짓지만, 아이나 가사에 대해 언급하기만 하면 즉시 이혼 사유를 떠올리는 신경질적이고 소심하며 이기적인 여인처럼, 하느님을 그렇게 반쪽만 사랑하는 사람처럼 여기는 것이다.

그리스도는 참 인간이셨다. 그분에게 있어 인간 본성을 취하는 것은 정신의 힘을 덧입는 것일 뿐만 아니라 투쟁할 줄 아는 사람의 용기와 더불어 육신이 지닌 나약함의 무게를 견디고 또 견디는 것을 의미한다. 그분이 겟세마니에서 자신의 인성에 대한 일종의 신적인 결산서를 우리에게 해주실 때, 만일 그것을 말씀으로 하셨더라면, 사람들은 끊임없이 읽었을 것을, 다양한 행위로 말씀하셨다. 육신의 저항이 피로 땅을 적셨을 때처럼 그렇게 격렬하게 저항한 적이 없었기 때문이다. 그러나 고뇌의 와중에 "제 뜻이 아니라 당신의 뜻이 이루어지소서."라고 말씀하실 때, 정신이 이보다 더 간절함을 드러내 보인 적도 없었다. 이 순간, 그분은 더할 나위 없이 이해심 깊고 관대하며 심오하셨다. 일찍이 인간의 정신이 이보다 더 높은 목표를 향하거나 이보다 더 용감하게 그 목표를 직면해 본 적은 없었다. 그리스도는 인간이셨기 때문에, 하느님의 아들이신 그리스도는 강생을 통해 인간 본성의 완전함과 결함을 받아들이셨다. 이와 더불어 모든 사람에게 일어나는 것과 같은 일이 그분에게 일어났다. 그분은 비전이 보여주는 광채 앞에 있었지만, 그 비전을 이루는 길은 멀고 험난했다.

우리는 바로 앞 장에서 그리스도의 인간 본성이 지닌 완전함의 측면, 즉 그분의 은총과 덕의 광채에 대해 살펴보았다. 마치 어린아이가 길게 만족스러운 한 모금을 삼키고 나서 숨을 들이쉰 후 음료를 밀어내면서 멈추는 것처럼, 우리도 그 광채 앞에 멈추었다. 이 장에서 우리는 이 그림의 나머지 부분, 즉 그분의 정신이 간직한 간절한 열망을 살펴보고자 한다. 이 부분에 대한 확신을 바탕으로, 육의 불완전함과 나약함을 고찰하기로 하겠다. 먼저 그리스도의 지식에 대한 문제에 머무는 가운데, 이 그림의 빛나는 부분을 살펴보기로 하자.

3. 그리스도의 인간 본성의 완전함 – 간절한 영

(1) 은총과 덕의 완전함들 (제3장)

(2) 지식의 완전함

1) 일반적으로 : 인간적이고 신적인 지식

그리스도는 하느님이셨다. 하느님으로서 그분은 하느님께 속한 영원하고 무한하며 완전한 지식을 가지고 계셨다. 그러나 그것은 하느님으로서 그러했다. 만일 그분이 그밖에 다른 지식을 갖지 않았다면, 그분의 인간 지성은 빈 칠판으로 남아 있었을 것이다. 만일 그렇다면, 그분은 일생을 통해 어린아이로 남아 있었을 것이다. 그리고 이 인간 기관은 거기에 그저 바라보기 위해서만 머물 뿐, 훌륭한 작품 위에 긁어서 표시한 콧수염처럼, 신성에 첨가된 무용한 장식에 불과했을 것이다. 그러나 인간의 정신은 알기 위해 존재한다.

하느님의 아드님은 완전하게 인간 본성을 취하셨다. 이 본성은 그분 안에서 그 가능성의 정점에 도달했다. 인간 본성을 다른 피조물과 구별하게 하는 모든 잠재력 가운데 그 어떤 것도 실현되지 않은 것이 없었다. 여기서 말하는 인간 본성은 누더기처럼 너덜너덜해지고 절뚝거리며 노쇠한 본성이 아니라 자신이 간직한 힘을 최고로 표현한 본성을 말한다. 그러므로 그분은 신적 지식뿐만 아니라 인간적 지식도 소유하고 계셨다.

어떤 이들이 보기에 그리스도의 이 인간적 지식은 피상적인 것 같았다. 그 지식은 하느님의 지식의 바다로 흘러 들어가는 작은 개울이고, 가득히 비추는 햇살로 인해 희미해져 사라지는 촛불 같았다. 그러나 인간의 지식이 하느님의 지식에 대한 경쟁자라고 한다면, 이것이 사실일 수도 있겠지만, 사실은 전혀 그렇지 않다. 우리의 지식은 하느님의 지식에서 비롯된다. 인간의 지식은 영원한 최고의 진리에 참여하는 것 이외에 다른 게 아니다. 그러므로, 우리의 지성이 지식의 원천인 그분께 가까이 나아갈 때, 그 빛이 흐려진다고 느끼는 대신, 오히려 이로 인해 더 강화된다고 느끼게 된다.

2) 특별히 : 인간 지식

우리는 그리스도께서 인간의 정신이 도달할 수 있는 모든 지식을 소유하셨다고 말함으로써, 그분의 지식에 대한 문제를 요약할 수 있다. 결국, 이것은 인간 정신의 잠재력 중 어느 것도 그리스도 안에서 성취되지 않았던 것은 없었음을 의미한다. 그렇다면 우리는 무엇을 알 수 있을까? 우리는 개인적인 숙고들을 한편에 놓아둔 상태에서, 인간 지식의 다양한 분야를 아우르는 객관적인 목록에 이를 수 있다. 그래서 예컨대 신학, 철학, 역사, 언어, 엄청난 양의 과학 지식, 정치 등을 목록화할 수 있다. 우리는 이미 인간 정신에 거대한 영역을 할당했음을 생각할 수 있다. 지금 제시한 분야 중에 그 어느 분야도 인간 정신을 모두 채울 수는 없다. 그 모든 것은 단지 인간의 지식을 드러내는 하나의 측면에 불과하다. '획득된 지식'(scientia acquisita)은 인간의 신경계, 두려움, 초조함, 한밤중의 적막감, 대학의 학위 등과 불가 분리적으로 연결되어 있다. 우리는 물질의 찌꺼기에서 지성적인 금을 분리해내는 작용 지성의 도움을 바탕으로, 추상화 작업을 통해 개별적인 것에서 보편적인 것을 끄집어내는 가운데, 조금씩 지식을 모으며 살아가고 있다.

그러나 우리의 가능성은 이러한 중노동으로 얻을 수 있는 것을 훨씬 넘어선다. 우리는 '주입된 지식'(scientia infusa)과 더불어 천사의 세계에 다가갈 수 있다. 이 주입된 지식은 아담이 본래 가졌던 지식이자 연옥에 있는 영혼들과 천상에 있는 진복자들이 가진 지식이기도 하다. 안타깝게도 이 주입된 지식은 이 현세의 삶에서는 기적적으로 주어지는 예외적 지식일 뿐이다. 만일 그렇지 않다면, 본서와 같은 책들은 전혀 쓸모없을 것이다. 오히려, 우리는 그 본성상 하느님에게만 유보된 영역으로 나아가도록 부름을 받았다. 즉, 하느님께서 당신 자신을 보시듯이, 지복직관(visio beatifica) 가운데 대면해서 하느님을 직접 보도록 부름을 받은 것이다. 이 역시 우리의 능력 안에 있다. 그러나 그것은 분명 우리의 본성을 구성하는 원리들이 지닌 힘에 있지 않고 우리의 본성을 돕기 위해 하느님으로부터 선물로 주어지는 은총의 차원에 있는 것이다.

이 지점에서 우리는 다음과 같은 사실을 잊어버리지 말아야 한다. 즉, 그리스도의 지식을 조사한다는 것은 인간이신 그리스도의 아름다움과 완전함을 탐구하는 것일 뿐만 아니라 인간 본성이 그리스도 안에서 도달한 높이를 측정하는 것이며 인간 본성을 소유한 모든 사람이 실제로 부름을 받은 완전함의 수준에 시선을 돌리는 것을 의미한다. 왜냐하면, 인간이신 그리스도는 우리 가운데 한 분이셨기 때문이다. 그분의 지식은 진복자들의 지식(하느님을 봄[visio Dei])을 포함한다. 그분의 지식은 천사들에게 고유한 지식인 주입된 지식과 이 현세에서 우리 모두에게 공통된 획득된 지식을 내포한다. 이러한 각각의 지식은 일정한 수의 사람들에게서 드러난다. 그러나 하느님이자 동시에 인간이신 그리스도는 이 모두를 소유하셨다. 그리스도의 지식에 대한 마지막 조사가 우리의 기억에 약간은 듣기 좋은 놀라움을 일으킬 수도 있다. 이러한 조사는 우리가 앞서 이

시리즈의 여러 권에서 연구한 바 있는 것을 개정(改正)하는 것이자 동시에 적용하는 작업이다. 이것은 분명 우리가 얼마나 많은 것을 잊을 수 있는지에 대해 놀라운 증거를 제공한다.

a. 진복자의 지식

그리스도의 인간적인 정신은 하느님의 본질을 직접 보았지만, 그것은 단지 인간이 볼 수 있는 정도에만 국한되어 있었다. 즉, 그분의 봄(visio)에는 하느님이 당신 자신을 보는 데서 드러나는 분명함이 없었으며 하느님이 당신 자신의 신성(神性)을 이해하는 데서 드러나는 심오함도 없었다. 그리스도의 정신에 있어서 봄(visio)은 영광의 창조된 빛(lux creata)에 작용하는 초자연적 도움을 통해 이루어졌다. 그러나 이 창조된 빛은 하느님의 정신이라는 창조되지 않은 빛(lux increata) 앞에서 보잘것없는 것이다. 그리스도의 인간 본성은 창조된 것으로서, 모든 피조물의 본성처럼 단지 유한한 행위들에 대한 역량만 갖는다. 따라서, 그것은 분명 신적 본질(essentia divina)을 이해하는데 필수적인 무한한 행위에 대해서는 무능력하다.

모든 사람은 지복직관(visio beatifica)에서 자신에게 속하는 모든 것을 보며 일정한 결속과 더불어 그것과 연결되어 있다. 이는 그리스도에게 있어서도 다르지 않다. 몇몇 사람들이 아닌 모든 사람은 자신의 구세주이자 심판관이신 그리스도에게 속해 있다. 그리스도는, 모든 인간 생활의 세부 사항에 관한 깊고 특별한 관심 때문에, 신적 본질 안에서 모든 인간과 관련된 모든 것을 보신다. 이는 우리에게 위로를 주는 진리가 아닐 수 없다. 그리스도의 인간적인 정신에는 이 지상에서 첫 번째 인간으로부터 시작해서 마지막 인간에 이르기까지 무한히 이어지게 될 사람들이 갖게 될 희망과 생각 그리고 바람들이 담겨 있다. 그분은 어떤 성인이나 천사가 하느님의 본질에 있는 여하한 모든 것을 볼 수 있는 것보다 훨씬 더 분명하게 이 모든 것을 보신다. 만일 그에 대한 이유를 찾는다면, 우리는 인간 생활의 언저리를 건드리는 진리를 만나게 된다. 이승의 삶에서 인식에는 많은 노력이 필요하며 그 자체로 선사되지 않은 작은 것에 대한 지도나 책임이라는 무게를 수반한다. 그러나 특별히 은총과 조화를 이룬다면, 그것은 인간에게 풍요로움이 되기도 한다. 사실, 은총은 인간의 세계를 확장시켜 준다. 좀 더 좋게 말하자면, 은총은 인간이 세상의 많은 것들을 자신 안으로 끌어들일 수 있도록 그의 마음을 확장한다. 그러나 하느님에 대한 지복직관에 있어서 우리가 그렇게 열심히 습득한 지식은 아무런 역할도 하지 못한다. 우리는 우리 정신의 발달이 아닌 영광의 빛(lux gloriae)에 힘입어 신적 본질을 대체로 깊이 있게 보게 될 것이다. 이러한 지복직관은 초자연적(soprannaturale)인 것으로, 본성적인 기준들로는 결코 측정될 수 없다. 우리가 신적 본질을 꿰뚫어 볼 수 있는 기준이 되는 영광의 빛은 우리의 은총과 공로들에 대한 정확한 비례에 준해서 주어진다. 한 마디로, 결국 중요한 것은 '거룩함'(sanctitas)이지 문화적 소양이 아니다.

b. 주입된 지식 : 그 대상과 행동 그리고 습관

하느님에게 고유한 지식에서 천사들에게 고유한 지식으로 단계를 따라 이 지상으로 내려오는 주입된 지식(scientia infusa), 즉 하느님에게서 직접 흘러나오는 이 지식은 새로운 인식의 방식을 마주한 우리에게 솔직히 시기심을 일깨워 준다. 시에나의 성녀 카타리나의 가르침을 분석하도록 책임을 진 박학한 신학자들은, 만일 그들이 진정 거룩한 자들이었다면, 성녀의 신학적 지식이 내포한 우수함에 직면해서 자신들이 걷고 있는 길고 험하며 지루한 길을 성녀가 걷고 있는 신속하고 즐거운 지름길과 비교하는 가운데, 무엇보다도 마음이 편치 못했을 것이다. 그들은 성녀 카타리나의 지식이 간직한 기적적인 특징에 대해 증언했다. 여기서 관건은 진정 기적이었다. 그러나 이것이 천사들의 지식이나 하느님을 대면해서 보는 이들의 지식은 아니다.

천사들이나 진복자들에게 더 이상 기적은 없다. 천국의 시민들에게 지복직관은 일상적이고 자연스러운 일이다. 거기에서 영혼은 육체 위에 있지 육체에 의존되지 않는다. 만일 육체의 부활 이전에 있는 진복자의 영혼을 생각해 본다면, 우리는 이 지식의 특징을 더 잘 이해할 수 있을 것이다. 그의 영혼은 육체를 갖고 있지 않으며 독점적으로 영적인 존재 형태를 누리고 있다. 이 새로운 존재 방식의 동반자는 필연적으로 본성의 존재 방식을 뒤따른다. 이 영혼에게는 육체가 없으므로, 정신이 인식할 수 있는 유일한 방식은 하느님으로부터 직접 정보를 받는 것밖에 없다.

왜냐하면, 물질로부터 개념들을 추상화하는 메커니즘, 즉 능동 지성에 봉사하는 감각들과 상상력의 장치인 이 추상화 메커니즘이 더 이상 없기 때문이다. 또한, 우리는 이러한 지식을 정상적이고 자연적인 것으로 하느님으로부터 직접 그리고 즉시 받는 사람을 생각하기 어렵다. 그것은 마치 날개 달린 황소를 생각하기 어려운 것과 마찬가지이다. 이런 일이 일어나는 것은 우리가 천사들과 비슷하다는 것을 잊어버리기 때문이다. 우리 역시 영적인 존재들이다. 우리는 거리, 건물, 택시, 버스를 보는 것에 너무 익숙해서 고개를 들어 하늘이 거기에 있음을 알아챌 생각을 전혀 하지 않는다. 헛되이 말씀하지 않으셨던 그리스도께서는 인간이 부활하여 천사와 같게 될 것이라고 힘주어 말씀하셨다.

그 내용의 관점에서 보면, 그리스도의 주입된 지식은 천사들의 주입된 지식보다 훨씬 우월했다. 그분은 이 지식과 더불어 인간이 자연적 지성으로 알 수 있는 모든 것과 하느님이 우리에게 계시하신 모든 것을 아셨다. 천사들의 자연적인 지식은 그들이 존재하는 첫 순간부터 완전했지만, 그들은 계시된 지식에 점진적이고 부분적으로만 참여한다. 그것은 마치 조금만 식사를 하다가 잘 차려진 식탁에 앉아 식사하는 사람과 비슷하다. 그리스도는 모든 확실성의 원천에 훨씬 더 가까워서 그분께는 비밀이 없으므로, 그리스도의 주입된 지식은 사람들의 마음에 대한 통찰과 그 지식의 확실함을 근거로 천사의 지식보다 더 위대했다. 그러나 다른 면에서는 그리스도의 주입된 지식은 천사들보다 확실히 열등했다. 왜냐하면, 천사들에게 본성적인 것이 당연히 모든 인간 정신의 문밖에 있기 때문이다.

물론, 그리스도께서 누리셨던 주입된 지식의 사용에는 자유가 있다. 그분은 우리가 갖게 되는 관념의 통상적인 근원이 되는 상상에 호소하지 않고, 천사들이 하듯이 주입된 지식을 사용하실 수 있었다. 다른 한편, 그분은 당신이 원하신다면 상상과 연계해서 이를 바탕으로 모든 추론을 하실 수 있다. 그러나 이는 필요해서가 아니라 마치 기계를 해체하고 다시 조립하는 사람처럼 그 일이 즐겁기 때문이다.

c. 획득된 지식

① 그 지식의 대상

인간의 정신에 있어서 감정에 영향을 미치는 문제에 환상의 날개에 떨어지는 것을 막는 것은 언제나 어렵다. 또한, 여기서 이런 어려움을 느끼는 것은 아마도 어린아이처럼 절망스럽게 눈물을 흘린 기억이나 실패했던 시험에 대한 기억 또는 젊은 시절에 저질렀던 어리석은 실수에 대한 기억으로 인해, 그리스도에게 실제적인 획득된 지식을 내어드리는 데 있어 혐오를 느끼는 사람들이 없지 않다는 것이다. 하지만, 만일 감수성을 한편에 두고 이 문제를 냉철한 정신에 맡긴다면, 그리스도에게서 이런 인식 방식을 배제할 수 없다는 사실이 아주 분명히 드러난다. 물질적인 실재들로부터 지성이라는 메스로 추출한 인식은 그리스도께 합당하다고 하기에는 상당히 힘든 일이다. 그럼에도, 만일 그분의 본성이(완전하셨듯이) 완전했다면, 그 본성의 역량은 실현됐어야 했다. 왜냐하면, 실현되지 않은 역량은 결정적으로 불완전하기 때문이다. 인식하는 것을 자신의 행위로 갖는 기관인 그리스도의 가능 지성(intellectus potentialis)이 주입된 지식을 통해 충만하게 실현되듯이, 그분의 능동 지성(intellctus agens)은 획득된 지식의 노작(勞作) 가운데 실현된다. 만일 그리스도의 능동 지성이 질료로부터 가지적(可知的)인 것을 추상화 하는 과제를 부인한다면, 그분의 능동 지성은 순전한 장식으로, 쓸모없는 장난감으로 전락하고 말 것이다. 그리스도는 우리의 본성의 어느 부분도 그렇게 가볍게 취하지 않으셨다.

② 그 지식의 진보

한 사람의 지식은 감각들 아래 떨어지는 개별적인 실재들의 수(數)에 의해 측정되지 않는다는 사실을 기억한다면, 우리는 무익한 질문들로 인해 소모되는 에너지를 절약할 수 있을 것이다. 예컨대, 그리스도가 튀어 오르는 스프링을 봤는지 또는 라디오에서 나오는 소리를 들었는지 하는 질문 등이 그렇다.

그리스도의 획득된 지식은 지성의 모든 직접적인 대상을 향해, 즉 모든 사물의 본질과 법칙을 향해 확장되었다. 이렇게 되기까지 그분에게는 시간이 필요했다. 왜냐하면, 인간의 정신은 한 번에 한 가지를 인식하도록 만들어졌으며, 그리스도의 정신은 인간의 정신이기 때문이다. 그러므로 그리스도의 지식에서 성장해가는 것은 긍정적인 측면이었다. 그것은 단순히 그분이 알고 있던 것을 점진적으로 드러내거나 실험적으로 조절할 수 있는 것이 아니다. 이것을 부인하는 것은 그리스도의 인성이라는 외투 가운데 일부를 잃어버리는 것으로 주장할 수 있기 때문이다. 우리는 그리스도에게서 인간으로서의 그분의 가능성을 제거함으로써 하느님으로서의 그분의 품위에 어떠한 기여도 할 수 없다.

③ 그리스도의 스승들

그리스도는 배우셨지만, 사람들이나 천사들에게서 배우지는 않았다. 이것과 관련해서, 우리는 모든 시대의 인간 스승들 편에서 이 독보적인 사실에 영원히 감사해야 한다는 점을 강조해야 한다. 그들은 자신들에게 문화에 대한 절대적인 책임이 있다고 하는 터무니없는 요구를 거슬러 그 사실에서 자신의 보호막을 발견할 수 있기 때문이다. 그리스도께서 배우는 방식은 인간의 정신이 다른 사람들로부터 배울 수 있듯이, 스스로 어떤 것을 발견할 수도 있다는 사실을 상기시켜 준다. 이 두 가지 가운데 개인적인 발견이 훨씬 더 뛰어나다. 결국, 석탄 한 짐이 트럭에서 석탄 창고로 살짝 빠져나가듯이, 그렇게 제자가 스승의 정신에서 생각을 취할 수는 없다. 언어는 사람들이 알고 있는 약간의 정보를 표현하기 위해 만들어진 기호 체계 이외에 다른 게 아니다. 인간은 바로 이 언어라는 매개체를 통해 생각을 모아들인다. 우주에 존재하는 모든 피조물은 하느님에 의해 만들어진 기호들이다. 그것은 인간의 지혜가 아닌 하느님의 지혜를 드러내는 기호들이다. 사람들에게서 가르침을 받는 것보다 하느님으로부터 가르침을 받는 것이 더 고귀하다. 그러므로 그리스도께서 사람들이 만든 학교에 의지하지 않았어야 했던 것은 매우 합당했다. 그분은 생애의 첫 순간부터 사람들의 스승이지 그들의 제자는 아니셨다.

(3) 그리스도의 영혼 안에서 능력의 완전함

1) 단순히 전능하지 않다

그리스도는 인간이셨다. 그분은 인간으로서 팔레스타인 지방의 많은 길을 걸었으며 한낮의 열기와 밤의 추위를 느끼셨다. 그리고 그분의 동시대 사람들 가운데 가장 가난한 사람들이 그랬듯이, 종종 많은 별을 이불 삼아 주무셨다. 그러나 그분은 은총과 덕 그리고 지식에 있어서 뛰어나고 완전한 사람이셨다. 그분은 이런 당신의 자질과 더불어 무엇을 하실 수 있었을까? 좀 더 정확히 말해, 그분은 구체적으로 무엇을 하셨을까?

이 질문에 답하기 위해 우리는 그리스도의 삶을 두 가지 관점에서 숙고해야 한다. 그 가운데 한 가지 관점은 우리에게 실패, 패배, 십자가 위에서의 죽음을 보여준다. 다른 한 가지 관점은 우리에게 아픈 사람들을 치유하고 죽은 사람들을 일으키며 죄인들을 용서하는 등 모든 일을 잘하시는 그리스도를 보여준다. 의심할 여지 없이, 그분의 비극적인 종말을 가능하게 한 것은 그분의 인간 본성에 있어 선천적인 한계들이었다. 그렇다면, 그리스도께서 당신의 지상 생애 동안 이룩하신 놀라운 일들은 그분의 인간적인 영혼의 능력 가운데 어떤 부분이었을까?

그리스도께서 하느님으로서 지니신 전능하신 힘에 대해서는 의심의 여지가 없다. 그리고 인간으로서의 그분께 전능함이 전혀 없었다는 것에 대해서도 의심의 여지가 없다. 예컨대, 인간으로서의 그리스도는 어떤 식으로든 절대로 창조하실 수 없었고, 하느님도 그리스도의 인성을 창조의 도구로 사용하실 수 없었다. 그렇다면, 그분의 인성은 무엇을 위해 사용되었을까? 그분의 인성이 수단으로서 공허한 장난이 되지 않으려면, 자신의 고유한 역할이 있어야 한다. 그런데 도구가 무(無, 창조는 이 무로부터 만물을 끌어냈다)에 대해 무슨 역할을 가질 수 있겠는가?

그럼에도 불구하고, 그리스도의 인간 영혼은 전능함을 제외한 모든 능력을 지니고 있었다. 이러한 그분의 능력은 그 자체로 그리고 그 본성적인 힘을 고려해볼 때, 영혼에게 고유한 모든 것을 완수할 수 있었다. 하지만 그 이상은 아니었다. 그분의 능력은, 우리의 손이 육체에 결합된 것보다도 훨씬 더 긴밀하게 신적 위격과 결합된 신성의 도구로서, 기적들을 이루실 수 있었다. 솔직히, 그 능력은 단지 물리적이고 도구적인 원인이었다. 그분이 지닌 능력의 원천은 사실 제1원인의 능력이었다. 그럼에도 불구하고, 그것은 참된 원인이자 모든 기적적인 사실들은 참으로 인간이신 그리스도의 업적이었다.

2) 상대적으로

a. 다른 이들에게

b. 그리스도 자신에게

① 그분의 몸에

그러므로, 구체적으로 그리스도의 신성의 도구인 그분의 인성은 마귀들을 쫓아내고 죄인들을 용서하며 나병 환자들을 치유하고 죽은 이들을 부활시킬 수 있었으며, 실제로 그렇게 하셨다. 그리스도는 자신의 인성 그 자체의 힘만으로는 자신의 능력에 한 척(尺)도 더할 수 없었다. 그분의 인성이 그리스도의 소화작용과 영양공급을 조절할 수는 없었다. 사실, 그분은, 우리가 인간의 의지에 속하지 않는 영역들의 경계에 부딪혔을 때, 우리가 직면하는 것과 같은 무력한 상태에 직면하셨다. 그러나 그리스도께서 물 위를 걸으셨을 때, 사도들이 그분의 말씀을 듣고 그물을 쳐서 물고기를 배에 한가득 잡았을 때, 무화과나무가 그분의 저주로 시들었을 때, 이 모든 일은 그리스도의 인성이 신성의 도구로 작용한 데 따른 결과였다. 이 모든 일들 가운데 어느 것도 인간 의지의 힘에 속하지 않는 것이 없었다.

② 그분의 뜻을 실현하기 위해

그리스도의 영혼이 자신의 힘으로 뜻하신 모든 것을 하실 수 있었음은 사실이다. 하지만, 이것은 그리스도께서 매우 현명하셔서 자신이 하실 수 있는 것만을 원하셨기 때문이다. 어떤 사람이 한가할 때 호숫가에 앉아 꿈을 꾸며 보트를 타는 힘든 일을 하지 않은 채 호수를 건널 수 있기를 바라는 공상에 젖어 있을 수 있다. 그러나 그리스도의 의지는 그런 환상 속에서 지체하지 않았을 것이다. 만일 그분이 실제로 어떤 배도 방해하지 않고 호수를 건넜다면, 그것은 그분의 인간적인 기관이 아닌 하느님 말씀의 도구로서의 인성을 통해 그렇게 하신 것이다. 이는 강생의 여러 목적 가운데 있는 것으로, 그분은 인성을 통해 자신의 신적 전능함에 고유한 행위들을 완수할 수 있었다.

이러한 숙고들은 그리스도의 기도에 특별한 빛을 던져준다. 사도들을 선택하기 전에 기도하러 산에 올라가셨을 때, 그분은 자신의 인간적 의지의 단순한 능력들이 일으키게 될 일들을 위해 기도하셨다. 하지만 그분은 또한 자신의 의지가 신적 능력의 수단으로서 일으키게 될 일들을 위해서도 종종 기도하셨다.

그분은 라자로의 부활을 위해, 마지막 만찬에서 사도들의 힘과 믿음을 굳세게 하려고 기도하셨다. 이 모든 것은 특별히 중요하다. 사실, 그것은 기도가 겸손의 행위이자 우리가 주님께 의존해 있다는 것을 인정하는 행위이며 주님께 도움을 청하는 외침일 뿐만 아니라 신성한 씨앗을 기다리며 밭을 갈기 위해 사용하는 쟁기라고 말해준다. 기도는 그 자체로 세상의 구원을 위한 경륜에서 일부를 완수하게 해주는 원인이다.

그리스도의 인간 본성에 대한 성찰을 통해 발견한 것들을 돌이켜 봄으로써 우리는 처음에 보았던 것보다 훨씬 더 큰 의미에서 그분이 우리의 인간 본성 모두를 택하셨음을 분명히 알게 된다. 그분은 인간 본성에 있어 본질적인 것들만 선택한 것이 아니다. 그분은 아담이 창조되던 무죄함의 상태로부터는 죄에서 자유를 취하셨으며, 인간의 최종적인 상태인 영광의 상태로부터는 하느님의 본질에 대한 지복직관을 취하셨다. 또한, 우리의 현세적 상태인 죄의 상태로부터는 죄의 형벌과 육신의 질병을 취하셨다. 아담이 무죄함의 상태에서 육체의 고통으로부터 면제된 데 반해, 그리스도는 그렇지 못하셨다. 그분은 우리를 구원할 뿐만 아니라 우리가 어떻게 고통받고 죽어야 하는지 가르치기 위해 이 세상에 오셨다. 그분은 우리 삶 대부분이 이런 가르침들을 배우기 위해 소모되어야 한다는 것을 알고 계셨다.

4. 그리스도의 인간 본성의 결함 – 육신의 허약함

(1) 일반적으로

(2) 개별적으로

그리스도는 믿음으로 우리 육신의 비참함(배고픔, 갈증을 비롯해 다른 모든 비참함)을 배제하지 않으셨다. 그것은 하느님의 절대적인 권능에 대한 믿음이다. 그리스도께서 굳이 그런 비참함을 취하실 필요가 없다는 것은 분명하다. 왜냐하면, 그분의 신적 위격의 모든 행위가 지닌 무한한 가치는 그분이 이루시는 가장 작은 행동조차도 인류 전체를 구원하기에 충분했기 때문이다. 그분은 왜 우리가 꺼리는 이런 비참함을 끌어안으려 하셨을까?

그것은 한 가지 이유 때문이다. 그것은 사람들을 구원하기 위해 가장 적절한 길이었기 때문이다. 구원에 있어서 혼(魂)은 사랑(amor)이다. 그분은 당신 영의 완전함으로부터 이 사랑을 끌어내셨다. 그러나 구원의 방식은 고통(dolor)이었다. 그분은 이 고통을 육신의 나약함에서부터 취하셨다. 그리스도는 우리 가운데 한 사람이 되신 그 순간부터 우리의 모든 비참함에 귀속되셨다. 그러나 그 이상으로, 그리스도의 육체가 겪은 고통은, 심지어 사람들 가운데 가장 망나니 같은 사람에게도 감동을 줄 정도로, 믿음(fides)과 참사랑(caritas)과 희망(spes)이라는 대신덕들을 지탱하고 키워주었다. 그리스도는 자주 이러한 덕들을 가리켜 우리를 하느님께 곧바로 인도하는 길을 열어주는 덕들이라고 하셨다. 이와 동시에 그분은 우리가 천상 본향으로 돌아가는 여정에서 험난한 순간들을 잊어버리게 할 정도로 이 덕들을 생명과 기쁨으로 전율케 하셨으며 그럼으로써 매력적이며 또한 인간적인 것으로 충만하게 하셨다.

그리스도께서 파도로 인해 마구 요동치는 배 안에서조차 그렇게 빨리 잠들 정도로 극심한 피로를 느끼거나 베들레헴의 동굴에서의 무기력한 아기로 드러나실 때, 그분이 진정 인간이라고 믿는 게 얼마나 쉬운 일이던가! 그리스도의 이런 나약함은 우리의 영적인 목표들이 지닌 본질을 향한 장엄한 호소이다. 우리의 숭고한 이상은 육체적인 힘에 있지 않고 영적인 힘에 있다. 우리는 이 영적인 힘과 더불어 마귀와 우리의 인간적인 나약함을 극복한다. 악마를 대적한 우리의 싸움은 권투 시합이 아니라 성성(聖性)을 향한 영적 전투이다. 우리 눈앞에 그분이 보여주신 용기의 모범이 있음을 보게 될 때, 그리고 그분이 먼저 우리의 길을 거쳐 가셨기에 우리를 저 밑바닥까지 이해하실 수 있다는 사실을 알게 될 때, 우리에게 있어서 희망하기가 얼마나 쉬운지 모른다. 그분께서 "친구들을 위하여 목숨을 내놓는 것보다 더 큰 사랑은 없다."(요한 15,13)는 사랑의 숭고한 정의를 실행에 옮김으로써 그분의 사랑이 희생의 정점에 도달하는 것을 보게 될 때, 우리에게 있어서 사랑하기가 얼마나 쉬운지 모른다.

1) 영혼의 결함들, 즉 지성과 의지의 결함들

우리는 고통받을 수 있는 그분의 능력 자체가 그분에게는 끊임없는 기적이었다는 사실로부터 우리들의 어려운 삶 속에서 그분의 고통이 지닌 중요성을 헤아릴 수 있다. 우리는 하느님이 기적을 헛되이 하지 않으신다는 것을 잘 알고 있다. 통상, 육체와 영혼은 매우 밀접히 인접해 있어서, 부활 이후에 거룩한 육체들에 일어나듯이, 영혼의 영광은 육체에도 영향을 미쳐서 육체를 영광스럽게 하고 영적으로 변화하게 한다. 그러나 그리스도께서 당신 생애의 첫 순간부터 하느님에 대한 지복직관(visio beatifica)을 향유하셨다고 해도, 영혼의 영광이 육체에 일으키는 반향은 의도적으로 그리고 기적적으로 방해받았다. 그리스도의 원수들이 그분을 죽음에 처하게 했을까? 아니, 그렇지 않다. 그분은 다음과 같이 외치며 심오한 진리를 말씀하셨다 : "나는 목숨을 내놓을 권한도 있고 그것을 다시 얻을 권한도 있다."(요한 10,18) 이 말씀이 간직한 완전한 의미를 살펴보건대, 그리스도의 희생은 자발적이었다. 그분은 단지 자유롭게 이 희생을 받아들이셨을 뿐만 아니라 이 희생을 추구하셨다. 오로지 그분께서 원하셨기 때문에 어떤 일이 일어날 수 있었다.

2) 감각적 욕구의 결함들

a. 가능성

어떻게 고통받고 죽어야 하는지를 우리에게 보여주시려는 그리스도의 열망에서부터 끌어낸 결론들에 어떤 오해가 있어서는 안 된다. 그분이 고통받는 데에는 그 자체로 당신 영혼이 누리던 영광의 상태가 육체에 반향을 일으키지 않는 것이 필요했다. 또한, 거기에는 이런 일들을 기꺼이 겪으려는 그리스도의 신적 의지와 인간적 의지의 자유로운 결정이 있어야 했다. 그분의 등을 때리는 채찍이 범죄자의 등에 하듯이 그렇게 깊은 상흔을 남기고, 못이 우리의 손발과 같은 그분의 손발을 깊이 관통했다는 것은 사실이다.

달리 말해, 그리스도의 고통은 허위가 아니며 현실의 그림자도 아니었다. 그분이 겪은 고통은 실제적인 것으로, 이는 하느님의 관대함과 그분의 아드님의 자발적인 의지로 인해 실제로 이루어졌다. 그리스도는 당신 자신을 봉헌하시며 고통받기를 원하셨다. 그분이 겪으신 육체적인 행위들은 육체적 본성의 냉혹한 법칙들을 따랐다.

그리스도의 희생이 자유롭게 이루어졌다는 사실을 염두에 둘수록, 우리는 우리를 향한 하느님 사랑의 광대(廣大)함 속으로 사라져버리는 것을 더 깊이 느끼게 된다. 이러한 생각의 선상에서, 그리스도가 우리의 본성이 지닌 나약함에 복종해야 할 아무런 필요도 없었다는 점에 주목하는 것은 유익하다. 그러나 우리 인간들에게는 이런 나약함을 피할 길이 전혀 없다. 나약함은 모든 사람이 태어나면서부터 얻게 되는 본성의 죄로 인한 형벌이다. 원죄 없으신 잉태를 통해 기적적으로 보호받으신 성모님 역시, 만일 하느님께서 미리 그분을 치유하지 않으셨다면, 이 형벌의 부채를 받아 안으셨어야 했다. 사실, 그분은 그리스도의 예측된 공로 덕분에 죄 없이 태어나셨다. 그러나 그리스도의 무죄함은 완전히 다른 것이었다. 이 무죄함은 습득이 아닌 권리를 통해 그분에게 속했다. 그분은 하느님의 업적으로 동정 마리아에게서 태어나셨다. 그리고 이로 인해 모든 악의 근원인 원죄(peccatum originale)가 그분에게 영향을 미치지 못했다. 그분은 아담의 가문에서 태어나셨지만, 아담의 자손은 아니었다. 그리고 인류의 선조에 의해 범해지고 아버지에서 그다음 아버지로 전수된 원죄는 그분을 스쳐 지나가지도 못했다. 왜냐하면, 그분은 지상의 아버지에게서 태어나지 않았기 때문이다.

그러므로 예수님에게서 두통이나 치통 같은 것에 대해 말할 수는 없다. 그분이 겪었던 고통들이 새 아담이 인류의 구원을 위해 필요했던 지식, 덕, 은총에 부당한 손해를 입히지는 않았다. 성 토마스에 따르면, 원죄 이후의 인간 본성 자체와 연관되지 않은 질병과 결함이 우리의 죄나 우리 선조들의 죄로 인한 결실이 아니라면, 그것들은 귀족적인 나약의 결과이다. 그렇다고 이것이 약국에 줄을 서고 삶의 소멸하는 것으로부터 자신을 방어하는 인종을 위한 찬사는 아니다. 성 토마스는 나쁜 마음을 갖고 이 점을 말한 게 아니다. 그 역시 아주 튼튼했으면서도, 다리에 심한 궤양으로 인해 고통을 겪어야 했다. 그는 병든 형제들을 손가락으로 가리키려 했던 게 아니다. 단지 겸손하게 그들이 처한 인간적인 조건을 가리키려 했을 뿐이다.

그리스도의 지식의 완전함이 어떻게 그분의 정신에서 무지를 배제했으며 은총과 덕의 완전함이 어떻게 그분의 영혼에서 죄를 배제했는지 보았다면, 그리스도의 영혼이 지닌 결함과 관련해서 별로 할 말이 없을 것이다. 하지만, 죄는 모든 인간의 삶뿐만 아니라 강생의 경륜 전체에서 그토록 많은 부분을 차지하고 있으므로, "여러분 가운데 누가 내게 죄에 대해 납득시킬 수 있습니까?"라는 그리스도의 도전이 인류에게는 아주 독창적인 사실을 대변한다. 사람들의 이런 당혹스러운 감탄은 그리스도와 관련해서 죄에 대한 보다 주의 깊은 분석을 위한 충분한 동기가 된다.

그리스도께서 아무런 죄를 범하지 않으신 것은 믿음에 속하는 것이다. 인간 본성이 신적 본성의 뜨거움 속에 잠긴 채 추위에 떨 수는 없다. 그것은 마치 음식을 배불리 먹고 동시에 굶주릴 수 없는 것과 마찬가지이다. 그리스도는 처음부터 지복직관을 충만히 소유하셨다. 이는 그분 안에 자신의 인간적 정신과 신적 본질이 내밀하고 위격적인 결합이 있었음을 의미한다. 더 나아가 그분의 인간 본성과 신적 위격성 간에는 위격적 결합이 있었다. 이 결합은 강생의 본질을 구성한다. 그분에게는 은총이 충만했다. 이러한 상황에서 인간 본성은 더 이상 죄에 매료될 이유가 없게 된다. 왜냐하면, 유혹거리를 제공할 만한 라이벌이 더 이상 존재하지 않기 때문이다.

이러한 근본적인 이유와는 별개로, 그리스도에게는 죄가 전혀 상상될 수 없다. 그분은 우리의 구세주이자 안내자가 되기 위해 인간 본성을 택하셨다. 그런데 죄가 촉발하는 참사랑에 대한 완전한 파괴는 다른 사람들을 위한 회복의 가능성 자체를 뿌리째 뽑는 것이다. 왜냐하면, 그러한 회복의 가능성은 오직 참사랑의 결속을 통해서만 가능하기 때문이다. 그리스도의 경우, 참사랑에 대한 완전한 파괴는 강생의 목적 자체를 붕괴시킬 것이다. 더욱이, 죄인이신 그리스도는 그분이 사랑스럽지도 않고 자애롭지도 않다는 것을 의미한다. 그런 그리스도는 분명 우리 안에서 사랑을 일깨워주지 못한다. 또한, 우리를 안내하신다는 점과 관련해서, 죄는 진리를 향해 우리를 인도하는데 전혀 기여하지 못한다. 그것은 덕을 닦는데 전혀 도움을 주지도 못하고 덕에 대해 전혀 가르쳐주지도 못한다. 우리를 진리로 인도하고 덕에 대해 가르치는 것은 강생이 지향하는 위대한 목적들 가운데 하나이다.

우리에게 그토록 많은 불안과 걱정을 만들어내는 관능의 자극조차 그리스도 안에는 존재하지 않았다. 또한, 자신의 삶에 대한 통제력을 상실했다는 것을 인지함으로써 인간이 동요되고 수치스러워지는 정념의 폭발도 물론 없었다. 만일 죄에 대한 이러한 성향이 그리스도에게 있었다면, 비록 그분이 지복직관(visio beatifica)이라는 대낮의 빛 속에 산다고 해도, 죄의 가면 아래 자신이 원하는 어떤 것을 발견하며, 하느님의 아드님과 인격적으로 결합하는 본성에는 마귀가 동반함으로써 여전히 유혹이 남아있음을 의미한다. 이러한 부조리는 여전히 그리스도의 덕이 지닌 완전함을 손상할 수 있다. 왜냐하면, 덕이 점차 완전해질 때, 관능의 움직임에 대한 지배는 비례적으로 완전해지기 때문이다. 이러한 나약함은 죄, 적어도 원죄에 그 뿌리를 두고 있다. 그러나 그리스도에게는 이런 악의 토양이 없었다. 이런 영혼의 병들은 그리스도께서 강생하신 목적에 상반되며 아무 쓸모도 없다. 무지, 죄, 죄로 기우는 경향처럼, 영혼에 고유한 병들은 그리스도의 영혼에 없다.

b. 사실

① 고통, 슬픔, 두려움

하지만, 그리스도는 육체를 통해 영혼에 영향을 미치는 나약함을 충만히 아셨다. 이 모든 것은 다음과 같이 언급하는 가운데 한마디로 요약될 수 있다. 즉, 그리스도의 영혼은 고통받으실 수 있으며 실제로 고통받으셨다. 왜냐하면, 그리스도의 영혼은 그분 육체의 형상으로, 이 육체와 긴밀하게 그리고 본질적으로 결합되었기 때문이다. 그래서 예컨대, 가시관이 당신 머리 위를 짓누르자 그분은 격렬한 고통을 겪으셨으며, 고통이 모든 사람의 영혼에 영향을 미치듯, 그렇게 그분의 영혼에도 영향을 미쳤다. 그분이 고통을 겪지 말아야 할 이유가 따로 있을까? 그분은 충만하고 완전한 능력들을 갖고 계셨다. 그분은 하느님께서 아담을 만드셨을 당시 아담이 누렸던 '고통(고난)당할 수 없는 특성'(impassibílitas)을 누리지 않으셨다. 한 인간이 고통받는 데 필요한 모든 것은 육체의 손상과 그 손상에 대해 의식하는 데 있다.

② 감탄, 분노

그리스도의 영혼에 깊은 고통이 내려와, 악에 대한 압도적인 비전에 이르자, 그분은 겟세마니 동산에 쓰러져 십자가의 꼭대기에서 울부짖었다. 그분 자신을 향하는 악, 그분의 어머니를 향하는 악, 그분의 사도들을 향하는 악, 심지어 원수들을 향하는 악, 그리고 그 원수들은 그리스도께 해를 끼치는 것보다 훨씬 더 많이 자기 자신에게 해를 끼치고 있었다. 그리스도는 나자렛에서의 오랜 세월 동안, 공생활에서 짧고 강렬했던 세월 동안, 그리고 사도들과 함께했던 많은 고요한 밤 동안 두려움을 느꼈다. 왜냐하면, 당시 그분은 이미 당신이 혼자라는 것과 배신당하리라는 것 그리고 당신의 백성으로부터 배척받고 십자가 위에서 죽으리라는 것을 알고 있었다. 또한, 그는 백인 대장의 놀라운 신앙과 매일 일어나는 많은 일에 대해서도 잘 알고 있었다.

사실, 그리스도의 획득된 지식의 관점에서 보면, 경이로움과 감탄은 유년 시절의 즐거운 탐험에서처럼 그리스도의 삶에서도 계속 있었다. 하느님께서 그리스도의 스승이셨고, 그리스도께서 당신의 가르침에 대한 상징으로 우주의 피조물을 이용하셨다. 놀랍도록 지혜로우신 그리스도께 매일은 경이로운 날이었다. 이것이 그리 이상해 보여서는 안 된다. 만일 그렇다면, 그것은 세상을 당연하게 여기는 우리의 둔함과 소경 됨일 뿐이다. 정신이 깨어 있는 영원한 젊은이는 평범한 것들의 신비에서 경이로움이라는 귀중한 은사를 간직한다.

우리는 성경을 근거로 그리스도께서 분노하셨음을 잘 알고 있다. 그분의 분노는 가차 없는 분노였지만, 맹목적인 분노도 아니고 인간의 이성을 속박하는 분노도 아니었다. 오히려 그분의 분노에는, 성인들에게서 관상이 일을 방해하지도 않고 일이 관상을 방해하지도 않듯이, 그들에게서 희미한 그림자처럼 엿볼 수 있는 내적 평온이 동반되었다. 그리스도의 영혼이 겪은 모든 정념(passio)을 자세히 조사할 필요는 없다. 그리스도는 인간이셨고 정념은 인간 본성의 필수적인 부분이다. 그러나 그리스도에게 있어 정념들은 인간 본성이 완전하게 실현될 때 고유하게 드러나는 신성한 균형을 충만히 누리고 있었다. 그리스도에게 있어 정념들은 이성에 선행하지 않았으며 양심에 맞서 맹렬히 도전하지도 않고 법의 장벽을 뛰어넘지도 않았다. 그러나 이 모든 정념은 언제나 살과 피에서 오는 정념들이었다. 왜냐하면, 그리스도는 인간이셨기 때문이다.

이러저러한 관점에서 그리스도의 인성을 살펴볼 때, 각각의 경우에서 드러나는 결말은 반박할 수 없을 정도로 명확하다. 그러나 전체적인 그림을 구성하기 위해 세부 사항들을 모아 정리하게 되면, 우리는 불편해할 수도 있다. 이 장에서, 우리는 그리스도께서 인생의 목표를 갖고 겟세마니 동산을 마주하는 것을 보았다. 또한, 모든 진리를 고수하면서 지식 가운데 성장하시는 것도 보았다. 그분은 완전한 행복을 누리면서도 영혼과 육체에서 유래하는 모든 나약함을 겪고 감내할 줄 아셨다. 그분의 영혼과 육체는 구세주로서 당신의 사명과 양립할 수 있었다.

(3) 그리스도 안에서의 결점들과 완전함들의 조화

[결론]

1. 역설의 찬란함

(1) 인간의 장점과 약점

이에 대해 가능한 설명은 역설을 솔직하게 인정하는 데 있이다. 스콜라학자들은 그리스도를 나그네(viator)이자 달관자(comprehensor)로, 즉 목표를 향해 나아가는 여정 중에 있는 분이자 동시에 이미 목표에 도달한 분으로 묘사하며, 이 역설을 훌륭하게 표현했다. 우리는 성 토마스의 지복직관(visio beatifica)에 대한 분석을 바탕으로 손가락 하나 까딱하지 않은 채, 이 역설에 대해 상당히 많은 지적인 이해를 도모할 수 있다. 본질적으로 지복직관은 하느님의 본질을 직접 보는 지성의 행위이다. 이 행위에는 그 첫 번째 직접적인 결과로 의지의 기쁨이 뒤따른다. 거기서 유래하는 2차적 결과는 의지에서부터 흘러나와 하위 기관들에 이르며 심지어 육체가 변모되게 한다. 그러므로 여기서 본질적인 것은 하느님의 본질을 보는 데 있다. 또한, 여기에는 의지를 비롯한 여러 기관이 누리는 기쁨과 육체의 영광화(glorificatio)가 그 핵심적 요소로 여겨지게 될 것이다. 그리스도는 이미 삶의 목적인 지복직관을 누리고 계셨다. 즉, 그 본질적 행위인 하느님의 본질을 직접 보았으며 거기서 오는 첫 번째 효과인 의지의 기쁨으로 충만했다. 그러나 하느님의 기적적인 개입으로 인해 이런 신적인 봄(visio divina)에서 오는 2차적인 효과들은 드러나지 않았다. 그리고 의지보다 하위 기관들 그리고 육체와 관련해서 그분은 여전히 "여정 중"(in via)에 있었다.

그리스도의 인성을 총체적으로 보여 주는 이 그림에는 몇 가지 장점이 있다. 이 그림은 그리스도가 신성과 인성 가운데 드러나는 하느님이자 동시에 인간이실 뿐만 아니라 우리로 하여금 우리 자신과 우리 존재의 목적을 발견하게 해준다. 그분은 천상과 지상에 동시에 계셨던 분이시다. 어떤 의미에서, 그분은 현재 우리의 모습이며, 동시에 우리가 되어야 할 모습이다. 왜냐하면, 우리의 발이 이 세상의 길을 걷는 동안에도, 우리의 정신과 마음은 항상 천상에 머물러야 하기 때문이다.

(2) 하느님의 장점과 약점

그리스도의 약점과 강점에 관한 이 역설의 탁월함은 준비된 정신과 나약한 육신을 지닌 인간 안에서 반영되어 드러난다. 그것은 어떤 사람이 치열하고 불확실한 전투에 서슴없이 뛰어드는 사람의 대담한 용기에서, 끊임없는 실패에도 불구하고, 숭고한 목표를 지향하고 이를 이루기 위해 매일 매주 자신을 쇄신하는 가운데 희생하는 모습에서 밝게 빛난다. 체스터튼(G.K. Chesterton)[5] 은 자

5) 역자 주 : 영국의 극작가인 Gilbert Keith Chesterton(1874~1936)을 말한다.

신의 저서인 「알프레드 대왕」에서 성모님의 입을 통해 다음과 같이 말하며 전쟁에서 패배한 알프레드를 격려했다 : "당신은 이기기 어려운 전쟁을 하고 있고 구하기 어려운 영혼들을 갖고 있군요." 이는 최악의 죄인이 하는 참회에서 드러나며 가장 숭고한 성인의 관대함에서 빛나는 용기의 광채를 표현하고 있다.

인간 본성을 너무나 잘 알고 있던 그리스도께서 그러한 역설 가운데 자신을 드러내기를 원하셨다는 것은 영과 물질 간의 결합에 대한 재축성 이상의 의미를 갖는다. 우리 안에서 육과 영의 역설은, 강철의 마찰로 인해 발생하는 간헐적인 스파크처럼, 잠시나마 우리의 삶을 비추는 빛이다. 그러나 그리스도 안에서는 지속적이고 안정되며 분명하고 본질적인 빛이 비치고 있다. 그분이 전해주는 빛은 우리를 환대하며 손짓하는 따스한 횃불로서, 구체적으로 믿음과 희망과 참사랑이다.

2. 너무 난해한 진실

(1) 권력을 가진 사람들에게

이 진리는 사람들에게 너무도 어려웠고, 그들은 오랜 세월에 걸쳐 이를 거부했다. 왜냐하면, 그들은 인간이 누구인지 알지 못했기 때문이다. 우리 시대에는 그런 무지가 내포한 오류들이 특히 인간 본성에 집중되고 있다. 인간 본성에 대해 상당히 비관적인 사람이 있다. 그에 따르면, 인간은 불량배의 희생자가 될 수 있고 매를 맞거나 굴복당할 정도로 순진하기만 하다.

그러나 채찍질을 하는 것만으로는 경험 많은 사람들이 고통받는 것을 막을 수 없다. 그는 자기 육신의 나약함에도 불구하고 탈주하지 않는 법을 배웠다. 왜냐하면, 그는 영(spiritus)이 기민하며 일정한 목적을 지향하고 있음을 알고 있기 때문이다. 인간 본성의 이러한 특징은 박해가 있을 때마다 잊혀져 왔다. 박해자들은 그리스도가 인간 본성을 요약하기 위해 사용한 문장을 결코 이해하지 못했으며 육신의 뒤에 있는 영을 계산하지도 못했다.

(2) 사상가들에게

1) 낙관주의 철학

반면, 소위 낙관주의 철학가들은 우리가 얼마나 위대한 이들인지 말해 주었고, 육체가 더는 약하지 않다는 것도 확인시켜 주었다. 그들에게 있어 인간 본성은 전적으로 선하다. 그들은 인간의 타락이 존재하지 않았다고 믿게 하려 든다. 그래서 규모가 큰 어린아이들의 가면 게임에서 우리 모두 평온하고 행복하며 즐겁도록 우리는 모든 것을 다른 이름으로 불러야 한다. 물론 진실을 마주해야 한다면, 이 모든 것은 있을 수 없다.

2) 절망의 철학

그리스도의 강생을 받아들이지 않는 사람들은 전반적으로 영이 깨어 있다는 사실에 대해 말하는 것을 들으려 하지 않았다. 그들은 모든 것이 육신 속으로 잠겨버렸다고 말한다. 이 선상에서 이제 도덕적인 용기는 조롱당하며 인간은 자신이 지향하던 목표들을 포기하고 만다. 또한, 그들은 가치 있는 일을 위해 시도하려는 기쁨에 대한 감각도 잃어버렸다. 그들은 자신도 모르게 일시적인 성공을 예찬하며 권력의 왕좌를 숭배한다.

3) 수욕주의(獸慾主義) 철학

3. 강생과 겁쟁이들

강생은 난해한 진리이다. 기민한 영과 나약한 육의 진리는 인간으로 하여금 겸손하게 한다. 그것은 비겁한 사람들이 정면으로 바라볼 수 있는 진리가 아니다. 신적 본성의 진리를 받아들이는 사람은 자비와 함께 정의를 받아들일 수 있는 용기를 가져야 한다. 또한, 우리는 얻을 수 있기만 한 것이 아니라 잃을 수도 있는 목표를 바라보아야 한다. 인간 본성이 간직한 진리를 바라보기 위해서는 그 장점뿐만 아니라 약점도 볼 수 있어야 한다. 우리는 인간 본성이 승리할 가능성뿐만 아니라 패배할 가능성도 고려해야 한다. 우리는 고상한 목표들과 함께 우리의 연약한 노력의 역설도 마주해야 한다. 한마디로, 우리는, 중대한 전투를 치르는 데 필요한 모든 책임을 지고 이 전투에 부름을 받았다. 그래서 전쟁터는 겁쟁이에게 적절한 장소가 아니다. 전쟁터는 결코 놀이터가 아니다.

A Companion to the Summa

성 토마스 아퀴나스의

신학대전 해설서Ⅳ

제5장 인간과 그의 하느님 (제3부, 제16문제 ~ 제21문제)

1. 인간 삶의 핵심에 있는 진리
   (1) 진리를 인식한 데 따르는 결과
   (2) 진리를 망각한 데 따르는 결과
   (3) 인간 본성의 경이로움
      1) 그 계시의 이유
      2) 그 진리의 세부목록들
      3) 그 설명 : 하느님의 모상
2. 더 분명해진 경이로움 – 강생
3. 그리스도 안에서 이 진리에 대한 지식 (5장)
4. 이 진리에 대한 표현
   (1) 정확한 표현력의 중요성
   (2) 그리스도의 정확한 표현력의 규칙들
   (3) 몇 가지 적용들
5. 그리스도 안에서의 인간성의 경이로움
   (1) 그리스도의 결합
   (2) 그리스도의 욕구들
      1) 일반적으로
      2) 기관의 측면에서
      3) 행동의 측면에서
         a. 그리스도의 자유재량 b. 신적 의지를 따름
         c. 그리스도 안에서 욕구들의 대립
   (3) 그리스도의 업적들
      1) 신인적(神人的) 업적들
      2) 인간 본성 편에서 본 그분의 업적들
         a. 업적 그 자체
         b. 업적들의 효과 : 공로
            ① 그리스도 자신을 위해서 ② 우리를 위해서
         c. 그리스도의 복종
         d. 그리스도의 기도
            ① 그 가능성 ② 그 적합성과 필요성
            ③ 그리스도가 기도한 대상들
6. 그리스도의 기도에 대한 응답

[결론]
1. 인간의 경이로움을 파악하기 위한 조건
2. 현대 세계와 인간의 경이로움
   (1) 필연적인 맹목
   (2) 주어진 보상
3. 맹목에 대한 구제책

제5장 인간과 그의 하느님 (제3부, 제16문제 ~ 제21문제)

조간신문을 서둘러 읽던 독자는 기억상실증 환자의 보도를 접하며 동정하는 가운데 대충 빠르게 읽는다. 그 환자를 발견한 경찰과 그를 돌본 의사 그리고 간호사에게 있어 그 환자는 연민의 정을 일깨울 수 있다. 그러나 거기에는 약간의 두려움이 가미되어 있다. 여기 세상에 대해 낯설어하는 사람이 있다. 그가 누구인지, 어디에 있는지, 어디에서 왔는지, 어디로 가려 하는지 알 수 없다. 대양(大洋)에서 떨어져 공허 속에 매달린 고독한 파도를 연상케 한다. 더는 관계를 맺을 줄 모르는 사람 앞에서 느끼는 내밀한 불편함에 대한 인상은 여기서 정당화된다. 왜냐하면, **이러한 상실의 희생자는 보편적인 관심의 진리를 치밀하게 모으기 때문이다.** 그 진리는 모든 사물의 중심에 있으며 그 모든 아름다움과 완전함에서 세상의 의미 자체의 중심에 있다. 여기서 문제가 되는 진리는 그 무엇도 스스로 존재할 수 없고 모든 것은 다른 것들과의 관계 안에서 그 자리를 갖고 있다는 진리이다. 모든 것에는 제 자리가 있다.

1. 인간 삶의 핵심에 있는 진리

(1) 진리를 인식한 데 따르는 결과

모든 사물에 대한 이러한 진리는 인간의 경우 더욱 분명하다. 사실, 인간의 삶에 있어서 중심적인 진리는 다음과 같은 2항식에 정확히 표현되어 있다 : "인간과 그의 하느님." 왜냐하면, 이 문장은 인간이 우주에서 차지하는 위치를 말해주고 있기 때문이다. 만일 이 진리를 인정하게 되면, 인간의 자리와 더불어 세상의 자리 그리고 하느님의 자리도 인정하게 된다. 이 진리가 드러나게 될 때, 우선은 하느님을 인간으로부터 분리한다. 그러나, 사실, 이 진리는 두 존재를 하나로 결합하며 이 둘을 다른 모든 존재와 구별하게 하며 동시에 모든 존재를 이 둘과 결합해 준다.

(2) 진리를 망각한 데 따르는 결과

이 진리를 부정하거나 퇴색시키거나 가라앉히려는 시도 또는 그 진실 앞에서 절망하는 것은 인간 영혼의 깊은 곳에 정체불명의 많은 불행으로 이루어진 역사를 만들어낸다. 다른 한편, 그 진리에 대한 인정은 성인의 영혼을 이루는 특징인 겸손, 평화, 질서 등 죄인의 영혼을 파괴하는 반역과 혼란에 전적으로 반대되는 것들을 낳는다. 그것은 모든 인간이 알아야 하는 진리, 모든 인간이 때때로 어렴풋하게나마 또는 혼란 속에 알고 있는 진리이다. 왜냐하면, 때때로 인간에 대한 문제가 인간의 정신에 부과되기 때문이다. 우리는 인간이 자신의 자리에 있는 것을 봄으로써, 의존하고 있는 독립적 존재의 특별한 광경을 대면하게 된다. 바로 여기에 인간의 아름다움과 경이로움이 있다.

(3) 인간 본성의 경이로움

1) 그 계시의 이유

인간을 그 자신의 참된 빛 가운데 보려면, 우리는 그를 신비스러운 유일함을 갖춘 존재로 고려해야 한다. 이는 그를 다른 모든 존재로부터 확연히 구별해준다. 즉, 그를 우주에서 구별되는 인격체이자 동시에 자신 위에 자신의 견고함을 본질적으로 필요로 하는 존재로 보게 한다. 인간의 바람들은 자신의 바람들로서, 그것들이 자신의 모든 것을 의존하고 있는 하느님의 바람들과 조화를 이루든 또는 그에 반대되든, 그것은 그 자신이 바라는 것들이다. 인간의 업적들은 그의 것이다. 즉, 그것들이 인간의 지식과 사랑이 간직한 경이로움을 드러내든, 본성의 한계를 극복하는 가운데 영원으로까지 이어지는 깊은 반향과 더불어 초자연적인 가치를 갖는 업적을 통해 표현되든, 그것들은 인간의 업적들이다.

인간은 이러한 진리를 부정하고 하느님 앞에서 반란을 일으킬 수 있다. 반대로, 인류의 모든 경이로움이 구체적으로 집약된 행위 안에서 하느님에 대한 자신의 의존을 선언하는 가운데 이러한 진리를 인정할 수도 있다. 그 행위란 다름 아닌 기도하기 위해 무릎을 꿇는 것이다. 오직 자유로운 인격체만이 기도할 수 있으므로, 기도는 특별한 행위이다. 그러나 오직 수하(手下)만 기도할 필요를 가지므로, 기도는 복종을 선언하는 행위이기도 하다. 기도는 우주 전체에 대한 인간의 우월함을 공표하는 행위이다. 이와 동시에 기도는 세상을 통치하는 데 있어 인간에게 주어진 것이다. 이는 세상에 대한 그의 통치가 하느님에게 의존되어 있음을 의미한다.

2) 그 진리의 세부목록들

3) 그 설명 : 하느님의 모상

만일 자기 자신과 제반 사물 그리고 하느님을 잠시나마 올바른 전망에서 바라본다면, 그대는 인간의 삶에서 많은 아름다움, 즉 그의 자연적인 삶에 대한 호기심을 충분히 불러일으킬 만한 새로움과 경이로움을 발견하게 될 것이다. 이 모든 풍요로움을 한마디로 요약한다면, 우리는 오직 다음과 같이 말할 수 있을 것이다. 즉, 창조된 세계에 있는 여타 모든 존재자과 달리, 오직 인간만이 하느님의 모상(imago Dei)이다. 신성(神性)과 비교하면, 그는 성 시스토의 성모님

(sistine madonna)[6)]을 목판 위에 새긴 복사본과 같은 존재이다. 이 변변찮은 복사본조차 사람들에게 신성함에 관한 많은 경이로움을 불러일으킬 것이다. 하느님의 모상인 인간은 그 자체로 경이로움이자 동시에 약속이다. 그것은 인성이라는 얕은 웅덩이에 비친 신성이자 장차 그 원본이 간직한 아름다움을 더욱 충만하게 보리라는 장엄한 약속이다.

2. 더 분명해진 경이로움 – 강생

우리가 인간을 인간으로부터 생각한다면, 이 모든 것은 사실이다. 그러나 안타깝게도 우리는 어린아이들이다. 인간을 그 자신의 참된 빛 가운데 바라본다는 것은, 우리의 시선을 멀리 있는 지평으로 향하는 가운데, 하느님으로부터 출발해서 가장 작은 것들에 이르기까지 거대한 파노라마를 발견한다는 것을 의미한다. 우리는 어린아이이므로 멀리 있는 것들에 대해 쉽게 지치며, 우리의 눈에 번득이는 가까운 것들에 대해서는 쉽게 정신이 산만해진다. 또한, 우리는 사물들의 한 측면에만 고정된 채, 너무도 쉽게 다른 측면들을 간과한다. 하느님은 우리를 만나러 오셨다. 왜냐하면, 이렇듯 잊어버리기 잘하고 산만한 존재인 우리가 책이 아닌 사랑의 대상 속에서 모든 것의 종합을, 즉 먼지 한톨부터 시작해서 무한한 신적 완전함에 이르기까지 모든 존재가 수렴되는 것(ricapitulatio)을 언제나 우리 눈앞에 두게 하기 위해서이다. 바로 이 때문에 하느님이 인간이 되셨다. 하느님과 인간은 강생에서 행동하는 유일한 주체를 형성할 정도로 아주 긴밀하게 결합되었다. 우리의 신앙은 바로 그 유일한 대상 속에서 신성과

---

6) 역자 주 : '성 시스토의 성모님'(Madonna di San Sisto)이라 불리는 작품으로 이탈리아의 예술가인 라파엘로의 유화를 말한다. 이 작품은 1512년 교황 율리우스 2세가 피아첸차의 성 시스토 성당을 위해 의뢰한 것으로 1513년에서 1514년에 완성되었다. 이 작품은 1754년 이후 독일의 드레스덴의 박물관에 소장되어 있다.

인성을 관상한다. 두 본성은 활동과 의지에 있어서 지속적으로 서로 간섭하며 성부께 기도하고 순종한다. 이 모든 것은 같은 하나의 개체 안에 있다.

3. 그리스도 안에서 이 진리에 대한 지식 (5장)

그리스도의 신비, 그분 안에서 이루어지는 신성과 인성 간의 결합에 대한 신비를 아는 것은 가톨릭 자녀의 권리이고 인간에게 있어 위안이며 신학자에게는 기쁨이다. 우리는 앞의 여러 장에서 학문들의 여왕인 신학의 여러 애호가가 제공한 향이 강하고 맛있게 양념이 된 음식을 맛보았다. 어떤 사람들은 그것이 색다르고 영양가가 많다고 생각하거나, 너무 기호에 마음을 쓴다고 생각할 수도 있다. 하지만 이런 것들에 대한 맛은 갑자기 나타나지 않는다. 그것은 교육되는 것이다. 이는 신적인 음식으로, 사실, 하느님의 음식 자체이다.

4. 이 진리에 대한 표현

(1) 정확한 표현력의 중요성

우리는 더할 나위 없이 정확해야 한다는 염려와 더불어 단어들을 선별함으로써 세부적인 것들에 대해 최선을 다해 이야기하고자 한다. 외국어를 잘 이해하는 사람들이 경험으로 알고 있듯이, 우리는 진리를 알고 있으면서도 그것을 잘못 표현하여 실수할 수 있다. 그럼에도 불구하고, 우리는 말하는 위험을 감수해야 한다. 사실, 말은 사람들이 서로 소통하고 자신들이 가진 생각을 표현할 수 있게 해주는 유일한 가능성이다. 생각은 말로 표현되거나 글로 쓰여 표현된다.

말은 인간에게 아주 소중한 것이다. 그것은 사막에서 물처럼, 전쟁터에서 희망처럼 그렇게 인간에게 소중하다. 그러므로 말을 나쁘게 사용하고 그 본래의 목적을 배반하며 파괴하는 행위는 범죄이며 해롭다. 지금 우리가 나누는 대화의 주제인 그리스도의 강생과 관련해서, 우리는 우리가 사용하는 언어의 어깨 위에 기준, 균형과 관련된 무거운 책임을 두어야 할 것이다. 사소한 실수만으로도 이 짐은 땅에 떨어져 산산조각이 나버리고 말 것이다. 그렇게 되면 그것은 더는 최고의 진리가 아니라 이단이라고 부르는 진리의 잔해로 전락하게 될 것이다.

(2) 그리스도의 정확한 표현력의 규칙들

그리스도의 강생에 관해 이야기하는 데 있어 가장 큰 어려움은 인성과 신성 모두, 각자 자신만의 구별되는 고유함을 갖지만, 둘 다 같은 하나의 위격에 속한다는 데 있다. 그러나 만일 우리가 말에 신중하다면, 이 어려움은 그리 크지 않을 것이다. 그것은 이발사이자 동시에 테너 가수인 어떤 사람에 대해 말하는 것보다 더 어렵지 않다. 그 사람과 관련해서 보면, 이발사에 해당하는 모든 것이 이 남자에게 해당하며, 테너 가수에게 해당하는 모든 것 역시 그 남자에게 해당한다. 그러나, 모든 이발사에게 해당하는 것이 모든 테너 가수에게 반드시 해당하는 것은 아니다. 그리스도의 경우, 하느님께 해당하는 것과 인간에게 해당하는 모든 것이 그리스도라는 특정한 위격에 해당한다. 그러나, 하느님께 해당하는 것이 당연히 모든 사람에게 해당하는 것은 아니다. 다시 말해, 하느님에게 모순되는 것을 하느님에게 귀속시키거나, 인간 본성이 가질 수 없는 것을 인간에게 귀속시키지 않도록 매우 주의해야 한다.

그러나 하느님과 인간의 특징들과 고유함들이 모두 그리스도라는 위격에 해당한다는 것은 의심할 여지가 없는 사실이다. 신학자들은 이것을 “속성들과 특징들의 교환"이라고 불렀다. 그러나 이것이 강생의 순간부터 신성(神性)이 두 개의 얼굴을 갖고 있다는 것을 의미하지는 않는다. 인성에 속하는 것이 신성에는 주어지지 않았다. 또한, 신성에 속하는 것도 인성에는 주어지지 않았다. 그러나, 구체적으로 보면, 인성의 특징들이나 신성의 특징들이 모두 그리스도에게 속한다. 인간이 인간 본성이라고 말할 수는 없다. 왜냐하면, 인간은 하나의 인격체(위격)이기 때문이다. 인간은 구체적으로 인성을 갖는다. 달리 말해, 구체적인 용어는 한 인격체를 직접 표현한다.

그러므로, 강생의 언어에 있어서 정확한 규범은 구체적인 것, 즉 그리스도의 존재 전체와 그분이 하는 모든 것이 그분의 위격에 대해 말해준다는 데 있다. 이처럼, 우리는 하느님, 즉 삼위일체 가운데 제2위격이 하느님이라고 말한다. 그리고 이 인간, 즉 이 구체적인 위격이 하느님이시다. 우리 눈에 즉시 띄는 것은, 추상적인 것을 추상적인 것으로 말할 수 없다는 것이다. 예컨대, 신성이 인성이라고 말할 수는 없다는 것이다. 또한, 구체적인 것을 추상적인 것에 귀속시키는 것 역시 오류이다. 이 모든 것의 이유는 다음과 같은 사실에 있다. 즉, 만일 구체적인 것에서 나오게 되면, 우리는 더 이상 행위와 특성들 그리고 속성들의 주체인 위격(인격)의 동일함에 있지 않게 된다.

성 토마스는 오류에 대한 두려움을 갖고 있었으며 이는 진리를 향한 그의 사랑에서 오는 귀결이었다. 그는 그리스도에 관한 모호한 언명들을 허용하지 않았다. 또한, 이단적으로 해석될 수 있거나 이단자들에 의해 오용될 수 있는 표현들도 허용하지 않았다. 그는 그런 표현들을 단호하게 배제했다. 그는 용어들을 이단자들과 공통으로 사용하려 하지 않았다. 그는 자신이 사랑하는 대상에 대한 아주 미소한 왜곡도 견딜 수 없는 사랑에 빠진 사람이었다. 그래서 그는 정확하고 제한된 정의들이 아니라면 결코 그리스도께 귀속할 수 없는 많은 것이 있다는 점을 명확히 지적했다. 예컨대, 독점적으로 본성에 속하거나 주체에 모순되는 속성들이 그러하다. 그리스도는 단지 인간이고 하느님의 입양된 아들이라고 말하는 것은, 인간 본성을 이유로 다른 사람들에게 있어서는 맞는 말일지 몰라도, 우리가 말하고 있는 인격체이신 그리스도의 경우에는 분명 오류이다.

(3) 몇 가지 적용들

그리스도 안에는 세 부류의 고유함 또는 속성이 있다. 즉, 그분이 신성의 명목 아래 가진 속성으로서, 무한함, 영원함, 전능함 등이 그러하다. 반면, 그분이 자신의 인성과의 관계 아래 가진 속성으로서, 고통받고 죽을 수 있는 능력이 그러하다. 그리고 마침내 두 본성이 하나의 위격 안에 결합함으로써 갖게 되는 속성들이 있다. 예컨대, 구세주(Redemptor), 중개자(Mediator) 등이 그렇다. 의심이 가는 표현은 오해를 일으킬 수 있다. 그럴 경우, 하나의 속성이 어디로 거슬러 올라갈 수 있는지 명확히 가리키는 제한이 있는 표현을 수반하는 가운데, 오해의 소지가 있는 모든 위험을 제거해야 한다. 만일 우리가 "인성에 따라"라는 표현을 첨가한다면, 그리스도는 피조물이라고 말하는 것은 합당하다. 마찬가지로, 이 위격께서 "신성에 따라" 영원하시다고 말하는 것 역시 참되다. 한마디로, 어느 한 본성에 대해 말하는 것을 다른 본성에 관해 적용할 수는 없다. 단, 이 두 본성이 하나라는, 다시 말해 위격 안에서 하나로 결합되었다는 것과 관련해서는 예외이다. 이처럼, 하느님은 인간이 되셨지만, 인간이 하느님이 되었다고는 말할 수 없다.

물론, 이 신비에 대해 많은 반론이 제기되었다. 수 세기가 지나가는 길가에 있는 걸인들처럼 자리하고 있는 어려움은 이성을 위한 희사를 청하지만 거기에는 희망이 많지 않다. 이러한 어려움 가운데 하나는, 그리스도가 하나가 아닌 두 개의 본성을 갖고 있으므로, 그분은 모든 사람의 특징인 지고한 단일함을 소유하지 않았다. 그 대답은 너무나 명백해서 그에 대한 어려움이 가냘프고 꺼져가는 생명을 그토록 오래 간직해 왔다는 것에 경이로움을 불러일으킨다. 두 개의 눈을 가진 사람은 이로 인해 배가 되지 않으며 배로 본다고 말하지 않는다. 그것은, 두 눈을 소유한 주체, 즉 인격체는 하나이기 때문이다. 두 개의 본성을 소유한 사실로 인해 그리스도가 둘이 되지는 않는다. 마찬가지로, 두 눈을 소유한 사실이 존 스미스를 둘이 되게 하지는 않는다. 어떤 경우든, 오직 하나의 인격체만 있다. 존 스미스가 두 개의 시각 기관을 갖고 있듯이, 그리스도는 두 개의 근본적인 활동 원리를 갖고 있다.

앞서 언급한 것처럼 오래된 또 다른 반론이 그 모순을 입증하기 위해 상당히 인상적인 현대적인 사실에서 정면으로 충돌한다. 오늘날에는 사람의 눈에 있는 각막을 한 사람에게서 다른 사람으로 이식함으로써 그에게 시력을 주는 일이 가능해졌다. 만일 이 이식된 각막이 내 머리 속에 삽입된다고 해서, 그것이 지금 내가 새로운 존재로 시작하는 것을 의미하지는 않는다. 그 각막은 단지 내가 가진 동일한 존재에 참여하기 시작할 뿐이다. 이처럼 그리스도 안에서 인성은 이미 존재하는 신적 위격 안으로 삽입되어 들어가는 것이다. 그러나 위격은 이미 존재하는 신적 위격과는 다른 존재가 되는 게 아니다. 그리스도 안에 두 개의 존재가 있는 것이 아니다. 그리스도의 신성과 인성이 유일하고 동일한 존재를 구성하는 것이다.

근본적으로 대답은 언제나 같다. 모든 술어와 속성의 즉각적인 주체는 본성이 아니라 위격이다. 내가 이러저러한 방식으로 존재하는 것은 나의 인성 덕분이라 해도, 존재하는 것은 나이지 나의 본성이 아니다. 이 진리는 우리가 만들어서 주장해야 할 만큼 그렇게 모호하지 않다. 라디오를 통해 들려오는 음성은 다이얼을 돌리는 데 따라 높고 선명하게 들리거나 성량이 풍부하고 굵은 저음이 될 수도 있다. 라디오는 소리를 내거나 듣지 않는다. 그것은 단지 소리를 조절할 뿐이다. 이처럼, 그리스도께서 이미 신적 존재로 존재한다고 해도, 본성은 존재를 만드는 것이 아니라 존재를 조절할 뿐이다.

5. 그리스도 안에서의 인간성의 경이로움

(1) 그리스도의 결합

그리스도는 두 개의 본성을 소유한 하나의 위격(persona)이시다. 그러므로 그 분은 두 개의 의지, 즉, 지성적 욕구로 불리는 기관이 두 개 있다. 이러한 진리는 눈이 없는 사람이 시각 장애인이라는 사실만큼이나 명백한 것으로, 이러한 결론에서 벗어나기는 어렵다. 논리의 장벽은 확실한 보장이 되지 못한다. 우리는 속임수에 대한 우리의 능력이 너무 많아서, 심지어 의지에 있어서 가장 명백한 논리적 결과마저 피하려고 시도하고 있다. 우리는 이 점에서 오류를 받아들임으로써 또 다른 일련의 오류를 범해야만 했다. 왜냐하면, 잘못은 거짓말만큼이나 번식력이 왕성하기 때문이다. 그러나 다행스럽게도, 체스터튼이 말한 바와 같이, 거짓말은 단 한 번만 왕성할 수 있으며, 이는 오류와 거짓말이 초기에 엄청난 활력이 있다는 점을 설명할 수 있다. 그러므로, 수없이 많은 이단의 지류를 추적하기보다는 거대한 초기 이단들의 오류에 집중하기로 하자.

(2) 그리스도의 욕구들

1) 일반적으로

어떤 사람들은 그리스도의 인간적 의지의 활동에 대해 무서워했다. 그들은 단지 병립(竝立) 상태에 있는 전쟁만을 본 감상적인 평화 애호가였을지도 모른다. 또는, 자신들의 생각 안에 갇혀 지내며 인간 사회를 오랫동안 외면했기 때문에, 사람들과 충돌하는 것에 대한 두려움으로 인해 자신 안에 갇히게 된 내성적인 사람들일지도 모른다. 어쨌든, 그들에게 있어 그렇게 가깝게 배치된 인간적 의지와 신적 의지에 대한 관념은 전투가 시작되기 훨씬 이전에 이미 그들을 혼란 속에 몰아넣는 전쟁터의 함성을 대변한다. 이는 마치 배가 닻을 내리기 전에 뱃멀미에 굴복하는 사람들에게 일어나는 것과 같다. 순전히 상상적이지만 싸움이라 해도, 그들은 거대한 전투를 피하려는 필사적인 시도 가운데 인성으로부터 총을 빼앗아, 순전히 수동적인 신성의 도구로서의 활동을 제외한 모든 활동을 인성에서 부인했다. 이 선상에서 그리스도의 인간적 의지는 신적 의지에 따라 움직이는 단순한 졸개에 불과했다.

그리스도는 인간 본성을 갖고 계셨기에, 인간적 의지를 소유하셨다. 그분의 인간적 의지는 '개의 귀'처럼 모서리가 접히거나 좀이 갉아먹은 그런 의지가 아니라 완전한 의지였다. 왜냐하면, 그분의 인간 본성은 완전했기 때문이다. 그러므로 우리는 그리스도 안에서 원욕(願慾) 기관뿐만 아니라 원욕 행위들을 발견하게 된다. 왜냐하면, 행위들이 없는 기관은 불완전하기 때문이다. 그분의 의지는 우리의 의지처럼 삶의 목적과 관계된 자연적이고 필수적인 행위를 지향했다. 그분은 당연히 그리고 필연적으로 행복을 원하셨다. 또한, 우리는 목적을 향해 걷는 데 필요한 걸음과 그 목적에 이르는데 필요한 수단들에 관해 결정하는 온전히 자유로운 의지 행위를 그분에게서 발견하게 된다. 그러나 그리스도에게서 인간적 의지와 신적 의지 간에는 어떠한 불화도 없었다.

2) 기관의 측면에서

그리스도 안에서 인간적 의지가 신적 의지에 대들지 않았다는 것이 그리스도의 인간적 실재에 어떤 결함이 있음을 의미하지는 않는다. 아직도 누군가는 하느님에 대항한 싸움이 활력 넘치는 인성을 옹호하기 위한 논거로 삼기는 하지만, 하느님에 대한 복종이 인성을 감소시키지는 않는다는 것을 경험을 통해 훨씬 오래전에 깨달았어야 했다. 성 도미니코와 성 비오 5세 같은 성인들은 단 한 번도 대죄를 범하지 않은 채 한평생을 살았다. 이 성인들보다 더 충만하게 인간적인 삶을 살아온 분들을 찾기는 쉽지 않을 것이다. 그분들은 분명 하느님에 의해 움직여졌지만, 그렇다고 해서 이로 인해 그분들의 행동이 인간적인 요소가 결여된 행위였다는 것을 의미하지는 않는다. 우리는 주일에 미사에 참례하러 갈 때, 분명 하느님에 의해 움직여져서 그렇게 하지만, 그렇다고 우리가 일찍 침대에서 일어날 때 하느님이 우리의 팔을 잡아끄는 것은 아니다.

이 시리즈의 제2권과 제3권은 모두 인간이 하느님께 의존해 있을 때, 그의 삶이 얼마나 행복하고 충만한지를 상세하게 분석하기 위해 할애되었다. 우리는 인간 의지의 탁월함을 숙고하고 다시 숙고했다. 우리는 신적 움직임이, 마치 필연적 원인이 여타 모든 작은 원인을 동반하는 것처럼, 인간의 자유를 파괴하지 않으며 오히려 그 자유의 원인이라는 사실을 보았다. 이 점을 다시 살펴볼 필요는 없다. 그 대신 한 가지 예를 더 들어보기로 하자. 암탉이 알을 낳는 것은 신적 움직임 덕분이지만, 그렇다고 하느님이 직접 그 알을 낳았다고 주장하는 사람은 아무도 없다. 물론 그리스도는 인간적 의지를 갖고 있었다. 당연히 그분의 인간적 의지는 능동적이었다. 왜냐하면, 그분은 인간 본성을 갖고 계셨고, 인간적 의지는 이 인간 본성을 구성하는 필수 요소이기 때문이다. 그것은 신적 의지가 신적 본성을 구성하는 필수 요소인 것과 마찬가지이다. 이 두 실재가 충돌할 필요는 전혀 없다. 만일 이런 충돌이 일어난다면, 그것은 인간적 의지가 그분의 인간 본성 자체를 거슬러 행동하는 것을 의미한다.

똑같은 논리의 길을 뒤따르는 가운데, 우리는 언제나 그리스도의 인간 본성에 대한 전제 자체로부터 출발해서 그분의 감정과 감정에 관련된 기관들에 이르게 된다. 심리학에 대한 표면적인 지식만을 가진 오늘날의 사람은 이러한 언명에 대해 깜짝 놀랄 수도 있다. 그에게 있어서 그리스도를 소개한다는 것은 마치 신경증, 고착, 콤플렉스를 피하려고 혼란스러운 다툼에 말려들거나 화를 참기 위해 10까지 세고 캐디에게 골프채를 주는 인물을 상상하게 하는 것일 수 있다.

이 모든 것은 감각적 욕구에 부당하다. 감각적 욕구는 이러한 길을 통해 걷지 않았으며, 이런 결과에 이르기 위해 만들어지지도 않았다. 비록 방랑자가 모든 험난한 길을 다 걸으며 방황했다 해도, 결국 그는 집에서 살게 되어있다. 그와 마찬가지로, 비록 감각적 욕구가 저지르는 모든 타락에도 불구하고, 그것은 이성에 복종하도록 만들어졌다. 감각적 욕구는, 통제 불능의 상태에서 난폭하게 흥청망청하거나 전혀 활동하지 않고 심통을 부리는 침묵 중에서가 아니라, 이렇게 이성에 복종하는 한에서 비로소 참된 만족에 이르게 된다.

그리스도는 완전한 인간 본성을 지니셨으므로, 이런 건전한 감각적 욕구도 충만하게 지니셨다. 이러한 감정으로 인해 그분은 먹을 것과 마실 것을 청하셨으며 라자로의 무덤에서 슬피 우셨다. 달리 말해, 그리스도는 우리가 감정과 관련해서 보였던 것과 같은 모습을 보여주셨다. 그분에게서 감각적 욕구는 정확히 말해 우리 안에서 있어야 하는 것과 같았다. 우리가 참으로 인간적인 모든 것을 받아들이게 될 때, 우리는 그리스도 안에서 드러나는 감각적 욕구의 완전함에 가까이 다가가게 된다. 물론, 이것이 감각적 욕구의 감소를 의미하지는 않으며, 마치 입에 거품을 물고 완고하게 말하는 의지처럼, 강한 자 편에서 약한 사람에 대한 어떤 횡포를 부리는 것을 의미하지도 않는다. 반면, 우리는 언제나 우리 안에서 의지와 감각적 욕구 사이의 관계가 어머니와 아기 사이의 관계와 다르지 않다는 점을 인정해야 한다. 그것은 마치 아기의 궈등을 씻고 나서 아기의 귀를 끌어당기는 것처럼 종종 불쾌한 것들도 내포한다.

3) 행동의 측면에서

a. 그리스도의 자유재량

그리스도는 자신의 완전한 인간 본성의 바탕 위에 자유, 특히 자유에 속하는 모든 것과 함께 자유를 소유한다. 이 자유는 인간이 목적에 이르는 데 필수적인 행위들 또는 목적과는 무관한 행위들과 연관된다. 그리스도에게서 그분의 인간적 의지에 속하는 모든 자유로운 행위를 부인할 수는 없다. 여기에는 엄밀하게 목적에 반드시 연결되지 않은 행위들도 포함된다. 반면, 이 새로운 아담의 품위에는 부합하지 않는 불완전함들은 배제된다. 결국, 이미 오래 전 목적에 도달한 천국에서조차 선택의 단조로움은 없다.

b. 신적 의지를 따름

그러나 피상적인 사색가들은 그리스도의 자유재량을 인정하는 게 쉽지 않다고 생각한다. 그들은 이러저러한 이유로 인해 술에 취할 수 없는 사람에게 포도주를 마시는 능력을 부인하는 것이 모순인 것처럼, 이러한 주장은 아주 불합리하다고 여긴다. 죄는 자유를 악용(惡用)하는 것이다. 왜곡이 인간에 대한 정의에 포함되지 않는 것처럼, 자유에 대한 악용은 자유에 대한 정의 안에 포함되지 않는다. 자유에 있어 고유한 행위인 선택은 선하게 행동하는 것과 악하게 행동하는 것 사이의 선택이 아니라 선하게 행동하는 다양한 방식들 사이의 선택이며, 만일 필요하다면, 행동하는 것과 행동하지 않는 것 사이의 선택이다. 우리의 풍요로운 경험에 비춰볼 때, 그리스도께서 죄를 지으실 수는 없었지만, 지극히 자유로우실 수 있었다는 것이 우리가 인정하기에 특별히 어려운 진리가 돼서는 안 된다. 우리는 모든 의심을 뒤로 한 채 그 누구도 죄에서 자유를 발견하지 못했다는 점에 대해 확신한다.

그러나, 피상적인 사고(思考)는 피상적인 질병보다 훨씬 더 고집이 센 경향이 있다. 아마도 정직한 논쟁의 부족은 더욱 큰 지적인 수고를 요구하기 때문일 것이다. 여하튼, 그리스도의 자유를 반대하는 사람들은 그분에게 있어서 선을 행할 수 있는 자유조차 부정되고 있다는 사실을 주장한다. 그에 따르면, 그리스도는 정확히 일정한 방식으로 죽음을 달게 받으라는 명령을 성부로부터 받았으며, 당연히 그 일을 마치셨다. 그런데, 언제 명령이 자유를 파괴했을까? 우리는 벤치나 의자에 명령하려 하지 않는다. 당연히 우리는 동물에게도 명령하지 않는다. 명령하는 것은 물리적 힘이 아닌 도덕적인 힘으로 어떤 대상을 움직이며, 밧줄이 아니라 지성과 의지로 대상을 움직이는 것을 의미하기 때문이다. 명령은 자유를 전제로 하고 자유에 의존한다. 천국에서 하느님께 매우 충만하고 기쁘게 순명하는 성인들보다 더 자유로운 인간은 분명 없다. 성인들을 비롯해 그리스도는 매우 자유로웠기 때문에, 그분들 모두 순명에 대해 당연히 그렇게 강력한 주장을 펼칠 수 있었다. 그들은 그리스도께서 자유로우신 것처럼 그렇게 자유로웠기 때문에, 그토록 위대한 영예를 순명에 부여할 수 있었다. 그리스도의 순명이야말로 그분이 당신의 생명을 자유롭게 내어주셨다는 것을 권위 있게 입증한다. 삶에서 매 순간 선택해야 하는 수고는 우리에게 깊은 주름살을 생기게 해서 젊은이가 원숙한 성인이 되게 하며, 노인이 돼서는 한밤이 낮으로 변하게 하고, 우리의 모든 노력에 보답하는 성과 없이 우리를 버려두기도 한다. 그러나 이러한 망설임과 의혹은 우리의 무지와 나약함에 의해 자유의 발걸음 사이에 끼워진 장해물이다. 여기서부터 흔들리는 것은 자유의 여정과 분리될 수 없다는 사실이 뒤따른다. 우리가 알지 못하는 것들이 너무 많고 우리가 할 수 없는 것들도 너무 많다. 따라서, 무엇인가를 결정하는 데 있어 언제나 편안함을 느끼지 않는다고 해서 놀랄 필요는 없다. 반면, 우리는 그리스도께서 무지하지도 약하지도 않았다는 사실을 잘 기억해야 한다.

c. 그리스도 안에서 욕구들의 대립

그리스도의 영혼은 우리의 의지가 서로 대립하는 두 부분으로 찢어질 때, 비록 감각적 욕구가 이성에 대항해서 성공적으로 반역을 이뤄내지 못했다 해도, 그 욕구가 심각하게 위협적일 때, 우리의 내면을 황폐하게 하는 그런 투쟁을 알지 못하셨다. 그리스도의 욕구와 바람은 골고타에서 최후의 고통을 겪던 순간처럼 쓰디쓴 순간에도 완전한 조화 가운데 있었으며 완전한 평화를 누리고 있었다. 그리스도에게 있어 의지보다 아래에 있는 기관들은 의지에 온전히 복종했다. 그리고 그분의 의지는 하느님의 의지와 완전한 조화 가운데 있었다. 그분의 감각적 욕구가 골고타에서 겪은 최후의 고통이나 기둥에 묶인 채 당하던 채찍질을 좇아

했던 것은 아니다. 그분이 받은 명령은 이런 것들을 따르라는 것이지, 이를 쾌락의 원천으로 삼으라는 것이 아니다. 그런데 이성에 대한 복종은 감각들의 마비와는 전혀 다른 것이다. 비록 인간적 의지가 신적 의지에 속한다고 해도, 인간적 의지가 온전히 자신의 작용을 수행하듯이, 감각적 욕구 역시 이성에 대한 충만한 복종의 범위 내에서 고유하고도 충만한 자신의 작용을 수행한다.

그래서 어떤 사람이 치과의사의 의자에 자유로이 앉는 것은, 황홀경을 기대하거나 하느님의 영광을 위해서도 아니다. 그가 그렇게 하는 것은 자신의 건강을 위해서 또는 입술의 형태를 아름답게 꾸미기 위해서이다. 감각적 욕구는 누군가의 영광에는 전혀 관심이 없다. 건강이나 아름다움에 대해서도 전혀 관심이 없다. 이 욕구의 관심사는 오직 즐거움과 고통에 있다. 감각적 욕구는 치과의사의 의자에서 고통에 대항해 저항하며 그 고통으로부터 긴급히 벗어나려 한다. 탈출을 재촉하며 그 자기 일을 한다. 그러나 모든 점에서 미루어 볼 때, 치과의사가 환자를 쫓아다니거나 그가 강제로 치료받게 하는 경우는 거의 없다.

(3) 그리스도의 업적들

1) 신인적(神人的) 업적들

사람들은 자신들이 기대했던 것 이상으로 그리스도를 보며 감탄했다. 그들은 피곤함에 절어 잠든 그리스도를 보았으며, 피로한 사람이면 누구든 누렸을 위로를 느끼던 그리스도를 보았다. 또한, 사람들은 그분이 일어나 한마디의 명령으로 바다의 폭풍을 멈추시는 모습도 보았다. 그들은 두 개의 행동 원리(각자 자신의 고유한 작용과 함께)라는 두 경사면 사이에 있는 신비의 정상을 바라보았다. 인간적 행위들은 충분히 분명하다. 우리는 이에 대한 전형적인 예를, 그리스도께서 만지자 깨끗이 나은 나병 환자와 무덤 깊은 곳에서 그분의 부름에 응답한 라자로에게서 찾아볼 수 있다.

만일 사람들이 성모님의 아드님의 신비를 좀 더 자세히 조사했다면, 그들은 그리스도께서 이루신(그분의 인성에서 유래한) 다양한 인간적 행위에서 놀라운 관상의 동기들을 발견했을 것이다. 인간의 지배가 확장되는 이 지상의 왕국은 제한되어 있다. 이러한 한계 내에서도 질서를 유지하는 게 쉽지 않다는 점을 차치하고서라도, 인간은 이러한 한계 밖에서 개입할 수 있는 어떠한 가능성도 갖고 있지 못하다. 지성과 의지는 인간에게 충실하게 봉사하는 기관들이다. 비록 감각적 욕구가 아직 그의 명령 아래 있다고 해도, 그 욕구는 인간을 위해 봉사하기 어려운 기관이다. 여하튼, 바로 여기서 인간의 지배는 끝난다. 그는 목이 쉴 정도로 소리칠 수 있지만, 그의 생장 기관들은 고집불통인 어린아이처럼 그저 평온하게 자신의 길을 지속할 것이다. 인간은 자신의 의지를 최고로 집중할 수 있지만, 화물트럭이 그를 쓰러트리고 짓이기는 것을 막지는 못한다.

그리스도는 이와 동일한 왕국에서 살았지만, 통제가 필요한 모든 것과 관련해서 대한 보다 많은 확신과 더불어 복종과 유순함을 누리셨다. 또한, 인간의 다른 하위 측면들도, 그분이 자신의 육체와 관련된 모든 것을 처음부터 자유롭게 취하셨다는 의미에서, 그분의 신중한 태도 아래 통제되고 있었다. 오히려, 그분의 인성은 신성의 도구이므로, 갈릴래아 호수의 파도처럼 순명하기 위해 준비된 온 우주의 만물과 마찬가지로, 그분의 인성 전체 역시 그분의 종이었다.

2) 인간 본성 편에서 본 그분의 업적들

a. 업적 그 자체

이 모든 것은 그리스도에게 있어서 인간적인 활동을 향해 개방된 영역이 우리에게 있어서보다 훨씬 더 광범위했음을 의미한다. 이는 중요하다. 왜냐하면, 인간은 통제 가능한 행위로 이루어진 이러한 활동과 더불어 공로를 얻기 때문이다. 또한, 바로 여기에 인간 본성을 지니신 그리스도의 공로들이 속한다. 그러나 어떤 이들은 예수 그리스도가 하느님의 아드님이기 때문에, 그분에게 있어 공로들에 대해 말할 수는 없다고 하며 즉시 반론을 제기할 것이다. 하지만, 그리스도께서 땀을 흘려 스스로 자기 수고의 결실을 얻는 대신 입에 금수저를 물고 태어나는 것은 인간으로서 그분의 품위에 상당히 적합하지 않을 것이다. 물론, 하느님은 당신을 대신해서 인간을 우주의 대리 통치자로 세우기 위해 그를 만드셨다. 그러나 통치자는 자신이 지닌 최고의 가능성을 실현하도록 요청받는다.

b. 업적들의 효과 : 공로

① 그리스도 자신을 위해서

하느님의 아드님에게는 어떤 공로가 있을까? 분명, 그분은 하느님으로서 이미 모든 것을 소유하고 계시므로, 어떤 공로도 받을 필요가 없었다. 또한, 인간으로서도 은총, 지식, 지복직관을 누릴 자격이 있어야 한다는 게 그분에게는 전혀 적합하지 않았다. 왜냐하면, 그러한 것들은 때로 그분에게 부족했기 때문이다. 우리들의 짧은 경험에 비추어 쉽게 알 수 있듯이, 어떤 사람이 참회하여 덕을 되찾는 것을 보는 것도 감동적인 일이지만, 훨씬 더 감동적인 것은 결코 무죄함을 잃어버리지 않았던 그를 보는 데 있다. 그러나 그리스도께서는 자신의 육신의 영광과 같은 것들, 예컨대 자신의 승천, 자신에 대한 흠숭처럼, 자신의 외적인 영광과 관련된 것들을 공로로 받으실 수 있었다.

② 우리를 위해서

그리스도의 업적들이 지닌 공로들에 대한 평가의 관점에서 볼 때 보다 더 중요한 것은 그분의 공로들로 인해 우리에게 선사되는 은혜들이다. 왜냐하면, 그분은 우리를 위해 이 세상에 오셨기 때문이다. 우리는 그리스도의 은총이 지닌 완전함과 넘치는 풍부함을 기억해야 한다. 왜냐하면, 그리스도에게 있어 모든 공로의 원리는 우리와 마찬가지로 성화은총(gratia sanctificans)이기 때문이다. 우리는 이를 바탕으로 그리스도의 공로들의 풍부함에 대한 비전을(비록 모호하게라도) 가질 수 있다.

만일 우리의 무능함이 다른 이들을 위한 공로가 될수 있다는 점을 고려한다면, 예수 그리스도의 공로가 지닌 위대함을 이해할 수 있는 새로운 빛을 받을 수 있을 것이다. 엄밀한 의미의 의로움에 따르면, 우리는 오직 우리 자신만을 위한 공로를 쌓을 수 있다. 우리는 오직 우리의 선한 준비 자세에 대한 하느님의 자비와 우정에 바탕을 둔 호의적인 응답을 통해서만 다른 이들을 위한 공로를 얻을 수 있다. 반면, 그리스도는 엄밀한 의미의 의로움에 따라 다른 이들을 위한 공로를 마련할 수 있다. 무슨 공로를 얻어 주실 수 있을까? 그분은 인간이 신적인 삶을 살아갈 수 있는 첫 번째 은총과 같은 것을 얻어 주실 수 있다. 또한, 믿음을 비롯해 죄인들에 대한 용서 그리고 덕, 항구함, 영원한 생명을 비롯해 우리를 그곳으로 인도하는 모든 것을 얻어 주실 수 있다. 구체적으로 말해, 죄인은 마치 빵집의 진열창 앞에 있는 굶주린 어린아이와 같다. 그리스도 이외에 그 누구도 그 아이를 빵집으로 데려갈 수 없다. 또한, 우리는 그 아이의 굶주림 자체도 그리스도에게서 온다고 말해야 한다. 그분이 아니라면, 죄인은 인식하지도 못한 채 굶어 죽어갈 것이다. 성인(聖人)은 신적인 선물들을 바라보고 열망하며 받아들이며 소유하기 위해 아버지의 어깨 위로 올라탄 어린아이와 같다. 성인(聖人)은 그리스도가 아니라면 자신이 얼마나 무능한지 가장 잘 아는 사람이다.

그리스도는 입에 금수저를 물고 태어나지 않았다. 더욱이 우리는 선조들의 공로만 바라보면서 천국에서 안락과 태만 속에 자란 영적인 자녀들은 없다는 점을 잘 알고 있다. 그리스도는 우리를 위해 풍요롭고 무한히 공로를 얻어 주셨다. 그리스도께서 공로로 얻어 주신 은총들은 신비체(corpus misticus)의 머리이신 그분으로부터 흘러나와 그분의 지체들인 우리에게 전해진다. 이 모든 것은 엄밀한 의로움의 개념 아래 신비체에 영향을 미친다. 그러나 그 은총들을 받아들이는 모든 지체의 편에서 보면, 그것들은 무상적(無償的)이다. 개인적인 결과는 각 개인의 손에 달려 있다. 성모님의 아드님과 그분의 공로를 고려할 때에만 확실히 목표를 향해 나아갈 수 있다. 이와 마찬가지로 모든 사람은 스스로 길을 만들어야 한다.

c. 그리스도의 복종

그리스도는 자신의 은총, 지식, 덕, 원의, 업적, 공로에 있어서 완전한 인간이셨다. 달리 말해, 그분은 하느님 아버지께 온전히 순종하셨다. 왜냐하면, 우주의 다른 모든 것의 완전함과 마찬가지로, 인간의 완전함은 지고하신 하느님에 대한 순종에, 자신의 자리를 유지하는 데 있기 때문이다. 우리 자신의 오만함을 지키기 위해 그리스도의 완전함에 있는 너무도 분명한 측면을 시야에서 놓치거나 이를 소홀히 하지 않도록, 그분은 성부께 대한 순명을 더욱 분명한 말씀과 함께 선언하셨고 이를 쉼 없이 언급하셨다. 성부 하느님을 향한 그분의 순명은 모든 사람을 위한 깊은 이유를 갖는다. 인간으로서 그분의 선하심은 신적인 선하심이라는 대양(大洋)에서 흘러나오는 수로(水路)와 같다. 그분의 권능은 창조주 하느님으로부터 받은 피조물의 권능이었다. 그분의 의지는 주인 앞에 있는 종의 의지였다. 그러나, 이러한 성부의 현존은 그분의 생애에서 토대가 되었으며, 비록 사람들이 그런 그분을 이해하는 데 지체하더라도, 바로 그곳에서 그분의 모범은 설득력 있게 다가온다. 그래서 그분은 하느님의 주권에 참여했던 모든 사람, 즉 성모님과 요셉 성인 그리고 심지어 당신을 십자가에 못 박은 대사제와 로마인들에게도 탁월하게 순명하셨다.

그리스 교부들은 그리스도가 하느님이자 동시에 인간이셨기 때문에 당신 자신에게 순종하셨다고 말한다. 물론 이 표현을 제대로 이해한다면, 그것은 맞는 말이다. 그러나 이는 위험한 결론으로 이끌수 있다. 왜냐하면, 자칫 그리스도 안에서 인격의 이중성을 생각하도록 유도할 수 있기 때문이다. 하지만, 인간이 자신이 느끼는 두려움의 주인이지만 동시에 분노의 노예라는 사실을 인정한다면, 우리는 그와 같은 방식으로 표현할 수 있을 것이다. 인간은 자기 행동의 주인이면서 동시에 노예이기도 하다. 물론, 이를 바탕으로 그리스도가 두 사람이라고 말하려는 것은 아니다. 단지 그분에게는 지배와 노예-됨이라는 상이한 두 가지 근거가 있다는 점을 언급하고자 한다. 엄밀히 말하자면 주인과 종은 서로 다른 두 사람이라는 점을 알고 있고 대체로 그렇게 말하려는 것뿐이다. 그리스도의 경우, 정확히 말하자면 인간으로서의 그리스도가 하느님으로서의 자기 자신에게 속해 있다고 말할 수 있다.

d. 그리스도의 기도

① 그 가능성

이 모든 것은 단지 정확성을 기하기 위해서일 뿐이다. 근본적인 진실은 인간이신 그리스도께서 하느님께 순종하셨다는 점이다. 이러한 진리가 끊임없이 기도하셨던 그리스도의 모습에서보다 탁월하게 드러나는 곳은 어디에도 없다. 그리스도는 기도하셨으며 이러한 그분의 모습은 그분이 슬피 우셨다는 것만큼이나 놀라운 일이다. 사실, 그리스도의 기도를 살펴보면 살펴볼수록, 이런 그분의 모습은 우리를 생각하게 한다. 이처럼 그분의 기도는 놀랍기 그지없다. 그런 그분의 모습은 우리의 주의를 끌며 그분께 가까이 다가가게 해준다. 왜냐하면, 그분은 우리가 어떻게 기도해야 하며 왜 기도해야 하는지 그 모범을 보여주셨기 때문이다. 우리는 이 점에 대해 깊이 숙고해야 한다.

안타깝게도, 교만한 부류의 사람들에게 기도는, 비록 기도가 지극히 자연스러운 행위임에도, 언제나 지극히 어려운 일이다. 무릎을 꿇는 자세, 겸손한 태도야말로 그런 사람들이 느끼는 어려움을 드러내는 상징적인 표현이다. 우리는 너무도 자주 그런 자세 자체가 기도할 수 있는 우리의 능력에 대한 사나이다운 긍정의 표현이자 세상을 통치하는 데 있어서 최소한의 우리의 몫을 완수하기 위한 권리에 대한 긍정이라는 사실을 잊어버린다. 기도를 천시하는 것만큼이나 우리 시대의 비참함과 무지를 가시적으로 가장 잘 드러내는 것은 없다. 바로 이 때문에, 그리스도는 당신의 기도가 간직한 독특한 요소들에 대한 기억을 우리에게 남겨주셨다. 그분은 늦은 저녁 산에서, 광야에서, 라자로의 무덤 앞에서, 최후의 만찬에서, 겟세마니 동산에서, 십자가 위에서 홀로 기도하셨다. 만일 그리스도의 기도에 대해 성찰할 수만 있다면, 분명 우리 시대의 사람들은 회개하게 될 것이다.

기도는 인간적 의지가 하느님을 향해 들어 올려짐으로써 그분으로 채워지는 것 이외에 다른 게 아니다. 따라서, 그리스도께서 기도할 수 있었다는 점은 그분이 인간적 의지를 지니셨다는 사실에서 분명히 드러난다. 기도는 마치 요정의 요술 지팡이처럼 어린아이들에게 속한 물건처럼 보인다. 그리고 이러한 개념에는 어느 정도 맞는 게 있다. 왜냐하면, 우리는 언제나 우리보다 훨씬 더 높이 있는 어떤 것을 향해 온 힘을 기울여 나아가려는 어린아이와 같기 때문이다. 그러나 기도는 이 표현이 간직한 보다 충만한 의미에서 인간의 것이기도 하다. 기도는 희색이 만연한 어린아이의 축제 행위 그 이상이다. 그것은 파종(播種)하기 전에 밭을 준비하는 것이 수확하기 위해 필수적인 일이듯이, 결과를 얻기 위해 필수적인 물리적 원인이다. 본 시리즈의 앞 권에서 우리는 하느님이 이 세상을 통치하는 데 있어 당신의 권능의 일부를 인간에게 선사하셨음을 보았다. 하지만, 우리의 기도는 하느님의 계획에 의해 원해진 조건들을 바탕으로 실현된다. 그것이 아니라면 그 결과는 일어나지 않을 것이다. 우리는 기도와 함께 세상에 대한 책임에 있어서 우리의 몫을 취하게 된다.

② 그 적합성과 필요성

그리스도께서 기도하신 것은 당연한 일이었다. 그분은 인간이셨다. 그리고 그분은 삶에 대한 우리의 스승이셨고, 우리들의 삶에 있어서 필수적인 부분은 기도이다. 그분은 당신의 기도와 더불어 우리가 누구에게서 오는지, 누구를 향해 가는지, 그리고 우리의 여정에서 기도는 어떤 부분을 차지하는지를 우리에게 상기시켜 주셨다. 그리스도께서 기도하시는 것은 적절했을 뿐만 아니라 필수적이었다. 그것은 그분이 하느님이 아니셨기 때문도 아니고, 전능하지 않아서도 아니다. 그것은 그분이 인간이셨고, 인간으로서 우주에서 당신의 몫을 갖고 계셨으며, 하느님의 계획을 완수하기 위해 인간으로서 봉헌해야 할 당신의 몫이 있었기 때문이다.

그리스도의 기도는 사람들에게 본질적인 위안을 전해준다. 그분이 겟세마니에서 하신 고뇌에 찬 기도를 살펴보기로 하자. 이 기도는 그분의 인성이 순수하다는 사실을 결정적으로 보장해준다. 그것은 또한 우리가 두려움과 고통에 맞서 필사적으로 기도할 때 우리에게 전해지는 광범위한 승인의 몸짓과 같다. 거기에는 짧은 우리의 기도에 대한 이해와 인간적인 원의가 지향하는 목적들 역시 기도의 합당한 대상이 될 수 있음을 승인하는 추인(追認)이 담겨 있다. 우리가 그것들을 청하는 한, 거기에는 성부 하느님의 영원한 그리고 통찰력 있는 지혜에 대한 겸손한 순명이 있다. 우리가 확실히 그분을 배반하지 않는 한, 그리고 "당신의 뜻이 이루어지소서."라고 말한다면, 그분은 우리를 천상 본향으로 인도해주실 것이다.

③ 그리스도가 기도한 대상들

그리스도께서는 겟세마니 동산에서 거친 맨 바위 위에 엎드려 기도하시며, 우리가 우리 자신을 위해 기도하는 법을 배울 수 있도록 친히 기도하셨다. 더 나아가, 그분께서는 우리가 가장 완전한 사람도 도움이 필요하다는 것, 무엇보다도 절실히 도움이 필요하다는 것을 알 수 있도록, 우리에게 필요한 모든 선(善)을 구하는 태도를 당신으로부터 배울 수 있도록, 우리가 이미 받은 것과 우리가 여전히 필요로 하는 것들에 대해 감사드리는 태도를 배울 수 있도록 친히 기도하셨다. 우리가 이해할 수 있는 한, 우리의 기도와 마찬가지로, 그리스도의 기도가 성부 하느님으로부터 모두 응답을 받은 것은 아니었다. 안타깝게도, 인간의 영혼을 꿰뚫어 보는 것은 우리의 능력 밖이다. 그러므로 우리는 응답받지 못한 기도라고 부르는 기도의 결실인 씁쓸함에 여지를 두지 않는, 평온함으로 가득한 희망에 대한 비전에서 쉽게 벗어나곤 한다. 여하튼, 하느님의 뜻을 알지 못하는 우리에게 있어 기도는 사랑과 신뢰가 가득한 끊임없는 믿음의 행위이다. 반면, 하느님의 뜻을 철저히 알고 계신 그리스도에게 있어서 기도는 명시적이고 관대한 순명 행위이다. 밤에 침대 곁에서 무릎을 꿇고 기도하는 어린아이든, 무릎 속에 얼굴을 가리고 기도하는 죄인이든, 천사를 맞이하기 위해 준비하시는 하느님의 어머니이시든, 기도하는 사람에게는 깊은 아름다움과 매력이 있다. 이 아름다움은 심오한 진리에서 오는 결실이지 감정에서 오는 결실이 아니다. 왜냐하면, 기도하는 사람은 자기 인성이 지닌 경이로움을 발견하기 때문이다. 기도하는 사람은 자신의 진정한 위치가 무엇인지를 모든 사람이 볼 수 있도록 커튼을 제거한다. 오직 인간만이 기도할 수 있으며 그는 바로 이를 통해 여타 모든 피조물에 대한 자신의 우위뿐만 아니라 하느님에 대한 자신의 의존성을 드러낼 수 있다.

6. 그리스도의 기도에 대한 응답

[결론]

1. 인간의 경이로움을 파악하기 위한 조건

기도는 하느님을 비롯해 세상 모든 것과의 관계 안에서 인간이 자신의 자리를 올바로 차지하게 한다. 그래서 인간은 기도할 때 아름답다. 귀는 아름다운 것일 수 있지만, 그것은 귀가 해부 실습을 위한 탁자 위에 핀으로 고정되어 있지 않을 때 그렇다. 머리 역시 아름답다. 그러나 헤로데 왕의 명령에 따라 쟁반 위에 놓여 있을 때는 그렇지 않다. 우리가 사는 이 시대에는 마치 장미에서 꽃봉오리를 떼어내는 것과 같은 일들이 종종 일어나고는 한다. 장미의 아름다움을 취하기 위해 꽃봉오리를 떼어내지만, 그것은 씁쓸함만을 자아내서 주춤하게 할 뿐이다. 우리는 우주에서 인간의 자리를 빼앗았다. 이제 우리는 우리를 당황스럽게 하고 놀라게 하며 구역질 나게 하는 인간 앞에 서 있다.

2. 현대 세계와 인간의 경이로움

(1) 필연적인 맹목

인간에 대한 모든 발견, 인류의 이름으로 선언된 모든 해방은 사슬에 묶인 인간에게 가해진 또 다른 폭력일 뿐이다. 현대의 지성인들은 형태가 없는 아름다움을 보여주려 하고 있으며, 희망이 전혀 없는 피조물에서 영감을 찾고, 모순에서 지혜를 얻으며, 혼란에서 질서를 찾고, 어리석음 속에서 유머를 발견하도록 부추긴다. 사람들은 아름다움의 세계, 신비의 세계, 영감의 세계, 보이지 않는 진리의 세계를 떠나도록 강요하고 있다. 하지만, 그들에게는 여전히 그 모든 것이 절실히 필요하며, "마치"라는 시스템과 더불어 앞으로 나아가려 한다. 그들 가운데 좀 더 용기 있는 사람들은 어둠 속에 몸을 던지기 위해 빛으로부터 도망치도록 강요당하며, 천사의 빵을 먹지 않기 위해 온갖 종류의 것들을 씹어먹는다.

(2) 주어진 보상

3. 맹목에 대한 구제책

여기서 관건은, 비록 사람들에게 인간의 아름다움과 경이로움으로 나아가는 가능성을 차단하지만, 오히려 그 자체를 자랑스럽게 여기는 타락한 맹목적 태도가 문제이다. 아마도 영원히 말하는 것은 너무 많은 것을 말하는 것이 아닐까 싶다. 여하튼, 맹목적 태도는 인간이 자신의 고유한 자리를 보려 하지 않는 한, 하느님 앞에서 그리고 우주의 모든 피조물 앞에서 자신의 올바른 자리를 취하지 않는 한, 계속될 것이다. 그의 맹목적 태도는 하느님이자 인간이신 그리스도, 유일한 신적 위격 안에서 신성과 인성이 결합된 그분의 신비를 묵상하지 않는 한, 계속될 것이다. 왜냐하면, 바로 여기에 우주의 모든 진리가 집중하고 있으며, 그분이야말로 제반 사물에 대한 총체적인 전망에서 솟아나는 모든 아름다움이 반영되어 드러나는 틀이기 때문이다.

A Companion to the Summa

성 토마스 아퀴나스의

신학대전 해설서 Ⅳ

제6장 신적 중개자 (제3부, 제22문제 ~ 제26문제)

1. 시간과 진리
   (1) 진리와 오류의 어려움
   (2) 묻힌 진리의 장(場)
2. 근본 진리들에 대한 현대적 매장
   (1) 리더십과 그 목표
   (2) 사제직과 희생 제사
   (3) 성탄절 동굴에 숨겨진 보물
3. 희생 제사에 있어서 그리스도의 역할
   (1) 사제직의 일반적 특징
   (2) 희생제물의 일
   (3) 완전한 사제이자 완전한 희생제물이신 그리스도
   (4) 그리스도 사제직의 결과들
      1) 일반적으로
      2) 다른 이들을 위해서
      3) 영원한 사제이신 그리스도
   (5) 사제이신 그리스도의 모범
4. 하느님의 계획에서 사제와 제물의 자리
5. 사제의 왕실(王室)
   (1) 친자와 양자
   (2) 입양의 적합성
      1) 하느님 편에서
      2) 인간 편에서
6. 사람들의 흠숭
   (1) 그리스도의 인성과 신성에 부여된 예배의 정체
   (2) 그리스도 안에서 최고 흠숭의 대상들
   (3) 그리스도의 어머니에 대한 상경(上敬)
   (4) 성인들에 대한 공경
7. 그리스도의 일에 있어서 사제직 - 그리스도의 중개

[결론]
1. 묻힌 진실의 비극
   (1) 현대 리더십의 비극
   (2) 현대 종교의 비극
2. 베들레헴의 보물 동굴
3. 왕들과 그 아기

제6장 신적 중개자 (제3부, 제22문제 ~ 제26문제)

인간에게는 사실들이나 사물들의 표면에 머무르려는 경향이 있다. 눈에 띄는 것에서 그 아래 숨겨진 것으로 옮겨가기 위해서는 추가적인 수고가 필요하다. 예컨대, 이집트나 그리스에서처럼 고고학자들이 매장(埋藏)된 문명을 발굴하는 것을 유유히 지켜보는 관람자는 잃어버린 문화의 흔적을 발굴하는 데 필요한 시간과 노동력 그리고 비용에 대해 감탄하며 보통은 매우 만족해한다. 그러나 조금만 생각해보면, 특히 그가 1940년대를 용케 헤쳐 나온 관람자라면, 그 문명을 매장하는 데 훨씬 더 많은 시간과 노동력 그리고 믿을 수 없을 정도의 비용이 들어갔다는 사실을 통감할 것이다.

우리들의 일상적인 삶의 수준에서 볼 때, 진리를 발견하는 데 필요한 수많은 수고와 노력 그리고 엄청난 시간의 양에 대해서는 아무도 의심하지 않는다. 진리를 발견하기 위해 오랜 연구 시간을 비롯해 일련의 탐구에서 다른 탐구로 넘어가는 데 많은 기간이 소요되었다. 하지만, 우리는 바라는 만큼 성공적이지 못한 결과들을 마주해야 했다. 그런데, 이와 같은 일이 아니 그보다 더 나쁜 일이 진리를 숨기려 들 때 일어난다. 특히, 그것이 근본적인 진리들일 경우 그렇다. 많은 사람과 더불어 겪은 우리들의 짧은 개인적인 체험에 비추어 볼 때, 우리는 죄악의 진실을 매장한 곳으로 들어가는 어려움, 시간, 심지어 인간의 양심을 사멸시키는 데에 들어가는 비용을 놓치지 말아야 한다. 아마도 그 과정에서 겪게 되는 불안, 걱정, 고뇌의 회한은 시간이나 돈의 관점에서 정확하게 측정할 수 없지만, 만일 노고가 인간에게서 빼앗은 것을 바탕으로 헤아린다면,

죄 중에 평온하게 된 사람보다 더 수고한 사람은 없다.

1. 시간과 진리

(1) 진리와 오류의 어려움

초기 문명과 최근의 문명 간에 드러나는 대조는 이러한 개인적인 체험들을 잘 추인해준다. 예컨대, 초기 문명에서 결혼은 거의 보편적으로 일부일처제를 유지했으며, 나중에 와서 다양한 형태를 취하게 된다. 이에 대해서는 역사가 잘 말해준다. 오늘날 잘못된 것으로 말하는 신화적인 잡혼(雜婚)이 종족의 순수함으로 거슬러 올라가는 것을 의미하지는 않는다. 적어도 자료들이 우리에게 제시하는 결론을 바탕으로 다음과 같이 말할 수 있다. 즉, 원시인들 사이에서 하느님에 대한 예배는 본래 일신적(一神的)이었다. 시간이 흐르면서 그에 대한 왜곡들이 나타났으며, 이를 추종하는 사람들도 생겨났다. 이는 많은 다른 것을 통해서 입증되는 사실이다. 많은 본질적인 진실들은 소위 "더 높은 문명들"의 도래와 함께 묻히고 말았다. 예컨대, 우리가 '희생'이라는 진리가 어떻게 왜곡되었는지 그 흔적을 추적해 들어간다면, 인간의 희생에서 왜곡의 바탕을 발견할 수 있다. 만일 성(性)의 왜곡에 대해 말하려 한다면, 우리가 사는 시대에서 훨씬 먼 시대가 아니라 아주 가까운 시대에서 분명 이를 찾을 수 있다.

(2) 묻힌 진리의 장(場)

개가 뼈를 묻어 감추는 것과 동일한 열정으로 진실을 묻어 감추려는 광기(狂氣)는 우리가 사는 시대와는 아주 먼 역사적인 사실로 간주 돼서는 안 된다. 오히려 그것은 우리 시대에 더할 나위 없이 보편적이다. 예컨대, '권위'(auctoritas)의 개념을 살펴보기로 하자. 이 개념은 사람들이 도달하고자 하는 어떤 목표를 가져야 한다는 근본적인 사실에서 유래한다. 우리가 몸담고 사는 높은 문명에서 사람들은 인생에 목표가 있다는 사실을 원칙적으로 부인하는 지도자들, 또는 인간에게서 모든 주도권을 부인하는 지도자들을 열정적으로 심지어 미친 듯이 뒤따른다. 달리 말해, 이러한 지도자들은 권위의 근거가 되는 모든 가치 있는 바탕, 따라서 권위에 대한 모든 견고한 신뢰를 포기한다. 몇몇 현대의 지도자들은 개인에게는 아무런 의미도 없는 목표들을 고안해 내기도 했다. 예컨대, 어느 정당의 목표, 어느 종족의 목표, 어느 계급의 목표 등이 그렇다. 이러한 목표들은 개인들을 배제한다. 반면, 어떤 이들은, 목표 없이 돌아다니는 응석받이 어린아이를 그 아이의 엄마가 따라다니듯이, 지도자들을 따라다녀야 한다고 주장하기도 한다.

2. 근본 진리들에 대한 현대적 매장

(1) 리더십과 그 목표

태고(太古) 때부터 지도자는 일반 사람들과 목표 사이에서 앞장서는 사람이었다. 그래서 지도자를 흘끗 보면 사람들이 어디로 가고 있는지 알 수 있었다. 오늘날, 지도자는 자신을 따르는 사람들과 다른 어떤 것 사이에 서리라고 기대되지 않는다. 오히려, 오늘날의 사람들은 그에게서 모든 희망이 끝난다고 말한다. 한편, 영적 세계에서 지도자는 하느님과 그의 백성 사이에 중개자(Mediator)라는 절대적인 위치를 차지한다. 오늘날의 영적 안내자들은 하느님이 없다고, 따라서 어디로 향해야 할지 그 목표가 없다고 가르치는 가운데 인도하는 주장만을 갖고 있을 뿐이다.

(2) 사제직과 희생 제사

이제, 희생 제사와 사제직의 진리에 대해 살펴보기로 하자. 분명, 오늘날 이것들보다 더 철저히 잊혀진 진리는 없다. 그러나 이것들만큼 그토록 근본적이며 따라서 가장 기초적인 것들은 드물다. 사실, 처음부터 사람들은 어린아이에게 부모가 있다는 것을 아이들이 실제로 부인할 수 없다는 점을 잘 알고 있었다. 또한, 사람들은 같은 근거를 바탕으로 인간이 창조주(Creator)를 부인할 수 없다는 점도 인정했다. 피조물의 부족함 자체에는 창조주에 대한 요구가 자리한다. 하느님에 대한 인간의 의존성을 허용하는 것은 그에 대한 하느님의 주권을 인정하는 것이다.

모든 피조물은 각자 자신의 본성에 따라 하느님의 주권을 인정한다. 지성적 피조물인 인간은 여타 모든 피조물과 조화를 이루는 가운데 인간적인 방식으로 이 진리를 인정하기 위해 노력했다. 사람들은 그분의 주권을 고백하는 보편적인 방식으로 이를 희생 제사, 따라서 희생 제사를 봉헌하는 사제직을 통해 표현했다. 그러므로 희생 제사와 사제직은 인간이 하느님에 대한 자신의 의존성과 그분의 주권을 인정하는 수단들이다. 희생 제사는 그룹이나 공동체의 행위이므로, 이는 백성 전체의 이름으로 의식을 주관하는 사람에 의해 봉헌되었다.

하느님에 대한 인간의 의존성과 그분의 주권을 인정함으로써, 인간은 책임을 떠맡게 된다. 왜냐하면, 그의 삶에는 목적이 생기기 때문이다. 이제 목적을 향한 전망에서 인간 존재가 해명되어야 하는 문제가 제기되었다. 비록 인간은 자신의 부족함으로 인해 뒤로 물러나기도 하고 넘어지기도 하지만, 목적을 향한 여정에서 하느님의 도움을 받으며 나아가게 된다. 그는 자신의 진정한 자리를 차지하는 가운데, 자신에게 도달해야 할 목적이 있으며 자신을 그곳으로 인도해 줄 영적 안내자가 필요하다는 점을 깨닫게 된다. 따라서, 사제의 사명은 영적 안내자를 마련하는 일, 하느님과 사람들 간의 경계 지역에서 백성 앞에 자신을 두는 것이다. 어떤 면에서 영혼들의 운명은 영원히 사제의 직무 수행에 달려 있다고 할 수 있다. 그리스도는 우리에게 완전히 새로운 진리를 가져다 주셨다. 그러나 또한 그분은 잔해 속에 묻힌 옛 진리들을 복구하도록 우리를 도와주신다. 이 가운데 그분이 더욱 강조하신 것은 희생 제사와 이를 집전할 사제직의 필요성이었다.

(3) 성탄절 동굴에 숨겨진 보물

베들레헴에서의 아기의 탄생은 언제나 사람들에게 충격과 위안이 되어 왔다. 모든 시대의 사람들은 어머니, 양부 그리고 오직 하느님만을 참된 아버지로 둔 아기(Infans)로 이루어진 아름다운 성가정의 모습을 당연히 강조해왔다. 이 첫 번째 성탄절은 아기가 되신 하느님을 우리의 호의에 맡김으로써 경계심을 벗어던지게 한다. 하느님의 기습적인 일격은 영적인 세계의 침입으로부터 우리의 마음을 보호하는 갑옷을 뚫을 정도로 강하다. 하느님의 나약함이 인간의 견고함을 뚫었다. 그러나 하느님께서 희생 제사와 사제직의 진리를 회복시켜 주신 장소인 베들레헴의 동굴을 숙고한다면, 그런 그분의 행동은 합당하다.

성모님은 구유 곁에 무릎을 꿇고, 유다의 모든 어머니가 그렇듯이, 아드님을 하느님께 바치면서, 처음으로 완전한 희생제물을 봉헌하셨다. 이것은 완전한 사제의 첫 번째 봉헌 행위였다. 우리는 그리스도가 당신 생애의 첫 순간부터 주입적 지식으로 당신의 사명을 알고 계셨다는 점을 잊지 말아야 한다. 사제이자 희생제물이신 성모님의 아드님은 또한 하느님이셨다. 성모님은 아드님 앞에서 그 아드님을 흠숭하기 위해 무릎을 꿇었다. 역으로, 아드님께서도 사제로서 성모님을 위해 중개 기도를 하셨다. 우리는 이 틀 안에서 비로소 본 장의 모든 주제를 발견할 수 있다.

만일 사제직을 단지 인간적인 기준들로 인해 지탱해야 한다면, 오직 아주 젊고 아주 미련하며 무모하게 주제넘고 경솔하며 어리석을 정도로 용감한 사람만이 감히 사제직을 떠맡을 수 있다고 확실하게 말할 수 있을 것이다. 이들은 선택을 한 사람들이 아니라 하느님에 의해 선택된 사람들이다. 하지만 하느님은 사제직에 담겨 있는 탁월하게 인간적인 면을 방해하거나 파괴하지 않는다. 거기에는 사제직 안에서의 영원한 젊음의 감각, 이상에 대한 불꽃 같은 열정, 사랑의 집착으로 인한 경솔함 같은 것이 있다. 이런 것들이 없다면, 사제직은 오직 허울뿐이다. 그래서 다른 모든 시대와 마찬가지로 우리 시대에도 여전히 사제품이나 첫 미사는 축제와 같다. 그곳에는 새 사제의 지인들뿐만 아니라 낯선 사람들조차도 성당에 와서 무모하고 힘든 사랑의 길을 향해 출발한 사람의 열정에서 발산된 도취하는 분위기를 조금씩 들이킨다. 비록 무모하기까지 한 이런 신선한 자부심은 있다고 해도, 그리 오래 가지 못한다. 사제는 겸손한 사람들에게 숨겨진 거룩함을 발견하고, 자신이 한 말이 일으키는 긍정적인 효과를 종종 확인하며, 자신의 재능과는 전혀 상관없는 것들과 관련된 곳에서 하느님의 은총으로 인해 큰 성과를 얻는 것을 확인함으로써 자신의 부족함을 깨닫게 된다. 또한, 그런 성공적인 일을 이룬 것은 자신이 아니라 하느님이라는 확신, 자신의 무능함과 하느님의 도우심 간에 드러나는 대조, 그리고 실은 그분의 도우심이 자신을 거대한 무게에 짓눌리지 않도록 지탱해주고 있다는 사실에 대한 깨달음도 얻게 된다.

3. 희생제물에 있어서 그리스도의 역할

(1) 사제직의 일반적 특징

사제는 하느님과 그분의 백성 사이에 있어야 한다. 한편에는 모든 남녀 그리고 어린아이들의 신뢰 어린 절박한 요청이 있다. 다른 한편에는 그를 비춰주는 광채를 뿜어내는 하느님의 권능이 있다. 이 광채는 그의 모든 나약함을 강력한 용기로 바꿔준다. 만일 여기서 관건이 단지 인간적인 일이라면, 사제직은 고독하고 무서우며 낙담하게 함으로써 인간의 모든 기상(氣像)을 의기소침하게 만드는 직업에 불과할 것이다. 그러나 그것은 신성한 직업이며 그의 작업장에서는 찬미의 노래가 울려 퍼진다. 오직 하느님만이 그 노래의 비밀을 헤아리신다.

사제는 하느님과 그분의 백성 사이의 중개자이다. 그의 삶은 하느님으로부터 인간에게로 그리고 인간으로부터 하느님에게로 이어지는 끝없는 여행과 같다. 그는 시간이 지남에 따라 실어야 할 게 없으면 불안함을 느끼는 짐을 나르는 오래된 말들 가운데 하나처럼 변한다. 하느님 편에서 볼 때, 사제는 진리, 사랑, 은총이라는 소중한 짐을 나르는 자이다. 반면, 인간 편에서 볼 때, 그는 사람들의 궁핍한 기도와 하찮은 희생제물을 하느님께 가져가는 자이다. 사제가 중개자로서 자신의 사명을 완수하게 해주는 주요 행위는 언제나 희생 제사를 봉헌하는 행위였다. 사제는 바로 이 일을 위해 태어났다. 새로운 법의 희생제사는 미사이다. 그것은 그리스도교의 중심 행위이자 사제직이 존재하는 주된 이유이다. 사제는 미사성제에서 더할 나위 없이 사제로 드러난다. 그는 가장 분명한 방식으로 하느님과 그분의 백성 가운데 있다.

(2) 희생제물의 일

구약성경에서 드러나는 번제(燔祭)와 기원제(祈願祭) 간의 구별은 희생 제사의 목적을 잘 집약하는 정식이다. 사실, 희생 제사는 다음의 두 가지 사실을 표현해야 한다. 인간은 자신의 자리를 하느님께 고백하면서 하느님으로부터 모든 것을 선물로 받는 존재라는 사실을 인정하며, 죄와 함께 부당하게 하느님의 것을 훔친 존재라는 것도 인정한다. 또한, 인간은 자신의 자리를 인정하는 가운데 하느님과의 접촉을 통해 자신의 부족함과 부당함을 보충해야 할 필요를 느낀다. 하느님을 주님으로 고백하고 죄에 대해 보속하며 은총을 통해 신적 생명에 대한 참여를 보존하고 증진하는 일, 이것들이 바로 희생 제사가 추구하는 목적들이다. 그러므로 사람들이 언제든 희생 제사를 실천하는 일에 생생한 관심을 보이는 것은 그리 놀랄 일이 아니다.

그러나 그리스도 이전에는, 오직 하느님의 호의적인 관용만이 사람들에 의해 봉헌된 희생제물과(자신의 순결함에 대해 조금밖에 확신하지 못하고 지극히 나약한) 사제들의 손을 통해 봉헌된 번제물을 어떤 면에서 기꺼이 받아들일 수 있었다. 완전한 사제직과 완전한 희생 제사는 그리스도께서 오심으로써 이루어지기 시작했다. 우리는 어머니의 사려 깊은 시선 아래 구유에 누워 있는 대사제, 또는 성난 군중들이 노려보는 시선 아래 십자가에 못 박힌 벌거벗은 대사제를 볼 것이라고는 기대하지 않는다. 이는 사제보다는 희생제물에 더 적합한 모습이다. 그럼에도 불구하고, 이는 분명 희생제물로서의 자신의 상황을 극단까지 몰아가려 했던 진정한 이유였다. 그것은 우리가 그분에게서 사제직의 신적인 측면보기보다 우리의 정신과 마음에 희생제물의 인간적인 측면을 새기게 하기 위해서였다.

(3) 완전한 사제이자 완전한 희생제물이신 그리스도

그러나 그리스도는 사제이셨다. 골고타 동산에서 사제는 바로 그분이셨다. 그곳에서 제사를 바치신 분은 그분을 박해한 이들이 아니라 바로 그분이셨다. 사실 그분은 맨 처음부터 참되고 완전한 사제이셨다. 그분은 이미 첫 번째 성탄부터 흔히 우리가 참된 사제에게서 기대하는 선물들을 사람들에게 나눠주셨다. 그분이 나눠주신 선물은 다름 아닌 진리, 사랑, 은총, 하느님 자신이다. 반대로, 그분은 당신의 공로와 모든 세기에 걸쳐 전투하는 그리스도인들의 공로를 봉헌하는 가운데, 모든 죄인을 위해, 즉 어려운 십자가의 길을 통해 그분을 따르게 될 이들을 위해 충만히 배상(賠償)해 주셨다.

(4) 그리스도 사제직의 결과들

1) 일반적으로

그리스도는 사제이시면서 희생제물이셨다. 그분은 희생제물로서 사람들에게 죄에 대한 용서, 하느님과 화해를 얻어 주셨으며, 특히 현세에서는 은총을 통해 영원에서는 영광을 통해 모든 사람이 당신과 일치할 수 있는 은혜를 얻어 주셨다. 당시까지 하느님께 번제물을 통해 봉헌됐던 모든 것에 대한 완성은 그리스도의 생애와 죽음에서 이루어졌다. 구약성경의 모든 희생제물처럼 염소와 양은 그보다 더 좋은 제물 대신으로 하느님에 의해 받아들여졌다. 인간이 되신 하느님의 아드님은 희생 제사의 목적을 실현하는 가장 적합하고 완벽한 희생제물이셨으며 모든 시대의 사람을 위해 은총의 강물을 열어주셨다.

2) 다른 이들을 위해서

그리스도는 하느님과 인간 사이에 계시다. 그분은 골고타에서 땅 위에 조금 높게 들어 올려지셨다. 그분은 천상에서 아주 멀리 떨어진 곳에서 사람들과 조금은 떨어진 채 십자가 위에서 세 시간을 매달려 계셨다. 모든 시대의 사람들은 그분의 어깨 위에 자신의 희망을 둘 수 있을 것이다. 다른 한편, 신적인 빛에서 뿜어나오는 밝은 광채는 그분에게서 어떠한 흠결도 발견하지 못한다. 다른 모든 사제는 동일한 희생 제사의 행위 가운데 자신들이 기도해주는 많은 사람 가운데 일부일 뿐이다. 왜냐하면, 그들 또한 죄인들로서 하느님의 자비가 필요한 사람들이기 때문이다. 모든 사제 가운데 오직 그리스도만 죄 없이 하느님께 다가가셨다. 그리고 당신의 이름을 걸고 인간을 위해 변호하셨다.

3) 영원한 사제이신 그리스도

그리스도의 모든 생애는 더욱 광범위한 의미에서 그 처음부터 마지막까지 사제적인 행위라고 말할 수 있다. 왜냐하면, 사제직이 내포한 더욱 광범위한 의미는 하느님께 사람들의 정신을 들어 올리려는 지향 속에서 그분께 봉헌되는 모든 것을 내포하기 때문이다. 그리스도의 생애에 있어서 모든 행위는 다음의 목적을 향해 있었다. 즉, 그분은 우리의 구세주이자 구속자이시다. 사실, 그리스도의 사제직은 지속되며 결코 다함이 없다. 사실, 사제의 행위는 희생 제사를 봉헌하는 데 국한되지 않고 희생 제사 자체의 완성을 향해 확장된다. 그런데, 이러한 완성은 오직 하느님의 백성이 하느님과의 최종적인 일치에 이르게 될 때 이루어진다. 이러한 일치야말로 희생 제사의 목적이자 구원될 모든 이들이 영원히 바치게 될 번제물의 지향하는 목적이다.

(5) 사제이신 그리스도의 모범

완전한 사제이신 그리스도의 일을 계속하는 21세기의 사제 역시 하느님과 사람들 사이에 서 있는 영적 지도자이다. 그러나 그의 직무는 압박감을 느껴야 하는 개인적인 수고를 대변하지 않는다. 사실, 그는 그곳에 자기 자신의 인격이 아니라 그리스도의 인격으로(in persona Christi) 서 있기 때문이다. 사제는 제사를 드리는 자신이 봉헌하는 작은 양의 제물이나 봉헌된 제물의 빈곤함에 대해 미안해 할 필요가 없다. 왜냐하면, 사제이자 제물은 모두 같은 그리스도이시기 때문이다. 제단에 있는 이 가련한 사람은 최고의 사제이신 그리스도의 손에 있는 도구 이외에 다른 게 아니다. 이미 첫 번째 성탄절과 골고타에서의 성모님처럼, 오늘날의 겸손한 가톨릭 신자는 완전한 희생제물과 완전한 사제이신 그리스도에 의해 거행된 완전한 희생 제사에 현존한다. 당시와 마찬가지로 지금도 신자들은 올바른 길을 발견하기 위해 오로지 자신들의 머리이신 그리스도의 어깨 위를 바라보아야 한다. 무엇이 불완전하고 무엇이 합당하지 못한가 하는 점은 신자들이 걱정해야 할 사안이 아니다. 그것은 사제가 해야 할 걱정이다. 사실, 비록 그가 스스로 사제의 삶을 선택한 것이 아니라 주님에 의해 선택되었다고 해도, 그가 따르고 지켜야 할 기준들은 대사제이신 주님에 의해 정해졌다. 주님은 팔레스타인에서 생활하시는 동안 이를 정하셨다. 십자가에서 돌아가신 분은 그리스도이지 그분의 제자들이 아니었다. 이처럼, 모험을 무릅쓰고 위험을 직면하며 책임을 져야 하는 이는 사제이지 일반 신자들이 아니다.

우리가 언급하고 있는 보다 광범위한 의미에서 본 희생 제사는 21세기의 사제에게 있어서도 처음부터 마지막까지 그의 삶 전체를 포괄한다. 그는 자신의 모든 행위가 사람들을 하느님께 인도할 수 있도록 따로 성별된 사람이다. 바로 이 목적을 위해 그는 존재하고 공부하며 일하고 살아간다. 어떤 의미에서 그의 사제직 역시 영원하다. 그 어떤 사제도 미사가 끝났거나 고해소의 작은 문이 닫혔다고 해서 자신의 소임이 끝났다고 생각하지는 않는다. 그의 소임은 영원의 문이 닫힐 때, 그리고 그의 희생 제사의 영원한 완성이 시작될 때 종결된다.

4. 하느님의 계획에서 사제와 제물의 자리

사제직의 영원한 찬미가에는 언제나 같은 모티브가 돌아온다. 즉, 사람들을 위한 선물, 하느님을 향한 예배와 배상이 그것이다. 모든 선물은 오직 그리스도를 통해 사람들에게 전해지며 인간이 범한 모든 죄에 대한 배상이 이루어지고 완전한 번제물이 봉헌된다. 옛 율법에 속한 사제직은 오셔야 할 분을 미리 보여주는 예형이자 약속이다. 물론 그것은 일정한 효과를 갖고 있지만, 이는 선택된 이스라엘 민족이 고대하던 완전한 사제의 공로를 선취(先取)함으로써만 가능하다. 그리스도의 사제직은 이 점이 분명해질 수 있도록 오랫동안 '멜키세덱'이라는 낯선 사제의 그림자 속에서 예고됐다. 이 사제는 어딘지 모를 곳에서 나타나 성경 속으로 들어왔다가 자신이 왔던 그 공허 속으로 사라졌다. 족보를 매우 중시하던 사람들 사이에서 이 사제의 조상에 대해 전혀 언급하지 않았다는 것은 이상하다. 마치 그는 태어나지 않은 것처럼 드러난다. 또한, 그가 바치는 희생 제사가 빵과 포도주로 이루어진 것도 이상하다. 더욱 이상한 것은, 구약의 모든 사제들, 심지어 아브라함의 자손까지도 이 낯선 이방인에게 복종하며, 아브라함이 그에게 십일조까지 냈다는 것이다.

신약의 사제직은 단순히 그리스도를 기억하는 것뿐만 아니라 그분의 사제직을 연장(延長)하는 것이다. 메아리가 그 메아리를 일으킨 목소리에 의존되어 있듯이, 사제직은 사제이신 그리스도에게 의존되어 있다. 사실, 사제직은, 인간 존재가 존재의 근원이신 하느님께 의존되는 것처럼 또는 성인이 일으키는 기적이 하느님의 권능에 의존되는 것처럼, 그렇게 그리스도의 사제직에 의존되어 있다. 신약의 모든 사제직에서 참된 사제이자 제물은 여전히 그리스도이시다.

하느님께서 사제직이 지속하리라는 것을 보장하셨다는 점을 한편에 둔다 해도, 그리스도의 사제직에 대한 기억을 인간의 마음에서 지우는 것은 아마도 몹시 어려울 것이다. 왜냐하면, 관대한 태도는 우리가 자발적으로 경의를 표하는 것이기 때문이다. 특히, 아무 조건도 달지 않는 절대적인 관대함은 그렇다. 당연히 우리는 거의 실수로 할 수 없이 드러나는 관대함과 아들을 전쟁터에 보낸 어머니의 관대함을 구별해야 한다. 예컨대, 여자 친구들에게 인기를 얻기 위해 자신이 가진 사탕을 모두 나누어 준 다음, 빈 사탕 봉지를 보며 아까워하는 어린아이의 관대함과 마음이 찢어지는 고통을 미소 뒤에 숨긴 채 아들을 전쟁터로 내보내는 어머니의 관대함은 다를 수밖에 없다. 또한, 방탕하게 살아온 남편과 함께 팔짱을 끼고 고국을 멀리 떠나 순례길에 오른 아내를 인도한 관대함 역시 구별된다. 인간적인 면에서 평가해 본다면, 이런 관대함은 많은 결점을 보완해준다. 심지어 헤로데왕의 악명 높은 비합법적 아내인 헤로디아조차 유배당하고 멸시당하는 남편을 버리길 거부하는 모습 속에서 우리의 존경심을 약간은 자극한다. 만일 사제이신 그리스도의 희생 제사가 하느님 편에서 하게 된 엉뚱한 생각에 불과했다면, 그분이 무엇인가를 위해 당신 아드님의 생명을 내어주었다는 것은 놀라운 일이다.

하지만 그것은 하느님의 엉뚱한 생각에서 유래한 일이 아니었다. 만일 우리가 창조주이신 하느님의 정신이 창조된 우주의 아주 세밀한 것뿐만 아니라 거대한 윤곽도 간직한 일종의 원형적인 계획을 간직하고 있다면, 우리는 하느님의 관대함이 간직한 진가를 평가하는데 좀 더 다가설 수 있을 것이다. 우리 인간에게 영향을 미치는 이러한 하느님의 계획을 구성하는 작은 모퉁이를 우리는 예정(praedestinatio)이라고 부른다. 생명을 얻어 살아 숨쉬기로 예정된 사람들 가운데는 인간 그리스도께서 계시다. 그분은 인류의 머리이자 임금이시며 입법자이시다. 그리고 무엇보다도 사제이시다. 그러므로 그리스도의 사제직에 관한 모든 세부사항, 모든 측면 그리고 그분이 봉헌한 희생 제사의 모든 측면은 분명하고 평온하게 그리고 지혜롭고 영원하게 하느님의 계획에 따라 예견된 것이다. 하느님의 행위는 무모하지 않았다.

5. 사제의 왕실(王室)

(1) 친자와 양자

우리 편에서 보면, 그리스도의 사제직이 지향하는 목적은 인간을 하느님 아버지의 집으로 인도하는 데 있다. 하느님께서는 우리에게 많은 것을 관대하게 선사해 주셨기에, 마치 그것을 당연한 것처럼 받아들일 수 있다. 그리고 그분께서 우리를 데려가는 집이 바로 하느님 아버지의 집이자 성자 그리스도의 집이라는 것을 잊어버릴지도 모른다. 물론 그것은 우리의 집이기도 하다. 하지만 그것은 언제나 하느님의 보다 큰 관대함으로 인해서만 그렇다. 그리스도는 성부 하느님의 친자(親子)이시다. 반면, 우리는 오로지 입양을 통해서만 그분 가족의 구성이 된다. 이러한 입양은 신성과 인성 간에 있는 무한한 거리를 채워준다. 여하튼, 우리는 하느님의 가족을 이루는 구성원으로, 예수 그리스도의 형제들이자 천국을 물려받을 상속자들이다.

하지만 그 집의 광채로 인해 우리를 그 집으로 인도해준 '입양'(adoptio)의 중요성을 잊어버려서는 안 된다. 얼마 전, 여러 신문은 어느 부부가 입양한 지 1년밖에 안 된 아기가 지적 장애인이라는 것을 알게 되었다고 보도했다. 이 아기의 상태가 적어도 1년이라는 짧은 기간에 살았던 환경에서 온 결과일 수 없으므로, 이 부부는 마치 많이 파손된 물건처럼 그 아기를 고아원으로 돌려보낼 권리를 요구했다고 한다. 이 기사는 여기서 끝났지만, 이 이야기만으로도 우리는 인간적인 입양이 갖는 한계에 대해 어느 정도는 이해할 수 있다.

일반적으로, 어린아이를 입양하는 사람은 자신의 집과 재산을 전혀 모르는 어린아이에게 나눠주는 가운데 관대한 행위를 한다. 물론, 어린아이가 그 재산을 즉시 받지는 않는다. 왜냐하면, 그런 종류의 재산은 주면서 동시에 제한할 수 없기 때문이다. 또한, 입양의 사실에는 안도감과 혼자 있지 않다는 것 같은 숙고들이 포함된다. 더 나아가, 아주 빈곤하면서도 다정다감한 아이를 돌보는 가운데 얻게 되는 아주 특별한 기쁨도 있다. 이런 면에서 볼 때, 입양은 언제나 관대한 행위이다. 그러나 어린아이의 가치는 입양하는 사람의 관대함에 기인하지 않는다. 그 사람이 입양되는 어린아이에게 가치를 더해주는 것은 아니다. 위에서 언급한 부부의 경우, 이들은 약간은 어두운 가운데 아이를 구매하고 나서, 마치 하자 있는 물건을 사서 사기를 당한 것처럼 후회한 것이다.

(2) 입양의 적합성

1) 하느님 편에서

그러나 하느님에 의해 이루어지는 입양은 전혀 다르다. 우리는 입양하는 분의 취향에 화답하지 않는다고 해서 되돌려 보내질 것에 대해 걱정할 필요가 없다. 그분은 우리에게 실수하지 않으신다. 왜냐하면, 그분의 사랑은 창조적인 사랑으로, 입양하기에 좋은 것을 찾지 않기 때문이다. 오히려 그분의 사랑은 입양하는 이에게 은혜로운 것을 산출한다. 하느님은 당신의 부(富)를 입양된 자녀에게 유산의 일부로 즉시 나눠주신다. 우리는 처음부터 하느님의 부를 이루고 있는 모든 것에, 그분의 무한한 선하심에, (그분이 나눠주시면서도 전혀 감소하지 않는) 보화에 참여한다. 그분은 그 모든 것을 보존하시면서도 동시에 우리에게 선사하실 수 있다. 하느님이 당신 집의 고독을 입양으로 채우려 하신다고 말해서는 안 된다. 하느님은 혼자가 아니시다. 그분은 선하시다. 그게 전부이다.

2) 인간 편에서

우리는 바로 이런 그분의 선하심을 바탕으로 사람들을 입양하시는 하느님의 마음을 이해할 수 있다. 사실, 우리는 '하느님의 모상이자 유사함'(imago et similitudo Dei)이다. 우리는 그분처럼 지성과 의지를 갖고 있다. 우리는 비록 우리의 빈곤한 방식으로나마 무한이신 하느님을 알고 사랑할 수 있다. 사실, 성화은총(gratia sanctificans)의 상태에 있는 사람보다 더 하느님의 아드님과 비슷한 사람은 없다. 이러한 유사함은 집과 그 집을 만드는데 근간이 된 계획 간의 유사함일 뿐만 아니라 학생의 생각과 그를 가르치는 선생님이 가진 생각 간의 유사함이며 그 이상이기도 하다. 이 유사함은 가족 구성원 간의 유사함이자 혈통의 유사함이다. 성자께서 본성상 성부와 하나이듯이, 우리는 은총(gratia)과 참사랑(caritas)을 통해 하느님과 하나이다.

우리는 대사제이며 첫 번째 희생제물이신 그리스도와 함께 집에 있다고 느낀다. 아마도 처음에는 약간 어색하고 남을 의식하겠지만, 아주 짧은 시간 동안만 그럴 것이다. 그곳에는 새 사제가 서품을 받고 처음 자기 가족을 방문했을 때 가족들이 느끼는 일종의 당황스러워하는 애매한 느낌 같은 것이 우리 편에서 있을 수 있다. 하지만 그는 우리의 형제이며 이내 예전처럼 편안함을 느끼게 된다. 마침내 우리가 천국에 도착했을 때, 우리는 천상의 형제들이 오랫동안 기다려왔고 이제 도착한 가족의 일원이라는 사실을 완벽하게 이해하게 될 것이다. 우리는 그곳에 도착하자마자 그간 길을 잘못 들어서 조금은 늦게 집에 도착한, 낡은 옷에 매우 지친 사람에게 주어지는 열렬한 환영을 받게 될 것이다.

6. 사람들의 흠숭

(1) 그리스도의 인성과 신성에 부여된 예배의 정체

하지만, 그 모든 사랑 가득한 가정의 친밀한 환경에도 불구하고, 우리는 그리스도께서 하느님이라는 사실을 잊지 말아야 한다. 우리의 눈에 그분의 사제직과 희생 제사는 그분의 위격(Persona)과 결코 분리될 수 없다. 바로 이러한 그분의 위격에 우리가 성부이자 성자이며 성령이신 하느님께 드려야 할 완전한 예배를 드리게 된다. 우리는 그리스도와 함께 성부 하느님을 섬기며 그분을 사랑하고 그분과 함께 친밀하게 살아간다. 또한, 우리는 성모님께서 하셨듯이, 계속해서 그리스도를 흠숭한다. 왜냐하면, 그리스도 역시 하느님이시기 때문이다. 우리는 바로 이 신적 위격이신 그리스도께 예배드린다. 인간 세상에서 우리가 칭찬하거나 비난하는 것은 어떤 사람의 손이나 발이 아니라 그의 인격

자체이다. 그의 본성이 아니라 그의 인격이 칭찬과 비난의 대상인 것이다. 만일 그리스도의 인성이 그 말씀의 위격에서 분리될 수 있고 따라서 그 신성(神性)과 분리될 수 있다면, 우리는 예컨대 성모님께 드리는 것과 같은 낮은 수준의 예배를 그리스도의 인성에 드리는 것에 대해 말할 수 있을 것이다. 그러나 성모님께 드리는 예배는 그분을 성인들 가운데 가장 뛰어난 분으로 인정하는 것이다. 그러나 그리스도의 인성은 그분의 신성과 분리될 수 없으며, 비록 상대적이고 절대적이지 않은 흠숭이라 해도, 그리스도의 인성을 흠숭해야 한다. 그러므로 그분의 성심(聖心) 또는 지극히 값진 성혈을 흠숭하는 가운데 실제로 우리는 강생하신 말씀(Verbum incarnatum)을 흠숭하게 된다.

만일 우리가 그리스도의 여러 성화와 성물에 드리는 공경을 분석해 본다면, 이 모든 것은 더욱 분명해진다. 십자고상에 친구(親口)하는 가톨릭 신자는 거기에 있는 십자가에 못 박히신 그리스도가 살아 계시며 바로 그분이 하느님이라거나 어떤 신비스러운 권능을 갖고 있다고 생각하지는 않는다. 만일 그렇다면, 이는 이교도가 우상 앞에서 갖는 생각들일 것이다. 평범한 가톨릭 신자는 그런 해석에 대해 놀라면서도 다음과 같은 생각으로 조금은 즐거워할 것이다. 그것은 마치 젊은 아내의 사진에 키스하다가 들키는 바람에, 한 장의 종이와 사랑에 빠졌다는 비난을 받지만, 여전히 즐거워하는 어떤 남자와 같다. 물론 그 남자는 그 사진에 사랑과 존경을 표현하는 것인데, 그것이 단순한 사진이 아닌 자기 아내의 사진이기 때문이다. 이것은 상대적인 존경이다. 이처럼 십자고상 앞에서 무릎을 꿇고 기도하는 가톨릭 신자는 그 십자가에 대한 상대적 흠숭, 즉 그 십자고상이 재현하는 스승이신 그리스도께 흠숭을 드리는 것이다.

이는 그리 어렵지 않다. 우리는 어떤 사람의 사진이나 기억에 대해 상대적인 존경을 표현한다. 반면, 그것들이 가리키는 당사자에게는 절대적인 존경을 표현한다. 이것은 사람들 간의 관계에서 드러나는 일반적인 규칙이다. 우리가 장례식에서 시신에 대해 드리는 존경은 그 시신에 대한 존경에서 비롯되는 것이 아니다. 그것은 그 몸이 살아있을 때 속했던 사람에 대한 존경을 표현한 것이다. 군중이 폭군의 사진을 불태우는 상대적인 분노는 사진에 대한 반감에서 생겨난 것이 아니며, 군중이 그 사진을 불태움으로써 폭군을 없애버릴 수 있다는 망상에 빠진 것도 아니다.

(2) 그리스도 안에서 최고 흠숭의 대상들
(3) 그리스도의 어머니에 대한 상경(上敬)
(4) 성인들에 대한 공경

훌륭한 사람에 대한 존경이나 감사는 그 사람의 품위에 따라 다양하다. 예컨대, 우리가 하느님께 드리는 존경은 흠숭(adoratio)이라고 불린다. 품위에 있어서 그보다 하위 단계에 있는 분들에게는 공경(veneratio)을 드린다. 이렇게 공경을 드리는 근거는 '거룩함'(sanctitas)에 있다. 거룩함은 인간적인 빼어남 가운데 최상의 것이기 때문이다. 우리는 이런 종류의 공경을 성모님, 성인들, 현자들, 원로들에게 드린다. 여기서 라틴어는 그 의미들을 좀 더 정확하게 짚어준다. '아도라티오'(adoratio, 欽崇)는 모든 종류의 공경(cultus)을 포함하는 일반적인 용어이다. 반면, 오직 하느님께만 유보된 공경을 '라트리아'(latria, 欽崇)라고 부른다. 하느님의 어머니인 성모님께 드리는 공경은 '이페르둘리아'(iperdulia, 上敬)이다. 마지막으로, 성인(聖人)들에게 드리는 공경을 '둘리아'(dulia, 恭敬)라고 부른다.

이 모든 것은 분명한 진리에 관해 지나치게 수고를 들이는 것처럼 보일 수도 있다. 그러나 역사는 이 주제에 관해 상당히 정확할 필요가 있다는 점을 설득력 있게 보여준다. 분명 라틴어 adoratio와 영어 adoration을 동일시하는 것은 종교개혁과 함께 유럽을 휩쓸었던 성상(聖像)들을 반대하는 소동에 상당히 많이 기여했다. 때로 이러한 소동은 무지에 기인하고, 어떤 경우에는, 좀 더 알고 있는 이들이 무지를 악의적으로 이용하는 것에서 기인한다. 여하튼, 가톨릭 신자들은 마치 하느님을 흠숭하듯이 성상을 흠숭한다는 관념이 퍼졌다. 오늘날 러시아, 독일, 스페인의 이교도들은 하느님을 거스르는 비열한 증오의 표시로 성상을 파괴한다. 반면, 종교 개혁자들은, 소위 하느님의 권리를 보호한다는 근시안적인 구실을 들어 성상들을 파괴했다. 이 두 그룹 사이를 비교해보기 바란다.

종교개혁자들의 비난은 잘못되었다. 그러나 그 싸움은 새로운 것이 아니라 기나긴 역사를 갖고 있다. 같은 오류가 8세기의 여러 공의회에서 단죄된 바 있다. 그럼에도 불구하고, 그러한 오류는 문화 파괴주의, 증오, 전체적인 파괴의 광기 속에서 멈추지 못했다. 도대체 왜 성상들처럼 그토록 무해한 것을 둘러싸고 이렇듯 많은 파괴가 쌓여갔을까? 왜 교회는 자신의 원칙에 대해 그토록 확고한 태도를 견지했을까? 차라리 교회가 성상들을 반대하는 구약의 금지 규정을 새롭게 해서 이 모든 폭력을 멈추는 것이 훨씬 더 낫지 않았을까?

글쎄, 여기서 관건은 무엇보다도 진리가 아닐까 싶다. 교회는 영토, 재산, 부, 권력을 포기할 수도 있고, 사실 포기했다. 그러나 진리는 결코 포기할 수 있는 대상이 아니다. 한 조각의 진리가 세상에서 있을 수 있는 모든 건강, 안전, 평화, 아름다움보다 훨씬 더 중요하기 때문이다. 그러나 성상들의 기능이 그 자체로 교회의 확고함을 설명해준다. 성상들은 작고 보잘것없는 이들을 위한 책이다. 즉 가장 무지한 사람들이라도 읽을 수 있는 책이다. 이 작은 사람들의 영혼은 소중하며, 종종 아주 값지기까지 하다.

성상들은 교회가 지속하는 한 계속 반복될 기억을 통해 전수된 가르침이다. 그것들은 예수님과 성모님 그리고 성인들의 생애가 간직한 신비와 그 모범을 우리의 마음에 새기는 도장과 같다. 세상은 가시적인 수단들이 설명하고 맛을 보며 기억하게 하는 데 거의 필수 불가결한 요소라는 사실을 발견하기 위해 굳이 현대 심리학을 기다릴 필요가 없었다. 사람들은 걸어 다니는 거리에서 볼 수 있는 전쟁의 참상이 포로수용소에서 돌아온 병사가 전하는 상세한 이야기보다 훨씬 더 인상적이라는 것을 이미 오래전에 알고 있었다. 인간적인 사건들이 일상적으로 흐르는 과정에서 어떤 것들은 우리의 눈길을 끌고, 우리의 기억 속에 깊은 인상을 남기며, 우리의 마음을 사로잡는다. 만일 이런 것들 가운데 성인들과 성모님 그리고 그분 아드님의 자리가 없다면, 우리의 마음은 환심을 사는 세상의 바람직하지 않은 것들에 대해 어떠한 저항도 없이 열려있게 된다.

7. 그리스도의 일에 있어서 사제직 – 그리스도의 중개

그러므로 우리는 우리의 형제이자 하느님이신 그리스도를 흠숭한다. 반면, 그분은 하느님과 우리 사이에 당신 자신을 두는 가운데 자신의 사제 직무를 수행한다. 즉, 그분은 우리에게 하느님의 놀라운 선물들을 전해주고 그분께는 우리의 비참한 봉헌물을 드리는 가운데 이 직무를 수행한다. 물론 우리에게는 다른 중개자들도 있다. 지상의 성인들과 천국의 성인들, 성모님, 자비를 베푼 이를 위해 변호해주는 죄인 등이 그렇다. 그러나 이들 가운데 누구도 중개에 있어 결정적인 영향을 줄 수 없으며, 오직 그리스도만이 우리를 하느님께 완전히 합일시킨다. 오직 그리스도만이 골고타에서 우리와 우정의 연대를 이루고 우리의 영혼에 넘치는 은총을 부어주셨기 때문이다. 다른 이들은 단지 이 목적을 위해 봉사할 뿐이다. 하느님과 합일하는 것 자체는 하느님께서 하시는 일로서, 인성에서는 우리와 하나 되시고 신성에서는 하느님과 하나 되시는 그리스도에게 합당한 일이다.

[결론]

1. 묻힌 진실의 비극

(1) 현대 리더십의 비극

매장된 문명을 발굴하는 작업에는 언제나 인간의 비극을 상기시키기 때문에 피할 수 없는 슬픔이 있다. 우리는 부서진 돌무더기에서 사라져버린 어떤 민족의 모든 꿈과 생각 그리고 업적들을 보게 된다. 그러나 그런 문명을 창조하고 유지한 이들 역시 더는 존재하지 않는다. 근본적인 진리를 매장하는 것은, 더는 살아갈 이유를 갖지 못한 상태에서 계속 살아야 하는 사람들의 고통이 더해지면서, 매장된 문명보다 훨씬 더 큰 고통으로 다가온다.

개인적이고 집단적인 책임에 대한 근본적인 관념을 상실하는 것은 인간에 대한 진실과 그의 품위 그리고 그의 자유에 직접 손상을 입힌, 인류를 향한 심각한 타격이 아닐 수 없다. 하지만, 그 진리가 매장된 후에도 사람들은 계속해서 살아야 했다. 사람들은 그 진리의 장례식에서 미소지으며 인류의 약탈자들에게 복종해야 했고, 심지어 나중에는 더욱 현대적인 전제 정치 체제를 이끌어가는 인물들과 합류해야 했다.

(2) 현대 종교의 비극

책임감, 따라서 배상 개념이 붕괴한 것은 하느님에 대한 인간의 의존 개념, 하느님과 제반 사물 간에 있어야 할 합당한 관계 개념이 붕괴한 것과 연결되어 있다. 인간은, 마치 자기 조국에서 황량한 유배지로 쫓겨난 사람처럼, 영적인 교제가 없는 전적인 물질적인 세계에 머물렀다. 최근의 전쟁으로 인해 추방당한 희생자들은, 사람들을 자연법의 조화에서 강제로 끌어내 거짓 가운데 살도록 강요하며 밀고 또 떠미는, 더욱 야만적인 폭력의 비참함을 드러내는 상징이다.

2. 베들레헴의 보물 동굴

베들레헴의 동굴은 성모님과 아기 예수 그리고 양부이신 성 요셉뿐만 아니라 세상이 수 세기 동안 묻어두려 했던 근본적인 진리들 또한 환대한다. 하느님 친히 동굴에서 태어나셨으므로, 이러한 진리들은 결코 묻힐 수 없다. 우리는 그곳에서 인간 영혼의 불멸성, 지성의 가치, 자유로운 인간 의지의 책임, 믿음과 희망, 덕과 공로, 용기와 위대한 영감들, 인간 삶의 목적 같은 진리들을 발견한다. 여기서 우리는 인간 존재의 위대함과 가난함, 그의 가능성과 필요 같은 진리를 발견하게 된다.

3. 왕들과 그 아기

동방의 왕들이 보물을 갖고 그 신성한 아기의 초라한 옥좌로 오게 했던 하느님의 섭리에는 섬세한 신적 아이러니가 담겨 있다. 그들의 손에 의해 봉헌된 고귀한 선물인 황금과 유향과 몰약은 하느님이신 그 초라한 아기에게 적합한 선물이었다. 동방의 왕들은 세상의 보물들을 가져왔으며 그분으로부터 감춰진 진리의 보물을 받았다. 사실, 동방의 왕들이 신성한 아기에게 보물을 준 것이 아니라 그 아기가 그들에게 보물들을 준 것이다.

A Companion to the Summa

성 토마스 아퀴나스의

신학대전 해설서 Ⅳ

제7장 하느님의 어머니 동정 마리아
(제3부, 제27문제 ~ 제34문제)

1. 여성과 세상
   (1) 한 시대의 기준
   (2) 삶의 철학에서 기초들 : 동물적 기초, 이성적 기초, 신적 기초
   (3) 여성의 삶에 있어서 근본적인 시험들
      1) 거룩함
      2) 동정성
      3) 결혼과 출산
      4) 아기에 대한 평가
2. 여성성의 본보기 – 하느님의 어머니
3. 신적 모성을 위한 준비
   (1) 영혼의 준비 : 완전한 거룩함
      1) 원죄 없이 잉태되심
      2) 본죄로부터의 해방과 죄로 기우는 경향
      3) 은총의 충만함
   (2) 육체의 준비
      1) 하느님과의 관계 안에서 : 절대적인 동정성
         a. 그 보편성
         b. 그 영속성과 공로
      2) 사람들과의 관계 안에서 : 요셉과의 결혼
      3) 천사들과의 관계 안에서 : 주님탄생예고
4. 잉태된 아기
   (1) 그리스도의 육체의 질료
      1) 먼 질료 : 그리스도의 조상들
      2) 가까운 질료 : 성모님에 의해 제공된 육체
   (2) 잉태의 능동적 원리
   (3) 이 잉태의 특징들
   (4) 태중에 있는 아기의 완전함

[결론]
1. 성모님과 현대 세계의 여성
   (1) 근본적인 시험들의 빛 안에서
   (2) 삶을 위한 그들의 준비로부터
2. 성모님과 현대인들의 삶의 열매들
3. 유일한 선택 – 성모님, 동정녀, 막달레나

제7장 하느님의 어머니 동정 마리아 (제3부, 제27문제 ~ 제34문제)

1. 여성과 세상

(1) 한 시대의 기준

부엌에서 식사를 준비하는 주부, 손님들의 무례함을 웃음으로 대하는 여점원, 매력적인 세계로 발을 내딛는 예비 신부(新婦)학교[7] 출신자 등 이러한 모습들은 한 시대의 사고와 행동을 만들어내는 관념적인 삶의 철학과는 관계가 없는 것처럼 보일 수도 있다. 사실, 모든 시대에 여성이 살아가는 방식은 그 시대 자체가 영감을 주는 삶의 개념을 드러내는 구체적인 표현이다. 그러나 그렇다고 해서 굽은 도로에서 커브로 돌아가는 버스 위에서 평온하게 똑바로 서 있을 수 없는 것처럼 어떤 용기를 이해하기 위해 철학에 도움을 호소해야 한다는 것을 의미하지는 않는다. 우리는 단지 여성의 삶은 어떤 문명의 지적 수준을 보여주는 가장 확실한 단서 중에 하나라는 사실에 대해 주의를 환기시키고 싶을 뿐이다.

(2) 삶의 철학에서 기초들 : 동물적 기초, 이성적 기초, 신적 기초

문명에 영감을 주는 가능한 기초에는 세 가지가 있다. 동물적인 기초, 인간

7) 역자 주 : 부유층 처녀들이 상류 사회 사교술 등을 익히는 사립학교.

적인 기초, 그리스도교적인 기초가 그것이다. 모든 시대의 삶은 야수적이거나 인간적이거나 신적이다. 즉, 힘이라는 기초나 정의라는 기초 또는 참사랑이라는 기초 위에 세워진다. 물론, 모든 시대에는 동물처럼 행동했던 사람들이 있었다. 그러나, 가장 타락했던 시대에도 올바르게 살았던 사람들이 있었고 심지어 성인처럼 살았던 사람들도 있었다. 여기서 문제는 그 시대가 보여주는 예외적인 경우가 아니라 규칙에 있다. 즉, 어떤 시대가 영감을 받는 이상과 그 시대가 비난하고 조롱하는 것들의 문제이다. 이런 전체적인 빛 아래 제반 사안을 살펴보건대, 여성들의 특징만큼 시대의 사고방식을 충실히 반영하는 것은 없다. 이는 다음과 같은 짧막한 비유와 더불어 쉽게 설명될 수 있을 것이다. 수상 비행기는 바다와 어떤 접촉이 있기 때문에, 한동안은 철썩거리는 바다를 헤쳐나갈 수 있다. 그러나 만일 비행기의 속도가 늦어지면 산산조각이 나버리고 말 것이다. 반면, 공중으로 솟아오르게 되면, 비록 비행이 거칠기는 해도, 빠르고 정확하게 순항한다. 대기는 비행기가 날아가기 위한 환경이며 비행기들은 바로 이 환경을 위해 만들어졌다. 만일 슈퍼차저, 가변 피치 프로펠러, 밀폐된 조종실이 갖춰져 있나면, 보통 항공기의 수준을 넘어 성층권에서도 여행할 수 있다. 그렇게 되면, 비행은 우리의 모든 상상력을 넘어설 정도로 빠르고 우아하다.

(3) 여성의 삶에 있어서 근본적인 시험들

여성의 삶은 동물적인 삶의 수준과 어떤 공통점, 즉 하위 피조물들의 선상에서 어떤 공통점을 가지고 있다. 하지만 만일 그 수준에서 아주 오래 살도록 강요받는다면, 여성은 파괴되고 말 것이다. 신체적인 면에서 볼 때, 여성은 남성과 같지 않다. 힘에 바탕을 둔 삶의 개념이 주류인 시대에는 여성이 장난감, 쾌락의 도구, 한 마디로 열등한 피조물로 전락하고 만다. 왜냐하면, 그러한 시대에는 여성도 남성과 같은 수준에서 살도록 강요받기 때문이다. 물론, 여성도 강하고 현명한 이들과 동등한 수준에서 살도록 만들어졌다. 그러나 인간적인 차원에서 볼 때, 힘은 자주 정의의 자리를 침해하며 여성의 삶은 탈출구도 목적도 없는 고통의 틈바구니에서 살아가도록 강요받는다. 반면, 정의만이 아니라 참사랑도 개입하게 되는 신적이고 초자연적인 차원에서 보면, 여성은 충만한 만족감을 느끼며 살아갈 수 있는 다양한 동기들을 갖게 된다. 다른 모든 차원 너머에 있는 이 초자연적인 차원이야말로 그녀가 살아가야 할 환경이다. 여성은 바로 이 환경을 위해 만들어졌다.

모든 시대마다 삶에 대한 개념이 있듯이, 삶에 대한 개념은 언제나 여성의 복장에서 그 주된 반향을 드러낸다. 매우 이상하게도, 여성들에게 상당히 힘든 시대에 그 시대가 옹호하는 타락한 관념의 가장 공격적인 주체는 때로 여성 자신들이다. 아마도 이는 그러한 여성들이 실제로 그러한 시대의 관념을 확신하게 되었기 때문일 수도 있다. 혹은 그러한 시대가 그 시대의 희생자들에게 항상 내미는 그럴듯한 약속들에 그 여성들이 속아왔을 수도 있다. 그러나 그에 대해 좀 더 쉬운 대답이라고 한다면, "삶을 살아가는" 철학들을 위한 모든 열정이 실은 남성들이 선호하는 것들과 관련해서 어떻게 그들의 말을 듣고 그들이 좋아하는 말을 할 줄 아는가 하는 여성적인 섬세한 관념과 연관된다는 점이다. 삶에 대한 다양한 개념들이 여성에게 미치는 반향은 너무도 분명하고 종종 인류의 역사에서 상당히 기묘한 결과를 낳기도 했다. 예컨대, 19세기에는 우스울 만큼 위선적인 결과를 낳기도 했다. 분명 19세기는 낭만의 시대였다. 그러나 여성에 대한 낭만적인 예찬은 운명론적인 결정론이 여성들을 위한 그리스도교적인 존중의 태도를 보존하기 위해, 그 원칙에도 불구하고, 사용한 완화제 이외에 다른 게 아니다. 사실, 야수적인 힘과 기계적 결정론으로 점철된 세상에서 한 시대의 철학이 여성들에게 남긴 모든 것은 아름다움과 젊음이다. 여성들은 시대의 요구에 적응하기 위해 시도하는 가운데 숨 막히는 부조리의 악몽에 시달리며 살아야 했다. 이는 그들이 입고 있던 옷에서 희미하게 반영되어 드러나고 있다. 반면, 또 다른 시대에는 삶에 대한 일정한 개념을 거리낌 없이 적용함으로써 여성들을 특정한 역사적 순간으로부터 구별했다. 동물적인 철학의 영감을 받은 시대에는 여성이 장난감이나 가정용 도구 또는 필요악처럼 여겨지기도 했다. 어떠한 경우든, 여성은 이용되고 버림받았다. 반면, 합리적 시대이자 계몽주의 시대에 여성은 남성과 동등한 권리를 갖는 존재로 여겨졌지만, 그 여성은 자신의 의무들에 대한 동기, 그리고 자신의 권리가 존중받을 만한 동기를 발견할 곳을 알지 못했다. 한편, 신성하고 초자연적인 시대에 여성은 하느님의 어머니의 자매이자 그리스도의 신비체(corpus misticus)의 지체이며, 직접 하느님에게 와서 그분께로 돌아가는 존재이자 그분의 피로 구원된 존재이고, 자녀들을 출산함으로써 그분의 창조 사업에 함께 하는 협력자로 이해되었다.

1) 거룩함

그러나 여성이 처해 있는 상황을 밝히기 위해 한 시대가 살아가는 철학에 관해 광범위한 연구를 계속할 필요는 없다. 여성과 관련된 다음과 같은 일련의 질문을 던지고 대답하는 것으로 충분하지 싶다. 여성은 성성(聖性)에 어떤 가치를 부여해줄 수 있을까? 그의 삶에서 하느님은 어떤 자리를 차지하는가? 동정성(virginitas)은 어떤 가치를 갖는가? 결혼에 대한 여성의 사고방식은 무엇일까? 자신의 삶을 조직하는 데 있어 여성은 사랑에 대한 축성과 정의에 대한 설정에 대해 어떤 생각을 하고 있을까? 그에게 있어 아기는 무슨 의미를 가지며 아이의 생명은 그녀에게 어떤 가치로 다가올까? 한 마디로, 이 여성의 삶은 이성에 의해 인도되고 있는가?

2) 동정성

거룩함을 조롱하는 시대는 동정성을 취향의 문제 또는 성을 사용할 기회를 얻지 못한 것으로 치부하고, 합법적인 결혼을 성적인 열정을 만족시키는 장치이자 부모의 편의만 생각하며 어린아이의 권리를 박탈한다. 그런 시대는 동물적인 삶의 철학에 바탕을 두고 있다고 단정적으로 말할 수 있다. 그런 시대의 삶의 규범은 순전히 육체적이고 그 법은 동물들의 법이다.

3) 결혼과 출산

4) 아기에 대한 평가

동물적인 시대와 이성적인 시대를 본질적으로 구별하게 하는 것은 인간의 영혼이 지닌 영적인 본성에 대한 부정과 인정 사이의 차이에 있다. 인간 영혼의 영적 특징을 거부하는 시대에 있어 모든 평가 기준은 물질로 환원된다. 그 시대에 가장 나약한 사람은 생존하기 위해 당연히 돈을 지불해야 한다. 그런데, 어느 시대건 가장 약한 사람은 언제나 어린아이와 여성들이다. 어린아이들의 권리를 부정하는 것은 꽤 안전해 보일지도 모른다. 왜냐하면, 결국 어린아이는 전적으로 무력하기 때문이다. 그래서 낙태를 비롯해 이와 비슷한 작업을 통해 원치 않는 아이를 즉시 지울 수 있다. 하지만 일단 잘못된 관행이 시작되면, 멈추기 어렵다. 만일 어린아이로부터 이런 잘못이 시작된다면, 이것과 더불어 덜 위험하지만 더 비열한 방식으로 물질주의적인 원칙들을 쉽게 적용하게 되고, 그 원칙들은 거기에서 멈추지 않는다. 우리는 오늘날 남성과 여성 간의 성(性) 대결에 대해 반쯤 웃으며 이야기하지만, 그것은 그다지 좋은 농담이 아니다. 이런 대결은 물질만능주의 시대의 고유한 산물로 그리 오래가지 않았다. 그런 것을 기반으로 하는 다툼에서는 언제나 여성이 진다.

이 모든 것은 부정적인 측면들이다. 우리가 관심을 기울여 보아야 할 것은 여성과 관련된 긍정적인 측면으로, 이는 하느님의 어머니이신 성모님을 잠시 살펴보기만 해도 분명하고 결정적으로 드러난다. 우리는 그분에게서 여성이 누구인지 그 정체성뿐만 아니라 장차 그가 어떤 존재가 될 수 있는지 그 가능성도 발견할 수 있다. 성모님은 여성에게 여성의 진면목(眞面目)을 계시하신 분으로, 우리는 그분에게서 진정한 여성의 품위와 지위 그리고 여성의 권리를 발견할 수 있다. 그분이야말로 여성의 진정한 본보기이시다.

2. 여성성의 본보기 – 하느님의 어머니

성모님이 지닌 여성성의 완전함은 그분의 생애 가운데 최고의 순간들, 즉 아기 예수님을 출산하는 것과 이를 위한 준비에서 가장 두드러지게 드러난다. 이를 지금까지 사용한 용어로 표현한다면, 여성으로서 성모님의 완전함은 거룩함, 동정, 결혼, 아기 예수님에 대한 사랑에서 드러난다. 이러한 근본적인 기준들의 빛 아래 이제 성모님은 성공한 삶의 충만함 가운데 드러나는 이상적인 여인으로 소개된다. 여기서 잊지 말아야 할 점은 성모님이 본성의 질서뿐만 아니라 은총의 질서에서도 본보기라는 데 있다. 은총은 본성을 파괴하지 않으며 오히려 본성을 완성한다. 그렇다면, 마리아는 여인들 가운데 가장 거룩하실 뿐만 아니라 가장 여성스럽고 가장 자유로우며 사람들의 마음과 정신에서 가능한 가장 높은 자리를 차지하신다는 점에서 모든 여성을 위한 본보기가 되신다.

3. 신적 모성을 위한 준비

(1) 영혼의 준비 : 완전한 거룩함

1) 원죄 없이 잉태되심

아기 예수님을 낳기 위한 성모님의 준비는 그분께서 당신의 어머니인 성녀 안나의 태중에서 잉태된 첫 순간부터 시작되었다. 이는 "원죄 없으신 잉태"

(Immaculata conceptio)라고 불리는 특전을 통해 이루어졌다. 여기서 교리 교사들을 절망하게 하는 영적인 둔감함을 보여주는 보편적인 예들 가운데 하나를 강조하기 위해 잠시 멈춰 설 필요가 있다. 예컨대, 교리 교사들이 이 교리에 관해 학생들에게 지겹도록 반복해서 설명하고, 모든 학생이 이 점을 완벽히 알아들었다고 대답했다 치자. 그런데, 그 후 학생들에게 배운 것을 말해보도록 하면, 이내 아이들이 이 교리를 거꾸로 이해했음을 알게 되며, 실제로 그들은 거꾸로 대답하곤 한다. 교리 교사들은 성모님의 원죄 없으신 잉태가 성모님 편에서 그리스도를 잉태하신 것과 전혀 상관이 없으며, 그것은 무엇보다도 성녀 안나 편에서 마리아를 잉태한 것을 가리키고 이는 동정녀에 의한 출산과 전혀 상관이 없다는 점을 반복해서 설명해왔다. 그러나 해가 가도 여전히 이 교리는 성모님이 예수님을 동정으로 잉태하셨다는 교리와 늘 혼동되어 오고 있다. '원죄 없으신 잉태' 교리는 기적적인 잉태를 가리키는 것이 아니다. 그것은 무엇보다도 성모님이 당신의 어머니인 성녀 안나에 의해 자연적인 방식으로 잉태되었을 당시 성모님이 원죄로부터 기적적으로 보호받으셨다는 것을 의미한다.

우리는 앞 권에서 아담의 모든 후손은 본성의 죄, 즉 원죄(peccatum originale)를 물려받는다는 점에 대해 충분히 설명한 바 있다. 즉, 그의 모든 후손은 최초의 조상인 아담으로부터 본성을 물려받는 가운데 원죄를 받게 된다. 그리스도는 이러한 일반 규칙에서 예외이다. 왜냐하면, 본 장의 후반부를 통해 더욱 분명히 드러나게 되듯이, 그분은 아담의 씨앗에서 유래하지 않았기 때문이다. 이 일반 규칙에서 유일한 예외가 바로 성모님이었다. 비록 그분은 본성적인 기원에 따라 원죄를 물려받았어야 했지만, 이성의 체계에 반대되는 모든 하위 욕구들의 반역과 모든 정념(passio)의 최소한의 움직임으로부터 인간 본성을 해방하신 예수 그리스도의 공로들에 비추어 원죄로부터 보호되셨다.

성 토마스는 성모님의 근원적인 거룩함에 대해 다루는 가운데 다음의 세 가지 요소를 강조했다. 1) 성모님이 원죄로부터 보호되심, 2) 그리스도를 통한 성모님의 구원, 3) 그분의 성화 은총은 예방(豫防)의 은총이었다는 사실. 교황 비오 9세는 이러한 원칙들의 선상에서 원죄 없이 잉태되신 성모님 교의에 대한 신앙을 선포하셨다. 그러나 이 사안과 관련해서 신학자들 사이에는 과연 성 토마스가 이 교의를 허용했는지 아니면 부인했는지를 둘러싸고 상당한 논쟁이 있었다. 이 문제는 근본적으로 시간과 본성의 우선 간의 구별에 근거한다. 달리 말해, 성 토마스는 마리아가 먼저 잉태되고 그다음에 성화 돼야 했지만, 실제로는 그 두 사건 사이에 시간이 없었다고 주장했거나, 아니면 마리아가 '시간 속에서' 먼저 잉태되고 그다음에 성화 됐다고 주장했는지 하는 점을 아는 데 이 문제의 핵심이 있다. 성모님의 원죄 없으신 잉태에 관해 선언된 이 교의는 다음과 같은 측면에서 분명히 중요하다. 즉, 성모님은 잉태된 그 순간에 전대미문의 방식으로 원죄에서 보호되셨다. 이는 최소한의 시간의 여백에 의해서도 성모님의 영혼 안에 죄의 흠결(macula)이 없었음을 의미한다.

성 토마스의 이러한 의심스러운 입장을 거슬러서 혹독한 심지어 신랄하기까지 한 논쟁이 있었다. 사실, 그는 이런 혹독함이나 신랄함을 받을 만한 의견을 제시하지 않았다. 성 토마스의 작품에서 벗어나, 전체적인 빛 아래 살펴본다면, 비록 그가 글을 쓰던 당시에 그렇게 말할 수 있을는지 몰라도, 그런 그늘에 고착되는 것은 편협하기 그지없어 보인다. 또한, 동정 성모님을 향한 성 토마스의 사랑과 하느님의 어머님의 거룩함에 대해 그가 지녔던 존경심을 의심하는 것은 상당히 잘못된 실수가 아닐 수 없다.

2) 본죄로부터의 해방과 죄로 기우는 경향

예컨대, 성 토마스는 성모님이 일생 전체를 통해 대죄(peccatum mortale)는 물론이고 어떠한 소죄(peccatum veniale)도 지으신 일이 없다고 주장했다. 그분은 하느님의 어머니(Mater Dei)이시다. 부모님에 대한 존경심이 자녀들에게서 반영되어 드러나듯이, 어머니에 대한 부끄러움은 자녀들에게서 더욱 드러나게 되어 있다. 만일 성모님이 죄에 대한 탓이 있었다면, 그분은 하느님의 어머니가 되시기에 적합하지 않았을 것이다. 더욱이, 그분은 다른 모든 사람에 비할 바 없이 그리스도와 긴밀하게 연결되어 있었다. 거룩하신 그리스도께서 그분의 태중에서 육신(caro)을 취하셨고 그분 안에서 사셨다. 그리스도께서는 성모님의 태중에서만이 아니라 그분의 마음 속에도 거하셨다.

3) 은총의 충만함

성모님이 당신 아드님과 나눈 친밀함의 효과는 독일 드레스덴의 국립 미술관에 소장되어 있는 코레지오(Correggio)의 작품, "거룩한 밤"에서 탁월하게 묘사되어 있다. 이 성화에서 성모님은 아기 예수님 위로 몸을 굽히고 있다. 그리고 성모님의 어깨너머로 어둠 속에 서서 계신 요셉 성인이 보인다. 동정 성모님의 얼굴과 몸 전체는 마치 태양에 팔을 두른 듯 찬란하고 부드러운 광채로 빛난다. 이 성화가 보여주는 감동적인 아름다움은 성모님의 거룩하신 아드님이 성모님께 영향을 미치는 심오한 진리에 바탕을 두고 있다. 성모님을 그리스도로부터 멀리 떼어 놓을수록, 성모님에 대해 아는 것은 적어질 수밖에 없는 데 반해, 성모님을 그리스도께 가까이 모셔올수록, 성모님을 더 잘 이해하게 된다. 우리는 모든 은총의 원천이신 그리스도께 다가섬으로써 성모님 안에 있는 은총의 충만함을 더욱 쉽게 이해할 수 있다. 그리스도는 은총의 원천이시며 성모님은 모든 사람 가운데 이 생명수의 원천에 가장 가까이 계신 분이다.

우리는 접근하기 쉬운 예를 통해 성모님이 지녔던 은총의 완전함을 더욱 깊이 통찰할 수 있을 것이다. 눅눅한 덤불 속에 있는 참나무 장작은 단지 잠재적으로 열의 근원일 뿐이다. 그러나 그 장작이 불과 만나게 되면, 불이 장작을 집어삼키기 전에 일련의 건조 과정을 거치게 되며, 그 후 우리는 불꽃이 장작에 퍼지고, 이내 작은 불꽃들이 꼬마 요정처럼 춤추며 점점 더 대담하고 강해지는 것을 보게 된다. 마침내, 장작 전체가 활활 타오르는 가운데 참나무의 품위에 걸맞은 번제물로 변화된다. 우리는 성모님이 간직한 은총의 완전함에서 유사한 세 가지 순간을 구별할 수 있다. 첫째, 성모님을 하느님의 어머니가 되도록 합당하게 해주는 준비의 순간이 있다. 이를 원죄 없으신 잉태라고 부른다. 그분에게 있어 은총의 완전함은 그리스도를 잉태하심으로써 충만함에 이른다. 이 잉태는 두 생명 간에 아주 긴밀한 결속을 봉인(封印)해 준다. 마지막으로, 성모님은 천상의 영광 중에 활활 타오르는 은총의 번제물이 되신다. 그럼으로써 지복직관(visio beatifica) 가운데 하느님과 사랑의 일치를 이루신다.

성모님의 영혼은 완벽히 준비되었다. 그분은 잉태의 순간에 무죄하셨으며 일생 전체를 통해 어떠한 죄도 알지 못하셨다. 성경의 다른 인물들, 예컨대 예레미아, 세례자 요한 같은 경우는 어머니의 태중에서 거룩하게 되었다. 반면, 오직 성모님만 원죄 없이 잉태되셨다. 그들은 자신의 일생 전체를 통해 대죄를 피했지만, 오직 성모님만 소죄 가운데 최소한의 흠결도 범하지 않은 채 일생을 보내셨다.

(2) 육체의 준비

1) 하느님과의 관계 안에서 : 절대적인 동정성

a. 그 보편성

보통, 우리는 동정성(virginitas)을 법적이든 법적이 아니든 모든 자발적인 성적 쾌락에 대한 포기를 뜻하는 영적인 의미로 말한다. 그러나 성모님의 동정성에 대해 말할 때, 이는 그러한 의미를 넘어서 육체적으로 완전한 순결을 포함한다. 이런 완전한 순결은 여러 여성에게서 많은 방식으로 상실될 수 있다. 예컨대, 혼인의 거룩한 행위 가운데 덕스럽게 봉헌되는 가운데 상실될 수 있다. 그러나 이런 육체적인 의미에 있어서 성모님은, 비록 아드님을 잉태하셨고 출산하셨음에도, 완전한 동정녀이셨다.

이러한 동정성은 완전히 기적적이었다. 그러나 오늘날 사람들은 초자연적인 실재 전체를 공격하듯이, 성모님의 동정성에 대해서도 공격한다. 이러한 공격은 과학의 발전이라는 이름이 아니라, 물론 많은 사람이 그 공격의 구실로 과학을 들먹이긴 하지만, 무엇보다도 신앙의 쇠퇴라는 이름으로 이루어진다. 여기에는 그 어떤 과학적인 문제도 연루되어 있지 않다. 왜냐하면, 여기서 문제가 되는 것은 제2원인이 할 수 있는 것이 아닌 제1원인이 할 수 있는 것을 아는 데 있기 때문이다. 철학적인 면에서 볼 때, 이러한 기적적인 동정에 대한 가능성은 어떠한 어려움도 드러내지 않는다. 만일, 출산이란 사실의 원인이 되는 본성적인 아버지가, 다른 모든 실재가 그렇듯이, 제1원인에 근거해서 작용한다면, 제1원인은 모든 것을 이 제1원인으로부터 끌어올리는 제2원인 없이도 같은 효과를 산출할 수 있다. 좀 더 정확히 말해, 하느님은 모든 것을 하실 수 있다. 하느님은 당신의 피조물들에게 권능을 선사하셨으며, 그들이 이 권능을 통해서 할 수 있는 모든 것을 하실 수 있다.

우리는 지렁이가 갑자기 일어나 우아하게 다이빙을 하고 수영을 하리라고 기대하지 않는다. 확실한 것은, 지렁이가 할 수 있는 최선의 방법은 땅 위에서 길게 누워 기어가는 것이다. 그것이 지렁이이기 때문에 지렁이에게 가능한 유일한 행동이다. 물론 인간도 원한다면 엎드려 기어갈 수도 있지만, 우리는 인간이 다양한 이동 수단을 갖고 있음을 잘 알고 있다. 여하튼, 인간은 지렁이가 아니며, 인간의 본성은 그처럼 지적인 능력을 누리지 못하는 물질적 피조물처럼 일정한 행동 방식에 제한되어 있지 않다. 초자연적 실재들에 대해 비판하는 이들은 피조물들에 대한 하느님의 권능을 부인하는 가운데 하느님의 행위가 자연의 행위처럼 제한되어 있다고 주장한다. 그런데, 어떤 존재자의 작용은 그 존재의 본성을 뒤따르므로, 신적 존재자의 작용은 그 존재의 완벽하고 전능한 본성을 뒤따른다. 따라서, 그리스도의 동정 잉태와 출산에 대한 가능성은 철학적으로 가능한 일이다. 이러한 동정의 사실은 믿음을 통해 받아들여져야 한다.

우리에게는 이 사실이 분명하다. 하느님의 권능은 그분의 아드님께서 잉태된 순간에 마리아를 온전히 풍요롭게 하고 아무 것도 손상하지 않은 채 성모님의 태 안으로 개입해 들어왔다. 성모님의 아드님이 탄생할 당시, 하느님의 아드님은 어머니의 태를 손상하지 않은 채 그곳에서 나왔다. 그것은 마치 부활하신 후에 신적 권능과 더불어 닫혀 있는 다락방으로 쉽게 들어가던 것과 비슷하다. 또한, 그 후에도 당신의 신적인 정배를 향한 성모님의 충실함과 성 요셉의 사심 없는 사랑으로 인해 두 분은 동정성을 손상하지 않으셨다.

이러한 사실이 지닌 아름다움은 하느님의 업적에 합당하다. 마리아의 아드님은 영원하신 하느님의 아드님이셨다. 영원하신 성부께서 한 인간과 부성(父性)을 나누는 것은 그분의 품격에 합당하지 않았을 것이다. 그리스도는 하느님의 말씀이셨다. 그분이 하느님의 정신에서 나오셨던 것처럼, 당신 어머니로부터 오시는 것은 적절했다. 이 과정에서 그분이 세상의 죄를 없애기 위해 오셨다는 사실을 전혀 감소시키지도 않고 방해하지도 않았다. 그러나 자연적인 잉태는 그분이 없애기 위해 오신 그 죄에 당신이 물들게 할 수도 있었다. 그분은 사람들이 성령 안에서 영적으로 다시 태어날 수 있도록 이 세상에 오셨다. 그래서 그분은 성령의 능력에 의해 잉태되셨다. 그분은 인간 본성의 완전함을 회복하기 위해 오셨다. 그렇다면 그분은 이 과정에서 당신 어머니로부터 완전함을 없애셨을까? 그분은 부모님을 공경하라고 명령하신 분이셨다. 그분이 당신 어머니께 동정의 숭고한 영예를 보존할 기회를 간과하셨을까?

아마도 동물의 제단 앞에서 절을 하는 이들은 진정한 아름다움을 이해하지 못하기 때문에, 성모님의 이 영속적인 동정성을 성에 대한 단죄이자 본성에 대한 반대로 해석한다. 그들은 동정의 광채와 모든 여성을 위한 성모님의 흠 없는 순수함이 지닌 의미를 전혀 이해하지 못했다. 여기서 관건은 성(性)의 거룩한 특징을 신성하게 추인하는 것이지 그것을 훼손하는 게 아니다. 성모님의 동정성은 성이 장난감이 아니며 쾌락의 주인이나 도구가 아니라 사랑의 메시지이자 영적 실재를 드러내는 육체적인 표현이라는 사실을 가르치는 신적인 방식이다. 사랑으로부터 분리된 성은 인간적이 아니라 야만적이며 동물적이다. 성모님의 성은 신적인 사랑, 육체적인 표현이 필요없는 사랑이었다. 사실, 신적 연인에게 있어 육체적인 표현은 불가능하다. 성모님이 사랑에 가져다 준 순수함은 모든 여인에게 공통된 것이어야 한다. 성모님의 절대적인 동정성은 언제나 순결함의 위대한 가치를 강조하게 해준다. 결혼한 여인들은 언제나 성모님에게서 결혼에 그 참된 의미를 부여하고 이를 그리스도교적으로 살아가게 해주는 더욱 설득력 있는 초대를 발견하게 될 것이다.

b. 그 영속성과 공로

성모님은 자신의 육체를 절대적으로 완전하게 준비하기 위해, 향기가 꽃과 연결되어 있듯이, 자신의 동정성에 서원과 연결된 견고함과 완전함을 부여했다. 그분은 단지 자신의 행위만이 아니라 행동할 수 있는 자신의 능력, 신체의 모든 사용뿐만 아니라 모든 행위도 봉헌했다. 이러한 동정서원은 아마도 성모님이 성 요셉과 혼인한 후, 그분과의 동의 아래 전적으로 이루어졌을 것이다. 구약의 율법은 자녀출산을 의무로, 메시아의 도래를 위해 여인을 준비시키는데 기여했다. 성모님은 가브리엘 천사가 전한 놀라운 소식을 들은 후에야 비로소 절대적인 동정서원을 살기 위해 정진할 수 있으리라는 사실을 알게 되었다.

2) 사람들과의 관계 안에서 : 요셉과의 결혼

성모님은 생명을 준비하는 과정에서 인간과 인간 간의 관계, 인간과 하느님과의 관계를 조절하는 정의의 덕을 분명 소홀히 할 수 없었다. 성모님은 당신 아드님을 향한 정의, 당신 자신과 사회를 향한 정의에서 볼 때, 결혼해야 할 필요가 있었다. 이 단조로운 언명 안에 많은 위대한 진리가 숨어있다. 예컨대, 로마의 세도가에게 나사렛에 있는 목수의 집이 안정되는 것이 필요했다는 진리,

인간이 되신 하느님께 아버지의 보호와 이름 그리고 보살핌이 필요했다는 진리, 심지어 악마 자신도 이 가족의 비밀을 꿰뚫어 볼 수 없다는 진리가 담겨 있다. 또한, 여기에는 하느님이 그렇게까지 보호하신 어머니에게도 남편이 필요했다는 진리도 있다. 그것은 성모님께서 사람들의 어리석은 형벌[8]을 피하고 당신의 명예가 지켜질 수 있을 뿐만 아니라 당신이 받을 수 있는 사랑, 그리고 보살핌과 보호를 보장하는 사랑을 위해서였다.

성가정의 가장(家長)으로서 성 요셉의 지위는 그로부터 수 세기 후에 의심에 찬 우리의 마음을 비롯해 장차 오게 될 그리스도인들의 마음을 안심시키는 데 필요했다. 그것은 믿는 데에 이렇듯 느려 터진 우리가 강생의 신비에 대한 추가 증언과 함께 하느님의 어머니께서 하신 말씀들을 새롭게 추인할 수 있는 기쁨을 누리게 하기 위함이다. 성 요셉께서 성가정에서 이루는 몫은 하느님께서 남녀 두 성 모두를 위한 동정을 승인하셨다는 데 대한 확신을 갖게 해준다. 또한, 우리는 사실들에 대한 생생한 언어 속에서 혼인에 대한 하느님의 축복을 듣게 된다. 성 요셉은 진정 성모님의 남편이셨다. 이는 잊히지 않아야 한다. 우리는 성 요셉이 성모님과 깊은 사랑에 빠졌으며 성모님 역시 성 요셉을 깊이 사랑했다는 점을 기억해야 한다. 두 분의 일치에는 혼인의 본질인 영혼의 완전한 봉헌이 있었다. 비록 상대방에 대한 두 분의 권리 행사는 거룩한 성자의 지속적인 현존과 더불어 망각되는 것을 허락하지 않는 보다 큰 사랑의 이름으로 중지되었지만, 두 분 사이에는 혼인의 본질인 각각의 권리들에 대한 상호 간 양도가 있었다.

성모님의 광채에 사로잡혔다고 해서 성 요셉을 침묵 중에 건너뛰는 것은 좋지 않다. 성 요셉의 생애에 관해 기억하는 모든 것은 그분이 겸손하면서도 무조건적인 관대함을 절실히 추구하셨다는 점이다. 베들레헴에 도착했을 당시 아내인 마리아의 건강상태에 대해 가졌던 불안감, 모든 곳이 다 찼다는 소식에

8) 역자 주 : 여인이 결혼하기 전에 임신하면 돌로 맞아 죽는다는 형벌을 말한다.

대한 충격, 당황한 가운데 한밤중에 숙소를 찾아 돌아다녔던 일 등 이 모든 것이 요셉의 걱정거리였다. 아기를 살해하려는 의도를 가진 헤로데의 경고가 요셉에게 직접 주어졌다. 가족을 데리고 서둘러 이집트로 피난해야 했던 일 또한 요셉이 해결해야 할 문제였다. 그뿐만 아니라 가족을 데리고 이집트에서 나자렛으로 돌아오는 기나긴 귀향의 여정도 요셉이 계획하고 실행해야 했던 일이다. 그분은 자신의 젊은 아내의 발치에 왕국을 두고 싶었겠지만, 그에게 살아갈 기회가 주어졌을 때, 일상의 힘겨운 노동을 견뎌야 했다.

사실 마리아가 요셉의 삶에 들어온 것은 끊임없는 유감과 고생이 시작되었음을 의미한다. 마리아와의 약혼과 결혼 이전에, 요셉의 삶은 고요하고 평화로웠다. 그분은 아주 작은 마을에 사는 가난한 목수였다. 그 마을은 권력과 재물에 대한 사람들의 거대한 야망들이 교차하는 주요 도로에서 완전히 벗어나 있었다. 아마도 요셉에게는 어떤 특별한 일이 거의 일어나지 않았을 것이다. 그분은 일상적인 노동을 하면서 평온한 일상을 살아갔다. 그러나 그것은 마리아가 오기 이전의 일이었다. 그러나 이제 젊은 약혼녀의 기적적인 임신이라는 고통스러운 사건이 그에게 엄습해왔다. 마리아를 알고 있던 그에게는 지독한 고민이었다. 그러나 그것은 잠시뿐이었다. 머지않아 마리아의 임신에 대한 천사의 보증이 있었기 때문이다. 이어서 그분은 곧 해산할 아내를 데리고 팔레스타인 지방을 여행해야 했고 묵을 수 있는 여관이 전혀 없는 작은 마을에서 기거할 곳을 찾아야 했다. 아기가 탄생했던 그 밤에 동방의 왕들은 아기와 그 가족을 찾아왔다. 요셉은 그 왕들이 자신의 가족을 직접 만나러 오리라고는 전혀 상상하지 못했다. 당시 헤로데왕은 요셉을 뒤쫓아 그분의 아들인 아기 예수님을 죽이려 했다. 이로 인해, 요셉은 이집트로 유배를 가야 했고 이방인들 사이에서 힘겹게 생계를 유지해야 했다. 마리아는 요셉에게 많은 어려움을 가져다주었다. 하지만 요셉은 그로 인해 겪어야 했던 모든 어려움을 사랑했다. 그분은 마리아를 보호하도록 선택되었으며 자신의 아내에게 사심 없이 헌신할 수 있다는 사실을 즐겼다. 달리 말해, 요셉은 마리아를 사랑했다.

성 요셉을 사랑하지 않는다면, 그분에 대해 생각할 수 없다. 그분은 참으로 아버지였다. 우리는 세상에서 그분과 닮은 사람들을 본 적이 있다. 왜냐하면, 사랑은 언제나 자기 자신보다 훨씬 높은 것들을 향한 호소이자 무조건적인 희생과 완전한 봉헌을 향한 호소이기 때문이다. 그것은 응답하기에 그리 어렵지 않은 영웅주의를 향한 초대이다. 그리고 그것은 모든 시대의 사람들의 삶에서 가브리엘 천사가 마리아에게 한 주님탄생예고와 자연적으로 병행하는 것이다.

3) 천사들과의 관계 안에서 : 주님탄생예고

우리는 성모님께 돌아감으로써 그분의 온전한 영적 준비와 은총의 충만함이 드러나는 출구를 주님탄생예고에서 발견하게 된다. 성모님이 미리 강생의 신비에 대한 정보를 알게 된 것은 합당했다. 즉, 그분이 육신으로 하느님의 아드님을 잉태하기 이전에 먼저 정신과 마음으로 잉태한 것은 당연했다. 믿음을 바탕으로 한 아드님에 대한 생각과 사랑은 분명히 그분을 육체적으로 세상에 출산하는 것보다 더 성모님에게 큰 기쁨과 공로를 가져왔다. 강생의 신비에 대한 영적 증인이 되셨어야 했던 분께서는 무엇보다도 먼저 그에 대해 확신하셨어야 했던 것은 당연한 일이다. 만일 하느님께서 이 점을 알려주지 않으셨다면, 이런 일이 어떻게 가능했을까?

여기서 우리가 기억할 점은, 성모님이 하느님의 아드님을 잉태하리라는 것에 대해서는 전혀 모른 채 갑자기 생각지도 않았던 세계 안으로 옮겨진 시골 소녀는 아니라는 점이다. 성모님이 자신을 하느님께 선물로 드린 것은 개방적인 눈과 확신에 찬 마음으로 자신의 젊음과 아름다움을 의식적으로 봉헌한 행위였다. 장엄하고도 웅장한 그분의 행위는 인간 본성이 도달한 가장 높은 수준을 가리킨다. 왜냐하면, 그분이 주님의 뜻을 받아들인 것은 인간 본성이 하느님과 더불어 영적 결혼(conjugium spirituale)을 이루기 위해 '예'하고 응답하는 것이기 때문이다. 주님탄생예고는 위대한 침묵이자 우주의 역사에서 운명을 예고하는 가장 큰 사건이었다. 그것은 성모님의 응답에 세계의 운명을 둔 일이었다.

주님탄생예고의 장면을 더욱 깊이 연구하면 할수록, 이 장면은 인간이 사랑하는 사람의 사진을 바라보는 가운데 발견하게 되는 고요하면서도 신비스러운 깨달음과 함께 우리 마음에 더욱 깊이 파고든다. 보라. 하느님께서 먼저 마리아에게 천사를 보내는 배려를 보여주셨다. 이는 당신 섭리의 일반적인 질서와 완벽한 조화를 이루고 있다. 그분은 천사들이 당신의 일을 향해 인도하는 안내자가 되게 해 주셨다. 그러나 마리아를 향한 주님탄생예고는 그 이상이었다. 그것은 천사적 본성을 지닌 인간이 한 여인으로 인해 원죄를 범함으로써 일어난 원초적인 배반에 대해 그의 편에서 하게 된 복구 행위였다. 천사와 동정 마리아가 얼마나 가까이 있는지 모른다. 성 예로니모가 육(肉) 안에서 살지만 육에 따라 살지 않는 것은 지상적인 삶이 아니라 천상적인 삶이라고 주장한 것은 맞는 말이다. 만일 그렇다면, 가브리엘 천사와 성모님 간의 만남보다 더 인간 본성이 천사에게 가까이 다가갔던 일은 전에 없던 일이다.

보이지 않는 하느님이 가시적인 형태로 오실 것임을 선포하기 위해 가브리엘 천사를 인간적인 모습으로 등장시킨 것은 하느님의 재치있는 손길이었다. 성모님은 하느님의 아드님을 당신의 마음뿐만 아니라 육신으로도 받아들이셨다. 그러므로 그분의 마음뿐만 아니라 눈까지도 그분을 방문한 천사에 의해 조명되었어야 했다. 비록 천사를 인간이 감지할 수 있는 모습으로 보여주고 형언할 수 없는 천사의 메시지를 말로 고정하는 희생을 감수해야 했지만, 이는 세상이 확신해야 하는 중요한 사건이다.

그 어떤 천사도 가브리엘 천사보다 더 위대한 사명을 가졌던 적은 없다. 만일 그의 기나긴 천사적 삶의 시작에 자신의 사명에 대한 언질을 받았으며, 만일 그가 천국의 어느 구석에 앉아 몇 세기 동안 골똘하게 생각했다고 해도, 그 짧은 메시지보다 더 나은 표현을 발견하지는 못했을 것이다. 그는 동정 마리아가 동의

해야 하는 사실을 간직한 메시지를 그분에게 전달하는 사자(使者)가 되었어야 했다. 따라서, 가브리엘 천사는 다음과 같은 세 가지 일을 해야 했다. 동정 마리아의 주의를 환기하는 일, 강생의 신비를 선포하는 일, 그분으로부터 긍정적인 대답을 얻어내야 하는 일이 그것이다. 여기서 주목해야 할 것은, 가브리엘 천사가 마리아의 관심을 얻기 위해 천사로서 자신의 아름다움과 위엄에 의지하지 않았다는 점이다. 아마도 그는 특히 겸손하고 소박한 천사였던 것 같다. 그는 마리아가 하느님께 깊이 몰두해 있다는 점을 알았기 때문에, 단순히 대천사에 불과한 자신 앞에서 냉정하지는 않을까 하며 걱정했을 것 같다. 여하튼, 가브리엘 천사는 이 일을 운에 맡기지 않고, 첫마디 말로 마리아를 생생하게 흔들어댔다.

마리아처럼 진정 겸손한 사람에게 있어 하느님을 찬미하고 싶은 마음을 갖는 것보다 더 놀라움을 표현하는 방식은 없을 것이다. 그러나 그 전에 먼저 마리아의 응답을 들으며 가브리엘 천사가 다음과 같이 그분을 찬미했다. "은총이 가득한 이여, 기뻐하여라."(루카 1,28) 이어서, 이 찬미로는 부족한 듯, 다음과 같이 원죄 없는 잉태에 대해 암시했다. "주님께서 너와 함께 계시다"(상동). 마지막으로, 가브리엘 천사는 모호하게 언급한 특전에 뒤이어 마리아가 받은 은총에 대해 전했다. "두려워하지 마라, 마리아야. 너는 하느님의 총애를 받았다"(루카 1,30). 그는 진정 신중하고 단호한 천사였다.

마리아가 놀란 눈으로 가브리엘 천사를 바라보며 주의를 기울이자, 그의 임무 중 첫 번째가 이루어졌다. 이어서 가브리엘 천사는 즉시 다음과 같이 말하며 강생의 신비를 전했다. "네가 잉태하여 아들을 낳으리라."(루카 1,31) 그다음, 천사는 마리아에게 지극히 높으신 하느님의 아드님이신 그 아기의 품위에 대해 말하며, 이 모든 일이 어떻게 일어나게 될지 설명해 주었다. "성령께서 너에게 내려오시고 지극히 높으신 분의 힘이 너를 덮을 것이다."(루카 1,35) 천사는 마리아를 좀 더 잘 납득시키기 위해 엘리사벳의 예를 드는 가운데 이 모든 기적의 근원을 보여주었다. 그것은 바로 하느님의 전능하심이다. "하느님께는 불가능한 일이 없다."(루카

1,37) 이 모든 일은 숨을 한 번 쉴 수 있는 순간에 일어났다. 사랑이 사람의 마음에 어떤 식으로 들어갈 수 있는지 설명할 수 없듯이, 마리아는 천사의 말이 자신 안에 무엇을 했는지 말할 수 없었다. 한 가지 확실한 점은, 마리아의 마음에는 더 이상 한 점의 의혹도 없었다는 것이다. 마리아는, 요아킴이 불신을 드러내며 "제가 이것을 어떻게 알 수 있겠습니까?"하고 물었듯이, 그렇게 묻지 않았다. 그녀는 어떻게 그것을 알 수 있을까 하고 묻지 않고 그것이 어떻게 이루어질 수 있는지 묻는 가운데 자신의 굳은 신앙을 드러냈다. 그 물음이 자신의 동정성에 대한 염려에서 온 것이든, 아니면 그것을 알고 싶어 하는 합당한 원의에서 온 것이든, 그 물음은 마리아 자신의 나이와 성(性)에 놀랄 만큼 잘 들어맞는다.

동정 마리아의 대답은 장차 참된 사랑을 할 수 있는 마음을 가진 사람들이 있도록 세상의 벽 안에서 다시 울려 퍼질 말씀으로 사랑의 신비를 감싸주었다. "보십시오, 저는 주님의 종입니다. 말씀하신 대로 저에게 이루어지기를 빕니다."(루카 1,38) 이 대답은 온전한, 아주 온전한 헌신이자 무조건적이고 기쁨과 열정으로 가득한 헌신의 마음을 담고 있다. 이러한 동정 마리아의 말은 믿음, 희망, 겸손 그리고 온전한 신뢰를 드러낸다.

4. 잉태된 아기

(1) 그리스도의 육체의 질료

1) 먼 질료 : 그리스도의 조상들

결국, 하느님의 아드님께서 인간이 되셨다. 그분은 아담에게서 유래한 어느 딸에게서 육(肉)을 취했다. 그러나 그것은 아담의 씨앗에서 유래한 것이 아니다. 그분은 예언자이고 사제이며 왕으로서 당신 조상들의 자손에 합당했지만, 하느님이셨고 당신 조상들의 창조주이셨다. 복음사가들에 의해 소개된 것처럼, 그리스도의 족보와 관련해서 많은 논란이 있었다. 어떤 사람들은 요셉의 족보와 마리아의 족보가 같을 만큼 두 사람이 상당히 가까운 친족 관계에 있었다고 주장했다. 따라서 복음사가들이 제시한 자료들은, 부계(父系)의 선상에서만 후손을 따라가는 유다인들의 관습을 따르는 가운데, 우리에게 그리스도의 실제 조상들을 가리키고 있다고 보았다. 이 경우, 그리스도의 조상들에 대해 전하는 복음 사화에서 언급되고 있는 여인들 가운데 대다수가 좋은 평판을 갖지 못했기 때문에, 어떤 면에서 선택받은 민족의 완전성이라는 다소 거북한 이론으로 장난하는 하느님의 재치를 간파하는 것은 별로 어렵지 않다. 반면, 다른 사람들은 이 사화가 철저히 요셉의 혈통만을 다루고 있다고 주장하면서, 유다인들 사이에서 입양된 자식과 법적인 자식의 신분이 타고난 자식의 신분처럼 아버지와 강하고 실제적인 유대로 이어져 있다고 설명했다. 만일 그렇다면, 우리는 마리아의 조상들에 대해 전혀 알 수 없게 된다. 그리고 여기서 다시 한번 가문과 혈족에 대한 우리의 자부심이 하느님께는 별로 중요하지 않다는 점을 쉽게 알 수 있다.

2) 가까운 질료 : 성모님에 의해 제공된 육체

그리스도의 가장 가까운 친족은 의심할 여지 없이 동정 마리아이시다. 성모님은 모든 어머니가 자기 아들에게 주는 모든 것을 그분에게 주셨다. 그분은 성모님의 살에서 나온 살이자 성모님의 피에서 나온 피였다. 성모님은 바로 이를 위해 자신을 온전히 준비하셨다. 따라서, 이러한 그분의 준비는 필요했다. 그분의 아드님은 하느님의 아드님이셨다.

(2) 잉태의 능동적 원리

그리스도는 성령으로 잉태되셨다. 즉, 출산의 능동적인 원리는 바로 하느님 자신이셨다. 하느님에게 있어서 이 잉태는 외적인 업적이지만 당연히 삼위일체 전체의 업적이고, 특히 성령, 사랑의 영께 귀속되는 업적이다. 왜냐하면, 마치 우리가 성령으로 인해 하느님의 자녀가 되었듯이, 그 업적 역시 사랑의 업적이기 때문이다. 여기서 제1원인이 되는 하느님께서 통상 인과율에 따라 제2원인에 맡겨진 것을 당신 친히 이루셨다. 물론, 성령을 예수 그리스도의 아버지처럼 말할 수 있는 것은 아니다. 하느님의 아드님에게는 이미 천상에 영원한 아버지가 계시다. 예수 그리스도의 출산은 아버지와 아들 간의 관계를 설정하는 데 본질적인 실체적인 유사함에 따라 이루어진 게 아니다. 그 출산은 기적적이었다. 왜냐하면, 그것은 하느님의 직접적인 행위에 의해 이루어졌기 때문이다. 그러나, 그것은 동정 마리아의 태중에서 그분의 몸을 통해 이루어졌으므로, 이런 의미에서 그 출산을 자연적이라고 부를 수도 있다.

(3) 이 잉태의 특징들

그러나 그리스도의 일생 전체와 마찬가지로, 강생의 사실에서도 첫 번째 자리를 차지하는 것은 그것이 기적적인 사건이라는 데 있다. 만일 우리가 이 출산에서 작용한 능동적 원리의 무한한 힘에 관심을 기울이지 않는다면, 우리는 그리스도의 생애의 맨 첫 순간에서 쌓이고 쌓인 다양한 기적들로 인해 의심하게 될 수도 있다. 그리스도를 출산하신 당사자는 하느님이시므로, 그리스도의 몸은 처음부터 본질적으로 완벽했다. 즉, 그분의 몸은 즉시 이성혼으로 생기를 얻게 되었으며, 이와 동시에 하느님의 아드님으로 취해졌다. 우리는 바로 앞장에서 강생의 본질에 대해 고찰하는 가운데 적어도 이 모든 것을 일반적인 선상에서 살펴본 바 있다.

(4) 태중에 있는 아기의 완전함

이 신성한 아기의 영적 완전함은 그분의 육체적 완전함과 병행한다. 잉태된 첫 순간부터 그리스도의 영혼은 성화 은총, 자유, 주입된 지식, 지복직관을 소유하셨다. 이 모든 것은 출산하는 장본인이 하느님이셨고 인간 본성을 취하는 과정에서 관계 당사자가 하느님의 아드님이셨기 때문이다. 이러한 초반의 완전함은 성자의 품격과 그분에게 인성을 전해주신 하느님의 어머니로서의 품격에 적합한 완전함이라는 의미 그 이상의 의미를 갖는다. 여기서 이교 세계와 그리스도교 세계 사이에 있는 분명한 차이를 가리키는 진리가 강조되고 있다. 왜냐하면, 여기서 어린아이가 아무리 무능한 존재일지라도 인간 권리에 있어서는 모든 성인(成人)과 동등하다는 진리가 대문자로 쓰여있기 때문이다. 이는 생명이 시작되는 첫 번째 수난부터 그렇다. 인간 삶의 기초에 정의(iustitia)와 참사랑(caritas)이 있는 곳에서 이 진리는 분명히 드러난다. 반면, 인간 삶의 기초에 폭력적인 힘이 있는 곳에서 어린아이의 운명은 어떻게 될까?

[결론]

1. 성모님과 현대 세계의 여성

(1) 근본적인 시험들의 빛 안에서

이제, 성모님과 현대 세계의 여성 사이를 병행해서 비교하는 가운데 본 장을 요약하고자 한다. 여기서 이 비유를 구성하는 두 번째 용어가 이러저러한 특정

여성이나 여성들의 그룹이 아닌 '현대 여성'이라는 말과 더불어 일반적으로 의도한다는 것을 전제하고자 한다. 그렇다고 현대 여성에 대해 언급되는 것이 21세기 여성들에 대한 대대적인 비난을 의미하는 것은 결코 아니다. 여기서 시도하려는 것은 승인되거나 거부된, 또는 찬사나 박수를 받는 제반 사안들을 비롯해 소위 세상이 오늘날의 삶에 영감을 주는 사상들의 빛 아래 오늘날 여성이 처한 상황을 식별하려는 것이다. 이러한 전제를 기억하는 가운데 다음과 같이 질문해보기로 하자. 여성의 삶을 성모님의 삶과 비교하거나, 만일 원한다면, 그리스도 신앙을 지닌 여성의 삶과 현대의 비신자 여성의 삶을 비교함으로써 우리는 무엇을 추론해낼 수 있을까?

우리는 성모님의 숭고한 거룩함, 결혼에 대한 커다란 존경심이 수반된 그분의 절대적인 동정성과 관련된 어떤 것을 보았다. 그것은 자신을 비롯해 신성한 아기 예수, 요셉, 사회를 향한 그분의 정의와 관련된 것이다. 또한, 우리는 지극히 높은 사랑의 소명에 대해 그분이 응답하는 모습을 보았다. 오늘날의 여성에 대해서는 뭐라 말할 수 있을까?

영혼의 존재 자체가 거부되고 인간적인 행위들에 대한 책임이 부인되며 도덕은 단지 하나의 관습 정도로 치부되며 웃음거리가 될 때, 여성에게 성성(聖性)을 향해 나아갈 수 있는 가능성은 남아 있을까? 동정성을 제대로 살아갈 수는 있을까? 어떤 면에서 인격의 발달이라는 명분 아래 동정성을 없애버려야 할 어떤 것으로 여기지 않는다고 해도, 오늘의 맥락에서 동정을 살아가는 것은 개인적인 기질의 문제나 사회적인 기회주의의 문제로 전락하고 말았다. 또한, 결혼을 아이나 남편 또는 사회를 향한 정의라는 용어로, 그도 아니면 무엇보다도 육체적인 아름다움과 사회적인 유리함이란 용어로 말하고 있지 않은가? 안타깝게도 이 질문은 수사학적이다. 이처럼 희생이 수반되는 사랑의 물음에 대해 고귀하고 이타적이며 용기 있는 응답이 있을 수 있을까? 혹은 가장 신성한 사랑의 행위 속에서도 개인적인 이익을 따지는 조심스러운 계산, 즉 사랑에 뒤따르는 대가가 너무 많아지게 될 때, 재빨리 물러서기 위한 탈출구를 열어두고 있지는 않은가?

(2) 삶을 위한 그들의 준비로부터

우리는 성모님의 삶을 신적인 모성(母性)을 위해 준비하는 시간으로 살펴보았다. 그것은 거룩함을 통해서 영혼을 준비하는 시간이자 동정의 삶을 통해서 육신을 준비하는 시간인 것이다. 오늘을 살아가는 여성들이 만일 시류를 따르려 한다면, 결혼을 위해 어떤 준비를 해야 할까? 물론 거룩함은 아닐 것이다. 또한, 동정을 준비하지도 않을 것이다. 그들은 결혼과 관련해서 신체적, 재정적, 정서적, 사회적 이유들을 고려하겠지만, 그게 전부일 것이다. 오히려, 이런 고려 목록은 다음의 한마디로 요약될 수 있다. '이기주의'가 그것이다.

2. 성모님과 현대인들의 삶의 열매들

성모님이 보여준 삶의 열매들은 심을 만한 가치가 있다. 그분은 여인들 중에 축복을 받은 분이시다. 그분의 생애 전체는 사심 없는 사랑, 당신 아드님을 돌보는 가득한 기쁨, 골고타에서 아드님을 잃어버리는 고통으로 점철되었다. 하지만 그분은 당신 아드님을 기쁨 중에 되찾으셨다. 이런 것들은 그분 이후로 그리스도교 신앙을 간직한 모든 어머니가 얻게 된 열매들이다. 그에 반해, 신앙이 없는 이방 여인은 자신이 지닌 비열함과 이기주의 그리고 악습들과 타협하는 자세로 인해, 비록 그 여인이 이런 것들을 고집하는 이유가 사람들에게 일정한 기쁨을 주기 위한 것이라 해도, 얼마 안 있어 사람들로부터 경멸을 받고 말 것이다. 그 여인은 자신이 받은 것을 대체하는 자녀의 무관심만을 얻게 될 것이다. 그 여인은 어떠한 승리의 의미도, 희생으로 인해 얻게 되는 소중한 기쁨의 의미도 가질 수 없다. 왜냐하면, 전혀 희생하지 않기 때문이다. 이 지상의 공허한 쾌락들은 고통을 달래지 못할 것이다. 그 여인은 죽음의 문턱에서 대답해야 할 많은 질문과 대면하게 될 것이다.

결국, 여성은 삶의 철학이 동물적인 바탕 위에 세워진 세상, 오직 힘만이 중요하고 폭력이 권리가 되는 그런 세상에서 살아가도록 만들어지지 않았다. 그런 세상에서는 오직 여성과 어린아이 같은 약자만 고통을 받는다. 그런 세상에 살아가는 여성은 오직 두 가지 카드만 갖고 있을 뿐이다. 젊음과 아름다움이 그것이다. 그런 여성이 젊음과 아름다움을 필사적으로 부여잡고 있다고 해서, 과연 누가 그녀를 비난할 수 있을까? 만일 그 여인이 다른 사람들에게 그런 부담을 솔직하게 드러내지 않는다고 해서, 그리고 자녀들에 대한 책임과 위험으로 인해 자신의 불안한 위치가 약해지는 것을 거부한다고 해서 누가 그 여인을 비난하겠는가? 확실히 그 여인이 살아가도록 요구받는 이러한 삶의 철학을 신봉하는 사람이 그녀를 비난하는 것은 아니지만, 결국, 그녀에게 가장 쓴 모멸감을 주는 것은 오히려 바로 이런 것들이다.

3. 유일한 선택 – 성모님, 동정녀, 막달레나

우리들의 삶이 적어도 인간적인 냄새를 발산하려면 정의의 바탕 위에 세워져야 한다. 그러나 정의는 오직 은총의 차원에서만 비로소 충만하게 실현되고 그럴 때 비로소 인간은 참된 행복에 이를 수 있다. 왜냐하면, 여기서 삶을 명령하는 것은 힘이 아니라 정의이며, 더 나아가 정의를 넘어서 사랑이기 때문이다. 여성은 이러한 바탕 위에서만 비로소 아름답고 관대한 것들로 이루어진 세상으로, 동정녀이자 어머니이신 '마리아'를 통해 구체적으로 묘사된 이상적인 여성의 삶을 살아갈 수 있는 세상으로 인도될 수 있다. 여성은 오직 이러한 선상에서만 자신의 행복을 발견할 수 있다. 그녀는 어머니나 동정녀가 되어야 한다. 그도 아니면 막달레나가 오랜 고통스러운 여정을 통해 되찾은 동정의 삶을 살아갈 수 있다.

A Companion to the Summa

성 토마스 아퀴나스의

신학대전 해설서 Ⅳ

제8장 하느님의 무력함
(제3부, 제35문제 ~ 제39문제)

1. 어린이의 축제
   (1) 성탄의 두 측면 : 마리아와 아기
   (2) 무력함의 두 유형
2. 그리스도의 선물
3. 아기와 성탄 이야기
   (1) 그리스도의 탄생
      1) 탄생 일반
      2) 그리스도의 탄생
         a. 사실 자체
         b. 사실의 결과
            ① 그리스도에게 ② 마리아에게
         c. 그리스도의 탄생의 시간과 공간
   (2) 그리스도의 나타나심
      1) 누구에게
      2) 순서
      3) 주체 : 천사와 별
      4) 박사들
4. 율법과 아기
   (1) 그리스도의 할례와 이름
   (2) 성전에서 봉헌되심
   (3) 마리아의 정결례
5. 감추어진 생활의 끝
   (1) 요한의 세례
      1) 적합성과 기원 2) 효과 3) 주체와 지속
   (2) 그리스도에 대한 요한의 세례
      1) 세례 자체 2) 상황
      3) 세례 때 들려온 하느님의 증언

[결론]

1. 하느님과 인간의 무력함
   (1) 그리스도의 모범 : 그리스도인의 무력함
   (2) 그리스도의 조롱
      1) 감각성의 무력함 2) 잔인함의 무력함
2. 조롱의 토대 – 인간성의 상실
   (1) 어린이들에 대한 태도에서
   (2) 성인들에 대한 태도에서
3. 성탄의 교훈 – 어린이와 같이 되기

제8장 하느님의 무력함 (제3부, 제35문제 ~ 제39문제)

때로 하느님의 섭리는 쓸데없이 불친절하다. 그럴 때, 우리 안에서 그 생각이 떠오르고 거칠게 표현되려고 할 때, 우리는 우리 자신이 눈멀었다는 강력한 증거를 보게 된다. 필요한 것은 위안이 아니라 믿음과 겸손을 구하는 기도이고, 눈먼 우리를 보게 해 주시기를 청하는 기도이다. 예를 들어, 당신이 지금 평생의 신심의 역사에서 비극적인 정점에 도달하게 되었다고 해 보자. 어린 두 자녀와 함께 남겨진 한 여인이, 가르치는 일을 하면서 그 아이들을 길렀다. 아이들은 자라나서 행복한 결혼을 하고 가정을 갖게 되었으며, 그 여인은 이제 퇴직하여 독서와 여행을 하며 쉴 수 있게 되었다. 그때 그녀는 뇌졸중을 겪어 무력하게 되고, 딸에게 의존하게 되었다. 더욱 괴롭게도, 그것은 성탄 밤이었다. 그녀가 이렇게 생각했다면 우리는 정말 공감할 수 있을 것이다. “기쁜 성탄이라고! 이 모든 시간이 지나서 내가 평생의 수고에 대한 갚음으로 몇 달 동안 쉴 수 있게 된 다음, 얼마나 훌륭한 성탄을 맞게 되었단 말인가!”

우리가 여기에 공감할 수 있는 것은, 우리에게도 우리 몫의 눈멀음이 있기 때문이다. 비극을 알아보는 것은 어렵지 않다. 그녀의 괴로움은 인간적이고 이해할 만하다. 우리에게 어려운 것은, 그녀에게 그랬듯이, 어떻게 그녀에게 기쁜 성탄이 가능한가를 알아보는 것이다. 그리고 이것이 어려운 이유는, 우리가 성탄 이야기의 절반을 보지 못하기 때문이다.

1. 어린이의 축제

(1) 성탄의 두 측면 : 마리아와 아기

성탄에는 두 측면이 있다. 마리아의 측면은 우리가 쉽게 이해하고 우리의 삶 안에서 공감할 수 있다. 거기에는 사려 깊음, 사랑, 아기에 대한 돌봄, 줄 수 있는 작은 것을 주는 기쁨이 있다. 그러나 분명 거기에는 또 하나의 측면이 있는데, 그것은 하느님의 측면이다. 그 아기가 없다면 성탄은 별 의미가 없을 것인데, 우리가 이를 계속해서 놓치고 보지 못한다는 점은 기이한 일이다. 이 아기의 측면은 '무력함'이라는 단어로 요약된다. 전능하신 분이 무력함을 그렇게 강조한다는 것은 대단히 중요한 일이었음이 분명하다. 행위의 측면에서, 그것은 성탄에서 마리아의 측면을 완벽하게 보완해 준다. 실상, 그것이 마리아의 측면을 가능하게 한다. 성탄에서 아기의 측면은 선물을 주는 것이 아니라 선물을 받는 것이었다. 사랑, 돌봄, 배려를 부어주는 것이 아니라 이 모든 것을 감사하며 받아들이는 것이었다. 그러나 아기에게 마리아가 가져다준 것과 아기가 마리아에게 가져다준 것을 잠시 생각해 보면, 우리는 더 큰 선물을 준 것은 아기였음을 깨닫게 된다.

이를 이해하기 위해서는, 선물에 여러 종류가 있다는 것을 알아야 한다. 물론, 명백한 선물들도 있다. 사탕, 양말, 피아노, 사랑, 그리고 생명은 선물이다. 하지만 삶을 사는 데에서 더 중요한 부분을 차지하는, 더 깊은 선물들도 있다. 예를 들어 사랑을 표현하도록 다른 이들에게 기회를 주는 것, 희생의 기회, 인간과 하느님에게 자신을 봉헌하는 특전 등이 그러하다. 이러한 선물들의 깊이가, 성탄 이야기 속의 하느님의 무력함에서 나타난다. 그 무력함이 없다면 성탄의 다른 모든 기쁨은 있을 수 없다는 명백한 진리를 우리가 그렇게 완전히 잊어버린다는 것은 이상한 일이다.

사람들은 어떤 종류의 무력함을 거부하는데 그러한 거부는 건전하다. 예를 들어 우리는 부인이 늘 유희와 돌봄을 받기를 고집하고 응석을 받아달라고만 하는 것을 거부한다. 남편이 일을 하지 않으려 하고 공동체가 자신을 부양해야 한다고 하는 것도 거부한다. 위기에 속수무책인 소심하고 우유부단한 영혼, 자녀들 돌보지 않아 친척들이 그들을 돌보아야 하는 부모들을 거부한다. 하지만 모든 무력함을 거부하는 것은 참으로 위험하다. 그것은 19세기의 오류였고, 물질적 성공을 유일한 규범으로 삼아 가난한 이들을 거부의 대상으로 만들었던 데에서 나온 오류였다. 지금도 그러한 성공이 더 이상 경배의 대상이 되지 않는다고 말하기는 쉽지 않다. 하지만 성탄 이야기 자체는, 모든 무력함이 거부의 대상은 아니라고 역설한다.

(2) 무력함의 두 유형

지나친 일반화를 피하기 위하여, 우리는 자신의 약점과 한계를 아는 데에 기초한 겸손한 무력함과 자신의 완전함에 대한 과장된 생각에 기초한 교만한 무력함을 구별해야 한다. 겸손한 무력함은, 나이와 상관없이 젊고 행복한 전망이다. 그것은 다른 이들의 친절함과 공평함에 경탄하는 것이기 때문이다. 교만한 무력함은 때가 되기도 전에 늙어버린 것으로, 자신의 우월함을 완전히 인정받지 못하는 것을 불쾌하게 여긴다. 전자는 자신이 지닌 완전성을 주기 위한 것, 봉사하기 위한 것으로 보고 자신의 불완전함은 받고 다른 이들의 도움을 받을 이유로 여긴다. 후자는 불완전함을 인정하지 않으며, 자신의 완전성이 받기 위한 명분이 된다고 주장하며, 다른 이들의 한계는 그들보다 더 높은 이들에게 주고 봉사하기 위한 이유로 여긴다.

2. 그리스도의 선물

현대에 있어 교만한 무력함의 본보기들은 자신들은 사랑하지 않으면서 사랑받기를 고집하는 이들, 누구에게도 무엇에게도 봉사하지 않고 순종하지 않으면서 봉사와 순종을 받기를 고집하는 이들에게서 찾아볼 수 있다. 겸손한 무력함의 오래된 본보기는 베들레헴 구유의 아기에게서 볼 수 있고, 그의 삶 전체에서 두드러진다. 그 둘 사이의 대조는, 그리스도의 겸손과 로마의 교만 사이의 대조처럼 예리하다. 그의 유년기, 소년기, 나자렛의 숨은 생활을 통하여 마리아의 아들은 선물들을 받았다. 그는 다른 이들에게, 사랑을 표현할 기회만을 주었다. 이것은 그에게 인간적인 무력함의 시간이었고, 다른 인간적인 마음들에게는 충만함의 헤아릴 수 없이 귀중한 시간이었다. 그분의 공생활, 수난, 죽음, 활동은 주로 받는 것이 아니라 주는 것이었다. 그분은 눈먼 이를 보게 하고, 다리가 불편한 이를 걷게 하고, 듣지 못하는 이를 듣게 하고, 죽은 이를 일으키고, 사람들의 마음에서 죄가 사라지게 했다. 주는 것, 하느님의 관대하심의 극한에 이르기까지, 마지막 만찬과 골고타에 이르기까지 주는 것이었다.

그의 삶의 거센 물결과 그 절정에 이르기까지, 그 밑바탕에 깔린 음조는 계속해서 선물들을 받는 것이었다. 그는 충실한 여인들의 봉사를 받으셨고, 사도단의 회계였던 유다에게서도 봉사를 받으셨다. 막달레나와 그의 언니 마리아, 골고타로 가는 길의 베로니카. 임종 때에도 그분은 식초와 쓸개를 받으셨다. 그의 시신은 아리마태아 사람 요셉의 돌봄을 받았다. 재판에서 조롱을 받을 때에도, 빌라도는 나름대로 미약하나마 그를 보호해 주려 하였다.

그리스도의 삶의 이 특별한 진리는 기억해둘 만하다. 인간 삶의 모범으로서, 삶의 진리이며 길로서, 그는 모든 인간의 마음에게 언제나 열려 있는 두 종류의 기쁨을 보여 주었고, 모든 사람이 줄 수 있는 두 종류의 선물을 보여 주었다. 모든 인간에게는 자신의 한계, 자신의 불완전함 등 다른 이들로부터 받을 수 있는 것들이 있기 때문이다. 그는 다른 이들로부터 받아야 한다. 다른 말로 하면, 우리 가운데 가장 가난한 이도 아기가 하는 선물을, 무력함의 선물을 할 수 있다. 동시에 모든 인간은 어느 정도의 완전성을, 줄 것을, 어떤 뛰어난 점을 갖고 있다. 예를 들어 모든 인간은 마리아와 성인이 된 그리스도가 했던 선물을 할 수 있다. 실상, 바로 그 우월함이 우리가 이 선물들을 줄 수 있기 위하여 요구된다. 우리가 그리스도의 능력과 활동에서만 그분의 선물들을 알아본다면, 우리는 그가 우리에게 가져온 보물의 절반을 간과한 것이다. 분명 예루살렘 여인들의 귀한 눈물은, 세계의 정복자라면 필요로 하지 않았을 것이다. 론지노의 고백은 힘없이 십자가에 매달려 있는, 죽은 그리스도에 의해 이루어졌다.

3. 아기와 성탄 이야기

(1) 그리스도의 탄생

1) 탄생 일반

성 토마스는 느낌이나 상상같은 약한 토대 위에 감정을 세우지는 않는다. 그는 공상가가 아니었지만, 아무리 깊이 들여다보아도 자신의 사랑을 충족시키기에 충분치 않은 사람이었다. 그는 머리가 앞서가고 마음은 그 뒤를 따라야 한다고 주장했다. 그 마음은 길고 힘든 진리의 길을 전부 따라가야 한다. 우리 구세주의 탄생을 다루면서, 자연스럽게 그는 그의 위대한 정신에 맞게 깊이 고찰하는 것으로 시작한다. 그는 탄생의 일반적인 목적이 무엇인지를 묻는다. 누가, 또는 무엇이 태어나는가? 그것은 무슨 차이를 가져오는가?

진리는 언제나, 무지 또는 눈 멀음이 거의 보지 못하는 차이를 찾아낸다. 탄생에서 자연이 의도하는 것이 특수한 본성임을 아는 것은 중요하다. 탄생의 진정한 목적은 특수한 본성이다. 이 점의 중요성은 탄생을 운동으로서 고찰하면 더 분명해진다. 어떤 운동이 향해 가는 목표는 중요하다. 그것이 운동들을 서로 구별해주고, 벽을 두드리는 것과 누군가를 때리는 것을 구별해준다. 탄생이 향해가는 운동의 목표는 본성이다.

2) 그리스도의 탄생

a. 사실 자체

그러나 태어나는 것은 본성이 아니라 인격이다. 나의 인간성이 아니라 내가 아래층으로 내려가고, 배우고, 사랑을 받는 것과 마찬가지이다. 모든 행위와 속성들의 주체가 되는 것은 본성이 아니라 사람이다. 베들레헴의 동굴에서 하느님의 아드님이, 아버지의 영원한 말씀이 태어났다. 한 사람이, 신적 위격이 태어났다. 하느님의 아드님에게는 두 가지 탄생이 있다. 그에게 두 가지 본성이 있기 때문이다. 그 하나는 시간 안에서, 마리아에게서 태어나는 것이고 다른 하나는 영원 안에서, 성부로부터 태어나는 것이다. 그 각각에서, 태어나는 것은 같은 위격이다.

b. 사실의 결과

① 그리스도에게

그리스도가 영원한 탄생에 의하여 하느님의 아들이라는 것이 참되듯이, 그는 시간 안에서의 탄생으로 마리아의 아들이었다. 마리아의 신적 모성은, 온 세상이 영원히 자랑스러워할 마리아의 수많은 완전성들에 더하여 마리아 안에 있는 또 하나의 실제적인 완전성이었다. 하지만 예수가 시간 안에서 탄생하는 것은 하느님의 아들의 무한한 완전성에 어떤 완전성도 더 증가시키지 않았다. 우리는 이를 이해하기 어렵다. 하느님은 세상이 시작되기 전에는 창조주라고 불릴 수 없었지만 세상을 실제적으로 창조함으로써 하느님에게는 아무것도 더해진 것이 없음을 이해하기 어려운 것과 마찬가지이다. 이 어려운 철학적 문제의 핵심은 이성의 관계와 실제적 관계의 구별인데, 이 점은 본 총서에서 특히 삼위일체를 다룰 때에 거듭 언급되었다. 우리 주님의 탄생 이야기를 중단하고 다시 그 주제로 돌아갈 필요는 없을 것이다.

② 마리아에게

오히려 명백하고 상식적인 각도에서 접근해 보자. 여인은 자신이 잉태하고 낳은 아이의 어머니이다. 마리아는 그리스도를 잉태하고 낳았다. 기쁘게, 고통 없이, 도움 없이, 동정녀로서 그리스도를 잉태하고 낳았다. 그리스도는 닫힌 문을 통과하듯이 모태를 지나갔다. 마리아는 그리스도에게, 모든 어머니가 자신의 아들에게 주는 것을 주었다. 마리아의 모성을 부인하는 것은 지상에서 모든 모성을 없애버리는 것과 같으며, 지극히 어려운 일이다. 그리고 이 위격, 곧 베들레헴에서 태어난 아들이 신적 위격이었기에 마리아는 하느님의 어머니였다. 물론 마리아가 그 위격을 만들어낸 것은 아니다. 어떤 어머니도 그렇게 하지는 않는다. 유일무이한 이 경우에, 아기의 위격은 어머니의 태중에서 육신과 영혼이 결합하여 생겨난 것이 아니다. 그 위격은 영원으로부터 존재했다. 하느님의 아들은 영원으로부터 존재했고, 태어난 것은 본성이 아니라 위격이다. 마리아가 낳은 아들은 신적인 아들이고, 그 어머니는 하느님의 어머니였다.

본 장의 뒷부분에서 다시 이 주제로 돌아올 것이다. 하지만 강생에 관하여 살펴본 바에서 그 중요성은 이미 분명히 드러났다. 탄생에 관한 성 토마스의 분석이 특히 우리 시대에 각별한 의미를 갖는다는 점만 잠시 언급해 둔다. 잉태되고 태어나는 것은 인격이므로, 우리는 삶의 시작을 별로 인간적이 아닌, 인격과는 별개의 것으로 여길 수 없다. 삶의 첫 순간부터, 인간의 모든 존엄성과 침해할 수 없는 권리들이 갓 잉태된 아기에게 속하는 것이다.

c. 그리스도의 탄생의 시간과 공간

이 지고한 베들레헴의 아기는 인간의 존엄성과 함께 하느님의 모든 존엄성을 지니고 있었다. 다른 사람들과 달리 이 인간은 신성의 무한한 지혜로 자신의 탄생 장소를 선택할 수 있었고 실제로 그렇게 했다. 베들레헴에서의 탄생의 모든 세부 사항들은 우리에게 의미를 지닌다. 그분은 온 세상이 평화로울 때에 오셨다. 그분이 평화의 군주이시기 때문이다. 하나의 양떼와 한 목자를 가지실 그분은, 온 세상이 한 사람의 통치자 아래 있을 때에 오셨다. 그분은 신적인 의사로서, 외국인이 유다의 왕좌에 앉아 있어 당신이 선택하신 백성이 간절히 그의 도우심을 바랄 때에 찾아오셨다. 그분은 밤에, 아침을 준비하는 때에 오셨다. 어둠 속에 앉아있는 이들에게 빛을 주러 오셨기 때문이었다. 그분은 한겨울에 오시어, 첫 순간부터 우리를 위해 고통을 겪기 시작하셨다.

하느님이 의도적으로 이렇게 선택하셨음을 생각하면, 낮음과 무력함을 강조하려 하셨음을 훨씬 더 많이 볼 수 있다. 그분은 황제의 아들이 되고, 로마에 태어나 온 세상의 주의를 끌 수도 있으셨다. 마지막 심판 때처럼, 하느님의 엄위로 사람들을 떨게 하는 번갯불과 함께 올 수도 있으셨다. 하지만 그분의 목적은 강한 인상을 주거나 사람들을 두렵게 하는 것이 아니었다. 그분은 그들을 구원하시고 사랑으로 그들을 얻고자 하셨다. 그분이 사용하신 수단은 권력, 부, 힘 같은 인간적 수단들이 아니라 온유함과 마음의 겸손이라는 신적인 수단들로, 이를 통하여 사람들이 근거 없는 교만의 허영에 빠지지 않고 인간적인 것들의 덧없고 헛됨을 보게 하시려는 것이었다. 그분은 다윗에게 하신 약속을 이루시고자 작은 마을로 오셨다. 그 위대한 임금과 마찬가지로 그분은 베들레헴에서 시작하셨다. 그리고 다윗과 마찬가지로, 왕도인 예루살렘에서 당신의 왕국을 완성하셨다. 그것은 다윗의 영광과 권세에 대조되는 수치와 비참의 완성이었다. 그분은 베들레헴으로 오셨다. 베들레헴은 빵의 도시를 뜻한다. 그분은 사람들의 영혼의 양식으로 하늘에서 내려온 빵이셨기 때문이다.

성탄에 집에 갈 수 있다면 누구나 집으로 가는 것이 당연한 일로 여겨진다. 성탄은 가정의 축제이기 때문이다. 성탄은 집이 그렇듯이 모든 마음이 모여드는 지점이다. 가족의 난롯가에 모여드는 때인 것이다. 동정 마리아, 요셉, 그리고 그 아기의 성탄은 실상 가정의 축소판이다. 하지만 가정에 대한 그 모든 강조는, "그리스도 자신은 집이 없으셨고, 모든 이는 집에 있는" 베들레헴에서 영감을 얻는다. 그분은 실제로 집이 없으셨다. 그분이 태어나신 장소의 가난은 다행한 일이 아니었다. 가난하다고 해서 집이 있을 수 없는 것은 아니기 때문이다. 그 어머니가 구할 수 있던 마지막 거처로 들어갔다는 것이 중요한 것이 아니다. 구유를 짐승들과 함께 나누어야 했다는 것이 아니라. 오히려, 그가 떠돌이로서, 지나가는 사람으로서 태어났다는 것이 중요하다. 후에 머리를 둘 곳도 없다고 말씀하셨던 것은, 이 첫 순간에도 이미 그러했다.

실상, 그리스도와 그분의 어머니에게는 떠돌이의 모습이 많이 있었다. 그리스도의 삶의 중요한 순간들과 – 탄생과 죽음 – 그 어머니의 삶의 순간들은 글자 그대로 집을 멀리 떠난 길 위에서 이루어졌다. 아마도 이것은 우리에게 집이 없는 그분을 보면서 우리 자신에게 집이 얼마나 중요한지를 깨닫게 하기 위하여 하느님이 안배하신 것이다. 아마도 그것은 처음부터, 집과 같이 귀중한 것을 기꺼이 포기하신 그분의 사랑의 정도를 강조하기 위한 것이었다. 그때부터 당신 사랑의 업적을 수행하고자 하셨던 그분께는 그러한 대가가 요구되었다. 그러나 더 넓은 의미에서, 그리스도와 마리아가 있는 곳에서 사람들은 언제나 자기 집에 있는 것이다. 그리스도께 집이 없었다는 사실 그보다도 더 깊은 의미는, 아무도 집에 있지 않다는 것이다. 모든 인간은, 마리아와 그 아기와 함께 쉬게 될 때까지 길 위에 있는 순례자이다.

그리스도는 조용하게 베들레헴으로 오셨다. 그것은 언제나 그랬다. 그분이 우리에게 오시는 것은 증거들로 우리의 정신을 압도하는 것이 아니라 은총으로 우리의 마음을 얻는 것이기 때문이다. 언제라도 우리가 그분을 받아들인다면, 이는 신앙을 통하여 이루어져야 한다. 첫 성탄에 그분은 우리의 신앙에 작은 도움을 주셨다. 그분이 오심으로써, 그분의 인성에 대해 의심의 여지가 남지 않았기 때문이다. 하지만 우리는 신앙의 겸손한 길을 통해서가 아니고서는 결코 그분의 신성을 알 수 없다. 현세의 삶에서 인간은 신성을 볼 수 없고, 그것을 믿을 뿐이다. 십자가에서 그리스도는 "그들은 그들이 하고 있는 일을 알지 못합니다"라고 참으로 말씀하실 수 있으셨다. 후에 바오로는 같은 진리를 주장하며, "그들이 깨달았더라면 영광의 주님을 십자가에 못 박지는 않았을 것"이라고 말한다. 이 모든 것은, 하느님의 아들의 인간적 삶의 마지막에 그러했듯이 그 시작에서도 사실이었다. 영광의 주님은 교만하게 증명되는 것이 아니라 겸손하게 믿어져야 한다.

(2) 그리스도의 나타나심

1) 누구에게

그때도 지금과 마찬가지었다. 그리스도의 오심은 소수의 사람들에게만 드러났다. 21세기에도 성탄에 그분의 제단 주위에 모여 그분을 맞아들이는 이들은 비교적 소수이다. 그때도 마찬가지였다. 하지만 그때, 지금과 마찬가지로, 이 소수의 사람들은 인간의 모든 계층을 포함하고 있었다. 그리고 지금과 마찬가지로, 하느님 지혜의 신비들은 모든 이에게 똑같이 주어지는 것이 아니며 어떤 이들에게는 직접 주어졌다. 이는 그들 자신을 위한 것이라기보다, 그들이 다른 많은 이에게 기쁜 소식을 전하게 하기 위해서이다.

그리스도의 오심이 몇몇 사람에게 알려져야 했다는 것은 자명하다. 그렇지 않다면 그분의 오심은 의미가 없었을 것이다. 마리아와 요셉이 알고 있는 것이, 하느님의 목적에 봉사하기에 불충분했다는 것은 자명하다. 결국, 그것은 쉽게 의심을 품는 사람들에게 의심의 대상이 되기 십상인 가족의 지식이다. 사실 그에 대해 의심을 품는 것은 합당하다. 어머니가 자기 아들을 칭찬하는 것을 우리가 너그럽게 받아들이는 것이 합당한 것과 마찬가지다.

헤로데와 그의 도성이 두려움으로 그리스도를 맞이했고, 새 임금의 통치를 그 임금이 아기일 때에 근절하고자 하는 헤로데가 무죄한 아기들을 죽임으로써 흘러나온 피의 강으로 맞이했다는 것은 많은 생각을 불러일으킨다. 이것은 모든 시대가 그리스도의 교회를 어떻게 맞아들일 것인지를 보여주는 예언이었고, 그것을 감도하는 증오의 헛됨을 선언하는 것이다. 폭군은 육신을 죽이는 것 이상을 할 수 없고, 그나마 그가 이룰 수 있는 것, 가장 큰 위협은 그의 희생자에게 순교자의 월계관을 주고 즉시 천국에 들어가게 해 주는 것이었다. 물론 폭군은 계속 채찍질을 한다. 천상 왕국의 품위는 지상의 임금들을 떨게 하기 때문이다. 어둠은 빛의 군주를 기쁘게 환영할 수 없다. 그리고 그리스도의 오심은 언제나 그분이 심판으로 마지막에 오실 것을 상기시킨다.

하느님의 지혜는 하느님의 말씀이 오실 때에 다양한 무리를 모으셨다. 목수와 그의 아내, 가난하고 무지하며 거칠고 가축 냄새를 풍기는 목동들, 학식과 권력을 지니고 부유한 동방 박사들, 연륜과 지혜를 지닌 성전의 의인들인 시메온과 안나, 유다인과 이방인, 젊은이와 노인, 죄인과 성인, 가난한 이들과 부유한 이들, 유식한 이들과 무지한 이들. 그러한 군중은 탄생, 죽음, 삶의 마지막과 같이 오직 공통된 인간 본성을 깊이 건드린 그 무엇 때문에만 함께 모일 수 있었다. 여기에는 그 모든 것이 있었고, 또 무언가가 더 있었다. 여기에는 그 군중 안에서 희미하게 빛나는 신성의 공통된 불꽃을 느끼게 하는 무엇이 있었다. 여기에는 생명, 죄의 죽음, 아기의 탄생, 오랫동안 기다려온 하느님의 오심이 있었던 것이다.

우리의 공통된 인간 본성이라는 관점에 비추어볼 때, 초대되지 않은 이들이 어떤 이들인지 훑어보는 것은 눈길을 끈다. 진리를 떠나 궤변에 빠진 그리스 철학자들, 율법을 떠나 형식주의에 빠진 율법학자와 바리사이들, 정의를 떠나

힘과 탐욕에 빠진 로마의 폭군들은 초대되지 않았다. 선택된 이들의 명단을 작성하는 하느님의 비서는, 인간적인 것들을 지금도 고수하는 이들을 바라보았던 것 같다. 인간적인 것을 소중히 여기는 이들만이 신적인 것들을 감당할 수 있기 때문이다.

2) 순서

목자들은 하느님의 아들이 탄생하신 바로 그날 첫 번째로 빛을 보았다. 두 주간 정도 지난 후에 동방 박사들이 도착했다. 40일 후에는 그 신비가 성전에서 시메온과 안나에게 알려졌다. 이러한 순서에는, 그리스도께서 모든 세대에게 자신을 드러내신다는 설명이 담겨 있다. 그분은 먼저 이스라엘 백성에게 자신을 드러내셨고, 이어서 땅 끝에서 온 이방인들에게 나타나셨으며, 마지막으로는 세상 역사의 마지막 장이 기록되기 전에 모든 유다인들에게 드러나실 것인데 성전의 의인들은 그들의 예표이다.

인간적으로 말해서, 성탄 이야기의 아름다움과 매력은 상당 부분 그것이 아기의 사랑스러움에 어울리는 어린이의 축제에 관한 이야기로 되어있다는 데에 있다. 어떤 의미에서, 어린아이만이 그것을 이해할 수 있다. 그것은 어린이에게만 호소력을 갖는다. 그런데, 우리 가운데 누구도 완전히 어른이 되지 않았기에 성탄은 보편적인 호소력을 갖는다. 이것은 하느님의 상상이다. 대조의 예리함과 영역의 풍부함에서, 성탄은 인간의 눈을 뜨게 한다. 그것은 화려한 동화와 비교되고 심지어 동화를 능가한다. 성탄은 눈멀음의 사악한 마법을 깨뜨리고 세상을 변모시키는 어린아이의 선물들을 가져온다. 겉에서 보이는 것은 사물 그 자체가 아니다. 위태롭고 지저분한 계단은 천국의 저택으로 들어가는 황금 계단이다. 어둡고 지루하고 무의미한 삶은 지금 하나의 소설이 되고, 순간마다 천국과 지옥 사이의 도박이 걸린 모험이 된다. 의미가 없는 인간 삶은 없고, 인간 삶에는 용기와 결단을 요구하지 않는 순간이 없다. 한 조각의 빵이었던 것이 마리아의 아들의 몸과 피가 된다. 조금의 물이 천국의 문을 연다. 어둠 속에서 중얼거린 말이 죄의 흔적을 지워 없앤다. 삶은 베들레헴의 신적인 아기가 열어준 어린아이의 눈을 갖고 있는 이들만이 믿을 수 있는 목표를 향하여 무서운 속도로 달리는 경주이다.

3) 주체 : 천사와 별

어린이의 마음 속에서 언제나 그 중심을 차지하는 아기와 그 어머니 다음으로, 이 축제에서 어린아이에게 즐거움을 주는 다른 요소로는 하늘의 빛이 내려오도록 열린 하늘에서 노래하는 수많은 천상 군대와, 선물을 가지고 별의 인도를 따라 동방에서 온 박사들이 있다. 냉소적인 이들의 눈에는, 하느님이 당신의 탁월하심을 수상한 취향으로 보여주시는 이 모든 것은 사교계의 파티보다도 더 터무니없게 보일 것이다. 그러나 이들은 터무니없는 것이 아니라 소박한 것이며, 추론이나 우리의 첫 선생님의 방법과 같이 단순한 기초로부터 나온다. 우리는 우리가 이미 알고 있는 것으로부터 한 걸음씩 아직 알지 못하는 것을 배워간다. 바로 그러한 인간적인 방식으로 하느님은 부드럽게 인간에게 당신 아들의 오심을 알게 하신다. 하느님의 깊은 배려로, 그분은 인간의 한계에 맞추시어 그들에게 친숙한 것들로 인간을 다루신다.

성령의 움직임과 친숙한 의인들에게, 그 메시지는 외적인 중개자 없이 전달되었다. 시메온과 안나는 그들의 마음 안에서 그 메시지를 들었다. 유다인들은 천사들이 메시지를 전달한다는 데에 친숙했으므로, 목자들에게는 천사들을 통하여 소식이 전해졌다. 동방 박사들은 오래전부터 별들을 연구해 왔으므로, 그들에게 메시지는 별을 통하여 전해졌다. 기쁜 소식이 감각적 표지들을 통하여 인간에게 전해질 때에도, 천사와 별이라는 표지들은 언제나 천상적이었다. 하늘 나라와 천상의 임금이 선포되는 것이었기 때문이다.

이 논고 전체에서 성 토마스는 「신학대전」에 교부들을 풍부하게 인용한다.

교부들 역시 어린이들의 축제를 사랑했다. 여기에는 오래 머물고 싶은 유혹을 느낀다. 하지만 그 유혹은 접어두어야 한다. 완전히 제쳐두어야 하는 것은 물론 아니다. 우리는 앞으로 나아가야 하지만, 어깨너머로 이따금 별과 그 별이 인도한 박사들을 바라볼 수 있을 정도로는 천천히 나아갈 것이다.

별에 대한 이 이야기는 점성술을 인정하거나 주장하는 것이 전혀 아니다. 분명 이것은 인간의 삶에서 어떤 시간이나 사건을 알려주는 별에 관한 것이 아니다. 인간은 별을 기준으로 하지 않으며, 오히려 별이 인간에게 내려온다. 이것은 골고타에서 해가 어두워졌을 때에 천체들이 슬픔에 잠겼던 것과 같은 섬세한 천체의 움직임이었다. 만물의 주님이 무력하게 구유에 계시고 십자가에서 돌아가실 때에 그들이 보인 움직임이었던 것이다. 그후 여러 세대 동안 사람들은 동방 박사들의 별을 설명하고자 했고, 이를 남김없이 설명해버리려 했다. 근래의 예로는 미국 대도시들의 천체 투영관에서 행한 크리스마스 특별 쇼들이 있다. 여기에서는 첫 성탄 때와 같은 하늘을 보여주면서, 당시에 세 행성이 가까운 지점에 모여 특별히 밝게 보였으며 이것이 베들레헴의 별로 알려진 것이라고 설명했다. 하지만 성탄 이야기의 어떤 한 가지 세부 사항 때문에, 그 전체에 대한 설명이 필요하게 되는 것은 아니다. 별, 목자들, 천사들, 임금들까지 모두 그렇다. 다만 성탄 이야기가 인간의 마음을(정신이 아니라) 너무나 많이 요구하여, 사람들은 그것을 회피하기 위하여 과학이라는 연막을 찾는 것이다.

분명 이 별은 인간적으로 설명되지 않는다. 그것은 올바로 행동하는 별들이나 별들 사이의 위성들이 행하지 않는 것을 했다. 그 별은 독자적인 길을 갔다. 다른 어떤 별도 그 길을 따르지 않았다. 그 길은 베들레헴으로 이르는 길이었다. 그 별은 다른 별들과 함께 조심스럽게 나가려고 밤이 되기까지 기다리지 않았고, 밤낮으로 버젓이 나타났다. 그 별은 변덕스러웠다. 때로는 동방 박사들이 예루살렘에 도착했던 때처럼 갑자기 사라졌고, 박사들이 샅샅이 찾고 헤로데와 온 예루살렘을 동요시킨 다음에야 다시 나타났다. 그 별은 민첩했고,

맨눈으로도 그 움직임을 볼 수 있었다. 움직였을 뿐만 아니라 마치 박사들이 따라오기를 기다리는 듯이 멈추고 다시 출발했다. 마침내 그 별이 마지막으로 멈춘 곳에 이르러서는, 좋은 별이 결코 하지 않은 일을 했다. 그 별은 내려왔다. 땅으로 떨어진 것이 아니라, 높은 곳으로부터 품위있게 내려와, 박사들이 그 별의 의미에 대해 더 이상 의문을 품을 수 없게 될 때까지 그 아기가 누워있는 구유 위에 머물렀다. 별들의 만남이었다! 여기에서 그들의 여정이 끝났고, 모든 여정이 여기에서 끝난다. 인간의 발길이 향하는 목적지는 여기였고, 이곳이 멈추어설 곳이었다.

여기에는 깜짝 놀란 동굴과 당당한 별이 있었다. 비탈에 많은 동굴들이 있는 베들레헴과 같은 마을에서 동굴 하나를 가리켜보이기 위하여 별이 낮게 내려오는 일은 밤마다 일어나는 것이 아니다. 별이 박사들을 왕들의 왕이신 분께 인도한 것은 밤마다 있는 일이 아니라 어느 한 밤에 있었던 일이다. 그 별은 아주 밝게 빛났기 때문에, 땅에 더 가까이 올 필요가 없었다. 아마도, 그 특별한 일을 완벽하게 성취한 별의 자랑스런 만족감 때문에 내려왔을 수도 있었을 것이다.

4) 박사들

박사들이 임금이신 분을 찾아와야 했다는 것은 기이하다. 그들이 무기와 군대, 장군과 고문관 없이 와야 했다면 더욱 기이한 일이다. 그들은 예언자, 사제, 임금이신 분께 선물로 황금, 유향, 몰약을 가지고 와야 했다. 그들도 찾아가던 중에 당황하여, 그 별이 예루살렘에서 사라진 이유를 이해해야 했다. 그들은 헤로데 앞으로 달려갔다. 산헤드린이 급히 소집되어 이 문제를 연구했다. 그 무렵에 박사들은, 그들 역시 자신들이 보지 못한 임금의 사자들임을 깨달았다.

그들이 그렇게 먼 여행의 끝에 이르러 목수와 동정녀인 그의 아내, 그리고 포대기에 싸인 아기를 발견했을 때 그들이 완전히 만족했다는 것도 기이하다. 그들이 목자들과 같은 단순함으로 엎드려 경배했다는 것, 그리고 보물 상자를 열어 아기에게 임금의 선물들을 바쳤다는 것은 더욱 특이하다. 이것은 이상하지만, 신앙에 눈이 열리지 않은 이들, 보지 못하는 이들에게만 이상하다. 다른 이들에게 하느님은 그들의 길을 비출 별을 보내지 않으셨고 그들의 마음과 정신을 어둠 속에 머물러있게 버려두셨다. 그들은 이를 알고 있었다.

그들은 처음부터, 그들이 찾고 있는 것이 지상의 임금이 아니라 천상의 임금임을 알고 있었다. 그들은 그분이 지상의 임금들 같은 올가미를 사용하지 않으신다는 것을 알았다. 그들은 그분이 강한 자들을 당황하게 만들려고 약한 이들을 선택하시리라는 것을 알았다. 그들은 구원의 진리를 알았던 것이다. 하느님은 인간을 창조하셨다. 말씀은 육이 되셨고 우리 가운데 머무셨다. 헤로데가 다른 마음을 품었다는 천사의 경고를 듣고, 그들은 다른 길로 그들의 나라로 돌아갔다. 그들 머리 위에는 별이 없었으나, 그들의 마음에는 태양이 있었다. 그렇게 그들은 역사를 지나갔다. 그러나 그들은 어린이들의 마음을 벗어날 만큼 멀리 가지 않았다. 그들은 성숙한 책임감을 지니면서도 어린이의 마음을 잃지 않았다.

4. 율법과 아기

(1) 그리스도의 할례와 이름

우리 주님의 탄생 8일 후, 목자들의 방문과 동방 박사들의 방문 사이에 아기는 가족들 사이에서 할례를 받았다. 유다인들의 관습에 따라 아기는 할례를 받고 이름을 지니게 되었다. 그에게 주어진 이름은 조상들에게서 물려받은 것이 아니라 하느님이 지정하신 이름으로, 그 아기의 오심을 설명하는 놀라운 사명을 말해주는 것이었다. 그는 모든 인간의 구원자가 될 것이다. 그러므로 단순하게 그는 예수 그리스도, 구원자, 하느님의 기름부음 받은 분으로 불렸다. 요셉은 할례 때에 참석했을 것이다. 그러므로 인간을 위하여 하느님이 처음으로 피를 흘리시게 하고 가장 회의적인 이들에게 하느님 아들의 인성의 눈에 보이는 증거를 제시한 것은 이 지극히 온유한 사람이었을 것이다.

할례는 구약에서 세례에 해당하는 것이었다. 죄가 없었던 그리스도에게는 세례가 필요하지 않았다. 그러나 그분은 세례를 받으셨다. 그 이유는 오직 수많은 성조들이 하느님과 친교를 맺었던 수단을 신적으로 승인하기 위한 것이었다. 하느님은 인간을 언제나 매우 사려깊게 다루시며, 무엇인가를 가져가실 때에도 그에게 더 좋은 것을 주신다. 그러므로 여기에서는, 이제 효력을 잃게 될 것에 대한 하느님의 인정이 이루어진다. 그것은 아브라함의 후손을 위한 칭송이며, 당신 아드님이 분명 그 후손임을 확인하는 것이다. 또한 여기에는 율법에 대한, 그리스도께서 다른 이들을 해방시키러 오신 그 짐에 대한 순종이 있다. 이 모든 것 외에, 이것은 유다인들이 그리스도를 받아들이는 데에 물리적인 걸림돌이 될 수 있는 작은 장애물을 하느님이 은혜로이 제거해 주시는 것이기도 했다.

(2) 성전에서 봉헌되심

(3) 마리아의 정결례

아기가 태어나고 40일째에, 하느님이 사람들의 제도를 존중하시고 그 제도에 대한 사람들의 추종을 존중하시는 또 하나의 예를 보게 된다. 마리아는 동정녀로서 정결례를 필요로 하지 않았으나, 그 정결례가 끝날 무렵 아기는 율법에 따라 - 그분은 율법보다 위에 계시고 율법의 창시자이셨다 - 성전에 봉헌되었다. 율법에 따라, 죄가 없으신 그분의 죄를 속죄하기 위한 제물이 봉헌되었고, 이미 하느님의 아들이신 분이 하느님께 봉헌되었다. 그분은 당신 자신을 위해서가 아니라 우리를 위하여 오셨으므로, 그분과 그 어머니는 율법의 이 모든 요구들을 채우셨다. 우리는 이렇게 처음부터, 순종의 항구한 본보기를 보게 된다.

율법에 정해진 것을 행하고 나서, 마리아와 그 아들은 서둘러 이집트로 피신했다가 나자렛으로 돌아온 다음 거의 사람들의 눈앞에서 사라진다. 예루살렘에서 잃어버린 어린 그리스도를 근심하며 찾는 짧은 장면이 있을 뿐이다. 최고의 스승이 성인이 되심에 대해서는 이 한 가지 행적만이 전해진다. 숨겨진 모든 날들은 이 장에 서술된 그분의 삶을 요약하는 같은 말들로 요약되어 있다. 그분은 순종하셨다. 하느님의 무력함. 그분의 탄생과 나타나심에서, 율법을 채우심에서, 그리스도는 능동적인 역할을 하지 않으며 오히려 수동적인 역할을 했다. 나자렛의 감추어진 삶에서 아버지의 일을 위해 수고하는 공생활로, 구약에서 신약으로 옮겨가는 드러나심에서도 그리스도는 다시 한번 온전히 수동적인 역할을 한다. 그것은 요르단 강에서 세례자 요한에게 세례를 받으신 일이었다.

5. 감추어진 생활의 끝

(1) 요한의 세례

1) 적합성과 기원

세례자 요한은 구약과 신약의 간극을 이어주는 적절한 인물이다. 그는 모든 성덕과 지구력, 저항할 수 없는 유일한 목적의 추구, 그의 선임자들인 예언자들의 불타는 열정으로 일했으며 마지막 예언자가 되었다. 그는 무기들에 의지하지 않고, 직접 성령의 가르침을 받아 세례라는 도구를 가지고 왔다.

그날 그리스도께서 세례 받으러 내려오실 때 요르단 강의 얕은 물가에 서 있던 요한의 감정을 상상하기는 어렵지 않다. 요한은 이전에, 엘리사벳이 마리아를 방문했을 때에 한번 그리스도를 만난 일이 있었다. 그때 요한은 어머니의 태중에서이지만 기뻐 뛰었다. 지금 다시 그의 기쁨은 더 이상 억누를 수 없다. 그는 자신의 부당함을 말할 수밖에 없었다. 그는 세상의 죄를 없앨 하느님의 어린양을 두려움없이 증언해야 했다. 어떤 사람이 자신의 수고의 마지막 날을 이렇게 기쁘게 바라본 일은 없었을 것이다. 자신이 작아지고 다른 사람이 커지는 것을 이렇게 온마음으로 기뻐한 일도 없었을 것이다. 요한은 신랑의 친구이기 때문이다.

2) 효과

이 마지막 예언자는 새로운 무기를 사용했고 그것은 주님의 선구자가 될 요한에게 많은 이를 이끌었다. 세례라는 이 무기는 그리스도 자신에 의하여 축성될 것이고, 신적인 제정과 신적인 능력을 통하여 천국의 문이 될 것이다. 지금 요한의 세례가 그러한 역할을 하지는 못한다. 지금 세례는 사람들에게 그리스도를 맞이하도록 준비시키고, 그들을 참회로 이끌고 그리스도에게서 구원에 절대적으로 필요한 수단이 될 예식에 익숙해지게 함으로써 그리스도의 세례를 합당하게 받도록 준비시키는 것이었다.

3) 주체와 지속

요한의 세례와 그리스도의 세례 사이에는 분명한 구별이 있다. 전자는 은총을 부여하지 않았기 때문이다. 그러나 요한의 삶 전체가 그랬듯이 그 세례는 그리스도를 준비하는 것이었고 은총을 준비하는 것이었다. 준비였던 그 세례는, 요한이 그리스도에게 베푼 세례만을 지향하는 것은 아니었다. 요르단으로 몰려온 군중은 헛되이 온 것이 아니었다. 그들은 임금을 맞을 준비를 해야 했고, 그 준비를 갖추게 되었다. 왜 요한은 그리스도께서 오신 다음에 세례를 중단하지 않았는가? 아마도, 사람들은 아직도 참회의 준비를 필요로 했을 것이다. 사람들은 아직도 구약의 그늘 속에서 살았고, 신약의 빛은 아직 완전히 밝아오지 않았다. 요한은 그리스도께서 오실 때에 장애물을 놓는 것이 아니라 준비를 하기 위해서 왔다. 하지만 그가 즉시 멈췄다면, 쉽게 질투나 분노 때문이라는 의심을 받았을 것이고 그의 제자들에게 질투를 불러 일으켰을 것이다. 그가 계속했기에 그는 더 사람들을 그리스도께 보낼 수 있었다.

(2) 그리스도에 대한 요한의 세례

1) 세례 자체

그리스도는 요르단 강으로 걸어 들어가신다. 요르단을 통하여 이스라엘인들은 약속된 땅으로 들어갔었고, 그분은 이로써 하느님 나라로 걸어 들어가기 시작하신다. 그분은 성 토마스가 완전한 나이로 여겼던 삼십 세가 되셨다. 이제 그분은 스승, 사제, 제물로서 공적인 활동을 시작하신다. 그것은 어린아이나 소년을 위한 것이 아니라 성인을 위한 일이었다. 그분은 삶의 많은 부분을 율법을 준수하며 사셨기에, 그분이 율법을 지키지 않았다고, 누가 그분이 율법을 버리셨다고 말할 수 없었다. 삼십 년 동안에 인간은, 마음을 먹는다면 상당히 많은 죄를 범할 수 있다. 그 기간에 지을 수 없는 죄는 없다. 그러나 그리스도는 어떤 죄도 짓지 않으셨다. 더 깊은 의미에서, 그리스도가 세례 때에 완전한 나이에 이르렀다는 것은 세례가 완전한 사람을 만든다는 진리를 말하는 것이다.

2) 상황

그분은 요한에게 오시어 세례를 받으시고, 모든 시대를 위하여 물을 정화하시고, 언제나 그렇게 하셨듯이 다른 이들에게 명하신 것을 스스로 행하신다. 사람들 사이에서 그분 자신의 삶을 열어 주었던 그 세례는 신약의 시작이었고,

천천히 구약의 문들을 닫았다. 그 세례는 옛 법의 위대한 인물들에 대한 존경과 복종의 마지막 행위였고, 구약의 가장 위대한 인물은 신약을 도입하는 그분의 도구인 요한이었다.

3) 세례 때 들려온 하느님의 증언

그리스도의 신성은 베들레헴에서 그의 유아기의 옷 속에 잘 감추어져 있었다. 그 신성에 대한 증언은 하느님의 도우심으로, 그리고 매우 소수의 사람들에게 주어졌다. 그분이 세례를 받으실 때 그 신성은 그대로 감추어져 있었으나, 하느님의 직접적인 인정으로 드러나게 되었다. 이것은 길이며 생명이신 그분의 활동의 시작이었고, 사람들의 마음을 형성하고 그들의 영혼을 구원할 그분의 온전한 권한을 하느님이 선언하신 것이었다. 요한이 물을 부었을 때, 그리스도는 당신 자신에게 주어진 특별한 환시로 하늘이 열리는 것을 보셨다. 충분히 그럴 수 있으셨다. 이제 아담의 죄 이래로 닫혀 있던 문들이 허물어지기 시작하는 것이었기 때문이다. 성자는 요르단에 서 계셨다. 성부의 목소리가, 그분이 당신의 사랑하는 아들이라고 선언하셨다. 그리고 성령은 비둘기 모양으로 그분 위에 내려오셨다. 후에 그분은 당신 사도들에게, 성부와 성자와 성령의 이름으로 모든 이에게 세례를 베풀라고 가르치셨다. 그분 자신이 세례를 받으실 때, 여기에서 삼위일체가 장엄하게 확인되었다.

마리아의 아들의 순전히 무력한 삶의 상태는 여기에서 끝났다. 이때부터 그분은 받기만 하는 것이 아니라 주기 시작하신다. 이 책의 다음 장들에서 그분 삶의 나머지 부분을 이해하기 위해서, 그리고 이 장에서 지금까지 말한 것을 더 온전히 이해하기 위해서, 이 장의 첫머리에서 다루었던 무력함의 개념으로 돌아가자.

[결론]

1. 하느님과 인간의 무력함

(1) 그리스도의 모범 : 그리스도인의 무력함

그리스도인의 무력함은 겸손, 아량, 용기의 훌륭한 혼합을 요구한다. 그것은 완전성과 능력에 의하여 부과되는, 주어야 할 의무를 인정하는 것을 요구한다. 또한 불완전성과 한계에 의하여 부과되는, 받아야 할 필요성을 인정할 것을 요구한다. 그리스도를 따르는 이들은 하느님의 자녀들이고, 어린이들로서 언제나 도움을 필요로 한다. 그러나 그들은 또한 성인으로서, 순교까지 포함하는 지극한 봉헌을 할 수 있다. 그들은 불완전하지만 자립적이다. 그들은 무력하지만 무한한 능력을 지니고 있다. 그들은 하느님이 아니지만 노예가 아니다. 그들은 자동 기계가 아니며, 그리스도인인 성인이다.

(2) 그리스도의 조롱

1) 감각성의 무력함

2) 잔인함의 무력함

이교적인 무력함은 도움을 요구하는 것에 기초하고, 자신의 한계가 아니라 과장된 완전성에 기초한다. 그것은 교만에, 어떤 감각적 욕구에 대한 자유로운 지배에 기초한다. 부드럽고 나약한 형태의 감각성으로 또는 천박하고 무자비한 형태의 탐욕으로 나타날 때, 그것은 이교인들에게도 혐오감을 일으킬 수 있는 비인간적이고 거슬리는 것이다. 이러한 혐오감의 극단적인 모습은 오늘날에도 물리적인 힘을 포함한 힘의 우상화와 잔인함으로 나타난다.

실상 이 세 가지는 기본적으로 같은 것이다. 이 세 가지 모두는 봉사의 의무를 인정하지 않으면서 하위의 사람들에게 봉사를 요구한다. 이 세 가지 모두는 자신의 완전성에 대한 교만에 기초한다. 이들 모두는 감각적 욕구를 풀어놓는다. 이 세 가지 모두는 그 불가피한 결과로서, 다른 이들이 스스로의 완전성은 알지 못하면서 한계만을 느끼게 만들려 하게 되고, 용기나 자부심 없이 약함만을 인식하게 만들려 하게 된다. 이것이 그들이 요구하는 봉사를 보장할 수 있는 유일한 길이기 때문이다. 이 사람들은 자신을 신이라고 부르고, 그들이 인간임을 부인한다. 그들의 세상에는 거룩하지 않은 신들, 노예들, 자동 인형들을 위한 공간 밖에 없다. 이 세 가지 모두는 피할 수 없는 결과에 이르게 된다. 그것은 인간의 인격성을 부인하고, 개인을 대중으로 대체하는 것이다. 이 이교적인 세상에서, 인간은 그의 능력에 있어서나 그의 무력함에 있어서나 인간적이지 않다.

2. 조롱의 토대 – 인간성의 상실

(1) 어린이들에 대한 태도에서

(2) 성인들에 대한 태도에서

그리스도인의 무력함에 대한 이 조롱들은 인간의 자립적이고 죽지 않는 영에 대한, 그의 양도할 수 없는 권리에 대한, 하느님을 향한 지향에 대한 진리를 간과한다. 그들은 이 진리를 주장하시는 하느님의 진리를 간과한다. 태어나지 않은 아기에 대한, 멸시받는 계층과 인종과 당파에 대한 우리의 이론과 실천은 이 이교주의가 우리 시대에 어디까지 이르렀는지를 보여주는 충분한 표지들이다. 우리는 태어나지 않은 아기로부터 시작하여 모든 이들에 대하여 인간의 능력과 또한 그의 무력함의 의미를 잃어버렸다. 성공의 정점에 올라 있는 이들에게서도, 인간 자신에 대한 진리가 상실되었다. 그들은 그들 역시 인간임을 잊어버렸다.

3. 성탄의 교훈 – 어린이와 같이 되기

성탄 이야기는 모든 시대의 인간을 대상으로 하는 매우 어려운 시험이다. 그것은 어린이들을 이해함으로써만 이해할 수 있는 이야기이다. 아마도 그것은 우리가 어린아이처럼 되어야 한다는 그리스도의 요구의 의미의 일부일 것이다. 우리가 어린아이를 온전히 인정할 때에만 어른을 알 수 있기 때문이다. 흔히, 교만한 어른은 어린아이가 되기 어렵다. 특히 물질적 성공을 숭배하는 세상에서는 더욱 그러하다. 어린아이는 무력함을 뜻하고, 이러한 세상에서 무력함은 다른 이들이 주어야 하는 가장 귀한 선물에 대한 정당한 요구가 아니라 예속의 상징이 되기 때문이다. 반면 성공은 봉사의 의무가 아니라 봉사받기를 요구하는 구실이 된다. 그런 세상에서, 어른은 어른이 된다는 것이 무엇인지를 잊어버렸기 때문에 어린아이가 되지 못한다.

A Companion to the Summa

성 토마스 아퀴나스의

신학대전 해설서 IV

제9장 인간 그리스도 (제3부, 제40문제 ~ 제45문제)

1. 삶의 길
   (1) 인간 삶의 신적인 모범에 의하여 구별된 단계들
   (2) 이 단계들의 순서의 이유
2. 인간 삶에서의 신적 교훈들
   (1) 인간의 네 가지 활동
   (2) 현대의 반대
3. 인간 그리스도 – 인간과의 관계
   (1) 사회적 관계의 필수 요소 : 정의와 참사랑
   (2) 사람들 사이에서 그리스도의 삶의 적합성
   (3) 특징
      1) 고독과 엄격함이 아니다 2) 가난 3) 율법에 대한 순종
      4) 사탄에 대한 승리 : 그리스도의 유혹
         a. 이유 b. 상황 c. 순서와 방법
4. 스승 그리스도
   (1) 그리스도의 가르침
   (2) 직접적 대상 : 오직 유다인들에게
   (3) 특징
      1) 공격이 없지 않다 2) 공적인 가르침
      3) 언제나 구두로 가르치심
5. 기적을 행하는 그리스도
   (1) 그리스도의 기적
      1) 이유 2) 원인 3) 시작 4) 목적
   (2) 그리스도의 기적의 목적
6. 인간 그리스도의 영광 – 변모
   (1) 적합성
   (2) 광채의 본성
   (3) 증인 : 인간과 하느님

[결론]

1. 삶의 길
   (1) 그리스도의 길
   (2) 현대 세계의 길
      1) 세계와 인간 2) 세계와 진리
      3) 세계와 신적인 것들 4) 세계와 인간의 영광
2. 사회 생활의 위험
   (1) 불의 : 법
   (2) 내밀함 : 1) 그리스도 안의 절대적 완전성
      2) 인간 안에서 영원한 것을 알아본다 3) 성장
3. 신성과 인성의 시험

제9장 인간 그리스도 (제3부, 제40문제 ~ 제45문제)

커뮤니케이션이 발달하면서 온 세상이 가까워졌고 지구 반대편에 사는 사람들에 대한 궁금증이 커졌다. 절망적인 세계 대전은 그 호기심을, 온 세상의 사람들을 세세한 가정사까지 알고 있는 담장 너머의 이웃으로 만드는 지극한 관심으로 바꾸어 놓았다. 이러한 호기심에 부응하고 이러한 관심의 간절한 요구를 충족시키기 위하여, 신문들은 이런저런 외국의 작은 장소들을 간단한 지도의 형태로 제시하는 정책을 취했다.

이 지도들은 작고 단순하여 쉽게 따라갈 수 있으며, 특히 훨씬 더 크고 자세한 지도들을 접했던 이들에게 높은 평가를 받는다. 예를 들어, 신문의 지도와 시골 지역의 측량 지도는 그 세부에 있어 유한과 무한의 차이만큼 큰 대조를 보인다. 신문 지도는 우리의 일상적인 목적을 위해서는 더 좋다. 그것이 더 쉽고 단순하며 훨씬 유용하기 때문이다. 하지만 그것은 첫눈에 그렇게 보일 뿐이다. 우리는 같은 신문 안에서 군사적 움직임을 따라가려고만 해도 그 지도를 따라갈 수 없다. 반면 측량 지도는 두려울만큼 상세하지만, 그러한 조사에 사용될 수 있다. 탐구를 계속할수록 우리는 그 지도의 가치를 더욱 인정하게 된다. 거기에는 모든 길, 심지어 모든 집이 분명하게 표시되어 있다. 그런 지도가 있다면, 낯선 사람도 안전하게 그 지역을 지나갈 수 있다.

1. 삶의 길

(1) 인간 삶의 신적인 모범에 의하여 구별된 단계들

인간 삶을 위한 신적 모델인 그리스도는 우리에게 삶의 지도를 주셨다. 그것은 신적이기 때문에 완전하다. 완전한 것이기에 명백하거나 쉬울 수 없고, 한눈에 다 파악하고 그것으로 충분할 수 없다. 오히려, 자세히 연구할수록 더욱 그 가치를 알게 된다. 우리는 원하는 대로 어떻게든 그것을 살펴볼 수 있다. 한 구석을 택하여 그 세부의 선 하나까지 중요하게 연구할 수도 있고, 좀 떨어져 서서 지도 전체를 바라볼 수도 있으며, 지역 전체의 지도를 본다면 항공 사진과 비교할 수 있을 것이다.

그렇게 멀리서 보면, 집으로 가는 길에 접해 있는 세 가지 지역을 쉽게 구별할 수 있다. 먼저 탄생과 청소년기 사이의 평온하고 걱정 없는, 행복한 시기가 있다. 그리스도는 이 시기를 주로 나자렛에서 보내셨다. 보통 그 다음에는 길거나 짧은, 단조로운 노동의 시기가 있다. 그 시기에는 인간 삶에 들어오는 일상적인 장애물들만을 만나게 된다. 그리스도의 공생활 때에는, 사소한 박해와 바리사이들의 괴롭힘, 사도들의 둔감함, 그분이 도우셨던 이들의 감사할 줄 모르는 완고함이 있었다. 후에 그분 삶의 절정에 다가갈 때에야 그분은 고통과 죽음의 괴로운 지역을 직면하게 되신다. 고통과 죽음은 짧은 시간에 또는 고민스런 성찰을 거쳐 한 사람의 삶을 그 끝에 이르게 한다. 삶, 고통, 죽음, 이것이 인간 삶의 큰 지도이다. 이 길은 그리스도의 발자취로 뚜렷하게 표시되어 있고, 그 여정의 마지막 단계에서 발자국은 피에 젖어 있다.

신적 모델이신 그리스도가 33년의 생애 가운데 30년 가량을 수난과 죽음이라는 마지막 두 단계에 들어가기에 앞서 생계 활동을 하며 살아야 했다는 점은 의미가 없지 않다. 다른 경우와 마찬가지로 여기에서도 그리스도는 어려운 길을 택했다. 삶은 고통을 위한 준비이고, 결국 그것은 죽음을 위한 준비이다. 그것은 인간의 마음을 괴롭히는 길고 느리고 수고스런 준비의 시간이다. 하지만 고통 받는 법을 아는 삶의 기술의 스승만이, 그리고 삶의 의미를 아는 이들만이 죽음의 기술을 어느 정도나마 알 수 있다. 그것은 다른 삶 안으로 들어가는 기술이기 때문이다.

어떤 의미에서 삶의 완성을 위한 집중 강좌이다. 고통이 시작될 때 우리는 많은 것을 알지 못하지만, 우리가 전문가의 역할을 시작할 수 있기 위해서는 고통을 잠시 배워야 한다. 우리는 이상한 실수들을 하고 믿을 수 없는 잘못을 범하지만, 해야 하기에 이를 이해한다. 우리가 삶과 고통의 교훈을 배우고 나면, 우리는 죽을 준비가 된다. 그때에 우리는 더 위대한 삶을 시도할 준비가 되기 때문이다.

(2) 이 단계들의 순서의 이유

성 토마스는 그리스도의 삶에서 이 단계들을 서로 다른 장들로 다루며, 우리의 정신이 천천히, 한걸음씩 배워야 하는 지식을 서서히 설명한다. 삶을 건너뛰고 고통을 고찰하는 것은 숫자의 의미를 배우기 전에 계산을 시작하는 것과 같을 것이다. 삶 자체 안에는 언제나, 너무 빨리 다가오는 그 고통이 소심함, 괴로움, 자기 연민을 가져오고 결국 절망으로 끝나게 될 수 있다는 두려움이 있다. 그래서 결론은, 그리스도인인 어린이가 고통을 겪는 편안한 품위와 완전성이 없다면 나이가 들고 현명한 이들만이 고통을 겪어야 하리라는 것으로 보인다. 그리스도께서 오신 이후로, 어린이도 현명할 수 있고 삶의 충만함을 맛볼 수 있게 되었다.

본 장에서 우리는 인간 삶의 이 세 단계 가운데 첫 단계만을 다룬다. 그것은 우리 주 예수 그리스도께서 수행하셨던 평범한 삶의 단조로운 일들이다. 우리가 그리스도께서 우리에게 남기신 삶의 지도의 이 지점만을 따로 떼어 놓고 조금 뒤로 물러서 이 작은 단락 전체를 바라본다면, 몇 가지의 중요한 지점들이 곧 눈에 띈다. 예를 들어 사람들과의 대화, 그분의 가르침, 유혹, 기적, 변모가 있다. 이것이 인간 삶을 위한 신적 모범이었음을 기억할 때, 우리는 이 두드러진 그리스도의 활동들이 모든 인간 활동의 모범임을 알 수 있다. 이 진리는, 그것을 일상생활의 언어로 옮겨 놓으면 곧 드러난다.

2. 인간 삶에서의 신적 교훈들

(1) 인간의 네 가지 활동

이렇게 옮겨 놓으면, 우리는 그리스도의 삶이 인간의 네 가지 활동을 분명하게 표시하고 있음을 보게 된다. 그 첫째는 인간적인 것들을 고수하는 것, 곧 다른 사람들을 받아들이며 악마를 기부하는 것이다. 둘째는 다른 이들에게 자신의 정신과 마음에 풍부한 것을 내어주는 것인데, 이는 풍부함과 기꺼이 나누려는 마음 모두를 전제한다. 셋째는 영혼의 살림살이들을 정리하여 신적인 것들을 위한 공간을 마련하고 하느님이 사람들에게 행하게 하신 놀라운 일들을 이루며 자신이 신적 능력의 도구가 되게 하는 것이다. 넷째는 자신과 다른 모든 사람의 내적인 영광을 인식하는 것이다. 다른 말로 하면 그리스도는 당신의 삶으로써, 인간의 삶 안에서 전개되어야 하는 근본적인 행위들에 귀를 기울이는 것을 특히 강조하셨던 것이다. 이들은 인간이 자신의 높은 소명을 살아내고자 한다면 반드시 해야 하는 것들이다. 이것은 삶의 성공과 실패를 알아보게 하는 시금석이다.

(2) 현대의 반대

이 시험을 통과하지 못한 시대는 이런 모습을 보인다. 다른 사람들을 포용하는 것이 아니라 증오가 전세계적으로 전파된다. 악마를 피하는 것이 아니라, 그런 시대는 그 시대의 목적에 도움이 된다면 악마까지도 끌어안는다. 물론 이것은 그렇게 잔혹하게 진술할 필요는 없다. 같은 사실에 "사업은 사업이다.", "윤리는 개인적 문제다.", "권리는 그 당파, 종족, 계층을 위한 것이다."와 같은 구호들을 갖다 붙일 수 있다. 정신과 마음의 풍요로움을 나누는 것을 옹호하는 것이 아니라, 그런 시대는 모든 사람에게, 다른 사람들에게 어떤 희생이 요구되더라도 오직 자신만을 위해서 일하는 고집센 개인주의자가 되라고 재촉한다. 다른 방식으로는, 인간은 실제로 인류, 종족, 당파 같은 아주 먼 이상을 위해 일하고 있는 것이라고 주장함으로써 그러한 입장을 덜 잔인하게 표현할 수도 있다. 그런 시대는 인간이 자신 안에 신적인 것을 위한 공간을 마련하고 스스로 신적인 능력의 도구가 되어야 한다고 주장하는 것이 아니라, 그들의 정신을 감각의 세계와 인간이 아닌 대중에게 적합한 목적에 국한시키기를 요구할 수 있다. 아무도 자신 안에서나 다른 이들 안에서 영원한 영광을 추구하도록 고무되지 않는다. 다른 모든 것이 개인에게 봉사해야 한다고 하면, 그런 것은 대중의 목표나 이상에 치명적인 것으로 여겨지기 때문이다. 인간은 영광에 대한 어떤 전망을 가져야 하므로, 이 시대는 그가 국가, 종족, 집단, 인류의 영광에 대해 열심히 말하게 만든다.

하지만 인간적인 삶의 방식은 집단과 개인 가운데 한쪽을 파괴함으로써 얻어질 수 없다. 이것이 현대가 복잡한 문제들을 다루는 방식이다. 이러한 방식을 의료에 적용한다면, 의사들은 질병을 진단할 수 없는 환자를 쏘아 죽이게 될 것이다. 이것은 분명 어려움에서 벗어나는 길이다. 하지만 전자의 경우에는 삶의 인간성이 파괴될 것이고, 후자의 경우에는 인류의 삶이 파괴될 것이다.

3. 인간 그리스도 – 인간과의 관계

(1) 사회적 관계의 필수 요소 : 정의와 참사랑

인간은 함께 살고, 관계를 맺고, 함께 모이도록 만들어졌다. "교제(converse)"라는 단어 자체가 그 모든 것을 담고 있다. 그 본래 의미는 별들이 자신이 있는 자리에서 궤도를 평온히 돌듯이 자주 회전하고 어딘가를 향함을 뜻하기 때문이다. 인간은 이렇게 다른 이들과의 관계에 속한다. 인간의 삶은, 다른 이들의 삶 안에서도 돌고 움직인다. 그래서 우리는, 계속해서 자주 돌아볼 수 있을 정도로 작은 범위 안에서 우리의 삶을 살아간다. 다른 말로 하면 모든 사람은 그들이 인간이기 때문에 작은 마을 안에서 살아간다. 뉴욕 사람은 이 말에 화를 낼 수도 있겠으나, 그 사실 자체가 이 말을 입증한다. 그의 복잡한 길은, 그에게 그 도시의 많은 것들을 볼 수 없게 만들기 때문이다. 누구라도, 뉴욕 시가 수천 개의 작은 마을들로 만들어져 있다는 것을 곧 발견하게 될 것이다. 누구나 계속해서 울타리를 치고, 길을 표시하고, 그의 일상 활동에서 한계를 그음으로써 매일의 궤도를 친숙하고 쉽게, 소속감을 가지고 돌아다닐 수 있게 유지한다.

"교제"라는 풍부한 단어 자체가, 자주 돌아봄을 강조하면서, 사회 생활의 어려움에 대한 경고를 담고 있다. 사람들과 자주 접촉하는 것은 흔히 마찰, 분노, 피로의 위험을 수반하고 바로 접촉이라는 그 지점이 분열의 가능성을 가져온다. 사회 생활에는 분명 이러한 위험들이 있다. 우리 시대와 같이 기술적으로는 전문적인 시대에, 함께 살아가는 사람들에게는 일종의 사회적 윤활제가 있어야 한다는 점을 즉각적으로 분명히 알아야 한다.

사회의 윤활제는 정의이다. 그들이 함께 살아야 한다면, 최소한 그 사람 자신에게 속하는 것은 그에게 주어져야 하기 때문이다. 인간의 권리들은 존중되어야 한다. 그렇지 않다면 삶들이 만나는 그 접점에서 사회의 분열이 일어나거나 사회를 구성하는 개인들이 분열될 것이다. 그리고 사람들이 완전하게 함께 살고자 한다면, 완전성이 요구하는 그 강도로 함께 살고자 한다면, 참사랑이라는 고도의 윤활제가 절대적으로 필요하다. 참사랑은 다른 사람의 권리만이 아니라 그들의 필요까지 고려한다. 참사랑과 정의가 없다면 사회는 계속 인간적으로 존재할 수 없게 된다.

(2) 사람들 사이에서 그리스도의 삶의 적합성

하느님이 인간 사회라는 거처에 살기 위해 내려오셨다는 것은 모든 시대를 놀라게 했다. 그분은 그분의 삶에 다른 이들의 삶이 끼어들고, 그들의 삶과 부딪히고 충돌하고 거기에 튕겨 나가기도 해야 한다는 것을 분명 아셨을 것이다. 하느님이 그렇게 인간적으로 친숙하게 사람들과 함께 사시고, 당신 세계의 담장을 점점 더 밀어 내시리라고 누가 믿었겠는가? 그러나 그분께는 당신 나라, 당신의 도시, 당신의 어머니와 친척과 친구와 친지들이 있으셨다. 하느님은 아주 가까이 오셨던 것이다.

(3) 특징

1) 고독과 엄격함이 아니다

그분은 당신 신성의 무한한 우월성을 마땅히 주장할 수 있으셨고, 인성을 취하시면서도 한편으로 멀리 떨어져서 고독하게, 속된 무리의 눈길을 피해서 그들과 섞이지 않고 살아갈 수도 있으셨을 것이다. 그러나 다행히도, 거만함은 하느님의 특징이 아니다. 그렇지 않다면 강생은 있을 수 없었을 것이다. 하느님은 사람들에게 진리를 가르치고 그들을 죄로부터 해방시키기 위해서 오셨다. 그래서 그분은 진리가 위협받고 죄가 무성한 곳으로 오셨다. 그분은 복잡한 장터에 밀치고 들어오셨으며, 먼지나는 길을 걸으시고, 축제가 절정에 달했을 때 성전을 침범하는 이들에게 호통을 치셨다. 그분은 완벽한 쥐덫을 만든 신화의 인물처럼 당신의 완전성에 만족하고 물러나 앉아있지 않으셨고, 당신께 오는 모든 죄인을 용서하고자 자비로이 몸을 굽히셨다. 그분은 큰길과 골목길로 나가시어 죄인들을 찾으셨고, 천국의 사냥개처럼 그들을 쫓아다니셨다. 그분은 열심히, 초조하게, 여지없이 그들을 찾으셨다.

그분은 당신을 통하여 우리가 쉽게 하느님께 다가갈 수 있게 하기 위해서 오셨다. 우리에게는 그분의 도우심이 필요하다. 특히 우리가 죄의 무게에 눌리고 있을 때, 하느님께 가는 것은 쉬운 일이 아니기 때문이다. 달리 갈 곳이 없다는 것을 알고 있다 해도, 우리는 아직 우리의 인간적인 교만과 인간적인 두려움을 갖고 있다. 그리스도의 적들은 알지 못하는 사이에, 그분이 죄인과 세리들과 어울리신다고 그분을 고발함으로써 그분이 사람들과 친밀한 삶을 통하여 그 시대 사람들의 마음에 부어주신 신뢰와 용기를 미래 모든 시대의 죄인들에게 분명히 보여 주었다. 그 후로 죄인들은 가장 두려움에 사로잡혀 있던 이들이 바로 사람의 아들의 발치에 오는 사람들이었음을 알게 되고 기뻐하며 웃게 되었다.

물론 그들은 그리스도께 왔다. 그분은 사람들 가운데 한 사람이 되셨다. 그분은 세례자 요한의 엄격한 단식과 참회를 받아들이지 않으셨다. 그분은 사람들 위에 탑을 쌓고, 그들의 마음 안에 두려움을 불어넣기를 원치 않으셨던 것이다. 오히려 그분은 사람들 사이로 내려오시어, 그들이 그분의 신적인 마음 안으로 더 쉽게 걸어 들어올 수 있게 하셨다. 그분은 절대적으로 필요한 것들에 대한 완전한 본보기를 보여 주셨는데, 엄격한 단식은 그 가운데 들어 있지 않았다. 단식은 그 자체가 목적이 아니라, 인간이 자신을 다스리고 절제하기 위한 수단이다. 죄가 없으신 그리스도에게는 이 수단이 필요하지 않았고, 그래서 그분은 다른 사람들처럼 먹고 마시며 사셨다.

그분은 때로 홀로 떨어져 계셨다. 기도하러 산에 가셨고, 단식하러 광야에 가셨다. 하지만 이것은 그분을 다른 사람들로부터 명확하게 갈라 놓거나 사람들과의 사회적 관계를 회피하게 하지 않았다. 이것은 당신 사도들의 마음 안에, 다른 이들에게 관상의 열매를 주려는 이에게는 물리적인 고요함이, 기도를 위한 시간이 필요하고 삶의 파도와 혼란에서 조금 떨어져 자신의 가치들을 온전하게 간직해야 한다는 것을 더 깊이 새겨주시기 위해서였다. 그러한 일에는 언제나, 하느님의 것들에 대한 욕구를 사라지게 할 위험이 있는 것은 물론이고, 직무에 대한 사람들의 존경을 개인적으로 중대하게 받아들일 위험이 있기 때문이다.

2) 가난

그리스도는 평생 빈곤을 겪었고 가난의 기쁨을 맛보셨다. 당신의 증언에 따르면 그분은 굶주리고 목마르셨으며, 머리를 둘 곳도 없으셨다. 그것이 부에 대한 단죄는 아니었다. 그리스도의 시대에 부는 교만의 계기가 될 수 있었으며 가난한 사람에게는 없는 죄의 기회가 되기도 했다. 하지만 그 시대 사람들은 가난도 마찬가지로 죄의 기회가 된다는 것을 모르지 않았다. 그것은 자신의 마음이 끌리는 부를 차지하기 위해 범하는 죄들의 기회가 되었다. 부 또는 가난 자체가 중요한 것이 아니다. 세상의 장식들은 인간의 삶의 완전성에 크게 기여하지 못한다는 것을 알아보고 이들을 중시하지 않는 영의 가난함이 중요한 것이다.

하느님이 선택하신 그리스도의 가난은, 인간의 삶이 육신의 삶이 아니라 영의 삶이라는 과감한 선언이었다. 이것 역시 당신 제자들에 대한 강한 경고였다. 그들은 그들의 시간을 온전히 하느님께 바치고, 세상의 거래에 끼어들지 말아야 했다. 그들의 가르침은 인색한 이들의 의심을 받아야 했다. 그들의 굶주림과 목마름은 세상에게, 그들이 물질적 부를 추구하기 위해서가 아니라 영적인 건강을 주러 온 것임을 증언해야 했다. 그들은 인간적 힘으로써 사람들의 마음을 정복하는 것이 아니라, 인간적 약함을 통해 하느님의 능력으로 정복할 것이다.

3) 율법에 대한 순종

인간적인 삶을 위하여 부가 필요한 것은 아니다. 하지만 인간은 친교와 율법 없이는 살 수 없다. 그리스도가 이 두 가지를 그렇게 강조했던 것은 크게 놀라운 일이 아니다. 그분은 불완전한 율법을 완전하게 하러 오셨으나, 그 불완전한 율법에 대한 그분의 순종은 지극히 정확했다. 그분은 옛 법의 짐에서 사람들을 해방시키러 오셨으나, 먼저 스스로 그 짐을 지셨다. 그 시대 사람들 가운데 누구도 그분이 죄인이라고 고발할 수는 없었다. 그분은 율법을 어기지 않으셨다. 그분은 우리가, 죄의 결과가 그분이 주러 오신 자유와 완성이 아니라 타락, 종속, 폭정이라는 사실을 놓치게 하려 하지 않으셨다. 사람의 아들은 안식일의 주인이라는 그분의 선언 역시, 율법을 거부한 것이 아니라 율법에 대한 오해와 왜곡을 단죄한 것이었다. 분명 안식일 법은 신적인 일들을 금하기 위한 것이 아니었다. 그것은 육체적 생명을 포함하여 생명을 위해 필요한 일들을 금하지 않았다. 무엇보다, 그것은 하느님을 찬미하고 경배하기 위한 일을 금하지 않았다.

때로 율법의 계명들은 견딜 수 없이 무겁게 보인다. 우리 인간 본성이 우리에게 이것을 가리켜 보여주지 않는다면, 천사적 본성이 언제나 우리에게 이를 속삭여 준다. 완전성을 위한 우리의 투쟁은 우리 자신의 본성에 맞서 싸우는 것이 아니라 오래 전에 싸움에 졌던 천사들의 군주와 권세와 지배에 맞서 싸우는 것이기 때문이다. 이 훨씬 강한 힘들에 대한 하느님의 도우심이라는 추상적인 보증은 큰 위로가 된다. 전투의 열기 속에서 우리 인간의 마음에 더 확실한 위로가 되는 것은, 사탄의 간계에 맞서 싸우는 하느님 자신의 구체적인 이야기가 우리 눈앞에 있다는 것이다.

4) 사탄에 대한 승리 : 그리스도의 유혹

a. 이유

그리스도의 유혹은 악마의 또 하나의 큰 실수에 불과한 것이 아니다. 악마는 계산을 해야 했다. 그리고 그 계산은 틀렸다. 천사적인 지능도 그리스도의 신성을 꿰뚫지 못했다. 그 신성은 보이는 것이 아니라 믿어야 하는 것이기 때문이다. 악마는 그리스도의 죄없는 삶을 볼 수 있었고 신비를 의심할 수 있었으며, 그리고는 그리스도의 어린아이같은 무력함을 기억하고 하느님이 그렇게 낮아지실 수 있다는 것을 의심했다. 그는 믿을 수 없었다. 믿음은 오직 선한 의지에서 나오는 것이기 때문이다. 그리스도의 삶의 마지막 순간까지, 악마는 이 낯선 인간에 대해 조바심을 품었다. 그는 정말로 하느님이었는가, 아니면 그저 인간이었는가?

그가 이 질문에 대한 답을 찾으려 시도하는 실수를 범했다는 것은 우리에게는 행운이었다. 적어도 이 실수는, 우리가 어리석은 교만을 품거나 우리 자신의 거룩함을 독단적으로 내세우지 않게 해 준다. 거룩함은 유혹을 막아주는 보증이 아니라, 유혹을 초대하는 것이다. 악마는 성인들을 미워하고, 하느님께 가까이 다가간다. 그리고 그의 모든 활동을 특징지었던 그 완고함으로, 계속해서 하느님의 보호를 받는 벽을 자신의 머리로 들이받는다. 거룩함과 선행은 악마가 머물 그늘도 없고 쉴 수도 없는 일종의 광야가 된다. 거룩함은 다른 의미에서도 광야가 된다. 거룩함의 길에는 별로 사람이 없으며, 언제나 혼자서 자신의 가장 큰 위험들을 직면하게 되기 때문이다. 그리스도가 유혹을 받은 것도 그가 홀로 광야에 있던 때였다. 그분은 언제나 변함없이, 우리에게 요구하신 어려운 일들을 당신이 먼저 겪으셨다.

그분은, 우리가 따라야 하는 수단에 대해서는 의심을 남겨두지 않는 방식으로 그 어려운 임무를 행하셨다. 미래의 유혹에 대비하기 위해서는, 단식과 고행보다 더 좋은 방법이 없다. 우리는, 우리 삶에서 다음의 싸움을 게으르게 기다리며 안전에 의지하고 무기에 의존할 시간이 없다는 것을 잘 알고 있다. 분명 우리는, 수고스런 선행으로 우리의 힘을 다 써버렸다고 핑계를 댈 수 없다. 단식과 고행으로 그리스도가 지치고 굶주렸을 때, 그 지치고 굶주린 그리스도에게 악마가 왔다. 피로의 원인이 무엇이든, 우리의 몸이 많이 저항하지 못하는 바로 그 때에 악마는 공격의 기회를 찾는다. 그는 우리의 감각적 욕구와 같은 강력한 협력자를 결코 놓치지 않는다.

b. 상황

우리 주님의 유혹에서 악마가 사용하는 술책은 잘 살펴보아야 한다. 유혹은 언제나 우리 영혼의 외부로부터 오기 때문에, 어떤 제안처럼 나타난다. 그것이 어떤 것이든, 우리 마음이 어떤 길을 다녀서 이미 평탄하게 되어 있을 때에만 그 안으로 침투할 수 있다. 악마는 엄청난 범죄를 제안하여 성인을 경계하게 만들지 않는다. 그는 작은 것으로, 성인의 마음이라도 별로 저항하지 않을 별로 해롭지 않은 것들로 시작한다. 아담의 유혹에서도, 그리스도의 유혹에서도 그러하였다. 이 두 조상은 크게 공격을 받을 수 없었고, 은근하게 속임을 당했다. 우리의 첫 조상들에게, 악마는 지성적으로 접근했고, 우리 안에 있는 호기심을 건드리며 "왜 하느님은 이 특정한 열매를 금지하셨느냐?"고 물었다. 그러한 단초로 시작하여 악마는 점점 과감해지고, 그들의 눈이 열리게 되리라는 약속으로 교만과 허영심을 건드린다. 결정적인 한걸음을 내딛은 것으로 보일 때에야, 그들이 하느님처럼 되리라는 반역의 지극한 교만으로 초대함으로써 유혹의 끔찍함이 분명하게 드러난다.

c. 순서와 방법

악마가 그리스도께 다가갔을 때, 그는 같은 술책을 사용했다. 죄와 유혹에서는 독창성의 여지는 별로 없다. 그는 그리스도에 대해서는 아마도 좀 더 치밀했고, 불량배가 그의 희생자에게 다가갈 때에 깊은 주의를 기울이듯이 수상한 칭찬을 했을 것이다. 그는 그리스도에게 먼저, 지극히 영적인 사람들까지도 갈망하는 것으로 유혹했다. 그것은 육신을 지탱하는 데에 필요한 음식이었다. "당신이 하느님의 아들이라면, 이 돌들에게 빵이 되라고 명령해 보시오." 여기에서부터 그는, 영적인 사람들도 흔히 희생물이 될 수 있는 과시와 허영으로 올라간다. "당신이 하느님의 아들이라면, (성전에서) 뛰어내려 보시오." 그는 거칠게, 영적인 사람이 아니라 육적인 사람에게 적용되는 유혹을 제기한다. 세상의 부와 영광으로 유혹하고, 하느님을 경멸하기에 이른다. "엎드려 나를 경배한다면, 이 모든 것을 당신에게 주겠소."

물론 악마는, 음식에 대한 욕구가 죄가 아니라는 것을 알았다. 그리스도에게 자신의 배고픔을 상기시킴으로써, 악마는 적어도 이 신비로운 인간이 음식을 얻기 위한 일반적인 수단을 취하는 대신 하느님께 기적을 요구하는지를 알아낼 수 있었다. 세례자 요한이 사용한 방법은 메뚜기와 들꿀을 먹는 것이었고, 더 단순한 방법은 가까운 마을에 음식을 구하러 가는 것이었다. 그리스도가 그렇게 했다면, 그는 자신의 음식을 기다리기보다 기적에 의지함으로써 탐식의 죄를 범할 수 있었을 것이다. 그리고, 교만의 흔적이 그의 삶 안으로 들어갈 가능성이 있었을 것이다.

첫 번째 공격은 성공하지 못했다. 유혹자의 지혜는 공격 방법을 변경하고, 더 치밀하게 접근하려 한 것으로 보일 수 있다. 하지만 악마는 지혜롭지 않다. 그것이 그가 악마인 이유들 가운데 하나이다. 첫 번째 시도가 실패했어도 계획한 공격은 계속되어야 하고, 한 걸음 나아갈 때마다 더 어리석고 서툴러진다. 하느님을 신뢰하는 것은 죄가 아니며, 오히려 그 반대이다. 그러나 일부러 하느님을 시험하며 높은 꼭대기에서 뛰어내리며 기적적인 구조를 요청하는 것은 다른 일이다. 세상의 부와 명예를 바라는 것은 반드시 그릇된 일은 아니다. 하지만 이러한 목표를 위하여 하느님을 버리고 악마에게 경배하려 하는 것은, 처음의 두 가지 유혹에 대해 상당히 인내했던 그리스도에게도 변명의 여지가 없다. 그분은 신적 능력으로 압도함으로써가 아니라 정의로써 마귀를 정복하러 오셨다. 그러나 세 번째 유혹에서 그분은 더 참지 않으신다. 그분은 유혹을 물리치실 뿐만 아니라, 그렇게도 교만한 영에게 큰 괴로움이 될 거친 태도로 악마를 몰아내신다. 이것은 잠시도 묵인할 수 없는 것이었다. 그것은 사람들에게 속한 것이 아니라 하느님 자신에 대한 직접적인 공격이었기 때문이다.

신적인 분노가 폭발하자 악마는 쫓겨났다. 그는 아직도 이 하느님-인간을 이해하지 못했다. 그가 사라진 다음 천사들이 와서 그들의 주님을 섬겼다. 우리는 천사가 지친 그리스도를 섬기는 장면을 다시 한 번 보게 될 것인데, 그것은 수난을 앞둔 때가 될 것이다. 지금 그분은 공생활의 문턱에 계셨다. 두 번 모두 시작점이었고, 바로 그 순간에 위로가 필요했다. 시작, 특히 신적인 일들의 시작은 어렵기 때문이다. 그래서, 천사가 아니라 주님 바로 그분이 시작할 용기를 지닌 사람들의 마음에 위로를 전해 주신다.

4. 스승 그리스도

(1) 그리스도의 가르침

그리스도는 광야로부터 사람들의 도시로 돌아오시어, 사람들에게 신적 진리를 전달하는 활동을 시작하신다. 후에, 그분의 삶의 이 단계는 꾸밈이 필요없는 아름다운 단순한 말로 요약된다. 그분은 모든 일을 잘 하셨다는 것이다. 그분은 열려있는 책의 페이지처럼 평이하게, 청중의 마음을 읽는 연설가의 호소력과 설득력을 지니고 말씀하셨다. 그분은 최고 입법자의 우렛소리 같은 권위를 지니고 악을 고발하셨다. 그분은 놀라운 기적들로, 그리고 그보다도 고요하고 꾸준하고 평온한 그분의 삶으로 가르침을 확증하셨다. 이 모든 것은 그분의 메시지를 전달하는 것이었다. 가르침 자체는 인간의 스승들이 생각했던 모든 것을 능가했고, 사람의 마음과 정신의 가장 깊은 요구들에 응답하는 것이었다.

(2) 직접적 대상 : 오직 유다인들에게

하지만 객관적으로 살펴보면, 실제로 이 가르침은 매우 제한된 범위 안에서 제시되었다. 그것은 팔레스티나의 좁은 한계 안에 머물렀고, 거기에서도 그리스도 자신의 민족인 유다인들에게 국한되었다. 우리 주님은 왜 모든 사람에게 설교하지 않으셨던가? 그분은 당신이 임무를 맡기신 더 하위의 교사들에게 온 세상에 설교하는 것을 기대할 수 있으셨는가? 여기에서 핵심은, 그 하위의 교사들이 실제로 더 큰 결과를 거두었고, 이로써 그 가르침을 넘어서는 능력을 명백하게 보여주었다는 것이다. 분명, 자신의 풍부한 전문성과 능력으로 일하는 것보다 다른 더 약한 도구들을 통하여 일을 이루는 것은 더 많은 능력을 요구한다. 넘치도록 풍요로운 사람만이 안전하고 효과적으로 그것을 다른 이들과 나눌 수 있다. 그리스도의 신적 능력이 온 세상을 회개시키도록 사도들의 작은 무리를 보낼 수 있었고, 그들을 성공하게 하였다.

그리스도께서 당신의 설교를 선택된 민족에게 국한시키신 것은, 하느님의 행위에 완전히 고유한 그 질서있는 과정의 한 부분이다. 구원자와 메시아의 약속은 이방인이 아닌 유다인들에게 주어졌다. 그러므로 유다인들이 그 약속의 성취를 받아야 했다. 그들은 선택된 민족이고, 여러 세대에 걸쳐 준비되었다. 메시아를 맞아들일 첫 기회는 그들에게 주어져야 했다. 그러한 준비의 마지막으로 메시아를 거부한 것에 대한 모든 구실은 제거되어야 한다. 하지만 그리스도는 왜 당신 백성이 처음에 그분을 거부한 다음 당신의 가르침을 다른 곳으로 향하게 하지 않으셨는가? 그것은 하느님의 인내의 한계가 아니다. 베드로에게는 일곱 번씩 일흔 번을 말씀하셨고, 베드로는 그저 한 인간이었다. 하느님은 더 이상 희망이 없는 마지막 거부에 이르기까지 영혼의 문을 지치지 않고 두드리신다. 하느님 자신이 죽음에 처해지시고 그분의 가르침이 끝나게 될 때까지.

(3) 특징

1) 공격이 없지 않다

그분은 하느님의 약속을 성취하기 위해, 그들에 대한 하느님 사랑의 이름으로 유다인들에게 오셨다. 그분의 사랑은 하느님의 강한 사랑이었고, 무섭게 엄격할 수 있을 만큼 큰 사랑이었다. 이 선택된 민족의 지도자들은 그들의 악의로 민족 전체의 구원을 가로막고 있었다. 그들은 구원의 희망을 간직한 그리스도의 가르침을 거부하고 있었다. 그들의 악습은 백성의 삶을 타락시키고 있었다. 백성을 사랑하고 진리를 가르치는 스승에게, 지금은 사람들 사이에서 대단하게 여겨지던 이들의 감정을 상하지 않도록 조심스럽게 처신할 때가 아니었다. 물론 그리스도는 그들에게 호통을 치셨고, 그들에게 관대하게 대하지 않으셨다. 하지만 그러한 격렬함 속에서도 신적인 사랑의 온전한 힘이 있었고, 그 사랑은 아마도 그 지도자들을 따랐던 백성들보다도 더 강하게 그들을 끌어안았다.

진리를 희생시키고 환심을 얻으려 하는 것은 소심함과 이기심의 처참한 결과를 가져올 수 있다. 그것은 사람들에게도 진리에게도 도움이 되지 않는다. 사람이나 진리를 팔 수 있는 가격은 없기 때문이다. 권력을 위해 인간을 희생시킬 이유는 없다. 권력의 원천은 인간과 하느님이기 때문이다. 반면, 어떤 가치를 치르고서라도 진리를 고수하고, 다른 모든 것보다 인간을 우선하는 것은 그리스도에게 아무런 해가 되지 않았다. 그 시대의 사람들은, 모든 시대의 사람들이 그렇듯이, 지도자들의 부패를 잘 알고 있었다. 그리스도가 그 부패한 지도자들을 매수하여 온 마음으로 지지를 받았다면, 그분은 아마도 삼 년 동안

씨를 뿌려 얻은 그 적은 결실로서 그분을 따랐던 이들의 마음을 잃었을 것이다. 그분은 그 후로 그의 수고의 충만한 추수로 오게 된 수백만의 마음을 잃었을 것이다.

2) 공적인 가르침

그리스도의 삶의 마지막 날들에 그분이 설명을 하도록 부름 받았을 때, 그분은 온전히 참되게 말씀하실 수 있으셨다. "나는 아무것도 숨어서 말하지 않았다." 그분은 신적 진리를 감추러 오신 것이 아니라 그것을 드러내러 오셨다. 그분은 어두운 구석에서 자신의 지식을 주워 담는 인색한 스승이 아니고, 지식을 나눔으로써 자신의 지배력을 잃게 될까 두려워하여 그 지식을 배타적으로 차지하려 하지 않았다. 그분은 추하고 꺼림직한 것을 가리고 은밀하게 사람들의 영혼 속으로 스며들게 하기 위하여 교활한 모호성으로 덮을 필요가 없었다. 그리스도는 공적으로 가르치셨다. 성전의 군중에게, 호숫가에서, 광야에서, 큰길에서, 사도들과 제자들의 작은 무리에게도, 그분은 끊임없이 말씀하셨다. 그분은 당신 진리를 공표할 기회를 놓치지 않으셨다. 때로는 군중들에게 비유로 말씀하시어, 그들이 성인들처럼 고기를 먹을 수 없기에 어린아이의 젖을 주셨다. 아무것도 받지 못하는 것보다는, 이것을 받는 것이 그들에게 더 나았다. 사도들에게는 이 비유들도 자세히 설명해 주셨다. 그들에게는 인간의 자녀들을 가르치도록, 하느님 나라의 신비를 아는 것이 허락되었다.

3) 언제나 구두로 가르치심

여러 해가 지난 다음, 요한은 그리스도의 가르침과 행적을 말로 기록하려고 시도한 후에 그것이 불가능함을 인정하며 말한다. "예수님께서 하신 일은 이 밖에도 많이 있다. 그래서 그것들을 낱낱이 기록하면, 온 세상이라도 그렇게 기록된 책들을 다 담아 내지 못하리라고 나는 생각한다." 세상은 그 책들을 다담을 수 없고, 하늘이라도 그러할 것이다. 신적 지혜의 지고한 가르침을 말의 좁은 한계 안에 담는 것은 불가능하다. 그리스도 자신이, 간음하다 잡힌 여인을 고발하는 이들을 흩어 보내기 위하여 모래 위에 적은 몇 마디 외에는 글을 쓰지 않으셨다. 그분이 모래에 쓰셨다는 것은 얼마나 의미가 깊은가! 그분은 사람의 마음 안에 참으로 글을 남기셨고, 그래서 그분의 가르침은 기록된 성경에 담긴 것뿐이라는 오해가 남았다.

글을 쓰는 것은 하느님의 품위에 맞지 않는 것으로 보일 수도 있다. 무엇보다 먼저, 쓰는 것은 수고스러운 일이다. 그리고 기록된 말은 기껏해야 씨 뿌리는 사람이 바람 속에 던진 씨앗처럼 불투명한 희망으로 흩어진다. 그리스도는 그분의 말씀이 맡겨진 오류 없는 스승들의 긴 연속을 통해 손에서 손으로 당신 말씀을 조심스럽게 전파하며 모든 이에게 도달하셨다. 그분이 글을 쓰지 않으셨다는 데에 대한 불만은 정당하지 않다. 그런 불평을 하는 이들은, 모세와 예언자들을 받아들이지 않고 죽은 이들 가운데 살아 돌아온 사람이라야 믿겠다고 했던 부자의 형제들과 마찬가지로, 하느님의 아들이 자서전으로 쓴 책이 주어진다 하더라도 믿지 않을 것이다. 진리의 가장 큰 장애물은 진리가 없는 것이 아니라 진리를 갈망할 용기가 없는 것이기 때문이다. 그리스도의 자필 원고가 나흘 전에 죽은 라자로를 일으키신 것보다 더 중요하다는 것은 이해하기 어렵다. 그러나 그 기적은 모든 증인을 완전히 회개시키지 못했다. 그 기적을 부인하기 위하여, 두 번째 죽음이 첫 번째 죽음보다 더 돌이킬 수 없는 것이 되도록 라자로를 죽이려 한 사람들이 있었음을 기억할 것이다.

5. 기적을 행하는 그리스도

(1) 그리스도의 기적

1) 이유

기록된 말은 그리스도의 품위에 적합하지 않았지만, 그분의 기적들은 분명 적합했다. 기적에는 제한이 없었다. 오히려 기적은 인간 정신에게 무한한 공간을 열어 주었다. 기적의 역할은, 인간을 자연의 창조주와 극명하게 대조시킴으로써 그의 정신을 자연의 한계 너머로 들어 높이는 데에 있다. 기적은 인간을 정점으로 끌어올리는 신적 능력의 물결이며, 그에게 한 순간이나마 멀리 있는 해안을 볼 수 있게 해 준다. 더 구체적으로 말한다면, 기적은 진리를 확증하기 위해서 또는 하느님의 업적을 행하는 인간 안에서 하느님의 현존을 드러내기 위하여 이루어진다. 두 경우 모두, 그리스도가 기적을 일으킨 것은 적합했다.

2) 원인

모든 참된 기적들과 마찬가지로, 그리스도의 기적은 하느님의 능력으로 이루어졌다. 기적은 바로 자연의 능력을 넘어선다는 점에서 기적인 것이다. 그리스도께서 나병 환자에게 손을 대시고 그를 깨끗하게 만드신 것은 사실이고, 그분의 인간적인 목소리가 라자로를 깨웠으며, 막달레나는 그분께서 말씀을 하시기 한참 전에 그분의 사랑어린 눈길에서 자신의 죄가 용서되었음을 알았다. 그러나 손, 목소리, 눈은 신성의 도구이며 하느님의 능력을 전달하는 통로일 뿐이다. 그리스도는 구유의 어린 아기였을 때에도 신적 능력을 지니고 있었고 그 능력의 인간적 도구이기도 했다. 그가 하느님이며 또한 인간이었기 때문이다. 하지만 그리스도의 유년기가, 멈추지 않고 기적의 흔적들을 남기는 영광스런 여정과 같은 것이었다고 여기는 것은 무절제한 상상의 헛된 생각이다. 나자렛의 집에 빵이 있었다면, 그것은 요셉과 그 아들이 일해서 번 것이었다. 옷이 깨끗했다면, 그것은 마리아가 빨았기 때문이었다.

3) 시작

어떤 진리가 확증될 때까지, 그리스도의 신성이 모든 사람에게 드러날 때가 될 때까지 기적은 의미가 없다. 성 요한이 첫 번째 기적으로 기록한 것은 카나의 혼인 잔치에서 물이 포도주로 바뀐 것이었다. 이 첫 번째 기적이 성모님의 요청으로 이루어졌고, 그리스도를 초대한 집주인을 난처한 상황에서 구해준다는 인간적인 목적을 위한 것이었으며, 그것이 혼인과 같이 거룩한 일에 대한 축복이었다는 기억은 위로가 된다. 나는, 좋은 포도주를 마지막까지 아껴 두었느냐는 질문에 신랑이 과방장에게 무엇이라고 대답했을지 자주 궁금하게 여겼다. 아마도 그는, 그리스도가 사실을 밝히지 않기를 바라면서 그저 웃음을 짓고 어깨를 으쓱했을 것이다.

4) 목적

처음부터 끝까지, 그리스도의 모든 기적은 신성의 진리를 확증하고 사람들에게 그들 가운데 계신 하느님의 현존을 드러내는 것을 목적으로 한다. 물론 그 모든 기적은 자연적 능력을 초월한다. 모두가 그리스도의 이름으로 이루어졌다. 계속해서 그분은, 기적을 행한 것이 신성에 대한 주장을 확인하는 것이라고 주장하셨다. 그분이 말씀하신 것이 사실이 아니라면, 하느님 자신이 그 대단한 거짓말에 협력하신 셈이 될 것이다.

(2) 그리스도의 기적의 목적

분명, 그리스도의 기적들의 목적은 온 우주에 대한 당신의 지배권, 곧 그분의 신성을 분명한 기록으로 증명하는 것이었다. 마귀에 사로잡힌 이들에게서 마귀들을 쫓아낼 때마다, 천사적 존재들이 그분의 명령에 복종했다. 하느님의 죽음이라는 광경 앞에서 천상의 물체들이 얼굴을 가렸을 때, 그들은 존경과 복종을 드렸다. 그러나 또한 그분의 기적들은 그분의 동료 인간들을 향한 것이었다. 그 가운데 두드러진 기적은 치유 이적들이었는데, 이 기적들의 목적은 육체의 구원이 아니라 영혼의 구원이었다. 그분은 사람들을 구원하러 오셨고, 그들의 정신을 비추고 그들을 죄의 짐에서 벗어나게 하러 오셨다. 선의의 사람들의 정신 안에 그분의 신성에 대한 의심이 조금도 남아있지 않도록, 비이성적인 피조물이 그분께 의문 없는 순종을 드렸다.

사도들의 삶에서 이 시기는 자랑스러운 날들이었다. 갈릴래아의 단순한 어부들이 우주의 주님과 가까이에서 살았다. 그들의 눈앞에서 자연은 뒤바뀌어 그분께 순종했고, 믿음의 눈은 그들에게 사람들의 영혼 안에서 일어나는 더 위대한 은총의 기적들을 보여 주었다. 그들은 그분의 신뢰를 함께 나누었고, 신적 진리를 인내롭게 되풀이하여 말씀하시는 것을 들었으며, 그들이 병자를 고쳐주고 죽은 이를 되살리며, 거저 받은 것을 거저 주도록 파견될 때 그분의 무한한 능력에 참여하기까지 했다.

그들은 열정에 부풀어, 자의식에 약간 들떠서 돌아왔다. 스승은 "너희는 따로 외딴곳으로 가서 좀 쉬어라"라고 간결하게 말씀하신다. 잠시 멈추어 생각하고, 기억하고, 기도하자는 말씀이다. 너희는 이전과 같은 인간들이고 하느님이 아니다. 그분 삶의 남은 날들이 짧아질수록, 수난과 죽음에 대한 그분의 경고는 점점 더 분명해진다. 사도들에게 그 경고는 반갑지 않았고, 조금 두렵기도 했고, 그들이 근래에야 갖게 된 신뢰와 능력에 대한 느낌을 흔들어놓기도 했다.

6. 인간 그리스도의 영광 – 변모

(1) 적합성

두려워할만한 이유는 있었다. 그분은 거칠고 험한 길로 긴 여행을 떠나고 계셨다. 그분의 신적 지혜는, 그분과 친밀하게 지낸 삼년 동안의 위로가 되는 기억이 그들에게 충분치 않으리라는 것을 쉽게 알 수 있었다. 그분의 친절한 마음 속에서, 그분은 그들에게 그 여정의 끝에 그들을 기다리고 있는 기쁨의 구체적이고 눈에 보이는 증거를 보여 주셨다. 타볼 산 위에서 한 순간 그리스도는 사랑하시는 세 제자들에게, 그분의 인간적 몸을 통하여 빛나는 인간 영혼의 영광을 보여 주셨다.

(2) 광채의 본성

이 변모는 인간적 영광의 계시였다. 그 본질은 부활 후의 성인들의 몸이 지니는 영원한 특징인 그 광채였다. 끊임없는 기적이 그것을 막지 않았더라면, 그리스도의 몸으로부터 계속해서 빛났던 그 광채는 산 위에서 사도들을 압도했던 것처럼 사람들을 압도했을 것이다. 이러한 영광의 불꽃은, 부활 후의 인간 몸의 영광에 대한 희미한 묘사를 완성했다. 그리스도께서 동정녀의 닫힌 모태를 통과하셨을 때, 그분이 물 위를 걸으셨을 때, 때가 되기 전에 그분을 붙잡으려 했던 유다인들의 손에 상처입지 않고 벗어나셨을 때, 영광의 희미한 모습들이 드러났었다.

(3) 증인 : 인간과 하느님

인간적 영광의 이 절정은 그리스도 이후의 사람들만을 위한 것이 아니라, 그분 이전의 충실한 이들을 위한 것이기도 했다. 모세와 엘리야는 그분 이전의 모든 사람을 대신하여 이 영광의 예고에 함께했다. 베드로, 야고보, 요한은 그 후에 올 이들을 대신했다. 이 다섯 증인들은 참으로 강력한 동반자들이었다. 율법과 예언서, 교회의 수장, 첫 사도 순교자, 가장 사랑받는 제자이며 가장 위대한 복음서 저자, 천둥의 아들들, 그리고 그리스도께서 그 위에 당신 교회를 세우실 바위.

그리스도의 변모는 하느님의 입양된 자녀로서 우리의 지위의 온전한 의미를 계시하는 것이었다. 그 입양을 통하여 우리는 하느님의 본성적 아드님과 일치할 수 있게 되었다. 지금은 은총에 힘입어 영혼을 위한 영광으로 불완전하게 일치하지만, 천국에서는 육신과 영혼의 영광으로 완전하게 일치하게 될 것이다. 우리는 세례로 은총의 생명으로 들어가고, 영광의 빛으로 천국의 생명으로 들어간다. 그리스도의 세례 때와 마찬가지로, 그분의 변모 때에도 다시 그분이 본성으로 하느님의 아들이시라는 증언이 있었고 우리가 입양으로 자녀가 된다는 하느님의 약속이 있었다. 세례 때에 성자께서 세례를 받으시고 성령이 비둘기의 모습으로 그분 위에 머물며 나타나시며 성부의 목소리가 들려왔듯이, 여기 산에서는 성자께서 영광을 받으시고 성부께서 증언하시며, 성령께서 빛나는 구름 속에서 머무르셨다.

그들은 수난과 죽음에 관한 일로 동요되어 산에서 내려왔다. 하지만 이제, 그들만이 아니라 모든 사람을 위한 다른 임무가 있었다. 이 여정의 온갖 어려움과 역경을 설명해주는 목적이 여기에 있었다. 그것은 한 인간 안에서, 천국에서 인간의 몸을 통하여 빛나는 그 영광을 보았다. 여기에 인간의 영광의 비밀이 있다. 그 인간이 신적인 생명에 참여한다는 것이다.

[결론]

1. 삶의 길

(1) 그리스도의 길

이것이 인간 삶에 대한 신적 가르침의 정점이다. 이것이 인간이 살아갈 길이고, 이것이 인간이 인간으로서 살아가는 이유이다. 사람들과 친밀하게 살아가는 것, 선성 자체에 맞닿아 있는 다른 모든 사람에 대한 존경과 사랑의 뿌리를 꼭 붙잡고 살아가는 것이다. 모든 인간 안에는 신적인 것의 불꽃이 있고, 신적인 차원에서 살아가는 인간에 대한 갚음을 희미하게 보여주는 찬란한 광채의 약속이 있기 때문이다. 이것이 인간이 인간을 포용하고, 모든 인간의 적인 사탄을 멀리하는 이유이다. 하느님의 이 인간으로서의 삶 안에서 우리는 다른 인간들과 나누어야 하는 보물들을 담고 있는 인간의 깊은 내면을 볼 수 있다. 여기에서, 인간의 삶 안에서 신적인 것들이 어떤 역할을 하는지를 볼 수 있고 인간의 마음 안에 그 신적인 것들을 위하여 얼마나 넓은 공간을 남겨두어야 하는지를 알아볼 수 있다. 이것이 인간이라는 존엄한 존재에게 유보된 영광의 절정이다.

(2) 현대 세계의 길

1) 세계와 인간
2) 세계와 진리
3) 세계와 신적인 것들

4) 세계와 인간의 영광

물론 그리스도의 생활 방식은 물질적인 것에 온전히 전념하기 위하여 영적인 것을 억눌러버린 세상 안에서는 유행이 될 수 없다. 물질적인 것을 기초로 볼 때에 인간 안에는 사랑할 것이 별로 없고, 우리가 다른 사람들을 받아들이게 만드는 것은 전혀 없다. 그런 것이 있다고 하더라도, 우리는 우리 자신을 벗어날 수 없을 것이다. 그런 세상에서는, 악마가 우리의 물질적 요구와 목적에 도움이 된다면 악마마저도 우리의 원수가 되지 않는다. 다른 사람들과 나눌 보물은 없다. 그런 세상에서는 모든 인간이 인간적 부에 있어 파산 상태이기 때문이다. 인간은 오히려 세상의 쓰레기 더미 속에서 더듬고 다녀야 하고, 오직 자신의 동물적 욕구를 충족시킴으로써 자신의 배고픔을 증가시킬 뿐이다. 그런 세상에서는 신적인 것들을 위한 여지는 없다. 신적인 것들은 물질적인 것 안에 포함되지 않기 때문이다. 인간의 본성이 왜곡되고 변질되고 격하된 이 세상에서는, 인간을 위한 영광은 남아있지 않다.

2. 사회 생활의 위험

(1) 불의 : 법

그런 세상에서, 인간적인 삶은 불가능하다. 정의 없이는 사람들 사이의 사회생활이 있을 수 없는데, 사람들이 자신을 벗어날 수 없고 다른 이들과 그들의 권리, 그리고 그 권리를 존중할 의무를 보지 못한다면 정의는 불가능하다. 사회의 근본적인 위협은 불의이고, 보통 그 위협에는 법의 통치로 대처한다. 하지만 물질주의적인 세상에서, 힘의 법을 넘어서는 어떤 법이 있을 수 있는가?

(2) 내밀함

1) 그리스도 안의 절대적 완전성

2) 인간 안에서 영원한 것을 알아본다

3) 성장

사회 생활의 더 내밀한 위협은, 친숙함으로 인하여 상대방을 다 안다고 여기는 것이다. 그리고 이 위협에 맞설 수 있는 것은 오직 절대적인 완전성뿐이고 – 더 깊이 들여다볼수록 더 큰 완전성만을 발견하게 되는 그리스도에게서처럼 – 아니면 인간을 더 깊이 들여다보아 그 안에서 신적인 불꽃을 발견함으로써 가능하다. 친숙함에는, 매력을 잃게 하고 우리에게 동료 인간을 꺼리게 하는 결함과 불완전성의 영역으로 들어가게 하는 실제적인 위험이 있다. 그 위험은 우리가 인간 안에서 영원한 것을 보게 되면, 다시 말해서 가장 미천한 인간까지도 그의 실존 자체로 하느님의 최고 진리의 전달자가 되게 하는 신적 생명의 불꽃을 보게 되면 힘을 잃게 된다. 이 위협은 완전성에서 꾸준히 성장함으로써, 천상의 번제에서 완성될 참사랑의 신적 불꽃을 일으킴으로써 사라진다. 물질적인 세계에서 인간은 다른 인간에 대해 끔찍한 혐오를 느낄 수 있다. 분명, 물질적인 세계 안에는 절대적인 완전성은 없다. 영원한 것을 부인하는 사람들에게는 인간 안에 있는 영원한 것을 감지할 수 없다는 것도 마찬가지로 분명한 사실이다. 그들에게 성장은 순전히 물질적인 것에만 있을 수 있는 것이고, 이러한 생각은 모든 인간 안에서 다른 모든 사람의 생명과 기쁨에 대한 끊임없는 위협이 된다.

우리는 인간적인, 곧 사회적인 생활 방식이 그리스도의 완전성에 대한 엄밀한 증거가 된다고 말할 수 있을 것이다. 그분의 신성이 우월성의 근거였다는 의미에서는, 사회적인 삶을 그분 신성의 증거로 보는 것도 어렵지 않다. 상급자가 품위와 권위를 유지하면서 종속자들과 친밀하게 사는 것은 쉽지 않다. 인간적 질서 안에서, 그의 결함은 피할 수 없이 드러난다. 상급자는 종속자들의 애정을 얻고 간직하기가 어렵다. 그의 어떤 행위들이 종속자들 일부에게 마음에 들지 않을 수밖에 없기 때문만이 아니라, 그의 명령과 그의 법들에 결함이 있는 것을 피할 수 없기 때문이다. 최고의 입법자인 그리스도는 사람들과 친밀하게 사셨고, 이 시험을 통과하셨다. 이상하게도, 그분이 이 시험을 통과하셨다는 것이 사람들에게는 그분을 멀리할 충분한 이유가 되었다. 그의 법에 결함이 있음을 발견했기 때문이 아니었다. 문제는 거기에 흠이 없었다는 데에 있다. 그들이 상급자의 불완전함을 발견했다는 것이 아니었다. 오히려 그가 완전했기에, 그에 대한 복종이 요구되었던 것이다. 사람들은 입법자와 그분의 법의 완전성이 요구하는 것들을 포기하지 않으려 했다. 그 일부는 순수한 이들이 부정한 이들에 의해서, 의로운 이들이 불의한 이들에 의해서, 진실된 이들이 거짓된 이들에 의해서, 자비로운 이들이 무자비한 이들에 의해서, 현명한 이들이 어리석은 이들에 의해서, 근면한 이들이 게으른 이들에 의해서 조롱을 받는 모든 시대의 일상 생활에서도 나타난다. 그것의 가치가 인정받지 못하는 것이 아니다. 오히려, 다른 이들에게서 그 가치를 알아볼 때 그것이 거슬리고 거부감을 일으키는 것이다.

3. 신성과 인성의 시험

사회 생활은 인간성에 대한 시험이다. 그것은 인간 안에 있는 영적인 것에 대한 우리의 의식을, 우리가 영적인 것들에서 성장함을, 완전성을 향한 우리의 노력을 끊임없이 시험하기 때문이다. 영과 그 성장을 토대로 할 때에만 인간은 인간으로서 함께 살 수 있다. 인간은 또한 영이기 때문이다. 인간은 단순한 동물이나 식물, 또는 흙덩어리로 살 수 없다. 그는 이런 것들이 아니기 때문이다. 그는 그리스도께서 사셨던 방법대로 살거나, 아니면 천천히든 빨리든 인간으로서 살기를 멈추어야 한다. 그는 길이 거칠고 멀다 하더라도 영광의 전망을 잃지 말아야 한다. 그 전망을 잃는다면 길이 쉬워지는 것이 아니라, 오히려 여정의 필요성 전체를 완전히 절망적인 것이 되게 하기 때문이다.

A Companion to the Summa

성 토마스 아퀴나스의

신학대전 해설서Ⅳ

제10장 제물이신 그리스도
(제3부, 제46문제 ~ 제52문제)

1. 인간과 고통과 죽음의 신비
   (1) 인간 삶 안에서 고통과 죽음의 자리
   (2) 인간 삶을 위한 고통과 죽음의 의미
      1) 무의미한 재앙　2) 비인간적 사건들에 대한 비인간적 대응
      3) 가치있는 목적을 위한 수단
2. 성공을 위한 하느님의 규정
   (1) 십자가의 길과 그 해석
   (2) 그리스도의 벗들과 그들에게 주신 선물
   (3) 간절히 바라는 고통과 즉각적인 참사랑의 역설
3. 그리스도의 고통
   (1) 수난 자체
      1) 필요성과 방법　2) 정도　3) 상황
   (2) 수난의 원인
      1) 그리스도 편에서　2) 박해자들 편에서
   (3) 수난의 작용 방식 : 공로, 보속, 희생, 구속, 작용인
   (4) 수난의 결과
      1) 부정적 결과　2) 긍정적 결과
4. 그리스도의 죽음
   (1) 사실
   (2) 결과
      1) 그분의 신성 편에서　2) 그분의 인성 편에서
      3) 우리 구원과 관련하여
5. 그리스도의 장례
   (1) 이유
   (2) 육체에 대한 결과
   (3) 기간
6. 지옥에 내려가심
   (1) 적합성
   (2) 상황
   (3) 수혜자들

[결론]

1. 고통의 철학
   (1) 기쁨의 철학　(2) 슬픔의 철학
2. 차이의 두 가지 근거
   (1) 고통받는 이는 희생자 또는 지배자　(2) 귀중한 목적
3. 정복자인 희생 제물, 그리고 십자가라는 그분의 책

제10장 제물이신 그리스도 (제3부, 제46문제 ~ 제52문제)

1. 인간과 고통과 죽음의 신비

(1) 인간 삶 안에서 고통과 죽음의 자리

표면적으로 관찰하는 사람에게, 고통은 분명 생명의 움직임을 가로막는 것이고 죽음은 그 움직임의 끝이다. 물론 인간은 고통과 죽음에 대해 민감하게 느낀다. 그들은 고통과 죽음을 이해할 수 없다는 것을 더욱 민감하게 느낀다. 세상이 심각한 고통과 폭력적인 죽음을 겪을 때와 같이 그 두 가지가 전력으로 인간의 주의를 끌 때, 저항의 철학들은 신비의 홍수로 의심을 자라나게 한 땅에서 버섯처럼 자라난다. 예를 들어, 1920년대 초에 철학자들은 섭리, 선하신 하느님, 질서 있는 세상이라는 개념에 반대했다. 이들이 세계 대전을 겪었기 때문이었다. 인간 이성이 그대로 있다면, 1950년대에는 새로운 저항 철학자들이 일어나 영원한 진리에 맞설 것이다. 수백만의 사람들이 고통과 죽음을 당했기 때문이다.

인간 삶에 대한 신적 모델이, 모든 인간의 발걸음을 따라다니는 이 두 유령을 무시할 수 없었다는 것은 명백하다. 물리적 고통을 피할 수 있는 사람은 극히 소수일 것이다. 그리고 아무도 죽음을 피할 수 없다. 그리스도는 모든 사람이 그의 삶을 봄으로써 그들이 어느 순간에라도 자신이 해야 할 일을 할 수 있도록 하기 위하여 오셨다. 인간 삶의 이 두 가지 결정적 순간에 우리가 잘못을 범하지 않도록 그분은 이 두 가지를 당신 자신의 삶에서 지극히 중요한 정점이 되게 하셨고,

그래서 이천 년 동안 그분 삶의 이 부분에 주의가 집중되게 하셨다. 그분은 고통과 죽음의 의미와 기술에 대해 아는 것의 중요성을 축소시키지 않으셨다.

(2) 인간 삶을 위한 고통과 죽음의 의미

1) 무의미한 재앙

어떤 식으로든, 모든 사람은 고통과 죽음이라는 이 지극히 어려운 사실들에 대처해야 한다. 사람들이 이들에 대처하는 방식은, 그들이 삶에서 무엇을 배웠으며 삶의 의미를 얼마나 알고 있는지를 보여주는 표지이다. 삶을 표면적으로만 바라보는 사람들에게 고통은 끔찍한 것이고 일, 직업, 쾌락을 방해하는 무의미한 재앙이다. 죽음의 신비, 죽음의 최종적 성격, 소멸, 불가피성은 무서운 것이고, 그들이 알고 있는 유일한 가치인 하나뿐인 삶의 완전한 끝이다. 이 미지의 위협 앞에서 그들은 도망쳤다. 그러나 물론 그들은 죽음을 피하지 못했다. 그들은 지금도 다른 이들의 고통을 외면함으로써, 그리고 자신의 고통을 피하는 모든 수단을 합법화함으로써 이를 피하려고 한다. 그것이 언제나 살인으로 알려져 있던 비겁한 행위들에 대해 안락사, 치료적 낙태, 존엄사 등 귀하게 들리는 이름들을 만들어내는 것을 요구하더라도 말이다. 분명, 죽음이 이 현대의 투사들이 피하려고 하는 것, 곧 모든 것의 끝을 의미한다면 이러한 일들에는 고귀함이나 자비는 거의 들어있지 않다.

2) 비인간적 사건들에 대한 비인간적 대응

다른 사람들은 고통에서 어떤 인간적 의미도 발견하지 못했다. 그것은 비인간적이며, 그들은 여기에 비인간적으로 대응한다. 때로는 본성이 혐오하며 거부하는 고통으로부터 변태적인 쾌락을 쥐어짜는 도착적인 자학이나 가학이 방어 무기가 된다. 그들은 이성을 완전히 배제하기 위하여 정념의 무아경으로 도피하면서, 고통을 동물의 차원 아래로 끌어 내림으로써 고통에 대응한다. 또 다른 이들은 이 비인간적인 것에 대하여 자신들의 감각성을 짐승처럼 만들고 인간을 동물화함으로써 대응한다. 그들은 눈먼 사물들처럼 고통에 둔감하게 항복했다. 고통에 어떤 이유가 있기 때문이 아니라, 인간 자신의 본성을 부인하며 무감각하게 견디는 것이다.

3) 가치있는 목적을 위한 수단

삶의 표면 아래를 보는 사람들은 고통과 죽음에 인간적으로 대응했다. 그들은 삶의 움직임이 단순히 팔, 다리, 입술, 눈의 움직임만이 아니라 또한 정신과 마음의 움직임도 포함한다는 것을 보았다. 삶은 영적인 목표를 향한 영적인 경주이다. 건장한 럭비 선수가 천사를 내던질 수 없는 것 이상으로, 삶은 물리적 장애에 의하여 중단될 수 없다. 이들은 고통과 죽음을 그대로 둔다. 이들을 부인하지 않고, 거친 무관심으로 대처하지 않고, 끔찍한 쾌락으로 왜곡하지도 않는다. 오히려 그들은 이런 것들을, 어떤 창조된 힘에도 간섭을 받을 수 없는 영혼의 높은 목적을 향해 질서짓는다. 이들은 인간에게서 아무것도 파괴하지 않으며, 상위의 본성도 하위의 본성도 파괴하지 않고 오히려 하위의 본성을 상위의 본성에 종속시킴으로써 인간 전체를 완전하게 한다.

2. 성공을 위한 하느님의 규정

(1) 십자가의 길과 그 해석

십자가의 죽음에서 그리스도는 고통의 인간적 의미를 온전히 보여주었고 거기에 풍부한 신적인 향기를 더했다. 그분은 단순히 고통에 굴복하고 필연을 덕으로 만든 것이 아니라, 고통을 끌어안으셨다. 그래서 그분의 마지막 순간의 시각적 상징은 그분의 가르침과 그분의 삶 전체의 보편적 상징이 되었다. 후대에 그의 가르침을 희석시킨 이들은 상당히 논리적인 이론으로 십자고상에서 그 몸을 떼어냈다. 그분께 맞서 저항한 이들은 십자고상을 밟거나 그것을 조롱했다. 그들은 상당히 옳았다. 골고타에서 그분은 당신의 십자가를 통하여, 인간적으로 사는 그분의 방식을 온전히 말씀하셨고 그분을 따르고자 하는 이들을 위해 삶의 세부 사항들을 모두 보여주셨기 때문이다. 우리가 그분의 생활방식을 버리고자 한다면 우리는 십자가를 없애야 한다.

(2) 그리스도의 벗들과 그들에게 주신 선물

그분 자신이, 당신을 따르는 유일한 길은 십자가를 지는 것이라고 말씀하셨다. 이것은 인간의 귀에는 당혹스런 권고였다. 사람들에게는, 신적인 지혜가 인간에게 가장 좋은 삶의 길을 제시하는 데에 있어서 십자가보다 더 좋은 방법을 만나지 못했다는 것이 이상하게 여겨진다. 하느님이 스스로 그 왕도를 택하는 것은 순전한 이론에 그치는 것이 아니다. 이것은 영적으로 나약한 이들을 육성하기 위한 격렬한 훈련이 아니었다. 그분은 당신의 가장 완전한 친구들인 베드로, 야고보, 요한, 막달레나, 그리고 당신 어머니에게 그것을 주셨던 것이다. 그리스도를 따르는 이들에게 주어진 가장 특별한 선물은 언제나 가득한 고통의 잔이었다. 그리고 그분의 선물에 대한 그들의 응답은 언제나, 생명의 창시자가 골고타의 황폐한 언덕에서 죽음을 맞는 것과 같이 당혹스러웠다. 그들에게 고통은 두려워하며 멀리해야 할 것이 아니었다. 그들에게 고통은, 둔감하게 받아들여야 하는 괴로운 약이 아니었다. 오히려 고통은 스승의 활동에 참여하고 그것을 완성하는 것으로서 기쁘게 받아들여야 할 일이며, 다른 이들에게 꼭 필요한 도움이고, 천국에 이르는 안전하고 확실한 지름길이었다. 무엇보다 그것은 사랑을 구체적으로 표현할 기회이며 희생의 기회였다.

골고타에서, 고통과 죽음을 대하는 그리스도의 방식은 잔인한 힘을 하느님으로 여기는 이들에게 나약함의 증거로 조롱을 받았다. 쾌락을 규범으로 삼는 그 시대의 쾌락주의자들은 그 고통 앞에서 물러났다. 이 세상의 장벽 너머를 볼 수 없었던 지적으로 교만한 이들은 연민이나 무관심으로 관망했다.

(3) 간절히 바라는 고통과 즉각적인 참사랑의 역설

세상 사람들은 그 후로 별로 변하지 않았다. 그리스도의 십자가는 지금도 약함을 보여주는 것이고 충격과 거부를 불러 일으키는 것, 또는 쓸모없고 불필요한 손실로 여겨진다. 고통을 받고 죽는 하느님의 이 역설은, 세상이 이해할 수 있는 것이 아니다. 인간의 기쁨이 완전해지도록 하기 위하여 오신 분이 고통이라는 지침을 남긴다는 이 첫 번째 역설은 충분히 어렵다. 그 결과는 실제로 당황스럽다. 세상에서 가장 즐거운 종족은, 가장 간절히 스스로 고통을 받아들이는 이들이다. 이 자발적인 제물들은 다른 이들의 고통에 대하여 가장 사려깊고, 가장 친절하며, 가장 연민을 느낀다. 하지만 그것은 죽음을 앞둔 번민 속에서도 병자를 치유하고 고통받는 이들을 위로하며 죄인을 용서하고, 세상의 외로운 마음들을 돌볼 시간과 마음을 지니셨던 그 모델에 정확히 부합하는 것 아닌가?

이 역설의 비밀, 그리고 그리스도교적 행동의 모든 역설의 비밀은 신적인 것과 인간적인 것의 결합에 있다. 그리스도의 삶의 비밀은 하느님 말씀의 위격 안에 인간적 본성과 신적 본성이 실체적으로 결합한 데에서 찾을 수 있다. 21세기 그리스도인 생활의 비밀은, 인간이 은총으로 신적인 삶에 참여하는 데에서 비롯된다. 물론 그리스도교는, 하느님을 전혀 모르고 인간에 대해 조금밖에 알지 못하는 이들에게는 이해할 수 없는 현상이다. 십자가에 못박힌 그리스도의 인간적 삶이 내포하는 충만한 의미는, 하느님과 인간 모두를 알며 하느님의 도우심으로 그 두 가지 모두를 관상하면서 평생을 보내는 이들만이 파악할 수 있다.

골고타의 역설을 이해하는 것은 그 비극 안에서 인간적인 것과 신적인 것의 결합을 겸손하게 탐구하는 데에 달려있다는 것은 분명 사실이다. 고통의 호소는 즉각적으로 우리 안에 연민을 일깨운다. 고통은 우리 자신의 체험 영역 안에 있기 때문이다. 우리가 그 소리를 추적하여 고통받는 것이 개가 아니라 인간이라는 것을 알게 되면, 그 고통에 대한 우리의 이해는 더 깊어지고 연민도 커진다. 우리는 동물보다 인간에게 고통이 훨씬 더 많은 것을 의미함을 알고 있기 때문이다. 골고타에서 우리는, 하느님의 고통을 조금이나마 이해하려 한다. 이 장의 작업은 그리스도의 수난 자체를 바라보는 것, 하느님-인간에게 고통받는 것이 무엇을 의미하는지를 보는 것이다.

3. 그리스도의 고통

(1) 수난 자체

1) 필요성과 방법

그리스도는, 거센 바람이 불 때 바다에 파도가 쳐야 하는 것처럼 어쩔 수 없이 고통을 받아야 하는 것은 분명 아니었다. 그분은 기둥에 묶여있기 때문에 똑바로 서 있도록 강요된 사람처럼 고통을 받아야 하는 것이 아니었다. 그리스도는 그분의 삶에서 더 이른 시기에 그분을 붙잡으려 했던 이들의 손을 무사히 빠져나가지 않으셨던가? 겟세마니 동산에서도, 그분의 피를 외치며 왔던 군중들은 그분의 이름이 언급될 때에는 쓰러졌다. 그분 자신의 말씀에 따르면, 하느님은 혼자서도 충분했으리라는 것을 아시지만 그분은 천사들 열두 부대를 부를 수도 있으셨다. 그분의 말씀이 세상을 존재하게 했었다. 그런데 사람들은 칼과 몽둥이로 그분을 무력하게 만들러 왔다. 하느님과 맞서 싸우려 한다면, 그것은 얼마나 어리석은 무기인가!

중요한 것은, 그리스도가 수난을 강요받지 않았음을 분명히 인식하는 것이다. 필연성은 목적을 위한 수단의 문제였고, 한 사람이 다른 편으로 건너가고자 한다면 길을 건너야 한다는 그런 필연성이었다. 인간은 죄에서 해방되어야 했고, 그리스도의 인성은 현양되어야 했고, 성경의 예언들은 성취되어야 했다. 그리고 구원자의 수난과 죽음은 이것이 이루어지기 위한 수단이었다. 이 목적을 얻기 위한 다른 수단이 있을 수 있었음을 부인하려는 것이 아니다. 핵심은, 이것이 하느님이 결정하신 길이었고 하느님의 계획은 땅 끝에서 오는 마지막 순간의 정보에 따라 좌우되지 않는다는 것이다.

강생의 목적을 이루기 위한 수단을 선택하는 데에서 하느님의 선택은 지극히 현명했고 영원한 선택이었다. 하느님 아들의 수난과 죽음은, 그 수난이 이루어진 목적을 얻기 위한 최선의 길이었다. 이 점은 강조해 두어야 한다. 현대의 투명하고 얇고 가벼운 비옷이 철판으로 된 비옷보다 나은 이유를 생각하면 이를 이해할 수 있을 것이다. 철판은 분명 비를 막아내고 그래서 비옷의 주요한 목적을 이룰 수 있을 것이지만, 접어서 가방에 넣기는 매우 어려울 것이며 그 아래 입은 옷들에도 좋지 않을 것이며 피부가 벗겨질 수도 있다. 더운 날씨에는 입을 수 없을 것이며, 의자에도 상처를 입힐 것이다. 현대의 비옷은, 모든 비옷이 더 적절하게 그 목적을 이루게 되는 다른 많은 점들에도 기여한다. 어린 그리스도는 아기의 미소로 자신이 태어난 곳을 한번 둘러보고는 다시 영원한 영광으로 돌아갈 수도 있었을 것이다. 그는 하느님이었기에 그것만으로도 무한한 가치를 지녔을 것이다. 그것은 인간을 구원하기 위하여, 강생의 주된 목적을 이루기 위하여 충분했을 것이다. 하지만 그 신적인 미소는, 죄의 용서를 넘어 인간의 구원에 속하는 다른 모든 것을 이룰 수 있었을까?

예를 들어 그것은, 인간에게 무한한 하느님의 사랑을 반박할 수 없이 보여주어 그들의 인간적인 마음을 멈추게 하고 그 마음이 사랑에 응답하고자 빠른 박동으로 다시 뛰게 할 수 있었을까? 인간이 그들 영혼의 엄청난 값을 알게 되고, 그래서 죄를 피해야 하는 중대한 필요성을 확신하게 될 수 있었을까? 인간의 눈앞에 십자가로부터 나타난 겸손, 순종, 항구함, 정의의 생생한 본보기가 빛날 수 있었을까? 악마에게 정복되었던 인간이 그 원수에게 반격을 가하게 되었음을 여러 세대의 사람들이 깨닫고, 죽어 마땅했던 인간이 십자가의 죽음으로 죽음을 정복했음을 알고 어깨를 좀더 펴고, 머리를 좀더 들고, 좀더 굳건한 걸음으로 걸어가게 될 수 있었을까?

십자가가 하늘을 배경으로 세상에 팔을 뻗고 있는 모습은 예쁜 동화같은 이야기는 아니다. 그것은 사랑을 선언하는 데에 전문인 기사의 과장된 사랑 고백이 아니었다. 땅과 하늘 사이에 매달려, 천천히 거친 표면을 흘러내려 땅을 적신 피는 인간이 걸어다니는 땅을 축성했고, 그 팔은 마치 새로운 세상이 창조되듯이 공기를 정화했다. 십자가는 언덕 위에 서서 사람들의 두려움을 꾸짖으며 도전한다. 이것은 인간이 할 수 있는 최악의 일이었고, 인간이신 분의 승리를 멈출 수 없었다. 사람들에게서 두려워할 것은 과연 무엇인가? 인간은 나무열매로 패배를 맛보았다. 그러나 이 나무의 쓴 열매로 그들은 정복되었다. 여기에는 팔을 뻗어 기도하는 새로운 모세가 있었다. 여기에, 살아있는 바위를 치는 것이 아니라 천국의 문을 쳐서 활짝 열고 은총이 사람들의 마음 위로 흘러넘치게 하는 새로운 모세가 있었다.

전쟁에서 돌아오는 전사들은 보통 기이하고 흥미로운 이야기들을 가져온다. 하지만 그 이야기들은 군대 생활의 흥미로운 면들, 외국 민족들의 특이한 관습, 낯선 땅의 강렬한 아름다움을 중심으로 한다. 이 사람들은 고통과 죽음에 대해서는 아무 말도 하려 하지 않는다. 이를 자세히 다루기는 어렵다. 고통이라는 주제가 품 안에만 함께있는 것이 아니라 마음 안에 함께 있을 때에는 훨씬 더 어렵다. 피가 차가운 형이상학자라는 평을 듣는 토마스는, 십자가 아래에 도달하여 하느님이신 제물을 바라볼 때 이와 같이 말이 없어짐을 느꼈다. 그는 그리스도의 모든 고통을 자세히 설명하려 하지 않는다. 어떤 인간의 말이 그것을 담을 수 있고, 어떤 인간의 마음이 그것을 파악할 수 있을 것인가? 오히려 토마스는 그리스도의 고통들을 일반적으로 다루며, 이를 묘사하기보다는 분류한다.

2) 정도

성 토마스의 눈을 통하여 십자가를 바라볼 때, 그에게 그러했듯이 우리에게도, 여기에서 영혼에게 직접 영향을 미치는 것은 죄나 은총의 상실 같은 악에 직면하는 그리스도의 문제가 아님이 명백하다. 질병이나 육체의 부패 같은 내재적 악의 문제도 아니다. 그리스도가 겪은 고통은 외적인 원천에서 오는 것이었다. 그런 의미에서 그리스도는 모든 고통을 겪었다.

그리스도가 모든 개별적 고통을 겪은 것은 아니다. 치밀한 미움에도 한계가 있다. 엘리사벳의 관리들은 사람을 매달고 잡아 끌고 찢어 놓는 선고를 재빨리 완수해야 했다. 물에 빠뜨리고, 독을 넣고, 총을 쏘고, 불에 데게 하고, 과식하는 것 같은 세부 사항들이 더 있었다면 완전한 순종은 불가능했을 것이다. 비행기 추락, 기차 사고, 고층 빌딩에서 떨어지는 것 같은 현대의 몇 가지 예를 더한다면, 한 사람이 모든 개별적 고통들을 겪는 것은 불가능하다. 그러나 그리스도가 겪은 것은 모든 종류의 고통이었다. 그 수난은 유다인과 이방인, 남자와 여자, 군주와 그의 관리들, 사제들과 백성들, 친구와 적들이 행한 것이었다. 그분은 명예를 빼앗기고, 존경을 잃었다. 소유물은 옷까지도 잃었다. 그분의 영혼은 혐오, 두려움, 슬픔에 지쳐 억눌렸다. 그분의 몸은 맞고 상처를 입었다. 모든 것을 잃어버린 인간이라는 의미에서, 그리스도는 옷이 벗겨진 채 십자가에 매달렸다.

인간의 몸은 매우 다양한 방식으로 고통을 겪을 수 있다. 예컨대, 머리는 가시관을 쓸 수 있고, 손과 발은 못 박힐 수 있고, 얼굴은 맞고 침 뱉음을 당할 수 있고, 몸 전체는 채찍질로 찢어질 수 있다. 그는 촉각과 후각에서, 범죄자의 시신들이 있던 곳인 해골산에서 죽음으로써 고통을 받을 수 있다. 그의 귀는 모욕과 불경, 모독으로 공격을 받을 수 있고, 그의 눈은 그에게, 자신이 이 모든 것을 겪고 있는 것을 바라보는 어머니의 얼굴에 흘러내리는 눈물을 보여 줄 수 있을 것이다. 이 모든 것이 한 사람에게 일어날 수 있고, 이 모든 것이 실제로 그리스도에게 일어났다.

그분은 온갖 종류의 고통을 겪었고, 그분이 받은 고통은 세상이 보아 온 어떤 고통보다 강렬했다. 우리는 지금 그 제물을 일반적으로 고찰하고 있음을 기억할 것이다. 다른 누군가는 더 날카로운 가시관을 썼을 수 있고, 더 멀리까지 십자가를 지고 갔을 수도 있다. 여기서 핵심은 이런저런 고통의 종류가 아니라, 하느님의 아드님이라는 주체 안에서 이 모든 고통이 함께 있었다는 점이다. 우리는 이렇게 일반적인 선에 머물면서도 그리스도의 고통의 강도를 어느 정도 파악할 수 있고, 십자가의 죽음을 통하여 오게 되는 느리고 너무 고통스런 고통의 경감을 알아볼 수 있다.

그리스도의 내적 고통을 기억한다면 그 고통의 강도를 더 깊이 비추어볼 수 있다. 그분은 온 세상의 죄를 짊어지고 계셨고, 지혜와 사랑으로 모든 죄의 끔찍함을 직접 눈앞에서 보면서 그 죄를 짊어지셨다. 그분이 형리들과 제자들이 죄를 지을 때에 그들의 영혼을 들여다볼 수 있으셨음을 기억한다면, 그분의 영혼이 느꼈던 고통을 조금이나마 깨닫게 될 것이다. 그분은 하느님이셨고, 죄보다 그분께 더 혐오스런 것은 없었다. 이 고통들을 겪은 주체가 하느님이시라는 점은, 하느님이 얼마나 오랫동안 인간들로부터 사랑을 찾아 나서실 것인지를 드러낸다. 이 인간이 하느님이셨음을 알 때, 우리는 인간 그리스도가 죽음이 천천히 다가오는 것을 보았을 때, 그리고 다른 모든 생명을 넘어 하느님의 생명인 이 생명을 잃어버리는 것을 보았을 때 어떤 고통을 겪었을지 알 수 있다. 카나의 포도주는 과방장을 놀라게 했고, 기적으로 만들어진 모든 것이 그렇듯이 완전했다. 기적적으로 만들어진 그리스도의 몸 역시 지극히 예민한 감각을 지니고 있었고, 욕구에 민감하게 반응했다. 그 몸은 아주 작은 기쁨에도 떨면서 반응했고, 고통의 잔인한 공격을 받을 때에는 지극한 번민으로 몸서리쳤다.

다른 사람들 안에서 고통은 이유들을 생각하여 완화될 수 있다. 예컨대, 순교자들은 탈혼으로 고통을 느끼지 않을 수도 있었고, 임신한 여인은 곧 품에 안게 될 아기를 생각하며 고통 속에서도 기뻐할 수 있다. 아기는 손가락을 잘라야 하는 불행 속에서도, 용감하게 치료를 받으면 상을 주리라는 약속을 생각하며 조금이나마 즐거워할 수 있다. 그리스도에게는 이런 것이 전혀 없었다. 그분은 이를 허락할 수 없었고, 인간의 구원을 위해 모든 기능이 작용해야 함을 주장하셨다. 이 모든 고통은 가장 완전한 의미에서 자발적이었다. 그분은 그 고통이 맺게 될 결실에 비례하는 양과 정도로 고통을 받아들이셨다. 그 결실은 다름이 아니라 모든 인간을 모든 죄로부터 구원하는 것이었다. 그 고통은 온 세상의 죄에 비례해야 했다. 세 시간의 고통 끝에 그렇게 빨리 돌아가셔야 했다는 것은, 그분이 겪은 고통이 어떤 것이었는지 알지 못하는 이들, 세상을 구원하시는 분이 마리아의 완전한 아들이셨음을 알지 못하는 이들에게만 놀라움이 될 수 있다.

그리스도의 고통의 보편성과 그 강도를 강조하면서, 토마스는 그리스도가 지복직관을, 천국의 기쁨을 누렸음을 잊지 않는다. 그것은 골고타의 비극에 끼어들거나 그 고통을 감소시키지 않았다. 오히려, 그리스도의 몸 안에 그 반향이 없었다는 바로 그 사실이 길게 기록된 하느님 사랑의 증언에 포함된 또 하나의 말이다.

인간의 상위 이성은 고통의 직접적 주체가 아니다. 그것의 대상은 진리이다. 그것은 인간 전체의 고통에만 연관된다. 그리고 이 상위 이성으로 인간은 천국에서 하느님을 본다. 십자가 위에서 그리스도는 이 상위 이성에서 직접적으로 고통을 겪지는 않았다. 그러나 인간 전체의 고통으로부터 간접적으로 견딜 수 없는 고통이 왔다. 또한 동시에, 그리스도의 의지 안에는 직관의 무한한 기쁨이 있었지만, 그 작은 기쁨이 인간을 위하여 바쳐진 고통을 감소시킬 수는 없었다. 천국에서, 그 직관은 육체에까지 흘러들어 물질적인 것을 영적인 것이 되게 하고, 그래서 육체는 그리스도의 변모 때에 나타났던 광채로 영광스럽게 된다. 그러나 골고타에서 그것은 그리스도의 육체의 고통을 완화하는 데에 조금도 영향을 미치지 않았다.

3) 상황

죽음은 젊은이들에게는 너무 멀리 있는 듯하여, 젊은 사람의 죽음을 바라보는 것은 더욱 힘든 일이다. 그리스도는 젊은이로서, 30대 초반에 돌아가셨다. 그분의 죽음에는 이러한 위로가 있었다. 그분은 사랑의 이름으로 목숨을 바치셨으므로, 그 사랑이 무조건적이라는 데에 대해서는 어떤 의문의 여지도 다시 있을 수 없었다. 30세라는 완전한 나이는 죽기에는 슬픈 나이이다. 하지만 사랑을 위해 온전히, 의식적으로 목숨을 바치기에는 적절한 때이다.

그리스도께서 돌아가신 언덕은 예루살렘의 옛 성벽 밖에 있다. 그 성벽 바로 아래에서부터 가파르게 올라가, 거의 옛 성벽 높이만큼 올라간다. 성벽에서 언덕으로 쉽게 돌을 던질 수도 있고, 자세히 보면 언덕 위에서 죽어가는 범죄자들의 십자가 명패를 읽을 수도 있었다. 예루살렘은 그리스도가 죽어야 할 장소였다. 예루살렘은 수도이고 그분은 임금이셨다. 예루살렘은 예언자들을 죽였고 그분은 가장 위대한 예언자셨다. 성 토마스에 따르면 예루살렘은 세상의 중심이었고 우주의 배꼽이었다. 영의 세계에 대해 말하는 것이라면 이는 분명 사실이다. 예루살렘은 당신 죽음으로 온 땅의 끝까지 영향을 미칠 분의 죽음에 적합한 장소였다. 그분은 당신 백성에게 거부당하고 버려진 인류의 희생양으로서 성밖에서 돌아가셨다.

그분은 두 강도 사이에 십자가에 매달리셨다. 이러한 수치가 더해진 것은 아마도 그분이 사랑하고, 치유하고, 위로하고, 용서하신 그 백성이 그분을 이 범죄자들과 동일시하기를 바랐기 때문일 것이다. 그랬다면 그 희망은 헛된 것이었다. 그때부터 세상은 그분의 십자가를, 다른 십자가들과 더불어 함께 일컫지 않았다. 임금들은 그분의 십자가를 찾고 옮겼으며, 그 조각들은 지금도 온 세상에서 흠숭을 받고 있다. 다른 십자가들은 그들의 몫을 했다. 가운데의 십자가 곁에서, 그 십자가들은 마치 재판석 옆에서 하느님의 선고를 듣는 듯했다. 그들은 모든 이에게, 이 고통이 하늘을 향해 날아가는 비상이 될 수도 있고 지옥 더 깊은 곳으로 우리를 내리누르는 무게가 될 수도 있다는 것을 보여 주었다. 한 죄수는 그 십자가라는 유리한 위치에서 임금의 옥좌와 옷을 알아보았고, 다른 죄수는 조롱해도 좋은 죽어가는 범죄자를 보았을 뿐이었기 때문이다.

(2) 수난의 원인

1) 그리스도 편에서

십자가에서 돌아가신 그리스도는 스스로 제물이 되셨지만, 스스로 자신을 죽게 만든 것은 아니다. 그리스도가 자신의 옷을 벗고, 손에 못을 박고, 옆구리를 찌른 것은 아니었다. 그분의 적들은 그분을 죽일 수 있었고 실제로 죽였다. 하지만 이는 오직 그분이 그들에게 자신을 내맡기셨기 때문이었다. 그분은 그들을 무력하게 만들고 굴복시킬 수 있으셨고, 그들의 나약한 인간적 공격 속에서 당신 몸이 전혀 상처를 입지 않게 할 수도 있으셨다. 그러나 그 어느 것도 하지 않으셨다. 그분은 목숨을 빼앗긴 것이 아니라 내어주신 것이었다. 시기, 미움, 원수들이 힘이 아니라 제물의 순종과 사랑이 그분의 희생 제사의 진정한 이야기를 우리에게 들려준다. 그분은 죽기까지 순종하셨다. 억지로 바치는 희생은 희생이 아니다. 그것은 그리스도께서 계획하신 화해의 수단이 되지 못한다. 인간은 불순종으로 하느님을 잃었고, 사람이 되신 분의 순종으로 하느님이 되찾아졌다.

그리스도는 당신 아버지의 명령에 순종하여 목숨을 바치신다. 순종은 그 명령과 마찬가지로 인간에 대한 무한한 사랑으로 감도되었다. 순종은, 처벌이 이루어질 때까지 죄의 용서를 거부하는 신적 정의의 무서운 엄격함을 없애 주었다. 동시에 그것은 인간이 죄의 벌을 피하게 하기 위하여 죽임을 당하도록 세상으로 당신 외아들을 보내신 하느님의 무한한 선하심을 계시해 준다. 당신 백성의 도움으로 그리스도는 이방인들에게 넘겨져 죽임을 당하신다. 구원은 유다인들로부터 이방인들에게로, 같은 과정을 따른다. 이는 하느님을 파괴하기 위한 것이 아니라 인간의 행복을 위한 것이다.

2) 박해자들 편에서

엄밀히 말해서, 그리스도의 죽음에 참여한 이들은 매우 많았다. 하지만 그들의 역할은 서로 매우 달랐다. 성부는 인간에 대한 정의, 선함, 사랑으로 그분을 죽음에 내어주셨다. 성자는 같은 선함과 순종으로 죽음에 자신을 내어 주셨다. 유다는 탐욕으로 스승을 배반했다. 유다인들은 질투심에서 그분을 배반했다. 빌라도는 소심한 두려움에서 군중에게 그분을 넘겨 주었고, 카이사르의 이름 앞에서 떨었다. 성부와 성자의 내어줌은 영원히 찬양을 받을 것이고, 다른 이들의 행위는 끝없이 단죄를 받을 것이다.

로마인들에게는 변명의 여지가 있었다. 그들이 메시아와 그의 오심에 대해 무엇을 알았던가? 그들은 그리스도가 행한 기적에 대한 소문에 무슨 관심이 있었던가? 골고타까지 그리스도의 뒤를 따라가며 외쳤던 군중 대부분에게도 변명의 여지는 있었을 것이다. 그들은 그 후에 두려움에 빠져 집으로 돌아갔다. 그들은 그리스도에 대해 독립적으로 판단할 수 있을만큼 성경을 잘 알지 못했다. 그들이 그분의 삶과 행적에 감명을 받고 열정을 품었다 하더라도, 그를 인정하거나 부인하는 것은 지도자들의 몫이었다. 그들 자신은 쉽게 기만될 수 있었다.

하지만 백성의 지도자들에 대해서는 경우가 다르다. 그들은 성경을 갖고 있고 성경을 알았다. 그들은 그리스도의 행적을 자세히 알고 있었으며 전문적인 눈으로 이를 살펴보았다. 그들은 하느님의 업적과 인간의 일을 구별하는 규범을 갖고 있었다. 그리스도를 죽이기 위해 골고타에 모여든 다른 모든 이와 마찬가지로, 그은 그분이 하느님의 아들이었음을 알지 못했다. 하지만 그들은 다른 모든 이들보다도 더 이를 알았어야 했다. 그들은 신앙으로만 이를 알 수 있었지만, 그 신앙을 원치 않았기에 그분 인성이라는 베일을 꿰뚫어볼 수 있게 해 주는 그 믿음을 받지 못했다. 그들은 신앙의 길에 미움, 질투, 기만 같은 장애물들을 놓았다. 선한 의지를 가진 이들만이 하느님의 눈에 속하는 것을 볼 수 있다.

그들이 바란 대로, 이 무죄한 사람의 피는 그들 위에 머문다. 그들의 죄는 가장 큰 죄이고, 있을 수 있는 가장 큰 죄이다. 박해자들을 훑어 내려갈 때, 죄는 줄어든다. 죄에서 그 무게는 의지의 악함에 따르고, 유다와 백성의 지도자들 이후에 악의는 결정적으로 감소되며 일반 백성, 빌라도, 로마 군사들에게서 점점 더 줄어들게 되기 때문이다.

어떤 사람은 현대 운송수단의 효용성을, 우리가 먼 길을 빨리 가고 그래서 빨리 돌아올 수 있게 해 주는 것이라고 정의했다. 이것은 단순한 농담이 아니다. 이것은 활동에 대한 우리의 경배가 헛된 것임을 보여 주는 축도이다. 우리는 성급함과 공격성을 긍정적 덕으로 보는 부조리한 단계에 이르렀다. 그 결과 우리 마음 안에는 한 장소에, 특히 작은 곳에 머물러 살아가야 하는 가난한 이들에 대한 연민이 있다. 우리는, 어떤 사람이 자신의 손과 발, 그리고 뇌로 할 수 있는 것이 모두 중요하다고 생각한다. 우리는 인간이 자신의 마음으로 할 수 있는 것은 전혀 중시하지 않는다. 철저히 현대적인 이들에게, 십자가에 달린 그리스도는 철저한 무력함, 완전한 실패의 상징이다. 그는 어디에도 갈 수 없었고, 아무것도 이룰 수 없었다. 종교적 사고를 지닌 현대인은 그리스도의 이 무력한 손들이 할 수 있었던 것, 그 부어오른 혀가 말할 수 있었던 것, 죄인들이 그 고정된 발에서 찾았을 것을 생각하며 슬퍼할 수도 있다. 그러나 실상 그리스도께서 가장 많은 것을 이루신 것은 그리스도께서 그렇게 무력하게 십자가에 달려 계신 때였다.

(3) 수난의 작용 방식 : 공로, 보속, 희생, 구속, 작용인

우리가 깨닫게 하기 위하여, 우리가 세상을 바삐 돌아다닐 때에 그저 우리는 우리가 출발한 곳으로 돌아갈 뿐임을 알게 하기 위하여, 하느님은 아주 먼길을 가셨다. 우리의 마음이 움직이지 않는다면, 우리는 원 안에서 움직일 뿐이다. 그리스도께서 음식을 드실 시간도 없을 만큼 바빴던 그 3년 사이에 하신 모든 것은, 골고타에서 이루신 것에 비하면 거의 아무것도 아니었다. 하느님 – 인간의 그 인과 작용이 촉발되었을 때, 사람들은 조롱하며 서 있거나 아니면 그 분의 무력함을 안타깝게 여기고 있었다. 그 십자가에서 그리스도의 신성은, 그리스도의 수난이 사람들의 삶 안에서 만들어내는 모든 광범위한 결과들의 작용인이 되었다. 그리스도의 인간적 의지는, 은총과 참사랑의 깊은 뿌리로부터, 이 모든 결과를 얻는 공로를 이루었다. 그분의 육체는 우리 죄로 받아 마땅한 벌을 갚았고 우리를 죄의 예속에서 해방시켰으며, 우리가 하느님과 화해하게 되는 희생 제사의 수단이 되었다. 인간 구원의 작용인, 공로인, 그리고 구원과 보속과 희생의 원인은 십자가에서 죽어가는 그 한 사람으로부터 흘러나왔다. 이것이 일을 이루는 하느님의 방식이었다.

(4) 수난의 결과

1) 부정적 결과

자신이 받은 교육에 충실한 현대인은, 그리스도가 골고타 위에서 행한 것은 비참한 죽음을 맞으며 벗들의 마음을 찢어놓은 것뿐이라고 즉시 이의를 제기할 것이다. 그리스도는 거기에서 정확히 무엇을 한 것인가? 이 질문에 대하여 21세기가 만족할만한 대답을 하기는 어렵다는 것을 확인하려면, 그리고 오늘날 우리가 인간의 목적에서 얼마나 멀어졌는지를 알아보려면, 그리스도의 수난이 현대 세계에게 별로 혁명적인 영향을 미치지 못한다는 점을 살펴보는 것으로 충분하다. 오늘날 죄로부터의 해방, 악의 세력으로부터의 해방, 죄 때문에 받아야 할 벌에서 벗어남, 천국의 문이 열림, 하느님이며 인간이신 그리스도의 현양은 과연 무엇을 의미하는가? 유니언 광장에서 그런 주제들은 어떤 비웃음을 받을 것인가? 그것이 어떻게 사람이 죽을 이유가 되는가!

2) 긍정적 결과

하지만, 인간은 오직 이 결과들을 통해서 자신의 삶의 투쟁에서 승리할 수 있다. 하느님의 배려로, 그리고 인간의 능력에 대한 하느님의 존중으로 지금도 모든 인간은 자신의 투쟁을 한다. 그리스도의 이 결과들은 우리를 위해 얻어진 것이지만, 우리는 우리 삶 안에 그것이 적용되도록 허락해야 한다. 인간의 삶은 그 자신이 승리해야 하는 투쟁이고, 인간은 개인으로서 자신을 위하여 승리를 얻을 수 있지만 그것은 오직 하느님께서 십자가 위에서 돌아가셨기 때문에 승리할 수 있는 것이다. 그런데도 세상은 무관심에 빠진다.

4. 그리스도의 죽음

(1) 사실

(2) 결과

1) 그분의 신성 편에서

2) 그분의 인성 편에서

3) 우리 구원과 관련하여

그리스도께서 머리를 숙이고 돌아가셨을 때, 그분의 영혼이 그분의 육신을 떠남으로써, 모든 사람의 삶이 끝나듯이 그분의 삶도 끝났다. 하지만 어머니의 품에 안긴 그 시신을 인간의 유해로, 썩어 없어질 물질 덩어리로 보는 것은 중대한 잘못이다. 그리스도의 육신이 그의 영혼을 신성에 묶어두는 사슬이 아니었듯이, 그의 영혼은 육신을 신성에 이어놓는 견인줄이 아니었다. 하느님과 인간 본성의 결합에는 매개물이 없었다. 그 결합은 즉각적이고, 위격에 의한 것이었다. 그분이 십자가에서 내려지실 때, 그리고 죽음의 3일 동안에, 영혼과 육신은 분리되었지만 하느님 아들의 위격과 그 신성은 육신과 긴밀히 결합되어 있었고 영혼과도 긴밀히 결합되어 있었다. 이 위격은 육신과 영혼의 결합에서 나온 결과가 아니며, 인간 본성과 신적 본성의 결합에서 나온 것도 아니다. 그것은 영원한 위격으로서, 육신과 영혼의 결합이 파괴된다고 해서 파괴되지 않았다. 하느님은 당신이 취하신 것을 간직하셨다. 모든 은총이 그렇듯이 그 결합의 은총은 오직 죄에 의해서만 상실될 수 있었고, 살아있는 그리스도 안에 죄가 없었듯이 돌아가신 그리스도 안에도 죄는 없었다.

5. 그리스도의 장례

(1) 이유

이렇게 볼 때, 그리스도의 시신에 대한 돌봄과 사랑, 빌라도에게 시신을 청한 아리마태아 사람 요셉의 용기, 십자가에서 시신을 받은 어머니의 슬픔은 사랑스런 기억에서 나오는 경외심을 넘어서는 것이었다. 그 시신이 겪은 모든 것은, 그것이 사랑의 어루만짐에 불과한 것이었더라도, 인간의 영혼들에게 무한한 가치를 지녔다. 물론 그 3일 동안 그리스도는 죽어 있었다. 그분은 더 이상 인간이 아니었다. 인간은 육신도 아니고 영혼도 아니며 그 둘의 결합이기 때문이다. 그 결합은 해체되었다. 그리스도의 시신은 영혼이 없는 육신이었다. 그러나 그때에도 동일한 위격에 속해 있었고, 그 위격을 통하여 신성과 결합되어 있었다. 그리스도는 죽어야 할 이유가 없었으나 죽음을 취하셨다. 그분은 육신의 부패를 겪어야 할 이유가 없었으며, 그분의 신성에 대해 조금도 의심이 없도록 부패를 취하지 않으셨다.

(2) 육체에 대한 결과

그 육신이 부패를 겪는다는 것은 전혀 적절하지 않았다. 부패를 겪지 않았다는 것은 사람들에게 평온한 위로가 되었으며, 그리스도의 적들에게 이론의 여지가 없는 반박이 되었다. 빌라도가 창으로 그 심장을 찌르게 하고, 사람들이 무덤을 봉인하고 밤낮으로 지켰어도, 그리스도의 죽음을 의심할 수 있다는 것은 예상할 수 있는 결론이었다. 믿음보다 의심이 훨씬 더 편안한 것일 때, 그러한 조심은 인간의 의심을 막을 수 없다. 자고 있는 동안에 일어난 일들을 증언하도록 잠든 증인들을 매수하는 것이 필요하더라도, 그들은 그들 자신의 의심을 품을 것이다. 그분의 죽음이나 부활을 거부한다면, 그분의 삶과 가르침의 모든 세부 사항을 거부해야 했다. 의심을 하지 않는 우리는, 무덤에 자리한 그리스도를 바라보며 위로를 받는다. 그때부터 사람들은 무덤에 누운 사랑하는 이들을 바라보면서 무덤의 문들이 영원히 닫혀있지 않다는 것을 기억하고, 모든 무덤은 입구인 동시에 출구이고 길의 끝이 아니라 시작이라는 것을 기억할 수 있다.

(3) 기간

아마도 그리스도의 장례는, 우리가 세례로 죄에 죽어야 하고 세상에 대해 묻혀야 하며, 인간의 무질서한 정념을 멀리해야 한다는 것을 상기시키기 위한 것이기도 했다. 그리스도는 이틀 밤과 하루 낮을 무덤에 계심으로써, 우리가 세례와 그 완전한 완성을 통하여 죄의 죽음과 육신의 죽음에서 해방됨을 알게 하신다.

6. 지옥에 내려가심

(1) 적합성

(2) 상황

생명의 숨결이 떠나가고 그분의 육신이 십자가 위에 달려 있었을 때, 그리스도의 영혼은 지옥으로 내려가셨다. 단죄 받은 이들의 지옥이 아니라, 림보라고 불리는 지옥으로 가신 것이다. 그분의 승리를 분명히 알게 될수록, 악마의 나라에는 혼란과 절망이 일어났다. 림보에 있던 의인들의 영혼은, 생명의 창시자의 죽음으로 생명의 문이 열리기를 기다리고 있었다. 그분의 삶에서 모든 생각들이 그러했듯이, 죽음에서도 그분이 가장 먼저 다른 이들을 생각하셨다는 것은 전혀 이상한 일이 아니다. 림보에서 기다리는 이들에게 시간이 얼마나 길게 느껴졌는지는 하느님만이 아신다. 분명 하느님만이 우리에게, 그분 희생의 첫 열매를 맛본 이들이 세상의 구원자를 얼마나 기쁘게 맞이했는지 알려줄 수 있으실 것이다.

(3) 수혜자들

짧은 방문이 끝났을 때, 죄의 발자취를 끊임없이 뒤따르는 슬픔의 흔적이 있었을 수 있다. 연옥에는 아직 자신의 죄를 갚지 못한 이들과 마지막 한닢을 갚기까지 그분이 개선하여 당신 나라를 차지하시는 데에 참여할 수 없는 이들이 있을 것이기 때문이다. 림보의 영혼들은 지금도 원죄의 흔적을 지니고 있고,

그래서 그 나라에 들어갈 수 없었다. 지옥에서 단죄받은 이들에게는 가실 필요가 없었다. 그들에게는 가져갈 것이 없으셨고, 그들의 벌은 조금도 감소되지 않았다. 그들은 선택을 했고 그 선택을 고수했다. 정복자, 우주의 주인, 만물의 하느님이라도, 인간이 그렇게 어리석고 손해가 큰 선택을 하더라도 인간의 의지를 바꾸도록 강요하지는 않으신다.

마리아는 요한에게 기대어 언덕과 그 무덤에서 내려와, 그리스도가 없는 도성 안으로 들어갔다. 그러나 마리아는 고통과 죽음에 대한 인간의 전망을 영원히 바꾸어 놓을 비밀을 간직하고 있었다. 마리아와 요한에게, 죽음과 고통의 신비는 믿음으로 밝혀져 있었다. 죽음이 새로운 삶의 시작이라는 것을 알고 있었기에, 그것은 마지막이 아니었다. 부패는 죽음의 최종 목적인 육신의 영광으로 대응된다. 죽음의 불가피함은 불멸의 확실성에 의해 정복되었다.

[결론]

1. 고통의 철학

(1) 기쁨의 철학

달리 말해, 그들은 고통과 죽음에 대한 그리스도교 철학을 온전히 지니고 그 텅 빈 도시로 들어간 것이다. 그들은 그리스도의 죽음에서, 다른 이들의 고통은 자비롭고 항구하게 덜어주어야 하지만 고통을 기쁘게 받아들이는 것이 가능함을 배웠다. 그들은, 그들의 기쁨이 완전하게 되기 위하여 고통이 그들의 몫이 되리라는 것을 알았다. 십자가의 길은, 그 모든 슬픔에도 불구하고, 더 충만하고 영원한 기쁨으로 인도하는 길이었다.

(2) 슬픔의 철학

이와 극명한 대조를 이루면서, 그 시대의 물질주의적 철학들은 고통의 광경과 죽음의 두려움 앞에서 떨었다. 그들에게 고통과 죽음은 아직도 신비로운 것, 싫은 것, 그러나 역설적으로 다른 이들에게는 상당히 의도적으로 가하는 것이었다. 그 철학들은 언제나 그랬듯이 쾌락에 전념하고 고통을 회피하는 것으로 보였다. 하지만 실제에 있어서 그것은 그들의 목적을 위해 희생된 이들에게 뿐만 아니라 이 철학의 동반자들에게도 슬픔과 비관의 철학이었다.

2. 차이의 두 가지 근거

(1) 고통받는 이는 희생자 또는 지배자

마리아와 요한, 그리고 그들 이후의 모든 이들은 단순히 인간으로서만이 아니라 하느님의 생명에 참여하도록 만들어진 인간으로서 고통과 죽음을 직면했다. 그 시대와 우리 시대의 물질주의자들은 고통과 죽음이라는 신비를 하느님의 생명에 참여하는 이들로서 또는 인간으로서 대면한 것이 아니라, 다만 인간 이하의 존재에게만 합당한 것으로 여긴다. 실제로 그랬을 수도 있다. 이 두 관점의 기본적인 차이는 그리스도인, 제물, 고통받고 죽는 이가 실제로는 당신 자신의 드높은 목적을 위하여 자신의 고통과 죽음이라는 무서운 무기를 사용하시는 주님으로서, 물질적인 것과 그것이 당신께 가할 수 있는 고통보다 높이 오르시며 언제나 당신 안에 영보다 낮은 모든 것에 매여있지 않게 하는 불꽃을 지니고 계신다는 대조를 뚜렷하게 보여준다. 다른 관점에서는, 고통받는 이는 그저 더 강한 힘들의 희생물일 뿐이다. 그는 맞고 추방당한다. 그에게는 아무것도 그를 파멸시키기 위하여 덮쳐오는 힘들로부터 벗어나게 해 주는 명분을 주지 않는다. 그는 분명 그보다 더 강한 힘들의 노예이며, 가망 없는 절망의 모습을 드러낸다.

(2) 귀중한 목적

물질주의자에게는, 희망 없는 역경에 맞서 싸울 이유가 없다. 그에게는 갈 곳이 없고, 고통을 견딜만한 목적이 없으며, 죽음을 대가로 치를만한 것이 없다. 그가 아는 것은 오직 그가 손에 쥐고 있는 삶 뿐이고, 그 삶에 대해 별로 알지 못한다. 그 삶을 보존하기 위해 그는 어디라도 가야하고, 어떤 비열한 수단에도 가책을 느끼지 말아야 한다. 반면 십자가의 길에서 그리스도를 따르는 이는 인간에게만 가치가 있는 목표를 추구한다. 그것은 하느님께 고유한 목표이고, 어떤 물질적인 것보다 더 높은 것이기에 물질적인 것을 모두 잃는다 해도 그것은 사소한 대가로 여겨진다. 스승의 질문은 지금도 반박의 여지가 없다. "사람이 온 세상을 얻는다 해도, 그의 목숨을 잃는다면 무슨 소용이 있겠느냐?" 믿기 어려운 그분의 약속도 아직 유효하다. "자기 목숨을 잃는 사람은 그것을 되찾을 것이다." 인간이 견딜 수 없는 모든 고통을, 하느님이자 인간이신 분이 견딜 수없는 모든 고통까지도 대가로 치를 만한 가치가 있는 것들이 있기 때문이다. 그리고, 죽음이 위협이 되지 않고 오히려 입구가 되는 것들도 있다.

3. 정복자인 희생 제물, 그리고 십자가라는 그분의 책

우리 시대와 모든 시대는 십자가에서 돌아가신 하느님의 아들을 정복자이며 스스로 원하신 제물로, 돌아가시고 그 죽음으로 죽음을 정복하신 인간으로, 무한히 고귀한 행위라는 지울 수 없는 말들로 모든 사람이 읽어야 할 근본적으로 중요한 가르침을 기록하신 인간으로 바라본다. 거기에는 영적인 것이 물질적인 것보다 중요하며, 인간 삶의 모든 것은 그 삶 자체까지도 그 영혼의 선을 위한 것이어야 한다고 지울 수 없이 기록되어 있다. 그리스도의 삶과 가르침과 죽음의 보편적인 상징인 십자고상에, 그분은 우리에게 인간 삶을 위한 신적 지혜의 책 전체를 남겨 주셨다. 십자가는 무지한 사람도 쉽게 살펴볼 수 있는 간단한 물건이지만, 가장 지혜롭고 가장 거룩한 이들도 다 이해하지 못한다. 그것은 성인들의 책이었고, 그 책에는 고통의 수수께끼와 죽음의 두려움에 대한 답이 있다. 거기에는 인간 삶의 신적 모범이 인간 삶에 대해 알려주신 마지막 장이 들어 있다.

개업한 지 얼마 되지 않는 젊은 의사에게, 또는 함께 살기 시작한 젊은 부부에게 어떤 사람이 꿈을 꾸기에 너무 늦은 나이가 될 수 있다는 것이 불가능하게 보인다. 어떤 의미에서는 그들이 옳다. 하지만 실제로, 꿈으로 가득 채워진 것은 그 사람이 젊을 때이다. 청소년이 어른이 되어갈 때, 그때가 젊은이의 꿈들이 싹트는 넓은 지평이 펼쳐지는 때이다. 그는 기대와 기쁨으로 그 길고 넓은 길들을 만나게 되지만, 그 큰 꿈을 정복해 가는 중간에는 흔히 이 거대한 신세계로 떠나는 모험에서 불안과 두려움을 느끼게 된다.

이 두려움이 실제로 지배적일 경우 결단을 내리지 못하는 불안정한 상태가 생겨나고 노력과 성취, 그리고 인간적 의미의 힘찬 삶이 시들게 된다. 그러나 이러한 두려움이 건강하게 유지된다면 그것은 우리의 무모한 용기를 조절해 주는 소중한 장치가 되며, 과감한 시도를 할 때에도 신중하게 조심하도록 함으로써 조절하게 하는 역할을 한다.

기쁨과 기대와 두려움이 이렇게 뒤섞이는 것은 새로운 길을 시작하게 하는 모든 목표의, 새로운 출발의 목적지들의 공통된 특징일 것이다. 우리 본성은 언제나 더 넓고 더 멀고 더 어려운 목표를 추구하고 기쁨과 두려움이 혼합된 가운데 그 목표에 다가가지만, 때로는 주저앉고 실패하기도 한다. 그리고 이 모든 것은, 영원의 지평을 열어주는 죽음이라는 목적지에도 해당된다. 이러한 관점에서 보면 병사들의 두려움과 제자들의 기쁨을 전해주는 우리 주님의 부활 이야기는 매우 훌륭하게 기록되어 있다. 이 둘의 결합은 새로운 길의 출발점인 하나의 종착점에 도달하는 모든 사람이 느끼는 전형적인 감정이다.

제11장 죽음의 정복 (제3부, 제53문제 ~ 제59문제)

1. 죽음의 정복의 두 모습
   (1) 장벽이 사라지는 기쁨
   (2) 책임과 심판의 보증에 대한 두려움
2. 죽음의 정복을 부인하는 근거
   (1) 삶에 대한 두려움
   (2) 삶에 대한 자만
3. 정복과 정복자
   (1) 그리스도의 부활
      1) 필요성과 적합성
      2) 그 우위와 원인
   (2) 정복자의 육체
      1) 실재성
      2) 특성들
4. 정복의 드러남
   (1) 한계들
   (2) 주어진 증거들
5. 정복의 인과관계
   (1) 육체에 대하여
   (2) 영혼에 대하여
6. 정복의 결과들
   (1) 그리스도의 승천
      1) 적합성
      2) 원인
      3) 목적
   (2) 성부 오른편의 자리
   (3) 심판하는 권한
      1) 심판의 자격
      2) 심판의 범위
      3) 두 번째 심판

[결론]

1. 생명과 죽음의 싸움
2. 죽음으로 생명을 정복함
   (1) 정복의 두 측면 : 해방과 슬픔
   (2) 해방과 슬픔의 공통된 의미
   (3) 공통된 결과들
3. 생명으로 죽음을 정복함

제11장 죽음의 정복 (제3부, 제53문제 ~ 제59문제)

1. 죽음의 정복의 두 모습

(1) 장벽이 사라지는 기쁨

그리스도께서 죽음을 정복하신 것은 기뻐할 충분한 이유가 된다. 그것은 삶의 마지막에 자리한 앞이 보이지 않는 막다른 골목에 서 있던 담장을 무너뜨린 것이고, 모든 인간의 마음의 길을 무겁게 가로막는 끝이라는 장벽을 제거한 것이기 때문이다. 인간의 마음에 장벽은 언제나 고통의 원인이 된다. 그 마음은 더 새롭고 넓고 높은 목표를 향한 천부적인 충동을 지니고 있고, 아무리 돌아다녀도 채워지지 않는다. 그 마음이 무한을 위하여 만들어졌기 때문이다. 마지막 문인 죽음의 문이 활짝 열리면 인간은 사랑과 앎, 성취, 그리고 인간의 마음이 소중히 여기는 다른 모든 것에 끝이 있다는 두려움에서, 인간이 평생 그렇게 간절히 찾았던 것을 잃을 수 있다는 두려움에서 기쁘게 즉시 해방된다.

삶이 충분히 길지 않다는 것은 상당히 확실하다. 젊은이는 삶의 소란과 혼돈 속에 감추어진 큰 가치를 알지 못할 것이다. 그 가치를 알아보는 데에는 시간이 걸린다. 우리는 아주 천천히 배우기 때문이다. 삶은 마치 그 아름다운 선들을 조금이나마 알아보기 위해서는 여러 차례 찾아가야 하는 대성당과 같다. 삶은 우리의 눈이 그 영혼을 들여다보려 한다면 여러 시간 동안, 여러 날 동안 바라보아야 하는 걸작품이다. 그것은 되풀이하여 읽을 때마다 새로운 의미와 새로운 깊이를 보여 주는 책이다. 삶이 거의 끝나갈 때 우리는 봄의 햇빛이나 겨울의 순수한 아름다움 같은 익숙한 것들의 가치를 알아보기 시작하게 된다. 그때에도 우리는 사랑과 희생, 헌신적인 가정 생활, 하느님의 은혜의 신비를 그저 표면에서만 맛본 것이다. 우리에게는 더 많은 시간이 필요하다. 우리가 삶의 가치를 통찰하기 시작하기만 하더라도 그 삶은 실패가 아닐 것이다.

(2) 책임과 심판의 보증에 대한 두려움

하지만 이 죽음의 문이 새로운 생명을 향해 활짝 열리는 것을 보게 될 때는, 우리 마음을 만족시키는 끝없는 길을 마주해야 하는 것에 대한 뚜렷하고 건전한 두려움도 나타난다. 죽음이 정복되고 생명이 끝없이 계속된다면, 선은 보존되겠지만 악에 대한 기록도 대면해야 할 것이기 때문이다. 인간은 기억 능력을 지니고 있어서, 자신이 한 일들을 없애버릴 수가 없다. 그 자신의 삶 전체를 볼 때, 선에 대해서는 애정과 자부심을 가질 수 있겠지만 악에 대해서는 책임을 져야 한다. 이에 대한 두려움이 전혀 없는 사람은 어리석은 사람이라고 할 수 있을 것이다. 간단히 말해서, 죽음의 정복은 천국의 가능성만이 아니라 지옥의 가능성도 열어준다. 그 정복은 모든 것을 남김없이 정확하게 결산하는 심판이 있으리라는 것을 보증해 주는 것이다.

2. 죽음의 정복을 부인하는 근거

(1) 삶에 대한 두려움

죽음이 정복된다는 것은 인간에게 두려운 진리이다. 비겁한 이에게는 견딜 수 없는 것이다. 어느 시대에든, 일부 사람들에게는 그리스도의 부활이 나쁜 소식이었다. 그것은 마치 이 소식을 읽으면 그것이 망가지기나 하는 것처럼 그것을 읽기를 거부하면서 유치하고 비이성적으로 그 소식을 밀어내려 할 만큼 나쁜 소식이었다. 그러나 어떤 사람이 자신이 변호사 시험에 떨어졌다는 것을 알게 될까봐 시험 결과 통지서를 불태우려고 한다면, 그는 바로 자신이 그 통지서를 없애버렸기 때문에 개업할 수 없다는 것을 곧 알게 될 것이다. 그리스도의 부활이라는 소식을 읽기를 거부하는 사람은 결국 그들이 삶의 무지 속에 머물렀기 때문에 계속 살아나갈 수 없다는 것을 알게 된다. 실제로 그들이 행한 것은 두려움의 손을 들어주는 것이고, 삶 안에서 삶의 목적이 될 만한 가치가 있고 또 책임의 무거운 짐을 질 만한 가치가 있는 모든 것을 부인하고 진정한 노력과 성취와 삶을 포기하는 것이다.

(2) 삶에 대한 자만

이상한 역설이 있다. 삶을 두려워하는 이 비겁한 이들은 자만을 근거로 삶을 부인하고, 그래서 교만으로 건전한 두려움까지 잃어버린 이들과 손을 잡는다. 그들은 양편 모두 인간 지상주의를 주장한다. 전자는 책임을 부인하고 자신보다 더 높은 누구에게 응답해야 하는 데에서 인간을 해방함으로써, 후자는 종속을 인간의 위대함을 더럽히는 것으로 여겨 완고하게 분노하며 거부함으로써, 이들은 인간의 힘으로 도달할 수 없는 것은 존재하지 않는 것이라고 주장한다.

한 사람의 손, 눈, 또는 정신이 진리의 한계에 도달하는 것은 힘든 일이다. 불가능하다고 할만큼 어려운 일이다. 인간 영혼이 죽지 않는다는 진리는 인간 정신이 도달할 수 있고 도달했던 진리인데도 이들은 그것을 알려고 하지 않는다. 육체가 영원한 생명으로 부활하는 것은 믿을 수가 없다고 여긴다. 결국, 우리가 가진 것은 부활에 대한 하느님의 말씀뿐인데, 우리는 누구의 말도 중시하지 않는다. 그들은 우리가 누구에게도 의존하지 않는다고 말한다. 우리는 우리 자신의 삶을 산다. 우리는 세상 꼭대기에 서 있다. 우리는 우리의 시작과는 아무 상관이 없지만, 우리 자신의 끝에 대해서도 더 할 말이 없지만, 그 둘 사이의 공간에 대한 우리의 지식은 형편없이 희미하다. 시작이나 마침을 넘어선 공간에 대한 우리의 지식은 간접적인 것일 뿐이지만, 우리는 최고이다. 그래도 우리는 나무보다, 개보다, 또는 우주적 힘보다 더 많이 알고 있다. 그러니까 우리는 알 수 있는 모든 것을 알고 있음이 틀림없다.

교만(superbia)과 두려움(timor)은 인간 삶에서 새로운 것이 아니다. 그리스도의 부활 이야기에서 우리가 오늘날 잘 알고 있는 그런 두려움, 곧 삶을 살기를 더 선호함으로써 결국 생명을 파괴하는 두려움이 기록되어 있지 않은 것은 사실이다. 하지만 불편한 진리를 부인하도록 증인들에게 뇌물을 주기까지 하는 교만에 대한 기록은 남아 있다. 그리스도께서는 죽은 이들로부터 다시 살아나셨다. 인간은 자신의 삶에서 그 선과 악을 모두 직면해야 한다.

3. 정복과 정복자

(1) 그리스도의 부활

1) 필요성과 적합성

어떤 의미에서, 그리스도께서는 죽은 이들 가운데에서 부활해야 하셨다. 그분은 부활(resurrectio)을 당신 신성의 증거가 되게 하셨다. 그것은 그 시대의 목이 뻣뻣한 이들에게 주어진 최고의 표지였다. 부활이 없었다면 그분의 가르침과 그분의 삶은 그저 우리 시대까지 이어지는 거짓 예언자들의 긴 역사의 또 한 장면이 되었을 것이다. 그들은 죽은 후에 곧 돌아오리라고 약속했었고, 그 제자들은 헛되이 기다리다가 스스로 속은 것에 대해 분노하고 마침내는 약속을 지키지 않은 스승에게서 멀어졌었다.

그리스도의 어머니는 승리의 노래를 부르면서, 하느님께서 미천한 이를 들어 높이시고 권세있는 자들을 꺾으셨다고 말씀하셨다. 그리고 그 아드님은 "꼴찌가 첫째 되고 첫째가 꼴찌 될 것"이며 "자신을 높이는 이는 낮아지고 자신을 낮추는 이는 높아질 것"이라고 강조하셨다. 그분 자신이 가장 낮은 위치까지, 십자가의 수치스런 죽음에까지 낮추어지셨다. 그분 부활의 현양은 골고타의 낮춤에 대한 하느님의 적합한 응답이었다.

엠마오를 향하여 천천히 걸어가는 무거운 마음과 느린 발걸음은, 그리스도께서 부활하지 않으셨다면 그리스도의 제자들이 지닌 믿음이 얼마나 약해졌을 것인지를 보여 준다. 바오로 사도는 그리스도께서 부활하지 않으셨다면 우리의 믿음은 헛되리라고 말했는데, 옳은 말이다. 실망스러운 장면을 보지 않기 위하여 예루살렘에서 떠나가고 있는 두 제자의 말에 담긴 씁쓸함을 보라. 그들은 부활하신 그리스도를 알아뵙지 못하고 그분께, 그분이 이스라엘을 구하러 오신 메시아라는 희망을 품었었다고 설명했다. 이것은 그리스도께서 부활하지 않으셨다면 사람들이 얼마나 큰 실망을 느꼈을 것인지를 흐릿하게 보여 주는 것이다. 사람들의 희망이 높았던 그만큼 그 실망은 더욱 비참했을 것이다.

그들이 그리스도께 "저녁때가 되어 가고 날도 이미 저물었습니다."라고 말하는 것은 그저 하루 중의 시간에 대한 언급에 그치는 것이 아니다. 그것은 그들의 스승께서 부활하지 않으셨다면 사람들의 마음 위에 영원한 밤이 덮치리라는 위협을 나타낸다. 그와 대조적으로, 그들이 쉼이나 음식도 기다리지 않고 급히 예루살렘으로 돌아가던 때의 즐거운 마음과 빠른 발걸음은 우리에게 부활하신 그리스도께서 굳건하게 해 주시는 믿음과 희망이 어디에까지 이를 수 있는지를 어렴풋이 보여 준다. 언제라도 너무 늦지 않고, 어떤 날이라도 너무 수고스럽지 않고, 어떤 길이라도 너무 멀지 않다. 우리는 죄의 죽음으로부터 다시 살아났고 영원이라는 빛나는 목적지가 우리 앞에서 우리를 초대하고 있기 때문이다.

어떤 사람이 절반쯤 이룬 일이 그의 좋은 의도를 증명해 줄 수도 있다. 우리는 때로 이를 존중하면서, 인간의 의지가 흔들렸다는 이 가련한 증거 앞에서 우리의 눈을 감고 입을 다문다. 어떤 일을 절반만 이루었다는 것은 실상 그 일을 한 사람이 충동의 희생물이라는 것을 이론의 여지 없이 보여 주는 선언이다. 그렇게 된 것은 아마도 그가 정원에 들어가면 잡초 더미가 있다는 것을 깨닫지 못했었기 때문일 수 있다. 그가 오늘날 사람들이 이혼 법정에서 보게 되는, 스티븐슨(Stevenson)이 "기록하는 천사를 길들이는 것"이라고 부른 것이 얼마나 어려운 일인지를 알지 못하기 때문일 수 있다. 어쨌든, 충동은 어떤 일을 시작하게 하는 데에서는 훌륭하지만 일을 완성하게 하는 데에서는 형편없다. 그런데 하느님은 충동의 희생물이 아니시다. 그분은 하던 일을 절반에서 그냥 두시거나, 그것을 웃어넘기거나 혼란한 속에 묻어두지 않으신다. 그분은 시작하신 일을 마치신다. 그래서 그분은 시작하신 것이다. 물론 이 모든 것은 우리의 구원에도 해당한다. 그것은 하느님의 업적이며, 그래서 절반만 이루어진 채로 남아 있을 수 없다. 그리스도께서는 우리를 악에서 해방시키기 위해서만 오신 것이 아니다. 그것은 절반에 지나지 않는다. 그분은 그 일을 끝마치기 위해서, 우리를 선으로 데려가기 위해서 오셨다. 구원은 죄의 사슬을 던져버리는 것을 훨씬 넘어서며, 하늘 나라의 담장을 타고 오르기 위해 달려가는 것을 뜻한다. 그 첫 단계로 그리스도께서는 우리를 위하여 우리의 악을 짊어지셨다. 그리고는 그분께서 우리의 손에 쥐여 주신 예리한 도구로 행해야 할 높은 일들을 시작하게 하시고 그 목표와 본보기를 보여 주셨다.

구원 업적은 완전하여 하느님의 지혜와 능력으로 충만하고 그 완성을 보증하지만, 인간은 그것을 회피하려 한다. 하느님의 길이 보통 그렇듯이, 그분은 인간이 스스로 눈을 감으려고 할 때에는 그가 비뚤어진 길을 가는 것을 허락하신다. 하지만 그분은 당신의 거룩한 길에서, 인간이 어려운 진리를 파악하려 할 때 인간의 정신 안에서 일어나는 방황을 예견하고 예방하셨다. 그리스도 안에는 인성과 신성이 있었다. 물론 그래서 어떤 이들은 그분의 신성을 문제 삼고 또 어떤 이들은 그분의 인성을 의심하려 한다. 그러나 하느님은 그 어떤 불확실성에도 여지를 남기지 않으신다. 인간이 진리를 회피하려 한다면 그는 거짓이라는 약한 실로 그들의 의심을 엮어야 할 것이다.

그리스도께서 경비병들이 오자마자 그들이 밤새 경비를 설 준비할 시간도 주지 않으시고 즉시 무덤에서 튀어나오셨더라면, 그들은 그분이 실제로 돌아가셨던 것인지 의심했을 것이며 그 죽음이 마술사의 속임수였고 그분을 처형한 이들도 함께 공모한 것이었다고 생각할 수 있었을 것이다. 만일 몇 주, 몇 달, 또는 몇 년이 걸렸더라면 사람들은 그분의 죽음을 잊어버렸을 것이고 희망을 버렸을 것이며, 부활이 이루어졌을 때 그 부활을 의심했을 것이다. 물론 그리스도께서 스스로 당신 부활의 때를 선택하셨다. 무덤을 지키는 병사가 무덤을 봉했던 것은 겟세마니에서 하느님의 손을 줄로 묶었던 행동만큼이나 어리석은 것이었다. 이는 전능하신 분께서 사람에게 사용되는 제약으로 묶일수 있다는 듯이 여기는 행동이다.

실상 그리스도께서는, 연습 또는 리허설이라고 할 수 있을 일들을 통하여 사람들이 당신의 부활이라는 기적의 소식을 더 쉽게 받아들일 수 있게 하려 하셨다. 라자로의 부활, 나인 고을에 사는 과부 아들의 부활, 그리고 그분께서 돌아가신 후에 거룩한 도성의 길을 걸었던 성인들의 부활이 그러한 일들이었다. 그분은 사람들이, 무덤에서 걸어 나오는 사람을 아침에 자신의 집에서 걸어 나오는 사람을 보듯이 태연하게 받아들이기를 바랄 수는 없으셨다. 하지만 적어도, 죽은 사람을 만나는 데에서 신적 능력을 접하게 되는 충격이 완화되어 사람들의 정신이 마비되지 않게 하려 하셨다. 물론 그 일들은 리허설들이었다. 죽었다가 살아난 그 사람들은 다시 죽어야 했고, 사람들은 그들이 죽는 것을 보았다. 그리스도께서는 죽은 이들 가운데에서 부활하시어 죽지 않으시는 첫 분이셨다. 그분은 참으로 죽음을 정복하셨다. 우리는 그 정복에 참여할 것이지만, 그 정복은 처음에 그분에 의하여 이루어졌다.

2) 그 우위와 원인

죽은 사람이 자신을 위해 할 수 있는 것이 별로 없음은 명백하다. 그렇지 않다면 그는 공기를 단 냄새로 질식시키는 꽃 무더기를 참지 않을 것이다. 한 사람의 죽음은 그의 탄생과 마찬가지로 그 자신에 의해 기록되지 않는다. 인간 그리스도는 다른 어떤 인간과 마찬가지로 무력했다. 머리를 숙이고 숨을 거두신 후 실상 그 '인간'은 더 이상 실존하지 않았다. 그분의 영혼은 그분의 육체에서 분리되었고, 그 재결합은 육체에 의해서도 영혼에 의해서도 이루어질 수 없었다. 그러나 신성은 그 죽은 육체와 결합되어 있었고 그 분리된 영혼과도 일치되어 있었다는 점을 기억해야 한다. 성자의 위격은 계속 육체와 영혼을 소유하고 있었다. 그 위격의 신적 능력으로 영혼과 육체가 다시 결합될 수 있었고, 그 영혼과 육체가 당신 자신을 죽은 이들 가운데에서 부활하게 하신 그리스도였다. 그분 자신의 능력으로 영혼과 육체가 다시 결합되었고 '인간'이 무덤에서 걸어 나왔다. 라자로의 경우와 같이 명령에 의해서 살아나거나 과부 아들의 경우와 같이 다른 사람의 손으로 일으켜진 것이 아니라 당신 자신의 능력으로 부활하신 것이다. 그리스도는 하느님이셨기 때문이다.

그리스도께서 죽음을 정복하심을 다루면서 성 토마스는 신적 권위라는 견고한 토대 위에서 걸어간다. 이것은 인간이 추측할 수 있는 주제가 아니다. 이러한 점들은 중요하다. 우리는 그것들을 알아야 하고, 의심을 넘어서야 한다. 이들은 삶이 끝나는 순간에 그 삶에 가장 충만한 의미를 주는 것들이기 때문이다. 여기에서 성 토마스의 주의 깊음은 다름 아닌 하느님의 주의 깊음을 본받는 것이다. 죽음의 정복에서 모든 세부 사항은 명시적으로 하느님 자신에 의하여 이루어졌고 하느님의 영감받은 성경에 주의 깊게 기록되었다. 이 논고에서 성 토마스의 모든 진술은 성경의 명시적인 본문들로부터 진행된다.

(2) 정복자의 육체

1) 실재성

좁은 무덤의 어둠으로부터, 첫 부활 아침의 햇빛 속에서, 십자가에서 돌아가신 바로 그분께서 같은 육체와 같은 영혼을 지니고 나오셨다. 무덤 안에서 사흘 동안 신적 능력으로 부패되지 않은 그 육체는 이제 영혼과 다시 결합되었다. 무덤 속에서 다른 이들 곁에 놓여 있던 그 같은 육체가 이제 스스로 밖으로 나왔다. 사람들에게 그날 아침에 겉모습으로만 또는 환상적으로 육체가 나타났다면 그것은 의미가 없었을 것이다. 그것은 그리스도가 부활하지 않았음을 뜻할 것인데, 앞서 보았던 것처럼, 그리스도는 죽은 이들로부터 부활하셔야 했다. 그분 육체의 실재성에 대하여 의심의 여지가 없도록, 그리스도께서는 두려움에 사로잡힌 제자들에게 "나를 만져 보아라. 유령은 살과 뼈가 없지만, 나는 너희도 보다시피 살과 뼈가 있다."고 말씀하신다. 얼굴을 손으로 가리고 도망가면서 사람들이 우리를 볼 수 없다고 생각하는 것과 비슷한 그들의 약함에 눈높이를 맞추어, 그리스도께서는 영적으로 눈이 먼 당신 제자들에게 그들이 보았다고 믿지 못하는 당신의 육체를 만져보도록 허락하신다.

하느님의 아드님께서 그들의 불신앙을 인내롭게 견디며 서 계신 동안 그들이 만져보았던 육체는, 그들이 십자가에 못박히는 것을 보았던 바로 그 육체였다. 이제 그 육체는 온전하며, 수난 때에 흘리신 피 한 방울까지 모두 회복되었다. 그리스도께서는 닫힌 문을 통과하여 들어오셨지만, 그분은 제자들에게 당신을 만지게 하신다. 그러나 보는 것으로도 만지는 것으로도 충분치 않았다.

제자들은 그분이 낯설었을 것이고, 긴장하여 말하기도 어려웠을 것이다. 죽었던 사람과 말하는 기회는 사실 많지 않다. 어쨌든 그 낯설음을 깨기 위하여 무엇인가가 필요했다. 모두가 편안함을 느끼도록 작은 인간적인 것이 있어야 했다. 섬세한 신적 자애로 그리스도께서는 제자들에게, 먹을 것이 있는지 물으셨다. 곧 그들은 다시 그분을 편안하게 느끼게 되었다. 그들은 그분의 팔을 붙잡았고, 그분과 함께 식탁에 앉았으며, 골고타의 악몽이 지나고 다시 그분과 말을 나누게 되었다.

2) 특성들

그리스도의 육체는 전과 같았지만, 그 조건은 상당히 달라졌다. 그 육체는 이제 더 이상 고통을 받을 수 없었다. 영광스럽게 되고 영적인 육체가 되어, 영혼에 완전히 종속된 육체가 지니는 온갖 뛰어난 특성들을 갖추게 되었기 때문이다. 이제는 처음에 그랬듯이 그리스도의 신성과 그분의 인간적 영혼의 이중의 영광이 드러나는 것을 막을 필요가 없었다. 그리스도께서는 닫힌 문을 통과하셨고, 제자들과 함께 엠마오로 걸어가셨을 때에도 그들은 그분을 알아보지 못했다. 그분은 그들과 함께 식탁에 앉으셨고, 그분께서 원하시자 그들이 그분을 알아보게 되었다. 그리고 다시 그분은 그들의 눈앞에서 사라지셨다. 그분은 음식을 드실 수 있었지만, 거기에 의존하지는 않으셨다. 그분은 생각과 같은 속도로 장소를 옮길 수 있으셨다. 그분은 영광스럽게 된 육체의 한 가지 특성을 감추어 두셨는데, 이는 영광스러운 변모가 일어난 산에서처럼 그들을 놀라게 하지 않도록 하기 위해서였다. 그것은 영혼의 복된 완전성으로부터 육체를 통하여 빛나는 광채였다.

우리의 부활에서는 상당한 회복 작업이 필요할 것이다. 부러진 코가 세워져야 할 것이고, 주름진 얼굴이 펴져야 할 것이며, 빠진 이가 회복되고, 울퉁불퉁한 손도 젊음의 아름다움을 되찾아야 할 것이다. 그리스도 안에서는 이러한 회복이 필요하지 않았다. 기적적으로 형성된 그분의 육체는 완전했다. 필요한 것은 수난의 무서운 상처를 제거하는 것이었겠지만, 그것은 이루어지지 않았다.

그 상처들은 이제 무서운 것이 아니라 오히려 지극히 아름다운 것이 되었기 때문이었다. 그것은 공로의 표지였고, 인간을 위한 영원한 기도이며 용기와 절대적 사랑의 선언이고 영감이었다. 그것은 글자 그대로 그분의 십자가를 받아들였던 수많은 사람이 지녔던 표지였다. 한편 그 십자가를 거부한 이들에게는 그 상처들은 응답 없는 일방적 사랑으로서 영원한 꾸짖음이 될 것이다.

성경이 사용하는 표현을 따라 '부활의 증인'이라고 말할 때 우리는 그 구절이 무엇을 뜻하는지 잘 이해해야 한다. 그리스도의 부활은 인간적 수단으로 보고 확인할 수 있는 것이 아니다. 우리의 지식은 광범위하지만 그래도 한계가 있다. 묘비는 분명 그 한계들 가운데 하나를 나타낸다. 우리가 미래의 삶에 대해 알고 있는 것은 인간적 탐구에 의해서 아는 것이 아니라 계시를 통해서 말씀을 들었기 때문에 아는 것이다. 그리고 그리스도의 부활은 죽음의 경계를 훨씬 넘어서는 것이므로 분명 미래의 삶에 속한다.

우리는 삶 안에서 일어나는 벌과 고통을 볼 수 있고, 그래서 사람들은 그리스도의 수난을 증언했다. 우리는 공공연한 상(賞)도 볼 수 있다. 벌이 사람들을 멈추게 하듯이 상은 다른 이들을 분발시키기 때문이다. 하지만 죽음 이후의 벌과 상은 모든 이가 볼 수 있게 장터에서 주어지는 것이 아니다. 그 상과 벌은 하느님의 비밀이다. 그런데 하느님의 선하심으로, 기쁜 소식이 전파될 수 있도록 어떤 이들에게 그것에 대해 알려졌다. 부활의 경우도 그러했다. 그것은 공공연한 축제라기보다 부활절 새벽의 신비였다.

우리는 그리스도께서 먼저 그 어머니를 방문하셨다는 것에 대해 전혀 알지 못하지만, 그분의 신적인 배려는 차치하고라도 순전히 인간적인 근거에서 본다면 그분이 어머니에게 가장 먼저 나타나셨다는 것은 의심할 수 없다. 어쨌든 우리는 다른 모든 발현 가운데 첫 번째가 여인인 마리아 막달레나에게 나타나신 것임을 알고 있다. 그 발현은 다른 누구에게보다 죄인들에게 더 많은 의미를 지닌 막달레나 이야기의 절정이었지만, 하느님은 그들에게 당신께서 그들의 깊은 마음을, 곧 그들이 큰 죄를 지을 수 있는 것 이상으로 더 많이 사랑할 수 있다는 것을 알고 계심을 말씀하신다. 골고타에서도 막달레나는 드높은 충실함과 헌신, 그리고 완전하고 절대적인 사랑에 도달했었다. 그분을 따르던 모든 이들 가운데 막달레나만이 질문 없이 부활하신 그리스도를 맞이했다. 그 장면에는 설명이나 저항, 요구의 여지가 없다. 예수님은 단순히 "마리아야"라고 말씀하시고, 막달레나는 "스승님!"이라는 단 한 마디로 즉시 기쁘게 응답했다.

이 장면을 보면서, 마치 그 자리에 볼 것이 많았는데 그에 비해 많은 것이 기록되지 않은 듯이 아쉬워하기도 한다. 여자들의 이야기들로 균형을 맞추는 하느님의 섬세한 배려는 두드러진다. 한 여자가 남자의 죽음으로 끝나게 되는 슬픈 이야기를 시작했었는데, 이제 다른 한 여자는 이 남자가 죽음을 정복하는 기쁜 이야기를 시작한다. 그리고 또한, 인간의 사랑에 대한 하느님의 인정과 존중도 나타난다. 이 여인은 끝까지 충실했었다. 제자들이 골고타의 위협 앞에서 흩어졌을 때 막달레나는 십자가 아래 있었다. 그들이 예루살렘에서 두려움과 의심 속에서 당황하고 있었을 때 막달레나는 무덤에 머물렀다. 무덤이 비어있는 것이 분명했을 때에도 막달레나는 그 자리에 남아 있었다. 스승님께 마음을 드린 막달레나에게, 스승님에게서 남은 것은 그 빈 무덤이었기 때문이다. 예수님께서 여인에게 처음으로 나타나셨다는 것은 남자들의 교만에 대한 꾸짖음이며 반박이었다. 하느님 나라에서 우리의 자리는 힘이나 권력, 또는 지적인 명민함으로 결정되는 것이 아니라 우리가 삶 안에서 성공을 거두는 데에 달려 있고, 그 성공은 마음이 하느님께 다가가는 데에 따라 헤아려진다.

우리 주님의 부활에는 목격 증인이 없다. 병사들에게는 무슨 일인가 일어났다고 의심할 만한 이유가 있었다. "그런데 갑자기 큰 지진이 일어났다. 그리고 주님의 천사가 하늘에서 내려오더니 무덤으로 다가가 돌을 옆으로 굴리고서는 그 위에 앉는 것이었다. 그의 모습은 번개 같고 옷은 눈처럼 희었다. 무덤을 경비하던 자들은 천사를 보고 두려워 떨다가 까무러쳤다." 그들의 두려움은 이해할 수 있다. 하지만 그것은 부활하신 그리스도에 대한 두려움이 아니라 천사에 대한 두려움이었다. 당신 광채로 무장한 병사들을 기절하게 하시는 영광스러운 그리스도의 모습은 사실에 대한 묘사라기보다 부활의 의미에 대한 예술적인 요약이다. 부활은 인간의 지식을 완전히 초월한다. 그것은 오직 위로부터만 알 수 있다. 하느님 섭리의 질서에서 하위의 것들이 언제나 상위의 것들에 의하여 인도되듯이, 인간은 그리스도께서 누워 계셨던 돌 위에 앉아 말로 표현되지 않는 인간의 질문에 대답하는 천사를 통해서 부활을 알게 된다. "너희가 나자렛 예수님을 찾는 줄을 나는 안다. 그분께서는 여기에 계시지 않는다. 그분께서는 되살아나셨다."

그들 자신을 위해서 그리고 세상을 위해서, 제자들이 그리스도께서 부활하셨다는 사실을 잘 알게 되는 것은 중요했다. 그들이 이를 알도록 하시면서 우리 주님은 두 가지를 강조하셨다. 그것은 부활의 사실성과 부활하신 육체의 영광이었다. 첫째에 대해서는 그분께서 그들에게 나타나심으로써, 그들과 말씀하시고 그들과 함께 먹고 마시시며 그들이 당신 육체를 만지게 하심으로써 알려 주셨다. 둘째, 곧 그분께서 다른 삶으로 부활하셨다는 점에 대해서는 당신의 육체가 물질을 지배함을 보여 주심으로써 분명히 알려 주셨다. 그리고 인간 마음의 관점에서는 더 뚜렷하게, 그분께서 그들과 함께 계셨던 시기의 지속적인 사회적 관계와 친밀함의 삶으로 돌아가기를 거부하심으로써도 알게 하셨다.

4. 정복의 드러남

(1) 한계들

표면적으로는, 승천 때까지 남은 날들 동안 당신 현존의 위로를 넘치도록 주시는 것이 더 큰 사랑의 표지로 보일 것이다. 그러나 그 순간을 넘어 미래를, 표면을 넘어 제자들의 영혼 깊은 곳을 보지 못한다면 그것은 약하고 근시안적인 사랑이었을 것이다. 예수님께서 죽음 이후의 삶을 온전히 드러내지 않고 다시 그들과 친숙하게 지내셨다면 그들은 쉽게 오류에 빠졌을 것이다. 그들은 그분께서 다시 그들 가운데 계시다는 것에 만족했을 것이고, 이전의 길로 돌아가 지금 그분의 삶이 이전의 모습과 같다는 것을 당연하게 여겼을 것이다. 그런데 스승께서 한순간만 함께 계시고 다시 사라지심으로써, 그럴 기회가 없게 되었다.

말하자면 그리스도께 익숙해질 시간, 그분을 당연히 여기기 시작할 시간이 없었다. 그분은 어느 곳에서도 오지 않으셨고, 신비롭게 사라지셨다. 문이 잠겨 있거나 거리가 멀어도 그분께는 장애가 되지 않았다. 그분은 어떤 이들에게는 그들 정신의 확고한 믿음에 대한 응답으로 당신을 뚜렷하게 보여 주시어 당신 자신을 온전히 드러내셨고, 다른 이들에게는 그들의 미지근한 믿음이 그들의 눈을 흐리게 했던 그 의심과 혼란의 베일에 대한 응답으로 신비의 베일을 덮고서 나타나셨다. 그런 상황에서 그들은 언제나 신비와 기대 속에 머물러 있었다. 그들의 정신은 예리했고 주의는 민감했으며 귀는 깨어 있었다. 그들 마음 안에서 믿음은 점점 더 깊은 근거를 파헤치고 있었다.

(2) 주어진 증거들

그리스도께서는 당신 제자들을 삼단논법으로 설득하여 부활을 받아들이게 하려고 하지 않으셨다. 부활은 증거를 댈 수 없는 것이다. 그 시작에서나 마침에서나, 부활은 본성의 영역을 완전히 벗어난다. 그분께서 거듭하신 일은 그들에게 명확한 그분 부활의 표지가 되었고 그 신비의 신빙성을 보여 주었다. 그 표징들은 실제로 필요했다. 그들의 마음이 쉽게 믿으려 하지 않았기 때문이다. 그들이 느리고 완고했다는 점이, 여러 세기에 거쳐 그들 이후의 사람들이 지녔던 모든 의심보다도 더 강하게 그들 증언에 힘과 효력을 더해 준다. 실제적으로 우리는, 모든 사람이 토마스와 함께 그리스도의 옆구리에 손을 넣었다고 말할 수 있을 것이다.

가장 의심이 많은 이도 충족시키기에 충분한 표지들이 많이 있다. 이것은 우리가 하느님께 기대하게 되는 풍부함이다. 예를 들어, 부활의 사실에 대한 천사들과 성경의 증언이 있다. 사람들에게 당신의 부활하신 육체의 실재성을 확증하시기 위하여 그리스도께서는 현미경으로 보도록 하시는 것을 빼고는 모든 것을 하셨다. 사도들은 그분의 육체를 보았고, 만져보았으며, 그분의 옆구리에 손을 넣어보고 그분 손과 발의 상처에 손가락을 넣어보기까지 했다. 이 육체가 살아있음을, 영혼에 의하여 생명을 지니고 있음을 보여 주기 위하여 그리스도께서는 인간의 고유한 모든 작용을 행하셨다. 생장력의 측면에서, 그리스도께서는 먹고 마시셨다. 감각 능력의 측면에서, 그분은 당신 제자들을 보고 그들의 소리를 들으시며, 그들에게 대답하고 인사하셨다. 지성적 측면에서, 그분은 그들과 대화하시고 성경을 설명해 주셨다. 신적인 측면에서, 그분은 물고기의 기적으로 신적 능력을 소유하고 계심을 보여 주셨다. 제자들은 그분께 인사하려고 배에서 내릴 때 이미 갈릴래아 호숫가에서 물고기가 구워지고 있는 것을 보았다. 부활의 영광에 관하여, 그분은 닫힌 문으로 들어가심으로써 증거를 보여 주셨고 당신께서 뜻하시는 대로 눈에 보이거나 보이지 않으셨다. 이 모든 것을 고려할 때, 하느님의 아드님께서 죽은 이들 가운데에서 부활하셨다는 것을 믿는 것이 합리적임을 의심하는 사람은 불합리한 사람일 것이다.

5. 정복의 인과관계

(1) 육체에 대하여

주님의 부활은 믿을 만한 진리이다. 그것이 다른 모든 부활의 본보기이며 모범이기 때문이다. 실제로 그것은 과거에 살았고 죽었으며 다시 살아날 헤아릴 수 없는 사람들의 부활의 원인이 된다. 이러한 사실은 가로막는 바위였던 무덤 입구의 돌을 승리의 문으로 변화시켰다. 아마도, 그리스도의 삶과 죽음과 부활을 통합적인 하나의 전체로 볼 때 이 점을 가장 잘 파악할 수 있을 것이다. 그 삶과 죽음과 부활은 죽음을 무너뜨리고 생명을 회복시키기 위한 것이었다. 그리고 그 전체는 제1원인 곧 하느님 자신에 의하여 사용된 도구였다. 그러므로 그리스도의 삶과 수난과 죽음은 죽음을 정복하기 위한, 그리고 영원하고 영광스런 삶을 시작하기 위한 도구인(道具因)이었다. 그분의 부활은 범형(範形)으로서 우리의 죽음을 파괴하고 우리의 삶을 불멸로 회복시키는 원인이 되었다.

(2) 영혼에 대하여

정확히 같은 방식으로 우리 주님의 부활은 매일 우리 주위에서 일어나는 더 놀라운 부활, 곧 죄의 죽음에서 은총의 생명으로 살아나는 영혼의 부활에 있어 원인이며 본보기가 된다. 그 영적인 무덤은 우리가 죄를 선택함으로써 봉인된다. 그 무덤을 지키는 것은 로마의 병사들이 아니라 사탄의 군대와 무질서한 욕구들의 혼란스러운 무리이다. 그들은 잠들지 않는다. 그러나 그리스도께서 부활하셨기에 영혼은 이 무덤에서 본래의 찬란함으로 나올 수 있다. 여기에도 증인들은 없다. 울고 있는 막달레나, 곧 우리 자신의 영혼이 스승이며 친구이신 분을 다시 발견하는 것이다.

6. 정복의 결과들

(1) 그리스도의 승천

1) 적합성

죄의 죽음에서 그렇게 새롭게 부활한 다음, 우리는 우리가 땅을 위하여 만들어진 것이 아님을 더없이 분명하게 의식하게 된다. 그때 우리는 우리가 순례자이며 우리의 영혼은 물질 세계 안에서 조금은 외롭고 거기에서 벗어나 있으며 정신세계에 대한 열망을 품고 있음을 깨닫는다. 마찬가지로 그리스도의 육체는 부활 후에 그 자리에서 조금 벗어나 있었다. 그 육체는 소멸하는 물체들의 세계에 속하지 않았다. 불사불멸의 생명을 시작했기 때문이었다. 그 육체는 천상적이고 불멸의 장소에 속했다. 그러므로 제자들을 위로하고 가르치시는 시기가 끝났을 때 스승께서는 그들을 예루살렘이 내려다보이는 언덕 위로 데리고 가시어 마지막 인사를 하시고, 시간의 종말까지 당신을 따르는 이들을 지켜 주리라는 마지막 말씀을 남기고 하늘로 올라가셨다. 그분은 당신 뒤에 외롭고 두려움에 사로잡힌 힘없는 무리를, 세상의 회심을 위한 핵심으로 남겨 두셨다. 그들은 그분께서 떠나가심에 매우 당황하였으므로, 천사의 말을 듣고서야 예루살렘으로 돌아갔다. 그곳에서 그들은 열흘 동안 다락방에서 두려움에 휩싸여 있었다.

그리스도께서 언제나 그들과 함께 계시리라고 말씀하지 않으셨다면 어떻게 되었을 것인가? 그분은 그들과 함께 계셨고 당신의 신적 현존으로 함께 계셨을 것이다. 그러나 또한 그분은 "내가 떠나는 것이 너희에게 이롭다"라고도 말씀하셨다. 그분은 옳았다. 하느님은 언제나 옳으시다. 그 떠나심은 사랑하는 이에게서 모든 힘을 뽑아버리는 나약하고 불완전한 사랑이 아닌 강한 사랑의 행위였다. 그편이 더 이로웠다. 훨씬 더 이로웠다. 그들의 마음을 목적지인 천국에서 다시 떼어놓는 것은 어려울 것이다. 그분께서 그들 마음의 많은 부분을 가지고 가셨기 때문이다. 그분께서 자리를 마련하러 앞서가셨음을 알고 있는 이상, 그들에게는 희망을 품는 것이 어렵지 않을 것이다. 이제 그들의 믿음은 오직 그분의 말씀 위에 의심 없이 확고하게 머물 것이다. 그분께서는 그들에게 며칠 동안 위로를 주셨다. 이제 그들은 그분의 도우심에 의지하여 스스로 서야 한다. 창조물들에 집착하지 않고, 인간에게 의존하지 않고, 인간 그리스도와 함께 하는 친숙하고 인간적인 삶이라는 사랑스러운 삶에도 집착하지 않아야 한다.

2) 원인

3) 목적

그리스도께서는 당신께서 무덤에서 나오신 그 능력으로 하늘 높은 곳으로 오르셨다. 그분은 다른 모든 창조된 사물 위로, 당신의 아름다움과 공로와 품위에 합당한 곳으로 올라가셨다. 신비체의 머리이신 그분은 수난 중에 그러하셨듯이 지금은 우리의 길을 준비하시며 영광 중에 빛나신다. 그분은 대사제로서 지성소에 들어가시어 끊임없이 우리를 위하여 전구하시며, 만물의 스승이며 주님으로서 천상 법정에서 자리를 잡으시고, 우리를 잊지 않으시며 우리에게 당신의 신적 선물을 넘치도록 보내 주신다. 물론 그분은 우리의 마음을 가져가시어 당신의 영광스러운 인성(人性)에 대한 우리의 경외심과 두려움을 깊어지게 하시며, 우리의 믿음, 우리의 사랑, 언젠가 그분 앞에 서서 토마스와 함께 그러나 의심 없이 "저의 주님, 저의 하느님"이라고 말하게 되리라는 우리의 희망이 줄어들지 않도록 하신다.

(2) 성부 오른편의 자리

우리는 어린아이가 사도신경을 이상하게 외우는 것을 보고 웃을 수도 있다. "잭 뎀프시가 오리라"는 말은 "그리로부터 오시리라"는 것보다 어렵지 않게 보인다. 그러나 우리가 어린아이의 그런 모습을 보고 웃듯이, 천사는 어른이 성부 오른편을 그려보려고 애쓰며 유치한 실수를 범하는 것을 보고 웃을 것이다. 이 구절은 글자 그대로 받아들일 것이 아니다. 이 구절은 왼손잡이를 경시하는 것이 아니다. 왼손잡이 하느님을 생각하는 것은 오른손잡이 하느님을 생각하는 것보다 더 어리석은 것도 아니다. 이 구절은 적어도 세 가지 의미를 지닌 비유이다. 오른손은 상징적으로 하느님의 영광, 천국의 행복, 또는 세상을 심판하게 될 심판자의 법적인 지위를 나타낸다. 그리스도께서 성부 오른편에 앉으신다는 것은 성부와 더불어 신성의 영광과 행복과 법적 권한을 누리심을 뜻한다. 그리스도께서는 당신의 신성(神性)으로 인하여 성부 오른편에 앉으신다. 그분께서 성부와 동등하시기 때문이다. 당신의 인성(人性)에 따라서는, 천상 왕국의 다른 누구보다 탁월하게 신적 선들을 소유하고 계시므로 그 자리에 앉으신다. 하지만 부활하신 그리스도께서 우리의 매혹된 눈을 사로잡으시는 것은 무엇보다도 '심판자'(iudex)의 모습이시다.

(3) 심판하는 권한

1) 심판의 자격

재판관이 되기 위해서는 재판관처럼 생기고 재판관처럼 말하고 재판관처럼 걷는 것으로는 충분치 않다. 권한이 있어야 한다. 또한, 권한을 갖고 있다 하더라도 분노, 탐욕, 또는 다른 어떤 악습에서 판결을 내린다면 그는 재판관이 아니다. 그는 정의로 판단하지 않기 때문에 재판을 조롱거리로 만드는 것이다. 이 두 가지, 곧 권한과 정의에 대한 사랑이 재판을 위한 예비 조건이고 판결이 내려지는 근원인 지혜의 핵심이다. 인간적인 일들에서 그 지혜는 우리의 능력을 다하는 개인적 역량에 맡겨져 있는 것이 아니라, 재판관이 재판해야 하는 기준인 법률에 담긴 우리의 공통된 지혜를 구현하는 것이다. 재판을 위한 이러한 예비 조건들은 그리스도 안에서 충분히 명백하게 드러난다. 그분은 모든 사람의 머리이시고 하느님의 아드님으로서, 완전한 권한과 통치권을 가지신다. 그리고 그분은 정의에 대한 사랑으로, 상처를 입으신 성부의 정의에 대한 사랑으로 돌아가셨다. 하지만 특히 그 세 번째 요소, 곧 재판의 영혼인 지혜라는 점에서 그분의 탁월한 권한이 두드러진다. 그분은 육화한 지혜이시며 하느님의 말씀이시다.

'심판'(iudicium)은 하느님의 외적인 업적으로서, 삼위 전체의 공통된 업적이다. 하지만 그것은 특히 하느님의 지혜이신 두 번째 위격에게 귀속된다. 하느님은 언제나 정의로운 심판의 첫 근원이시다. 하지만 현세의 삶에서 재판의 권한이 종속된 이들과 관련된 이들에게 맡겨져 있듯이, 하늘에서 심판의 권한은 인간이신 그리스도께 맡겨져 있다. 그분은 당신 자신이 인간이셨고, 당신 동료들과 친밀하게 당신의 삶을 사셨다. 그분의 심판이 엄하다 하더라도 그것은 멋대로 내리는 심판처럼 가혹하지는 않다. 부활한 육체들이 다른 모든 이의 부활의 원인이며 첫 번째로 부활하신 분 앞으로 간다는 것은 매우 적합하다. 그때에 사람들은 자신들의 심판자 앞에 설 수 있을 것이고, 살아있는 동안 그들이 사랑하거나 두려워했던 그대로 그분의 눈을 들여다볼 수 있을 것이다.

그리스도께서 당신의 신성을 근거로 심판의 권한을 갖고 있지 않으시다 하더라도, '신비체'(corpus mysticum)의 머리로서 그분의 지고한 품위와 넘치는 성화은총과 정의마저도 생각하지 않는다고 하더라도, 그분의 공로는 강력한 자격이 된다. 그분은 그 심판하는 권한을 얻으셨다. 하느님의 정의에 따라, 그 정의를 위하여 그렇게 힘써 싸우고 정복하신 분은 심판을 하셔야 마땅하다. 그분은 인간의 심판에 자신을 내맡기셨고, 그들의 불의한 심판에서 온갖 고통을 겪으셨다.

2) 심판의 범위

그리스도의 심판은 정신을 뒤흔든다. 우리가 인간 삶의 모든 작은 부분들을 따지는 심판을 생각한다면 우리는 우리의 잘못을 고백해야 할 것이다. 그것을 어떤 한순간에 살아있는 모든 사람에게 확장하거나, 또는 한순간에 죽어가는 모든 사람에 대한 심판으로 확장한다면, 우리는 거기에 얼마나 많은 세부 사항들이 연관되는지에 놀라게 될 것이다. 더 나아가서 지금까지 살았고 죽었던 모든 사람, 앞으로 살고 죽을 사람들을 포함하고 무수한 천사의 무리까지 생각한다면, 우리는 어떤 하나의 인간적 행위에 대해서도 온전한 판단을 하기 위한 증거를 모두 고려할 수 없음을 깨닫게 될 것이다. 우리는 사람들의 마음에 도달할 수 없기 때문이다. 이렇게 되면 우리는 심판이 하느님의 일임을 분명히 알게 된다. 아마도 심판을 그분께 맡겨두는 것이 가장 좋을 것이다.

3) 두 번째 심판

천사들은 세상이 시작될 때 그들의 싸움을 하고 패배하거나 승리했을 때에 이미 성자의 심판을 받았다. 그러나 그들의 삶이 우리의 삶과 마찬가지로 여러 해와 여러 세기, 어쩌면 시간의 종말까지 끝나지 않기 때문에 그들은 다시 심판을 받아야 한다. 화재에 의한 피해를 판단하는 것은, 불이 완전히 꺼질 때까지는 쓸데없는 일이다. 한 사람의 삶에 대한 심판 역시 그 삶의 마지막 결과가 이루어질 때까지는 내릴 수 없다. 흔히 시간이 지난 다음에, 오랜 시간이 지난 다음에야 그 결과들이 선한 것인지 악한 것인지를 결정할 수 있다.

우리의 삶은 우리가 살아있는 기간의 좁은 한계 안에만 머물지 않는다. 우리의 가장 작은 행위라도, 그것이 우리 자신의 것이고 우리에게 그에 대한 책임이 있기 때문에, 가까운 거리에서 또는 우리의 힘으로 파괴할 수 있는 약한 것들에 의해서 판단될 수 없다. 우리는 살았고 장차 죽을 것이다. 그러나 우리는 사람들의 기억 속에서 계속 살아있으며, 그 기억은 여러 세기 동안 치명적인 일을 계속할, 그러나 최종적으로는 진리의 길을 열게 될 우리의 거짓말을 간직할 수도 있다. 우리의 자녀들이 우리 다음에 살 것이고, 또 그들의 자녀들이 그들 다음에 살 것이다. 우리 삶의 파장이 그들과 함께 죽어 없어진다고 누가 말할 수 있을 것인가? 사도들은 몇 년 동안 설교를 하고는 로마의 힘으로 죽임을 당했다. 그런데, 그 설교의 결과는 끝났는가? 아리우스 이단과 루터, 그리고 다른 이들의 주장은 죽음의 장벽으로 멈추어졌는가? 그들의 말과 행위들은 인간의 힘의 유한한 한계로 제한되었지만, 그들 자신의 것인 그 영향들은 여러 세기가 지난 지금도 다른 이들이 추수하여 거두어들이고 있다.

천사들과 악마들의 경우도 마찬가지이다. 그들이 인간 세상 안에서, 그리고 인간의 행위들 안에서 어떤 역할을 하기 때문이다. 그들은 미움 또는 기쁨의 일들을 한다. 이들에 대해서도 상과 벌이 있는데, 그것은 그 일들의 마지막 흔적이 세상을 동요시키거나 고귀하게 만들기를 그친 다음에야 평가될 수 있다. 인간의 삶 전체가, 그 전부가 상이나 벌을 받아야 한다. 그리고 상이나 벌은 한 사람 전체에게, 그의 육체와 영혼 모두에게 주어져야 한다.

[결론]

1. 생명과 죽음의 싸움

육체와 영혼이 다시 결합될 때에야 죽음에 대한 정복이 완성에 이른다. 그때에야 이 정복에 대하여 마지막 말을 할 수 있다. 이 장에서 계속해서 '정복'이라는 단어를 강조하는 것이 이상하게 보일 수도 있다. 그러나 다른 어떤 단어도 그것을 대신할 수 없다. 그것은 큰 싸움을 묘사하는 전투적인 단어이다. 물리적인 의미에서도 생명과 죽음이라는 것은 어린 생명의 첫 순간에서부터 서로 격렬하게 싸운다. 죽음은 위협이고 서서히 다가오는 원수이며, 결코 싸움을 포기하지 않는다. 영적인 의미에서도 생명과 죽음, 덕과 죄 사이에서 이성이 처음 동틀 때부터 같은 싸움이 벌어진다. 그것은 양보나 타협이 있을 수 없는, 그 둘 가운데 하나가 패배할 때까지 끝날 수 없는 싸움이다.

인간은 이 싸움에서 뒤로 물러나 방관하고 있을 수 없다. 여기에는 중립의 가능성이 없다. 인간은 자신의 인간성 자체로 이미 그 싸움에 뛰어든 것이다. 그는 어느 한 편에 서야 한다. 삶에 대해 너무 많이 생각하는 이들이 필사적으로 죽음의 편에서 싸운다는 것은 역설적이지만 엄정한 사실이다. 삶의 기쁨에 대해 너무 많이 생각하는 이들은 끊임없이 비참의 편에서 싸운다. 현세의 삶에서 천국을 맛볼 수 있다고 너무 많이 생각하는 이들은 지옥을 위하여 싸운다. 인간은 한편에 서야 하고, 실제로 그렇게 한다. 모든 사람 안에서 생명 또는 죽음이 승리해야 한다. 우리는 생명이 승리한 결과를 보았다. 그렇다면 죽음의 승리는 어떤 것인가?

2. 죽음으로 생명을 정복함

(1) 정복의 두 측면 : 해방과 슬픔

부활을 부인하는 것, 곧 승리의 종려를 죽음에게 바치는 것에서는 적어도 표면적으로는 해방과 슬픔이라는 두 가지 병행점을 볼 수 있다. 그 첫째는 해방, 곧 도피의 느낌이다. 책임이라는 갑갑한 담요를 던져버리고, 떠오르는 악의 가능성을 벗어나 장벽 없는 세상, 새로운 자유의 세상으로 들어가는 것이다. 인간은 더 이상 자신의 삶에 대해 영원히 책임을 질 필요가 없게 된다. 그러나 이러한 해방은 거짓이다. 그것은 인간을 자신의 갈망에 내맡기고 그를 동물 세계로 넘기며, 그를 자신 안에서의 내전과 외부로부터의 예속의 희생물이 되게 하는 해방이다.

해방의 느낌과 더불어 절망적인 슬픔이 있다. 그 슬픔은 위로가 없는 환자의 간절하고 비극적인 슬픔이다. 그는 생명, 사랑, 지식, 성취, 정의, 동반, 그리고 다른 모든 것에 끝이 있음을 알기 때문이다. 인간은 그러한 비극을 오래 견딜 수 없다. 어떤 경우 그는 생각 없이 포기함으로써 이에 대처하는데, 그것은 공허한 꿈들에서 작은 위안을 찾는 것으로 끝난다. 다른 경우에는 초조하게, 생명의 잔이 그의 손에서 부서지기 이전에 절망적으로 그것을 마셔버림으로써 대응한다. 아니면 마지막으로, 의미가 없는 삶을 살기를 냉소적으로 거부하는 것으로 무장하기도 한다. 이것은 다른 이들의 삶을 분열시키고 자신의 삶을 파괴하는 데에서 잔인한 만족을 구하는 태도이다.

(2) 해방과 슬픔의 공통된 의미

죽음의 승리의 이 두 가지 모습은 모두 인간의 삶에서 마음을 차지한다. 전자는 자유의 이름으로 인간을 예속시킨다. 이러한 사실은 '자유의 시대'에 언제나 쉽게 확인된다. 후자는 삶에서 핵심을 빼내고, 그가 간절히 바라던 여가, 쾌락, 힘, 휴식에 대한 입맛을 잃게 한다. 운명론자의 경우에 그것은 삶을 유령 같은 것이 되게 한다. 이렇게 죽음이 승리할 때 인간은 그가 걸어야 한다면 부조리의 어둠 속을 걸어야 할 것이고, 아니면 솔직하게 절망을 직면하고 무조건 항복해야 할 것이다.

(3) 공통된 결과들

한마디로, 죽음은 생명을 정복했고 삶을 살아있는 죽은 이들의 암울한 가식이 되게 했다. 죽음의 공기와 냄새, 색깔은 그 부패로 삶의 가장 깊은 곳까지 스며든다. 무덤의 어둠이 모든 것 위를 떠돈다. 그 문들은 이미 영원히 닫혔다.

3. 생명으로 죽음을 정복함

그리스도 안에서는 생명은 죽음을 정복했다. 생명의 공기, 냄새, 색깔이 무덤의 가장 어두운 구석까지 들어갔다. 생명과 마찬가지로 죽음도 문이다. 생명이 그렇듯이 죽음도 높은 목표를 향한 움직임이다. 죽음은 생명 이상으로 희망의 성취이고, 믿음의 장막이 사라지는 것이며, 사랑의 완성이다. 생명의 약속은, 죽음이 영원한 생명을 열어놓음으로써 이루어졌다. 리허설은 끝났고, 죽음은 막을 올렸으며, 영원한 공연이 시작된다.

제12장 삶의 효과적인 표징들
(제3부, 제60문제~제65문제)

1. 표징의 존엄성과 신비
   (1) 물질적인 것과 영적인 것의 결합
   (2) 인간 본성과의 조화 : 배타적 특권, 항구한 기념
2. 효과적 표징들에서 신적인 것의 우위
   (1) 신적 표징과 인간적 표징의 대조
   (2) 하느님의 배려의 표현
      1) 인간을 굽어보심
      2) 그리스도의 삶의 연속
3. 효과적인 신적 표징인 성사의 본질
   (1) 형이상학적 본질 : 거룩함의 표징
   (2) 물리적 본질 : 질료와 말
4. 성사의 필요성
   (1) 일반적으로
   (2) 개별적으로
5. 성사의 효과
   (1) 주된 효과 : 은총
      1) 신약의 성사들에서
      2) 구약의 성사들에서
   (2) 부수적 효과 : 인호
6. 성사의 작용인
   (1) 주요 원인
   (2) 직무적 원인
      1) 집전자 자신
      2) 집전자에게 요구되는 조건들
7. 성사의 수
   (1) 실제적인 수
   (2) 성사들의 순서
   (3) 구원과의 관계

[결론]
1. 성사들을 거부하는 세상
   (1) 교만한 천사주의
   (2) 감각적 욕구의 물질주의
2. 경험의 고발
   (1) 성사들에 대한 오류
   (2) 성사 없는 삶

제12장 삶의 효과적인 표징들 (제3부, 제60문제 ~ 제65문제)

우리 일상 생활의 상당 부분은 신호등이 바뀌기를 기다리고, 지하철역의 화살표를 따라가고, 버스 안내 방송에 귀를 기울이는 가운데 지나간다. 우리는 삶이 그렇게 지나가는 것을 전혀 놀라워하지 않는다. 이들은 일상적인 표징과 기호들이며, 삶은 그러한 표징들로 가득하다. 그 가운데에는 호기심 많은 이들에게 경고하거나 쉽게 길을 잃는 사람들을 도와주기 위하여 필요한 우스운 표징들도 있다. 미국 철도청에서 사람이 앞에서 자신의 등에 대고 "식당칸은 앞쪽에 있습니다"라고 말할 수 없다는 결론에 이르러 그 문장을 "식당칸은 반대 방향에 있습니다"로 고쳐야 했던 것은 이러한 우스운 표징의 최저점이었을 것이다. 위협적인 표징들도 있다. 예컨대, '전염병' 또는 '폭발물'이 그러하다. 아무도 필요로 하지 않을 것을 사게 만드는 또다른 표징들은 정말로 어리석은 것이다.

1. 표징의 존엄성과 신비

(1) 물질적인 것과 영적인 것의 결합

그러나 혼잡한 교통을 정리하는 경찰관의 간절한 손짓이나 어린아이의 작은 소리와 같이 평범한 표징들도 단순히 그들이 표징이라는 이유에서 이미 존엄성과 신비에 싸여 있다. 온 세상에서 이들만이 인간의 물질적 측면을 통과하여 그의 정신 안으로 들어갈 수 있다. 이러한 관통의 신비와 존엄함은 철학의 시초부터 철학자들이 관심을 두기에 충분하고도 남았다. 실상 넓은 의미로 우리의 정신 안으로 뚫고 들어가는 모든 것은 표징을 통하여 그렇게 하는 것이다.

이러한 의미에서, 우리가 알게 되는 세상 전부는 하느님의 표징이다. 그것은 의미를 지니고 있고 메시지를 전달한다. 그것은 표징이라는 한에서 영적인 것과 물질적인 것의 신비로운 결혼이다. 이는 겉에서 볼 때는 어울리지 않는 결합으로 보이지만, 그럼에도 실제로는 좋은 결과를 가져온다. 다른 비유를 든다면, 표징은 불룩한 주머니들 안에 파악하기 어려운 신적 지성의 빛을 담고 있는 누추한 물질이다. 물리적 세상 전체에서 인간은 물질적인 것과 영적인 것의 이 기이한 혼합의 가치를 알아볼 수 있는 유일한 피조물이다. 표징들은 인간에게만 의미를 가지며, 인간만이 말 없고 생명 없는 물질에 의미라는 신비로운 선물을 부여할 수 있다. 인간 정신이 물질을 그 의미와 결합시키기 전에는, 예를 들어 신호등의 붉은 빛 자체 안에는 우리에게 멈추라고 명령하는 것이 아무것도 없다. '오른쪽' 또는 '왼쪽'이라고 그려져 있는 것은 그 자체로서는 우리의 방향과 아무 상관이 없지만, 그 뒤에 또는 그 앞에 인간 정신이 있기 때문에 그것이 인간의 발걸음의 방향을 결정한다.

(2) 인간 본성과의 조화 : 배타적 특권, 항구한 기념

모든 표징에는 인간적인 어떤 면이 있다. 표징은 영원히 우리 자신의 본성의 존엄성과 신비를 상기시킨다. 우리 역시 정신과 물질, 영혼과 육체의 결합의 결과이기 때문이다. 손에 잡히지 않는 영적 능력과 물질의 서투른 한계가 우리의 모든 작용 안으로 들어온다. 우리는 마치, 그들 자신이 행복하다는 사실 자체로 결혼 중매인 역할을 하는 행복한 부부와 같다. 정신이며 동시에 물질인 우리는 우리가 만지는 모든 것에 물질과 정신의 흔적을 남겨 놓는다. 그리스도께서 사람들 가운데 오시고 그들을 위해 돌아가신 지금, 표징은 말씀의 위격 안에서 신적 본성과 인간적 본성이 결합되었던 육화라는 그 더 큰 존엄성과 신비의 기념이 된다. 아무리 작은 표징이라도 모든 표징은 정신적인 것이 물질 안에 육화하는 것이다. 베들레헴의 별은 단순한 인도자 이상의 것이었다. 그것은 표상이고, 인간의 정신에서부터 나오는 것이 아니라 하느님의 마음으로부터 나오는 그 최고의 결합의 희미한 반영이다.

이 모든 것이, 모든 표징에 해당된다. 모든 표징은 영과 물질을 결합함으로써 인간의 감각을 통하여 그의 정신에 메시지를 전달하기 때문이다. 아무리 무지한 사람이라도 물질적 사물들에 이러한 존엄성과 능력을 부여할 수 있다. 모든 인간은 이해할 수 있고 이해를 표현할 수 있기 때문이다. 모든 인간은 의미를 부여할 수 있고 그 의미를 파악할 수 있다. 이것은 물질 세계 안에서 인간만이 지닌 유일한 특권이고, 인간은 그의 생활 신분, 재산, 명예, 교육 때문이 아니라 단순히 그가 인간이라는 것으로 인하여 이러한 특권을 갖는다. 물론 표징들 뒤에 하느님의 능력이 있을 때 그 표징들은 신비와 존엄성에 있어서 인간이 현세의 삶에서 만들어낼 수 있는 모든 것을 능가하게 된다. 그리스도의 손길은 그 시대 모든 사람들의 몸짓을 능가한다. 그 손길은 상처를 싸매주는 것으로 그치지 않고 나병 환자를 깨끗하게 했다. 그분의 말씀은 죄인들을 불쌍히 여기는 데에 머물지 않고 죄를 용서했다.

2. 효과적 표징들에서 신적인 것의 우위

(1) 신적 표징과 인간적 표징의 대조

달리 말해, 인간의 표징은 다른 사람들의 지성 속으로 뚫고 들어간다. 물질계에서 이것은 놀라운 일이다. 그러나 하느님의 표징들은 의지 속으로, 영혼의 본질 속으로 뚫고 들어간다. 그 표징들은 단순히 무엇인가를 나타내 보이는 것이 아니라, 그들이 나타내 보이는 것을 실제로 성취한다. 어머니의 권고를 상상할 수 있다면 이를 어느 정도 이해하게 될 것이다. “착하지.”라는 말은 심술궂은 아이를 작은 성인으로 만들어 놓는다. 이로써 우리는 “아들아, 선한 마음을 가져라. 너의 죄는 용서받았다.”라는 그리스도의 짧은 문장이 단순한 희망의 표현이나 희미한 약속, 또는 충고가 아니라 실제로 죄를 무너뜨리는 것임을 이해하게 된다.

(2) 하느님의 배려의 표현

1) 인간을 굽어보심

신적 표징들이 단순히 무엇인가를 의미하는 데에 그친다면, 예컨대 신앙 조목들로 그친다면, 그것은 인간의 마음을 녹이기에 충분치 않았을 것이다. 그것은 매우 큰 친절이었을 것이다. 그것은 위대한 스승이 어린아이가 이해할 수 있을 만큼 쉬운 단어를 공들여 선택하는 것이었다. 우리는 영적이면서도 물질적이고, 반면 하느님은 순수한 영이시다. 그분께서 당신의 위대한 행위들을 감각적으로 지각할 수 있는 것들의 영역에서 시작하심으로써 우리의 약한 눈을 위하여 순수한 지성의 눈부신 빛을 부드럽게 하시고 가장 낮은 지성에도 적합한 수단들을 사용하시는 것은 그분의 관대한 배려이다.

그러나 하느님은 단순히 친절한 데에서 그치지 않으신다. 그분은 끊임없이 점점 더 관대해지신다. 그분은 당신의 표징들로 무엇인가를 나타내 보이는 데에서 그치지 않으신다. 그분은 그 표징들이 참으로 신적인 원인이 되게 하신다. 그분은 빵, 물, 기름처럼 우리에게 친숙하고 만질 수 있고 일상적인 사물들을 취하시어 우리가 하느님의 생명으로 살아가기 위해서 우리 영혼에 이루어져야 할 신적인 일들을 나타내 보이고 또한 실현하신다. 하느님은 마치 우리 모두 안에 있는 기계공에게 몸을 굽히시고, 초자연적인 신비들에 대해서까지도 대상들을 분해하여 그것이 어떻게 작동하는지를 보려고 하는 우리의 어린아이 같은 고집을 존중하시는 듯하다. 우리는 그 결과들이 우리 삶 안으로 흘러들어오는 그 원인들을 보기를 요구한다. 하느님은 최소한 우리에게 당신의 신비로운 기술의 도구들을 보여 주신다. 그분은 우리가 살펴보고 장난하고 경탄하도록 당신의 신적인 도구들을 넘겨주신다.

2) 그리스도의 삶의 연속

실상 우리가 성사라고 부르는 이 효과적인 하느님의 표징들에는 그보다 더 큰 하느님의 배려가 있다. 우리는 스승을 잃어버린 사도들의 외로움과 무력함을 보았다. 여기에서 우리는 대대로 이어지는 죄인들의 외로움과 무력함의 작은 흔적을 보게 되고, 스승의 현존이라는 위로 없이 그리스도의 어려운 일들에 대처하는 것이 나약한 인간들에게 그리고 강한 인간들에게도 무엇을 의미하는지에 대한 암시를 보게 된다. 그리스도께서는 당신의 신적 능력과 당신 인성이라는 도구를 통하여 죄를 무너뜨리기 위하여, 은총을 주시기 위하여, 구원을 보증하기 위하여, 우리에게 하느님 생명의 한 몫을 얻어주기 위하여 오셨다. 그분은 그 시대 사람들의 간절한 필요들을 돌보셨다. 그분의 일이 그분의 죽음으로 끝났다면, 그분에 대한 기억만이 남았다면 얼마나 큰 비극이겠는가! 죄, 슬픔, 어려움은 언제나 있을 것이다. 도달해야 할 신적 생명은 언제나 저 높은 차원에 있을 것이고, 그것은 순전히 인간으로서 도달하기에는 너무나 높을 것이다. 우리가 가진 것이 오직 그분의 지혜로운 권고의 말씀과 점차 흐려져 가는 그분 역사의 빛뿐이라면, 아직도 약하고 죄를 짓고 도움과 용기를 필요로 하는 우리는 외롭고 무력할 것이다. 하느님이시며 사람이신 분의 삶은 인간이 그분을 필요로 하는 모든 시대에 계속되어야 한다. 그 삶의 결실들은 계속 적용되어야 한다. 육화 다음으로 두 번째로 큰 관대함으로, 하느님의 능력은 도구인 물질을 통하여 우리에게 언제나 그리스도를 준다는 믿기 어려운 목적을 이룬다. 21세기의 그리스도의 제자들은 외롭지 않다. 다른 어느 세기에도 마찬가지였다. 그리스도의 삶은 성사들을 통하여 그들 가운데에서 계속된다.

3. 효과적인 신적 표징인 성사의 본질

(1) 형이상학적 본질 : 거룩함의 표징

일반적으로, 성사들은 표징이다. 이들은 표징들로서 신문 판매원의 휘파람, 철도원의 표시, 연인의 입맞춤과 한 부류가 된다. 대통령이 그가 인간이라는 점에서 구두닦이와 국회의원, 부랑자와 성인과 한 부류인 것과 마찬가지이다. 일차적인 의미에서 성사들은 거룩한 사물들과 연결된다. 이들은 거룩함이 아니며, 거룩함의 표징들이다. 그리고 바로 이 거룩함과의 관계에서 그들은 다른 표징들과 한 부류가 된다. 연인의 입맞춤은 기차를 멈춘다는 것에 대해서가 아니라 최고의 사랑의 메시지로서 심장을 멈추게 한다는 것에 대해서 지니는 관계에 의해서 철도원의 표지와 같은 부류에 속하는 것이다. 성사는 거룩한 것의 표징이다. 표징으로서 그것은 표징을 필요로 하는 유일한 존재인 인간, 표징을 사용하고 알아볼 줄 아는 인간을 위한 것이다. 내재적으로 거룩한 것으로서 인간에게 속하는 유일한 것은 거룩함 그 자체뿐이므로, 성사는 특수하게 인간의 거룩함과 연관된다. 성사는 거룩함 또는 성화의 감각적 표징이다.

아마도 우리는 인간의 거룩함이 성화은총에 의하여 이루어지는 내적인 것임을 상기함으로써 이를 좀더 구체화할 수 있을 것이다. 그렇다면 성사들은 성화은총의 표징들이다. 그것은 과거 또는 미래의 은총이 아니라, 인간이 거룩하게 되는 현재의 은총의 표징이다. 여기서 멈추는 것은 성사적 표징의 의미만을 고찰하는 것이 된다. 하지만 성사를 전체적으로 본다면 그것은 성화은총인 동시에 기념이고 예언이기도 하며, 우리의 성화에 긴밀히 연관되는 모든 것을 표시한다. 분명 그것은 그리스도의 수난이 우리의 거룩함의 작용인(作用因)임을 나타내 보인다. 또한, 그것은 우리의 거룩함의 목표 내지는 목적인(目的因)인 영원한 생명을 나타내 보인다.

성 아우구스티누스가 지혜롭게 지적했고 역사가 입증한 바와 같이 인간은 그들을 결합시키는 가시적 표징 없이는, 성사 없이는 참된 것이든 그릇된 것이든 어떤 종교의 이름으로 오랫동안 함께 모여 있을 수 없다. 지금 그대로의 인간으로서는 그렇지 않을 수 없을 것이다. 우리는 오직 우리가 감각들로 지각할 수 있는 사물들의 세계를 통해서만 만질 수 없는 지적이고 영적인 사물들에 대하여 알게 된다. 인간이 볼 수 없고, 들을 수 없고, 만질 수 없는 표징이 무슨 소용이 있겠는가? 인간이 영원히 알지 못하는 채로 남는다면, 영적 선들의 보고는 무슨 도움이 되겠는가? 성사들이 인간에게 무엇인가를 의미하려 한다면, 그들은 감각들에 열려있어야 한다. 성사들이 반드시 감각적이어야 한다는 특성은 우리에게 매우 위로가 되는 방식으로, 곧 우리 자신의 방식으로 우리를 하느님께 가까이 이끌어 주는 친숙하고 인간적인 요소이다. 인간적 표징들이 우리가 물질적인 것에서 영적인 것으로 건너가는 다리가 되듯이, 성사는 신적인 것을 인간적인 것에서 분리해 놓는 무한한 심연을 건너는 다리가 된다.

실상 성사들은 양방향으로 통하는 다리이다. 성사들을 사용함으로써 우리의 경배는 하느님께로 가고 우리의 성화는 그분에게서 온다. 성사들이 한 방향으로만 다니는 다리라면, 우리는 우리 자신이 걸을 길을 결정하는 데에서 아무런 거리낌이 없을 것이므로, 그것을 마음대로 선택할 수 있을 것이다. 그러나 하느님의 발을 위한 길을 놓으려 할 때는 분명한 주저가 있다. 표징의 질료에 해당하는 성사의 정확한 방법을 결정하는 것은 우리의 몫이 아니라 하느님의 몫이다. 결정은 한 가지 사물로 한정함을 의미하며 하느님의 능력을 어떤 수단에 한정하는 것은 우리의 몫이 아닌 하느님의 일이기 때문이다.

한마디로, 우리가 우리 자신의 성사들을 만들어내는 것이 아니다. 그것은 하느님께 속한다. 그러나 이들은 만들어져야 한다. 결정되어야 하고 고정되어야 한다. 이들이 표징이기 때문이다. 불특정한 표징, 끊임없이 의미가 달라지는 표징은 표징이 아니다. 그런 것은 파악될 수 있는 의미를 지니고 있지 않기 때문이다. 성사들은 신적 표징들로서 완전하다. 그 의미에 대해서는 아무런 의문이 있을 수 없다. 이러한 완전성을 보증하기 위해서 각각의 성사는 물질적이고 감각적인 사물로만 되어 있지 않고 또한 그 물질적 사물에 정확한 표현으로 정밀함을 더하는 축성된 형태의 말들로도 구성되어 있다.

(2) 물리적 본질 : 질료와 말

성사의 의미에 대해서는 오해가 있어서는 안 된다. 상상적 표현도 자기 자리가 있지만, 여기는 아니다. 성사에서 말들의 목적은 정확하고 분명하며 오해의 여지가 없는 개념을 전달하는 것이다. 실상 성사에서 말과 질료가 결합되는 것은 의미를 전달하는 완전한 수단이 되는 것 이상의 의미가 있다. 성사들의 창시자인 그리스도께서는 인간 본성의 감각적 육과 결합된 하느님의 말씀이셨고, 성사는 그 결합의 영원한 기념이다. 또한, 성사로 거룩하게 되는 인간은 그 자신이 육체와 영으로 되어 있는 피조물이다. 그래서 성사들은 말과 질료의 결합에서 오는 산물이어야 한다.

무슨 말이나 다 이해되는 것은 아니다. 그 말들은 특정한 말이어야 하고, 성사의 질료보다 더 특정한 말이어야 한다. 말은 아무런 모호함이 없이 질료에 특수하고 정확한 의미를 부여하는 형상이기 때문이다. 성사의 집전자는 라틴어를 더듬을 수도 있다. 나이가 들어 그의 라틴어가 이상해지기도 한다. 이가 빠져 발음이 달라지기도 한다. 그러나 그 본래의 의미가 그대로 보존되는 한 성사도 그대로 보존된다. 반대로 집전자가 독창성을 원해서 그 자신의 형태를 만들어내고 의도적으로 실질적인 변화를 초래한다면 성사는 전혀 이루어지지 않는다. 그는 교회가 의도하는 것을 하고자 의도해야 하고, 그 의도를 보는 모든 이에게 분명하게 드러내는 말들을 사용해야 한다.

4. 성사의 필요성

(1) 일반적으로

우리 시대의 기이한 역설 가운데 하나는, 사람들이 그들의 지식을 있는 그대로의 것이든 학문적인 겉모양을 갖추고 있는 것이든 감각들에 의한 지식에 국한할 것을 주장하면서, 동시에 영적이고 신적인 것에 대한 지식이 감각으로부터 시작된다는 생각을 거부한다는 점이다. 이 역설의 양 편은 모두 본성에 대한 딱한 무지를 포함하고 있다. 그 전자는 인간 지성의 효력을 부인하고 있다. 후자는 인간의 지위가 천사의 아래에 있으면서 물질적인 것 위에 있으며, 신적인 것을 파악할 수 있으면서 또한 물질적인 것에 의존한다는 것을 부인한다. 이 두 가지는 모두 완고한 교만의 모습들이고, 그 교만은 흔히는 부조리에 이르게 되며 명백한 부조리들도 인정하지 않는다. 그것이 교만이기 때문이다. 그 교만 때문에 인간이 성사에 대한 심리적 필요를 보지 못한다면, 성사들에 대한 도덕적 필요 곧 인간 본성이 죄에 의하여 물질적 사물들에 종속되어 영적인 것들에 대한 갈망을 잃어버렸고 혼합된 식이요법으로 그 갈망을 회복시켜야 한다는 것을 이해하기를 바라기는 더욱 어렵다. 이렇게 믿는 이들은 현재 상태에서 인간 조건이 영적인 것이라는 훌륭한 음식을 감당하지 못한다. 사람은 빵만으로 살 수 없는 것과 마찬가지로, 순수한 영적인 음식을 소화시킬 수도 없다. 이러한 그의 조건에 대한 치료는 그 질병이 왔던 것과 같은 길로 이루어져야 한다. 그 질병으로 인하여 다른 모든 길이 가로막혔기 때문이다.

(2) 개별적으로

본성이 타락한 우리의 상태에서 우리의 감정들은 물질적 사물들에 뿌리를 두고 있어서, 거기에서 우리 자신을 빼내기가 지극히 어렵다. 하느님은 그 감정들을 뿌리로부터 떼어 내려고 하지 않으시는데, 이는 그분의 지혜와 능력에 대한 증언이다. 그 지혜는 개혁자들이 모방할 수도 있었다. 그분은 우리의 감정들이 정화되고 그분을 향하게 하는 수단으로 기름을 바르거나 고해소에서 완전한 비밀로 속삭이는 것과 같은 감각적 방법을 사용하시어 그것들이 당신의 신적 계획의 높은 목적을 향하게 하신다.

성사들에 의해 인간에게 주어지는 완전성, 성사들이 인간 영혼 안에 일깨우는 열성, 성사들이 가져다주는 도움은 인간의 정신에 깊이 각인되기에 충분하다. 많은 신학자는 여기에 매우 깊은 인상을 받아, 아담이 누리던 무죄함의 상태에서도 성사들이 있었으리라고 생각했다. 토마스는 여기에 단호히 반대한다. 이는 그에게 성사에 대한 존경이나 애정, 또는 열정이 덜하기 때문이 아니며, 견고한 이성에서 나오는 결론이다. 이성의 분명한 빛에 비추어볼 때, 무죄함의 상태에서는 성사의 여지가 없다. 토마스는 여기에서 더 나아간다. 그는, 인간의 본래 상태에서는 성사들은 무익하고 심지어 무질서한 것들이었으리라고 주장한다. 만일 성사가 있었다면 그것은 인간의 영혼이 어떤 물질적 사물에 의하여 완전하게 되도록 하기 위한 것이었을 것이다. 그러나 그 상태의 본질은 바로 상위의 것이 하위의 것을 완전히 지배하는 것이었다. 영혼은 하느님에 의하여, 육체는 영혼에 의하여, 세상은 인간에 의하여 지배되었다.

인간이 죄를 지은 다음에는 이야기가 달라졌다. 인간은 그가 죄를 지은 첫 순간부터 질료에 대한 영의 완전한 지배를 잃었다. 그래서 인간은 성사를 절실하게 필요로 하게 되었다. 그때부터 모든 시대에 성사들이 있었다. 구약 성경이 제정되기 전에는 아기 부모의 기도와 신앙을 통한 일종의 세례, 제사, 십일조, 그리고 일종의 참회 같은 자연법의 성사들이 있었다. 그리스도께서 오시기 전에 옛 법은 할례, 파스카 어린양, 제사 빵, 여자의 정결례, 사제 축성 등의 성사를 통하여 그리스도의 구속을 선취함으로써 작용했다. 그 후 그리스도께서 오심으로써 그분에 의하여 우리의 성사들이 제정되었다.

성사 생활의 이 세 단계는 완전성을 향한 점진적 진보를 보여 준다. 성사의 질료들이 점점 더 규정되었고, 인간에게는 하느님께 가는 길들이 더 확실하게 보장되었으며, 신약의 성사들로써 완전한 규정과 분명함이 주어지고 인간의 정신은 평온을 누리게 되었다. 이 장의 뒷부분에서 보게 될 것처럼 본성의 성사들, 구약의 성사들, 신약의 성사들 사이의 큰 차이는 오직 신약의 성사들만이 그것이 나타내 보이는 사물들을 실제로 담고 있고 그 효과를 낸다는 데에 있다. 다른 성사들은 어떤 의미를 나타내 보이는 데에 그치며, 그들이 나타내 보이는 것으로써 믿음, 희망, 사랑의 필요한 행위들을 하도록 인간의 마음을 자극한다. 간략하게 말하여 스콜라 학자들은, 신약의 성사들은 '사효적으로'(ex opere operato) 작용하며 다른 성사들은 '인효적으로'(ex opere operantis) 작용한다고 설명한다. 루터가 성사들에 대한 자연적인 또는 구약의 개념을 넘어서지 못했다는 것은, 이 차이들이 같은 시대 안에서도 있을 수 있음을 보여준다. 그는 "너희가 누구의 죄든지 용서해 주면 그가 용서를 받을 것이다."라는 그리스도의 구원 말씀을 글자 그대로 받아들이는 데에 이르지 못했다.

많은 반대 의견에 미리 대처하기 위하여 여기서 한 가지를 지적해 두는 것이 좋겠다. 인간 역사의 이 세 단계에서 다양한 성사들이 있었던 것은 혼란에 빠진 하느님이 인간을 구원하는 점점 더 좋은 수단들을 경험을 통해 어렵게 터득하셨다는 것이 아니다. 아버지가 자녀들에게 여름에는 어떤 옷을 입게 하고 겨울이 오면 지시를 바꾸는 것은 갈팡질팡하거나 결정을 내리지 못해서가 아니다. 성사들은 인간의 시대들에 맞추어진 것이다. 옛법 이전과 육화 이전에 성사들은 본질적으로 역사의 중심 사건인 예수 그리스도의 탄생, 삶, 죽음의 예표였다. 구원의 이야기 이후에 성사들은 더 이상 미래를 바라보는 것이 아니라 인간의 현재적이고 효과적인 구원과 관련되었다.

루터만이 성사의 본질에 대해 그릇된 개념을 갖고 있었다고 말하는 것은 올바르지 않다. 이 오류는 모든 종교 개혁자와 그들의 뒤를 이은 현대 종파들에 공통된 것이다. 이 오류는 모든 것을 인간의 틀에 맞추려고 고집하는 데에서, 우리가 놀라운 피조물들이라는 사실 너머를 보지 못하는 본질적인 교만에서 유래한다. 실제로 우리는 놀라운 피조물이며 기꺼이 이를 인정한다. 그러나 어떻게 아기의 머리에 물을 떨어뜨려 그 아기의 영혼에서 죄를 씻어낼 수 있는가? 우리는 그것이 이루어지는 것을 볼 수 없다. 분명, 이것은 우리가 알고 있는 물의 고유한 자질이 아니다. 이것은 우리에게 용서, 씻김, 그리고 그것이 이루어지게 하는 믿음의 필요에 대한 인식을 일깨우기 위하여 계획된 표징일 뿐이다.

5. 성사의 효과

(1) 주된 효과 : 은총

1) 신약의 성사들에서

그럼에도 불구하고 그 소량의 물은 죄를 씻는다. 성사들이 그리스도께서 단순히 은총을 나타내기 위해서가 아니라 은총을 주시기 위해서 제정하신 감각적 표징들이라는 것은 믿을 교리이다. 모든 가톨릭 신자는 성사들이 집전자의 태도나 성사를 받는 이들의 열성과 무관하게 그들의 본성에 의하여 은총의 원인이 된다고 믿어야 한다. 성사는 그들이 원인이 되는 그 은총을 담고 있으며, 도구인으로서 그 은총을 실제로 가져온다. 신학자들은 성사들과 연관된 상황이나 방법에 관하여 길고 상세하게 토론할 수 있으나, 성사들이 독립적이고 실제적인 원인이 된다는 본질적 진리는 이론의 여지가 없다.

성사들은 인간을 그리스도의 신비체에 결합하기 위하여, 인간을 초자연적 차원으로 들어 높이기 위하여, 하느님께서 당신 자신을 알고 사랑하시듯이 인간이 그분을 알고 사랑하여 하느님의 생명에 참여할 수 있게 하시기 위하여 하느님께서 제정하신 수단이다. 이렇게 신적 생명에 참여하는 것은 근본적으로 영혼의 본질 안에 내재하는 상존은총 또는 성화은총이다. 그 은총은 잉태와 탄생이 인간을 위하여 본성적으로 행하는 것을 초자연적으로 행한다. 그것이 인간에게 생명을 준다. 아무도 세례의 물이 마치 세척액처럼 어린아이의 머리에 스며들어 그의 영혼까지 들어가 죄의 오점을 씻는다고 상상하지는 않는다. 아무도 물이 그 자체 안에 하느님의 생명을 감추고 있다고 생각하지는 않는다. 하느님 자신이 인간 영혼 안에서 은총의 주된 원인이 되신다. 그분은 본질적으로 신적 생명을 소유하며, 그 생명은 그분으로부터 나누어져야 한다. 성사의 말과 질료는 장인이신 하느님의 도구로서, 그분만이 이룩할 수 있으신 효과를 위하여 그분에 의하여 특별히 선택된 도구이다.

하지만 이 도구들은 단순한 표징, 희망, 신앙의 선언이 아니라 실제적인 원인들이다. 이들은 목수의 손에 든 망치가 못을 박거나 나무꾼이 휘두르는 도끼가 나무를 쓰러뜨리는 것과 마찬가지로 참으로 은총의 원인이 된다. 성사들은, 도구인이 주요 원인의 능력에 의하여 산출되는 효과를 담고 있듯이 은총을 담고 있다. 다른 말로 하면, 은총은 그 도구 안에 있다는 의미에서 성사 안에 있으며, 그 성사가 전달하는 능력은 도구에 속하기보다 그 도구를 사용하시는 분께 속한다.

구체적인 예를 들어 보면, 이 진리는 실제로 어렵지 않다. 세례를 받을 아기가 성당으로 오는 길에 주차장을 지나왔다면 그 머리에 그을음이 묻었을 수 있다. 세례의 과정에서 그 그을음은 세례의 물로 씻어질 것이고, 얼룩이 남을 수도 있다. 이것이 물의 고유하고 본성적인 효과이다. 물은 완전히 그리고 본성적으로 이러한 능력을 소유하고 있어서, 그 효과에 대해, 물은 도구적 원인이 아니라 주요 원인이다. 이렇게 그을음을 제거하는 효과를 넘어, 그 아기를 성당에 데려온 실제적 이유는 죄를 제거하는 효과를 위해서이다. 이러한 죄의 제거는 물의 고유하고 본성적인 효과가 아니다. 물은 완전히 그리고 본성적으로 이 능력을 소유하고 있지 않지만, 도구로 사용되는 한에서 수동적으로 그 능력을 소유한다. 망치가 목수에 의해 사용될 때에만 못을 박는 힘을 소유하는 것과 같다. 은총의 원인이 되는 성사적 능력은 하느님이 지나가시는 움직임이며, 그분께서 선택하신 도구를 들어 높이시고 적용하시는 것이다. 하느님께서 성사를 사용하시는 것과 나무꾼이 도끼를 사용하는 것 사이의 차이는, 나무꾼은 도구를 사용할 뿐이지만 하느님은 당신의 도구를 사용하실 뿐 아니라 그 도구에게 이 특별한 효과를 부여하시기도 한다는 점이다.

목수와 못 박기의 예로 돌아간다면, 이것은 성사의 원인 관계의 모든 것을 말해주는 대략적인 병행이 된다. 목수는 못이 박히는 데에서 주요 원인이 된다. 목수의 손은 도구이지만, 즉시 주된 원인과 직접적으로 결합된 도구이며 목수의 필수적인 부분이다. 망치도 도구이다. 이것은 결합되지 않고 분리된 도구로서, 결합된 도구인 목수의 손을 통해서 작용하게 된다. 그리스도의 인성은 실제적으로 하느님 말씀에 결합되어 있어, 유한하고 창조된 결합된 도구가 된다. 성사들 자체는 질료와 말로 되어 있으며 분리된 도구로서, 결합된 도구인 그리스도의 인성을 통해서만 주요 원인에 의해 사용된다. 그리스도의 수난을 통해서 은총이 우리에게 주어졌고, 성사들은 하느님이며 인간이신 그리스도께서 하신 일의 적용이고 연속이기 때문이다.

2) 구약의 성사들에서

옛 법의 성사들에서는 이 가운데 어떤 것도 해당되지 않았다. 그 성사들은 어떤 의미에서도 은총의 주요 원인이 아니었다. 그것은 하느님이 아니었기 때문이다. 또한, 그리스도의 삶과 활동의 연속도 아니었다. 그분은 아직 안 계셨다. 또한, 그 성사들은 은총의 원인도 아니었다. 이들은 메시아가 오실 때에 믿음으로 이루어질 인간의 의화를 나타내 보이는 것이었다. 이들은 표징이었고, 표징 이상은 아니었다.

성사에 기인하는 은총이라는 주제를 마치기 전에, 흔히 간과되는 다른 한 가지를 언급하는 것이 필요하다. 새 법에서 성사들이 여러 가지인 것은 바로 이들에 의해 이루어지는 일이 다양하기 때문이다. 각 성사는 인간의 서로 다른 필요를 돌본다. 그러나, 모든 성사의 상존은총 또는 성화은총은 정확히 동일하다. 그렇다면 차이는 성화은총에 있는 것이 아니라 각 성사에 고유한 개별적 효과에 있는 것이며, 그 효과는 우리가 성사적 은총의 이름으로 알고 있는 것들이다. 그것은 이 개별 성사가 인간에게 행하는 일에 필요한 특수한 은총에 대한 특정한 자격 또는 권리를 지닌 상존은총이다. 예컨대, 혼인 성사는 평생에 걸친 혼인 생활에 필요한 성사적 은총 또는 모든 특수한 은총에 대한 자격을 만들어낼 것이다. 밤에 인내롭게 아기를 돌볼 은총, 가정의 다툼 속에서 침묵할 은총, 또는 혼인 상대를 정의의 요구를 훨씬 넘어서는 사랑으로 대할 은총 등이 여기에 포함된다. 견진은 영적인 성인들로서 우리의 역할을 수행하는데 필요한 은총들에 대한 권리라는 성사적 은총을 줄 것이다. 각각의 성사들에서 이와 같이 이루어진다.

(2) 부수적 효과 : 인호

몇 가지 성사들은 이렇게 풍요로운 은총의 보고가 되는 것 외에도 성사적 인호라는 또 다른 효과를 갖고 있다. 그것은 전적으로 영적인 것이기 때문에 비유적 의미에서만 표시 또는 인호라고 불리는 신비로운 것이다. 이는 우리가 그리스도께 속한다는 것을, 우리가 그분의 영원한 사제직에 참여하여 하느님을 경배하는 거룩한 일에 바쳐졌음을 보여주는 표지이다. 무엇보다도 그것은 우리 자신 안에서 이루어지는 완전한 경배에 곧 우리 자신의 영성 생활에 바쳐진다는 표지이다.

이러한 은유적 표현을 제거하고 보면, 성사적 인호는 영혼의 도구적 능력이며 우리는 그 능력이 능동적인 것인지 수동적인 것인지에 따라 그 능력으로써 영적인 것들을 받거나 부여한다. 그래서 수동적 능력인 세례의 인호는 우리에게 다른 성사들을 받을 자격을 준다. 성품의 인호는 전적으로 능동적인 능력으로서 인간에게 다른 이들에게 성사를 줄 능력을 부여한다. 한편 견진의 인호는 부분적으로는 수동적이고 부분적으로는 능동적이어서, 우리에게 그리스도를 따르는 이들이 겪어야 하는 고통을 받을 수 있게 해 주며 또한 영적인 성인으로서 요구되는 단호하고 명확한 행위들을 할 수 있게 해 준다.

이 세 가지 성사만이 영혼에 지울 수 없는 인호를 남긴다. 이 세 가지 성사의 인호는 모두 영원히 지속된다. 이 모두가 그리스도의 불멸의 사제직에 참여하는 것이며 불멸의 인간 영혼에 새겨지기 때문이다. 이 세 가지 성사만이 인호를 부여하는 것은 이들이 직접적으로 우리의 영적 완전성에 관련되고 하느님 경배와 관련된 어떤 행동, 수용 또는 수여를 위한 것이기 때문이다. 이것은 행위의 문제이기 때문에 이 인호들은 영혼의 본질에 새겨지는 것이 아니라 우리의 기능에, 더 정확히 말하면 인간 안에서 행위의 직접적 원천이 되는 기능인 실천적 지성에 새겨진다. 실천적 지성은 이 인호로 그 신앙을, 하느님의 권위에 대한 복종을 단언한다. 그러므로 지옥의 이단자도 그의 실천적 지성에 새겨진 인호로써 하느님에 대한 신앙을 영원히 증언한다.

6. 성사의 작용인

(1) 주요 원인

이 효과들은 오직 하느님께만 열려 있는 영역인 인간 영혼에서 이루어지므로, 명백하게 하느님의 업적이다. 참회하는 죄인의 죄를 사하는 사제는 결코 자신이 그 무거운 죄의 짐을 제거했다는 자부심으로 가슴이 뿌듯하다고 생각하지 않는다. 그는 이것이 하느님의 업적이며 자신은 집전자로서 하느님의 손 안에 든 도구임을 안다. 성사의 본성을 더 고찰하지 않더라도, 어떤 신부나 주교나 교황도 성사를 제정하지 않는다는 점에서 이는 명백하다. 이 모든 사람은 성사의 창시자가 아니라 성사를 사용하기 위한 도구들이다.

성사들은 엄밀한 의미에서 하느님의 능력이 인간 영혼 안으로 흘러 내려오는 일정한 통로이다. 하느님의 능력이 흐를 수로를 누가 생각해낼 수 있는가? 하느님 자신이 명하지 않았다면, 누가 감히 하느님이 인간의 의지에 그렇게 종속되는 것을 생각할 수 있었을 것인가? 성사들이 하느님의 능력을 우리의 의지에 종속시켰다고 말하는 것은 과장이 아니다. 마치 물이 수로에 의해서, 음악이 라디오에 의해서 지배되듯이 성사들에 의하여 은총의 흐름이 우리의 뜻에 따라 제어되기 때문이다. 여기에 비길 수 있는 것이 없다. 성사를 받는 것만으로 은총을 받는다. 하느님의 생명에 참여하는 것은 쉽다. 우리는 여유롭게, 전혀 당황하지도 않고, 별로 감명을 받지도 않고, 친숙하게 기적 속으로 걸어 들어간다. 물론, 친숙한 것들은 당연하게 여겨진다!

(2) 직무적 원인

1) 집전자 자신

그리스도 자신도 인간을 성사적 행위의 첫 번째 또는 주된 원인으로 만들 수는 없으셨다. 그러나 그분 자신의 지고한 탁월성으로 인하여, 당신의 성직자들을 성사들에 대한 당신의 능력에 더 많이 참여하게 할 수 있으셨다. 그분은 그들이 성사 자체 없이 성사의 효과인 은총을 만들도록 허락할 수도 있으셨다. 또는 그들이 이차적 원인들로서 새로운 성사들을 만들게 할 수도 있으셨다. 그러나 실제로 그분은 그러한 것을 하지는 않으셨다.

그리스도께서 질투를 하신 것도 아니었다. 그분은 당신의 능력을 비축해 두려는 것이 아니라, 오히려 하느님보다 사람에게 희망을 두려는 상존하는 위험으로부터 신자들을 보호하시려는 것이었다. 얼마나 수많은 참된 또는 거짓된 성사들이 생겨났을 것인지 상상하기는 어렵지 않다. 단순한 신자들의 마음에 절망적인 혼란과 실망이 밀려왔으리라는 것도 쉽게 생각할 수 있다. 인간 집전자들은 그리스도의 양들을 먹여 길러야 하지만, 스승은 음식을 준비하는 것은 당신 자신께 유보해 두셨다. 성사들은 순전히 거룩한 사제에게 달려 있는 약한 도움이 되도록 만들어진 것이 아니다. 이들은 직접 하느님께 달린 견고한 도움이다. 성사들은 믿음, 희망, 사랑이 부족한 인간에 의하여, 실제적으로 죄에 빠진 인간에 의하여 집전될 수도 있다. 그러나 신자들에 대한 성사의 효과는 결코 축소되지 않는다. 이 경우에 성사들은 집전자들에게 독이 된다.

2) 집전자에게 요구되는 조건들

모든 성사에서 인간 집전자에게 요구되는 한 가지는 교회가 행하는 것을 행하고자 하는 의도이다. 그가 도구라는 것은 사실이지만, 그는 살아있는 도구이다. 그는 움직여질 뿐만 아니라 스스로 움직이며, 그 스스로 움직임은 필수적이다. 그가 붓는 물은 수십 가지 다른 목적으로 물을 부을 때와 똑같은 방식으로 부어질 수 있다. 그것이 이 한 가지 성사적 목적과 결합되는 것은 그의 의도에 의해서이다. 무신론자인 의사는 어머니를 안심시키기 위하여 아기에게 세례를 주면서 그 모든 것이 순전히 연극이라고 생각할 수도 있다. 그러나 그가 성사를 주려는 의도를 갖고 있다면 성사는 주어진다. 성사는 거룩한 일이다. 루터가 주장한 바와 같이, 술취한 사람, 정신적 능력이 없는 사람, 농담하는 사람에 의해서는 성사가 주어지지 않는다. 그러나 적어도 그 순간에 그리스도의 사제직 안에 능동적으로 참여하고자 하는 사람들에 의해서 주어진다.

그 사제직은 영원한 결과를 가져오는 거룩한 직무로서, 하느님께서 사람들에게 유보해 두신 직무이다. 대사제이신 그리스도의 인간으로서의 삶과 인간으로서의 고통에 온전히 일치하는 것은 인간이기 때문이다. 하느님께서 그렇게 원하셨다면 천사들은 성사를 집전할 수 있었다. 복녀 이멜다의 경우와 같이 천사가 성체를 분배해 주는 경우도 있었다. 그러나 천사들이 죽어가는 사람에게 마지막 성사를 주도록 사제를 부른 경우가 훨씬 더 많았다. 성사의 집전은 온전히 하느님의 뜻에 달려 있으므로, 악마가 여기에 참여하는 것은 절대적으로 불가능하다. 하느님이 악마에게 성사 집전을 허락한다고 생각하는 것보다는 악마에게 당신 품에 잠긴 어린 그리스도께 노래를 부르도록 하신다고 상상하는 것이 더 쉬울 것이다.

7. 성사의 수

(1) 실제적인 수

다음 장들에서는 개별 성사들을 상세히 살펴볼 것이다. 지금은 나무를 살피

다가 숲을 놓치지 않도록 먼저 성사들 전체를 훑어보면서 그 자신의 자리를 찾고 그들 서로의 관계를 파악하며 그 고유한 가치를 평가할 것이다. 성사가 일곱 가지라는 것은 믿음의 내용이다. 종교 개혁자들은 이에 정면으로 반대하여 임의대로 선택했다. 토마스는 매우 아름다운 한 항목에서 성사의 수가 일곱이어야 하며 그보다 많지도 적지도 않다는 것을 보여 준다.

성사들은 두 가지 목적을 위하여 제정되었다. 인간의 영적 완성을 통하여 하느님을 경배하고, 죄와 그 결함을 치유하는 것이다. 그 각각에 대하여, 정확히 일곱 성사가 필요한 이유가 있다.

육적인 삶에서 인간의 완성이 개인적이면서 동시에 사회적인 것과 마찬가지로, 영적인 삶에서도 그러하다. 육적인 영역에서 인간은 출생을 통하여 생명을 얻고, 성장과 양육을 통하여 생명을 보존하고 성장함으로써 완성된다. 반면 생명의 큰 장애들인 질병과 약함에 대해서는 대책을 마련해야 한다. 영적인 삶에서 이러한 것들은 그를 태어나게 하는 세례, 그를 성장하게 하는 견진, 그에게 양분을 주는 성체에 의하여 주어진다. 반면 고해와 병자 성사는 죄와 그 영향들이라는 장애를 제거한다. 또한, 육적인 데에서와 마찬가지로 영적인 데에서도 인간은 그의 공동체 생활 안에서 통치를 하고 공공 행위들을 수행하는 공권력의 제정으로, 그리고 본성적인 증식으로 돌봄을 받는다. 이 두 가지는 영적으로는 성품과 혼인 성사에 의하여 주어진다.

죄의 결함을 메우기 위한 측면에서 성사들을 살펴보아도 일곱이라는 숫자에 도달하게 된다. 세례는 영혼의 죽음에 맞서는 것으로서 생명을 준다. 견진은 영적 어린이의 약함에 대처하여 힘을 준다. 성체는 죄로 영혼이 약해진 데에 대처하여 양분을 준다. 이는 육적인 음식에 대한 인간 욕구의 갈망을 가라앉히는 영적 양식이다. 병자 성사는 영혼에 남겨진 죄의 흔적에 대처하는 것이다. 성품은 공동체의 속임수와 해체에 맞선다. 그리고 혼인은 사욕과 공동체의 소멸에 맞서기 위한 것이다.

성사적 위계의 온전한 아름다움은, 성사들이 덕과 연관될 때에 더 분명하게 드러난다. 믿음에 상응하는 세례는 원죄에 맞서는 것이고, 희망에 상응하는 병자 성사는 소죄에 맞선다. 사랑에 상응하는 성체는 악한 의지에 맞선다. 현명에 상응하는 성품은 무지에 맞선다. 정의에 상응하는 고해는 사죄(死罪)에 맞선다. 절제에 상응하는 혼인은 사욕에 맞선다. 마지막으로, 용기에 상응하는 견진은 약함과 소심함에 맞선다.

더 이상은 빈 자리가 없고, 채워질 빈틈이 없다. 성사들은 모태에서부터 나오는 인간을 맞이하고 무덤으로 그를 인도한다. 그의 어린 시절, 청년기, 성인기를 돌보며 그의 개인 생활, 가정 생활, 사회 생활을 보호한다. 인간 본성의 결함에 맞서는 덕들의 모든 영역에서 인간은 결코 구식이 되지 않을 초자연적 무기들을 갖춘 영적인 전사로서 자신 있게 앞으로 나아간다. 그의 삶의 어느 순간도, 그의 존재의 어느 부분도, 그의 생애의 어느 단계도 소홀히 여겨지지 않는다. 그는 초자연적인 것으로 채워진다. 그는 신비체의 한 지체가 되고, 하느님의 차원으로 들어 올려져 하느님의 생명을 살게 된다. 그의 삶의 특정한 순간만이 아니라 언제나 그렇게 된다.

(2) 성사들의 순서

성사들을 열거할 때에는, 덕들과 함께 나열될 때를 제외하고는 언제나 성품과 혼인이 각각 여섯 번째와 일곱 번째에 언급된다. 이것은 우연이 아니다. 근래에는 사회적 봉사의 개념이 하느님 나라를 대체했지만, 인간의 일차적인 일은 자신의 영혼을 구원하는 것이다. 그러므로 개인 영혼의 완전성에 속하는 것들이 우선되고, 그다음에야 공동체와 관련된 성사들이 나온다. 성품이 혼인보다 앞서는 것은 혼인은 영적인 생명의 본질에 그렇게 온전하고 배타적으로 참여하는 것이 아니기 때문이다. 개인으로서의 개인에 관련되는 세례, 견진, 성체는 언제나 이 순서로 언급된다. 이것 역시 우연이 아니다. 이 세 성사가 고해와 병자 성사보다 먼저 나오는 것은 이들이 직접적으로 완전성을 위한 것인 데 반해, 고해와 병자 성사는 죄라는 통탄할 재앙으로 인하여 우유적(偶有的)으로만 그 목적을 향하는 것이기 때문이다. 첫 세 성사들 가운데 세례가 첫 번째임은 명백하다. 그것이 영적인 탄생이기 때문이다. 다음은 견진인데, 그것이 성인으로 성장하는 것이기 때문이다. 마지막으로 충만한 완전성인 성체가 있는데, 이는 직접적으로 인간의 영적 생명의 목적에 해당하는 하느님과의 영원한 결합을 위한 것이다.

모든 성사 가운데 성체는 존엄성과 탁월함에 있어 가장 높다. 그 성사가 성사들의 창시자이며 목적이신 분의 살과 피, 영혼과 신성이기 때문이다. 다른 모든 성사는 그 근접 목적인 성체성사를 위한 것이며, 행성들이 태양을 돌듯이 성체 성사 주위를 돈다. 사제직의 성사인 성품은 명백하게 성체 성사를 위한 것이다. 세례로써 우리는 그리스도와 함께 결합되도록 태어난다. 견진으로 우리는 부끄러움이나 인간적 체면 때문에 하느님 현존의 성사를 멀리하지 않도록 굳세어진다. 고해와 병자 성사는 성체를 온전히 합당하게 받을 수 있게 하기 위한 것이다. 한편 혼인은 사랑의 완전한 결합을 나타내는 것으로서, 그리스도와 교회의 결합의 충실한 표징이며 또한 그리스도에 의해 받아들여지고 그분을 받아들이게 될 미래의 자녀들의 오랜 연속을 보증하는 도구이다. 일반적으로, 다른 성사들을 받는 것은 성체 성사를 받는 것과 결부되어 있다. 세례를 받는 사람이 성인일 경우 이는 세례의 경우에도 해당된다.

(3) 구원과의 관계

필요성의 관점에서 보면, 세례는 구원을 위하여 절대적으로 필요한 성사이다. 고해는, 사죄(死罪)를 범했다면 마찬가지로 반드시 필요하다. 성품은 공동체를 위하여 필수적이다. 다른 모든 성사는 가장 적절하고 가장 완전하게 목적에 도달하기 위하여 필요하지만, 절대적으로 필요한 것은 아니다. 현대 신학자들의 표현으로, 세례는 수단의 필요성으로 필요하다. 그것이 없이는 구원이 전혀 불가능하다는 것이다. 다른 성사들은 계명의 필요성으로 필요하다. 구원은 이 성사들 없이도 가능하지만, 명령된 것이기에 이 성사들을 받아야 한다는 것이다.

[결론]

1. 성사들을 거부하는 세상

(1) 교만한 천사주의

본 장에서 간략하게 다루었고 이어지는 장들에서 계속 살펴볼 성사들의 아름다움은 21세기의 세상에서는 상당히 상실되었다. 우리의 세상은 성사가 없는 세상이다. 의도적으로 성사를 거부하기 때문이다. 이 거부는 인간에게서 그 본성의 절반을 부인하고, 영적인 것만을 중시하는 종교가 인간에게 합당하다고 주장하며 인간을 들어 높이려고 했던 교만에서 시작되었다. 이는 인간 본성에서 그 물질적 측면을 격하시켜 희화화한 일종의 천사주의였다. 우리 시대에 우리는 이와 똑같은 교만이 인간 안에서 영적인 것을 희생시키면서 물질적인 측면의 우위를 주장하는 데에 힘을 쏟는 것을 보았다. 그것 역시 마찬가지의 희화화이고 비하이다. 그것이 인간의 영혼과 인간의 하느님을 부인하여 인간을 동물과 같이 만들어 놓고, 힘이나 쾌락의 욕구 또는 불량배나 나약한 사람의 감각적 욕구의 노예로 만들어버리기 때문이다. 물론 성사들은 인간의 영적 본성과 물질적 본성 모두를 주장한다.

(2) 감각적 욕구의 물질주의

첫 번째의 왜곡된 교만은 성공하지 못했고, 두 번째도 그러할 것이다. 종교개혁 이후 곧 순전히 영적인, 어느 정도 성사들로부터 자유로운 종교들은 주관주의와 무차별주의로 쇠퇴했다. 그 쇠퇴는 일부 형식적인 개신교의 질병과 죽음을 한 걸음씩 따라가 봄으로써 되짚어볼 수 있다. 그 점진적 죽음은 사실상 인간이 영적인 것만으로 살 수 없고 인간은 천사가 아니라는 진리의 표현이며, 무엇보다도 인간이 인간적인 힘만으로 살 수 없다는 더 깊은 진리의 표현이다. 두 번째의 교만 역시 지금 겉으로 보이는 만큼 강력하고 힘있게 지속되지 못할 것이다. 인간이 빵만으로 살 수 없다는 것, 인간이 그저 또 하나의 동물은 아니라는 것도 마찬가지로 진리이기 때문이다. 개인도 국가도, 아무리 강하다고 해도, 하느님 없이 살 수 없다는 것 역시 처음부터 진리였고 지금도 진리이다.

2. 경험의 고발

(1) 성사들에 대한 오류

성사를 거부하는 세상에 대한 사형 선고는, 인간이 거짓들로 살 수 없다는 하나의 진리 안에서 이해되어야 할 것이다. 진리가 그의 양식이 되어야 한다. 처음부터, 성사들에 대한 오류 또는 성사에 대한 거부는 절대적으로 근본적인 진리들을 왜곡하는 것이었다. 이들은 예를 들어 육체적 본성에 대하여 모든 물질이 악하다고 주장하거나, 신적 본성에 관하여 하느님을 무력하거나 비인격적으로 만들어 놓거나, 인간 본성에 관하여 인간을 천사로 또는 짐승으로 만드는 오류를 포함하고 있다. 그들은 결국 교회가 진리를 수호한다는 것을 조롱하고, 인간의 정신을 보증하고 해방하는 것인 신앙을 조롱한다. 인간이 진리를 공격한다면, 우주가 그의 머리 위로 무너지게 된다.

(2) 성사 없는 삶

성사가 없는 이 모든 종교는, 그들이 경배의 대상으로 하는 것이 정치적이든 인본주의적이든 또는 심지어 일종의 타락한 신이든 간에, 그리스도의 승천 후에 다락방에 모여 있던 제자들이 침울했던 것과 마찬가지로 침울하고 희망이 없다. 이 종교들은 그리스도가 없는 종교들이기 때문이다. 그들의 경배 행위는 일종의 우울한 기념 예식이다. 인간은 죽은 이들을 깨우지 않도록 조심하며 조용히 발끝으로 걸어가거나, 아니면 절망이 마지막 한 조각 남은 용기를 무너뜨리지 않도록 하기 위하여 고요함과 외로움을 피하며 시끄럽고 요란한 광신으로 큰 소리를 낸다. 이 두 편 모두 죽음의 종교들이다.

그들에게 그리스도의 삶은 지나가 버린 것이다. 그 삶이 시작하기는 했다면 말이다. 그 삶의 연속이나, 인간이 간절히 필요로 하는 그 활동의 영속화는 그들에게는 분명 없다. 그러나 그들과는 정반대로, 살아있는 교회에는 그리스도의 삶이 성사들 안에서 계속된다. 그들에게서는 언제나 어린이의 기쁜 외침이, 신랑 친구들의 즐거움이 있다. 한편 교회에서 그리스도는 지금도 사람들 사이에 머무신다. 이 종교는 필연적으로 개방적이고 밝고 인간적이며, 신적이기까지 하다. 그 종교가 완전하게 하는 생명은 완전히 인간적이며 영광스럽게 신적이기 때문이다. 그것은 진리에 의하여 자유롭게 된 삶이다. 육체적 본성에 대한 진리, 인간적 본성에 대한 진리, 신적 본성에 대한 진리, 교회와 신앙의 진리에 의해 자유롭게 된 것이다. 그것은 그리스도께서 은총을 주시기 위하여 제정하신 감각적 표징들 곧 일곱 성사들을 통하여 가능하게 된 삶이다.

제13장 영적인 어린이와 성인
(제3부, 제66문제 ~ 제72문제)

1. 탄생의 신비
   (1) 모든 탄생에서
   (2) 인간의 탄생에서
   (3) 신적인 생명으로 탄생
2. 성장의 신비
   (1) 인간의 삶에서
   (2) 참여된 신적인 삶에서
3. 인간의 탄생과 성장을 인정하는 기초
4. 하느님의 생명으로 탄생 – 세례
   (1) 그 본질과 제정
   (2) 물질적 본성
      1) 세례의 질료와 형상
      2) 세례의 수여
   (3) 긴급한 탄생 : 화세와 혈세
   (4) 탄생의 도구 : 집전자
   (5) 영적인 어린이
      1) 일반적으로
      2) 개별적으로
      3) 탄생의 효과
         a. 재생 : 하늘의 문이 열림
         b. 조명 : 덕의 습득
         c. 가족의 유사성 : 인호
         d. 효과의 평등성과 장애
   (6) 구약의 탄생과 신약의 탄생 사이의 대조
5. 영적 성인으로 성장함 – 견진
   (1) 성사와 그 본질
   (2) 효과 : 인호와 은총
   (3) 관련된 사람들 : 주체, 대부모, 집전자

[결론]
1. 인간의 자연적 생명과 초자연적 생명
   (1) 자연적 생명에 멈추는 비극
   (2) 초자연적인 것의 적들에 의해 자연적인 것이 왜곡됨
      1) 탄생의 왜곡
      2) 성장의 왜곡
      3) 성인됨의 왜곡
2. 베들레헴, 골고타, 그리고 인간의 존중
3. 그리스도에 의하여 표시된 인간

제13장 영적인 어린이와 성인 (제3부, 제66문제 ~ 제72문제)

모든 시작에는 가장 회의적인 사람도 경탄하게 하는 특별한 점이 있다. 우리는 우리에게 선물로 주어진 눈으로 그 시작으로 열리게 되는 먼 길을 볼 수 있고, 그 시작이 있게 해 준 먼 목표에 도달하기 전에 극복해야 할 장애들을 볼 수 있다. 최소한으로 말해서, 모든 시작에는 활기찬 용기가 있다. 그것은 큰 파도와 거친 폭풍, 파선, 재앙의 오랜 역사에도 불구하고 배를 출범시키는 것이다. 그것은 우주 역사의 척도이다. 새로운 것이 들어오고, 묵은 것은 지나가야 한다. 우리 가운데 가장 둔한 사람에게도 시작이라는 것은 전투, 수고, 절실한 노력, 성공 또는 실패를 의미하는 단어이다.

1. 탄생의 신비

(1) 모든 탄생에서

위에서 말한 내용은 생명이 시작될 때에 더욱 그러하다. 생명의 본질 자체가 우리를 놀라게 한다. 우리는 그것을 과학적으로 분해할 수 없고, 복제할 수도 없다. 이것이 전부가 아니다. 삶이 내포하는 모든 것, 곧 그 가능성과 위협, 생명을 상실하는 비극적 결말에 대한 우리 자신의 지식은 탄생에 조금도 영향을 미치지 않는다. 탄생 그 자체는 신비에 싸여 있다. 탄생이 그렇게 일반적인 것이 아니었더라면, 그것은 우리를 마치 그리스도의 빈 무덤을 발견한 로마 병사들처럼 놀라게 할 것이다. 탄생 역시 생명으로 들어오는 입구를 막고 있는 무거운 문을 서서히 밀어내기 때문이다. 탄생은 죽은 것이 아니라 생명의 투쟁을 위한 준비를 갖추고 살아있는 사람에 의하여, 모태의 어두운 고립으로부터 밖으로 나오는 것이다.

(2) 인간의 탄생에서

인간의 탄생 앞에서, 우리의 마음으로부터 저절로 나오는 반응은 깊은 존경, 부드러움, 그리고 무엇보다도 겸손이다. 피상적으로 살펴보는 사람이라도 어머니의 말 없는 자부심과 완전한 긍지, 그리고 아버지의 만족스럽고 끈질기며 지루할 정도의 칭찬은 놓칠 수 없다. 이는 모든 이가 볼 수 있는 것이다. 그러나 더 깊고 더 거룩한 감정들은 많은 이에게 드러나지 않는다. 실제로 모든 부모의 마음 속에는 이 신비에 대한 경외심이 일어나, 부모를 아기에게 예속되게 하는 깊은 겸손이 생겨난다. 그뿐 아니라 일종의 경배까지 이루어져, 부모는 아기 앞에서 스스로 낮음을 느끼게 된다.

작은 놀라움. 여기서는 단순히 생명의 장벽을 무너뜨리고, 모태라는 무덤 밖으로 성공적으로 나오는 것만이 아니다. 여기에는 장차 죽지 않는 불길로 일어나게 될 불꽃의 작은 첫 시작이 있다. 우리는 끊임없는 지배를 요구하고, 완전한 통치를 포함하며, 무거운 책임들을 부과할 한 왕국의 설립을 보고 있다. 우리는 어린 임금의 발아래 선물들을 내려놓으러 가는 이방 임금들이다. 그 임금들의 자리는 그 발아래에 있다.

(3) 신적인 생명으로 탄생

하느님이 아시듯이 이것은 신비롭고 존엄하다. 그러나 인간의 탄생의 신비는 이것이 전부가 아니다. 어린 아기는 아직도 전능하신 생명의 주님께 고유하게 속하는 그 생명으로 태어나야 한다. 아기는 하느님의 눈에 고유한 방식으로 사물들을 보아야 한다. 그는 대상과 그 시작에 있어 신적인 사랑으로 사랑해야 한다. 그는 사람들의 세계에 파묻혀 있으면서도 모든 순간에 하느님의 생명을 살아야 한다. 부엌일을 하는 종이든 그 나라 최고의 귀족 부인이든, 두 번째 탄생이 이루어지고 나면 하느님의 생명을 살게 되는 것이다. 이 탄생으로 인간은 그리스도의 신비체에 결합된다. 그는 어떤 장벽으로도 멈추어지지 않는 넓은 사랑을 지니게 되고, 성인들의 통공으로 무수한 협조자들을 갖게 된다. 그의 가장 작은 행위는 강철로 된 삶을 하느님 은총의 걸작으로 만들어 놓는 효력을 지니게 된다.

거기에는 시작이 있다. 그것이 가져오는 전망에서, 그것이 예언하는 투쟁에서, 그것이 약속하는 승리에서 이것은 마치 인간의 탄생이 짐승의 탄생보다 우위에 있듯이 인간적인 탄생보다 우위에 있다. 두 번째 탄생은 여러 달 동안의 임신 기간도 산고도 수반하지 않는다. 그것은 한순간에 이루어지며, 고통이 그 성공을 위협하지 않는다.

2. 성장의 신비

(1) 인간의 삶에서

자연적 성장과 초자연적 성장 사이에도 이와 동일한 비교가 있다. 자연적 질서에서, 유년기부터 성인기까지의 기간은 우주의 나머지 모두와 비견되는 영광스러운 것이다. 모든 동물은 빨리 종을 전달할 수 있기 위하여 자동적이고 불가피하게 육체적 힘이 성장하는 단계를 거친다. 거기에는 배울 것도, 지배할 것도, 찾을 것도 없다. 짐승이 맹목적, 본능적으로 반응하는 맹목적이고 본능적인 힘들 외에는, 그 안에도 밖에도 다른 원수가 없다. 그러나 인간의 성장 과정은 쉽지 않고 느리고 위험한 기간이다. 배울 것도 많고, 무질서한 왕국 하나를 지배해야 한다. 극복해야 하는 어려움들, 생명과 배움에 대한 위협, 그리고 용감하게 직면해야 하는 희망들이 있다.

(2) 참여된 신적인 삶에서

초자연적 탄생이 순간적이었던 것과 같이, 초자연적 질서에서 성장은 순간적이다. 한 순간에 어린 아기가 어른이 된다. 순간적으로 그는 용기와 힘을, 그가 그 목적을 얻으려고 열망하기 때문에 천사를 숨졸이게 하고 싸움에 뛰어들려 하게 하는 세상을 내다볼 수 있게 하는 힘을 갖게 된다. 하느님의 것들이 인간의 마음에 언제나 신비로운 것으로 남듯이, 인간의 것들이 언제나 동물들의 세계에 신비로운 것으로 남듯이 이 성장은 우리에게 늘 신비로운 것으로 남을 것이다.

3. 인간의 탄생과 성장을 인정하는 기초

이러한 인간의 초자연적 생명에서는 주목할 매우 특이한 점이 있다. 그것은 더 추운 날씨에 필요한 특별한 외투처럼 또는 더 사치스러운 휴식을 위한 또 하나의 베개처럼 생각할 수 없고, 자연의 아름다움을 개선하기 위하여 인공적으로 첨가되는 화장품과 같은 것이 아니다. 그것은 이보다 더 깊다. 최소한 역사적으로는, 초자연적 생명을 고려하지 않고서는 인간의 자연적 탄생, 자연적 성장, 자연적 생명에 대해 언제나 기괴하고 무시무시한 오류를 범하게 되었을 만큼 깊은 것이다. 초자연적 생명을 고려하지 않은 이들은 마치 원시인이 하늘을 난다는 목적을 생각하지 못하면서 비행기를 연구하듯이 인간을 연구했던 것이다. 그들은 완고하고 무지한 사람이 바다에 대해 들어보지 못하고 배를 계획하듯이 신랄하게 인간 계획을 비판한다.

그러나 실제로 인간의 삶은 초자연적 차원에서만 존재한다. 모든 인간은 하느님과의 영원하고 초자연적인 생명을 살게 되어 있다. 성공적인 인간의 삶을 위하여 초자연적 탄생과 성장이 반드시 필요하다는 것은 별도로 하더라도, 우리는 그러한 이해 없이 우리의 인간 본성을 올바로 평가할 수 없다. 우리가 우리 본성의 물질적 측면을 존중하고 영적인 측면을 받아들이고자 한다면, 우리가 우리 자신을 유령으로 만들거나 짐승으로 만들지 않으려 한다면, 이를 염두에 두어야 한다. 초자연적인 것을 배제하는 것은 되풀이하여 인간을 완전한 비관주의로 또는 전능함에 대한 어리석은 환상으로 이끌었다.

4. 하느님의 생명으로 탄생 – 세례

(1) 그 본질과 제정

신적 삶으로 태어나는 것은 우리의 자연적 삶으로 태어나는 것과 마찬가지로 감지하기 쉽다. 그것이 감각적 표징을 통하여 오기 때문이다. 그러나 그것은 하느님의 영원한 행위들과 마찬가지로 이해할 수가 없다. 그것이 신적인 것이기 때문이다. 그 탄생에서 비롯되는 생명과 마찬가지로, 그것은 무한한 것을 유한한 손에 쥐여 준다. 그것은 마치 셀로판지에 싸서 우편으로 보낸 햇빛처럼 우리의 정신으로 파악하기 어려운 개념이다. 그러나 하느님의 선물은, 우편으로 전달된 소포처럼 쉽게 그 길을 되짚어갈 수 있다. 세례 성사는 인간을 하느님의 생명으로 태어나게 하는 첫 번째 성화은총을 주시기 위하여 그리스도께서 제정하신 감각적 표징이기 때문이다.

다른 모든 성사에서와 마찬가지로 이 성사에는 고려할 요소가 두 가지이다. 성사 또는 무엇인가를 나타내 보이는 감각적 표징과, 그것이 나타내 보이고 산출하는 효과이다. 그런데, 사람의 영혼에 지울 수 없는 인호를 남기는 세 가지 성사에서는 이 둘 중간에 어떤 것이 있다. 곧, 무엇을 나타내 보이는 표징이 있고, 표시될 뿐 아무 것도 표시하지 않는 효과가 있고, 또한 표시되고 불러일으켜지는 동시에 무엇인가를 표시하는 표징이 있는 것이다. 구체적으로 말하지 않으면 이것은 지극히 복잡하게 들리지만, 성사의 인호가 외적이고 감각적인 표징과 성사에 의해 산출되는 은총의 중개자라고 말하고 나면 그 복잡함은 즉시 사라진다. 인호는 감각적 표징으로 표시되고 그것에 의해 산출된다. 그리고 그 인호는 성화은총을 표시한다. 물론 고유한 의미에서의 성사는 감각적 표징 자체이다. 성 토마스는 교부들에 의해 축성된 표현들을 사용하면서 이 모든 것을 "sacramentum tantum"(오직 성사인 것, 감각적 표징), "res et sacramentum"(성사이며 실재인 것, 인호), "res tantum"(오직 실재인 것, 성화은총)으로 구별했다.

이것의 온전한 의미는 뒤에서 다룰 것이다. 지금으로서는 다만, 인호를 남기는 성사들이 특별히 보호되어야 한다는 점만을 지적해둔다. 이들은 한 번만 주어진다. 여기에는 실험이 없다. 한 번 주어진 것은 지속되어야 하기 때문이다. 마치 하느님이 인간을 그 자신으로부터 보호하기 위하여, 성사가 주어질 때 그가 성사를 받을 최선의 상태에 있지 않을 수 있는 가능성을 허용하신 듯하다. 그분은 영원히 유효한 영수증(인호)을 붙이셨고, 이것은 인간이 그 성사를 받을 만하게 될 때에 영수증을 제시하면 은총이 온전히 주어짐을 보증한다. 인간 영혼이라는 그릇들은 빨리 취하는 이 세상의 포도주로 가득 채워져 있는 듯하다. 언젠가 빈 자리가 생기기만 하면 하느님은 인내롭게 당신 생명의 포도주를 가져다 주고자 하신다.

(2) 물질적 본성

1) 세례의 질료와 형상

성사의 제정은 보통의 물에게는 한 단계 높아지는 것이었다. 물은 처음부터 깨끗함을 위한 수단으로 사용되었다. 물론 이러한 세밀함에 전혀 공을 들이지 않는 아이들은 늘 씻기 싫어하고, 별로 사회적이지 않은 사람들은 가끔 씻고, 차가운 물로 씻는 것을 영웅적인 행동으로 여기는 사람은 떨면서 씻을 것이다. 그러나, 물에는 수치스러운 일이겠지만, 비누가 그 동료가 되기 전에는 물은 몸을 씻기 위해서 특별히 훌륭한 물건은 아니었다. 물로 영혼을 씻는다는 것은 물론 조금도 생각할 수 없었다. 물은 겸손하여, 빨리 또는 거칠게 자신의 일을 했다. 구름에서 내려와 강바닥을 굽이쳐 흐르고는, 넓은 바다에서 그 힘을 경멸하는 배들을 부수었다.

육지에서 멀리 떨어진 곳에서는 물이 꺾을 수 없는 힘을 지니고 있지만, 인간은 그 물을 저항하기에는 너무 느리고 둔하며 기가 꺾인 미천한 일꾼으로 만들었다. 물은 찬사나 특별한 은혜는 생각도 하지 않고 지루한 일상을 꾸준히 계속하는, 집에서 일하는 말과 같았다. 그러다가 어느 날 나자렛의 처녀가 갑자기 하느님의 어머니가 되었을 때, 같은 분에 의하여 단순한 물이 꿈도 꾸지 않았던 높이로 고양되었다. 어떤 의미에서 물은 새로운 인류의 어머니가 되었다. 하느님에 의하여 물은 인간의 영혼을 씻고 그들에게 신적 생명을 주는 신성의 도구로 선택되었기 때문이다.

온 세상의 많은 물에 있어 그날은 다른 날과 다름없이 시작되었다. 사람들은 물을 마시고, 물로 씻고, 물 위로 항해하고, 물에서 느긋하게 낚시를 하고, 아니면 그저 물가에 앉아 끝없이 흐르는 물의 삶이 연상시키는 꿈을 꾸고 있었다. 한 사람이 어떤 역사적인 강의 얕은 물에 서서, 회개의 표지로 다른 이들의 머리에 물을 붓고 있었다. 이것은 이스라엘 땅에서는 낯선 예식이었다. 요르단 강에게는 낯선 일이었다. 그 세례자에게 다른 사람이, 하느님이기도 한 분이 오셨다. 메시아의 예언자가 반대했지만, 그분도 세례를 받으셨다. 그러나, 그분 삶의 다른 모든 부분에서도 그랬듯이 여기서도 중요한 것은 사람들이 그분에게 한 일이 아니라 그분이 사람들에게 하신 일이었다. 이 경우 중요한 것은 물이 그분에게 한 일이 아니라 그분이 당신을 뒤따라올 모든 이의 삶 안에서 모든 변화를 일으키게 될 물에 하신 일이었다.

그리스도께서 세례를 받으시는 순간에, 평범하고 일상적인 물이 하느님과 접함으로써 축성되었다. 그때부터, 온 세상에 물이 존재하는 곳마다 그 물이 올바로 적용될 때에는 물을 통하여 하느님의 능력이 사람들의 영혼 안으로 흘러들게 된다. 이 새 도구는 하느님이 즉시 사용하실 것은 아니었다. 이것은 신약의 놀라움이고, 아직 구약이 죽어야 했다. 구약이 십자가에서 그리스도와 함께 죽었을 때, 그리고 신약이 그분과 함께 무덤으로부터 나왔을 때, 물은 그 신적 권리를 지니게 되었다.

그때부터 물은 사람들을 수의처럼 감싸서 그들을 그리스도의 무덤으로 인도하여, 그들이 무덤으로부터 새로운 생명으로 나올 수 있게 했다. 사람들을 익사시키고 생명을 주는 공기의 공급을 중단시키는 물의 능력은, 생명을 주는 은총으로 죄를 없애는 초자연적 능력으로 변화되었다. 동시에 그것은 그리스도와 함께 묻히고 그분과 함께 하느님의 생명으로 부활하는 수단이 되었다.

물이 사람들에게 언제나 초자연적 탄생의 이야기를 들려주는 낡고 모서리가 접힌 작은 책이 되었던 것은 강력하고 놀라운 하느님의 자애였다. 그것은 별들을 연구하는 이들에게 당신 탄생의 이야기를 들려주시기 위하여 그분께서 그들에게 친숙한 별을 사용하신 것과 마찬가지로 자애롭고 친절한 일이었다. 이 책의 친숙하고 낡은 페이지의 행간에서는, 신앙의 신비로운 화학 작용이 하느님의 손가락으로, 눈에 보이지 않는 잉크로 기록된 말씀을 내놓았다. 물의 풍요로운 능력은 마른 땅과 목마르고 열이 있는 몸을 시원하게 하는 것을 넘어

죄로 인하여 황폐하게 말라버린 영혼을 재생시키는 데에까지 확장되었다. 물이 고요하고 시원하게 와서 닿는 것은, 이제는 열정의 열기를 부드럽게 가라앉히는 것으로 여겨져야 했다. 물의 맑음 속에서, 신앙에 의하여 어떤 전망들이 열렸다.

물의 축성은 사람들이 태어나고 죽고 하느님의 모상으로 부활하는 또 다른 탄생, 죽음, 부활의 신비로운 이야기를 들려준다. 그러나 이 모든 것에 앞서 물은 하느님의 무한한 관대하심을 든든하게 보증해 준다. 처음에 하느님은 인간에게 긍정적인 의미에서 넘치도록 물을 주셨다. 그와 같은 관대한 손길로 그분은 당신의 신적 생명을 사람들과 나누신다. 물이 없는 곳에서는 인간이 있을 수 없다. 그래서 인간이 그들의 인간 생명을 살 수 있는 모든 곳에서 그들은 신적 생명으로 다시 태어날 수 있다. 물이 그의 생존 자체를 위해 필요한 것 이상으로, 그 신적 탄생은 한 인간의 성공적 삶을 위하여 필수적이다. 그리고 자연적으로든 초자연적으로든 필요한 모든 것은 언제나 하느님에 의하여 마련되었다. 그것은 숨 쉬는 것이나 보는 것만큼 쉽고, 물처럼 쉽게 구할 수 있으며 어디서나 인간의 손이 닿는 곳 안에 있다.

하느님이 당신 자신의 생명을 베풀어 주시는 넘치는 관대함은, 세례를 위하여 필요한 물이 평범한 보통의 자연수라는 데에서 더 분명히 볼 수 있다. 신적 탄생의 수단은 특권층 가문에서 물려 내려오는 값진 보물이 아니고 땅끝에서부터 매우 조심하여 가져와야 하는 희귀한 물건도 아니며, 오히려 바다로 걸어 내려감으로써, 강물로 들어감으로써, 샘으로 몸을 굽힘으로써, 또는 샘에 그릇을 넣음으로써 얻을 수 있는 것이다.

세례의 감각적 표징을 중요한 것이 되게 하는 말들인 성사의 형상은 그 단순함과 온전함에서 고전적이다. "나는 성부와 성자와 성령의 이름으로 당신에게 세례를 줍니다." 성인이든 죄인이든, 신자이든 비신자이든, 이 말들이 인간의 입에서 나올 때, 이 말들과 조금의 물로 인간이 다시 태어난다. 이 말들은 비록 짧지만, 분명히 살아있는 도구(집전자), 물질적 도구, 실제적 세례, 그리고 주요 원인인 삼위일체이신 하느님을 천명한다.

하느님 생명의 수여에서는, 고유한 아름다움을 지닌 하느님의 모든 업적에서 나타나는 특징인 믿기 어려운 단순성이 나타난다. 예를 들어 하느님의 손가락으로 기록된 짧은 열 문장에 들어있는 삶을 위한 단순한 규정들은, 모든 세대 사람의 모든 힘을 지탱해 준다. 그리스도께서 가르치신 오래고 수고스러운 시간 동안에 사도들에게 하신 그분의 마지막 명령은 단순함 그 자체였다. "모든 민족들을 제자로 삼아 세례를 주어라." 그러나 이 엄청난 단순함이 가장 영웅적인 이들의 삶을 사로잡았다. 분명, 단순하게 보이는 하느님의 업적들을 고쳐 놓아야 하는 것은 아니다. 그리스도께서는 이렇게 신적인 단순함으로 세례성사를 제정하셨고, 그 성사는 오직 이렇게 주어질 수 있는 것이다.

2) 세례의 수여

예술적 관점에서 본다면 인간의 얼굴을 씻는 방법은 오직 한 가지이다. 예술가는 어쨌든 존엄성과 우아함을 유지하려고 할 것이기 때문이다. 그러나 깨끗함이라는 본질적 관점에서 보면 지극히 다양한 가능성들이 있다. 고양이와 같이 냉담하고 경제적으로 할 수도 있다. 조심스럽게, 명백하게 더러워진 점들에만 물을 묻힐 수 있는 것이다. 꼼꼼한 사람들을 위해서는 면포(綿布)가 있고, 복잡한 침대차에서 흔히 볼 수 있는 강한 개인주의자와 같이 사람들에게 스트레스를 주면서 자신만 만족스럽게 철벅거리는 방법도 있다. 개인적 취향이 어떻든, 중요한 것은 이 모든 방식이 어느 정도이든 씻는다는 핵심 임무를 성취한다는 것이다.

세례를 위하여 요구되는 것은 바로 씻는다는 감각적 표징이다. 성사의 유효성에 있어서는, 물을 머리에 붓든 머리를 물속에 넣든 별로 차이가 없다. 사실 우리는 그 두 가지 가운데 아무것도 하지 않고 그저 세례받는 사람에게 물을 뿌릴 수도 있다. 서방 교회에서 물을 “붓는” 것으로 제한한 것은 유효성의 문제가 아니라 합법성의 문제이다. 이렇게 하지 않으면 집전자에게 죄가 되는 것이지만, 성사가 무효가 되는 것은 아니다.

이 성사의 절대적인 필요성 위에, 전례의 풍부한 아름다움에 속하는 것들이 있다. 이는 마치 집에 가장 기본적인 네 벽과 지붕 외에도 취향에 맞는 장식과 편리한 가구들이 있는 것과 같다. 이들은 그 집이 폭풍우에서 사람을 보호하는 능력을 더해 주지 않지만, 없어도 아무 상관이 없는 것은 아니다. 세례의 전례는 성사의 본질적 효과에 아무것도 더하지 않는다. 그러나 그것은 하느님의 업적에 기대되는 아름다움을 완성시킨다. 그 완성은 우리의 내적 신심을 불러일으키기 위하여, 가르침을 풍부하게 하기 위하여, 그리고 악의 힘에 맞서 직접 작용하기 위하여 만들어진다.

(3) 긴급한 탄생 : 화세와 혈세

때로 인간은 그저 바람과 폭풍을 피하는 것으로 만족해야 한다. 모든 사람이 신적 생명으로 장엄하게 태어나는 풍부한 아름다움을 누리지는 못한다. 그 탄생 이후에 주어지게 될 한순간만을 위한 세례가 되는 경우도 드물지 않다. 때로는 하느님 나라의 새로운 시민을 얻기 위하여 어머니의 모태 속으로 침입해 들어가야 하는 경우까지 있다. 수백만의 사람들은 세례 성사로 확실하고 안전하게 신적 생명을 받는 것을 누리지 못한다. 그렇다고 해서 그들이 영적으로 아직 태어나지 못하고, 그들이 누릴 수도 있었을 신적 생명으로부터 영원히 배제된다는 것은 아니다. 세례 성사는 정상적인 초자연적 탄생의 수단이다. 그러나 세례 외에도 죄의 죽음에서 벗어나 은총의 생명을 들어가는 두 가지 비정상 또는 비상 출구가 있다. 그 하나는 순교자들이 갔던 길로서 혈세라고 알려져 있다. 이는 순교라는 최고의 증언에 대한 갚음으로 하느님의 그르침 없는 능력에 의하여 은총의 생명이 충만하게 부어지면서 죄가 완전히 파괴되는 것이다. 또 하나는 화세 또는 열망의 세례로서, 개인의 자세 자체로 인하여 죄를 파괴하고 영혼을 생명에 이르게 한다. 그는 구원을 위하여 해야 하는 모든 것을 하고자 하는 무조건적 갈망으로써 하느님을 향하여 회심한 것이다.

수세(水洗), 화세(火洗), 혈세(血洗)는 모두 공통적으로 성화은총이라는 효과를 가져오며, 신적 생명으로 태어나게 한다. 그러나 그 가운데 한 가지만이 성사이다. 그 한 가지만이 그 제정에 의하여 본성 자체로 그 효과를 내고, 그 한 가지만이 성화하고 은총을 산출하는 감각적 표징이기 때문이다. 그 한 가지는 바로 수세이다. 그러므로 이 세 가지 가운데 하나만이 그리스도의 동반자의 지울 수 없는 표시인 성사의 인호를 남긴다. 따라서, 오직 수세만이 신적 능력의 살아있는 도구인 집전자를 필요로 한다. 마음 깊은 곳에서 솟아나는 갈망에는 집전자가 없음이 분명하고, 로마의 경기장의 사자를 세례의 집전자라고 분류하는 것은 무리일 것이다.

(4) 탄생의 도구 : 집전자

인간은 초자연적 탄생 없이 초자연적 삶을 살 수 없으므로, 우리는 하느님께서 가장 흔한 재료를 신적 생명으로 태어나는 탄생의 성사의 질료로 선택하셨음을 보았다. 세례의 질료인 보통의 물은 인간이 살고있는 곳 어디에나 있다. 또한, 인간이 있는 곳에는 어디에나 세례의 집전자가 있다. 장엄한 세례의 정규 집전자는 사제이고, 그것이 적절하다. 그는 일치의 성사인 성체 성사의 집전자이고, 새 신자는 세례로써 이 일치에 받아들여진다. 그러나 필요한 경우에는 자신이 인간적 행위를 할 수 있음을 주장할 수 있는 사람이라면 누구라도 이 세례의 초자연적 탄생의 집전자가 될 수 있다. 남자나 여자이거나, 아이이거나 평신도이거나 성직자이거나, 신자이거나 비신자 또는 이단자이거나, 누구나 이 성사의 유효한 집전자이다. 물론 그는 성사 자체에 의하여 요구되는 기본적인 제한 아래 있다. 곧 유효한 질료, 올바른 형상, 그리고 교회가 하는 것을 행하려는, 곧 성사를 부여하려는 의도가 있어야 하는 것이다. 그렇다면 이 성사는 지적 능력이 없는 사람, 술취한 사람, 완전히 마비된 사람, 말을 할 수 없는 사람 또는 실제로 농담을 하는 사람에 의해서는 부여될 수 없음이 명백하다.

대부와 대모는 실제로 영적 어린 아기의 유모이며 교육자이다. 자연적 탄생에서 유모와 마찬가지로, 그들은 어린이의 초자연적 탄생에서 필수적인 역할을 하지 않는다. 그들의 임무는 장엄한 세례의 충만한 아름다움에 속한다. 예식에서 그들이 맡은 역할로 인하여, 그들은 어린이의 영적 교육을 위해 필요한 노력을 할 책임과 이를 위하여 어린이와 영적인 관계를 가져야 할 책임을 지게 된다.

세 종류의 세례의 비교로 돌아가면, 화세와 혈세는 인간을 신적 생명으로 들어가게 한다는 영예는 공유하지만 최소한의 본질적인 부분에만 이른다. 가능하다면 수세를 받아야 한다. 그리스도께서 그것을 명하셨고 또 거기에 이유가 있기 때문이다. 오직 수세로써 인간은 그리스도께 속한다는 표지를 받고, 다른 모든 성사를 받을 자격을 얻으며, 가시적인 교회에 합체된다. 이는 결코 사소한 것이 아니다. 또한 화세는 주체의 자세에 많이 의존하기 때문에, 죄의 전적인 용서에는 크게 부족할 수도 있다. 반면 수세는 죄와 그에 따른 벌을 완전히 사하며, 이는 주체의 자세 때문이 아니라 그리스도의 제정으로 인하여 그르침이 없이 그 효과를 내는 확실한 사함이다.

세례 성사로 완전한 정화가 이루어진다는 진리는 이단적인 생각을 가진 사람들에게, 죄스런 삶의 충만하지만 의심스러운 사치와 하느님을 뵙는 영원한 기쁨을 모두 누리기 위한 엉뚱한 방식을 생각하게 했다. 죽기 직전까지 세례를 미루면 되지 않는가? 그렇게 한다면 그때까지 어떤 제약도 없이 살더라도 벌을 받지 않을 수 있으리라는 것이다. 물론 이것은 인간의 손이 하느님의 눈보다 빠르다는 가정에 기초한 어리석은 생각이다. 또한 이것은 모든 것을 아시는 분을 기만하는 매우 위험한 시도이다. 정확히 본다면, 생명의 시작을 회피한다면 생명을 전부 잃거나 그 목적을 이루지 못하게 될 것이다. 또한 그 시작은 연기할 수도 없다. 생명은 가능한 한 빨리 소유되어야 한다. 그래서 우리는 태어난 지 며칠 사이에 또는 한 주일 만에 아기에게 세례를 준다. 물론 성인의 경우 죽음의 위험에 처해 있는 경우가 아니라면 그가 시작하려고 하는 초자연적인 것의 본성에 대해 가르침을 받아야 한다. 그는 세례를 받고 즉시 그 초자연적인 삶을 시작하므로, 그것에 대해 알아야 한다.

그리스도의 말씀은 절대적이었다. 모든 사람은 세례를 받아야 한다. 그들이 원할 때, 죽음의 순간에, 그들이 죄를 범하던 것을 끝냈을 때 비로소 세례를 받는 것이 아니라, 어떤 제한도 없이 세례를 받아야 한다. 죄인들이 세례를 받아야 하는가? 만일 죄인들에게 세례가 금지된다면, 세례는 오래전에 창고에서 녹이 슬었을 것이다. 가장 어린 아기부터 가장 늙은 조상까지 모든 인간이 죄인이기 때문이다. 그러나 죄인들을 두 종류로 구별하는 분명한 차이가 있다. 죄에 맞서 싸우는 이들과 죄를 끌어안는 이들이 그것이다. 두 번째 종류의 죄인들에 대해서만 세례에 어려움이 있다. 어떤 사람이 팔로 죄를 끌어안고 있다면, 그가 죄로부터 분리될 수 있는가? 물론 그렇지 않다. 그가 세례를 받는다면 그 세례는 거짓된 표징이 될 것이다. 그 성사가 뜻하는 은총이 이루어지지 않을 것이기 때문이다.

그럼에도 불구하고, 그런 사람이 세례를 받는다면 그 성사가 의미하는 첫 번째의 것인 인호는 생겨난다. 그러므로 그는 하느님의 영수증을 가진 것이고, 나중에 그 영수증을 제시하면 하느님은 은총을 온전히 주실 것이다. 성인이 세례를 받을 때에 절대적으로 요구되는 유일한 조건은, 그가 성사를 받고자 하는 의도를 갖고 있어야 한다는 것이다. 그 조건이 갖추어진다면, 그의 상태가 어떠하든 그것이 성사를 무효로 만들지는 않는다. 후에 그는 정신을 차리고 죄를 후회할 수도 있을 것이다. 그러면 오랫동안 막혀 있던 세례의 은총이 그때에 그의 영혼에 부어질 것이다.

훨씬 더 정상적인 경우는, 세례를 받으러 오는 죄인이 자신의 죄에 대하여 진심으로 후회하는 것이다. 이때에는 그리스도의 수난과 죽음의 공로가 즉시 직접적으로 적용된다. 그의 죄와 그 죄의 벌들은 완전히 용서된다. 이는 새로 세례를 받는 사람의 자세 때문이 아니라 하느님의 틀림없는 능력 때문이다. 세례 후에는 참회가 부과되지 않는다. 그의 영혼은 온갖 더러움에서 깨끗하기 때문이다. 세례 때에는 고해 성사가 요구되지 않는다. 그가 어떻게 고해를 할 수 있겠는가? 세례를 받기 전에 그는 다른 어떤 성사도 받을 수 없다. 세례를 받고 나면 그에게는 고해할 죄가 없다. 조건부 세례의 경우에만 고해를 하고 조건부 사죄를 받는다. 이전에 받은 세례가 유효할 가능성이 있고, 그렇다면 그 첫 번째 세례 이후로 지은 죄의 용서를 위한 유일한 수단으로서 고해가 필요하게 되기 때문이다.

(5) 영적인 어린이

1) 일반적으로

가톨릭 신자의 머리 속에서 세례는 언제나 어린이들의 성사일 것이다. 세례는 신참자를 가족 안으로 들어오게 한다. 영원히 지속되는 집안 건물에 초석을 놓는다. 더 넓은 의미로 세례는 우리 모두를 하느님의 자녀가 되게 한다. 어린이가 세례를 받을 수 없는 나이는 없다. 가장 어린 아기라도 아담 안에서 죄를 맛보았고, 그리스도 안에서 생명을 맛볼 수 있다. 어린 시절부터 그 초자연적 생명을 향해 교육된다면, 그 생명에 관련된 모든 것을 우리에게 쉽고 친숙한 부분이 되게 한다. 아마도 이것은 무엇으로도 가톨릭 교육을 대체할 수 없는 이유들 가운데 하나일 것이다. 가정은 결국 어린이에게 가장 좋은 장소이다.

2) 개별적으로

그러나, 유다인이나 비신자의 집안에 침입하여 그들의 자녀에게 강제로 세례를 주거나 정신병원에 잠입하여 모든 입원 환자에게 세례를 주는 오도된 열혈당원이 될 이유는 없다. 물론 비가톨릭 어린이에게 세례를 주는 것이 합당할 경우도 있다. 예를 들어 아이가 버려졌을 경우, 부모 가운데 한편이 가톨릭으로 개종했고 아이의 세례를 원할 경우, 또는 아기가 임종의 순간에 있을 경우가 그러하다. 이 경우들 외에는 보호자와 부모들은 스스로의 삶의 주인이 되기 이전의 어린이들에 대해, 그리고 이성을 사용한 적이 없는 정신병자들에 대한 본성적 권리가 있다. 이 권리는 침해되어서는 안 된다. 물론 부모나 보호자는 자녀들에 대해 자연적이든 초자연적이든 삶과 죽음에 대한 권리를 갖고 있지 않다. 그러나 어린이가 세례를 받지 않고 자연적 죽음을 맞을 위험이 있을 때에만 세례의 문제가 초자연적 삶과 죽음의 최종적 문제가 된다. 그러나, 그러한 미성년자에게 한 번 주어진 세례는 유효하다. 그 세례는 그 영원한 효과를 낸다. 세례는 그 본성 자체로 실제로 작용하기 때문이다.

3) 탄생의 효과

a. 재생 : 하늘의 문이 열림

마른 땅에 갑자기 내리는 봄비는 그 땅을 되살아나게 하고 풍요롭게 한다. 이것은 인간의 영혼에 세례의 물이 가져오는 효과를 희미하게 암시해 준다. 모태에서 나오는 아기는 더 좋은 상징이 된다. 그 아기는 생명으로 들어오는 것이다. 하지만 그는 죽음으로부터 나오는 것은 아니다. 그리스도의 부활은 아마도 세례의 놀라운 첫 번째 효과를 보여 주는 가장 좋은 표상이다. 세례의 효과는 재생이고, 죄의 죽음으로부터 은총의 삶으로 부활하는 것이다. 세례는 하늘의 문을 연다. 그 후에는 우리 앞에 열려 있는 문으로 다가가는 긴 여정이 있을 뿐이다.

b. 조명 : 덕의 습득

세례의 은총으로 우리 영혼에 들어오게 되는 풍부한 장치는 빈약한 우리의 정신에 그에 못지않게 깊은 인상을 준다. 모든 본죄와 원죄가 용서되고 모든 벌이 사해질 뿐만 아니라, 우리가 집을 향한 먼 길을 걸어갈 수 있는 수단들도 확고해지고 이제 우리는 큰 걸음을 걸을 수 있게 된다. 믿음, 희망, 참사랑과 사추덕, 그리고 성령의 모든 선물들이 마치 알래스카에서 여름이 다가오는 것이 자연 안에서의 느린 움직임으로 보이듯이 그렇게 힘차게 솟아난다. 어린이의 경우, 이 덕들은 그 아기의 기능들이 그러한 행위들을 할 수 있게 될 때까지 기다린다. 그러나 성인의 경우, "거울을 비추어 보듯 희미하게" 보는 우리는 그 사람의 이전의 행위들과의 차이를 알아채지 못할지라도 하느님과 성인들의 눈에는 그들의 초자연적 풍요로움이 즉시 분명하게 드러난다.

그러나 하느님은 왜 여기에서 멈추셨는가? 그리스도의 죽음과 공로는 원죄의 피해를 완전히 없애버릴 수 없었는가? 왜 그분은 인간 본성의 고유한 결함을 보완할 초자연적 은총을 우리에게 다시 얻어주지 않으셨는가? 왜 그분은 우리에게 고통으로부터의 해방을 보증해 주지 않으셨고, 우리 자신 안에서의 내전과 또한 죽음과 완전한 실패의 기회를 벗어나게 하지 않으셨는가? 하느님은 그것을 아시지만, 우리는 인간에게 주어지는 것은 결코 충분할 수 없다는 것을, 선물은 그 완전성에 대한 감사를 불러일으키기보다 그 한계에 대한 저항의 부르짖음을 일깨우는 듯하다는 것을 스스로 배워야 할 따름이다.

그렇다. 그리스도께서는 이 모든 것을 할 수 있으셨지만 그렇게 하지 않으셨다. 그분은 우리를 은총과 진리가 충만한 당신 신비체의 지체가 되게 하셨다. 당신의 싸움을 싸우시고, 당신의 십자가를 지시고, 당신의 승리를 거두신 그분처럼 되게 하셨다. 우리도 싸워야 한다. 많을수록 좋다. 우리는 우리가 싸워 얻은 목표의 가치를 알아보게 될 것이다. 우리는 그것을 얻어야 한다. 우리는 그것을 우리의 것이 되게 해야 한다. 우리는 고통을 겪을 것이고, 그 편이 낫다. 우리의 스승은 우리에게 천국에 이르는 하느님의 지름길을 보여주기 위하여 고통을 겪으셨다. 우리도 승리할 것이다. 그러나 전투에서 이길 때에만, 우리가 멈추지 않을 때에만, 우리가 우리 손에 주어진 무기를 용감하게 사용할 때에만 그러할 것이다. 솔직하게 질문을 던지며, 정당한 것으로 보이는 불평들이 결국 어떻게 되는지 보자. 삶에 용기가 필요한 이유는 무엇인가? 왜 나는 실패할 가능성을 직면해야 하는가? 왜 나는 인간적인 삶에 대한 책임을 가져야 하는가? 한 마디로 말하면, 나는 왜 인간으로 태어났는가?

c. 가족의 유사성 : 인호

세례는 그 세례를 받는 모든 이들에게 신적 생명의 선물을 가져다주며 죄를 완전히 무너뜨린다. 모든 유아에게 이 선물들은 동등하게 주어진다. 그러나 성인들에게서는 자세에 비례한다. 지워질 수 없는 인호(character)라는 한 가지 효과 이외의 다른 선물들에 대해서는, 불충실 또는 죄에 대한 불완전한 슬픔이라는 장벽으로 그 길을 가로막을 수 있다. 인호는 그 자체로, 인간이 세운 장애들이 제거된다면 다른 효과들을 보증해 준다. 성사의 인호가 하느님의 입양된 모든 아들이 지닌 가족의 유사성이기 때문이다.

d. 효과의 평등성과 장애

본성적 가족의 유사성처럼, 이 유사성은 우리가 천박한 사람들과 경솔하게 어울린다고 해서 흐려질 수 없다. 또한, 높은 성덕에서 깊은 죄로 떨어지는 것과 같은 추락에 의해서도 파괴될 수 없다. 그것을 알아보기 위해서 자신이 어머니라고 주장하는 사람이 인간 모습을 거의 찾아볼 수 없는 데에서 가족의 유사성을 간절히 찾는 것과 같은 노력을 하는 것은 필요하지 않다. 이 유사성은 의심의 여지가 없으며 영원히 뚜렷하다. 거듭 그 윤곽을 찾을 필요도 없다. 그것은 삶의 바람과 비에 의하여 침식되지도 않는다. 그것은 닳아 없어지지 않을 것이다. 그것은 조각가이신 하느님의 끌이 남긴 흔적들을 지니고 있으며, 그분은 시간이 아닌 영원을 위해 일하신다.

(6) 구약의 탄생과 신약의 탄생 사이의 대조

이 모든 것은 단순한 약속이나 예표, 예언이 아니다. 이것은 그리스도의 미래 공로에 의하여 죄가 용서된다는 신앙 고백이 아니다. 구약의 세례인 할례는 그러한 것이었고 거기에 머물렀다. 그러나 세례의 인호는 실제적이고 거룩한 인장이다. 그것은 지워지지 않고, 적합하고, 완전하며, 하느님 말씀의 모든 효력과 목적을 지니고 있다.

그 지고한 효과들에도 불구하고, 세례는 초자연적인 탄생일 뿐이다. 세례는 거인이 아니라 유아들을 만든다. 그래도 인간에게 하느님의 생명을 산다는 것은 엄청난 일이다. 특히 그 삶이 사람들 사이에서, 그리고 천사적 능력 못지않은 강력한 원수들 사이에서 살아야 한다면 더욱 그러하다. 세례로 인간은 어린이가 된다. 그리고 어떤 식으로, 어린이는 온전히 그 자신의 삶을 산다. 그의 삶은 사회적이라기보다 개인적이다. 그가 아직 자신의 풍요로움을 다른 이들과 소통할 수 있게 해 주는 삶의 충만함에 도달하지 않았기 때문이다. 유년기는 성인기의 준비이다. 분명 개인적 삶은, 하느님과 같이 그러나 자신의 겸손한 방식으로, 정해진 길을 따라 움직이는 것이 아니라 자신의 삶의 주인으로서 세상을 돌아다니며 귀족과 같이 자신의 부를 분배하는 인간에게 합당한 것이 아니다. 그에게, 초자연적 탄생만으로는 충분치 않다.

5. 영적 성인으로 성장함 – 견진

(1) 성사와 그 본질

우리는 성인에게 속한 것들을 행할 수 있도록 영적인 어른이 되어야 하고,

영적인 삶의 충만함에 이르러야 한다. 완성을 향한 이 충만한 영적 성장은 우리가 견진이라고 부르는, 그리스도께서 제정하신 감각적 표징의 목적이고 효과이다. 성경에서 견진의 제정에 관한 이야기를 찾을 수 없다는 것은 사실이다. 그러나 요한은 오래전에 우리에게, 그리스도께서 하신 모든 일을 책 한 권에 쓸 수는 없다고 경고했다. 또한, 예루살렘으로부터 요한과 베드로가 세례를 받았으나 아직 성령을 받지 않은 신자들에게 내려갔다는 것이 성경에 전해진다. 사도들이 도착하여 그들에게 안수하자, 그들 모두가 성령을 받았다.

충만한 삶, 성령과 그 은총의 오심은 성사에 사용되는 올리브 기름으로 표시된다. 의심할 여지 없이, 올리브 나무의 풍요로움과 그 푸름, 기름의 진정 및 치유 효과, 그리고 올리브 가지가 평화의 상징이 된다는 것 때문이다. 그 충만함을 다른 이들과 통교하는 것, 곧 초자연적인 사회 생활은 올리브와 섞은 발삼으로 표시된다. 그 향은 교회의 먼 구석에까지 스며든다. 올리브 기름에 발삼을 섞은 것이 견진을 위한 크리스마 성유이다. 이로써 영적인 어린이의 이마에 십자표를 하여, 영원한 전투를 위하여 축성한다. 이것은 그분을 따르는 모든 이들이 자랑스럽게 지니는 전사 지휘관의 상징이다. 어른이 되고 동시에 용감한 전사가 된다는 개념의 결합은 그 집전에서도 나타난다. 충만한 권한을 가진 주교는 성사를 받을 사람에게 안수하고, 경고이며 약속으로서 그의 뺨을 가볍게 두드린다.

(2) 효과 : 인호와 은총

견진의 형식은 단순하고 장엄하다. 주교는 이렇게 말한다. “나는 성부와 성자와 성령의 이름으로 당신을 십자표로 표시하고, 구원의 크리스마 성유로 당신을 견고케 합니다.” 이 말들은 단순하지만, 그 질료적 표징을 의심의 여지 없이 규정하고, 살아있는 도구(주교)와 주요 원인인 하느님 자신을 지정한다. 말들은 장엄해야 한다. 영적 어린이는 어른들에 의해 지지를 받고자 하는 어린아이

같은 필요를 말하면서 대부모에 의하여 그 지휘관 앞으로 오게 되지만, 곧 이 표징과 도유, 그리고 하느님의 도구에 의하여 발설되는 몇 마디의 간단한 말들로 아이에서 어른으로 바뀌게 되기 때문이다. 그의 영혼에는 더 많은 성화은총이 부어지고, 이와 더불어 장차 성인이 된 그리스도의 군인에게 닥쳐올 긴급한 상황들에 대처하기 위하여 필요할 모든 미래의 은총들을 받을 자격이 주어진다. 그의 영혼에는 엄청난 역경들에 맞서기 위하여 그들의 스승의 뒤를 따라 의연하게 나아갈 전사들의 무리에 속함을 밝혀 주는 지워지지 않는 표지가 찍혀 있다. 그들은 신앙의 전사들이다.

자연적 질서에서 유년기와 청년기가 온전한 성인기를 위한 것이듯이, 초자연적 질서에서 세례는 견진을 위한 것이다. 초자연적 질서에서 견진은 자연적 질서에서 어른이 되는 것처럼 필수적이다. 그러나 천천히 움직이는 물질적 세계에서 나온 표상을 성사들의 영적인 세계로 옮겨올 때에는 주의를 해야 한다. 물질의 제한에 매이지 않는 이 세계에서는, 지치고 늙은 사람이 다시 태어나 영적인 어린이가 될 수 있고, 작은 소년이 한 순간에 영적인 어른이 될 수도 있다.

(3) 관련된 사람들 : 주체, 대부모, 집전자

신속하게 움직이는 영적인 세계에서는, 가장 작은 어린이도 생명의 필수적인 것들을 소유한다. 그러므로 견진은 세례와 같이 절대적으로 필요한 것은 아니다. 이는 견진의 질료와 집전의 어려움에서부터 쉽게 알아볼 수 있다. 하느님은 견진을 너무 쉽게 만들지 않으셨으므로, 그것은 절대적으로 필요할 수는 없다. 그 질료는 흔한 자연수가 아니라 올리브유에 향을 섞은 것이다. 집전자는 아무 인간이나 할 수 있는 것이 아니라 충만한 영적 권한을 소유한 주교이다. 그 주체 역시 모든 사람이 아니라, 이미 세례로 태어나 생명으로 들어간 이들에 국한된다.

[결론]

1. 인간의 자연적 생명과 초자연적 생명

(1) 자연적 생명에 멈추는 비극

자연적 생명을 완성하고 보완하는 이 두 번째, 초자연적 생명은 인간에게 지극히 중요하다. 희생이 필요하다면 이 생명을 위하여 젊음, 아름다움, 건강, 위로, 그리고 자연적 생명 자체까지 다른 모든 것은 희생되어야 한다. 초자연적 생명의 중요성에 관한 가장 씁쓸하고 수수께끼 같은 표현은 아마도 보쉬에의 "우리에게 태어남을 주는 이들이 우리를 죽인다."라는 무서운 문장일 것이다. 자연적 출생과 초자연적 출생이 함께 있지 않다면, 이 고발에는 깊은 진리가 있게 된다.

(2) 초자연적인 것의 적들에 의해 자연적인 것이 왜곡됨

1) 탄생의 왜곡

잠시 이 표현을 잘 헤아려 보자. 우리는 유산된 아이를 불쌍히 여기고, 그 부모의 고통스런 실망을 안타깝게 생각할 수 있다. 그들이 바라보았던 길은 이제 가지 않게 되었다. 그들은 그 가능성, 훌륭함, 용기, 승리를 기대했었다. 유산된 아이들이 매년 돌아와 생명에서 배제된 것에 대한 그들 자신의 고통스러운 실망으로 그 집의 벽들과 부모의 마음을 적신다면, 얼마나 더 무서운 일이겠는가? 부모들 자신이 죽음이고 중단인 그런 탄생을 고집하면서 죽은 아이들이 유령처럼 끊임없이 집안을 돌아다니기를 주장한다면 한없이 더 끔찍한 일이 될 것이다.

실제적인 의미에서, 이것이 초자연적 생명을 부인하는 시대의 사람들이 해온 것이다. 그들은 그들의 자녀에게 절반의 생명만을 주었고, 그 자녀들이 초자연적으로는 유산되어야 한다고 주장한다. 그 결과, 이 살아있으나 죽은 자녀들이 집의 벽들과 부모의 마음에 돌아다닌다. 이 아이들은 하느님의 생명으로부터 배제되었지만, 영원히 산다. 우리는 눈이 멀어서, 살아있는 이들을 죽었다고 잘못 생각한다. 그 눈 멀게 됨이 우리에게, 초자연적인 생명이 없이 남겨진 얼마 안 되는 생명조차 보지 못하게 한다. 인간의 자연적 생명은 오직 우리가 그것을 넘어 더 높은 목표들을 볼때에만 온전히 이해될 수 있기 때문이다. 이로써 우리는 인간을 하느님의 모상(imago Dei)이며 하느님의 자녀로 알아보게 된다.

이러한 전망을 잃어버린 인간은 인간의 자연적 삶에 대한 존중, 사랑, 이해 대신 괴이한 개념을 품게 될 수 있다. 탄생은 속됨과 동물성의 증거로, 생물학적 우연으로, 정치적 정책 또는 사회적, 감정적 편리함의 문제로 여겨지거나 아니면 그저 매우 제한된 것으로 여겨진다. 인간의 능력은 군중에 합체되는 것에 대한 보상으로 소심한 위안과 개인적 책임으로부터의 해방을 받기 위하여 기꺼이 포기할 것이 된다.

2) 성장의 왜곡

마지못해 낳아주기는 하지만 유년기와 성인기는 주지 않기도 한다. 보통 유년기는 걱정 없이 자라나고 보호를 받으며 습관을 기르는 시기이다. 어린아이는 생명, 악, 투쟁을 다룰 수 있게 될 때까지 그것으로부터 보호된다. 인간의 먼 목표들을 고려하지 않는다면 유년기는 삶을 적나라하게 열어 보이는 시기, 비인격적인 관료에게 내맡겨진 제도적 실존이 될 수 있다. 그다음에는 청년기를 없앰으로써 고등학생을 대학생처럼, 대학생을 국가 생활 전체를 이끄는 인사처럼 여기게 될 것이다.

3) 성인됨의 왜곡

이 젊은이들이 결코 오지 않을 것을 기다려야 하는 이유는 무엇인가? 순전히 자연적인 관점을 더 분명하게 견지할수록, 성인이 되는 것은 점점 더 불가능해진다. 그러한 상황에서 철학자는 많은 질문을 할 수 있다. 인간이 옹호할 원리와 이상은 어떤 것인가? 그는 무엇을 위하여 투쟁할 수 있는가? 끝없이 사랑할 가치가 있는 것은 무엇인가? 한 인간의 삶 전체의 이야기가 끝난 다음, 어떤 차이가 있게 되는가? 차이가 있다면, 그는 이에 관하여 무엇을 할 수 있는가? 질문은 많이 쌓아 올릴 수 있다. 그러나 얻을 수 있는 유일한 대답들은, 지적인 삶의 시초에서부터 기만된 사람들을 속게 할 뿐이다.

2. 베들레헴, 골고타, 그리고 인간의 존중

우리가 어떤 아기든지 어린 아기를 존중하고자 한다면 베들레헴 동굴의 낮은 입구로 들어가기 위해 우리의 뻣뻣한 목을 굽혀야 한다. 우리는 인간이 자신의 첫 번째 탄생을 이해하기 위해서는 다시 태어나야 한다는 것을 알아야 한다. 인간의 삶에 관해 무엇인가 알기 위해서는 그 시신이 내려지고 무덤에 눕혀지고 봉인되고 지켜질 때 골고타에 서 있어야 한다. 어떤 사람이 다시 살아나는 것을 보려면 먼저 세례의 수의가 그를 감싸는 것을 보아야 한다.

3. 그리스도에 의하여 표시된 인간

그리스도로 표시된 인간을 볼 때에만 우리는 인간이 되는 것이 무엇인지를 알 수 있으며, 그것을 앎으로써 "그리스도로 표시된 이들이 이기기 힘든 전쟁과 구원하기 힘든 영혼이 있더라도 어둠 속에서도 명랑한" 이유를 이해하게 된다. 우리는 이 앎으로써 붉고 주름진 아기 형태 또는 희고 주름진 나이든 형태의 세상의 주님의 장엄한 모습을 그려볼 수 있게 된다. 인간은 살기 위하여 그리고 성인으로 성장하기 위하여 태어나야 한다. 그리고 그가 동료 인간을, 자신의 삶을, 그리고 그의 하느님을 온전히 이해하려면 그는 다른 삶으로 태어나 다른 성인이 되어야 한다.

제14장 생명의 빵 (제3부, 제73 ~ 제78문제)

1. 인간 마음에 이르는 길
   (1) 열린 길 : 인간의 필요
   (2) 두 가지 길 : 두 가지 필요로 인하여
   (3) 지도가 있는 길 : 음식에 대한 관심
2. 음식에서의 대조
   (1) 육체는 하위의 음식들로 길러진다
   (2) 영혼은 상위의 음식들로 길러진다
   (3) 육체적 양육과 영적 양육의 과정
3. 영적인 소화불량과 그 역사
   (1) 영적인 음식에 대한 거부
   (2) 굶주림의 과정
   (3) 굶주림의 이유 : 신비의 성향
4. 신비로운 음식에 관하여
   (1) 성체의 본질과 실존
   (2) 그 제정의 적절함
   (3) 필요성
   (4) 성체 성사의 예표
5. 신비 자체
   (1) 질료의 신비
      1) 신비의 구성 요소 : 빵과 포도주
      2) 신비의 과정
         a. 빵의 실체의 변화
            ① 변화 자체 : 실체변화
            ② 실체, 우유(偶有), 실체적 형상과 관련된 그 효과
         b. 성체 안에 게신 그리스도의 실존
            ① 주체에 관하여
            ② 양에 관하여
         c. 우유(偶有)들의 지속
   (2) 형상의 능력

[결론]

1. 사람은 무엇으로 사는가
2. 21세기의 굶주림
3. 천사적 박사와 천사의 빵

제14장 생명의 빵 (제3부, 제73문제 ~ 제78문제)

1. 인간 마음에 이르는 길

인간 마음 가까이에 있는 처녀지 근처까지 탐험해 들어가고 자신이 발견한 것을 "인간의 마음에 이르는 길은 그의 위를 거쳐 간다."는 간략한 고전적 문장으로 요약했던 사람은 큰 불의의 가해자였거나 아니면 그 희생자였을 것이다. 그는 자신의 말이, 전부 이야기하기에는 너무 긴 진리를 나타내는 부적절한 은유에 지나지 않는다는 것을 모든 이가 이해하리라고 가정했을 수 있다. 또는, 그가 인간의 육체적 본성의 바깥 경계에 도달했을 때 정말로 그 길의 끝에 도달했다고 생각했을 수도 있다. 첫째 경우라면 그는 오해받은 수백만의 저자로부터 진정한 공감을 받아 마땅하다. 둘째 경우라면, 적어도 그에게는 길 중간에서 그것이 길의 끝이라고 생각하고 멈춰버린 수많은 동반자가 있다.

(1) 열린 길 : 인간의 필요

사실에 있어서, 한 사람의 위에 음식을 공급하는 것은 그의 허리둘레에 영향을 미치는 것 이상으로 그의 마음에 더 직접적인 영향을 미친다. 위에 인용한 저자에게서 의심스러운 부분은 덮어두고 일단 그의 비유를 받아들여 보자. 그렇다면 그가 지적하는 길, 곧 위를 거쳐가는 길은 실제로 은혜의 고속도로라고 말할 수 있다. 동정심을 베풀 경우에는, 어떤 자애로움이 일깨워지기는 하지만 그런 동정심이 사랑에까지 이르는 경우가 드물다. 본성상 동정심은 은혜를 베푸는 사람의 우위를 강조하는데, 이와 달리 사랑은 겸손하지 않을 수 없기 때문이다. 한편 순전한 관대함의 경우는 이기심이 없는 것이어서, 그 바탕에 깔린 사랑과 매우 가깝다. 인간은 선물에 대해 감사한다. 그렇게 감사하는 마음에서 다시 선물을 줌으로써, 심지어 자기 자신을 갚음으로 줌으로써 계속되는 끝없는 감사의 순환을 시작하려 하게 된다.

그가 갚음으로 주는 선물이 무모할 정도까지 이르게 되는 것은 많은 부분 그것을 감도한 관대함의 밝은 불꽃에, 그리고 그 관대함이 어떤 필요를 채워 주었는지에 달려 있다. 인간은 담뱃불을 붙이는 성냥과 같은 작은 은혜에 대해서도 감사하지만, 열광적으로 감사하지는 않는다. 그는 세상의 무게를 막아주는 지붕에 대해서, 그의 품위를 유지하는 의복에 대해서, 그리고 그의 마음을 즐겁게 하는 친구들에 대해서 더욱 감사한다. 근본적인 필요들에 관련된 것일 때, 살아가는 데에 꼭 필요하고 그것 없이는 죽게 되는 것을 받을 때, 그때의 감사는 우리가 사랑이라고 부르는 지평을 뒤흔드는 힘이 될 수 있다.

사람이 음식을 필요로 한다는 것은 의문의 여지가 없다. 편안한 상태의 위는 낭만적인 기분을 위해서도 필요한 조건이다. 적어도, 빵집의 향기는 굶주리고 있는 사람의 지극히 낭만적인 고백을 갑자기 중단시킬 것이다. 또한, 단식은 언제나 낭만과 연결되기보다는 참회와 더 긴밀히 연결되었다. 물론 이를 너무 확대할 필요는 없다. 지나치게 배가 부른 연인은 깨어 있기가 힘들 것이다. 그러나 성향의 문제를 넘어, 음식 공급은 매우 건장한 어른에게서도 어린아이와 같은 감사를 불러일으킨다. 마치 그의 삶이 연료 부족으로 꺼질 지경이 되지 않았다는 데에만 감사하는 것이 아닌 듯이, 그는 음식과 같이 치명적인 무기가 그렇게 호의적인 목적을 위해 사용되었다는 것에 대하여 좀 놀란다. 무지는 음식을 파괴하는 놀라운 일을 일으킬 수 있고, 서투름은 그러한 놀라운 일들을 간과한다. 우리 시대에야 정부들은, 단순히 어떤 비타민들을 박탈하는 것만으로도 그들이 인간의 정신을 무너뜨리고 성향을 만들어내며, 그의 정치적, 경제적 미래를 결정할 수 있다는 것을 발견했다. 인간이 식사를 마치면서 해를 입지 않았다는 데에 대해서만이 아니라 긍정적으로 양분을 섭취했다는 데에 놀라고 감사하는 것은 놀라운 일이 아니다.

(2) 두 가지 길 : 두 가지 필요로 인하여

그러나 인간은 빵만으로 살지 않는다. 그는 정신과 마음을 갖고 있으며 이들은 진리와 선으로써 길러진다. 어떤 사람이 신체적으로 살아가는 데에 필요한 것들에 대해 감사한다면, 그는 진리와 선에 대해 무비판적으로 열렬히, 엄청나게 감사하게 된다. 이 영역에서는 독이 있거나 덜 익은 음식에 대한 본성의 즉각적 저항이 없기에, 사기꾼과 위선자들이 진리와 선을 위한 수고도 하지 않고 다른 이들로부터 감사와 사랑을 거두어들였다. 그러나 이외에도 우리 시대에는 물리적 음식이라는 길이 한 가지 길일 뿐이며 인간의 마음에 이르는 길이 하나밖에 없는 것이 아님이 충분히 확인되고 있다. 다른 길, 곧 진리와 선은 인간의 마음 속 깊은 곳에 이르는 활짝 열린 길이다.

(3) 지도가 있는 길 : 음식에 대한 관심

독창적인 탐험가가 인간의 마음에 이르는 길이 그의 삶을 유지하는 것들을 통해서라고 말하려 한 것이었다면, 이는 상당히 맞는 말이었다. 이 길에는 불분명한 것이 없고 감추어진 것이 없다. 진리에 대한 인간의 갈망은 학자들에 대한 순진한 신뢰, 교육을 위한 무조건적 희생, 다른 이들에게 나누어주기 위하여 전문 지식을 비축해 놓는 이들에 대한 높은 존경으로 입증된다. 인간이 물리적 음식에 관심을 갖는다는 사실에 대해서는 큰 의문이 있었던 일이 없었다. 비타민, 칼로리, 탄수화물, 전분이라는 단어들이 옛 친구들의 명단처럼 아이들의 혀에서 굴러다니는 우리 시대에는 더 상세한 관심들이 생겨나기는 했다. 어떤 의미에서, 모든 사람은 다른 사람의 마음으로 들어가는 길을 찾아낼 수 있다. 자신의 본성 전체에 큰 글자로 적혀 있는 이정표를 지니고 있기 때문이다.

그러나 인간의 영혼을 기르는 것은 그가 다른 이들로부터 찾아낼 수 있는 진리보다, 또는 그가 때때로 자신의 통찰력 있는 시각으로 그 빛을 볼 수 있는 선보다 훨씬 더 많다. 아마도 우리는 육체의 음식과 영혼의 음식의 성격을 대조함으로써 이를 가장 잘 이해할 수 있을 것이다. 그 사이에 상당한 차이가 있다는 점은 우리 시대에 분명히 밝혀져야 한다. 한때 미국에서 우울증으로 건강하던 이들이 해골처럼 되었던 때에, 우리는 자신의 발을 들 힘도 거의 없는 이들에게서 사려 깊음, 희생, 굶주림의 두려움을 피하기 위해 인간에게 합당하지 않은 길에 들어서기를 거부함과 같은 많은 영적인 위대함을 보았다. 또한, 우리는 굶주린 육체 안에 잘 양육된 영혼이 있을 수 있음을 알고 있다. 마치 회의적인 우리에게 증거가 충분치 않기나 한 듯이, 세상은 영웅적 삶으로 세상에 양분을 공급하는 수백만의 굶주리는 사람들로 채워졌다. 그렇다면, 편안하게 양육된 육체 안에 굶주린 영혼이 있을 가능성을 이해하기도 어렵지 않다. 육체와 영혼은 같은 음식을 먹지 않는다.

2. 음식에서의 대조

(1) 육체는 하위의 음식들로 길러진다

육체는 자신보다 하위 것들의 지지가 필요하다. 육체는 그것들을 먹고, 그것들을 파괴하여 자기 자신으로 변화시킨다. 그리고 동물, 식물, 광물 세계에 파괴적인 고귀함을 부여하는 과정 안에서 자라난다.

(2) 영혼은 상위의 음식들로 길러진다

영혼은 상위의 것의 지지를 필요로 한다. 영혼은 진리, 선, 무엇보다도 하느님을 먹고 산다. 이들을 파괴하지 않고, 이들을 자신의 실체로 동화시키지 않고, 오히려 그것들에 의해 변화되며, 하느님의 경우는 어떤 의미에서 영혼 자신이 그분 안으로 변화된다. 육체는 언제나 무엇인가를 잃고 있고 그것은 대체되어야 한다. 그러나 영혼은 언제나 무엇인가를 얻고 있고 그것은 대체될 필요가 없으며 영혼의 크기를 증가시키므로, 무한히 고갈되지 않는 것만이 영혼을 살아있게 할 수 있다. 인간은 음식에, 육체와 영혼의 음식에 관심을 갖는다. 이는 인간이 생명에 관심을 두고 있기 때문이다.

(3) 육체적 양육과 영적 양육의 과정

본성의 벽에 틈이 생겼고 인간이 하느님의 영역으로 들어간 이후로, 인간이 빵만으로 살지 않는다는 것은 더욱 참이 되었다. 이제 그의 것이 된 신적 생명을 살기 위하여 그는 신적인 양식을 필요로 한다. 하느님께 고유한 것인 진리, 하느님 자신의 것인 선, 그리고 하느님의 몸, 천사들의 식탁에 지금까지 주어지지 않았던 천사들의 양식이 그것이다. 그 음식이 처음 인간에게 주어졌을 때, 많은 이들은 의심과 거부감으로 돌아섰다. 그 약속은 어려운 말씀이었고, 그 음식은 인간의 음식으로는 전혀 낯선 것이었다. 자신의 한계로 사랑을, 자신의 돈으로 관대함을, 자신의 힘으로 능력을 측정하는 인간에게 그 말씀은 아직도 어렵다. 그 음식은 아직 그것을 맛보지 않은 이들에게 지금도 어렵다. 인간의 체험으로부터 상상할 수 없는 신성의 기쁨의 감미로움을 맛보고 눈여겨 보아야 하기 때문이다.

3. 영적인 소화불량과 그 역사

(1) 영적인 음식에 대한 거부

그것을 맛본 사람은 그것을 사랑하게 된다. 그들은 "내 살을 먹고 내 피를 마시는 사람은 내 안에 머무르고, 나도 그 사람 안에 머무른다.", "나는 하늘에서 내려온 빵이다. 너희가 사람의 아들의 살을 먹지 않고 그의 피를 마시지 않으면, 너희는 생명을 얻지 못한다."라는 약속의 진리를 조금씩 알게 된다. 그들은 맛보았고 살게 되었다. 사람들이 전에는 감히 바랄 수 없었던 방식으로 살게 되었다. 그들은 하느님의 생명으로 살게 된 것이다. 그렇다면 사람들이 이 선물을 귀중하게 여겼다는 것은 놀라운 일이 아니다. 천 백 년 동안, 인간이 여기에 직접적으로 도전한 일은 없었다. 그것은 꿈에 너무 가까웠고, 너무 온전한 실재였고, 너무 생생해서 의심의 여지가 없었다. 한 사람의 불안정한 정신이 이러한 선물을 공격했을 때 그것은 마치 전염병 발작으로 자신이 가장 사랑하는 이들에게 가시 돋친 말들을 할 때 느끼는 후회와 부끄러움을 깔고 있었다. 베렌가리우스(Berengarius)는 그리스도의 실재 현존을 부인했지만, 이 상징이 인간으로 하여금 삶의 목적으로서 꼭 필요한 그 생명의 양육을 위하여 그 자신의 천상 양식을 만들어내도록 했다는 단서를 붙였다. 그는 죽기 전에 스스로 자신의 삶 안에 헛된 것을 끌어들였음을 알았고 그것을 인정했으며, 다시 생명의 빵을 받았다.

(2) 굶주림의 과정

그는 신앙의 불분명함에 염증을 느낀 인간의 정신에게 어두운 길을 보여 주었다. 그러나 지금도 사람들은 이를 받아들이려 하지 않는다. 인간은 자신이 살아가는 데에 필요한 것들을 쉽게 포기하지 않기 때문이다. 그리고 인간에게 어둠 속에서 빛을, 죽음 속에서 생명을, 굶주림 속에서 풍부함을 보도록 가르치기 위해서는 시간이 흐르는 것만으로는 충분치 않다. 다섯 세기 전에 성체성사는 다시 도전을 받았다. 이때에도 도전은 처음에는 주저함이 있었고 미온적이었다. 루터는 성체에서 하느님의 지혜를 부인할 수 없었다. 칼뱅은 뛰어들기보다는 은연중에 빠져들었다. 베렌가리우스처럼 과감하게 생명의 길에서 멀어진 것은 츠빙글리였다.

(3) 굶주림의 이유 : 신비의 성향

그때부터 인간은 계속해서 신적인 양식에 대한 입맛을 잃어 갔다. 어떤 면에서 그것은 피할 수 없는 일이었다. 인간이 그리스도께 관심을 잃는다면, 어떻게 그분의 현존에 대한 관심을 잃지 않을 수 있는가? 그들이 별들 너머에 대한 희망을 잃어간다면, 천사의 양식을 먹는 것은 어떤 의미를 가질 수 있는가? 그들이 골고타를 잊는다면, 그 우정의 행위에 대한 살아있는 기념은 무슨 의미가 있는가? 인간이 신적 생명의 지평에 대한 전망을 잃어갈 때, 이것은 피할 수 없는 일이었다. 이 빵을 먹기 위해서 인간은 겸손하게 그의 스승인 그 양식에 다가가 엎드려 경배해야 한다. 인간에게 하느님을 잊게 하는 근본적인 이기심을 버려야 한다. 그렇지 않다면 그 양식을 먹는 것은 그에게 단죄를 가져올 것이다. 그는 용기를 가져야 한다. 인간적 삶을 신적으로 살 용기가 필요한 것이다. 어떤 대가를 치르고서라도 자만과 만족을 자랑하는 것을 삶의 기준으로 삼고, 삶에 도전하기 보다 회피하려 하는 세상에 이것은 너무 큰 요구일 수 있다. 인간은 너무 배가 고파서 음식의 맛을 모르게 되었다. 그러나 그들은 그 음식이 없어 굶주린다.

4. 신비로운 음식에 관하여

(1) 성체의 본질과 실존

그러나 음식은 인간이 먹도록 존재하는 것이다. 하느님의 말씀에 따라, 그 음식은 인간에게 주어졌고 지금도 주어지고 있다. 그것이 충분히 확실치 않다면, 인간은 분명 굶주리게 될 것이다. 인간의 정신은 그것이 하느님의 정신이 아니기 때문에 하느님의 관대하심의 최고 행위를 파악할 수 없다. 성체 성사 곧 인간의 초자연적 생명의 신적 양식은 그리스도께서 마지막 만찬 때에 그분께서 빵을 드시고 축복하시며 제자들에게 주시면서 "이것을 받아 먹어라. 이것은 내 몸이다."라고 말씀하시고, 또 같은 방법으로 잔을 드시고 "너희는 모두 이것을 받아 마셔라. 이것은 새 계약을 맺는 내 피이다. 많은 이들의 죄 사함을 위하여 흘려질 피이다."라고 말씀하실 때에 그분에 의하여 제정되었다. 이 말씀들로 그분은 많은 이에게 믿기 힘들게 들렸던 약속을 실현하셨다. 그 약속은, 당신 몸을 먹으라고 주고 당신 피를 마시도록 주시겠다는 약속이었다. 그 약속의 실현은 빵과 포도주라는 우유(偶有)의 감각적 표징들 안에서 이루어졌다. 이들은 다른 성사들처럼 그 안에 계신 성령의 능력에 의해서가 아니라 그 자체 안에 그리스도 바로 그분의 몸과 피를 담고 있음으로써 은총을 주도록 제정되었다.

이 약속은 그렇게 믿기 어려운 것이 아니고, 그 음식은 그렇게 먹기 어려운 것이 아니어야 했다. 우리는 지상의 아버지가 아이에게 생명을 주고 아이를 낳고는 그 생명을 보존하기 위하여 아무 것도 하지 않으리라고는 기대하지 않는다. 그렇다면 어째서 우리의 초자연적 생명의 천상 아버지가 우리에게 그 생명을 주시고 세례로 우리를 낳으시고서는 그 생명을 보존하기 위하여 양식을 주지 않으시리라고 의심하는가? 그분은 실제로 우리에게 양식을 주실 뿐만 아니라 그 이상을 주신다. 인간이 성장하면서 얻게 되는 내적인 신체적 완전성이 영적인 질서에서는 견진과 병행된다면, 외적인 완전성들 전체는 영적 질서에서는 성체와 병행된다. 그것은 인간의 음식이고 그에게 새로운 품위를 부여하는 옷이며, 그가 피신하는 집이고, 그의 동반자이며 친구이고 그의 보물이며, 매우 실제적인 의미에서 그의 목적이기도 하다.

(2) 그 제정의 적절함

우리 주님은 이 모든 것을 오래전에 약속하셨고 인간으로서 사신 당신 삶의 시초에서부터 생각하고 계셨으며 당신의 신적 정신 안에서는 영원히 생각하고 계셨지만, 그 실제적인 제정은 당신 삶의 마지막 순간까지 미루어 두셨다. 이것은 그분의 수난과 죽음의 기념이 되어야 했고, 희생 제사로서 실현됨으로써 그 고귀한 죽음의 재현이 되어야 했다. 인간의 기억 안에서 그것이 인간이 잊지 말아야 하는 하느님의 죽음과 나란히 자리하고 있다는 것보다 더 적절한 것이 무엇이 있겠는가? 그 마지막 만찬은 슬픈 작별이었고, 제자들의 말없는 침통함은 그들이 이를 잘 이해했음을 보여 주었다. 그분은 그들을 떠나고 계셨지만, 그들을 떠나지 않으실 것이었다. 그분은 더 이상 고유한 인간적 형태로 그들 가운데 살지 않으실 것이었지만, 성사의 베일 아래서는 결코 그들에게 부재하지 않으실 것이었다. 그들은 그분의 친구였다. 그분은 그들에게 선물을 남기셨다. 그것이 언제 주어졌든 그분을 사랑하는 이들은 그것을 소중히 여겼겠지만, 그분의 마지막 선물로 주어졌기에 두 배로 소중한 것이었다. 그것은 모든 세대에 그분의 삶과 사랑의 이야기를 전할 이들의 기억 안에 지울 수 없게 새겨졌다.

(3) 필요성

분명 성체는 잉여적인 것이 아니고, 그렇지 않아도 신적인 것이었던 인간의 완전성에 대한 화려한 가필이 아니다. 인간은 생명의 빵을 필요로 한다. 그 빵이 나타내 보이는 신비체의 단일성이라는 측면에서부터 보면, 인간은 그것 없이는 살 수가 없다. 인간은 자신의 삶의 목적에 도달하기 위해서 적어도 교회의 영혼에 속해야 하기 때문이다. 그러나 그 자체로서 보면 이 성사는 천국에 이르기 위해 절대적으로 필수적인 것은 아니다. 우리가 이미 다루었던 세례와 비교해 보면, 성체의 필요성이 정확히 어느 정도인지 분명히 알 수 있을 것이다. 세례는 영적인 생명의 시작으로서, 그 원리로서 필요하다. 성체는 오히려 그 목적이고 완성이다. 어떤 목표에 이르게 하는 행위를 수행하기 위해서는 그 목표를 바라고 갈망하는 것으로 충분하듯이, 일치라는 목적을 향한 삶을 살기 위해서는 성체를 갈망하는 것으로 충분하다. 갈망의 세례는 인간을 영원한 생명에서 갈라놓는 장애를 제거할 수 있지만, 그것은 성인에게만 가능하다. 세례는 첫 번째 성사이므로, 다른 어떤 성사들을 받음으로써 갈망으로 묵시적으로 세례를 받았을 수는 없기 때문이다. 성체의 경우는 이와 반대이다. 세례를 포함하여 모든 성사는 그 목적을 위한 것이기 때문이다. 그러므로 유아라 하더라도 믿음과 교회의 지향으로 세례를 받음으로써 묵시적으로는 갈망으로써 성체도 받는 것이다.

(4) 성체 성사의 예표

성사에서 하느님 자신을 받는 인간은 구약의 인내로운 기간 동안에 약속의 오랜 역사를 사랑으로 살아 왔다. 예를 들어 구약에서는 멜키체덱이 빵과 포도주로 제사를 바쳤다. 이는 성체의 외적 표지들의 예표였다. 구약의 모든 제사들, 특히 속죄제는 이 성사가 나타내고 갱신하는 속죄를 위한 그리스도의 죽음의 예표였다. 한편 광야의 오랜 황폐한 삶을 직면하고 있던 이스라엘인들에게 하늘로부터 내려온 양식인 만나는 그 양식과 감미로움, 천상적 기쁨의 예표였다. 그러나 다른 무엇보다도, 파스카 양은 인간에게 성찬의 역사를 온전히 예고해 주었다. 그 양은 누룩 없는 빵과 함께 먹었다. 그것은 완전하고 흠이 없었으며 온 백성에 의하여 희생으로 바쳐졌다. 그 양을 잡는 것은 이스라엘인들을 진멸의 천사에서 보호해 주고 이집트의 종살이에서 해방시킨 제사였다. 이 병행은 지극히 완전하여, 상징의 베일을 찢고 하느님의 어린양의 명시적 약속을 보여 주었다.

5. 신비 자체

(1) 질료의 신비

1) 신비의 구성 요소 : 빵과 포도주

성체 성사를 더 자세히 살펴보려면, 신자들이나 사제가 성체를 받는 순간이 아니라 미사에서 축성을 하는 순간의 질료와 형상을 보아야 한다. 한편으로 이것은 성체 성사를 다른 성사들과 구별해 준다. 다른 모든 성사는 그것을 사용하는 순간에 완성 또는 성취되는 반면, 성체는 그 전에도 존재하기 때문이다. 그러므로 예를 들어 세례수를 축복하거나 견진을 위한 성유를 축성하는 것이 아니라 물을 붓거나 크리스마 성유를 바르는 것이 그 두 가지 성사를 구성한다. 그러나 모든 성사에 공통된 점이 있다. 이 성사들은 형상이 질료와 결합되는 바로 그 순간에, 말들이 사물에 결합되는 순간에 완전한 표징이 된다는 것이다. 이는 다른 성사에서와 마찬가지로 성체 성사에도 해당된다. 축성의 순간에 형상이 빵과 포도주에 적용되기 때문이다.

성체 성사의 질료를 결정하는 데에 있어서 첫 번째 질문은 "그리스도께서 무엇을 사용하셨는가?" 하는 것이다. 이미 본 바와 같이, 이 은총의 통로들을 결정하는 것은 온전히 하느님의 일이다. 그러므로 그리스도께서 어떤 재료를 사용하셨는가 하는 것이 성사의 질료 문제를 결정한다. 그러나 인간의 정신과 마음은 여기서 더 나아가, 다른 질료가 아닌 이 질료가 특별히 적합한 이유를 찾으려 한다. 하느님의 지혜를 탐구하는 이러한 시도에서, 성인들은 가볍게 간과하기에는 너무 아름다운 이유들을 발견했다.

분명, 이 성사의 질료는 빵과 포도주이다. 그리스도께서 마지막 만찬에서 사용하신 것이 빵과 포도주이기 때문이다. 이것은 여러 가지 점에서 분명히 아름답게 적절한 재료이다. 무엇보다 이 성사는 양식으로 제정되었고, 빵과 포도주는 그리스도 시대 사람들의 일반적인 음식이었다. 하느님은 단순하고 일상적인 것들에 놀라운 품위를 부여하는 길을 갖고 계시다. 또한, 이것은 그리스도의 수난의 성사였다. 이 진리는 빵과 포도주를 별도로 축성하고 주님의 몸과 피를 따로 받아 모시는 데에서 아름답게 표현된다. 많은 신자로 구성된 교회의 단일성의 전형인 이 성사가 많은 낟알로 이루어진 빵과 많은 포도에서 짠 포도주로 이루어진다는 것은 적절한 일이었다. 교회의 신자 수가 특정하게 정해져 있지 않듯이, 많든 적든 이 성사에 있어서 질료의 양도 결정되어 있지 않다.

그리스도는 밀로 된 누룩 없는 빵을 축성하셨다. 그러므로 밀로 된 빵만이 성사의 유효성을 충족시킨다. 누룩이 있거나 없거나 하는 것은 성사의 본질적인 유효성과는 무관하다. 실제로 동방 교회는 누룩 있는 빵을 사용하는데 이는 나자렛파에 맞서기 위하여, 그리고 그들이 구약 성경의 율법주의를 신약의 성사들과 혼동했던 것에 맞서기 위한 것이다. 축성을 하는 사제는 죄를 피하기 위해서 그는 자신이 속한 교회의 예식을 따른다. 그래서 라틴 교회에서는 빵에 누룩을 넣지 않는다. 이는 그리스도의 불멸의 몸과 신자들의 변질되지 않은 진실함의 표지이다.

첫 제정 때에 사용된 것은 포도로 만든 포도주였다. 그 외에는 어느 것도 성사의 유효성에는 영향을 미치지 않는다. 이를 축성하기 전에 물을 조금 넣는데, 그리스도께서는 아마도 그 나라의 관습에 따라 이렇게 하셨을 것이다. 이렇게 물을 섞는 것은 사람들이 이 성사에 참여함을 뜻한다. 물이 포도주와 섞여 포도주와 하나가 되듯이 사람들도 이 성사를 사용함으로써 그리스도와 하나가 된다. 앞서 본 바와 같이 이 성사는 사람들이 그것을 사용함으로써가 아니라 미사의 축성으로 성립된다. 따라서 포도주와 섞인 물이라는 질료는 성사의 유효성에는 속하지 않는다.

2) 신비의 과정

a. 빵의 실체의 변화

① 변화 자체 : 실체변화

이 성사의 질료를 결정하는 데에는 약간의 어려움이 있다. 정신의 눈이 멀어지고 신앙의 눈이 작동해야 하는 곳에서, 우리에게는 그리스도의 몸과 피가 실제로 현존한다는 진리가 계시된다. 사제가 되풀이하는 그리스도의 말씀으로, 빵의 실체 전체가 그리스도의 몸의 실체로 변화되고 포도주의 실체가 그리스도의 피의 실체로 변화된다. 이렇게 실체가 다른 실체로 변하는 것은 완전히 유일한 변화로서, 실체변화라 일컬어진다. 이 용어가 이해된다면 이 성사에 관해서는 아무 것도 희미하거나 불분명한 것이 없을 것이다. 이 용어의 내용을 믿는다면 이미 성체의 진리 전체를 아는 것이다.

적합성이라는 측면에서 보면, 이 성사의 진리는 하느님의 최고 업적이 지극히 단순하게 완성되는 데에 있다. 이것은 그림자와 같은 구약의 모든 형상들이 완전히 완성되는 것이며, 실재가 그 약속과 원형들을 흩어버리는 것이다. 그리스도께서는 거듭 제자들에게 그들이 당신 친구들이라고 말씀하셨다. 우정에 있어서, 친구들의 기쁘고 항구한 일치보다 더 강한 특징이 무엇이겠는가? 인간은 그분의 신성에 대한 믿음의 공로가 무엇인지에 대해 속은 것이 아니다. 같은 신적 권위로 이 성사에서 그분의 인성을 받아들일 기회가 주어지지 않을 이유가 무엇이겠는가?

② 실체, 우유(偶有), 실체적 형상과 관련된 그 효과

이 성체 신비의 정확한 의미에 대해 오해가 없도록, 많은 질문을 할 수 있다. 이 질문들이 필요한 것은 오직 우리 인간의 능력이 부족하여 명백한 것을 흐리게 만들기 때문이다. 예를 들어, 빵과 포도주의 실체 문제가 있다. 그 실체는 축성 후에도 이 성사 안에 남아 있는가? 그렇지 않음이 명백하다. 변화된 것은 남아 있지 않으며, 그리스도의 몸이 여기에 있는 것은 장소의 이동에 의해서, 말하자면 복잡한 지하철에서 마지막에 탄 승객이 자리를 만들며 끼어들듯이 빵의 실체를 더 작은 공간으로 밀어냄으로써 이루어지는 것이 아니다. 그것은 변화에 의해서, 빵과 포도주의 실체가 그리스도의 몸과 피의 실체로 변화됨으로써 이루어진다. 그리스도는 "여기에 나의 몸이 있다."고 하지 않으시고 "이는 내 몸이다."라고 말씀하셨다. 이것은 부정확한 표현이 아니다. 더구나, 신자들이 아직도 빵인 것을 거룩한 성체로 흠숭한다면 그들은 우상 숭배에 빠지게 될 것이다.

그렇다면 축성에서 빵과 포도주의 실체에는 어떤 일이 일어나는가? 그것은 사라지는가? 그 구성 요소들로 되돌아가는가? 이 두 질문에 대한 대답은 그렇지 않다는 것이다. 빵과 포도주의 실체는 그리스도의 몸과 피의 실체로 변화되기 때문이다. 그 결과 전체는 성사의 표징에 의해 헤아려져야 한다. 말들은 정확히 그 말들이 의미하는 바를 이루기 때문이다. "이는 내 몸이다."라는 말은 제거나 해체가 아니라 변화를 의미한다.

b. 성체 안에 계신 그리스도의 실존

① 주체에 관하여

아직도 이 성사의 신비에 대해 저항하는 불안정한 인간 정신에는, 적어도 한 가지 출구가 있는 것으로 보인다. 빵의 실체가 어떻게 그리스도의 몸의 실체로 변화될 수 있는가? 아마도 이 질문에 대답하는 최상의 대답은, 다른 방법을 찾아내 보라는 것이다. 우리는 하느님의 권위에 의지하여, 이 성사가 그리스도의 참된 몸을 담고 있음을 안다. 그 자리에 그 몸이 있을 수 있는 다른 길이 없다. 그리스도께서 당신 자신의 형상을 지니고 장소적 이동으로 그곳에 오셔야 한다면 그분은 하늘을 떠나셔야 할 것이고, 온 세상의 감실에 있는 수백만의 성체가 아니라 오직 한 성체에 머무셔야 할 것이다. 그리스도의 몸은 하느님의 편재를 누릴 수 없게 될 것이기 때문이다.

우리의 정신이 불안정한 데에는 이유가 있다. 우리 자신이 이와 같은 변화를 일으킬 수 없기 때문이다. 우리의 노력으로는 실체 전체가 변하게 하지 못하고, 본질적 요소들 가운데 어떤 것을 변화시킬 뿐이다. 우리는 사물의 질료에 변화를 일으키고, 그 방향을 바꾸고, 그것을 쌓아 올리고, 다른 모양으로 만든다. 우리는 형상에도 변화를 일으켜, 한 가지 실체적 형상을 들어오게 함으로써 다른 것을 밀어내어 실체적 변화를 가져온다. 하느님의 능력은 이와 매우 다르다. 그 능력이 사물들 전체에 미치지 않는다면 아무것도 존재하지 않았을 것이다. 그 능력의 첫 산물은 창조로써 이루어진 것이고 이로써 모든 것이 만들어졌다. 어떤 능력은 질료와 형상 모두에 미쳐야 한다. 그렇지 않다면 우리에게는 우리가 작용할 질료도 형상도 없었을 것이기 때문이다. 실체에서 실체로 변화하는 이 변화 전체가 실체 변화이다.

'우유'(偶有, accidens)라는 말의 철학적 의미에서 빵과 포도주의 우유가 이 성사 안에 남아 있다는 것은 우리의 감각들로 확인할 수 있다. 여기에는 속임수가 없다. 우리의 감각들이 말하는 것은 사실이다. 희다는 것, 둥글다는 것, 액체가 붉다는 것, 포도향은 그대로 있다. 오류가 발생한다면 그것은 우리가 우유들이 현존한다는 데에서부터 그들의 본성적인 주체, 곧 빵과 포도주라는 주체가 현존한다는 결론을 내리고, 우리의 정신으로 하여금 우리를 오류로부터 보호해주는 신앙에 맞서게 하기 때문이다. 축성 후에 이러한 우유들은 주체 없이 남으며, 본성적 질서 안의 어떤 것에 의하여 지탱되지 않고 하느님 능력의 굳건함으로 지탱된다. 이들은 그리스도의 몸이나 그분의 피 안에 종속되지 않는다. 그분은 빵과 포도주처럼 보이기 시작하지 않으시고, 제병처럼 부서지기 쉽거나 포도주처럼 액체가 되지 않으신다. 이러한 일들은, 한 사람의 얼굴에 있는 미소가 나뭇잎들로 옮아갈 수 없는 것과 마찬가지로 이루어질 수 없다. 여기서 이루어진 일에는 불가능함이 없다. 물론, 하느님이 빵의 실체에 이 우유들을 유지시킬 능력을 주실 수 있으시다면, 그분은 그 우유들을 직접 지탱할 수 있으시다. 그분은 그렇게 하신다.

이러한 신적 도움으로 우유들은 그들의 정상적인 특성들을 유지한다. 그들은 음식이 될 수 있고, 파괴되거나 소멸될 수도 있다. 그것들이 아직도 그 자리에 있다면 아무런 변화가 없었다는 셈이 될 것이므로, 이는 이 특성들이 그들의 고유한 실체적 형상에서 나오기 때문이 아니라 하느님이 기적적으로 그 우유들을 존재하게 하기 때문이다. 이 우유들의 지위가 기적적인 것이 되는 변화에는 녹슨 근육의 느리고 괴로운 움직임이나 날카로운 폭발, 또는 길고 조심스런 준비가 필요한 것이 아니다. 하느님이 직접 작용하시며, 무한한 능력이 한 순간에 작용한다. 그리스도의 현존과 빵과 포도주의 부재 사이에는 시간 간격이 없다. 한 순간에 빵은 더 이상 그 자리에 있지 않고 인간의 구원자께서 감추어진 채로 사람들 사이에 머무시게 된다.

그분은 전에 사람들 사이에 사셨다. 감추어짐 없이 공공연히 사셨고, 가장 둔감한 이들이라도 팔레스티나의 이 인간적 삶에는 놀라운 신비가 있다는 것을 알아보았다. 그들은 말로 표현되거나 표현되지 않은 반항적이고 두려운 질문들로 이를 인정했다. 어떻게 이 사람이 죄를 용서할 수 있는가? 어떻게 그가 그의 몸을 음식으로 내어줄 수 있는가? 어떻게 그가 굶주린 군중에게 먹을 것을 주고, 병자들을 치유하고, 눈먼 이를 보게 하고, 나병 환자를 깨끗하게 하고, 죽은 이들을 되살릴 수 있는가? 그분의 신성은 그분의 인성 뒤에 숨었다. 어떤 이들은 그들이 볼 수 없는 것을 믿었다. 그분은 아버지께로 돌아가실 때, 그분의 제자들을 홀로 남겨두려 하지 않으셨다. 그래서 그분의 인성과 신성 모두가 성사의 베일 뒤에 감추어졌고, 그 성사에서 인간은 신앙의 눈으로 그분을 볼 수 있지만 육체의 눈이나 정신의 눈으로는 그분을 보지 못한다.

이러한 이중의 감추어진 현존이 인간에게 주는 위로는 팔레스티나에서 이루신 하느님의 업적보다 더 크다. 그리고 여기서도 인간의 질문은 반항적이거나 두려워한다. 어떻게 그리스도 전체가 이 성사 안에, 각각의 형상 안에, 각 형상의 조각 하나하나에 있을 수 있는가? 그리스도의 몸의 물리적 양이 어떻게 제병 하나 안에 담길 수 있는가? 어떻게 그분은 동시에 수백만의 장소에 계실 수 있는가? 어떻게 단순한 한 사람이 하느님의 아드님을 작은 그릇을 옮기는 것보다 어렵지 않게 한 장소에서 다른 장소로 옮길 수 있는가?

인간의 정신은 이 질문들에 대해 그리스도의 공생활 기간인 3년 동안에 제시된 질문들에 대해서보다 더 적절한 대답을 찾을 수 없을 것이다. 이 질문들이 제기되는 그 형태 자체는 불가능할 것 같다는 인상을 주지만, 그것은 불가능하지 않다. 실체(substantia)에서 실체로 완전히 변화한다는 개념이 빵과 포도주의 실체와 그 우유에 대한 질문에서 불가능하게 보이는 것을 그렇지 않게 만들듯이, 그리스도의 몸과 피가 성사의 말들에 의하여 현존한다는 개념은 그 성사에서 인간 정신을 좌절하게 하는 것이 실제로는 우스꽝스런 것이 아니라 신비로운 것이라는 진리를 드러낸다. 달리 말해, 실체 변화의 의미를 글자 그대로 받아들이는 것은 참으로 나약한 우리의 정신에게 하느님의 은혜로 허락된 지적인 토대이다. 이 성사에서는 빵과 포도주의 실체 전체가 그리스도의 몸과 피의 실체로 변화된다.

이 말의 온전한 의미를 알아듣기 위해서는, 어떤 사물의 실체에 대한 우리의 접근이 보통 어느 정도 간접적인 것임을 기억해야 한다. 예컨대, 빵의 실체는 외부로부터 도달된다. 우리는 빵의 색, 형태, 양을 본다. 우리의 눈이 그 실체를 보지는 않는다. 그러나 우리는 그 가장 작은 조각도 큰 덩어리와 마찬가지로 실체적으로 빵임을 안다. 우리는 빵의 실체가 덩어리 전체와 거기서 잘라진 모든 조각에 있음을 안다. 중요한 점은 우리가 빵의 우유들을 통해 실체에 접근한다는 것이다. 기적으로 이 순서가 반대가 되어, 실체가 겉에 있는 요새이고 우리가 그것을 통해 우유들에 도달한다고 가정해 보자. 분명 우리의 감각들은 전혀 무력할 것이다. 실체는 볼 수도 만질 수도 없기 때문이다. 우리의 정신은 더 어려운 처지에 있게 될 것이다. 그들은 자신의 작용을 시작하기 위한 전제 조건인 감각적 지식을 갖지 못하게 될 것이기 때문이다. 그러나 알 수 있는 누군가의 말을 통하여 사물의 상태에 대한 지식이 주어진다면, 우리는 우유들이 실체 자체에 고유한 것인 파악할 수 없는 특성들 전부를 지닌다는 것을 이해할 수 있다. 그 특성들은 실체에 고유한 방식으로 거기에 존재하고 있을 것이기 때문이다.

성체의 경우, 그리스도의 몸과 피라는 실체는 그 전부가 "이는 내 몸이다. 이는 내 피이다."라는 성사적 표징의 고유한 결과로서 현존한다. 그 표징은 그것이 나타내는 것을 산출한다. 그러므로 빵을 축성하는 이 말은 그리스도의 몸의 실체를 이루고, 포도주를 축성하는 그분의 피를 이룬다. 그러나 실제에 있어 하늘에 있는 그리스도의 몸의 실체와 그분의 피의 실체는 그 우유들로부터 분리되지 않고 그분의 영혼과 신성으로부터도 분리되지 않으므로, 이들 모두가 이 성사 안에 현존한다. 앞 장에서 보았듯이 축성의 말들은 축성의 순간에 존재하는 그리스도의 몸을 이룬다. 다른 모든 것은 본성적 결합 또는 본성적인 동반으로 인하여 그 실체에 뒤따른다. 실체 이외에 현존하는 다른 모든 것은 실체가 현존하는 것과 같은 방식으로 현존해야 한다. 우리가 우유들에 접근하는 본성적 순서가 역전된 것이다.

② 양에 관하여

그리스도 전체가 이 성사 안에 현존하는가? 물론이다. 빵의 실체 전체가 빵 안에 현존하지 않는가? 그리스도 전체가 빵과 포도주의 우유들 각각 아래 현존하지 않는가? 물론이다. 그 말들은 성사 밖에 존재하는 것과 같은 몸과 피를 이루기 때문이다. 몸에는 본성적으로 그리스도의 피, 영혼, 신성이 수반되고, 피에도 마찬가지로 본성적으로 몸, 영혼, 신성이 현존한다. 그리스도 전체가 성체의 모든 조각과 축성된 포도주의 모든 방울에 현존하는가? 물론이다. 빵의 실체는 빵 조각이 덩어리에서 분리되어 있든 결합되어 있든 모든 조각 안에 현존하지 않는가?

그러나, 온전한 인간이 어떤 식으로 작은 제병 조각 안에 압축된다고 생각하는 것은 우스운 일이다. '실체 변화'(transsubstantiatio)라는 진술을 제쳐둘 때만 이런 식으로 말할 수 있는데, 그렇게 되면 우리는 성체 성사에 대해 말하고 있는 것이 전혀 아니다. 그것은 압축 또는 수축이 아니다. 몸의 실체는 축성의 말의 능력에 의하여 현존한다. 그 밖의 모든 것은 실체에 고유한 방식으로, 실체 자체와 마찬가지로 만질 수 없고 볼 수 없고 장소의 제한과 무관하게 현존한다. 그리스도의 물리적인 몸 전체는 그 온전한 양 전체와 함께, 그러나 실체와 같은 방식으로 곧 실체가 현존하듯이 현존한다.

c. 우유(偶有)들의 지속

분명 사제는 그리스도의 손을 잡고 그분을 성체 난간으로 이끌 수 없다. 성사 안에서 만질 수 있는 모든 것은 남아 있는 빵과 포도주의 우유들이다. 이것들을 사제는 만질 수 있고 옮길 수 있으며, 이들을 옮김으로써 그는 그리스도를 옮기고 있다. 직접적으로는 아니지만, 그 아래에 그리스도의 실체가 존재하는 그것을 옮김으로써 그분을 옮기는 것이다. 그리스도가 감실 안에 계신 것은 빵과 포도주의 우유가 거기에 있기 때문이다. 그분께 천상의 거처를 대신하여 그 거처가 배정되었기 때문이 아니다. 실체는 그 자신의 본성상 어떤 장소에 있는 것이 아니다. 그것은 오히려 주변 세계와 접하고 있는 우유들에 의하여 어떤 위치에 있게 된다. 여기서, 그러한 접촉을 하는 우유들은 빵과 포도주의 우유들이다. 성체가 쪼개질 때 그리스도의 몸은 쪼개지지 않는다. 성체가 모독될 때 그리스도의 몸은 훼손되지 않는다. 성체가 소멸될 때 그리스도의 몸은 소멸되지 않는다. 이러한 일들은 실체에도 그리스도의 고유한 우유들에도 일어나지 않는다. 이들이 실체에 일어날 수 있는 길이 없으며, 그리스도의 우유들은 여기서 실체를 통하여 존재한다. 그러므로 우리 주님은 성사적으로 우리의 제대 위에 현존하기 위하여 하늘을 떠날 필요가 없으시다. 그분은 성당에서 성당으로 달려가 각 성당마다 잠깐씩 머물지도 않으신다. 실체는 우유들을 통해서만 어떤 장소에 머문다. 그리스도의 실체는 빵과 포도주의 실체가 축성 후에 남아 있는 곳마다 현존하며, 이는 그분께서 천상에서 영광스럽게 되신 그분의 몸 안에 계속 현존하심을 전혀 손상시키지 않는다.

우유들이 실체를 가리는 것이 아니라 실체가 우유들을 가린다면, 우리는 빵의 실체를 볼 수 없는 것 이상으로 신체적인 눈으로도 지성적인 눈으로도 그분을 볼 수가 없다. 우리는 신앙의 눈으로 그분을 볼 수 있고, 그밖에는 다른 어떤 식으로도 볼 수 없다. 천사도 악마도 이 성사 안에서 그리스도를 볼 수 없다. 여기서 그분의 현존은 초자연적이고, 천사나 악마의 정신처럼 강한 정신에게서도 정신의 본성적 능력들을 완전히 넘어선다. 성사 안에 계신 그분을 볼 수 있는 것은 천상에서 하느님의 본질을 보고 있는 복된 이들이다.

때때로, 흔들리는 믿음을 지탱해 주기 위하여, 의심하는 이들의 냉랭함을 깨뜨리기 위하여, 또는 성인에게 특히 생생한 위로를 주기 위하여, 이 성사에서 기적적인 일들이 나타났다. 몇 방울의 피, 그리스도의 얼굴, 어린이의 모습 등이 나타나는 것이다. 때로 이 환시들은 이들이 나타난 개인의 눈 또는 정신 안에서 이루어졌다. 다른 경우 발현은 외적이고 객관적이며, 많은 이 이를 보았다. 그 어떤 경우에도 그리스도 자신이 당신 자신의 물리적 현존으로 나타난 것이 아니었다. 객관적 발현은 빵이나 포도주의 우유들의 변화 이상이 아니다. 주관적 환시와 객관적 환시 모두에서, 하느님의 아드님의 거룩한 현존의 진리의 표징이 주어진 것이다.

빵과 포도주의 우유들은, 실체변화가 일어나면 그들 자신의 주체가 없이 남는다. 빵과 포도주의 실체는 더 이상 현존하지 않고, 이 우유들은 그리스도의 실체 안에 근거할 수 없다. 빵과 포도주의 우유는 기적적으로 하느님의 손에 의하여 지탱된다. 제1원인이신 하느님은 그분께서 보통 제2원인을 통해 하시는 일을 직접적으로 행하시는 것이다. 이 성사에는 두 가지 기적적인 작용이 있다. 빵과 포도주의 실체가 그리스도의 몸과 피의 실체로 변화되는 것과, 하느님의 직접적인 작용으로 그 우유들이 유지되는 것이다.

이것은 우유들이 유령처럼 나타난다는 것이 아니다. 우유들은 약해지지도, 변화되지도, 어떤 이상한 조건에 동결되지도 않는다. 이들은 정확히 이전 그대로 유지된다. 따라서, 빵과 포도주의 우유들에 일반적으로 일어날 수 있는 것이 – 부서지고, 쪼개지고, 밟히고, 부패하고, 양식으로 사용되는 것이 – 이 우유들에 일어날 수 있다. 다른 말로 하면, 우리의 감각들은 빵과 포도주의 실제적인 우유들의 현존을 전달할 때에 우리를 속이는 것이 아니다. 우리의 지성이 신앙의 초자연적 계시를 제쳐두고 마치 모든 것이 본성적 질서 안에 들어있는 듯이 이러한 감각적 사실들로부터 빵과 포도주의 실체가 현존한다는 결론을 내린다면, 그때 우리는 속는 것이다.

(2) 형상의 능력

성체 성사가 그것이 실제로 사용될 때가 아니라 질료를 축성하는 순간에 완성 또는 성취된다는 점에서 다른 성사와 다르다는 점은 앞에서 지적했다. 그리고 다른 성사와 달리, 그 질료를 축성하는 것은 질료가 도구적 능력을 받는 축복이 아니라 실체의 기적적인 변화이다. 그러므로 필연적으로, 이 성사의 이중적인 형식은 다른 성사의 형상에 비하여 차이가 있다. 다른 모든 성사는 성사의 사용이라는 개념을 담고 있는데 – 세례를 주고, 견진을 주고, 병자에게 기름을 바르는 등 – 이 성사는 실제적인 축성을 내포할 뿐이다. 그 결과로, 다른 모든 성사의 형상은 집전자의 인격 안에서 명령을 통해서 또는 기도를 통해서 표현된다. 그러나 이 성사의 형상인 말들은 우리에게 말씀하시는 그리스도 자신의 인격으로부터 나오는 것으로서, 그분은 우리에게 집전자는 다만 당신의 말을 할 뿐이라는 것을 분명히 알게 하신다.

이 이중의 형상을 잠깐 훑어보기만 해도, 심각한 오해를 피할 수 있다. 빵을 축성하는 형상은 "이는 내 몸이다."이다. "이는 나의 몸이 되었다." 또는 "이는 나의 몸이 되고 있다."라고 말하지 않는다는 점에 주목해야 한다. 이 변화는 순간적이며 성취된 사실을 나타내는 말로 표현되어야 하기 때문이다. 이러한 변화를 나타내는 표현에서 "이는"이라는 단어는 더 이상 현존하지 않는 것이 아니라 형상(species) 또는 우유들 아래 담겨 있는 것을 지칭하며, "내 몸"은 지금 현존하는 실체의 고유한 본성을 가리킨다. 특히, 이 말들은 어떤 것을 나타낼 뿐만 아니라 그 원인이 된다는 것에 주목해야 한다. 성사들은 표징으로서 그들이 나타내는 것을 산출하기 때문이다. 따라서 이 말들은 이미 발생한 변화를 전제하고 단순히 그것을 표현하는 것이 아니라, 그 변화를 일으킨다. 그리고 이 변화가 순간적이면서도 말이라는 필연적으로 연속적인 수단에 의해 표현되어야 하므로, 이 말들은 중단되거나 분리되지 않아야 하고 표현 전체가 진술되는 말들의 마지막 순간을 가리키는 것으로 이해되어야 한다. 또한 그리스도께서 "이 빵은 내 몸이다." 또는 "내 몸은 내 몸이다."라고 말씀하지 않으시고 "이는 내 몸이다."라고 말씀하시므로, 이전에 빵이었고 이 형상(species) 아래 있는 것이 지금은 그리스도의 몸이라는 뜻이다. 물론 이 모든 것은 포도주를 축성하는 형상에도 해당된다.

두 형상 모두 완전한 표징으로서의 근본적인 적합성을 지니고 있다. 그들은 분명하게 축성을 나타낸다. 포도주를 축성하는 형상은 빵을 축성하는 것보다 상당히 길다. "이는 신앙의 신비인 새롭고 영원한 계약을 맺는 내 피이다. 너희와 많은 이의 죄 사함을 위하여 흘려질 내 피이다." 그러므로 이 표징의 근본적인 적합성을 넘어, 그리스도의 피흘림의 세 가지 목적이 표현된다. 그 목적은 우리가 계약의 유산을 받게 되고, 믿음을 통하여 의로움에 이르게 되며, 우리의 죄가 용서되는 것이다.

다른 모든 성사의 형상들과 마찬가지로, 성체 성사의 형상은 도구이다. 그 말들 안에는 말들의 본성적 능력을 전적으로 능가하는 효과를 이룰 수 있게 하는 도구적 능력이 있다. 성체 성사의 형상의 각 부분 곧 빵을 축성하는 말들과 포도주를 축성하는 말들은 독립적으로 이 도구적 능력을 지니고 있다. 그러므로, 빵을 축성하는 말들만 했다면 포도주가 축성되지 않았더라도 그리스도는 빵의 우유들 아래 현존하신다. 그렇지 않다면 이 말들은 스스로 그들이 의미하는 것을 산출하지 않게 될 것이고, 거의 거짓인 말들이 될 것이다.

사제가 고유한 질료에 이 두 가지 형상의 말들을 발설하고 나면, 천사의 양식이 준비되고 사람들을 위한 식탁이 차려진다. 그러한 식사가 준비된 잔치에 언제나 사람들이 모여들지는 않을 수도 있다. 그들은 그들이 삶을 멈출 수 없으며 삶에 필요한 것들을 소홀히할 수 없다는 것을 안다. 모든 시대 사람들에게 어려움이 되는 것은, 모든 사람에게 열려 있는 삶의 복합성이다. 그의 동물적 생명이 그 생명을 위해 존재하는 하위의 것들로부터 제공되는 양분 없이는 유지될 수 없다는 것은 누구에게나 명백하다. 이 질서에서 잘못된 식단, 또는 음식을 전혀 먹지 않는 것은 직접적이고 명백한, 간과될 수 없는 결과를 가져온다. 그러나 인간은 그의 이성적 삶의 절대적인 필요를 느끼는 데에는 그렇게 민감하지 않다. 그는 그가 손에 잡기만 하면 그의 것이 되는 신적 생명에 대해 너무 자주 완전히 둔감하다.

[결론]

1. 사람은 무엇으로 사는가

모든 시대는 진리가 인간을 위하여 무엇을 할 것인가, 선이 인간과 또한 그가 접촉하게 되는 것들에게 무엇을 할 것인가를 보아 왔다. 이성적 삶을 위한 양식을 소홀히하지 않은 학자와 성인은 인간의 역사 안에서 두드러지게 존경을 받았다. 우리 시대에, 우리는 참과 거짓이라는 음식이 인간에게 무엇을 할 수 있는지를 직접 알게 되었다. 우리는 인간 정신의 왜곡, 그들 삶의 꼬임, 그들의 세계의 격동을 보았기 때문이다. 우리는 그들이 스스로 이성적 삶의 기초를 완전히 부인함으로써 지성의 자살을 범하는 것을 보았다. 다른 모든 시대와 마찬가지로 우리는 악의 부식력을 알고 있다. 우리는 선과 악의 구별을 공공연히 무시함으로써, 또는 그보다도 선 또는 악의 존재 자체를 무시함으로써 일어난 인간적인 것들의 격렬한 죽음도 잘 알고 있다.

2. 21세기의 굶주림

인간이 자신의 이성적 삶에 대해 그러한 오류를 범할 수 있다면, 그들이 초대받은 신적 삶은 적지 않게 소홀히 여겨질 수 될 수 있다. 처음에는 유감스러워하며 그 음식을 거부했지만, 오늘날 그 음식은 수백만의 사람들에게 역사의 희미한 반향이 되었다. 아마도 처음에는, 어떤 음식이 자신보다 훨씬 위에 있어 인간이 그 음식을 먹으면서도 그 앞에 엎드려 경배해야 했던 것이 인간의 자존심에 지나치게 느껴졌을 것이다. 분명 그것은 그들의 정신과 마음에 너무 큰 요구였다. 편안하기에는 너무 큰 요구였다. 천상의 음식이 아무리 감미롭다 해도, 하느님의 몸을 먹고 살기는 쉽지 않다. 그리고 편안함은 하느님 자녀들이 가장 좋아하는 환상이기도 하다.

그러나 영적으로는, 인간은 그가 먹는 것이라는 사실이 그대로 남아 있다. 인간은 자신보다 하위의 것들로 자신의 영혼을 살아있게 할 수 없고, 자신보다 상위인 영적인 양식을 자신보다 하위에 있는 물리적 양식처럼 만들어버릴 수도 없다. 아무도 죽음을 반기지는 않으므로, 생명의 빵을 대신하는 온갖 대체물이 만들어졌다. 인간은 그보다 상위의 것으로 양육되지 않고는 살 수 없다. 굶주림과 죽음은 감추어지지 않았으나, 마치 인간이 자신보다 상위에 있는 것을 자신의 양식으로 삼을 때의 잔치와 유사하게 가장되었다. 때로 그것은 한 계층, 인종, 당, 정치적 이상, 인류의 희미한 미래라는 형태를 취했다. 그러나 이 모든 경우에 인간은 결국 절대적인 어떤 것의 음식이 되었고 그것에 의해 파괴되었으며, 절대적인 것이 인간의 음식이 되어 인간을 완전하게 하는 일은 없었다.

달리 말해, 인간은 자신보다 하위의 것으로 만족하려 하거나 아니면 그것이 부적절함을 알고 자신보다 상위의 것을 만들어내려 할 때 죽음을 맞게 된다. 전자의 경우 그는 자신의 돼지가 먹는 열매의 꼬투리에 길들여지고 있는 것이고, 후자의 경우는 자신의 자아를 베어먹고 있는 것이다. 두 경우 모두 양식도 생명도 없으며 타락과 죽음만이 그 먹는 이를 기다린다. "너희가 사람의 아들의 살을 먹지 않고 그의 피를 마시지 않으면, 너희는 생명을 얻지 못한다."라는 말씀은 지금도 참되다.

3. 천사적 박사와 천사의 빵

성 토마스는 두 가지 이유로 성체에 관한 논고에 마음을 쏟는다. 한편으로는 인간을 먹이시는 하느님께 대한 감사와 사랑, 다른 한편으로는 천상의 음식을 맛본 일이 없기 때문에 이를 거부하는 수백만의 사람들에 대한 초조한 동정심과 사랑이 그 이유이다. 어쨌든 천사적 박사는 천사들의 빵에 대해 쓰는 데에서 특별히 탁월했다. 「신학대전」의 신학적 논고, 성체성혈 대축일의 성무일도, 성체에 관한 시들은 걸작들로서, 토마스의 사랑의 격정에 녹은 정신과 마음의 융합이다. 용광로에 부어진 귀금속은 보통의 정신, 보통의 마음이 아니라 천재의 정신이고 성인의 마음이다. 그 시대부터 세상은 그의 음악을 되울려 왔고, 이 세상의 모든 성당에서 울리는 "구원의 희생"(O salutaris)과 "지존하신 성체 앞에"(Tamtum ergo)는 모든 사람이 하늘에서 내려온 빵을 흠숭하며 절할 때에 무슨 말을 해야 하는지를 말해 준다.

A Companion to the Summa

성 토마스 아퀴나스의

신학대전 해설서 Ⅳ

제15장 불사의 희생 제물

(제3부, 제79문제 ~ 제83문제)

1. 도움의 한계
   (1) 일반적인 한계의 사실과 기초
   (2) 도움을 위한 전제
2. 불사의 희생 제물의 도움
   (1) 희생 제물의 필요성
   (2) 음식의 필요성
   (3) 빈혈 수준과 기아 수준
3. 생명의 빵
   (1) 받는 이들에 관련하여
      1) 생명에 대한 직접적 기여
         a. 은총, 성화은총과 성사적 은총 b. 영광
      2) 생명에 대한 간접적 기여
         a. 죄의 용서 b. 죄로부터 보호 c. 벌의 용서
   (2) 그 실행에 참석하는 이들에 관련하여
   (3) 그 효과의 장애
4. 잔치의 식탁
   (1) 음식을 받는 방법
   (2) 잔치의 손님
      1) 일반적으로 : 초대된 손님과 초대되지 않은 손님
      2) 첫 번째 잔치 : 마지막 만찬
   (3) 식탁의 종들
      1) 성사의 실행에서 2) 성사의 분배에서
      3) 그들의 의무
5. 불사의 희생 제물
   (1) 제물의 실체
   (2) 제물의 우유(偶有)
      1) 시간과 장소
      2) 거행의 말들
      3) 거행의 행위
      4) 위험과 그 치유

[결론]

1. 결합의 두 형태
   (1) 흡수
   (2) 우정
2. 결합의 유대들
3. 희생 제물과 희생 제물들

제15장 불사의 희생 제물 (제3부, 제79문제 ~ 제83문제)

우리가 물 한 통을 얻으려 한다면 흐르는 시냇물 외에도 다른 것들이 더 필요하다. 적어도 우리에게는 빈 물통이 필요하다. 우리가 다른 이들을 돕고자 한다면 관대한 마음보다도 다른 것들이 더 필요하다. 우리가 돕고자 하는 편의 공백과 우리 편에서의 돕고자 하는 마음으로도 충분치 않다. 미국에서 매일 교사의 입에서 흘러나와 수천 명의 학생의 비어있는 머리 속으로 흘러드는 지식의 강물들은 그 증거를 보여준다. 하루의 끝에서 흐름이 멈출 때, 많은 학생은 달라진 것이 없다. 분명, 지식의 성공적 소통을 위해서는 머리가 빈 학생과 유식한 한 교사로 충분치 않다.

1. 도움의 한계

(1) 일반적인 한계의 사실과 기초

이것은 가르치는 일에만 특수하게 해당되는 것도 아니다. 윗사람은 교만한 사람을 교정하는 것이 어려움을 곧 알아본다. 부모는 젊은이에게 주는 충고 가운데 많은 부분이 무익하다는 것을 곧 보게 된다. 반면 아첨꾼은 겸손한 사람을 부풀리려는 시도에서 좌절한다. 이것은 사회 생활의 기초가 되고 또한 그 사회 생활을 거부할 수 있는 가능성의 기초가 되는 인간의 특수성이다. 인간은 다른 이들과 소통할 수 있고, 줄 수 있고 받을 수 있다. 그러나 소통을 거부할 수도 있다. 그는 "아니오"라고 말할 수 있는 유일한 특권을 갖고 있다.

사실상, 인간은 거센 거부보다 훨씬 더 나갈 수 있다. 인간은 유지될 수 없는 견해를 주장할 수 있고, 그것을 고집할 수 있다. 예컨대, 그는 스스로 눈이 멀고 귀가 멀어져서 자신이 도움을 필요로 한다는 것을 보지 않을 수도 있다. 이것이 스스로 어떻게도 할 수 없으면서 도움을 받지 않으려 하는 이들 대부분이 그들의 기이한 요새들을 짓는 기반이다. 궁극적으로, 모든 것은 과장된 자만으로 거슬러 올라간다. 적어도 도움을 받아들이는 것은 겸손하고 때로는 수치심을 느끼게 하는 일이다.

(2) 도움을 위한 전제

도움을 위한 전제에 관한 분명한 표현을 돌아온 아들이라는 아름답고 친숙한 이야기에서 볼 수 있다. 마지막에 그가 유일한 음식이었던 돼지가 먹는 열매의 꼬투리를 내던지고, 자신의 부당함을 고백하며 아버지의 집으로 돌아와 음악과 춤과 살진 송아지로 환영을 받는다. 그가 먼저 자신의 배고픔을 깨달았다는 데에 주목해야 한다. 그 다음에 아버지 집안의 규칙에 비하여 자신의 부당함과 저항을 인식한다. 그가 돼지의 음식에 적응했거나 자신의 굶주림을 보지 못했더라면 그는 돌아오지 않았을 것이다. 그가 아버지의 집을 잊어버리고 자신의 부당함을 깨닫지 않았더라도 마찬가지였을 것이다. 이 모든 것이 이루어졌더라도, 돌아가 아버지께 복종하지 않았다면 이 이야기는 전해지지 않았을 것이다.

2. 불사의 희생 제물의 도움

(1) 희생 제물의 필요성

불사의 희생 제물인 그리스도께서는 십자가에 달리시어 또는 미사에서 그 지고한 희생 제사를 갱신하심으로써 인간에게 무한한 도움을 주신다. 그러나 인간 스스로 자신이 희생 제물을 필요로 한다는 것을 보지 못한다면 그 도움은 이루어지지 않는다. 하늘에서 내려온 살아있는 빵은 인간의 영혼에 풍부한 양식을 주신다. 그러나 그들이 자신의 굶주림을 알지 못한다면 이는 헛된 일이다. 현대인들은 우리가 희생 제물을 필요로 하는 이유가 무엇인지 이의를 제기한다. 우리는 삼백 년을 희생 제사 없이 지내 왔다. 왜 우리는 음식을 필요로 하는가? 우리는 그것 없이도 잘 지내왔지 않은가?

인간은 스스로 눈이 멀 수 있다. 특히 최면에 걸린 교만한 눈으로 볼 때에 그러하다. 인간은 하느님이 아니기 때문에 희생 제물을 필요로 한다. 인간 자신보다 위에 있는 것들도 있고 그보다 아래에 있는 것들도 있기에 그러하다. 최고로 높으신 분은 만물의 전능하신 주님이시기 때문이다. 인간 자신의 본성과 신적 본성의 진리로 인하여, 인간은 하느님의 지배권을 인정해야 한다. 또한 그는 우주 안에서 자신의 위치를 인식해야 하는데, 이 둘은 결국 같은 것이다. 더구나 그 인식은 인간의 본성과 조화를 이루며 표현되어야 하고 하느님의 최고 통치권을 드러내야 한다. 한마디로, 희생 제사는 하느님께 감각적인 예물을 바쳐져야 하고, 그 소멸 또는 파괴는 하느님의 최고 주권을 선언한다.

인간은 죄가 전혀 없더라도, 그리고 순전히 본성적인 차원에서도 희생 제물을 필요로 한다. 그는 계속 인간일 것이고 하느님은 계속 하느님이실 것이기 때문이다. 그런데 그가 신적인 차원으로 높여졌고 하느님의 생명을 살도록 초대되었으므로, 그 하느님의 지배권을 인정하는 것은 더욱 절실하게 필요하게 된다. 이로써 그 생명은 더욱 즉각적으로 드러나고 더 쉽게 주어질 것이다. 인간이 죄를 지음으로써 진리를 거슬렀다는 사실을 더한다면, 진리를 선포하기 위하여 화해가 더욱 필요함을 알게 될 것이다.

(2) 음식의 필요성

인간은 왜 음식을 필요로 하는가? 이것도 인간이 하느님이 아니기 때문이다. 그는 육체를 위해 음식을 필요로 하듯이 영혼을 위해서도 음식을 필요로 한다. 그가 단순한 동물이 아니라 인간이기 때문이다. 그는 자신의 힘만으로 살 수 없다. 그의 생명이 그에게서 오는 것이 아니기 때문이다. 그는 자신보다 하위의 것들로 살아갈 수 없다. 지상의 것을 먹고 살 때에는 그 자신의 일부는 고귀해지거나 활력을 띠지 못하고 타락하고 병이 들기 때문이다.

(3) 빈혈 수준과 기아 수준

우리는, 가톨릭 신자는 희생 제물과 음식을 필요로 하는 영적으로 빈혈에 걸린 피조물이라고 말할 수도 있다. 가톨릭 신자인 죄인은 빈혈이 더 심하고, 양분으로서 그리고 화해를 위하여 음식과 희생 제물을 필요로 한다. 한편 현대의 이교인은 굶주리고 있으면서 자신의 반항을 부인하고 그 굶주림을 웃어넘기는 반항자이다.

희생 제물과 음식이 필요하다는 것은 진리, 평화, 풍부함이 필요함을 의미한다. 희생 제물이 없다면 인간에게는 진리와 평화가 없다. 하느님의 주권을 부인하는 것은 제1진리에 대하여 전쟁을 선포하는 것이기 때문이다. 영혼을 위한 음식이 없다면 인간의 삶에는 풍부함이 있을 수 없다. 그 풍부함은 생명, 사랑, 하느님과의 일치의 충만함이다. 현대의 이교인은 평화와 풍부함에 대한 희망을 포기하고도, 기이하게도 점점 더 안전에 대해 말한다. 그는 공식적으로, 도움을 받으려 하지 않는 무력한 이들의 무리에 들게 되었다.

오래 전에 카망베르 치즈를 미국 도미니코회의 식당에 내놓았던 사람을 내가 지금 여기에 언급하려는 것은, 역사에 남을 그의 독특함 때문만은 아니다. 코를 쳐든 학생들은 한 명 한 명 치즈를 건드리지 않고 넘겨 보냈다. 마침내 교수들의 자리에 이르러 그들은 합심하여 즉시 그 치즈를 먹었다. 의심할 여지없이 이는, 그들이 유럽에서 교육을 받은 결과로 치즈와 포도주를 삶의 필수품으로 여기기 때문이었다. 이것은 단순히 역사의 문제가 아니다. 오히려 이는 구약 성경에서 이스라엘인들이 만나의 형태로 하느님께서 그들에게 보내신 가벼운 음식에 싫증을 낸 이야기와 병행된다. 여기서 조금 더 나간다면, 우리는 거룩한 음식인 성체에 대한 드물지 않은 견해를 파악하게 된다. 이것이 그리스도께서 성체를 처음 약속하실 때의 반응이 아니었던가? "이 말씀은 듣기가 너무 거북하다. 누가 듣고 있을 수 있겠는가?" 인간이 하느님의 살을 먹고 살아야 한다는 것은 사실 거북한 말씀이다.

3. 생명의 빵

(1) 받는 이들에 관련하여

1) 생명에 대한 직접적 기여

a. 은총, 성화은총과 성사적 은총

그 음식을 더 가까이 들여다보자. 앞의 다른 권들에서, 그리고 이 책에서도 몇 차례에 걸쳐 우리는 성화은총이 영혼의 초자연적 생명임을 보았다. 은총을 담고 있고 그 은총을 산출하는 감각적 표징이 있는 곳에, 인간의 영혼을 먹여 기르는 성사가 있다. 이 성사 안에 주 예수 그리스도 자신이 실제로 담겨 있으며, 그분의 수난이 재현되고 갱신되며, 모든 은총의 샘이 새로워진다. 그 결과 이 성사는 영혼의 영적 생명을 새롭게 하고, 그것을 지탱하고 강화하며, 일상 생활의 상처들을 치유하고, 영혼을 기쁨으로 넘치게 한다. 이것은 임금에게 합당한 음식이다.

이것이 참이라는 것은, 성체의 성사적 은총 곧 이 성사의 특수한 목적에 도달하기 위하여 필요한 은총을 받을 특별한 자격이 주어진다는 데에 초점을 맞추어 보면 더욱 명확해진다. 성체의 특수한 목적은 사랑, 또는 그리스도의 신비체의 지체들과 그들의 머리이신 분 사이의 사랑의 결합이다. 혼인의 성사적 은총이 오랜 기간의 혼인 생활의 어려움과 긴급한 상황들에 대처하기에 필요한 도움들을 받을 자격을 주는 것과 같이, 성체 성사는 인간에게 하느님 사랑의 행위들 곧 인간이 하느님과 공유하는 공동의 생명을 위하여 행동하는 능력을 강화하고 심화하고 증가시키는 모든 행위를 위하여 필요한 현행 은총을 받을 자격을 부여한다.

b. 영광

이 진리의 온전한 함의(含意)는 너무 자주 간과된다. 그러나 그 의미는 충분히 명백하며 큰 중요성을 갖는다. 다른 부분에서, 우정의 기초는 공통의 영역이라고 말했었다. 인간적 차원에서, 우정의 증가는 친구가 우리와 발걸음을 맞추기를 바라거나 아니면 적어도 공통의 영역을 살아있게 유지시키기를 바라면서 우리 자신 안에서 그 공통의 영역이 증가 또는 심화되는 데에 있다. 그러나 그 친구에게서 이 영역이 사라질 때 우리는 아무 것도 할 수 없다. 우리가 영혼의 초자연적 생명이 바로 신적 생명, 성화은총의 공통 영역임을 깨닫는 다면, 그리고 그것이 본질적으로 속해 있는 하느님 안에서는 더 커지거나 작아지지 않으며 오직 우리 안에서 그렇게 된다는 것을 안다면, 우리는 성체의 특수한 목적이 무엇을 의미하는지를 어느 정도 보기 시작하게 된다. 그 목적은 우리가 성사를 받는 순간만이 아니라 미래를 위하여 우리 안에 하느님의 생명을 더 충만하게 하는 것, 그분의 친교를 증가시키는 것, 그리고 우리에게 사랑의 행위들로 그 신적 우정을 증가시키기 위하여 끊임없이 필요한 은총을 받을 자격을 주는 것이다. 이것을 참으로 이해한다면 우리는 비오 10세가 이른 첫영성체를 강조하고, 어린 이멜다의 첫 – 그리고 마지막 – 영성체 때에 그의 마음 안에 넘치도록 흘러든 하느님 사랑을 강조했던 지혜를 알아볼 수 있을 것이다.

이 음식은 실제로 천사들의 음식이다. 그러나 이것은 이 성사에 의해 우리에게 준비되는 것에 대한 약속일뿐이고, 천상 잔치 이전에 부엌에서 잠깐 맛보는 음식이다. 이것은 영원한 영광의 씨앗인 성화은총의 씨를 뿌리며 강하고 빠른 성장을 보증하시고 하늘의 문을 활짝 여신 분을 우리에게 준다. 그것은 영원한 영광이 온전히 꽃피리라는 것에 대한 장엄한 보증이다. 은총이 배아 상태의 영광이라면, 성체는 우리에게 사랑의 행위에 필요한 은총에 대한 권리를 줌으로써 그 배아의 성장을 위한 수단과 약속을 준다.

음식은 언제나 마음을 사로잡는 것이지만, 건강하고 배고픈 사람에게만 그러하다. 담배와 술에 대해 토론을 하는 일은 드물다. 심한 두통은 아침 식사에 대한 생각을 사라지게 한다. 위가 아플 때에는 사람들이 음식과 같이 혐오스런 것에 대해 말할 수 있다는 것이 놀랍게 된다. 열이 있을 때에는 음식은 문제가 되지 않는다. 정말로 아플 때, 그때는 요리사가 휴가를 갈 때이고 약제사가 돈을 벌 때이다. 이 모든 것은 자연적 질서 안에서 이루어지는 일이다. 초자연적이고 영적인 질서에서는 이와 반대이다. 음식은 음식에 대한 배고픔을 커지게 한다. 오후의 햇볕에 졸고 있는 배부른 천사는 먹을 것이 너무 많은 인간 영혼만큼이나 상상할 수 없다. 이런 것은 있을 수 없다. 영적인 음식은 우리의 용량을 가득 채우는 것이 아니라 그것을 확장시키기 때문이다.

질병에 대해 말하자면, 이 음식은 질병을 위한 것이다. 영적인 약국은 없다. 가벼운 영적 질병은 – 두통, 위통, 미열 – 모두 소죄라는 이름으로 분류된다. 이들은 천사의 잔치 식탁 음식으로 바로 파괴된다. 성체의 고유한 효과는 – 애덕의 행위들 – 사랑 안에 담겨 있는 죄에 대한 불쾌함으로써 직접적으로 소죄를 사한다. 애덕은 언제나 하느님께 대한 무조건적 사랑의 선언이다. 그것은 이전 연인들의 사진들을 소중하게 모아놓는 것이나 리본 묶은 편지 다발, 또는 사랑스런 기억에 한숨짓는 것을 허락할 수 없다.

다른 식으로 본다면, 우리의 영혼이 일상생활로 마모되는 것은 덕의 실천 때문이 아니다. 덕은 지치게 하는 것이 아니라 생기를 주기 때문이다. 초자연적 질서에서, 지친 사업가는 잘못된 사업을, 죄의 사업을 한 사람이다. 자연적 질서에서 활동으로 에너지를 소모하는 것에 비교되는 것은, 초자연적 질서에서는 정념의 열기와 소죄들뿐이다. 이들은 사랑의 열성을 식게 한다. 음식과 휴식이 신체적 활동으로 소모된 에너지를 회복시키는 것과 같이, 생명의 빵은 사랑의 선명함과 민첩함을 회복시키고 소죄에 의한 손해를 회복시킨다.

질투하는 동료에게서 최고로 인정받는 요리사라 하더라도, 죽은 사람이 그의 음식을 차갑게 바라본다고 해서 모욕을 받았다고 느끼지는 않는다. 죽은 사람에게는 음식이 필요하지 않으므로, 매우 실제적으로 그는 음식과 전혀 아무런 관계가 없다. 음식은 생명을 위한 것이다. 이 초자연적 음식 곧 그리스도의 몸은 죽은 이들, 사죄로 죽은 이들을 위한 것이 아니다. 죽은 이들에게 이 음식을 주고 그들이 먹게 하는 것은 거룩한 음식을 모독하는 것이 될 것이다. 실상 사죄에 의하여 일치가 깨졌을 때에 이 일치의 표징을 받는 것은 명백한 거짓이 될 것이고, 성사적 표징의 의미 전체에 대한 조롱이 될 것이다.

2) 생명에 대한 간접적 기여

a. 죄의 용서

그러나 신적 질서에서 놀라운 점은, 죽은 사람이 자신이 죽었음을 깨닫지 못하고 이 성사에 다가갈 때 그가 생명으로 가게 된다는 것이다. 이 성사가 모든 죄사함의 원천인 그리스도 자신을 담고 있기 때문이다. 물론 그분은 가장 더러운 영혼도 깨끗이 만들 수 있으시다. 이 성사가 그리스도 자신의 제정에 의하여 살아있는 이들의 양식으로 제한되었음은 사실이다. 그러나 이 성사는 주체가 장애를 두지 않는 곳에서는 틀림없이 은총을 산출하며, 사죄를 지은 죄인이면서 자신의 죄를 의식하지 못하는 사람은 스스로 이 성사에 장애를 제기하지 않는다. 실제적인 표현으로 말한다면, 영성체를 하는 데에서 두려워할 여지는 없다. 우리는 소죄를 두려워할 필요는 없다. 성사가 소죄를 용서하기 때문이다. 우리가 대죄를 짓지 않았을까, 또는 우연에 의해서 또는 과거의 불완전한 성사에 의해서 용서받지 못한 중죄가 있지 않을까 염려할 필요도 없다. 그 모든 경우에 성사는 우리에게 생명을 가져다주기 때문이다.

b. 죄로부터 보호

자연적 음식이 우리의 힘을 길러 주고 우리에게 질병에 대한 저항력을 갖게 해 주듯이, 성체는 영혼의 음식으로서 또한 영혼의 약이 된다. 그것은 우리가 죄의 공격을 물리칠 수 있는 힘을 길러 준다. 더 나아가서 성체는 죄의 공격을 약화할 것을 보증해 준다. 성체의 직접적 결과인 사랑의 행위들은 하느님의 것들에 대한 욕구에서 흘러나오고 그것을 증가시키기 때문이다. 그것은 자동적으로 하느님에 반대되는 것들에 대한 욕구인 육체의 탐욕을 감소시킨다. 이 두 가지 욕구는 서로에 맞서 잘 균형을 이룬다. 하나가 증가하면 다른 하나는 감소한다. 하나가 충분히 먹여지면 다른 하나는 약해진다. 그 하나가 굶주리는 것은 다른 하나의 행복을 위한 최고의 식단이다.

물론 죄의 공격은 제거되지 않을 것이다. 언제나 싸움이 있을 것이다. 그러나 그것은 후방의 분대에 의한 성가신 게릴라전에 지나지 않을 것이다. 우리는 죄에 맞서 엄청난 전투를 조직하고 그것을 분쇄하고 그 다음에 군비 철폐 계획을 시작할 수는 없다. 우리는 끊임없는 이 공격에 대처하기 위하여 영구적으로 조직적인 방어를 하는 상태를 받아들여야 한다. 이 성사는 지옥 전체를 떨게 만드는 무기인 십자가로 우리를 무장시킨다. 이 성사는 그 자체로 그리스도의 수난의 상징이고 우정과 수난의 마지막 기념이며, 골고타 사건의 재현이다. 이로써 하느님은 인간의 영혼에 십자가의 살아있는 표징을 남기신다. 사탄은 그 강한 상징을 결코 이해할 수 없으나, 어두운 하늘에 십자가가 서는 첫 순간부터 그것을 두려워했다.

c. 벌의 용서

이 성사는 음식이며, 질병의 피해를 없애기 위한 것은 아니다. 죄에 따른 결과인 벌은 성사로서의 성체에 의해 직접 다루어지지는 않는다. 그러나 활력을 돋우는 성체의 힘은 간접적으로 악한 날들의 이 불행한 기억까지도 무너뜨릴 수 있다. 성사는 사랑의 행위를 만들어내고, 죄로 인한 벌은 사랑의 열성에 맞설 수 있는 방화벽이 아니기 때문이다.

(2) 그 실행에 참석하는 이들과 관련하여

희생 제사로서의 성체 성사는 다른 문제이다. 십자가의 희생 제사와 마찬가지로, 미사의 희생 제사는 하느님께 직접 죄에 대한 보속으로 바쳐진다. 이러한 목적을 위하여 성사는 그 일정한 효과를 낸다. 하느님의 아드님이 희생 제물이며 대사제이신 이 희생 제사는 그 자체로 모든 죄로 인한 벌을 사하기에 충분하고 남는다. 그 제사의 가치가 무한하기 때문이다. 그 효과는(그리스도의 제정에 의하여) 교회, 제사를 바치는 사제, 그리고 그들을 위하여 이 제사가 바쳐지는 이들 편에서 유한한 정도로 제한된다. 그리스도는 이 희생 제사로 은혜를 입는 이들에 대해 아무런 제한도 정하지 않으셨다. 그분은 모든 이를 위해 돌아가셨고, 이 제사는 그분의 제사의 갱신이다. 팔을 뻗어 살아있는 이들과 죽은 이들 모두를 끌어안는 미사 경문의 기도들은, 십자가 위에서 마리아의 아들의 팔을 뻗으신 하느님의 자비의 필수적인 부분이다. 아무도 배제되지 않는다. 그러나 물론, 실제로 희생 제사에 참석하는 이들은 그 제사에서 더 많은 은혜를 얻을 수 있고, 실제로 천상의 음식에 참여한다면 더욱 그러하다.

이 점에서, 근래에는 "영성체를 바치다."(offering up a communion)라는 어느 정도 굳어진 표현에 대해 많은 이의가 제기되었다. 아주 엄밀하게 말한다면, 이 용어가 정확하지 않다고 주장할 수도 있다. 우리는 미사를 바친다. 그것이 희생 제사이기 때문이다. 그러나 성체는 음식, 선물, 특권이며 바치는 것이 아니라 향유하는 것이다. 하지만 가톨릭 신자들이 일반적으로 이해하는 의미에서 이 구절은, 일반적인 언어에는 좀 너무 복잡하고 말로 완전하게 표현되기에는 너무 지고한 사실을 간단하게 표현해 준다. 우리는 특권을 공유한다. 그 음식의 양분으로 우리는 다른 이들을 위해 어떤 것을 행할 수 있도록 더 강해진다. 우정이 더 커질 때 우리는 친구와 더 가까이 있게 되고, 다른 이들을 위하여 많은 것을 요청하기에 좋은 위치에 있게 된다. 이것이 성체 성사에서 하느님이신 우리의 친구와 긴밀한 일치를 이룰 때에 일어나는 것이다. 아마도 "나는 영성체 때에 너를 기억하겠다."는 표현이 "나는 너를 위해 영성체를 바치겠다."는 것보다 나을 것이다. 어쨌든 우리가 하는 것은 약속이며, 그 약속으로써 그리스도께서 우리 안에 계시는 그 거룩한 순간에 우리가 다른 이들을 위하여 간청하겠다는 것이 보증된다.

이 특별한 경우에 우리의 친구는 하느님이시므로, 바라는 호의들의 목록을 미리 길게 작성한다 하더라도 그것이 친구들의 친밀한 만남을 지루하거나 불쾌하게 하지는 않는다. 반대로 그것은 우리의 필요를 그분께 진정으로 고백하는 것이며 – 이는 어떤 친구에게나 깊은 위로가 된다 – 우리의 이웃 사랑의 폭이 넓음을 보여 주는 분명한 증거가 된다. 다른 관점에서 보면, 하느님과의 이 대화에서 작은 부분이라도 다른 이들에게 준다는 것은 우리 편에서의 관대함이다. 그것은 온전히 우리의 것이고 내밀한 개인적인 것이며, 따라서 온전히 우리를 위하여 효과가 있는 것이다.

(3) 그 효과의 장애

실상 사죄(死罪) 이외에는 어떤 것도 이 성사가 우리의 영혼에 미치는 일차적 효과들을 가로막을 수 없다. 통과할 수 없는 장벽이 하느님의 관대하심의 길을 가로막지 않는다면, 우리는 틀림없이 성화은총과 사랑을 받는다. 과거의 소죄들은 아무리 수가 많다 하더라도 이 선물들을 중단시키지 않는다. 성사를 받는 순간에 범해지고 있는 소죄도 하느님이신 친구가 당신 사랑의 포옹을 하시는 것을 막지 못한다. 이러한 신적 효과들을 위해서 우리에게 필요한 것은 오직 은총의 상태와 바른 지향이다.

우리는 이 때에 하느님이신 손님을 즐겁게 해드리는 것이 아니라 자잘한 소죄들을 가지고 놀기 위하여 비싼 값을 치른다. 현행적인 소죄들은 우리의 정신을 이 우정의 행위에서 멀어지게 하고 우리의 신심을 무너뜨리며, 우리의 것이 될 수 있을 영적인 감미로움과 위로에서 전부는 아니라 하더라도 많은 부분을 잃게 하기 때문이다. 우리 편에서, 그것은 마음 없는 입맞춤이 된다. 그러나 하느님이 거기에서 한 편을 갖고 계시고 그분의 사랑은 언제나 창조적이기 때문에 우리의 영혼에 깊은 효과가 있다. 우리의 무심함에 대한 벌로, 우리는 그 감미로움을 거의 맛보지 못한다.

모든 사람은 초자연적 음식까지 포함하여 모든 음식을 자신의 방식으로 먹을 것이고 그것은 놀랍게 서로 다른 결과들을 갖는다. 영하의 추위에 떨고 있는 사람은 위스키를 마시면서 물을 마시는 것 이상의 효과를 갖지 못할 수 있다. 논쟁이 뜨거울 때에는 포도주 한 잔을 들이키고는 자신이 그것을 마셨음을 알지 못할 수도 있다. 사랑에 빠진 사람은 코르크를 따는 수고를 하지 않고서도 포도주를 마신 듯이 취하는 효과를 얻을 수 있다. 반면 지친 프랑스 농부는 저녁의 평온함 속에서 천천히, 깊이 음미하며 포도주를 마시면서 양분보다 더 풍부한 수확을 거둔다. 초자연적 질서에서, 비신자는 비록 매우 멋진 비신자라 하더라도 생명의 빵을 먹으면서 마치 풀을 먹는 양이나 말과 다름없는 효과만을 누린다. 한편 유아, 영구적으로 정신이 온전하지 않은 사람, 그리고 세례를 받은 정신 장애인은 세례에 의하여 주어진 영적 능력으로 인하여 거룩한 표징과 그것이 의미하는 은총과 사랑 모두를 받는다. 사죄를 지은 가톨릭 신자는 거룩한 표징을 받지만 그것은 그에게 단죄가 된다.

달리 말해, 비신자나 사죄 중의 가톨릭 신자의 경우 성체는 오직 성사적으로만 수령될 수 있다. 그리고 신령성체(神領聖體)나 갈망에 의한 영성체의 경우와 같이 오직 영적으로만 수령될 수도 있다. 성사적으로도 영적으로도, 다시 말하면 외적 표지로서나 그 내적 효과에 있어서나 모두 받을 수도 있다. 이것이 은총 상태에 있는 사람이 성체 난간에 다가갈 때에 일어나는 일이다. 이들은 고속도로로 오든 옆길로 오든, 세상의 어두운 뒷골목으로 오든 모두 필요한 혼인 예복을 입은, 초대받은 이들이다.

가톨릭 신자는 모령성체(冒領聖體)라는 생각을 두려워하며 움츠린다. 이러한 주저함은 이것이 모든 독성 가운데 가장 중대한 것이라는 사실로도 충분히 설명되지 않는다. 이것은 모든 죄들 가운데 가장 중대한 죄인 신성 자체와 그리스도의 인성을 거스르는 죄에 다음가는 것이다. 가톨릭 신자의 생각 안에는 다른 거짓된 우정의 행동, 곧 배신의 표지였던 입맞춤이 떠오르고, 겟세마니의 위협적인 어둠이 모령성체라는 것을 생각하는 사람의 마음 안에 모여드는 것으로 보인다. 우리 마음의 평화를 위하여 다행스럽게도, 우리 모두가 우리의 깊은 부당함을 알고 있으므로, 부당한 영성체는 쉽게 이루어지지 않는다. 우연이나 망각 또는 부주의의 결과로 모령성체가 되지는 않는다. 그것은 의도적으로, 고의적으로 이루어졌어야 한다. 여기에는 의문이 있을 수 없다. 그리고 그렇게 이루어졌을 때에도 그것은 흔히 많은 부분 인간적 체면, 수치심, 그리고 소심함으로 인한 것으로서, 유다의 비열함보다는 빌라도의 나약함에 더 가깝다.

하지만 이 초대받지 않은 손님이 공공연하게 하느님의 식탁에 다가간다면 그리스도께서는 그들이 감히 청하는 그 빵을 주기를 거절하심으로써 그들을 혼동에 빠뜨리는 분이 아니시다. 유다 역시 거룩한 잔을 마셨다. 해당되는 개인이 공공연한 죄인이라면, 공공연히 알려진 죄스러운 삶으로 이미 혼동의 여지가 없는 사람이라면 문제가 다르다. 회개가 없었다는 것을 사제가 안다면, 사제는 영성체를 거절할 수 있고 거절해야 한다. 그러나 그러한 앎에 이르는 것은 지극히 어렵고 거의 불가능하다. 사제는 의문의 여지가 전혀 없이 이를 알아야 한다. 그리스도의 팔은 회개하는 모든 이를, 모든 죄인을 끌어안을 만큼 충분히 넓었기 때문이다.

개인적으로 영성체를 하러 간다면, 공공연한 죄인이나, 사제가 그 죄를 알고 있는 은밀한 죄인이나 모두 성사가 거부되어야 한다. 그러나 이 경우에도, 사제는 그것을 알고 있어야 한다. 알기에 어려움이 있다 해도, 공공연히 영성체를 하러 올 경우에는 성사를 거부하지 말아야 한다. 손님이신 임금님께서 그분 자신의 사제에 의하여 그 영혼의 무질서한 집 안으로 인도되시기 때문이다. 언젠가 거룩한 사물을 침해한 것에 대한 심판이 있을 것이다. 지금으로서는, 죄인이 하느님의 긴 인내에서 그를 향한 그분의 깊은 사랑을 배우도록 하자.

4. 잔치의 식탁

(1) 음식을 받는 방법

과거에 교회는 이 성사를 받기 전 자정부터 단식할 것을 강조했었다. 과음과 탐식을 막기 위한 이 규정의 합당함은 명백하다. 이 성사는 자신의 식욕이 충족된 사람의 자리가 아니다. 하지만 우리가 단식의 순전히 부정적인 목적에만 머무른다면 단식의 의미에서 많은 부분을 놓치게 된다. 단식은 경외의 작은 행동이고, 우리 자신의 극기이며, 오직 그리스도와 함께 있기 위하여 세상의 모든 것들을 필요한 것들까지도 멀리하는 행위이다. 우리는 초인종을 끄고 전화를 끊고 문을 잠금으로써 그분께 아무것도 그분의 방문을 방해하지 않기를 원한다는 것을 보여 드린다. 실상 단식은 우리가 받을 음식의 완전성을 나타내는 상징이다. 우리는 오직 생명의 빵으로 살 수 있고, 그것으로 영원히 살 수 있으며, 오직 그 빵을 더 주시기를 갈망할 뿐이다.

물론 자정부터 시작하는 단식이 관면되는 경우들이 있다. 그렇게 하지 않는다면 그가 영혼의 양식을 위하여 굶주리게 될 경우, 또는 이 작은 경외의 행동 때문에 성사에 대한 큰 불경이 일어날 경우에 그러하다. 그러므로 단식하고 있지 않은 사제는 병이 걸린 다른 사제의 미사를 마무리할 수 있다. 성체가 그리스도의 적들에 의해 모독될 위험이 있을 경우, 신자들은 거룩한 성체를 만지고 그것을 먹을 수 있다. 때로는 공공연한 추문을 피하기 위하여 또는 집을 향한 길에서 마지막 몇 걸음을 위한 동반자인 노자성체(路資聖體)를 받기 위하여 단식을 지키지 않는 것을 양해해야 한다. 세례 예식에서 소금을 먹은 성인들은 즉시 그 후에 영성체를 할 수 있다. 마지막으로, 빨리 회복될 희망이 별로 없는 환자들의 경우 약이나 액체로 된 음식을 먹은 후 일주일에 한두 번 영성체를 할 수 있다. 교회는 사람들을 돌보아 온 이천 년 사이에 적지 않은 지혜와 상식을 거두어 들였다.

(2) 잔치의 손님

1) 일반적으로 : 초대된 손님과 초대되지 않은 손님

이 성사의 사용에 대해서는 두 가지 극단이 있는 것으로 보일 수 있다. 성사를 전혀 받지 않는 것과 매일 받는 것이다. 사실 이들은 극단이 아니다. 성사의 사용을 완전히 거부하는 것은 절대적으로 금지된다. 우리는 적어도 1년에 한 번 성체를 받아야 한다. 다른 말로 하면, 영적인 단식 투쟁을 금하는 실정법이 있는 것이다. 반대 경우는 열렬하게 권고된다. 우리는 자주, 매일이라도 영성체를 해야 한다. 매일 영성체를 행하는 것은 고해신부의 권고에 따르는 경우가 많지만, 반드시 그러한 것은 아니다. 그러한 권고를 하는 이유는 명백하다. 하느님께 가까이 가는 데에서 지나침이라는 것은 없다. 그분과 지나치게 긴밀한 우정을 맺을 위험은 없다. 우리는 아무 것도 두려워할 것이 없다. 잃을 것은 아무 것도 없고, 모든 것을 얻는다. 천상의 기쁨을 미리 맛보기까지 한다.

2) 첫 번째 잔치 : 마지막 만찬

이것은 우정의 마지막 행동이었다. 이것은 독이 아니라 빵이다. 성목요일 그리스도의 작은 무리의 마지막 슬픈 식사였던 미사의 희생 제사와 영성체는 기쁨의 표시로서 이 세상에 들어오게 되었다. 그 밤에 그리스도께서 직접 미사를 드리시고 당신의 몸과 피를 당신 제자들에게 주셨고, 먼저 그분께서 그 몸과 피를 받으셨다. 다른 경우들과 마찬가지로 그분은 그분께서 명하신 것을 준수하셨다. 그때부터 사제는 언제나 빵과 포도주의 두 형상으로 영성체를 함으로써 제사를 완성했다. 신자들에게 포도주를 분배하다가 엎지를 수 있는 위험성 때문에, 포도주의 분배는 중단되었다. 그리스도는 두 형상 모두에 온전히 전적으로 계시기 때문이다.

성 토마스의 견해에 따르면, 그리스도께서는 직접 당신의 거짓된 친구인 유다에게 영성체를 해주심으로써 성체 난간에서 은밀한 죄인들을 어떻게 대할 것인지 모범을 보여 주셨다. 그들에 대한 심판은 뒷날의 일이다. 이것이 옳다면, 그리스도의 자애로운 마음을 어느 정도 알고 있는 우리에게 놀랍거나 당황스러운 일은 전혀 아니다. 마지막 만찬과 첫 미사에서 혼란스러울 수 있는 점은, 그리스도께서 받으신 당신 몸의 상태이다. 이것은 분명 혼란스럽다. 손을 댈 수 없는 신비의 옷을 입고 있기 때문이다.

그 밤을 축성하시며 그리스도께서는 "이는 내 몸이다."라고 말씀하셨다. 지금과 마찬가지로 그때에 이 말씀들의 효과는 빵의 실체를 그리스도의 참된 몸의 실체로 변화시키는 것인데, 그 몸은 이 인간 그리스도께서 지금 여기 소유하고 계신 몸이다. 그 첫 희생 제사에서 그리스도와 그분의 제자들은 영광스럽게 된 몸이 아니라 고통을 받을 수 있는 몸을 받았다. 그것이 그때 그리스도의 참된 몸의 상태였기 때문이다. 그 축성된 빵의 한 조각이 골고타의 시간 동안 남아 있었다면, 그것이 침뱉음을 당하고 매와 채찍을 맞을 수는 없었지만, 그것이 담고 있는 그리스도의 몸은 그 성사 안에서 죽었을 것이다. 그리스도의 장례 기간 동안 성사 안에 있는 몸은 죽은 몸이었을 것이다. 부활 아침에 그 몸은 그리스도의 영혼과 결합된 영광스럽게 된 몸이 되었을 것이다.

이 모든 것은 오직 성체가 그리스도 자신을 담고 있다는 것을 의미한다. 성체는 그리스도의 표징, 그분의 상징, 그분 몸의 기억에 그치는 것이 아니다. 이 성사의 형상인 축성의 말은 바로 그리스도의 몸과 피가 축성의 순간에 존재하는 그 상태에서 그 몸과 피를 이룬다. 만들어진 몸과 피는 실제적이며, 당연히 그 성사 밖에서의 상태와 다르지 않은 상태로 성사 안에 존재한다. 이들은 하나이며 동일한 몸과 피이다.

(3) 식탁의 종들

1) 성사의 실행에서

이 성사와 희생을 제정하면서 그리스도는 당신 제자들에게 "나를 기념하여 이를 행하여라."라고 말씀하셨다. 그분은 오직 그들에게만 이렇게 말씀하셨다. 그들과 그들의 후계자들은 빵과 포도주를 축성할 권한을 갖고 있으며, 그들 외에는 아무도 그러한 권한이 없다. 다른 이들이 아무리 충실하게 축성의 예식을 모방한다 하더라도, 실체 변화라는 효과는 이루어지지 않는다. 오직 성품 성사에서 주어진 영적 능력의 행위를 통해서만 하느님의 관대하심의 기적이 이루어질 수 있다. 이것이 사제의 주되고 배타적인 임무이다. 그들은 영성체의 정규 집전자들이기는 하지만, 성체를 신자들에게 분배하는 데에서가 아니라 미사의 축성에서 이 성사를 이룬다. 필요한 경우 그리고 특별한 위임에 의해 부제가 성체를 분배할 수 있고, 노자 성체의 경우 평신도도 분배할 수 있다. 그러나 축성에서는 예외가 있을 수 없다. 오직 성품의 지워지지 않는 인호를 받은 사람만이 이러한 권한을 갖는다.

2) 성사의 분배에서

한번 가진 권한은 상실될 수 없다. 사제는 죄의 상태에 있을 수도 있고, 이교(離敎) 또는 이단, 배교상태에 있는 경우도 있을 수 있다. 그러나 성사는 지울 수 없으며 실제로 축성을 이루는 근거가 되는 영적 능력은 파괴되거나 약화되거나 흐려지지 않는다. 그러한 조건에 있는 사제는 축성을 통하여 자신에게 어떤 선도 행하지 않는다. 핵심은, 사제 자신에게 죄가 손상을 입혔다 하더라도 성사는 손상되지 않는다는 것이다. 그러한 사제의 미사와 그들이 그 미사에 연관하여 드리는 공식 기도들은 복되신 성사를 노래한 시인 성 토마스 아퀴나스의 미사와 기도와 본질적으로 동등한 효력을 갖는다.

신자들이 부당한 사제로부터 성사들을 구하는 것이 정당화되는 상황들도 없지 않다. 그러나 일반적으로 가톨릭 신자의 본능은 마치 나병 환자를 만지는 것을 꺼리듯이 영적으로 그러한 이들과 접촉하는 것을 꺼린다. 양은 목자의 목소리를 알고 있고, 낯선 이의 목소리를 피한다. 분명 사제가 행하는 일들 가운데서 그들을 위하여 희생 제사를 바치는 것보다 그리스도의 양떼를 돌보는 데에 더 긴밀히 연관된 일은 없다. 그 때문에 모든 목자에게는 주일과 의무 축일에 그의 신자들을 위하여 미사를 바치는 엄중한 의무가 있다.

3) 그들의 의무

더 나아가서, 그리고 급료나 성직록 같은 일종의 정의의 의무를 넘어, 미사는 사제에게 의무가 아니라 특권이다. 신학자들은 사제가 일 년에 여러 차례 미사를 드려야 한다는 데에 동의한다. 그러나 이것은 촉구 받아야 하는 일이 아니다. 특히 이것이 삶의 중심이 되어야 하는 사람에게는 더욱 그러하다. 어떤 사람이 자기 집이 자신의 것임을 오래 전에 잊어버린 경우가 아니라면, 집으로 돌아가도록 매를 맞을 필요는 없다. 그렇게 한다면, 그는 가정 생활의 동작만 행하는 집 없는 사람이며 거기에는 거짓 미소나 원수의 악수처럼 아무런 진리가 없다.

사제는 다른 어떤 곳에서보다 제대에서 자신의 집에 있는 것이다. 그는 거기에 속하고, 그가 그 자리에 있는 것은 사람들에게 지극히 중요하다. 그들은 하느님의 다스리심이라는 근본적 진리를 인정하는 것인 희생 제물과 제사를 필요로 한다. 그들이 사제를 필요로 하는 것은 인간이 거짓에 기초해서 존재할 수 없기 때문이다. 그리스도교 세계가 하느님의 진리, 인간의 진리, 그리고 세상의 진리를 견지하지 못하고 있는 이때에 모든 그리스도교 교회들 가운데 가톨릭 교회만이 희생 제물과 제사를 소유하고 있다는 것은 의미가 없지 않다.

5. 불사의 희생 제물

(1) 제물의 실체

본서의 앞부분에서 우리는 그리스도의 죽음을 다루면서 제사의 개념을 언급한 바 있다. 여기서 우리는 적어도 제사가 하느님의 최고 지배권에 대한 증언으로서 오직 하느님께 드리는, 적법한 집전자에 의해 감각적 사물을 파괴 또는 희생하는 것임을 기억해야 한다. 희생 제물의 파괴는 하느님이 생명과 죽음을 지배하심을 뜻한다. 적법한 집전자가 그 제물을 바치는 것은 그것을 공동체의 공식적 행위가 되게 한다. 제물이 감각적 사물이라는 것은 제사가 인간적인 일이고 공동체의 일이기 때문에 필요하다. 오직 감각적 표징으로써 인간은 서로 소통한다. 신약에서 그 제사는 골고타와 또한 그것을 미사에서 갱신하는 것이다. 그렇다면 우리의 제사는 십자가에서의 희생 제사의 재현이고 갱신이다. 이로써 그리스도는 바쳐지고 신비적으로 희생되신다. 그분은 빵과 포도주의 우유 아래에서 피흘림이 없는 제사로 파괴되신다. 그것은 하느님의 최고 지배권을 인정하여 그리고 그리스도의 보속과 공로를 우리에게 적용하기 위하여 사제에 의하여 바쳐지는 제사이다.

골고타가 제사였음을 부인하는 이들은 물론 미사의 제사도 부인한다. 성체 안에 그리스도께서 현존하심을 의심하는 이들은 미사가 제사임을 받아들일 수 없다. 그들이 희생 제물을 부인했기 때문이다. 미사가 참된 제사라는 신앙 교리는 처음부터 분명히 이해되었고 중시되었다. 부수적인 차이점들이 있어도 이는 명백하게 보였다. 물론 사람들은 십자가에서 그 제사는 피흘리는 제사였고 미사에서는 피 흘림이 없다는 것을 보았다. 십자가에서 그리스도는 당신 자신을 직접 바치셨고, 미사에서는 사제의 직무를 통하여 당신 자신을 바치신다. 십자가에서 그분은 구속의 대가를 치르셨고, 미사에서는 그것을 적용하신다. 미사와 마지막 만찬 사이에도 이와 같은 유형의 실체적 단일성과 우유적(偶有的) 차이가 있다. 마지막 만찬 때에 그리스도는 스스로 제사를 바치셨고, 미사에서는 사제의 손을 통하여 바치신다. 만찬 때에 그분은 골고타를 앞두고 계셨고, 미사에서는 골고타를 돌아보신다. 그러나 십자가와 마지막 만찬과 미사는 실체적으로 동일하다. 그들은 종적으로 동일하다. 희생 제물과 사제이신 그리스도의 측면에서 그들은 수적으로 동일하다. 다만 제사를 바치는 사제의 행위 측면에서 볼 때 서로 차이가 난다.

교회 사상가들은 미사가 제사임을 심각하게 옹호한 일이 없었다. 한 번도 심각하게 도전받은 일이 없었기 때문이다. 미사에 대해서는 신앙의 다른 많은 진리들처럼 남김없이 고찰하지 않았었다. 16세기, 개신교 종교 개혁자들의 공격이 있은 후에야 신학자들은 미사의 본질과 그 안에 들어 있는 제사의 형상적 근거를 상세히 살펴보기 시작했다. 오늘날 신학자들은 일반적으로, 제사의 행위는 오직 축성에 있다는 데에 동의한다. 물론 그 형상(species)을 영하는 것이 제사의 필수적인 부분으로서 연관된다.

그러나 미사에서 제사가 이루어진다는 것의 형상적 개념을 구성하는 것이 무엇인지에 관해서는 여러 견해가 있다. 모든 이가 신비적인 희생 내지 파괴가 있음을 인정한다. 어떤 이들은 이 희생이 그리스도께서 음식과 음료의 상태로 자신을 낮추시는 데에 있다고 본다. 다른 이들은 몸과 피를 성사적으로 분리함으로써 그리스도에게 죽음의 외적인 옷을 입히는, 신비적으로 그리스도를 돌아가시게 하는 데에 있다고 본다. 아마도 이 견해들 가운데 가장 확실한 것은, 희생의 형상적 이유가 축성의 말로 몸과 피를 성사적으로 분리하는 데에 있다고 보는 것이리라. 이 말들은 그 자체로, 실제로 희생 제물을 죽게 한다. 축성의 말들은 그 말들이 의미하는 것만을 산출하여, 처음에는 몸을 이루고 그 다음에 포도주를 축성하는 말로 피를 이룬다. 그러므로 실제적으로, 또는 이 말들의 고유한 능력을 고찰할 때, 몸은 피로부터 분리된다. 이러한 분리는 보통 분명한 죽음이다. 그 자체로 죽음을 가져오는 이 행위는, 신학자들이 '본성적 공존'(concomitans naturale)이라 부르는 것에 의하여 방해된다. 말들로 이루어진 몸은 본성적으로 몸에 결합되어 있는 모든 것, 곧 피와 영혼과 신성을 함께 지니고 있고, 또한 말들로 이루어진 피 역시 본성적으로 피에 결합되는 것, 곧 몸, 영혼, 신성을 지닌다는 것이다.

물리적 희생과 신비적 희생 사이의 차이를 기억한다면 이 문제는 그렇게 어렵지 않다. 물리적 희생은 희생 제물의 물리적 변화 또는 파괴가 수반되는 참된 희생이다. 신비적 희생은 그에 못지않게 실제적이고 참된 희생이지만, 물리적 변화는 없다. 신비적 희생은, 희생의 행위가 – 그 자체로서 그리고 치명적으로 파괴되는 희생 제물에 의하여 수용되는 데에서 – 희생 제물의 다른 어떤 상태에 의하여 장애를 받을 때에 이루어진다. 다른 말로 하면, 희생 행위는 그 자신의 능력에 따라 실제로 파괴의 효과가 있다.

구체적으로 살펴보자. 요한복음서 저자는 끓는 기름에 던져졌지만 기적으로 무사했다. 희생은 실제적이지만 신비적이었다. 자신의 고유한 우유들 아래 존재하는 사람이나 사물에 의해 받아들여진 그러한 제사 행위는, 기적에 의해서만 방지될 수 있다. 그러나 성체의 경우와 같이 그 사람 또는 사물이 자신의 고유한 우유들 아래 존재하지 않을 때, 제사 행위는 우유들이 아니라 직접적으로 실체에 이루어진다.

사도 요한의 희생은 신비적이지만 실제적이고 감각적이었다. 미사에서 그리스도의 희생은 신비적이고 실제적이지만, 형상의 말들과 그 직접적 대상이 자신의 우유들을 통해서가 아니라 빵과 포도주의 우유들을 통해서 감각적이라는 한에서만 감각적이다. 물론 그것은 미사의 신비로 남아야 한다. 골고타가 언제나 하느님의 죽음의 신비로운 봉헌으로 남아야 하는 것과 마찬가지다. 실상 미사는 그 실현 방법에 있어서보다 이 실제적 희생의 희생 제물이 하느님 자신이라는 중대한 사실에 있어 더욱 신비롭다. 하느님만이 그것을 생각할 수 있으셨다. 하느님만이 그것을 실행할 방법을 찾을 수 있으셨다. 육화와 축성이 그 방법이었다. 하느님의 관대하심만이 이 믿을 수 없는 사랑의 행위를 할 수 있으셨다. 인간만이 그들이 손에 들고 있는 하느님의 선물을 의심할 수 있다.

(2) 제물의 우유(偶有)

1) 시간과 장소

이 신비의 장엄한 성격으로 인하여, 교회의 일반법은 거룩한 장소 곧 모독되거나 오염되지 않은 축복된 성당과 경당에서만 미사가 거행될 것을 요구한다.

같은 이유로 특별히 축복된 제구들이 사용되어야 하고, 축성된 제대만이 사용되어야 한다. 거행의 시간에 관해서는 시대에 따라 서로 다른 관습들이 있었으나, 오늘날의 보편법은 해뜨기 한 시간 전부터 오후 한 시까지 미사를 허용한다.

언제 어디서 미사를 드리든지, 그 미사는 언제나 완벽하게 구성된 드라마이다. 이것은 단순한 재현이 아니라, 하느님이 쓰시고 하느님이 주인공이신, 하느님 죽음의 드라마이다. 하느님은 매우 훌륭한 극작가이시다. 모든 단어, 모든 행동이 의미를 담고 있다. 신앙을 전혀 모르는 사람은 미사에 참석하면서 깊은 인상을 받을 수 있다. 무지한 가톨릭 신자는 고양된다. 전례의 세부적 의미와 친숙한 가톨릭 신자는 미사에서 몰입되는 줄거리를, 진지한 기도를, 뛰어난 이야기를, 그리고 최고의 제사를 만나게 된다.

2) 거행의 말들

성 토마스는 두 절에서 이 드라마의 말과 행위들을 자세하게 다룬다. 같은 주제에 대해서 여러 책들이 작성되기도 했다. 여기서 이를 상세히 다루는 것은 불가능하다. 간략한 요약에서도 우리는 여기서 성 토마스가 미사의 말들에서 몇 단계를 구별한다는 것을 알아볼 수 있다. 집중적 준비 단계는 처음부터 미사의 본기도가 끝나는 때까지를 지칭한다. 가르침 단계는 서간 독서에서부터 시작하여 신경을 포함한다. 미사의 핵심은 봉헌과 축성을 포함하며, 감사송부터 주님의 기도까지에 이른다. 영성체 준비는 주님의 기도에서부터 영성체까지이다. 마지막으로는 짧지만 강렬한 감사가 있다.

3) 거행의 행위

미사의 행위는 그리스도의 수난을 기념하는 행위들과 신심 또는 경외에 속하는 행위들로 구분된다. 그리스도의 수난을 기념하는 행위는 십자 성호, 성호를 사용하는 신비적 숫자의 횟수, 축성 후에 사제가 팔을 벌리는 것 등이다. 신심에 속하는 행위로는 사제가 기도할 때 팔을 드는 것이 있다. 경외에 속하는 것으로는 사제가 절을 하는 것, 손을 씻는 것, 영성체 후에 포도주와 물을 마시는 것 등이 있다.

4) 위험과 그 치유

미사를 봉헌하는 중에서 어느 때에 결함이 생기는 것은 분명 미사의 집전자가 인간이라는 사실에서 기인한다. 사제가 병이 걸릴 수도 있고, 죽을 수도 있고, 성당이 폭파될 수도 있다. 사용된 재료가 불완전할 수도 있고, 사제가 미사의 한 부분을 잊어버릴 수도 있고, 어떤 말을 했는지 불확실할 수도 있다. 이렇게 수천 가지의 일들이 젊은 사제들에게 많은 걱정거리가 된다. 아무 것도 제사를 중단시키지 않도록, 아무 것도 그것을 무효화하지 않도록 미리 온갖 주의를 기울인다. 가능한 모든 상황을 예견하고 예비한다. 그런데도 어떤 결함이 발생한다면, 결함을 보충하거나 나태한 사제를 처벌하는 법률이 있다. 미사를 거행하는 방법에서 그 이상을 요구하는 것은 어렵다.

[결론]

1. 결합의 두 형태

(1) 흡수

태초에 하느님은 거의 즉시 사람이 혼자 있는 것이 좋지 않다는 것을 보셨다. 인간이 혼자 살기를 거부한다고 말함으로써 이를 훨씬 더 강하게 표현할 수도 있었을 것이다. 인간은 그와 동등하거나 하위의 존재들과 자신을 결합시켜야 하고, 상위의 존재에 일치되어야 한다. 그는 처음부터 자신의 모든 사회적 활동을 통해서 인간의 외로움이라는 진리를 인정했다. 그는 때로는 그릇된 종류의 결합 때문에 너무 큰 대가를 치러야 했으나, 계속해서 결합을 고수해 왔다.

동방의 지혜는 흡수에 의한 결합을 옹호했다. 이로써 인간은 절대자에 결합되지만, 그 자신의 개별성과 인격성은 완전히 파괴된다. 이러한 기획은 그 전체적인 조망과 특성에 있어 온전히 동방적이다. 그러나 때로는 서방의 작은 집단들도 은근히 여기에 매력을 느꼈던 것으로 보인다. 근래에야 그것은 공공연히 모습을 드러내어 그리스도교에 대한 사람들의 분노를 사기도 했다. 인간의 인간성을 중시할 때, 그와 같은 흡수는 한 순간도 용납될 수 없게 된다. 어떤 과정, 국가, 집단, 또는 인종 안으로 흡수된다는 이상을 수백만의 사람들이 따른다는 것은, 그 자체가 지난 3세기 동안 이를 주장하는 이들에게 인간이 철저히 중상을 받아 왔다는 증거이다.

(2) 우정

서방에서 특징적으로 목표로 삼는 결합은 인간의 개별성과 인격성을 엄밀하게 보존하려 한다. 여기서 주장하는 것은 소심한 사람의 마음을 기쁘게 할 수도 있을 인간의 파괴가 아니라, 성인의 위대한 마음에 도전이 되는 인간의 완성이었다. 구체적으로 이 결합은 물리적 흡수라기보다 질서와 우정의 결합이다. 질서의 결합은 진리로 이루어진다. 그것은 세상 안에서 인간의 위치를 인식하는 지성의 결합이다. 이 인식은 인간의 종속성과 하느님의 우위를 천명하며 동시에 인간이 자신이 살고 있는 물질세계에 대한 우위를 천명하는 것인 희생 제사로 적절하게 표현된다. 우정의 결합은 헌신적 사랑의 근원이 되는 의지의 결합으로 이루어진다.

2. 결합의 유대들

분명, 흡수의 결합은 인간 자신을 파괴하는 예속적인 유대로 인간을 서로 묶어 놓는다. 질서의 결합과 우정의 결합은 인간을 진리와 사랑으로 세상과 또한 세상의 창조주와 결합시키며, 개별적인 정신과 의지의 항구한 주권 없이는 전혀 이해할 수 없다. 후자의 결합의 초자연적 매개가 성사로서 또 제사로서의 성체이다. 성 아우구스티누스는 성체를 그러한 의미에서 이해된 "결합의 유대"라고 불렀는데, 이는 성체의 본성, 아름다움, 그리고 인간에 대한 성체의 헤아릴 수 없는 가치를 선언하는 것이다.

3. 희생 제물과 희생 제물들

구약 성경에서 사제들이 제사의 희생 제물의 몸으로 살았던 것과 같이, 이 제사와 성사에서는 온 세상이 희생 제물의 몸에 참여한다. 그러나 여기서 그 음식은 파괴되지 않으며, 희생 제사에서 흠숭되는 대상이 그것을 흠숭하는 인간을 소멸시키지도 않는다. 오히려 음식, 제사, 그리고 인간은 영원히 지속되고 인간은 그가 그분 앞에 엎드렸던 하느님과 같은 높이로 들어 올려진다. 여기 인간이 평화와 충만함에, 다시 말하면 질서의 평화와 사랑의 충만함에 이르는 길이 있다. 여기 이 제사에서 희생 제물은 하느님이시다. 그분은 당신의 생명을 주시지만 그 생명을 잃지 않으시는 불사의 희생 제물이시다. 우리 시대에 우리가 간과해온 것은, 결합을 위해서는 하느님이 또는 인간이 희생 제물이 되어야 한다는 것이다. 하느님만이 죽지 않는, 파괴될 수 없는 희생 제물이 되시고 그분을 통하여 인간이 구원된다.

A Companion to the Summa

성 토마스 아퀴나스의

신학대전 해설서Ⅳ

제16장 끊임없는 부활

(제3부, 제84문제 ~ 제90문제; 보충부, 제1문제 ~ 제28문제)

1. 실수와 그 실수를 범하는 이들
   (1) 어리석은 사람과 지혜로운 사람
   (2) 지혜로운 사람의 지혜
   (3) 인간적 행위의 부산물
2. 실수를 범하는 사람들의 수법
   (1) 어린아이의 수법
   (2) 어른의 수법
   (3) 공통된 무력함
3. 어른의 실수에 대한 하느님의 기법
   (1) 타고난 실수의 파괴 : 세례
   (2) 개인적 실수의 파괴 : 참회
      1) 참회의 성사
         a. 질료와 형상　　b. 필요성　　c. 우유(偶有)들
      2) 참회의 덕
         a. 내재적인 측면에서 : 유와 종
         b. 외재적인 측면에서 : 대상, 기원, 다른 덕들과의 관계
         c. 소유자
4. 참회의 효과
   (1) 죄에 대하여 : 사죄(死罪)와 소죄
   (2) 죄로 인한 벌에 대하여
   (3) 덕, 공로, 용서받은 죄
5. 참회의 필수적 부분들 – 통회, 고해, 보속
   (1) 통회
      1) 본성과 대상 : 불완전한 통회와의 구별　　2) 양과 질
   (2) 고해
      1) 필요성　　2) 온전성
   (3) 보속
      1) 본성　　2) 필요성　　3) 수단과 한계
6. 참회의 성사의 집전자
   (1) 통치권을 가진 사제
   (2) 그의 직무와 의무
   (3) 고해의 비밀

[결론]

1. 살아계신 그리스도
   (1) 팔레스티나에서
      1) 사람들 사이에서 그리스도의 삶을 이해하는 열쇠
      2) 그 삶의 극적인 높이
   (2) 참회의 성사 : 끊임없는 드라마, 끊임없는 부활
2. 고해의 비밀과 어려움
   (1) 소심한 세상에게 어려운 진리
   (2) 어려움과 효과의 균형
3. 죽음의 정복

제16장 끊임없는 부활 (제3부, 제84문제 ~ 제90문제; 보충부, 제1문제 ~ 제28문제)

우리 시대에는 기계 숭배에 대해서, 우리의 삶을 파괴하는데도 우리가 공경하여 절하는 일종의 현대의 몰록이라고 일컬어지는 기계 우상에 대해 많은 이야기들을 해 왔다. 우리 시대 또는 모든 시대의 사람은 기계를 다른 목적들을 위한 가장 뛰어난 수단으로 존중할 수도 있고, 다른 사람들의 삶은 생각하지 않고 무자비하게 그것을 사용할 수도 있다. 그러나 모든 증거는 기계적인 것을 숭배하는 현대인에게 반대된다. 아이에게 기계 장난감을 줌으로써 흥분과 관심을 일깨우기는 쉽다. 그러나 아이의 관심을 매우 오랜 시간 동안 그 장난감에 고정시켜 두는 것은 사실상 불가능하다. 그 장난감이 같은 일을 계속 되풀이하는 것을 보고 나면 아이는 장난감에 싫증을 내고, 드물게는 그 장난감을 분해하고 그 기이할만큼 단조로운 작동을 설명해주는 것이 무엇인지를 보려한다. 뉴욕에서 빛나는 새 기계가 담배나 과자를 만들어내는 유리창 앞에 군중이 모이게 하는 것은 전혀 어려운 일이 아니다. 그러나 한 주간이 지나면 그것은 그저 또 하나의 기계가 되고 만다. 야구 또는 축구팀이 기계처럼 정확히 작동하고 늘 승리를 거두게 된다면, 가장 중요한 게임들도 곧 비공개 연습과 구별되지 않게 될 것이다.

다른 한편으로, 우리는 장인이 일하는 것을 한결같은 매혹과 경탄으로 마음껏 오래 바라볼 수 있다. 우리는 그의 수제품을 만져보고, 기계로 만들어진 물건이 주목이나 감사를 받지 않고 정해진 자리에서 냉정하게 효과적인 일을 하도록 내버려둔 한참 후에도 그의 작품을 칭송할 수 있다. 기계가 아무리 완전해도, 그 기획이 아무리 뛰어나도, 기계에는 획일성이 있어서 곧 우리를 지루하게 한다. 그것은 인간의 재능의 산물이고 그래서 매력적이다. 하지만 그것은 생명 없고 차갑고 정적인 인간의 재능이다. 반면 장인의 수제품에는 끝없는 다양성이 있고, 많은 상상력과 독창성의 여지가 있으며, 불가피하게 실수의 여지도 있다.

다양성, 상상력, 독창성은 우리 모두의 안에 있는 인간적인 것에 강력하게 호소한다. 그것은 가장 발전한 상태의 인간의 개별성이다. 그러나 아마도, 그것이 가장 깊은 호소력을 갖는 것은 실수를 피할 수 없다는 점 때문일 것이다. 여기서 우리는 우리가 장인과 하나임을 느낄 수 있다. 어떤 식으로, 실수는 나약한 나머지 인류와의 유일한 결합의 유대일 뿐만 아니라 수줍은 자부심으로 지니게 되는 인간의 구별 표지이기도 하다. 고고학자가 새로 발굴된 유적을 조사하면서 분명한 실수의 증거를 보게 된다면, 그것은 인간이 존재했다는 참된 기록이다. 천사들은 단 하나의 실수를 범했다. 동물들이나 하느님은 실수를 하지 않는다. 인간만이 편지를 틀린 봉투에 넣거나 아침 토스트를 태운다.

1. 실수와 그 실수를 범하는 이들

(1) 어리석은 사람과 지혜로운 사람

실수는 인간 활동의 참된 표지이다. 더구나 그것은 보편적인 표지이다. 우리 모두가 실수를 하기 때문이다. 지혜로운 사람과 어리석은 사람을 구분하는 경계선은 오류가 있는지 여부에 따라 갈라지지 않는다. 오히려 그것은 드물게 상이한 실수들을 하는지 아니면 자주 비슷한 실수들을 하는지에 따라 구별된다. 지혜로운 사람은 같은 실수를 두 번 하지 않지만, 다른 실수들을 한다. 반면 어리석은 사람은 다양한 실수들을 할 수 없고, 그 실수들이 기계의 단조로움과 비슷하고 인간 활동의 특징에 이르지 못하는 상상력과 독창성의 결핍을 보여 준다.

(2) 지혜로운 사람의 지혜

물론 그 차이는 이보다 훨씬 깊다. 지혜로운 사람은 실수들이 혐오스런 이유를 인정한다. 사실 실수는 인간적인 것이지만, 기꺼이 그렇게 받아들일 수 있는 것은 아니다. 그것은 인간의 능력을 다하지 못한 것이기 때문이다. 거기에는 어떤 문제가 있다. 모든 것이 끝나고 나면 우리는 교통경찰과 논쟁하지 말았어야 한다는 것을, 우울증 환자 앞에서 질병이라는 주제를 이야기하는 것은 실수였음을, 사소하고 죄가 되지 않는 거짓말도 결국 그리 쉬운 출구는 아니었다는 것을 안다. 이들 모두는 무지, 악의, 또는 자제력 부족 등 그 구체적인 종류가 무엇이든 비이성적이고 비인간적인 흉터로 일그러진 인간적 행위들이다. 이러한 일그러짐에서 위안이 되는 것 한 가지는 이들이 되풀이될 필요가 없다는 것, 질병에 다시 걸릴 필요가 없다는 것이다. 지혜로운 사람은 다음을 위하여 무엇인가를 할 수 있고, 실제로 이를 행한다.

(3) 인간적 행위의 부산물

일그러지고 추한 것은 환영받지 않는다. 그래서 실수들은 우리의 삶에서 늘 초대받지 않은 손님이다. 그러나 그들은 가장 부적절한 순간에 영원히 문을 두드리고 있다. 아마도 우리의 적들은 그들에게 따뜻한 환영의 미소를 줄 것이다. 그러나 다른 모든 이에게는, 이들이 다가올 때에는 어두운 과거와 찬란한 미래가 서로 만날 때와 같은 당황스러움과 긴장이 있다. 삶의 대화가 쉽고 즐겁게 흘러가다가 한 순간에 잠잠해진다. 죽음과 같은 침묵 속에서, 모든 눈은 우리가 당황스런 순간을 어떻게 대처하는지, 우리가 어떻게 큰 소동 없이 평온하게 실수를 처리할 수 있는지를 보기 위하여 우리에게 집중한다.

2. 실수를 범하는 사람들의 수법

(1) 어린아이의 수법

(2) 어른의 수법

실수를 처리하는 실제적인 수법은 각자마다 다르다. 어떤 이들은 어린 시기에 효과적이었던 방법들에 집착하여, 평생 실수들의 존재를 염치없이 부인한다. 물론 이 사람들 자신 외에는 아무도 속지 않는다. 다른 이들은 폭력적인 방법을 쓴다. 실수는 강한 망각에 의하여 정신 밖으로 밀려나는데, 그래도 망각은 실수를 삶 자체로부터 온전히 몰아내지는 못한다. 또 다른 이들은 냉담함에 의지한다. 실수는 가볍고 즐거운 웃음으로 넘겨지고, 그 웃음은 마치 버려진 가게의 무너진 희망에 들려오는 초인종과 같이 우울한 침묵에 간절한 작은 소리를 울리는 것과 같다. 침묵은 실없는 농담을 기다리는 조용한 연극보다 강력하고 긴장감을 준다. 다음으로는 소심하게 타협하는 이들이 있는데, 이들은 전리품을 즐기면서도 평화를 유지하기를 애타게 바라는 이들로서, 실수가 변명하는 듯한 작은 기침이나 중얼거리는 “미안합니다.”라는 말로 무마된다고 생각한다. 그러나 우리 가운데 일부는 더 성숙하다. 우리 자신의 실수 앞에서 우리는 이들을 부인하려 하지 않으며, 그것을 인정하고, 똑바로 바라본다. 앞으로 참고하도록 그 특성들을 잘 기억해 두는 것이 좋고, 장차 이들에 더 성공적으로 대처하기 위하여 그들의 전략을 연구하는 것이 좋기 때문이다.

(3) 공통된 무력함

그러나 지혜로운 사람도 어리석은 사람도, 영원한 어린이도 전투적인 어른도, 모두 그들 자신의 실수 앞에서 공통된 무력함을 보게 된다. 거의 모든 어린 아이들이 시계를 분해할 수 있지만, 어떤 아이도 그것을 다시 조립하지 못한다. 가장 서툰 암살자도 인간 생명을 한 순간에 없앨 수 있으나, 가장 영리한 이도 그것을 회복시키지 못한다. 정복군은 정확한 위치에 몇 개의 폭탄을 떨어뜨림으로써 여러 세기에 걸친 재능으로 이루어진 보물을 파괴할 수 있으나, 그러고 나면 로마의 폐허를 바라보는 야만족처럼 망연히 서 있을 수밖에 없다. 우리의 건설적 능력은 우리의 파괴적 능력보다 훨씬 약하다. 인간적 행위의 나약한 완전성을 부수어놓고 나면, 그 섬세한 아름다움을 회복시키기 위하여 할 수 있는 것은 전혀 없다. 미래의 파괴를 조심할 수는 있다. 그렇다. 하지만 그것이 이미 끝난 일이라면, 우리가 할 수 있는 최선은 후회하는 것이다. 어떤 의미에서, 모든 실수는 치명적이다. 그 실수가 발생하는 행위의 생명과 관련해서는 치명적이다. 어떤 실수들은 무죄함, 사랑, 또는 생명과 같이 결코 회복될 수 없는 것을 파괴하는 효과에서 무섭게 치명적이다.

3. 어른의 실수에 대한 하느님의 기법

인간의 실수를 다루는 데에 있어서 인간의 무력함과 하느님의 능력 사이의 차이라는 위로가 없다면, 그러한 무력함은 한 인간의 삶을 눈물로 가득 채울 수 있을 것이다. 전능하신 능력은 무엇인가를, 실상 모든 것을 할 수 있다. 더 나아가서, 그것은 이루어져야 하는 모든 것을 행한다. 하느님이 어제가 존재하지 않았다고 선언함으로써 시계를 뒤로 되돌려 놓으시는 것은 아니다. 이는 하느님께도 지나치다. 그러나 마리아의 아드님의 목소리는 세상 안에서 지금도 되울린다. 하느님께 저항하는 이들은 지금도 "너의 죄는 용서받았다."는 말씀을 듣고, 더러운 누더기를 벗고 혼인 예복을 입으며 막달레나가 바리사이의 잔치에서 누렸던 것과 같은 평화의 축제에 받아들여진다. 하느님의 목소리는 지금도 참회의 성사 안에서 자비의 메시지를 말씀하신다.

(1) 타고난 실수의 파괴 : 세례

(2) 개인적 실수의 파괴 : 참회

참회의 외형은 거룩한 사물들이다. 고해자의 말과 행위들은 그의 마음이 죄로부터 돌아섰음을 선언한다. 사제의 말과 행위는 하느님의 용서를 선포한다. 그러나 이들이 거룩한 효과를 내는 것은 그 사물들의 내재적인 거룩함에서 나오는 것이 아니다. 그것은 오직 신성으로부터만 나올 수 있는 것이다. 이 표징들이 하느님 자신의 말씀과 같이 영혼들을 깨끗하게 만드는 것은 이들이 그리스도에 의하여 은총의 통로들로 제정되었기 때문이다. 참회는 신적 행위의 흐름을 나타내는 성사이고 은총의 통로이며, 그러한 것으로서 그것이 나타내 보이는 효과를 산출한다.

모든 성사 가운데 이 성사만이 재판 절차의 형태로 제정되었다. 거기에는 비참함의 흔적이, 심판의 긴장이, 그리고 철회할 수 없는 선고의 확정성이 있다. 그것은 재판과 같이 범죄를 중심으로, 하느님을 거스른 인간의 범죄를 중심으로 움직인다. 그러나 일반적인 재판 절차가 인간의 나약함에 맞서 진리를 엄중히 보호하는 것과 달리, 이 재판은 인간의 정직함과 용기를 참으로 대단히 신뢰하면서 진리를 인간에게 맡기고 고해자 한 사람을 원고, 증인, 피고로 인정한다. 세례 후에 범한 죄와 이 죄들을 사제에게 밝히는 고해자의 행위는(통회, 고해, 보속) 각각 참회의 성사의 먼 재료와 가까운 재료이다.

1) 참회의 성사

a. 질료와 형상

분명, 참회 성사의 질료는 세례 성사의 물처럼 성화되지 않고 오히려 성체 성사의 빵의 실체처럼 파괴된다. 그 효과에 대해 의심의 여지를 남기지 않는 이 거룩한 표징의 충만한 사랑은 이 성사의 형상인 사제의 장엄한 말에 간결하게 표현된다. "나는 성부와 성자와 성령의 이름으로 당신의 죄를 사합니다." 이 말들로 한 사람이 새로 태어나고 죄가 파괴되며, 인간의 무력함이 하느님의 전능하심으로 구제되고, 실수가 사라지며 인간은 과거의 무서운 짐에서 벗어나 현재와 미래의 길을 걸을 수 있게 된다. 이 성사는 다른 모든 성사와 마찬가지로 정확히 그것이 나타내 보이는 효과를 내기 때문이다.

인간의 삶에서 이 성사가 지니는 깊은 중요성은, 그 성사가 존재하게 했던 그 그리스도의 말들을 역사에 기록된 가장 소중한 말들이 되게 했다. 물론 그리스도께서 죄인들을 대하시는 데에서는 이에 대한 암시가 있었다. "너의 죄는 용서받았다."는 것은 쉽게 잊어버릴 수 있는 것이 아니다. 이 성사에 대한 명시적 약속은 우리 주님께서 베드로에게 열쇠의 권한을 주시며 말씀하실 때에 이루어졌다. "나는 너에게 하늘 나라의 열쇠를 주겠다. 그러니 네가 무엇이든지 땅에서 매면 하늘에서도 매일 것이고, 네가 무엇이든지 땅에서 풀면 하늘에서도 풀릴 것이다." 성사의 직접적인 설정은 그리스도의 부활 후에 있었고, 그분께서 사람들 사이에서 사신 마지막 순간의 보물들 가운데 하나로서 사도들에게 숨을 불어 넣으시며 "성령을 받아라. 너희가 누구의 죄든지 용서해 주면 그가 용서를 받을 것이고, 그대로 두면 그대로 남아 있을 것이다."라고 말씀하실 때에 이루어졌다. 태초에 하느님께서 죽은 먼지에 생명의 숨을 불어 넣으셨듯이, 이제 그분은 죄의 공격으로 희생되고 신적 생명에 대해 죽게 되었던 인간의 모든 세대에 생명의 숨을 불어 넣으셨다.

인간에게 생명이 되돌아왔다. 그리고 그 생명의 나무는 골고타의 십자가였다. 이 성사는 십자가 나무의 열매이고, 인간은 수천 년 후에 거기에 와서 마치 막달레나가 스승의 발을 붙잡았듯이 간절하게 그 나무에 매달렸다. 그 열매가 주어지지 않았다면 세상은 얼마나 절망적이었겠는가? 인간은 그 본성상 그의 실수들을, 특히 그의 온전한 삶의 성공을 위협하는 실수들을 회복시키려고 애쓴다. 인간에게 죄는 자신 안에 있는 하느님의 생명의 원리를 파괴한 실수이다. 그러나 이에 대해 그 자신의 힘으로 할 수 있는 것은 아무 것도 없었다. 죄가 용서되지 않고서는 인간에게 구원이 있을 수 없기 때문이다. 그리고 하느님의 능력만이 죄의 얼룩을 제거할 수 있다.

b. 필요성

완전한 통회의 행위가 하느님의 은총으로 죄를 파괴하고 은총을 가져온다는 것은 사실이다. 이 장의 뒷부분에서 이를 좀더 살펴 볼 것이다. 하지만 참회의 성사는 효과를 발하는 데에 있어서 그리스도께서 직접 말씀하신 "안심하여라. 네 죄는 용서를 받았다."라는 말씀과 같이 절대적으로 그르침이 없는 용서의 도구이다. 사실상 죄를 용서하는 완전한 통회는 적어도 묵시적으로라도 참회의 성사에 대한 갈망을 내포한다. 그러므로 우리는, 인간이 중대하게 죄를 지은 다음에는 실제적으로든 갈망으로든 성사가 절대적으로 필요하다고 말할 수 있다.

c. 우유(偶有)들

이 성사의 효과에 관한 의심 또는 불편함은 실제로 그리스도 자신의 능력에 대한 의심이다. 이 성사는 마치 우리가 오래된 은을 닦을 때 여러 차례 되풀이하여 닦으면서도 그 결과의 완전성에 대해 결코 충분히 만족하지 못하는 것과 같이 영혼이 실제로 빛나게 되기까지 거듭 되풀이하여 적용되어야 하는 것이 아니다. 깊은 한숨, 눈물, 괴로운 후회의 오랜 기간, 끝없는 슬픈 얼굴, 이것은 이 성사의 부속품이 아니다. 실상 이들은 교만의 결과가 아닌지 의심할 수 있다. 이들의 뿌리는 자신처럼 훌륭한 성격을 가진 사람이 그런 죄를 범할 수 있다는 것에 대한 놀라움을 극복하지 못하는 죄인이 허영심에 충격을 받은 것을 넘어서지 못할 수도 있다. 물론 다른 이들이 그러한 죄를 범한다는 것은 쉽게 안다. 그는 아직도 죄를 짓는 자신의 능력을 용서하시는 하느님의 능력과 경쟁시키고, 그 경쟁에서 하느님이 성공하지 못한다는 것에 눈물을 흘리고 있는 것일 수 있다.

중단 없이 외적인 참회로 평생을 사는 것은 필요하지 않다. 인간이 스스로 죄를 지었다는 사실에 유감을 느끼고 또 언제나 그래야 한다는 것은 사실이다. 살인자가 고해소에서 나와 그의 죄가 용서되었다는 것을 기뻐하고는 자기가 범한 살인을 흐뭇하게 바라본다면, 그는 자신의 시간과 사제의 시간을 낭비한 것이다. 하느님과 죄를 동시에 끌어안는 것은 가능하지 않다. 우리가 범한 죄에 대한 유감이라는 의미에서 외적인 참회는 지속된다. 그러나 고해 후의 올바른 감정은 완전한 기쁨, 죄의 예속에서 해방됨, 하느님의 우정에 대한 감사와 경탄이다. 우리의 탄식은 그 효과에 아무 것도 더하지 않는다. 죄에 대하여 무엇인가가 가능하게 된 것은 오직 하느님이 돌아가셨기 때문이고, 우리가 스스로 팠던 무덤에서 벗어날 수 있는 것은 오직 그분 수난의 능력에 의해서이기 때문이다.

참회는 회칠과 같이 때때로 벗겨져 나가고 다시 입혀야 하는 것이 아니다. 참회 성사는 틀림없이 효과를 발하며, 그 효과는 죄의 파괴이다. 그 성사는 신적 생명에 적대적인 모든 것을 근본적으로 제거한다. 그것은 완전하고 "영구적"이다. 그렇다고 해서 평생 한 번 일어나는 기적은 아니다. 오히려 그 빈도는 인간이 죄를 짓고 후회하는 가능성, 그리고 자비를 베푸시는 하느님의 능력에 의하여 조정된다. 우리는 우리가 계속해서 죄를 지을 수 있다는 것을 분명히 안다. 그리고 자비를 베푸시는 하느님의 능력에 대해 절대적으로 확신한다. 우리를 되풀이하여 그리스도의 발 아래로 데려가는 덕에 대해서, 그리고 우리가 후회할 수 있는 능력에 대해서 좀더 가까이 살펴보자.

2) 참회의 덕

a. 내재적인 측면에서 : 유와 종

참회의 덕은 인간을 동물처럼 생각하곤 하는 세상에서 소홀히 다루어진 고귀한 덕이다. 고해자는 두려워하며 주인의 발아래 기어드는 개가 아니다. 그는 스스로 손을 쓸 수 있기 전에 그를 비천한 처지에 던져놓는, 그가 어떻게 할 수 없는 수치와 혼란의 물결의 희생물도 아니다. 참회는 좋은 습성이고, 인간이 그의 인간성에 합당치 않은 행위를 후회할 수 있게 해 주는 이성의 행위이다. 초자연적인 측면에서 말한다면, 그것은 인간에게 신앙에 의해 주어진 후회의 가능성을 사용할 수 있게 해 주고 자기 하느님을 거스른 잘못인 죄를 허물어뜨리기 시작할 수 있게 해 주는 주입된 습성이다.

우리는 아직 정의를 조롱하는 데에까지 이르지 않았지만, 참회는 바로 하느님께 대한 정의이다. 죄를 지음으로써 우리는 하느님의 권리를 침해했다. 참회로써 우리는 우리가 바쳐야 할 갚음을 드린다. 하느님께서 아시듯이 그 갚음은 하느님의 용서에 대한 갚음으로서는 하찮은 것이다. 우리는 우리의 참회로 하느님께 무엇을 드리는 것이 아니다. 부당한 모욕에 대해 사과한다고 해서 모욕받은 사람에게 무엇을 주는 것이 아닌 것과 마찬가지다. 우리는 참회한다고 해서 스스로 작아지는 것도 아니다. 이는 도둑이 훔친 것을 내어준다고 해서 작아지지 않는 것과 같다. 우리는 단순히 진리를 직면하고, 하느님과의 사회 생활의 최소한의 요구 조건에 대한 우리의 위반을 치유하는 것뿐이다.

사실 무한하신 분을 거스름으로써 우리는 무한한 잘못을 저지르지만, 우리의 참회는 필연적으로 유한하고 인간적이다. 그래서 하느님이 우리를 위해 돌아가셨다. 그러나 모든 정의가 그렇듯이 이 덕으로써 우리의 의지를 완전하게 함으로써 우리는 재판석에 우리의 작은 몫을 가져가고, 그 대신으로 단죄가 아닌 용서를 돌려받는다. 참회의 시작이 두려움에 있다는 것은 참회를 비난할 이유가 되지 않으며, 참회하는 인간을 비굴한 동물로 축소시키는 것도 아니다.

인간이 두려워해야 하는 것이 있다. 어리석은 사람만이 아무 것도 두려워하지 않는다. 분명 인간은 마음이 상하신 하느님의 진노를 두려워해야 한다. 그분은 영원한 지옥을 택하는 우리의 딱한 선택의 여지를 우리에게 남겨 두시기 때문이다.

그러나 가톨릭의 참회가 순전한 두려움에서 나오는 경우는 드물다. 거의 항상 경외심과 깊은 사랑이 섞여 있는 자녀다운 두려움이 있으며, 흔히는 이것이 전부이다. 이 두려움은 징벌의 위협을 두려워하는 것이라기보다 무한히 선하셨던 분을 모욕하는 것을 두려워한다. 이 두려움은 이렇게 깊이 사랑하시는 분으로부터 최종적으로 분리되는 것보다 더 큰 악이 없음을 아는 것이다.

b. 외재적인 측면에서 : 대상, 기원, 다른 덕들과의 관계

덕들의 행렬에서 참회는 다른 많은 덕들을 자신보다 앞세워야 할 것이다. 그러나 일상 생활의 무질서한 혼란 속에서 참회는 흔히 그 동료들을 제치고 나서는 첫 번째 덕이 된다. 참회는 본성에 의하여 죄와 다투도록 정해진 거칠고 혼잡한 덕이다. 그것은 위기의 때에 가까이 두어야 하는 유용한 덕이다. 특히 긴급한 싸움이 끝난 후 겸손하고 신중하게 상위의 덕들에게 길을 내어줄 때에 그러하다. 그러한 싸움이 없었던 성모님의 삶과 같은 삶에서 참회는 할 일이 없으며, 어떤 후회도 없었다. 성모님 안에는 물론 습성(habitus)과 주입덕(virtus infusa)이 있었다. 이것은 우리가 은총에 의하여 하느님의 생명으로 태어날 때에 우리에게 주어지는 다른 초자연적 선물들과 함께 오는 것이기 때문이다.

c. 소유자

용서받은 죄에 대하여 감사할 때를 제외하고는 참회가 천국의 성인들에게 별로 관련되지 않는다는 것은 어렵지 않게 이해할 수 있다. 선한 천사든 악한 천사든 천사들에게서는 참회의 습성도, 그 행위도 없다. 참회는 자신의 생각과 마음의 애정의 대상을 바꿀 수 있는 능력을 내포하기 때문이다. 다른 말로 하면 행위의 길을 바꾸고, 후회하고, 반대 방향으로 무엇인가를 할 수 있어야 한다. 그러나 천사들은 오직 한번, 그리고 영원히 사랑한다. 그들은 악을 끌어안았거나 아니면 거룩함을 끌어안았다. 그들은 그 행위가 그들에게 가져온 결과를 아쉬워할 수 있지만, 행위의 길을 취소하거나 바꾼다는 것은 없다. 천사가 아는 것이 한번으로 영원하게 완전히 아는 것이듯이, 그가 행하는 것은 한번으로 영원하게 행하는 것이다. 우리에게는 우리의 이성이 머무는 거처인 육체에 소작료를 바쳐야 하는 것을 한탄하면서, 천사들이 머무는 지성의 궁전을 부러워하는 순간들이 있을 수 있다. 그러나 우리의 비천한 신분에도 장점이 있다. 그것은 오직 여기에서만 두 번째 기회가 있다는 것, 우리가 실수를 하고 그것을 바로잡을 수 있다는 것, 본성의 고귀함으로 인하여 우리는 한번 행한 행위의 길에 돌이킬 수 없이 영원히 매여 있지 않다는 점이다.

영적으로 천사는 한 번만 죽을 수 있지만, 인간은 수천 번 이상이라도 죽을 수 있다. 천사는 영원히 죽는 반면 인간에게는 죽었을 때에도 그의 손이 닿는 곳에 생명이 있기 때문이다. 우리에게 주어진 부활을 더 잘 이해하기 위해서, 죄의 전문가들의 회의에서 악마들의 전략 회의의 도움을 받아 철저한 연구 끝에 참회의 성사로 용서될 수 없는 죄를 마침내 찾아냈다고 선언한다고 해 보자. 그리고 나서 그들이 성 토마스에게 그들의 연구 결과를 보여 주고 비판해 보라고 한다고 가정해 보자.

성 토마스는 그 양식, 통계, 등식들을 쳐다보지도 않으리라고 생각한다. 인생은 짧고 중요한 할 일들이 많다. 그는 아마도 대략 이렇게 말할 것이다. "그런 죄가 있다면, 그 죄가 용서될 수 없는 것은 인간이 그것에 대해 후회할 수 없기 때문이거나 아니면 참회의 성사가 그것을 사할 수 없기 때문일 것이다. 첫 번째 가정은 자유재량(liberum arbitrium)과 은총(gratia)의 능력에 대한 모욕이며, 자연적 진리와 초자연적 진리 모두에 충돌하는 거짓이다. 둘째 가정은 자비의 무한함과 그리스도의 수난의 무한한 능력을 부인하는 것이다. 번잡한 이론을 치워버려라. 그러한 죄는 있을 수 없다."

4. 참회의 효과

(1) 죄에 대하여 : 사죄(死罪)와 소죄

참회 성사는 어떤 사죄라도 무너뜨릴 수 있고 실제로 그렇게 할 뿐만 아니라, 수천 번의 죄들이 강도떼처럼 몰려든다 하더라도 그것은 그리스도의 피에 저항하지 못한다. 참회는 모든 죄를 용서한다. 참회는 영혼의 얼굴을 씻지는 못하며 여기저기에 얼룩들을 남긴다. 사죄(死罪)는 성화은총 없이는 사해질 수 없는데, 그 은총은 사죄와 같은 영혼 안에 살 수 없다. 인간의 의지는 동시에 서로 다른 방향으로 갈 수 없기 때문이다. 이 성사의 법정에 제출되어야 하는 죄들은 아직 용서되지 않은 사죄들이다. 신학자들이 "필수적인 질료"라고 부르는 이 죄들이 이 성사의 일차적 대상이 된다. 고해자의 뜻에 따라 고해 신부의 법정에 제출될 수도 있고 그렇지 않을 수도 있는 자유로운 질료는, 이미 용서된 사죄들 그리고 소죄들이다. 하지만 고해소 안에서 말한 죄가 있어야 하며, 그렇지 않으면 성사는 성립될 수 없다. 사제가 과거의 죄에 대해 묻는 것은 게으른 시간 낭비가 아니다. 그는 그 성사에 질료가 있는지 확인하는 것이고, 틀림없이 성화은총을 증가시키는 그 성사가 주어지는 것을 보증하려는 것이다.

소죄는 성사 없이도 치유될 수 있다. 여기에는 새로운 은총의 주입이 요구되지 않는다. 소죄는 은총을 몰아내지 않고, 은총은 기꺼이는 아니더라도 사랑으로 이 죄와 같은 집 안에 머물기 때문이다. 물론 소죄의 용서를 위해서는 어느 정도 참회의 덕이 요구된다. 적어도 사랑의 행위에 내포된, 소죄에 대한 묵시적인 불쾌함이 있어야 한다. 예민한 어머니가 아이의 손에서 시끄러운 딸랑이를 치우듯이, 이 가벼운 죄들도 인간의 손에서 제거되어야 하기 때문이다. 의지가 죄에서 멀어져 하느님을 향해 움직일 때마다 소죄가 용서된다. 그러므로 은총이 새로 주입될 때마다 소죄가 용서된다. 반면 인간의 의지가 소죄에 집착할 때에는, 하늘이나 땅의 어떤 힘도 그를 소죄에서 떼어 놓지 못한다. 실제에 있어서는 소죄가 용서될 수천 번의 기회가 있다. 성사들을 받는 것, 죄를 미워하면서 열심히 주님의 기도를 바치는 것, 주교의 강복을 받는 것과 같은 하느님에 대한 경외의 행위, 성수의 사용, 무릎을 꿇어 절하는 것 등은 모두 소죄를 용서받는 길들이다.

(2) 죄로 인한 벌에 대하여

성사로 되돌아가면, 인간이 그렇게 되기를 원한다면 그 효과들은 언제나 온전하다. 대죄, 소죄, 그리고 죄로 인한 벌은 모두 이 성사로 없어진다. 우리는 하느님의 원수로 고해소에 들어가지만, 그분의 영원한 상속을 받을 권리를 지닌 친구로 그곳을 떠나게 된다. 하지만 어떤 사람이 소죄에 집착하면서 고해소에 들어간다면, 그는 아직도 죄를 손에 들고 나오게 된다. 그가 죄로 인한 잠벌 일부를 붙잡고 있기를 원한다면, 아무도 그에게서 그것을 빼앗을 수 없다. 다른 말로 하면, 고해 후에 죄 또는 그 흔적이 남는 것은 우리가 우리의 어깨를 넘어 죄의 세상을 바라보는 시각에 달려 있다. 죄로부터 하느님께로 돌아서는 것이 실제로 완전하다면 우리 영혼에는 그 죄의 흔적이나 벌의 빚이 조금도 남지 않을 것이다.

(3) 덕, 공로, 용서받은 죄

그러나 참회의 효과는 인간의 육신이 아니라 영혼에 일어난다는 점을 기억해야 한다. 주정꾼이 진실한 고해를 했다고 해서 위스키를 좋아하지 않게 되기를 기대할 수는 없다. 신체적 상태와 습득된 습성들은 기적이 아니고서는 사라지지 않는다. 이들은 꾸준한 싸움으로 물리쳐야 하는 것이다. 핵심은, 인간이 성사의 은총과 함께 그에게 주어지는, 직접 하느님으로부터 오는 좋은 습성들인 주입덕들을 통하여 이 싸움의 무기를 얻게 된다는 점이다. 사죄는 영혼의 땅에서 생명을 앗아감으로써 초자연적 덕의 찬란한 성장을 거의 전부 파괴한다. 참회를 통하여 은총은 봄비와 같이 생기를 주며, 파괴된 그 모든 덕을 살아나게 한다.

이 회복된 생명의 정도는 인간이 이 성사에서 받는 은총의 정도에 달려 있고, 그 은총의 정도는 그가 죄에서 멀어져 하느님께로 돌아서는 회개의 문제이다. 그러나 그는 틀림없이 은총을, 그에 수반되는 덕들을, 그리고 그가 죄로 잃어버렸던 과거 업적들의 공로를 받을 것이다. 경제적 질서에서 파산은 보통 이 사람이 잃은 돈 전부를 다른 어떤 사람이 가지고 있음을 의미한다. 영적인 질서에서, 우울증이 사라진다는 것은 한 사람이 그가 쌓아 두었던 공로의 보고를, 아마도 그가 본래 갖고 있던 재산 전부를 대부분 되찾는 것을 의미한다. 죄에 대한 슬픔과 하느님을 향한 사랑의 강도에 따라, 처음보다 더 큰 공로를 얻을 수도 있다.

참회 성사가 우리에게 완전히 죽은 것이었던 업적들에 생명을 준다고 기대하는 것은 너무 지나치다. 사죄 중에 행한 선행은 영원한 상급을 받지 못한다. 이들은 참회를 통해서도 그러한 자격을 얻지 못한다. 이들은 죽은 사람이 죽음 안에서 행한 일들이고, 무엇도 이를 바꾸어 놓지 않는다. 어떤 의미에서 하느님은 인간이 죄로 죽였던 것에 은총으로 생명을 회복시키심으로써 인간의 일을 없애시지만, 인간은 하느님이 하시는 일에 대해서 그러한 능력을 갖고 있지 않다. 그러므로 이 성사에서 파괴된 죄들은 다음번에 죄를 지을 때에 되살아나지 않는다. 그 죄들은 죽었고 하느님에 의하여 처형되었으며 장례까지 치르고 제거되었다. 우리는 같은 종류의 것을 다시 만들어낼 수 있지만, 그것은 다른 상표를 지녀야 할 것이다. 우리는 용서받은 죄들에 대한 기억을 슬퍼할 수 있지만, 그렇게 한다면 그것은 걱정거리를 찾아 비-존재의 어두운 영역으로 들어가는 셈이 된다.

5. 참회의 필수적 부분들 - 통회, 고해, 보속

(1) 통회

1) 본성과 대상 : 불완전한 통회와의 구별

지금까지 우리는 참회를 전체적으로 바라보면서 한편으로는 하느님 사랑의 능력에 대해, 다른 한편으로는 인간 영혼의 새로운 생명에 대해 경탄해 왔다. 어쨌든 우리는 늘 성사 전체를 바라본 것이었다. 그러한 과정은 충분히 자연스럽다. 얼굴의 아름다움과 개성은 그 개별 특징들의 탁월함을 연구하기 시작하기 한참 전에도 우리에게 어떤 인상을 준다. 사랑이 그 대상에 대해 결코 지치지 않는 이유들 가운데 하나는, 우리가 매우 천천히 그 마지막 세부에까지 내려가고 그 마지막 깊은 곳에는 결코 이르지 않기 때문일 것이다. 토마스는 그의 펜에서 잉크가 흘러나오고 있을 때에 참회를 그러한 세부까지 다루었다. 병들고 지친 몸으로 교황의 명에 순종하여 리옹 공의회에 가던 중에 토마스는 낯선 이들의 집에서 죽음을 맞게 되었다. 도미니코의 아들이었던 그의 열심하고 끊임없는 수고는 밝고 빨리 타오른 그의 생명의 불꽃이 꺼져갈 때에 끝나게 되었다. 토마스는 진리를 사랑한 데에 대한 마지막 벌금을 바쳤다.

죽음이 그의 「신학대전」의 책장을 덮었을 때 성 토마스는 참회의 두 가지 인간적 요소, 곧 피고의 행위와 심판관에 관하여 쓰고 있었다. 그는 고해자에게 고유하게 속하는 것이 세 가지 - 통회, 고해, 보속 - 있다는 것까지 썼었고,

그 다음 진리이신 분께 자신을 바침으로써 진리에 대한 탐구를 끝맺었다. 여기서 우리는 토마스의 원숙한 작품을 떠나야 하고, 본서에서 우리가 따라왔던 「신학대전」에 작별을 고해야 한다. 그리고 우리의 형님이 일찍 본향을 향해 떠난 것을 아쉬워하면서, 그가 자신의 최고 작품을 위해 기획했던 요지를 그의 이전 작품들에서 찾아보게 된다.

성 토마스가 마지막으로 주의를 기울이는 세 가지 행위는 참회 성사의 가까운 질료가 된다. 통회로 죄인은 그의 죄를 갚고 미래의 죄를 피하기를 원한다. 고해로 그는 자신의 죄를 하느님의 심판에 맡긴다. 그리고 주어진 참회를 받아들이는 보속으로 이 법정의 심판자에 의하여 요구된 보상을 한다. 가톨릭 신자에게 여기에는 복잡하거나 신비로운 것이 전혀 없다. 그는 어릴 때부터 이러한 지식과 그 실천의 전문가였다.

예컨대, 고해하러 올 때에 자신의 죄를 후회하고 싫어해야 하며 미래에 그 죄들을 피하고자 해야 한다는 것을 안다. 때로 이러한 그의 슬픔은 불완전한 통회에 그친다. 그러한 통회는 오직 지옥에 가는 것 또는 천국을 잃어버리는 것에 대한 두려움에서 나온다. 완전한 통회도 있을 수 있는데 이것이 엄밀한 의미의 통회로서, 무한히 선하신 친구에게 끼친 해악을 혐오하여 죄로부터 돌아서는 것이다. 두 경우 모두 가톨릭 신자는 편안한 마음으로 그의 고해를 마친다. 참회 성사를 위해서는 불완전한 통회로도 충분하기 때문이다.

2) 양과 질

완전한 참회는 죄의 본성 자체를 파괴하지만, 언제나 모든 사죄를 성사라는 심판에 내놓을 의무를 수반한다. 다른 한편으로 불완전한 통회는 그 자체로서는 지은 죄에 대해 무력하다. 그러나 성사적 사죄(absolutio)와 함께 있을 때는 온전한 효과를 낸다. 핵심은, 교회보다 더 가톨릭적이 되는 것을 더 원하는 어떤 사람의 질문을 예상해서 말한다면, 이 두 가지는 모두 초자연적 슬픔이고 은총의 도움으로 일어난 슬픔이며, 그 동기는 그것이 천국 또는 지옥이든 아니면 하느님의 무한한 선하심이든 언제나 초자연적이다. 그 사람이 스스로 슬픔을 품은 것에 대해 흥분을 느끼거나 실망하거나, 불쾌함이나 분노를 느끼는 것은 필요하지 않다. 이 가운데 어떤 것도 성사의 효과와는 상관이 없다. 어떤 사람은 그저 자연적으로 탐식이나 과음의 천박함을 혐오할 수도 있다. 하지만 여기서 요구되는 것은 자연적인 것이 아니라 초자연적인 것이고, 감각적 욕구에 대한 혐오가 아니라 의지 편에서의 포기이다.

불완전한 통회든 완전한 통회든 죄에 대한 이 슬픔은 초자연적이어야 할 뿐만 아니라, 말이나 상상에 그치지 않는 실제적이어야 한다. 그것이 무서울 만큼 실제적인 성사의 필수적인 부분이기 때문이다. 그뿐 아니라 이것은 미묘한 암시나 치밀한 함축 또는 관대하지만 너무 상상적인 해석이 아니다. 그것은 인간이 지금 여기서 자신의 죄에 대해 슬퍼하는 형식적이고 단정적인 행위이다. 마치 하느님과의 위험한 동반 협정처럼 조심스러운 유보 조건들을 두어야 하는 것도 아니다. 그것은 모든 죄에 대한 슬픔이어야 한다. 지나치지 않기 위해서 주의 깊게 잴 수도 없다. 그것은 최고의 슬픔이어야 하고, 이 죄를 다른 무엇보다 후회하는 슬픔이어야 한다. 그러나 이것이 슬픈 느낌의 문제가 아니라는 점은 분명하게 이해해야 한다. 이 성사에서 감정이 할 역할이 있다면 그것은 이성적인 슬픔, 곧 성사를 위해 필수적인 의지의 슬픔을 되울리는 반향으로서의 역할 뿐이다. 이성적 슬픔에 있어서도, 인간은 자신이 천 달러를 횡령한 것보다 아내의 죽음을 더 강하게 슬퍼할 수 있다. 아무도 이 사실을 바꾸려고 하지 않는다. 그것은 필요하지 않으며, 죄에 대하여 최고로 강한 슬픔을 갖는 것은 실제로 불가능한 경우가 매우 많다. 그러나 여기서 요구되는 것은 우리가 이 죄를 범하거나 우리 영혼에 그 죄를 계속 품고 있기보다는 다른 어떤 선이라도 포기하고자 하는 것이다. 신학적인 표현으로, 고해를 위하여 요구되는 슬픔은 강도에 있어서가 아니라 평가에 있어서 최고의 슬픔이어야 한다.

(2) 고해

1) 필요성

이 모든 점을 생각할 때, 고해가 죄를 범하도록 허가를 주고 죄를 조장하는 것이라는 말이 돌아다니는 것은 이해하기 어렵다. 가톨릭으로 개종한 지 얼마 되지 않는 이들은, 그런 말이 생겨날 수 있었다는 것 자체를 놀라워한다. 우리의 통회는 인간의 의지가 말할 수 있는 한에서 단호하고 최종적인 죄에 대한 결별이다. 그 말은 단순한 희망이 아니며, 비록 미래의 죄들에 대해 보장할 수 없기는 하지만 죄를 피하겠다는 결단이다. 핵심은, 죄가 매력을 잃었고 그래서 우리가 괴롭게 한숨을 쉬면서 마지못해서가 아니라 분명하게 우리 마음에서 죄를 몰아내게 된다는 것이다. 죄는 우리의 현재 상태에 변화가 있을 때에만 다시 기어들게 될 것이다. 지금 이 순간 우리는 단호하다. 그리고 이는 우리가 미래의 죄를 피하려고 기도, 주의, 죄의 기회를 피함 등 할 수 있는 모든 수단을 쓰려는 것을 의미한다. 이는 죄에 대한 허가가 결코 아니며, 죄의 모든 유혹을 용감하게 끊는 것이다.

이것은 미래에 대하여 지나치게 낙천적 태도를 취하는 나약함의 긴 역사를 무시하는 맹목적인 낙관주의가 아니다. 우리는 고해를 하러 오고 미래를 직면할 때에, 우리에게 부족한 것이 무엇인지를 안다. 우리는 우리 자신의 결점을 모르지 않는다. 우리는 정직하게 그 결점들에 시선을 집중한 것이다. 우리의 결함들을 알고 우리의 모든 싸움, 힘껏 우리와 싸우는 모든 적을 알고 있으면서도 우리는 한번 더 시도하려 한다. 우리의 의지를 정하고, 하느님의 은총으로 강화되어, 죽기까지 맞서 싸운다. 가장 약한 죄인들 안에 있는 이렇게 명확한 용기는 고해소의 사제에게 겸손과 영감의 끊임없는 원천이 된다.

고해자의 세 가지 행위 가운데 첫 행위에 관하여 지금까지 말한 모든 것을 볼 때, 고해가 죄를 조장한다는 생각은 더 부조리하다. 또한, 쉽게 죄를 짓는 데에 실질적으로 장애가 되는 것으로 아직도 다른 두 가지, 고해와 보속이 있다. 고해를 한다는 것, 곧 우리의 죄를 사제에게 말한다는 것을 예로 들어보자. 다른 이들의 죄에 대해 말한다면 그렇게 어렵지 않을 것이다. 그러나 우리가 우리 자신의 죄를 말하려 한다면 즉시 여기서는 농담을 할 수 없다는 것을 깨달을 것이다. 문제는 우리가 죄를 과장하거나 축소하거나 하지 않고 단순하고 솔직하고 진실하게 우리 자신의 죄를 말해야 한다는 것이다.

2) 온전성

누가 이것이 쉽다고 생각한다면 그는 직접 고해소의 문턱을 넘은 적이 없는 말뿐인 고해자일 것이다. 우리는 영혼의 의사에게 다가간다. 죄를 속이거나 숨기는 것이 무슨 소용이 있는가? 우리는 심판관 앞에 선다. 우리가 거짓 증언을 한다면 그분이 어떻게 심판할 수 있는가? 그러나 여기서 알려져야 하는 것들은, 우리가 드러내지 않는다면 하느님만이 찾아낼 수 있으신 일들이고 우리 자신도 마주하기 어려운 일들이다. 고해는 정말로 어렵다. 그것은 높은 용기와 깊은 겸손을 요구한다. 어쩌면 비결이 있는지도 모른다. 고해에서 속임수를 씀으로써 이 어려움을 회피하려는 유혹이 가톨릭 신자들에게서 거의 일어나지 않는다는 사실은, 고해자의 영혼에 흘러드는 은총이 있다는 것을 암시해 준다. 우리가 글로 쓰거나 상징으로 우리의 죄를 알려서 냉정하고 분명하게 발설된 말을 우리가 듣지 않을 수 있다면 덜 어려울 수도 있을 것이다. 그러나 합당한 이유가 있지 않다면 이러한 완화도 허용되지 않는다. 고해는 말로 해야 한다.

이러한 어려움이, 이 성사를 남겨주신 그리스도의 은혜로운 배려를 어둡게 해서는 안 된다. 죄에서 벗어나기 위해서라면 이것은 비싼 값이 아니다. 어쨌든 그리스도의 명에 따라 우리의 죄는 알려져야 한다. 그분은 사도들을 인간의 죄의 심판관으로 세우셨고, 그래서 심판의 자료는 죄인들이 제공해야 한다. 우리는 우리의 죄를 고해해야 하고, 어느 정도 자주 이를 해야 한다. 가장 최소한으로 말한다면, 자신이 대죄 가운데 있고 죽음의 위험에 있다는 것을 알 때는 고해해야 한다. 그가 하려고 하는 것, 예를 들어 영성체가 은총 지위를 요구하고 그가 거기에 도달하지 못했을 때도 고해해야 한다. 하지만 이것은 완덕에 이르는 좋은 길이 아니다. 어떤 사람이 영적인 자살을 저질렀다면, 그는 자신이 얼마나 더 오래 죽은 채로 머물러 있을 수 있는가를 계산하지 말아야 한다. 중대한 죄가 전혀 없는 경우라도, 은총이 틀림없이 덕들을 강화해 준다는 것은 자주 고해를 할 충분한 이유가 된다. 조금 더 많은 하느님의 도우심을 견딜 수 없는 사람은 없기 때문이다.

고해소에서 우리는, 지금 여기서 고해할 수 있고 고해해야 하는 바에 따라 아직 사제의 사죄를 받지 않은 모든 죄를 말해야 한다. 우리는 그 모든 죄를 말해야 한다. 죄의 종류, 횟수, 죄를 가중시키거나 축소시키는 상황, 그리고 그 죄에서 나온 외적 행위들을 말해야 하는 것이다. 우리가 사제에게 그림을 그려 보여야 한다는 뜻은 아니다. 핵심은 죄를 완전하고 상세하고 남김없이 이야기하는 데에 있는 것이 아니라, 심판관인 사제에게 정확한 정보를 주는 것이다. 실제에 있어 고해의 온전성 또는 보편성의 요구는 어려움의 이유가 되지 않는다. 우리가 모든 것을 말하고자 하는 지향을 갖고 고해소로 들어간다면, 우리는 증거를 정리할 엄숙한 의무를 지닌 전문가에게 가는 것이다. 어떤 것이 충분히 분명치 않다면 질문을 하는 것은 사제의 의무이다. 우리의 몫은 정직하게 우리의 죄를 말하는 것, 우리가 충분하다고 생각하는 만큼 솔직하게 말하는 것이다. 그 이상의 책임은 사제에게 있다.

우리가 어떤 죄를 잊어버렸다면 그 죄들은 고해할 수 없음이 명백하다. 우리의 생명이 30초만 남아 있다면, 마지막으로 고해한 후 40년 동안의 죄를 말하기는 어려울 것이다. 다른 말로 하면 고해의 질료적인 온전성 또는 완전함이 관면될 수 있거나 관면되어야 하는 경우가 있다는 말이다. 그러나 형상적인 온전성, 곧 고해할 수 있고 고해해야 하는 모든 죄를 말하는 것은 결코 완화를 허용하지 않는다.

아마도, 고해소에서 어떤 것을 감추려고 하지 말아야 한다는 말로 이 모든 것을 요약할 수 있을 것이다. 고해소는 어두울 수도 있고 자주 닦지 않았을 수도 있지만, 죄와 같이 파악하기 어려운 것이라도 고해소를 은신처로 삼을 수는 없다. 우리가 어떤 것도 숨기지 않으려 한다면 우리는 분명 망각을 조장하지 않는 것이 된다. 때로 우리는 고해 전에 조금 조사를 해야 할 때가 있고, 법정에 증거로 들고 가야 할 짐들 가운데 아무것도 빠뜨리지 않도록 양심을 성찰해야 한다. 가장 작은 세부까지 파헤치고 우리 죄의 횟수를 수학적으로 정확히 진술하기 위해서 영혼에 낙인을 찍어야 한다거나 고문같은 자기 분석을 해야 한다는 뜻이 아니다. 우리는 하느님께 심판을 받으러 가는 것이고, 그분은 우리가 그분의 마음을 상하시게 한 것을 합당한 정도로 성실하게 기억하는 것 이상을 요구하지 않으신다.

(3) 보속

1) 본성

모든 증거를 갖추고, 우리는 통회하는 마음으로 그 증거를 제출한다. 심판관은 그것을 숙고하고 판결을 내리며, 생명을 되찾아주는 사죄를 베풀기 전에 우리에게 보속을 부과한다. 그것은 우리 날개의 먼지를 떨기 위한 가벼운 보속일 수도 있고, 죄의 흔적을 지우기 위한 무거운 보속일 수도 있다. 어떤 경우이든 그것은 죄에 대한 잠벌(暫罰)을 갚기 위한 보속이다. 사제는 다른 선택을 할 수 없고, 보속을 부과해야 한다. 고해자도 다른 선택을 할 수 없고 보속을 받아들여야 한다. 보속을 주는 것과 받는 것 모두가 성사의 필수적인 부분이고, 그것이 없이는 성사가 성립되지 않기 때문이다.

보통 고해자는 보속에 대해 저항하여 소리치지 않는다. 야구 선수가 심판의 판정을 받을 때는 그와 같은 일이 생길 수 있지만, 고해소에서는 거의 예상할 수 없는 일이다. 그러나 두 곳에서 모두 저항의 결과는 거의 동일하다. 고해자는 저항의 말을 하지 않지만 마음으로는 보속에 대해 심히 저항하면서 다만 그것을 말하지 않기로 결정할 수도 있다. 그 결정으로 그는 성사를 무효로 만든다. 보속을 부과하는 것은 피고인이 아니라 심판관의 일이기 때문이다. 같은 사건과 같은 증거들을 토대로 심판관에 의해 보속이 변경되거나 완화될 수 있을 뿐이다. 보속은 받아들여져야 한다. 그렇게 되면 성사는 믿을 수 없는 효과를 내게 된다. 나중에 우리는 보속을 잊어버릴 수도 있고 심지어 소홀히할 수도 있다. 하지만 이것은, 우리에게 나태의 죄를 남길 수는 있지만, 성사를 무효로 만들지는 않는다.

우리가 분명 마땅한 한 몫을 받게 될 삶의 불행들, 자선, 단식, 기도는 성사들 외에 죄로 인한 잠벌을 용서받기 위한 몇 가지 방법이다. 그러나 이 모든 수단은 보속의 특징을 지니고 있어야 한다. 다른 말로 하면, 이들은 자발적으로 행한 것이거나 하느님께 대한 보상으로서 행한 것이어야 한다. 어떤 의미에서, 하느님을 사랑하는 행위와 같이 섬세하고 아름다운 일도 잠벌을 없앨 수 있지만, 그것은 보속(補贖)이라기보다 공로로서 그렇게 하는 것이다. 훨씬 엄밀한 의미에서 참사랑은 모든 엄밀한 의미의 보속의 근원이다. 분명, 우리가 우리 자신의 죄에 대해 보속하는 것은 오직 참사랑에서이다. 그리고 오직 우리를 다른 이들과 하나가 되게 하는 참사랑의 유대에 의하여 우리는 그들의 죄로 인한 벌을 보속할 수 있다. 다른 상황들에서, 죄로 인한 벌의 보속은 우리의 특별한 일들의 가치를 칭찬하는 것이라기보다는 하느님이 사소한 것을 관대하게 받아들이시는 것이다.

2) 필요성

우리가 다른 이들을 위해 보속할 수 있게 하는 애덕의 핵심은 성인들의 통공이라는 위로가 되는 교리와 밀접히 연관되어 있다. 애덕으로 우리는 하나가 되고, 같은 신비체의 지체들이 된다. 우리는 그 신비체 전체를 위해서도, 또 그 어떤 부분을 위해서도 작용할 수 있다. 한 부분의 공로나 벌은 어떤 의미에서 전체의 공로 또는 벌이 된다. 과거의 여러 세기 동안 쌓아 올려진 비방에도 불구하고, 대사 교리는 이렇게 가족이 서로 돕는 데에서 나오는 피할 수 없는 결론이다.

3) 수단과 한계

대사는 죄로 인한 잠벌의 전체 또는 일부를 사해주는 것이다. 그것은 죄에 대한 허가나 죄의 용서가 아니다. 오히려 대사는 참사랑이라는 결합의 유대에 의존하기 때문에 죄로부터의 벗어남이 실제적일 것을 요구한다. 대사의 배경은 성인들과 그리스도와 성모님의 넘치는 공로이다. 그리스도께서는 죄가 없으시면서 그분의 공로는 무한하고, 죄가 없으신 성모님의 애덕은 모든 성인과 천사들의 참사랑을 능가한다. 이 모든 것이 교회의 보고를 이룬다. 이 공로는 그것을 행한 이들에게는 필요하지 않으며, 특정한 사람을 위해서가 아니라 그리스도와 교회를 위해서 행한 공로이다. 이 보고는 교회에 의하여 규정되고 결정된 조건에 따라 교회의 머리에 의하여 분배되지만, 오직 참사랑으로 교회의 살아있는 지체가 되는 이들에게만 주어진다.

6. 참회의 성사의 집전자

(1) 통치권을 가진 사제

이 장 전체에서 우리는 지금까지 고해소의 격자 반대편에 있는 사람에게는 거의 관심을 기울이지 않았다. 아마도 독자 대부분은 이를 눈치채지 못했을 것이다. 그에게 이 정도의 주의를 기울이는 것이 보통이기 때문이다. 특히 대도시의 교회에서 그는 외국 라디오 방송의 목소리보다도 더 비인격적이다. 그는 고해자를 한 번도 보지 못했을 수도 있고, 고해자는 다시는 그를 만나지 않을 수도 있다. 하지만 그의 조용한 속삭임 안에서 그는 그리스도 자신의 능력을 행사하며, 이 사람이 죽은 이들로부터 일어날 것인지 아니면 무덤에서 썩을 것인지를 말한다. 의심할 여지 없이, 이 사제가 그에게 그리스도의 능력을 사용하도록 허락될 것인지를 결정하는 것은 고해자라고 말하는 것이 더 정확할 것이다. 스스로 사죄를 거부하는 것은 고해자이다. 올바른 자세를 갖추지 않은 고해자에게는 사죄가 주어지지 않기 때문이다.

여하튼, 고해소의 어둠 속에 있는 그 비인격적인 인물은 좀 더 연구할 가치가 있다. 원한다면 자신의 죄를 평신도에게 고백할 수 있다는 것은 사실이다. 부흥회에서 공공연히 소리칠 수도 있다. 언젠가는 라디오에서 방송을 하도록 허락될 수도 있을 것이다. 그러나 이 모든 경우에는, 사죄를 기대할 수 없다. 사죄권은 서품을 받은 사제에게만 주어진다. 그 원천은 성품 성사의 인호인데, 이것은 인간의 영혼에 지울 수 없이 새겨진 능동적인 영적 능력이다. 그러나 이 인호만으로는, 그것은 사제를 죄인들의 세상에 풀어 놓는 위임이 아니다. 그의 사죄 행위는 신학자들이 '통치권'이라 부르는 것을 필요로 하는 통치 행위이고, 권위를 지닌 행위이다. 다시 말하면, 사제는 성품의 권한 외에 자신의 직무에 의하여 이 능력을 지닌 사람, 곧 직권자 또는 주교의 통치권을 나누어 받아야 한다.

(2) 그의 직무와 의무

더 나아가서, 고해 사제의 직무에는 그 직무를 온전하게 만들기 위하여 전제되는 요구들이 있고 또한 정해진 방법이 있다. 가톨릭 신자들이 잘 알고 있는 고해를 듣기 위한 현실적 조건들과 별개로, 고해 신부에게 지식이 요구된다는 문제가 있다. 젊은 도미니칸 고해 신부들은 3년마다 두 시간에 걸쳐 세 명의 시험관들에게서 시험을 받는다. 이러한 일은 실제에 있어 이 요구가 얼마나 중대한 것인지를 증언해줄 것이다. 분명 고해 신부는 확고한 현명의 덕을 지니고 있어야 한다. 그가 영혼들의 통치자이며 인도자의 역할을 하기 때문이다. 그는 특히 모든 이에게 모든 것이 되고자 하는 영혼들에 대한 열정, 한없이 다양한 준비되지 않은 이들, 무지한 이들, 미지근한 이들을 대하면서 양떼 가운데에서 한 마리도 잃지 않기 위한 지칠 줄 모르는 인내, 훈계하는 것을 주저하지 않는 강한 용기, 그리고 자신을 타락시키지 않고 손을 내밀어 다른 이들을 도울 수 있는 순결함과 같은 그리스도교적 덕들을 고해소로 가져가야 한다.

이렇게 준비한 상태에서 – 그 준비에 대해서 그는 영원히 책임을 갖고 있다 – 그는 사람들의 행동을 심판해야 하고, 이는 그리스도 자신의 심판과 같은 효력을 갖는다. 그는 사람들을 가르치고 훈계해야 하고, 그들이 통회하고 자신의 삶을 바로잡게 하며, 어떤 이들은 높은 성덕으로 이끌고 어떤 이들은 죄의 수렁에서 구해내야 하며, 드물게는 어떤 고해자에게 사죄를 줄 수 없는 자신의 무능력함이라는 무서운 사실을 직면해야 한다. 공기 부족, 긴장, 피곤함이라는 신체적 조건들 외에도 이것은 아르스의 신부(성 요한 마리아 비안네)가 매일 16~18시간을 고해소에서 보냈다는 것이 얼마나 영웅적인 일인지를 조금이나마 느끼게 해 준다. 분명 이것은, 이 모든 것을 갖추고 요구되는 모든 조건에 부합하는 젊은 신부가 처음으로 고해소에 들어갈 때 누구나 두려움을 느낀다는 것에 대해 따로 장담할 필요가 없게 해 준다. 의사의 실수는 최악의 경우 신체적 죽음을 가져온다. 고해소에서 실수는 영원한 영적 죽음을 의미하고, 이에 대해 사제는 엄정한 책임이 있다.

(3) 고해의 비밀

모든 시대에 다른 무엇보다도 사람들의 상상력을 사로잡았던 것은 아마도 고해의 비밀일 것이다. 교회 밖의 세상은 이 비밀이 얼마나 절대적인지를 결코 현실적으로 인식하지 못할 것이다. 세상은 적어도 희미하게는 고해의 비밀이 사죄가 주어졌든 주어지지 않았든 고해자가 성사의 과정에서 말한 죄들을 넘어선다는 것을 이해할 수 있을 것이다. 성사를 귀찮거나 불쾌하게 만들 수 있는 모든 것도 여기에 포함된다. 고해의 비밀이 고해자에게 해가 되거나 그를 불쾌하게 할 수 있는 모든 것, 예를 들어 신체적 결함, 뛰어난 덕, 개인적 자질 등도 포함한다는 것도 이해할 수 있을 것이다.

비밀은 이를 넘어선다. 사제는 이들을 말할 수 없을 뿐만 아니라 암시할 수도 없다. 직접적으로도 간접적으로도 이를 알릴 수 없다. 사제는 고해소 밖에서는, 고해자의 허락 없이는 그 고해자에게도 이에 대해 말할 수 없다. 기록을 연구하는 외부자가 이 모든 것을 모았을 수 있다. 그는 고해자 자신에게 이러한 비밀의 의무가 없다는 것도 이해했을 수 있다. 진정한 오류는 고해의 비밀을 직업적 또는 본성적 비밀과 비교할 때에 발생한다. 그들 사이에는 무한한 차이가 있다. 직업적 또는 본성적 비밀은 때로는 알려질 수 있다. 이 비밀을 지키는 것이 제삼자에게 또는 공동선에 중대한 해가 될 경우가 그러하다. 어떤 경우이든 그것은 인간에 의해 알려진 것이다. 그러나 고해의 지식은 인간의 것이 아니라 하느님의 것이다. 그것은 어떤 경우에도 사제에게 속하지 않는다. 그는 자신의 영혼을 지옥으로부터 구하기 위해서도, 한 민족을 전멸에서 구하기 위해서도, 한 성당이 완전히 제거되는 데에서 구하기 위해서도 그것을 누설할 수 없다. 단순히 사제는 그것을 알지 못하는 것이다.

[결론]

1. 살아계신 그리스도

(1) 팔레스티나에서

1) 사람들 사이에서 그리스도의 삶을 이해하는 열쇠

약 2천 년 전 팔레스티나에서 백성의 지도자들은 마리아의 아드님이 "너의 죄는 용서받았다."라고 말하는 것을 들었다. 그들은 분개했고, 하느님 외에 누가 죄를 용서할 수 있는가를 물었다. 그들은 옳았다. 이 사람은 하느님이었다. 이러한 용서의 행위는 그분의 신적 능력 뿐만 아니라 사람들 사이에서 사신 그분의 삶 전체의 목적도 계시해 준다. 그분은 사람들이 생명을 누리도록 하기 위하여 오셨다. 그분은 그들을 죄의 죽음에서 일으키기 위하여 오신 것이다. 사람들이 스스로 끌어안았던 죄의 사슬에서 해방되게 하려고 그분은 사시고 수난하시고 돌아가셨다.

2) 그 삶의 극적인 높이

그리스도의 삶의 중심이 무엇인지를 깨닫는 것은 인간에게 그 짧은 삶의 특별한 순간들이 인간의 마음에 핵심이 됨을 알아보게 한다. 그 삶 전체는 하나의 위대한 드라마이다. 그러나 그 삶의 어떤 순간들은 인간이 결코 잊을 수 없는 극적인 높이에 이른다. 한 여인이 말없이 부끄러워하며 그분 앞에 서 있던 숨 막히는 순간이 있었다. 고발하던 이들이 떠나간 다음, 우리는 그분의 자비로운 심판을 듣는다. "나도 너를 단죄하지 않는다. 가거라. 그리고 이제부터 다시는 죄짓지 마라." 또 다른 침묵의 순간도 있었다. 바리사이의 손님들이 그리스도의 발아래 엎드린 여인을 놀라 바라보던 때였다. "이 여자는 그 많은 죄를 용서받았다. 그래서 큰 사랑을 드러낸 것이다. 네 믿음이 너를 구원하였다. 평안히 가거라." 십자가에 달리신 그분은 깊은 고통으로부터 죽음에 의해 해방되시어 높이 오르시면서, 회개하는 영혼을 지옥에서 건져 내셨다.

(2) 참회의 성사 : 끊임없는 드라마, 끊임없는 부활

루벤스가 그의 걸작 "십자가에서 내림"에 막달레나를 그려 넣었을 때, 그 그림은 그의 손에서 벗어났다. 막달레나를 캔버스에 들어오게 하는 화가는 누구나 그녀를 그 그림에서 가장 시선을 끄는 인물로 만들지 않을 수 없었기 때문이다. 사람들은 그러한 그리스도에 대한 기억들을 꼭 붙잡고 있어야 했다. 이것이 모든 사람에게 공통된 실수들에 대해 하느님께서 행하시는 일이기 때문이다. 그분은 어떤 인간도 할 수 없는 것을 행하시며 죄를 없애셨다. 인간은 그리스도를 기억하는 데에 그치지 않는다. 그분의 삶은 골고타에서 끝나지 않았다. 그분의 삶은 거기서 시작되었고, 그분 자신의 제정에 의하여 교회의 성사적 구조 안에서 지속한다고 말할 수 있다. 참회의 성사 안에서 그 삶은 생생하게 계속된다. 거기에서는 매일, 매시간, 여러 세기에 걸쳐 세상의 모든 구석에서, 같은 극적인 순간이 재현된다. 인간이 죽음에서 일어나 하느님의 생명으로 살아나는 것이다.

2. 고해의 비밀과 어려움

(1) 소심한 세상에게 어려운 진리
(2) 어려움과 효과의 균형

고해의 어려움에 대한 개인적인 경험이 없다면, 인간이 그러한 자비의 기적을 피하려 한다는 것을 이해하기 어려울 것이다. 한편 그러한 경험이 있다면, 간음한 여자가 말없이 심판을 기다리는 용기의 가치를 알아볼 수 있게 될 것이다. 사람들이 꼭 자신의 잘못이 드러나는 것을 두려워하는 것은 아니다. 고해의 비밀은 잘 보장되어 있어서, 당연한 것으로 여길 수 있다. 물론 자신에 대해 솔직해지는 것, 자신이 범한 죄를 의도적으로 기억하고 후회하는 것은 어렵다. 미래에 있을 수 있는 죄에 맞서 싸울 용기를 다잡는 것, 어쩌면 되풀이되는 패배를 인정하는 것, 그리고 싸움을 계속할 용기를 찾는 것은 그보다도 더 어렵다. 이 성사는 어렵다. 이것은 허영심을 무섭게 날려버리며, 용기를 엄격하게 시험하고, 대담함에 도전한다. 허영심은 절대로 회복되지 않는다. 회복되지 말아야 한다. 그러나 자존감과 용기는 잘 된 고해의 원인이며 결과이다.

3. 죽음의 정복

어렵다. 그렇다. 하지만 그것은 죽음으로부터 해방되기 위하여, 어둠으로부터 벗어나기 위하여 너무 비싼 대가인가? 하느님과의 우정과 영원한 갚음을 위하여 지나친 값인가? 그렇지는 않다. 신비는 죄에, 그리고 인간이 죄에 머물기를 선호하는 데에 있다. 그리스도께서 첫 번째 부활절에 무덤으로부터 나가심으로써 세상에 희망의 문이 열렸다. 그러나 그분께서 죽음을 정복하신 것은 마지막 죄인에게 마지막 사죄가 주어질 때까지, 마지막 인간이 그리스도를 사랑하며 죽음의 손아귀에서 벗어날 때까지 완결되지 않을 것이다. 그것이 얼마나 더 완전할 수 있었는가는, 지옥을 돌아보는 것만이 알게 해 줄 것이다.

제17장 병자와 그들의 의사
(보충부, 제29문제 ~ 제40문제)

1. 외로운 시간
   (1) 탄생과 죽음의 대조
   (2) 괴로운 유배 : 외로운 인간
   (3) 가족과 임종
      1) 인간적 가족 2) 신적 가족
2. 탄생과 죽음의 이중적 결합
   (1) 첫 번째 탄생과 첫 번째 죽음
   (2) 마지막 탄생과 마지막 죽음
3. 영원한 탄생을 위한 마지막 준비 – 병자 성사
   (1) 성사
      1) 본질 2) 필요성
   (2) 성사의 효과
      1) 일차적 효과 2) 이차적 효과
      3) 아름다움과 적합성
   (3) 성사의 주체
      1) 일반적으로 2) 개별적으로
4. 병자 성사의 집전자
5. 신적인 의사
   (1) 사세직의 축성
      1) 성품 성사 2) 제정과 본질
      3) 집전자
   (2) 사제직의 품위
      1) 성사의 효과 2) 하느님의 사절
      3) 인간의 사절
   (3) 성사의 주체
      1) 일반적 제한 2) 주체의 자질
      3) 성사에 대한 장애

[결론]

1. 그리스도와 그분 교회의 맞아들임
   (1) 사실
   (2) 사실과 현대 세계의 대조
2. 그리스도 없는 세상 – 사제 없는 세상
   (1) 사실과 그 결과
   (2) 사실의 이유
3. 외로운 세상

제17장 병자와 그들의 의사 (보충부, 제29문제 ~ 제40문제)

그렇게 오래지 않은 과거에, 아기의 탄생은 사적이거나 기껏해야 가족의 일로 여겨졌다. 하지만 오늘날 인간의 탄생은 그의 삶에서 가장 공적인 행위들 가운데 하나가 되었다. 병원 원무과에서는 여러 주 전에 통지를 받는다. 조심스럽게 계산된 날짜에 의료진이 준비하고 수술실이 마련된다. 실제로 태어나는 과정에서 분만실은 간호사, 의사, 마취사들로 복잡하고 친척들은 복도에 모인다. 그 많은 이 가운데 어딘가에는 물론 어머니도 있다.

이 모든 것은 단지 어머니에게 도움이 필요하고 아기가 완전히 무력하기 때문만은 아니다. 사회의 모든 지식, 기술, 경험이 어머니와 아기를 위해 사용되는 것은 합당하다. 이 도움에서 특별히 관심을 끄는 것은 그 도움이 더 높은 어조를 띤다는 것이다. 우리는 기꺼이 돕고자 할 뿐만 아니라, 좋은 목소리를 지닌 사람이 노래하라는 작은 암시에도 기꺼이 노래하려 하듯이 간절히 도우려 한다. 그는 그가 노래할 수 있다는 것을 알고, 우리는 우리가 도울 수 있다는 것을 안다. 여기에서 모든 움직임은 생명을 향한다. 우리는 노래하고 춤추며 즐거운 모임 장소로 모여드는 사람들의 활기찬 무리에 함께하듯이 진심으로 함께 돕는다. 우리는 도울 수 있다. 우리는 살아있고, 삶의 모든 경험을 지니고 있다. 우리는 살 수 있고 이 나약한 생명의 시작에 힘을 더해줄 수 있다. 우리는 갑작스러운 돌풍이 작은 생명의 불꽃을 꺼뜨리지 않도록 함께 이를 보호한다.

1. 외로운 시간

(1) 탄생과 죽음의 대조

반대로 죽음은 점점 더 가족의 일이 되고 있다. 언젠가 그것은 아주 사적인 일이 될 수도 있을 것이다. 과거에는 장례 때에 수백 명이 모여 밤을 새웠다. 의미깊은 것은 친구와 이웃들이 임종 한참 전에 찾아 왔었다는 점이다. 수도원에서는 도미니칸의 죽음에서 이러한 관습이 남아 있는 것을 볼 수 있다. 그는 공동체의 모든 이들이 모인 가운데 그들의 승리의 찬가인 성모 찬송가가 그의 귀에 울리는 것을 들으며 이 세상을 떠나간다. 이어지는 밤샘에서도 부족함이 없다. 그러한 관습이 있던 시대에는, 다른 이들이 임종하는 사람에게 도움이 될 수 있고 죽음은 큰 승리라는 생각을 하고 있었다. 물질주의가, 그리고 이와 더불어 무력감이 사회 안으로 스며들면서 죽음은 사적인 일이 되었고, 감추어지고 관심 밖으로 밀려났다.

죽음에서, 본성의 움직임은 생명을 향하는 것이 아니라 생명으로부터 멀어진다. 우리는 그것을 멈추고 싶지만, 그럴 수 없다는 것을 매우 잘 알고 있다. 우리는 잠시 그것을 피할 수 있고, 죽음의 순간에 약을 먹여 주의를 돌릴 수 있다. 그러나 실제로 죽는 순간에는, 실제로 태어나는 순간과 대조적으로, 우리가 할 수 있는 것은 임종하는 사람의 가장 괴로운 원수라도 행할 수 있는 일 밖에는 없다. 그것은 로마 군인들과 그리스도의 어머니가 하셨던 일, 곧 그저 앉아서 임종을 바라보는 것이다.

(2) 괴로운 유배 : 외로운 인간

그 순간에 인간은 온전히 혼자이다. 사회와 그의 가족은 삶의 첫 순간부터 이때까지 삶의 충만함에 헤아릴 수 없이 자주 함께 해 왔다. 그러나 지금 그는 마치 그들이 존재하지 않는 듯이, 그들의 도움을 전혀 받지 못한다. 그들은 마카베오기의 어머니처럼, 나약한 말들에 담긴 작은 지혜를 전해주는 것 이상 아무것도 할 수 없이 그저 곁에 서 있을 뿐이다. 이 순간에 인간은 유배자이다. 집행유예의 희망도 없고 사람들의 사회로 다시 돌아갈 기회도 없이 고통스러운 외로움을 선고받는다. 더구나 이 유배는 삶의 가장 어려운 순간에, 인간에게 가장 도움이 필요한 순간에 온다. 그의 삶 전체의 성공과 실패가 이 마지막 순간들에 달려 있기 때문이다.

어떻게 보면 매우 이상하다. 우리는 재정적 위기의 순간에 동료들을 버리는 사업가를 경멸한다. 우리는 출산의 때가 다가오는 순간에 아내를 버리는 남편을 멸시한다. 우리는 유다가 그리스도를 배반하는 것에 혐오감을 느낀다. 우리가 도움을 주지 않는 것을 더 씁쓸하게 만드는 것은 이러한 불충실과 배반이다.

(3) 가족과 임종

1) 인간적 가족

아마도 죽어가는 사람에게는 이렇게 보일 것이다. 그러나 실제로, 이렇게 내버려 두는 것은 우리의 잘못이 아니다. 우리는 그를 도우려고 할 때, 아기를 구하려고 하는데 손발이 묶여 있는 것과 마찬가지로 무력하다. 우리는 본성 자체에 의하여 손발이 묶여 있다. 우리가 그것을 보지 못하는 것은 아니지만, 이러한 긴급한 상황은 우리의 한계를 벗어난다. 우리는 죽어가는 사람을 위로로 감싸주기 위하여 우리의 열성으로 할 수 있는 것을 행하려는 갈망을 증명할 수 있지만, 그것은 차가운 위로이다. 지금도 흩어진 가족들이 온갖 빠른 교통수단으로 임종 때에 모여드는 일반적인 관습은 남아 있다. 그러나 그들이 도착하면, 무엇을 할 수 있는가? 그들은 죽어가는 사람의 마지막 순간을 나눔으로써 조금의 위로를 주는 것 이상은 아무것도 할 수가 없다.

2) 신적 가족

우리를 묶는 족쇄는 본성의 족쇄임을 잘 기억해야 한다. 강철 차단기가 햇빛을 막지 못하고 잠긴 문이 수호천사를 막지 못하는 것과 마찬가지로 이들은 초자연적인 것을 가두지 못한다. 죽어가는 사람은 초자연적 가족의 일원이고 그리스도의 신비체의 한 지체일 수 있다. 그렇다면, 의사가 자신의 무능력함을 표현하며 연민을 갖고 머리를 흔들 때 또 하나의 신적 가족 의사가 있는 것이다.

사제는 의사이며 동시에 그 초자연적 가족의 대리인이다. 그와 함께 그 가족의 헤아릴 수 없이 많은 후손이 함께 온다. 시간과 공간에 방해를 받지 않는 세상의 모든 곳에 살아있는 이들뿐만 아니라, 교계 제도의 고위층만이 아니라, 절대 죽지 않을 죽은 모든 이와 천사들의 군대 모두가 함께 온다. 작은 방은 신적 가족으로 가득 차고, 그에 비하면 아기가 태어나는 방은 빈방과 같이 보이게 된다. 그곳에 있는 모든 이는 무엇인가를 할 수 있고 실제로 그것을 행한다. 이것은 이 가족이 이해할 수 있는 것이다. 이것은 생명에서 생명으로, 자연에서 초자연으로의 움직임이고, 그들은 우리가 자연적 삶의 첫 움직임을 돕고자 갈망했던 것과 마찬가지로 그 움직임을 돕고자 한다.

2. 탄생과 죽음의 이중적 결합

(1) 첫 번째 탄생과 첫 번째 죽음

삶의 마지막에 복잡한 것들이 명백하게 될 때까지 역설들이 우리 위에 비처럼 쏟아지고 우리가 당황하고 있을 때, 천사들의 무리는 사람들이 당황하는 것을 보며 끊임없이 즐거워한다. 인간이 어머니의 모태에서 처음 태어날 때 우리는 초조함과 걱정으로 서두르며, 생명의 시작을 위해 힘쓴다.

(2) 마지막 탄생과 마지막 죽음

초자연적인 세상은 조용한 효력을 가지고 들어오고, 여기서는 죽는 것이 사는 것보다 더 중요하다는 것을 역설한다. 교회는 성사 안에서 그리스도의 삶을 계속하면서 이 탄생에 함께하여 육적인 삶에 대한 도움을 넘어서는 도움을 준다. 그러나 그 도움은 파괴, 죽음, 죄의 제거를 향한 것이다.

3. 영원한 탄생을 위한 마지막 준비 – 병자 성사

(1) 성사

1) 본질

한 사람이 세상을 떠날 때도 교회는 그 자리에 있으며, 이때에도 상당히 효과적으로 많은 일을 한다. 그것은 죽음을 피하게 하는 것이 아니라 생명으로, 영원한 생명으로 인도하는 것이다. 여기서도, 교회가 주는 도움은 육체에 대한 도움을 훨씬 넘어선다. 그 도움은 자연에 의해서는 보이지 않는다. 이 때에 자연은 그를 가장 홀로 내버려 두어야 하기 때문이다. 반면 초자연은 그를 가장 깊이 동반한다. 이 마지막 역설은 한 사람이 태어난 때부터 그의 성장, 양육, 실수, 성숙, 그리고 가정 생활 동안 그를 바라본 사랑하는 어머니의 마지막 행동으로 이루어진다. 그 행동은 병자 성사, 곧 마지막 도유이다. 도유라는 이 단어는 처음으로 기적을 일으켰던 사도들의 파견을 연상시킨다. 그들은 기적들을 행하면서 병자들에게 기름을 바른다. 여기에는 그냥 지나치지 않았던 착한 사마리아 사람의 이야기, 그리고 열이 있는 베드로의 장모의 이마에 손을 얹은 그리스도의 이야기의 향기가 남아 있다.

병자 성사는 하느님 생명의 살아있는 물이 자신의 영혼 안에 흘러들도록 문을 열기만 하면 되는, 신적으로 제정된 수문들 가운데 하나이다. 모든 성사가 그렇듯이 이 성사도 그리스도에 의하여 제정되었으나, 그 제정은 그리스도께서 하신 일들을 그림처럼 기록한 이야기들에 들어 있지 않다. 오히려 그것은 전승에 의하여 그리고 성 야고보가 그의 서간에 기록한 관습에 의하여 우리에게 전해진다. 또한, 모든 성사가 그렇듯이 그것은 인간이 자신의 가슴 속에 간직할 수 있도록, 자신들의 행위에 도입할 수 있도록 제정되었다. 그것 역시 영적인 것을 담고 있는 감각적 표징이기 때문이다. 그것은 질료와 형상으로 구성된 표징으로서 그 의미를 의심의 여지가 없이 분명하게 해 준다. 무엇보다도 그것은 그것이 나타내는 것을 산출하는 효과적 표징이다. 모든 성사가 그렇듯이 인간은 그 용법을 이해할 수 있고, 빨리 그리고 쉽게 그것을 어떻게 사용하는지를 배울 수 있다. 그러나 그 작용 방법을 파악할 수는 없으며 그 효과의 놀라움을 온전히 이해할 수도 없다.

이 성사의 질료인 올리브 기름은 견진에서와 마찬가지로 발삼과 섞지 않는다. 이 성사는 오직 인간 영혼 내면의 영역을 위한 것이어서, 세상에 스며들거나 인간을 사람들 사이로 나가게 하거나, 그가 그의 충만함을 다른 이들과 나누거나 그 충만함을 방어하게 하지는 않기 때문이다. 기름 자체가 이 성사의 목적을 말해 준다. 그 기름은 진정시키고 스며들고 치유하는 평범한 도움으로 죄의 열과 병에 맞서는 것이다. 이 성사의 질료는 그리스도께서 사용하심으로써 축성된 것이 아니므로, 그리스도의 사제직을 충만히 소유하고 있는 주교에 의하여 축성되어야 한다. 형상에 있어서, 그것은 이 성사의 조용하고 부드러운 도움과 완전한 조화를 이룬다. 그것은 단호한 명령이라기보다 조용한 기도로서, 병실 또는 임종의 자리에 매우 적합하다. 이것은 관상 수녀처럼 자연스러우면서도 효과적으로 흘러들어, 거의 위로가 불가능한 이에게 위로를 준다.

임종하는 사람에게는 더 이상 힘이 없다. 성사의 형상인 이 기도는 그를 베개에서 일으키고 하느님의 계획을 받아들이게 하는 팔이다. 그는 자신의 어머니인 교회의 팔에서 벗어나고 있고, 그 기도에는 더 길게 표현하기에는 너무 깊은 희망과 슬픈 사랑이 담겨 있다. 더듬거리는 말의 한계는 바로 그 부적합함으로 인하여 깊은 감정의 가장 진정한 표현이 되고, 적절한 말과 더불어 몸의 각 지체들에 기름을 바르면서 시각, 청각, 후각, 미각, 말, 촉각 또는 발걸음으로 잘못한 모든 것을 용서한다.

2) 필요성

이것은 단순한 예식이고 몇 분 사이에 되는 일이다. 이것은 침대차의 짐꾼이 기차가 역에 들어올 때 모든 이가 완전히 질서 잡혀 있도록 신발, 옷, 모자의 먼지를 털고 다니면서 승객들의 모습을 스스로 자랑스러워하는 것과는 다르다. 그것은 사랑하는 이가 자신의 최선의 모습을 보이기를 원하는 사랑의 작고 보잘것없는 손길과 같이 단순하다. 마치 어머니가 오래된 고향 집에 들어가기 전에 독수리 같은 눈으로 살피며 마지막 순간에 아이의 옷을 밀어 넣고 당기고 정리하는 것과 같다. 분명, 이 성사는 세례나 참회 성사처럼 필요한 것은 아니다. 이것은 부활이나 외과 수술이 아니라, 원기를 회복시키는 순간이다. 사실 우리는 버스의 짐꾼이 없어도 집에 갈 수 있다. 어린아이는 머리가 좀 엉클어지고 옷이 좀 구겨졌어도 고향을 찾아갈 수 있다. 병자 성사는 구원을 위해 절대적으로 필요한 것은 아니다.

어머니가 마지막 순간에 아이의 옷을 정돈하는 비유는 병자 성사의 일차적 효과를 설명하는 상당히 정확한 비유이다. 그것은 일차적으로 반역자를 하느님과 화해시키기 위한 것도 아니고 인간을 죽음으로부터 부활하게 하는 것도 아니며, 오히려 인간 영혼의 얼굴에서 가장 작은 오점이라도 제거하고자 하는 것이다. 이 성사는 어머니인 교회에게 그의 영혼의 옷에 티가 없고 그의 옷이 똑바로 적절하게 입혀져 있음을 보증해 준다. 어머니인 교회는 자신의 자녀를 조상들의 저택으로, 선조들의 집으로 데려가려고 준비시키며, 그 어머니는 사랑으로 그 아이가 가장 좋은 모습을 보이게 하려고 힘쓴다.

(2) 성사의 효과

1) 일차적 효과

달리 말해, 이 성사의 목적은 죄를 용서하는 것이 아니라 상존은총의 증거와 죄에 따른 벌의 사면을 통하여 영혼의 아름다움과 힘을 더하는 것이다. 어떤 의미에서 이 효과는 살아있는 이들의 성사들 모두에 공통된 것이다. 이 성사의 매우 특수한 효과, 곧 그 성사적 은총은 삶의 마지막 숨을 위해 영혼을 강화하고, 소죄와 죄의 흔적을 제거하며, 환자의 영적 유익을 위해서라면 육체에 힘을 주기도 한다.

가톨릭 가족들은 대부분 임종 때에 사제의 방문을 받은 일이 있을 것이다. 실제적으로 모든 가톨릭 신자에게, 일반적인 절차는 상당히 친숙하다. 사제는 먼저 고해를 듣고 사죄를 주며, 그 다음에 영성체를 집전하고 마지막으로 도유를 한다. 이 순서는 임의적인 것이 아니다. 병자 도유는 살아있는 이들의 성사이고 은총 상태에 있는 사람을 위한 것이며, 영혼이 영원 안에 등장하기 직전에 그 영혼을 들어 올리는 것이기 때문이다.

2) 이차적 효과

때때로 살아있는 이들의 성사가 실수로 죽은 이들의 집에 들어가는 일이 생긴다. 이 상황에서 견진과 영성체는, 뜻밖에 사죄(死罪)를 만나게 될 때 별로 당황하지 않는다. 분명 이들은 야회복(이브닝드레스)을 입은 사람이 친구의 집에 가서 초인종을 울릴 때 갑자기 문을 열고 나타난 강도를 다루기 어려운 것과 마찬가지로 이 상황에 대처할 태세가 되어 있지 않다. 영성체와 견진은 이들이 마주치는 죄를 없애지만, 이는 당나귀 턱뼈로 수천의 원수들을 죽이는 것이나 아기의 딸랑이로 사람을 질식시키는 것과 같이 전혀 예측하지 못한 방식으로 우연히 하는 것이다. 이 두 가지 가운데 어느 것도 이러한 싸움을 위해 만들어진 것이 아니지만, 이들은 해야 할 때에는 충분히 이에 대처한다. 반면 병자 성사는 뜻밖에 붙잡히는 것이 아니다. 임종자의 영혼 안에서 사죄를 만나게 되면 그 성사는 우연적으로 또는 간접적으로가 아니라 마치 휴식 중에도 총을 지닌 탐정처럼 효과적으로 파괴적인 일격을 가한다. 병자 성사는 바로 이를 위하여 계획된 감춰진 능력을 지니고 있다. 그 성사의 목적은 인간이 하느님과 만나도록 준비시키는 것이고, 그 인간의 영혼이 아무리 많은 준비가 필요하더라도 그가 하늘 나라에 들어갈 수 있도록 그를 준비시키는 것이다.

3) 아름다움과 적합성

이 모든 것에 비추어볼 때, 16세기 종교 개혁자들과 그 후계자들이 이 성사에 대해 수많은 비판을 했던 것은 놀랍다. 마치 그들의 교만이 그들의 눈을 멀게 하여 하느님의 아름다움과 그 아름다움에 대한 인간 영혼의 수용력을 보지 못하게 한 듯하다. 하느님의 절대적인 완전성 앞에서 천사들도 깨끗하지 못하다면, 인간의 마지막 준비는 하느님 자신의 능력이 할 수 있는 만큼 온전하고 완전해야 함이 명백하다. 인간이 하느님의 모상(imago Dei)으로 창조되었고 하느님의 가족으로 입양되었으며 신성의 생명과 아름다움을 공유한다면, 그의 마지막 순간은 천국으로 가는 여권인 이 가족의 유사성이 가능한 한 가장 충만하게 빛날 수 있기 위하여 중요한 순간임이 분명하다.

한 사람이 그의 삶의 다른 모든 걸음을 위해 이렇게 필요한 도움을 무시한다면, 그의 삶에서 이 순간은 무엇이 되겠는가? 마치 지휘관이 그의 뒤에서 늘 뛰어나지는 않았더라도 꾸준히 충실하게 싸운 병사들을 버리거나, 어머니가 가장 외롭고 도움이 필요한 순간에 아이를 버리는 것과 같이 부당한 일이다. 이것은 인간이 인간으로서 가기에 합당한 길이라고 말하기 어려우며, 분명 하느님의 길이 아니다.

광고들이 사방에서 우리에게 경고하듯이 우리는 일상의 일에서 세균에 감염될 수 있다. 그러나 지금까지 인간은 상식에 따라, 감염을 피하려고 고무나 셀로판으로 자신을 싸두지는 않는다. 인간은 아침 식사를 하다가 죽을 수도 있지만, 소화불량 환자가 따뜻한 물을 마시듯이 모든 사람이 아침마다 병자 성사를 요구할 이유는 없다. 이 성사는 질병과 죽음이라는 일반적인 문을 통해 하늘나라로 들어가는 이들을 위한 것이다. 이것은 환자, 질병 또는 고령의 자연적 노쇠로 인하여 죽음의 위험에 있는 이들을 위한 것이다. 자신의 힘을 온전하게 지니고 전장에 가는 군인이나 전기 의자에서 처형될 죄수를 위한 것은 아니며, 분만을 앞둔 산모를 위한 것도 아니다.

(3) 성사의 주체

1) 일반적으로

이 성사는 영혼을 마지막으로 장식하기 위하여 존재하므로, 그러한 마지막 돌봄이 필요하지 않은 영혼에게는 자리가 없다. 예컨대, 성모님이나 어린 아기들, 죄를 지을 능력이 전혀 없었던 정신병자에게는 필요가 없다. 짧게 말해서 이 성사는 영적으로 그리고 신체적으로 병든 이를 위한 것이다. 의사를 필요로 하는 것은 병자들이다. 병자들은 자주, 적어도 질병이 치명적이 될 때마다 의사를 필요로 한다. 그러므로 병자 성사는 죽음의 위험이 있을 때만이 아니라 환자가 현저하게 개선되어 치유의 희망이 보이다가 다시 악화될 때에도 거듭 되풀이될 수 있다. 어떤 위험을 위해 성사가 주어졌을 때 성사의 효과는 그 위험이 지속되는 동안 계속된다는 점을 기억해야 한다. 이로써 우리는 하느님을 만나기 위해 옷을 입게 되고, 문이 열리기를 기다리는 사이에 흐트러질 위험은 없을 것이다.

2) 개별적으로

병자 성사의 도유(塗油)는 십자가의 형태로 이루어진다. 먼저 이마에 바르는데, 필요한 경우에는 이것으로 충분하다. 그다음에는 영혼의 아름다움의 원수들이 거쳐서 들어올 수 있거나 영혼이 죄와 만나는 통로가 될 수 있는 감각들 하나하나에 기름을 바른다. 우리가 하느님께 조사를 받기 위하여 영혼의 문을 열 때 그 영혼의 집 안에 조금이라도 무질서가 있을 수 있는 모든 구석을 쓸고 털고 닦는다. 이 임종자 개인이 더 이상 냄새를 맡거나 맛을 보거나 만질 수 없다는 것은 아무 차이가 없다. 그가 어떤 감각을 한 번도 갖지 못했더라도 차이가 없으며 그 감각 기관에 또는 가능한한 가까운 곳에 도유를 한다. 태어날 때부터 눈이 먼 사람도 시각의 죄를 범할 수 있기 때문이다. 세상으로부터 영혼으로 들어오는 길이 가로막혀 있더라도, 영혼은 세상을 향해서 이 길들을 사용할 수 있다.

본 장의 앞부분에서 병자 성사는 세례처럼 절대적으로 필요한 것은 아니라고 지적했었다. 따라서 그 질료나 집전자는 세례에서만큼 보편적인 것이 아니다. 주교에 의하여 축복된 올리브 기름만 이 성사를 위하여 사용될 수 있고, 또한 모든 성사의 정규 집전자인 사제에 의해서만 집전될 수 있다.

4. 병자 성사의 집전자

이 신적인 의사를 만드는 것을 더 자세히 살펴볼 때가 되었다. 우리는 이 책에서 때때로 사제직에 대해 말해 왔다. 이 책의 주제가 그리스도의 생애와 교회의 성사 생활 안에서 그 생애가 지속되는 것이기 때문이다. 그 두 가지 중 어느 것도 사제직의 활동과 무관하게 다룰 수는 없다. 사제는 성사를 집전하고 제사를 바치기 위하여 존재하는 또다른 그리스도이다.

5. 신적인 의사

(1) 사제직의 축성

1) 성품 성사

이 자리에서 사제직을 특별히 다루는 데에는 더 직접적인 이유가 있다. 우리가 개인적인 성사들, 곧 교회의 한 자녀의 개인적 삶에 관계된 다섯 성사를 마쳤기 때문이다. 이제는 사회적인 성사들, 곧 공동체를 위한 성사들을 다룰 것이다. 먼저 공동체의 영적 돌봄과 통치를 위한 성품 성사(sacramentum ordinis)를 다루고, 다음으로 그 공동체의 영속을 위한 혼인 성사(sacramentum matrimonii)를 다룰 것이다. 성품 성사는 인간 영혼의 초자연적 세계 안에서 하느님의 모상을 완성한다고 말할 수 있다. 그는 은총에 의하여 하느님의 삶에 참여함으로써 그분 자신처럼 보일 뿐만 아니라, 다른 이들 안에서 선의 주체, 동인, 원인으로 나타난다. 이것이 성품의 특징이다. 일차적으로 그리고 주로 이 성사는 다른 이들의 삶을 위하여 그들에게 제사와 성사들을 주는 또 다른 그리스도의 직무를 수행할 능력을 부여한다.

2) 제정과 본질

이 성사는 성화의 감각적 표지이다. 이로써 사제는 거룩한 봉사를 위하여 성화되고, 그리스도의 일을 위하여 축성된다. 모든 성사가 그렇듯이 이 성사는 그것이 나타내 보이는 것을 실현한다. 이 성사는 그리스도에 의하여 제정되었다. 한편으로는 마지막 만찬에서 "나를 기억하여 이를 행하여라."라고 말씀하실 때, 또 한편으로는 부활 후에 "너희가 누구의 죄든지 용서해 주면 그가 용서를 받을 것이다."라고 말씀하실 때 제정된 것이다. 한 인간의 성사 생활은 그 절정인 이 성사를 향해 움직인다. 세례로써 성사들을 받을 권리를 얻고, 견진으로 강화되고 성체로 양육되며, 그리고 참회로 교정을 받고 이제 다른 이에게 그 자신이 받았던 기적들을 다른 이에게 전해주는 능력을 받기에 이르는 것이다. 모든 성사적 표징이 그렇듯이 이것은 완전한 표징이다. 그 질료가 나타내 보이는 것은 형상의 말들에 의하여 분명해지고 그 의미가 완전해진다. 이 문제에 대해 많은 논란이 있는데, 일반적으로 이 성사의 근접한 질료는 사제직의 도구들을 주는 것과 주교의 안수(impositio)라고 일컬어진다. 형상은 주교가 이를 행하면서 하는 말들이다.

3) 집전자

서품은 장엄하고 인상적인 예식이다. 그것은 천천히, 중세 성당을 건설하는 것과 같이 정교하고 치밀하게 이루어진다. 이를 위해서는 뛰어난 장인이 필요하다. 교황의 위임이 없다면 언제나 주교만이 이 성사를 줄 수 있다. 주교는 사제직의 충만함을 갖고 있고 사도들의 후계자이다. 세상을 창조함으로써 신적인 충만함을 나누는 것이 하느님께 속하듯이, 사제직의 충만함을 나누는 것은 주교에게 속한다. 사제직이라는 건물은 천천히 돌 하나하나씩 건설된다. 그 집을 짓는 이들에게는 일을 포기하고 떠날 수 있는 시간이 많이 있지만, 또한 모든 세부에 영원한 구조물에 요구되는 힘, 은총, 굳건함을 집중할 시간도 많이 있다.

성품 성사는 모든 성사 예식 가운데 가장 장엄하고 인상적인 예식이다. 그 자체가 백성과 교회를 위한 그 성사의 중요성을 보여 준다. 그와 동시에 이 예식은 길고 느리고 아름답고 인내로운 몇 년 동안의 준비를 요약하는 역사이다.

나자렛의 고요한 30년은 상징에 그치는 것이 아니다. 그것은 또 다른 그리스도들에게 모범이며 계명이기까지 했다. 사제의 일은 아이의 일이 아니라 어른의 일이며, 어른 이상의 일이다. 그는 하루 또는 일 년을 위해서가 아니라 영원을 위해 건물을 짓는다. 돌 하나하나가 조심스럽게 선택되고, 수고스럽게 정확한 위치에 놓인다. 이 공동체는 영구적이며, 공동체를 위한 성사들은 일시적인 행동이 아니다. 그리스도께서 버리지 않으시고 세상 끝날까지 함께 계실 그 공동체는, 사람들도 버리지 말아야 한다.

(2) 사제직의 품위

1) 성사의 효과

살아있는 이들의 성사인 성품은 영혼을 더 많은 성화은총으로 넘쳐 흐르게 한다. 그것은 신적 생명을 다른 이들에게 전해주는 그 사람을 신적 생명에 더 깊이 참여하게 하여, 사제 안에서는 성화은총과 같이 개인적인 것까지도 사도적 의미를 지니게 된다. 이 성사는 사제를 하느님께 더 가까이 가게 함으로써, 사제로 하여금 그가 봉사하는 이들을 그와 같은, 또는 더 큰 친밀함으로 이끌 수 있게 하기 때문이다. 그것은 그가 더 많은 영적 후손을 낳을 수 있게 해 준다.

성품의 특수한 은총은 극빈자에게 백만 달러의 유산이 주어지듯이 사제에게 온다. 그는 그 은총으로 무엇을 해야 할지 거의 알지 못한다. 그가 그 은총에 압도되는 것도 놀라운 일이 아니다. 그것은 천사들도 깜짝 놀랄 최고 등급의 신용이다. 그것은 인간이 병자를 치유하고, 가난한 이들에게 복음을 설교하고, 나병 환자를 깨끗하게 해 주고, 눈먼 이들을 보게 하고, 다리가 불편한 이를 걷게 하는 그리스도 자신의 일을 수행하는 데에 필요한 모든 현행 은총을 얻을 자격을 준다. 이를 위해서 인간은 많은 도움을 필요로 하고, 무한히 풍요로우신 하느님만이 그에게 이러한 융자를 해 줄 수 있으시다.

2) 하느님의 사절

성화은총과 성사적 은총과 더불어, 사제직의 인호(character)도 주어진다. 그것은 인간의 영혼에 남는 표지(signum)로서 국가의 법령으로도, 군대의 무력으로도, 본인의 고집스런 의지로도 제거될 수 없다. 그는 영원히, 천국에서도 지옥에서도 사제이다. 이로써 그의 삶은 어떤 목적을 위하여 규정된다. 그는 하느님의 사절로서, 하느님의 아드님과 동일한 위임을 받는다. 그는 사람들에게 하느님의 것들을 전해주고, 마치 그 보고(寶庫)에 다함이 없는 듯이 넉넉하게 아낌없이 고귀한 손으로 이 선물들을 나누어 준다. 그는 거저 받았기에 거저 주어야 한다.

하느님의 것들은 무엇인가? 그는 무엇을 거저 주는가? 인간이 그렇게 간절히 필요로 하는 것은 무엇인가? 몇 년 전이라면 이러한 질문을 던질 때, 가득한 창고, 윙윙거리는 공장, 평화로운 땅을 바라보면서 그러한 표면 아래에서 인간의 영혼을 바라보기를 거부하는 냉소적인 미소를 가지고 물을 수 있었다. 그러나 오늘날에는 인간에게 진리가 필요하다는 것이 명백해졌다. 인간은 생명의 진리를, 하느님의 생명에 대한 내밀한 지식을, 그리고 인간의 삶의 의미에 대한 깊은 지식을 필요로 한다. 인간은 삶의 기술, 성공적인 삶의 비결, 우주의 의미를 이해할 수 있는 열쇠를 필요로 한다. 인간은 그를 우주의 사슬에서 해방시켜 줄 수 있고 그가 하느님의 안뜰에서 걸어 다닐 수 있게 해 주는 진리를 필요로 한다. 이것이 사제가 가져다주는 진리이다.

그러나 진리만 준다면 그것은 자동차는 주지 않고 지도만 주는 것처럼 쓸모가 없는 선물이 된다. 지옥은 더 많이 알고 있는 사람들로 가득하다. 인간은 진리 외에도 도움, 신적인 도움, 꾸준하고 통찰력 있는 도움을 필요로 한다. 인간의 삶을 산다는 것도 인간에게는 쉬운 일이 아니다. 그렇다면 어떻게 인간이 동료들 사이에서 하느님의 생명을 살기를 기대할 수 있을 것인가? 그러나 이것이 그리스도께서 인간에게 가져다주신 더 풍요로운 삶이다. 인간이 영원한 실패라는 끔찍한 추락을 피하기 위해서는 이러한 삶을 살아야 한다. 도움? 인간은 분명 도움을 필요로 한다. 사제가 짊어지고 있는 선물들은 가벼운 짐이 아니다. 그 짐은 가벼워지지 않고, 그 선물은 줄어들지 않고, 주고자 하는 초조한 갈망도 사그라들지 않는다.

그는 하느님의 전권대사로서, 그가 분배한 것을 계산할 필요가 없고 오히려 주지 못한 것을 계산해야 한다. 그에게 수치스런 해고를 당하게 할 것은 관대함이 아니라 인색함이기 때문이다. 그는 충분히 쉬었는지, 먹을 음식이 많은지, 건강과 즐거운 휴식을 누렸는지 질문받지 않을 것이다. 아무도 그가 이것들을 가졌는지 신경을 쓰지 않을 것이며 하느님은 더욱 그러하시다. 마치 이러한 사물에 대한 당신의 경멸을 보여 주려는 듯이 그분은 당신이 좋아하시는 것들보다 그 반대의 것들을 찾아가셨다. 토마스는 그의 재능과 엄청난 힘을 가지고서도 그에게 주어진 일을 끝낼 수 없었다. 도미니코의 삶은 밤을 새우는 기도, 극심한 고행, 그리고 낮동안의 수고로 되어 있었지만 결과는 적었다. 실제로 풍부한 음식이나 휴식의 도움을 받지 못했던 아르스의 본당신부(성 요한 마리아 비안네)는 믿을 수 없을 정도의 인내력을 지녔다. 여러 시대에 거쳐 이런 사람들이 있었다. 그들 모두의 스승은 음식을 드실 시간도, 머리를 둘 곳도 없으셨다. 동굴에서 태어나시고 십자가에서 돌아가셨다. 그리고 그분은 "종이 주인보다 높을 수는 없지 않겠느냐?"고 물으셨다.

그림의 다른 면은 인간적인 측면이지만, 그것도 철저히 신적이다. 문외한이 볼 때 사제는 철저히 혼자인 것으로 보인다. 가톨릭 신자들에게는 그가 결코 혼자가 아니라는 것이 분명하다. 지워질 수 없는 인호가 그의 영혼에 새겨져 그를 미사의 식탁 둘레에 모인 이들 가운데 한 사람이 되게 한 순간부터, 그는 더 이상 사적인 인간이 아니다. 그는 영적인 공동체 전체이다. 그의 행위는 더 이상 사적인 것이 아니라 공동의 것이고 공동체의 것이다. 그는 모든 이의 이름으로, 그리고 모든 이를 위하여 행위하는 영적인 지도자이다. 본래 베드로의 후계자에게 해당되는 것은 – 베드로가 있는 곳에 교회가 있다 – 사제의 진정한 의미에도 해당된다.

미사, 고해, 세례에서 사제가 하는 기도와 그밖의 모든 것이 사제 자신으로부터 효과를 얻는 것이 아니라 하느님으로부터 얻는 것이듯이, 또한 이들은 사제 자신을 위한 것이 아니라 백성을 위한 것이다. 그는 사람들의 사절인 동시에 하느님의 사절이다. 그의 발걸음에서는 그와 완전히 한목소리를 이루는 수백만의 발소리를 들을 수 있다. 그가 가는 곳에, 비좁은 고해소에, 병실의 조용한 마지막 상황 안에, 군대로 꽉 찬 황무지에 세워진 제대에, 쏟아지는 폭탄 아래 흔들리는 배의 갑판에, 그리스도의 신비체 전체가 그와 함께 간다. 축복하며 쳐든 그의 손은 그의 성당의 담장에까지만 이르는 것이 아니라 세상의 담장에까지, 그리고 그 담장 너머까지 이른다.

3) 인간의 사절

동시에 그는 인간의 사절이고 인간 가족의 전권대사이다. 그는 무엇을 하느님께 가져가는가? 인간의 선물은 유년기의 첫 선물을 결코 넘어서지 않는다. 그러나 자주 인간은 그들이 가진 모든 것을 드린다. 사제가 하느님의 옥좌로 다가갈 때 그의 팔에는 제사, 기도, 참회, 높은 용기, 관대하고 무조건적인 사랑이 쌓인다. 가련한 실수들과 이들을 회복시키는, 다시 싸움을 시작하려는 결심도 함께 바쳐진다. 이 모든 것은 사람들에 의하여 거저 그에게 주어지고, 거저 그의 손에 들려진다. 그는 이를 거저 바쳐야 한다. 그가 하느님의 발 아래 바친 것에 대한 계산은 요구되지 않을 것이다. 오히려, 그가 스승께 드리지 못한 것에 대한 계산이 요구된다.

(3) 성사의 주체

1) 일반적 제한

그리스도는 일찍 돌아가셨다. 그리고 그분은 당신을 따르는 이들이 계속 젊게 머물러 있기를, 젊음의 샘에서 깊이 마셔 작은 어린이들이 되기를 바라셨다. 매우 젊고 매우 어리석은 이들만이 그분의 삶을 살 수 있다는 것이 그분께는 분명했을 것이다. 그것은 불가능한 임무이기 때문이다. 그것은 하느님에 의해서가 아니고서는 이루어질 수 없는 일이다. 젊은 사랑의 낭만적인 용기라도 오직 그러한 기초가 있을 때만 하느님의 손짓에 응답하여 그 부르심에 다가갈 수 있다. 그 하느님의 부르심을 확신하여 젊은이는 충분한 지식, 충분한 건강, 바른 지향, 그리고 충분한 덕을 가지고 온다. 이로써 젊은이들은 거의 휘파람을 불며 머나먼 길을 떠난다.

교회 밖의 세상에서는, 가톨릭 여성들이 스스로 성품에서 배제되는 것에 대하여 분개하지 않는다는 것을 놀랍게 여기기도 한다. 남성적인 여성성을 주장하는 일부 현대인들은 이를 유감스럽게 여긴다. 왜 남자들이 교회 안에서 모든 권력을 차지하고 있는가? 왜 남자들만이 사제가 되고 사제의 일을 할 수 있는가? 왜 중요한 모든 자리에는 남자들이 있어야 하는가? 이 질문들은 훨씬 고귀하고 공정하게 물을 수도 있었을 것이다. 왜 위험이 따르는 자리에는 남자들이 있어야 하는가?

어쨌든 이 사실은 하느님이 남자들을 더 사랑하신다는 증거도 아니고, 남자들이 여자들보다 일을 이루는 데에서 더 낫다는 증거도 아니다. 하느님의 반-여성주의도 아니다. 그것은 단순히 질서의 문제이다. 인간 영혼의 능력들 가운데에서 한 가지가 지배권을 가져야 하는 것과 마찬가지로, 둘 이상의 사람들이 참여하는 일에서는 언제나 누군가가 그 머리에 있어야 한다. 그 지배 위치는 한 여자에게 또는 한 남자에게 주어져야 했고 다른 가능성은 없었다. 그리고 하느님의 서품은 남자에게 내려졌다. 남자와 여자는 하느님을 위하여 따로 떼어질 때 각각 자신의 몫이 있다. 그것은 사제와 축성된 동정녀이다. 사제들은 왜 유치원에서 가르치거나 여학교에서 규율을 가르치거나 병원에서 환자를 돌보지 않는가? 이러한 질문들은 계속될 수 있다. 왜 한 남자가 십자가에 달려 있고 한 여자가 십자가 아래에 서 있는가? 왜 분명 더 우위에 계셨던, 신생 교회의 어머니 마리아는 복음을 설교하거나 베드로와 요한처럼 기적을 행하지 않으셨는가? 마리아는 동산에서 잠이 들지도 않으셨고 사람들의 비판을 피해 예수님을 부인하지도 않으셨다. 실제에 있어 가톨릭 여성들은 연민을 필요로 하지 않는다. 위기의 순간에 여자 사제가 아닌 남자 사제에게 가야 한다는 것에 대해서 아마 누구보다도 그 자신이 고맙게 생각할 것이다.

2) 주체의 자질

사제직(sacerdotium)에 대해 지금까지 말한 것에 비추어볼 때, 이 성사가 어린이들을 위한 성사가 아니라는 점은 논거를 들어 증명할 필요가 없다. 정신적으로 결함이 있는 사람 또는 비신자에게도 주어질 수 없다. 그 올바른 주체는 정상적인 지성을 지닌 세례받은 남자이다. 오늘날의 교회법은 그가 24세를 만료하고 자신의 직무에 대한 충분한 지식을 소유하며, 이 직무를 지지해줄 어떤 자격을 갖출 것을, 또는 수도 사제들이 서품받을 수 있는 근거인 공식적인 "청빈의 자격"으로 어떤 지지도 완전히 경멸할 것을 요구한다.

3) 성사에 대한 장애

성품 성사에 대해 있을 수 있는 장애(impeditio)들의 목록은 매우 길고 어렵고 복잡하여, 어떻게 사제품을 받을 수 있는지 놀랍게 여길 정도이다. 그러나 사제직 후보자는 자신이 사제품을 받을 때 이 가운데 어떤 것을 놓칠 것을 우려할 필요가 없다. 그럴 기회는 거의 없다. 어떤 사람을 사제직에 올리는 이들에게는 무거운 의무가 있기 때문이다. 의심이 있을 때 그 의무는 마지막으로 성사를 집전하는 주교에게 있게 된다. 이 장에서는 종합과 분석이라는 토마스의 재능을 이용하는 것으로 충분할 것이다.

그는 이 장애들을 두 부류로 나눈다. 그 한 가지는 보지 못하거나 듣지 못하는 것과 같이 사제의 의무를 수행하는 데에 장애가 될 수 있는 것들이고, 다른 하나는 토마스가 사제의 인성의 투명한 아름다움이라고 부르는 것을 손상시키는 장애들이다. 토마스는 매우 사변적인 사상가일 뿐만 아니라 실천적인 것에도 예민한 눈을 갖고 있었다. 사제는 하느님 앞에, 그리고 사람들 앞에 서야 한다. 하느님 앞에 서기 위해서는 뛰어난 성덕 또는 최소한 은총의 상태로 충분할 것이다. 그러나 사제가 사람들에게 봉사해야 한다면, 이것으로 충분치 않다. 이 봉사에 장애가 되는 것은 그를 사람들에게 유용하지 못하게 한다. 그가 신적 품위를 지니고 그들 앞에 서는 것이 아니라 광대, 괴물, 게으름뱅이로 그들 앞에 선다면 그가 하는 일은 사람들에게 웃음, 두려움, 불쾌감을 줄 것이고 그가 사람들 안에서 어떤 것을 촉진시키려 하는 바로 그 목적을 방해할 것이다.

그는 그들을 위하여 존재한다. 그는 그리스도께서 하셨듯이 모든 상황 속에서 그들에게 가도록 준비되어야 한다. 무엇보다도 그는 모든 사람이 그리스도께 가듯이 그에게 갈 수 있는 사람이 되어야 한다. 그리스도의 팔은 넓게, 세상만큼 넓게, 세상의 사람들이 처할 수 있는 모든 조건만큼 넓게 펼쳐졌다. 그분 교회의 팔은 그에 못지않게 폼이 넓다. 그리스도에게서 버림받은 이는 없으며, 천국의 사냥개에게서 도망간 이들이 있을 뿐이다. 세상의 버림받은 이들에게 관심을 기울이시는 것은 그리스도의 삶의 두드러진 특징이었다. 그분은 그들을 가장 따뜻하게 환영하셨다. 나병에 걸리거나 마귀에 사로잡힌 사람들, 가난한 이들, 외로운 이들, 죄인들, 병자들, 임종자들, 그들 모두가 그리스도의 발치에 갔고 거기서 환영을 받았다. 이 환영은 단순한 동정이 아니었다. 이 사람들은 우월감이 섞인 동정심을 기꺼워하지 않기 때문이다. 그것은 오히려 하느님의 도우심, 하느님의 사랑이었다.

[결론]

1. 그리스도와 그분 교회의 맞아들임

(1) 사실

사람들 사이에는 어떤 사람을 환영할 이유가 많다. 아름다움, 권력, 지위, 건강, 힘, 사교성 등이 그렇다. 이 가운데 어떤 것도 그리스도께서 그분의 버림받은 이들을 맞아들인 이유가 되지 않았다. 오히려 그들은 그들의 인간성 때문에, 그들이 인간이고 그래서 그리스도의 가족에 결합될 수 있고 하늘 나라의 상속자가 될 수 있기에 맞아들여졌다. 이것은 우리 시대의 세상과 예리한 대조를 이룬다. 우리 시대에는 죄인을 제거하거나 아니면 죄라는 사실을 제거하는 경향이 있다. 가난한 이들과 병자들은 감추어져야 하고, 외롭게 버림받는다. 그 마지막 순간의 괴로운 유배를 생각하지 않기 위하여, 임종자들을 피한다. 그러나 인간이 죄, 가난, 질병, 외로움 또는 죽음 때문에 덜 인간적이 되는 것이 아니다. 문제는 우리가 인간의 인간성에 관심을 갖지 않는다는 데에 있다.

(2) 사실과 현대 세계의 대조

처음에 사람들이 그리스도를 거부한 것이 실제로 효과가 있었다면, 그분의 무덤이 봉인되었다면, 인간을 인간으로서 맞아들인 이 모든 것은 사라졌을 것이다. 그리스도의 삶의 연속이 중단된다면, 교회와 그 사제직에 대한 인간의 거부가 효과가 있다면 마찬가지로 그러할 것이다. 순전히 인간적인 질서에서, 군대 장교와 국가 관리에 대한 거부는 공동체를 유목민의 무리로 만들어 놓을 것이다. 영적인 질서에서도 그러하다. 그와 같은 거부는 그리스도의 신비체를 분해하는 것과 같다. 그것은 그리스도의 생명에서 흘러 나오는 영적 공동체에서 교사, 의사, 재판관, 외교단을 한순간에 전부 제거하는 것이 될 것이다. 그것은 정확히 성탄 때에 초자연적인 산타클로스를 총으로 쏘는 셈이 될 것이다.

2. 그리스도 없는 세상 – 사제 없는 세상

(1) 사실과 그 결과

사실 세상은 그리스도를 거부하고 그분을 십자가에 못 박았다. 지난 삼백 년 동안 우리는 점차로 사제와 교회에 대한 거부가 확산되는 것을 보아 왔다. 현대의 이러한 적대감의 이유는 무엇인가? 우리가 사제들의 인간적인 결함이나 범죄들로 이러한 적대감을 설명할 수 있다고 생각한다면 이는 피상적인 견해이다. 그리스도는 이러한 결함이 없으셨고 아무도 그분의 죄를 입증할 수 없었지만 그분도 거부를 받으셨다. 대사제 곁에서 그리스도께서 당신 자신의 입으로 말씀하신 신념이 거부의 계기가 되었듯이, 그러한 인간적 결함들도 다만 계기가 될 뿐이다. 그 계기들이 사실이라면 잘못이 있는 사제들은 그들의 스승께로 돌아갈 때 그분의 질문에 대답해야 할 것이다. 그러나 그리스도께서 죽임을 당하신 실제 이유는 그분이 하신 일이었다. 이것이 언제나 사제들이 거부를 받는 실제 이유이다. 거짓말하는 이들은 진리를 미워하고, 교만한 이들은 도움을 싫어한다. 물질적인 사람들은 영적인 것을 조롱하고, 방종함은 자제를, 동물적인 것은 신적 생명을, 어둠은 빛을 조롱한다.

(2) 사실의 이유

모든 시대가 같은 역설을 직면한다. 그리스도는 모든 일을 잘하셨다. 그분은 더 풍부한 생명을 주기 위하여 오셨고, 죄의 사함을 위하여 돌아가셨다. 그분은 진리와 도움이라는 신적인 선물들을 가지고 오셨다. 그런데 사람들은 "십자가에 못박으시오."라고 소리쳤다. 이유는 무엇인가? 인간이 된다는 것이 어렵고, 그리스도교적인 인간이 된다는 것은 그보다도 훨씬 더 어렵기 때문이다. 남아 있는 인간의 가능성과 의무를 망각하고, 해체의 과정을 통해 소멸의 길을 가도록 내버려 두는 것이 더 쉽다.

3. 외로운 세상

임종 때에 인간은 그의 가장 고통스럽고 가장 외롭고 가장 무력한 순간을 직면한다. 또다른 그리스도가 그곳에 있지 않다면 말이다. 사탄은 그 마지막 기회를 최대한 이용하여 그를 공격한다. 죄의 기억과 용기를 잃게 하는 실패의 기억들이 떠오르고, 어떤 인간의 손이나 기관도 도와줄 수 없는 알지 못하는 것에 대한 두려움이 엄습한다. 그리스도 없는 세상은 죽어가는 세상이다. 인간은 글자 그대로 혼자이고 외롭고 무력하며, 알지 못하는 두려운 원수들을 마주하게 되고, 본성이 줄 수 있는 것 가운데 어떤 것도 도움이 되지 않는다. 세상의 진실한 친구도 그가 그리스도를 알지 못한다면 그저 앉아서 죽음의 고통을 바라볼 뿐이다. 이것은 신적인 의사의 자리이고, 오직 그의 자리이기 때문이다.

제18장 가정의 축성 (보충부, 제41문제 ~ 제68문제)

1. 가정의 기초 – 계약
   (1) 정의, 보증과 약속
   (2) 견고한 기초
   (3) 다른 이들과의 관계
      1) 가정 안에서
      2) 가정 밖에서
2. 혼인과 본성
   (1) 본성
   (2) 기원
3. 가정의 축성
   (1) 혼인 성사
      1) 존재
      2) 본질 : 질료와 형상
      3) 집전자
      4) 주체
   (2) 혼인의 선들
      1) 그 행위와 관련하여
         a. 후손
         b. 충실성
      2) 그 본질과 관련하여 : 성사적 표지
   (3) 속성 : 단일성과 불가해소성
   (4) 의무
4. 현대의 카나
   (1) 준비 : 약혼과 공시
   (2) 예식의 형태
5. 가정의 축성의 원수들과 그 방어 – 장애와 유효화

[결론]
1. 가정의 모독
   (1) 단일성에 대하여
   (2) 불가해소성에 대하여
2. 가정의 인간다움
3. 가정의 거룩함

제18장 가정의 축성 (보충부, 제41문제 ~ 제68문제)

이전 세대에 아일랜드에서는 결혼에 관한 모든 조정이 부모들에 의하여 이루어지는 것이 관습이었다. 남녀는 우연히 서로를 알 수도 있었고, 아니면 결혼 날까지 한 번도 서로를 본 적이 없을 수도 있었다. 모든 것은 부모들에 의하여 결정되었다. 우리에게는 이것이 이상하고 믿을 수 없게 보인다. 마치 은행계좌의 경제적 보증으로 입맞춤을 옹위하는 것처럼 생각된다. 그러나 이것은 그리스도교 전통에 뿌리를 두고 있다. 그리스도교 시대에 이것은 드물지 않은 관습이었고, 중세 왕실의 결혼에서는 매우 공공연한 일이었다.

이러한 지나간 관습을 단죄하기 전에, 우리 자신의 의식을 살펴보는 것이 필요하다. 분명 결혼을 조정하는 데에서 어떤 방법들은 잔인하다. 그들은 웃음을 짓고 있지만, 불행을 뿌리고 있다. 비행기, 촌극, 사육제, 연극 무대에서의 이목을 끄는 환상적인 결혼은 잠시 제쳐두더라도, 짙은 안개 같은 열정을 기초로 가정을 이루는 관습이 매우 흔하다. 이성의 첫 미풍이 그 안개를 건드리는 순간, 그 집 안에 있는 사람들은 장소의 선택이 어리석었음을 알아보게 된다. 그러나 그 지역을 알고 있는 관찰자에게는, 그 어리석음은 처음부터 명백한 것이다.

드물지 않은 또 한 가지 관습은 부모의 반대 속에 이루어진 결혼이다. 어머니 또는 아버지, 특히 어머니는 자녀의 배우자를 선택하는 것을 생각하지 않고, 자신의 자녀가 "그저 어린아이"에 불과하고 무덤에 들어가는 순간까지 그렇게 남아 있으리라는 환상을 품는다. 그러나 실제 사실에서 아이는 성숙에 이르고 그 자신의 시험적 선택을 하게 된다. 그러면 즉시 부모의 분노가 터져 나오는데, 이는 부분적으로는 질투이고 부분적으로는 이기적이며 부분적으로는 침해당한 자존심이다. 아마도 약간의 사랑도 섞여 있을 것이다. 폭풍같은 폭력이 낭만을 짓밟고, 구혼자는 영원히 추방되며, 다른 후보자가 성급하게 무대에 등장하게 된다. 심지어 추방이 여러 차례 계속돼서 결혼할 수 없게 되고, 강제로 어머니의 모태로 되돌아가고 부모에게 흡수된 것으로 보이는 삶을 살게 된 아이는 삶이 왜곡되고 만다.

이 모든 현대의 방법은 물론 과거에 부모가 결혼을 논의하던 옛 그리스도교의 관습과는 상당히 다르다. 옛 방법은 천천히, 의도적으로, 양편에서의 수고로운 탐색을 통해 이루어졌다. 과거에 이것은 자녀의 평생의 행복을 보장하기 위한 부모의 임무의 정상적인 한 부분으로 여겨졌다. 성 토마스 시대에 그것은 보통의 일이었다. 그러나 토마스는 아버지 또는 어머니는 자녀에게 결혼에 동의하도록 강요할 수 없다고 지적한다. 결혼은 사랑으로 이루어지는 것이지만 영구적인 예속이기 때문이다. 그러나 21세기의 우리에게 이러한 방식의 절차는 냉정하고, 견실하고 확고한 이성으로 이루어지는 절차이다. 실제로 그렇다. 우리가 이를 혐오스럽게 생각하는 것은 그것이 사랑을 고려하지 않기 때문이 아니라 – 그렇다고 사랑을 배제하지도 않는다 – 오히려 그것이 냉성한 이성적 과정이기 때문이다. 그것은 이 새로 태어난 가정 생활로부터 신비, 매력, 호소력을 모두 사라지게 만드는 것으로 보인다.

하지만 인간의 이 가장 중요한 행위는 왜 이성으로부터 분리되어야 하는가? 스포츠에서 정치까지, 다른 모든 인간적 영역에서 우리는 이성과 분리된 행위들을 미친 짓이라고 여긴다. 그런 행위들은 광기의 모든 필수 요소들을 지니고 있기 때문이다. 사실, 옛 방법을 옹호하고 추천하는 주된 이유는 그 이성적 고려 때문이다. 그것을 단죄하는 것은 이성의 남용 때문이고, 부모가 사랑을 구실삼아 자녀에게 동의를 강요함으로써 그들의 권리를 침해함으로써 정의를 해치기 때문이다. 부모의 사랑이 다른 이들의 권리를 온전히 존중하여 그 이름에 합당한 가치를 지닐 때, 부모는 오랜 기간을 생각하여 건설하며 잘 지을 것을 강조했었다. 그들은 평생의 여정을 계획하며, 신중하게 먼 길을 바라보았다.

1. 가정의 기초 – 계약

(1) 정의, 보증과 약속

결국, 혼인으로 세워진 가정은 계약이라는 굳은 바위 위에 지어진다. 신부보다 먼저, 정의라는 콘크리트가 잘 다져져야 한다. 오직 굳건한 객관적인 정의를 바탕으로 해서만 가정이 세워질 수 있기 때문이다. 이것은 최소한의 요구이며 대체될 수 없다. 처음부터 이것은 근본적인 재료였으며, 시간이 흘러도 인간의 본성이나 혼인의 본성은 바뀌지 않았다. 그런데도 현대인의 귀에 정의라는 단어는 냉랭하고 무시무시하게 들린다. 정의는 엄한 재판관, 중무장한 경찰, 비밀 첩보원, 그리고 전기의자를 연상시킨다. 이 남녀는 은행을 터는 것도 아니고 내전을 시작하는 것도 아니며, 감옥으로 가는 것도 아니다. 그들은 단순히 결혼을 하고 있을 뿐이다. 이것은 정의의 문제가 아니라 사랑의 문제이다. 정말로 그것은 사랑의 문제이다. 하지만 바로 이 때문에 최소한 정의가 있어야 한다. 정의는 사랑을 배제하지 않으며, 사랑을 보호하고 장엄하게 약속하는 것이기 때문이다.

(2) 견고한 기초

이 남녀 자신, 미래의 자녀들, 그리고 사회는 이들의 결합이 영구적이어야 한다고 주장한다. 그러나 영구성은 시간마다 또는 날마다 바뀌는 남자 또는 여자의 태도만으로는 보증되기 어렵다. 그것은 일시적인 성향이나 변덕스러운 운, 맹목적인 열정에 내맡겨질 수 없다. 그것은 인간의 자유재량에 의해 설정되는 기초인 객관적이고 확실하고 오해의 여지가 없는 법에 기초해야 하고, 그래서 다른 이들이 쉽고 정확하게 판단할 수 있어야 한다. 그 기초는 그 위에 요새를 지을 수 있을 만큼 견고하기에 방어 능력을 갖고 있다. 그 기초는 장엄한 계약이다.

(3) 다른 이들과의 관계

1) 가정 안에서

그렇다면 사랑은 어떤 역할을 하는가? 이 남녀는 공동 생활과 공동의 가정으로 들어가게 되고, 공동의 목적을 위해 일하기 시작한다. 남편의 삶, 가정, 목적이 아니라, 아내의 삶, 가정, 목적이 아니라, 결혼한 이 부부의 삶, 가정, 목적으로 들어가는 것이다. 이 둘은 더 이상 둘이 아니라 하나이다. 이들은 정의의 고유한 대상을 무너뜨리고 즉시 일종의 사랑으로 변모하는 정의에 의해 하나가 된다. 가정 안에는 엄격한 정의가 있을 수 없다. 여기에는 상대할 "타자"(他者)가 없기 때문이다. 가정의 구성원들은 다른 사람의 모든 부분을 자기 자신과 같이 사랑으로 대한다. 어린 동생이 손에 막대기나 돌이나 아니면 맨손으로라도 시달림을 받고 있는 자신의 형을 도우러 달려갈 때에는, 충실성을 능가하는 무엇이 있다. 가정의 한 사람을 공격하는 것은 가정 전체에 대한 공격이라는 말은 깊은 진리를 담은 자연스런 선언이다. 이 가정의 결합은 매우 가까워서 '타자성'이 많은 부분 더 이상 존재하지 않게 되기 때문이다.

계약이 준수되려면, 그러한 남녀의 결합 이전에 또는 그 이후에 사랑이 있어야 한다. 그리스도께서도 "너희가 나를 사랑한다면 내 계명을 지킬 것이다."라고 말씀하실 때에 정의를 최소한의 사랑으로 만드셨다. 계명들은 하느님에 대한 최소한의 사랑이고 또 그 모두가 정의의 계명들이기 때문이다. 실상 정의는 그 본성상 다른 이들의 권리를 존중할 것을 요구하여, 그들에 대한 배려를 포함한다. 그만큼도 하지 않으면서 사랑을 말한다면 그것은 놀림거리이다. 계약이 체결되고 나면 다른 모든 행동은 사랑, 결합, 내어줌, 축성의 선언이 된다. 이 계약의 두 편 모두 안에 신성의 불꽃이 있어, 한 남자 또는 한 여자를 신적 사랑의 대상이 될 수 있게 한다. 정의는 사랑의 선성을 발견하기를 어려워하는 약한 눈들을 비추어 주는 강한 빛이다. 그 강한 빛으로, 그리고 혼인 계약으로 맺어진 끊임없는 친밀함으로, 사랑이 실제적으로 보장된다. 오늘날 우리가 실제로 요구하는 바와 같이 사랑이 결혼보다 먼저라면, 정의는 그 항구함과 성장을 보장한다. 사랑은 정의에 의해서가 아니라 불의와 이기심에 의해 죽임을 당한다. 친밀함에 대한 정의의 요구, 그리고 정의가 끊임없이 희생의 계기가 된다는 것은 충만한 사랑의 성장에 직접 도움이 된다. 그러한 가운데 발전하지 못하는 사랑, 정의의 요구로 인해 질식된다고 불평하는 사랑은 사랑이 아니다.

정의가 가정 생활의 바탕이라는 것은, 오늘날 아무리 강조해도 지나치지 않다. 자신에 관해서가 아니라 다른 이들과의 관계에서, 정의는 가정 생활의 기초이다. 오직 정의를 기초로 가정이 세워진다. 다른 이들에 대한 연관은 가정의 담장을 훨씬 넘어선다. 카나의 열려있던 집과 우리 시대의 혼인 잔치들도 혼인이 사적인 데에 그치는 일이 아님을 말해 주는 상징들이다. 그것은 다른 누군가의 일이고 모든 사람의 일이다. 그것은 공적인 일이고 공적인 관심사이다.

2) 가정 밖에서

사회가 혼인에 관심을 갖는다는 것은 명백하다. 적어도 신문 사회면의 한담들이나 사진 면에는 결혼에 관한 기사들이 실린다. 이혼도 그에 못지않은 관심사가 된다. 분명 누군가가 결혼한다는 것, 어떤 결혼이 깨졌다는 것은 그 지역의 모든 편집자에게 뉴스로 여겨진다. 사회는 형제자매나 부모들처럼 결혼에 관심을 갖는다. 공동체 전체가 결혼에 관심을 갖는 것은, 결혼을 통하여 그 사회의 새로운 한 부분이 존재하게 되기 때문이다. 그것은 국가의 새로운 한 단위이고, 그 기초를 튼튼히 하는 또 하나의 돌이다. 국가라는 집 안에 사는 모든 이가 여기에 관련된다. 그 돌의 약함 또는 강함은 건물 전체의 약함 또는 강함이다.

결혼이 엄밀하게 사적인 일이 될 때, 치명적인 질병이 발생한다. 결혼에서 국가를 고려하지 않고 국가가 결혼에 대해 고려하지 않을 때, 가정과 국가 모두가 해체된다. 가정 생활은 국가의 보호 없이는 나약하게 흔들리고, 국가는 가정 단위가 없이는 존재할 수 없기 때문이다. 혼인의 약화 또는 왜곡을 묵인하거나 긍정적으로 장려하는 국가는 자신의 사망 증명서에 서명하고 있다. 형(刑)을 집행할 사람도 필요 없을 것이다.

그리스도의 훨씬 더 큰 가정이라는 관점에서, 초자연적 관점에서 보면, 여기에는 이 혼인에 대하여 더 크고 더 널리 퍼진 관심이 있다. 이 땅이 죽지 않는 식물들을 싹트게 할 것이기 때문이다. 여기서 영원의 어린 아기들이 생겨날 것이다. 우리는 천상에서 신랑 신부에게 환호하는 것을 묘사할 수 없지만, 거기에는 분명 그와 같은 관심이 있을 것이고, 한껏 희망을 기원할 것이며, 이 가정에 대한 천상의 관심을 알아주기를 요구할 것이다. 초자연적인 어머니는 그 가정의 머리이신 분과 가능한 한 많은 이가 그 자리에 있을 것을 주장한다. 천사들과 성인들은 공간도 많이 차지하지 않는다.

2. 혼인과 본성

(1) 본성

오랫동안 감정이 없이 이성적이기만 하다는 그릇된 판단을 받아온 신학자들 역시 이 성사를 그들의 마음에 받아들였다. 그들은 사랑을 지극히 친절하지만 가장 엄격한 심판관으로 삼아 이 성사를 자세히 탐색하며 들여다보았다. 그 이름 자체가 마치 어린아이가 사탕의 마지막 한 입을 음미하듯이 신학자들의 혀에서 굴러다녔다. 그들은 '부부의'(conjugal)라는 영어 형용사의 어원인 라틴어 conjugium이 혼인의 본질을 말해 준다고 보았다. 그것은 지속적인 유대로 함께 결합시키는 것, 정복이기도 한 기쁜 종속을 선언하는 것이다. 이제부터 계약의 양편은 공동의 멍에를 함께 진다. 그 멍에는 위기의 순간에는 무겁고 괴롭겠지만, 가볍고 감미로운 멍에이다. 한편 '결혼'(espousal)이라는 말은 그 결합이 자유재량으로 결정된 장엄한 결합임을 보여 준다. 그것은 거룩한 약속으로서, 한마디로 말해, 그것은 이 결합의 작용인을 강조한다. '혼례'(nuptial)는 약속이 실제로 성취됨을 묘사하는 것으로, 우아함과 섬세함, 이 두 사람의 공동 생활을 덮고 있는 신부의 베일, 이제부터 자신만의 작은 세계를 갖고 그 안으로 물러나며 그 작은 세계를 비출 반쯤 가려진 아름다움을 나타낸다.

우리가 고찰할 것은 이 결합을 지칭하여 가장 흔히 사용되는 단어인 '혼인'(matrimonium)이다. 이것은 실제로 가장 아름다운 이름들 가운데 하나이다. 그 어근이 matris munera라면, 이것은 어머니의 임무와 의무를 강조하는 것이다. 어머니는 아이를 낳는 사람이고 주된 교육자이며, 이것이 혼인의 주된 목적이다. 이 최고의 인간 행위에서 어머니의 중요한 역할을 고백하는 데에, 혼인을 어머니라는 이름을 따서 matrimony라고 부르는 것보다 더 적절한 방법이 어디 있겠는가? 그 단어는 matrem muniens에서 파생된 것일 수도 있는데, 이는 여성의 몫과 남성의 보호를 강조한다. 여성은 어머니가 되어야 하고, 남성은 여성과 그 자녀에게 온전한 보호를 준다. 다른 설명으로는 matrem monens에서 유래한 것일 수도 있는데, 이는 이 어머니가 안전한 항구에 도달했으며 이제 그 삶의 닻을 내려도 좋다는 것을 강조한다. 여기에 그 어머니의 영원한 보호자가 있고, 다른 사람이 어떤 매력을 주더라도 그를 떠나지 말아야 한다. 이렇게 여러 가지로 설명할 수 있지만, 어떤 경우이든 이 단어는 모성을 강조한다는 점이 눈에 띈다.

우리가 혼인의 아름다움을 한 단어에 집약시키려고 힘들게 애쓰는 것은 이상한 일이 아니다. 사람들은 마치 그 아름다움을 작은 한 단어에 집어넣을 수 있다면 우리가 그것을 파악하고 심지어 주머니에 넣을 수 있는 듯이 여기면서 그러한 시도를 정당화하려 했다. 물론 그러한 시도는 언제나 실패한다. 단어들은 정신과 마음의 무거운 짐을 담기에는 너무 약하고 작기 때문이다. 단 하나의 단어라면 더욱 그러하므로, 우리는 혼인을 여러 단어로 정의하려 한다. 무엇보다 먼저 혼인은 결합이고, 자유로이 결혼하는 남녀의 삶의 연결이며, 공동의 부부 생활을 위한 결합이다.

공동의 부부 생활이라는 이 마지막 요소가 혼인의 더 충만한 의미를 열어 준다. 법적인 용어인 이 표현은 우리가 우리 마음의 문들이 활짝 열리는 어떤 것을 지칭하여 침상과 밥상의 공동체를 이룬다고 말하는 것을 뜻한다. 그러나 우리는 혼인이 이것을 훨씬 넘어서서 정의, 사랑, 그리고 공동 목표의 추구를 통하여 영혼이 결합하는 것이라고 말한다. 이렇게 말해 놓고 나면, 그것은 집에 대해서 또는 그 문 안쪽에 있는 물건들에 대해 소유권을 주장하며 현세 재산의 분할을 가지고 쓸데없이 논쟁할 여지는 거의 없어진다. 우리가 혼인 계약의 본질적 특성을 염두에 두지 않는다면, 이 자세한 문장도 우리에게 분명한 개념을 갖게 해 주지 않는다. 실제적인 혼인 관계는 혼인의 본질이 아니다. 성모님은 참으로 요셉과 혼인하셨다. 이 혼인의 본질은 바로 혼인의 목적들을 위하여 양편이 권리들을 포기하는 자유재량의 행위이다.

신학자들의 용어로, 성취 과정 중의(in fieri) 혼인의 본질은 상호 동의에 있다. 완성된 본질은(in facto esse) 장엄한 혼인 유대인데, 이것은 그 동의로부터 나온다. 동의의 질료적 대상은 물론 계약을 맺는 양편의 사람들이다. 형상적으로 동의는 혼인의 목적과 관련하여 자신의 몸에 대한 권리들을 포기하는 것이다. 그러나 동의의 형상적 대상, 곧 혼인을 다른 모든 계약으로부터 구별하는 것은 바로 공동 생활이고 이 사람들이 이루는 일치이다. 그리스도교 혼인뿐만 아니라 시간이 시작된 때부터 모든 혼인의 본질은 여기에 있다.

(2) 기원

혼인은 긴 역사를 갖고 있다. 혼인은 에덴 동산에서 제정되었고, 인간이 죄를 짓지 않았더라면 번성했을 것이다. 그때부터 혼인은 중단 없이 계속되었다. 가까운 미래에는 이 문제에서 염려할 것은 없는 듯이 보인다. 혼인은 결정적으로 그리고 완전하게 인간의 본성과 결합되어 있고, 인간은 결혼하는 것에 의존할 수 있다. 아기에게 이가 나는 것이 본성적이듯이 어른에게 혼인이 본성적이라는 것은 아니다. 홍역이나 수두처럼 우리의 본성이 원인이 되어 우리에게 혼인을 부과한다는 의미에서 본성적인 것도 아니다. 걷거나 말을 하는 능력처럼, 짧은 기간 안에 행할 수 있게 된다는 의미에서도 아니다. 혼인은 본성 안에 곧 남자나 여자가 혼자서는 불완전하다는 데에, 그리고 우리의 물리적 생명의 한계와 그에 따라 사회를 영속시킬 필요성에 근거한다. 그러나 남자 또는 여자에게 저절로 발생하는 일은 아니며 그들 자신이 이를 가져와야 한다.

본성은 자녀의 유익을 위하여 그리고 남녀 상호 간의 도움을 위하여 혼인을 요구하지만, 혼인은 우리의 자유재량을 통하여 성취된다. 인간은 물리적으로가 아니라 도덕적으로 이 목적을 향해 움직여진다. 이것은 무의식의 충동이나 욕구 또는 반사적인 활동이 아니라 계명의 문제이다. 실상 이 계명은 인류의 모든 개인에게 해당된다는 의미에서 보편적인 것은 아니다. 오히려 그것은 전체로서의 인류에 대한 명령이다. 모든 사람이 결혼해야 하는 것은 아니다. 남자는 자신이 만나는 첫 번째 또는 다섯 번째 또는 오십 번째 여자와 결혼해야 하는 것이 아니다. 그러나 누군가는 결혼을 해야 하고, 이 남자 또는 이 여자와 결혼해야 한다.

혁명 이후의 프랑스에서는 이 계명에 대해 매우 우려했고, 수도회들이 폐지되어야 한다고 결정하기까지 했다. 수도회 회원들은 정결 서원으로 제약되어 인류에 의한 그들의 임무를 다하지 않고 있다고 여겨졌으며, 그것을 하도록 강요되었다. 이상하게도, 그렇게 수도회가 폐지된 후 인류의 걱정은 더 많아졌다. 사실상 자유롭게 결혼할 남녀가 충분치 않을 것을 걱정할 필요는 없다. 혼인 계약을 살고 정의를 존중한다면, 인류를 적절히 돌볼 사람들은 많이 있을 것이다.

이단자들도, 사람들이 결혼하지 않는 것을 걱정하는 것이 아니라 사람들이 결혼한다는 것을 걱정했다. 그들에게 결혼은 악의 행위이고 죄였다. 이것이 끈질긴 마니교 이단이었다. 그들은 위선적이었으며, 물질 세계를 악의 원리에서 나온 선물로 여겨 이를 혐오했다. 서방 사람들이 이를 물리쳤다는 것은 놀라운 일이 아니다. 성 도미니코가 그러한 이단을 제거하는 데에 참여했다는 것을 도미니칸들이 특별히 자랑스럽게 여기는 것도 놀라운 일이 아니다. 진리를 말하자면, 세상은 하느님의 아름다우심을 반사하는 거울이다. 혼인은 견디거나 묵인하거나 가치 없다고 여기면서 마지못해 동의해야 하는 것이 아니다. 그것은 하느님의 계명이다. 혼인이 들어온 이래로 그것은 인간의 최고 행위의 최고의 신체적 표현인 동시에 정의의 문제가 되었다. 그것은 죄스러운 것이 아니라 덕스러운 것이고, 인간의 격을 낮추는 것이 아니라 고귀하게 하는 것이며, 인간에게 어울리지 않는 것이 아니라 인간만의 특권이다.

혼인은 죄가 세상에 들어오기 전에 존재했다. 그것은 죄 이후에도 존재한다. 죄의 산물로서가 아니라 죄에 대한 치료제로서, 그리고 성덕의 수단으로서 존재한다. 혼인은 사회법에 의하여 우정의 범위를 넓히고 가족을 가족으로 묶어주며 시민들에게 상호적인 도움을 제공하고 국가에 굳건한 기초를 주는 것으로서 증진되었다. 그리고 그리스도 자신이 혼인에 세상 앞에서 당신과 교회의 신비적 결합을 나타내는 지고한 임무를 부여하셨다.

3. 가정의 축성

(1) 혼인 성사

1) 존재

혼인 계약의 본질에는 악한 것이 없다. 그 실행의 가장 작은 부분에도 악한 것이 없다. 본성 자체의 승인을 받은 혼인의 본질에서부터 혼인은 그러하다. 세상 역사의 언제 어디에서 맺어지든 모든 결혼이 그러하다. 혼인은 인간의 본성과 더불어 하느님의 손에서 직접 나온 것이다. 처음부터 혼인에는 신적인 무엇이 있었다. 인간이 더 풍부한 생명을 누리도록 하느님이 당신의 외아들을 보내셨을 때, 인간적 사랑이라는 그 영웅적인 일의 절정인 혼인에 더 큰 충만함, 거룩함, 더 큰 유대가 주어지는 것은 불가피한 일이었다. 그러나 오직 하느님만이 혼인을 성사로 만드는 것을 생각할 수 있으셨다. 혼인은 인간적 생명의 원천이면서 또한 신적 생명의 원천이다. 하느님이 이를 행하셨다는 것은 확실하다. 이것은 성화은총을 나타내 보이고 그 원인이 되도록, 남자와 그의 아내의 영혼의 본질 안에서 하느님의 생명에 참여하는 것을 나타내 보이고 그러한 결과를 가져오도록 그리스도께서 제정하신 마지막 감각적 표징이다.

이러한 신적 생명의 증가가 오직 양편의 일치된 행위로, 계약의 체결로 각자에게 이루어진다는 것은 의미가 있다. 이렇게 각자가 신적 생명에 참여함으로써 양편 모두에게 이 성사의 특수한 효과가 이루어진다는 것, 그들이 평생 투신하는 공동 생활을 완성하기 위한 성사적 은총이 주어진다는 것은 놀라운 일이 아니다.

모든 성사의 공통된 효과는 놀랍다. 그것은 하느님의 생명이기 때문이다. 사랑의 적극적인 행위로서 틀림없이 하느님과의 우정을 증가시키고 영광에 참여할 자격을 주는 성체 성사의 특수한 효과는 마땅히 놀라운 것이다. 천국에 들어가기 직전의 마지막 준비인 병자 성사의 특수한 효과는 우리의 상상을 넘어선다. 그러나 혼인 성사의 특수한 효과, 그 성사적 은총은 온전히 인간적이면서도 충분히 신적이어서 그 둘 모두가 우리의 마음을 사로잡으며 우리의 빈약한 정신을 훨씬 뛰어넘는다. 이 성사로써 한 남자와 그의 아내는 오랜 기간의 혼인 생활에 필요한 모든 은총을 받을 자격을 얻는다. 그것은 혼인 생활의 어려움, 실망, 환멸, 질병, 승리, 성공에 대처하는 데에 필요한 은총을 의미한다. 인간적 계약으로부터 나올 수 있는 모든 빈약하고 귀찮은 일들과 인간 마음 안에 일깨워질 수 있는 모든 위대하고 고결한 광채에 대해서, 사랑과 생명을 위협하는 모든 내재적인 위험들에 대해서 대처할 수 있게 해 주는 것이다. 그리고 이 모든 것은 하루나 한 달이나 일 년에 그치지 않는다. 이 성사는 단순한 가능성이 아니라, 평생 필요한 모든 도움을 받을 수 있는 틀림없는 자격이다.

혼인 성사의 이러한 성사적 은총은 혼인에서 현대인들의 비열한 경계에 대한 대답이다. 성사혼(聖事婚)을 할 수 있는 인간의 능력은 하느님이 주신 생명을 위하여 하느님이 주신 기능이다. 하느님은 어떤 기능을 주시면서 그것을 사용하는 데 필요한 도움을 주지 않으시는 일이 없으시다. 인간이 가정의 공동 생활에서 발생하는 예견할 수 없는 모든 어려움, 자녀들의 책임, 남자 또는 여자의 제한된 용기와 힘만을 바라본다면, 두려워할 이유가 충분하다. 그러나 그가 혼인 성사의 필수적인 부분인 하느님의 항구하고 틀림없는 도우심을 보지 못한다면 그는 그림의 작은 한 부분만을 본 것이다.

어떤 의미에서 혼인은 처음부터 축성되었다. 혼인은 본성 자체로부터 거룩한 것이었기 때문이다. 그리스도와 그 제자들이 카나에 도착했을 때 혼인은 특별한 축성을 받았다. 공생활 3년을 바쁘게 보내신 스승님은 승인의 고갯짓을 위해서 또는 말 없는 승인을 위해서 잠시 즐기시려고 카나의 혼인에 가신 것이 아니었다. 그분은 능동적으로 그 혼인 거행에 들어가셨다. 그리고 하느님이신 신랑의 활동은 결코 결실 없이 머물지 않는다. 여기서 그 효과는 축성(consacratio)

과 거룩함(sanctitas)이다.

이 성사는 은총의 마지막 통로이고, 두 번째 사회적 성사이다. 다른 모든 성사와 마찬가지로 이 성사는 본질적인 성사적 특성을 갖고 있다. 그것은 그리스도에 의하여 제정되었고, 은총을 부여하고 그 은총을 나타내 보인다. 이 성사는 본질적으로 질료와 형상으로 구성된다. 그것은 감각적 표징이고, 신적 표징이기에 완전한 표징이다. 그렇다면 여기에는 물질적인 무엇이 있어야 하고, 그 물질적인 것은 오해의 여지가 없는 형상의 의미로 완성된다.

2) 본질 : 질료와 형상

이 성사의 먼 질료(materia)는 계약을 맺는 양편의 사람들이다. 가까운 질료(materia)는 각자가 언제나 혼인의 목적을 위하여 자신의 몸에 대한 권리를 내어주는 표징이나 말이다. 형상(forma)은 이렇게 내어주는 권리를 서로 받아들이는 것이며, 그 받아들임은 외적으로 표현되어야 한다. 달리 말해, 참회 성사가 재판의 형태로 제정되었듯이 혼인 성사는 계약의 형태로 그리스도에 의하여 제정되었다. 참회의 본질이 재판이듯이, 혼인의 본질은 계약(pactio)이다. 이 성사는 계약으로서 혼인의 자연적 본질을 바꾸어 놓지 않으며, 오히려 그것을 보존하고 초자연화(超自然化) 한다. 자연적 혼인은 계약이다. 초자연적 혼인인 성사는, 계약일 뿐만 아니라 성사이다.

3) 집전자

이것은 평신도 가톨릭 신자가 자신에게 줄 수 있는 성사이다. 사제는 혼인에 참석하고 혼인을 축복한다. 그는 성사를 집전하지 않는다. 성사의 집전자(minister)는 감각적 표징의 공식적인 도구인인데, 여기에서 감각적 표징은 계약을 맺는 당사자들에 의하여 생겨나는 계약이기 때문이다. 성사의 집전에서도, 혼인 생활의 특징인 함께 하는 행위가 강조된다. 남자 또는 여자가 아니라 남자와 여자가 함께 혼인 성사를 집전한다.

4) 주체

이 성사를 유효하게 받기 위해서는 세례를 받아야 하고 혼인에 매여 있지 않아야 한다. 그는 세례가 주는 영적 능력을 지니고 있어야 하고, 혼인 계약을 불가능하게 만드는 장애에 걸려 있지 않아야 한다. 이 성사는 성화은총을 전제하고, 성사를 무효화 하지는 않지만 불법화할 수 있는 모든 장애로부터 자유로울 것을 전제한다. 가톨릭 부부는 혼인을 준비하면서 언제나 고해, 미사, 영성체를 생각한다. 이것이 혼인 생활을 시작하는 순간의 아름다움을 충만하게 하기 때문이다. 그들은 둘이 모두 하나인 그리스도의 몸에 결합함으로써 서로에게 가장 가까이 있게 된다. 그들은 여기에서 재현되는 골고타에 이름으로써 그들의 사랑이 가장 높은 단계에 이르게 된다. 그들의 사랑은 처음부터 본성의 다정한 희망을 완전히 능가하는 높이로 들어 높여지는 것이다.

사죄(死罪) 중에 혼인을 시작하는 것보다 더 암담한 것은 상상하기 어렵다. 그것은 사랑의 삶이 마음 안에서 하느님의 사랑을 부인하면서 시작되는 것이고, 정의의 삶이 영혼 안에 자리잡은 불의에서 시작되는 것이며, 일치와 희생의 삶이 반항과 이기심에서 시작되는 것이다. 이는 결혼한 부부가 오로지 그들 자신의 힘으로 혼인 생활을 시작함을 의미한다. 이 성사는 살아있는 이들의 성사이기 때문이다. 사죄 중에 있는 사람은 그리스도께서 이 성사를 세우신 목적인 도움들 가운데 아무것도 받지 못한다. 하지만 하느님은 자애로우시다. 그분의 크신 자애로 인하여, 이 잘못은 전혀 치유할 수 없는 것이 아니다. 후에 사죄의 장벽이 제거될 때, 이 성사의 모든 은총이 이 공동 생활을 충만히 꽃피게 할 것이다. 하느님은 이 상태에 있는 가톨릭 신자에게, 이 공동 생활의 숭고함과 어려움들을 그 자신의 약한 힘으로 감당하게 두지 않으실 것이다. 그는 부당하게라도 성사를 받은 것이다. 그는 하느님의 헤아릴 수 없는 결혼 선물을 무시했다. 그러나 하느님은 모욕을 쉽게 잊는 친구이시다. 그분은 그렇게 간절히 필요한 선물을 곧 돌려주신다.

흥분하고 긴장하고 당황하여 반지를 잃어버리거나 실수로 사제에게 입을 맞추는 신랑들의 이야기들은 아마도 매우 과장된 것이다. 그러나 전통 안에는 신부의 얼굴을 붉어지게 하고 신랑을 불편하게 하는 것들이 있다. 아마도 차이는 그들의 조망에 있을 것이다. 이 순간에 신랑은 신부 외에 다른 것을 거의 볼 수 없고, 현재의 낭만적인 안개 속에서 분명 무엇인가를 놓친다. 반면 신부는 더 멀리 바라보고, 그 눈길은 멀리 있는 광경에 고정되어 있으며, 현재의 순간에 비교적 평온하다. 그 멀리 있는 것들은 찬란한 광경을 보여 준다. 아우구스티누스와 그 시대 이후의 신학자들은 이들을 혼인의 선 또는 보상들이라고 부름으로써 밋밋한 언어로 표현하였지만, 여기서는 그 아름다움의 희미한 향기가 새어 나온다. 혼인의 선들은 공동의 부부 생활에서 없을 수 없는 어려움들 모두를 갚고도 남는다. 우리는 거룩한 것들을 단어들에 맡기고 싶지 않으므로, 그 선들은 간단히 세 가지 표제로만 요약된다. 그것은 자녀의 선, 믿음의 선, 성사의 선이다. 그러나 이 세 단어는 평생을 거쳐서도 완전히 드러내기 어려운 사물들의 그림자에 불과하다.

(2) 혼인의 선들

1) 그 행위와 관련하여

a. 후손

자녀들은 짐이 아니라 갚음들 가운데 첫째라는 점에 주목해야 한다. 자녀는 혼인의 가장 가까운 목적이다. 물론 상호 간의 사랑, 유혹으로부터의 보호, 상호 간의 도움과 같은 다른 목적들도 있다. 그러나 자녀는 직접적인 목표이다. 이때 사랑의 최종적 표현인 자녀를 가장 많이 기다리는 것은 여자이다. 자녀는 아기가 몇 달 동안 옹알이를 한 다음 처음으로 또렷하게 말하는 단어보다도 더 반갑다. 자녀는 사랑의 완전한 표현이기 때문이다. 자녀는 부모의 화신인 결합이고, 또한 항복이기도 하다. 자녀가 부모 모두의 주인이기 때문이다. 또한, 자녀는 축성이다. 자녀가 부모 모두를 영웅적인 드높은 희생으로 들어 높이기 때문이다.

이는 마치 전에는 만질 수 없던 실재가 육화하는 것과 같다. 자녀는 육화한 사랑이다. 아버지, 어머니, 자녀, 이 셋은 인간적인 삼위일체라고 일컬어진다. 여기서 자녀는 성령에 해당하는 인간이다. 자녀는 부모의 살아있는 사랑으로서 그 부모로부터 발출한다. 이를 인식한다면, 비록 적법한 수단을 사용한다고 해도 결혼의 시초에서부터 자녀의 출산을 일시적으로 배제하려는 계획의 위험성을 분명히 보게 된다. 이는 마치 우리가 아기의 옹알이를 좋아하기 때문에 아기가 말을 하지 못하게 하는 것과 같다. 아기가 옹알거리는 것은 소중한 일이지만, 한없이 이를 보존하려 하는 것은 아기에 대한 불의이다. 우리의 사랑에게서 그 성숙한 완성을 제거하려 하는 것도 마찬가지다.

이 사랑을 어린아이 단계의 사랑으로 내버려 두면 그것은 버려진 아기처럼 무력하게 된다. 그 사랑의 표현을 남편과 아내에게 제한하면 그 성장과 충만함의 기회는 결정적으로 단절된다. 그 사랑, 축성, 내어줌의 행위는 자동적으로 제한되어, 사랑의 힘의 정상적인 원천으로부터 떨어지게 된다. 부부의 사랑은 시간과 어려운 현실, 편협함, 그리고 인간적 친교에 없을 수 없는 온갖 분열의 무자비한 공격에 노출되게 된다. 이 부부는 사랑을 방어하기 위한 군비 경쟁에서 매우 뒤처진다. 그들의 사랑은 감각적 욕구라는 독재자의 합법적인 점령의 위협을 받을 가능성이 훨씬 크다. 의도적으로 어린아이의 상태에 머물러 있는 이 사랑은 진보가 뒤쳐진 아이일 뿐만 아니라 영원한 아기이고, 사십 년 후에도 어린이용 높은 의자에서 침을 흘리며 옹알거리고 있을 것이다.

물론 사랑은 끝없이 어린아이의 보행기에 붙잡혀 있는 데에서 고통을 받는다. 그 사랑은 결코 자신의 온전하고 자유로운 발걸음을 걷지 못할 것이다. 그러나 그 사랑은 사랑의 왜곡인 산아 제한에 의하여 더욱 큰 피해를 입는다. 그것은 사랑을 제한하고 다리를 절게 할 뿐만 아니라 비좁은 유아기의 영역에 묶어 두고, 사랑을 불의에 바침으로써 그 기초인 정의를 무너뜨린다. 그것은 그 둘의 눈을 그들 자신에게 고정시키고, 자신을 방어하는 끝없는 투쟁에서 그들이 서로 맞서게 한다. 반면 사랑이 존재하기 위해서는 그 사랑은 서로에게 봉헌되는 것이어야 한다. 이러한 것은 신체적 본성에 대한, 특히 여성의 신체적 본성에 대한 침해이며, 여성 자신의 뜻이었다 하더라도 신체적인 동요와 적극적인 미움으로 표현되는 깊고 조화될 수 없는 저항을 맞게 된다.

b. 충실성

혼인의 두 번째 선 또는 보상은 정의가 요구하고 사랑이 지속되기 위해 필요한 충실성을 훨씬 넘어선다. 그러한 최소한의 충실성을 넘어, 여러 해에 걸쳐 성숙해 가는 서로 간의 깊은 신뢰와 신임에까지 이르게 되는 것이다. 그 신뢰는 남편과 아내를 점점 더 가까이 결합해 주면서도, 드러나지 않아 보통 당연히 여겨진다. 아마도 그 신뢰를 잃어버린 이들, 더 이상 상대방을 믿을 수 없게 된 이들만이 이 절대적인 신뢰가 혼인 생활의 모든 구석에 스며 있었다는 것을 온전히 깨닫게 된다. 그 신뢰가 없다면 모든 행동이 의심의 기회가 되고 불쾌한 염려가 되며 결국은 혐오할 구실이 된다. 충실성이라는 선은 부부 행위를 포함하고 따라서 혼인의 직접적인 의무들을 실행하는 것을 포함한다. 이것은 그 자체로 혼인한 부부들이 바로 혼인한 이들이기에 노출되는 대부분의 죄들에 대한 거부이다. 자녀와 충실성이라는 이 선들은 부부 행위에 속하며, 가정 안에서 이루어지는 정의라고 불릴 수 있다. 이로써 혼인의 성공이 보장된다. 정의가 보장되기 때문이다. 이들이 없다면? 두고 볼 일이다.

2) 그 본질과 관련하여 : 성사적 표지

우리는 자녀라는 선을 잃는 것이 혼인에게 무엇을 의미하는가를 보았다. 믿음을 잃는 것은 혼인 생활 전체를 적극적인 거짓 또는 견딜 수 없는 의심이 되게 만든다. 혼인의 충실성을 거스르는 죄는 명백하게 불의의 죄이다. 이 죄들은 좀도둑질과 같이 비열하고 살인처럼 비극적인, 다른 이들의 권리에 대한 침해이다. 이들은 사랑의 배신이고, 사랑이 삶을 위하여 요구하는 최소한의 것마저 거부하는 것이다. 이것은 배신자의 영혼이 자기 자신 너머를 보려 하지 않는 좁은 한계를 적나라하게 드러낸다.

이 충실성의 죄는 결혼에 대해 점점 많은 거짓만을 약속한다. 이 죄의 공범에게는, 그가 그의 죄로 거짓말을 하고 있다는 사실을 광고하는 거짓말쟁이에 의하여 거짓의 사치로 감싸이는 의심스런 즐거움이 있다. 이것은 결혼 생활에서의 작은 불행으로 웃어넘기거나 농담할 일이 아니다. 묵인하거나 동의하거나 조장할 일이 아니다. 그것은 인간 생활의 가장 신성한 영역이 허물어지는 것이며, 가증스런 것이기에 멀리해야 한다.

(3) 속성 : 단일성과 불가해소성

혼인의 마지막 갚음인 이 성사의 선은 부부 행위를 넘어 그 본질 자체에 이른다. 그것은 혼인이 그리스도와 교회의 결합을 나타낸다는 것, 성사적 은총의 지대한 도움, 그리고 완결된 혼인의 본질인 풀릴 수 없는 유대와 관련된다. 혼인의 본성 자체가 안정성을 요구한다. 언제나 자녀의 양육과 교육을 생각해야 하기 때문이다. 그러나 혼인이 인간적 사랑에 최종적인 완전성을 부여하는 온전한 단일성과 불가해소성을 얻는 것은 오직 그리스도의 축성에 의해서이다. 이 두 사람은 이제 그리스도와 그분의 교회가 하나이듯이 하나가 된다. 그들의 결합은 그리스도와 교회의 신비적 결합과 같이 풀릴 수 없다. 혼인은 풀릴 수 없는 것이기에 이러한 성사적 의미를 가질 수 있다. 풀릴 수 없는 것이기에 합당하게 사랑의 절정이 된다. 시간이라는 요소를 도입하고 끝을 생각하는 사랑은 이미 완전한 내어줌이 아니기에 사랑이 아니다.

(4) 의무

혼인의 의무는 혼인의 선들로부터 충분히 분명하게 드러난다. 이 선들에 대한 공격이 혼인의 의무의 위반이기 때문이다. 그러므로 가정의 원수들이 분열과 파괴를 가져오는 데에는 세 가지 길이 있다. 자녀에 대해서는 임신 기간에, 태어날 때, 그리고 태어난 후에 그러한 일들이 있을 수 있다. 상호 간의 정의에 대해서는 최소한의 사랑을 거절함으로써, 특히 부부 행위를 수행함에서 또는 거부함에서 있을 수 있다. 풀 수 없는 결합의 유대에 대해서도 공격이 있을 수 있다. 이러한 길들을 보호하기 위하여, 혼인의 의무들에 울타리가 세워진다.

4. 현대의 카나

(1) 준비 : 약혼과 공시

혼인이 사적인 일이 아니라는 것은 아무리 강조해도 지나치지 않다. 카나의 잔치 동안 문들은 활짝 열려있었고, 누추한 집은 손님들로 혼잡했고, 마침내 하느님이신 손님까지 도착하셨다. 세상과 하느님을 혼인에 초대한 이 잔치에 병행되는 초대가 오늘날에는 약혼, 혼인 공시, 그리고 교회의 보호 아래 이루어지는 예식 거행으로 이루어진다. 이로써 혼인은 모든 이의 일이 된다. 이는 신혼부부를 어렵게 하기 위한 것이 아니라 그들을 보호하기 위한 것이다.

혼인 공시 또는 약혼은 충분한 이유가 있으면 관면될 수 있다. 그러나 이 관면은 불행한 일이다. 그것이 신랑 신부를 공동체의 기억에 따라 과거를 살피는 데에서 벗어나게 하기 때문이다. 아무것도 숨길 것이 없다면 이 공시들을 두려워할 이유가 없다. 그러나 감출 것이 있다면, 둘 중 한편이 실제로 혼인을 할 수 없다면, 그때에는 두려워할 것이 있게 된다. 그러나 무죄한 편에서는 두려워할 것이 없다. 실상 무죄한 편은 혼인 공시를 통하여, 삶을 망칠 수 있는 혼인으로 조롱거리가 되는 데에서 보호받을 수 있다.

(2) 예식의 형태

혼인 예식의 형태는 사제와 두 증인이 참석할 것을 요구하는데, 이러한 형식은 그들이 참석하는 것이 물리적으로 불가능할 때에만 관면된다. 이것은 혼인 유대 자체에 대한 보호이다. 그 유대는 그리스도와 그분의 교회 사이의 유대를 나타낸다. 다른 상황에서 이 계약은 쉽게 부정되어 상대방과 사회와 자녀들에게 피해를 입힌다. 그러나 사제와 두 증인들의 반박할 수 없는 증언이 있다면 그 부정은 큰 무게를 지니지 못할 것이다.

5. 가정의 축성의 원수들과 그 방어 – 장애와 유효화

물론, 가정 생활을 시작하기를 갈망하는 젊은 부부가 그들이 자신들의 집에 들어가는 것을 지체시키는 모든 것에 대해 조급해지는 것은 이해할 만하다. 하지만 교회가 요구하는 그 모든 조치가 혼인의 장엄한 결합을 보호하기 위한 것임을 깨닫는다면 그들의 조급함은 상당히 누그러질 것이다. 사제의 모든 질문, 부부가 자유로이 결혼하는지에 대한 사제의 조사는 다름 아닌 이 결혼이 참된 결혼이어야 함을 요구하는 것이다. 앞 장에서 우리는 성품 성사에 대한 엄청난 보호를 보았다. 이를 위해서는 후보자의 자질, 필요한 질문들, 장애에 매여 있지 않을 것이 요구되었다. 성품은 사회적 성사이며, 사회는 성품의 완전성에 관심을 가지고 심지어 거기에 의존한다. 혼인 역시 사회적 성사이고, 사회는 그 완전성에 관심을 갖고 거기에 의존한다.

양편이 매여 있지 않아야 하는 장애의 장벽은 이 성사의 완전성에 대한 사회의 관심의 표현이다. 이 장에서 이 장애들을 상세히 다루는 것은 불가능하다. 혼인을 불법적이 되게 하는 장애는 다섯 가지이지만, 그러한 장애로 인하여 불법적일 경우에도 그 혼인은 유효하다. 성사를 완전히 무효화하는 장애는 열다섯 가지가 넘는다. 이 장애들은 그 예식을 공허한 허구가 되게 하고, 두 사람을 결합시키는 효과를 전혀 내지 못하고 그들에게 부부의 권리를 전혀 주지 않는 연극이 되게 한다.

이러한 방어들에도 불구하고 혼인 자체가 현실적으로 손상될 때 교회는 혼인의 신성함에 대한 관심에서 그 손상을 치유하기 위하여 모든 노력을 기울인다. 교회는 혼인에 대한 가능하거나 실제적인 손상에 대해 가능하다면 언제나 그 장애를 제거하려 한다. 아마도 혼인을 방해하거나 간섭하는 결함들을 제거함으로써, 또는 혼인의 완전성을 위협하는 요소들을 관면함으로써 그렇게 할 것이다. 혼인이 실제로 무너졌거나 그 결함의 결과 혼인이라는 것이 전혀 존재하지 않게 될 때, 그 희망 없는 상황도 유효화의 과정으로 공격을 받을 수 있다. 거의 하느님의 자비를 강요하는 이러한 엄청난 노력은, 그 순간부터가 아니라 처음부터 그 혼인을 유효하게 하는 데에까지 이른다. 어떤 의미에서 그것은 과거를 소환하여 회복시키는 것이다.

[결론]

1. 가정의 모독

(1) 단일성에 대하여

혼인은 신성하다. 혼인은 가정의 축성이고, 혼인의 적들이 행하는 가정에 대한 모독과 대조된다. 계약으로서 혼인의 본질적인 축성은 그것이 완전한 단일성을 갖는다는 데에 있다. 성사로서 혼인의 축성은 그 혼인 유대가 완전한 불가해소성을 갖는다는 데에 있다. 가정을 모독하는 힘들은 필연적으로 이러한 이중의 축성을 공격한다. 그 힘들은 혼인의 언어 자체에 모순된다. 정의와 사랑을 위한 기초인 다른 이들에 대한 관심 대신에 이기심을 주장하고, 내어줌이 아니라 정복을 요구하며, 일치가 있어야 할 곳에 개인주의를 둔다. 분명 그러한 조건 하에서는 일치나 조화가 있을 수 없다. 공동의 부부 생활이 있을 수 없는 것이다. 혼인의 불가해소성의 반대편에는 사랑을 경계하며 받아들이고 불편함에서 피할 길을 확보하려하는 이들이 있을 것이다. 그들에게는 만족이 정의보다 더 중요하고, 사랑은 장난거리가 된다.

(2) 불가해소성에 대하여

남녀가 혼인의 기쁨을 누리려 하면서 그 책임과 어려움은 피하려고 하는 것은 이해할 수 있으나 변명이 되지는 않는다. 혼인은 쉬운 일이 아니다. 혼인은 쉽게 시작할 것이 아니다. 사랑으로부터 도피할 수 없기 때문이다. 그것은 실제로 일종의 영원한 예속이지만, 간절히 바라는 예속이다. 그 족쇄는 정의와 사랑의 아름다운 유대이기 때문이다. 그것은 우연히 지나가는 모든 사람에게 쉽게 열릴 수 있는 것이 아니다. 그것은 별빛밖에 없는 동굴에 빠졌을 때도 거룩한 땅이다.

모든 시대에 가정에 대한 모독이 있었다. 모든 시대에는 정의를 무시하고 사랑을 전혀 알지 못하는 남녀들이 있기 때문이다. 우리 시대에는 이러한 모독이 엄청난 대규모로 나타난다. 모독 이상으로, 가정의 인간다움 자체에 대한 철학적 및 사회적 공격이 있었다. 우리는 남녀의 결합과 동물의 짝짓기를 동시에 말하도록 배웠다. 우리는 인간의 모든 이야기에 대해서, 그 자신의 가정의 이야기에 대해서까지도 동물심리학을 참조하도록 유도되었다. 그렇다면 우리가 인간과 그의 아내에 대해 최고의 모욕을 가했다는 것은 불가피한 일이었다. 이는 물론 유쾌하게, 현학적으로, 그리고 최선의 지향을 가지고서 그렇게 되었다.

2. 가정의 인간다움

실제에 있어서 이러한 인간 동물설, 생물학적 극단주의는 정의, 사랑, 사회적 의미, 그리고 하느님과 그분 교회 사이의 결합의 상징과 같이 가정을 형성하는 데에 개입되는 본질적인 개념들에 의하여 가정으로부터 배제된다. 동물들에게는 정의의 능력이 없다. 그들은 호의적인 사랑의 능력이 없다. 그들은 공동 생활을 위하여 반드시 필요한 다른 이들에 대한 최소한의 배려를 할 수 없다. 무엇보다도 그들은 하느님의 사랑에 참여할 능력이 없다. 혼인의 결합과 동물들의 짝짓기는 함께 언급될 수 없다. 그것은 가정을 모독하는 것이다. 이러한 동물적 기초에서 혼인을 평가하는 것은 본성 자체가 가정의 신성함에 기여한 바를 완전히 파괴하는 것이다.

3. 가정의 거룩함

물론 이러한 과정은 인간적 사랑의 의미 전체를, 그 영웅적인 위대함과 고귀함, 그 용기를 파악하지 못하는 것이다. 가정은 사심 없는 다른 이들에 대한 관심, 헌신, 내어줌의 장소이기에 거룩한 장소이다. 그 모든 것은 순전히 감각적 질서에 속하는 모든 것을 훨씬 넘어선다. 무엇보다도 가정은 하느님께서 그 안에 들어오시기에 거룩한 장소이다. 그분은 가정을 하느님 자신의 생명에 더 깊이, 더 충만하게 참여하는 수단으로 만드셨다. 그분은 당신 은총의 지속적인 도움으로, 가정이 지속되는 오랫동안 모든 순간에 그 가정을 보호하며 바라보신다. 또 하나의 아들이 태어날 때, 약하면서도 영원한 그 생명이 시작할 때, 천국에서 영원한 시민이 될 그 지상의 시민이 처음 나타날 때, 하느님은 전에 베들레헴을 바라보셨듯이 오늘도 가정을 바라보신다.

A Companion to the Summa

성 토마스 아퀴나스의

신학대전 해설서 IV

제19장 삶의 마지막 (보충편, 제69문제 ~ 제91문제)

1. 심판과 삶의 마지막
   (1) 심판의 가능성
   (2) 심판의 때
   (3) 심판의 성격
      1) 승리 2) 감사 3) 두려움
2. 심판의 두려움의 기초
   (1) 인간적 심판에 대하여
   (2) 하느님의 심판에 대하여
   (3) 두려움과 진리
3. 개별 심판
   (1) 심판의 사실과 방법
   (2) 심판의 장소
   (3) 결과 : 영혼들의 장소
      1) 적합성과 다양성
      2) 그 결과
      3) 분리된 영혼들의 도움
         a. 그들로부터
         b. 그들을 위하여 : 연옥
            ① 그 존재와 본성 ② 연옥의 고통 ③ 대리기도의 도움
4. 모든 이의 부활
   (1) 세상의 현실과 그 구성
   (2) 부활의 보편성과 원인
   (3) 부활의 때와 방법
   (4) 결과
      1) 부활한 몸의 조건 : 완전성, 동일성, 자질
      2) 영광스럽게 된 몸의 속성 : 고통받을 수 없음, 섬세함, 민첩함, 분명함
      3) 단죄받은 몸의 속성
5. 공심판
   (1) 사실과 방법
   (2) 목적
   (3) 시간과 장소

[결론]
1. 진리의 자유
   (1) 불의로부터
   (2) 불의의 결과들로부터
   (3) 심판으로부터
2. 인간 삶의 진리
3. 육의 자유와 영의 자유

제19장 삶의 마지막 (보충부, 제69문제 ~ 제91문제)

워싱턴의 기후 자체는 해롭지 않다. 그곳 출신인 사람들은 그것이 이상적이라고 주장할 것이다. 그 기후는 다양성, 아름다움, 온화함, 그리고 때로는 자연의 힘과 겨루고 싶어하는 씩씩한 사람의 욕구를 충족시키기에 충분한 험한 날씨까지 갖추고 있다. 날씨를 말하는 데에 있어서 객지 사람들의 말은 보통 중시되지 않는다. 인간의 정신은 매우 완고하다. 명백한 사실들이 인간의 정신에 맞부딪쳐도 흔히 인간 정신은 벽돌담처럼 그것을 부정한다. 하지만 아무도 부정하지 않는 명백한 사실 한 가지가 있다. 죽음이라는 사실에 대해서는 절대적으로 아무런 논쟁이 없다. 인간은 죽음의 때에 대해 생각할 수 있지만, 아무도 자신이 죽을 것인지 죽지 않을 것인지를 궁금해하지는 않는다.

1. 심판과 삶의 마지막

(1) 심판의 가능성

논쟁은 죽음 너머에서 시작된다. 죽음 다음에 오는 것은 무엇인가? 이 질문에 대한 대답이 한 사람의 삶 전체를 결정짓는데, 그 대답들은 매우 다양하다. 어떤 이들에게 죽음은 단순히 사라지고 잊혀지는 것이다. 다른 이들에게는 더 높은 무엇 안으로 흡수되는 것이다. 이 두 경우 모두 개인은 완전히 사라지고 만다. 세 번째 대답은 죽음으로 절반 정도의 생명에 이르게 되며 거기에서 영혼은 육체 없이 외롭게 존재를 끌어간다는 것이다. 여기에서도 죽음의 순간에 인격은 존재하기를 그친다. 또 다른 대답은 죽음이 육체와 영혼 모두가 더 낫고 충만한 신적 생명으로 들어가는 것이며 그 죽음이 인격 전체의 삶이라는 것이다. 이 대답들 사이의 차이는 맹목적인 방황의 끝과 넓고 긴 고속도로의 차이와 같다. 분명, 이 두 경우에 인간의 발걸음들은 전혀 다른 의미를 갖는다. 첫 번째 경우 그 발걸음은 희망 없이 지친, 질질 끄는 발걸음이 될 것이다. 두 번째 경우 그것은 자신의 삶을 지배하고 직접 그 삶에 대해 책임을 갖는 사람의 열렬하거나 두려움에 찬 발걸음이 될 것이다. 우리는 삶이 맹목적인 내리막길을 내려가는 것이 아님을 안다. 그러므로 우리는 죽음이 오랜 기간 동안 우리의 손에 주어졌던 풍요로운 인간으로서의 삶에 대한 우리의 관리의 결산을 내는 때를 의미한다는 것을 안다.

(2) 심판의 때

심판은 오직 삶의 마지막에 이루어진다. 게임은 마지막 사람이 끝날 때까지 끝난 것이 아니기 때문이다. 그러나 그때에는 최종적으로 모두 끝난 것이다. 선한 강도가 세상을 떠나기 하루 전에 그에 대해 심판했다면 그 심판은 성급하고 잘못된 것이 되었을 것이다. 유다가 목을 매고 마지막 숨을 거두기 전까지는 그의 삶이 성공이었는지 실패였는지를 결정할 수 있는 것이 아니었다. 그 결정은 분명 인간의 능력 밖의 일이다. 그리스도는 죽음에 다가가면서 머리를 숙이고 그분의 일이 다 이루어졌다고 말할 수 있었던 매우 소수의 사람들 가운데 한 분이셨다. 대부분의 사람들에게는 죽음만이 그의 일을 끝낸다. 그렇다면 논리적으로, 모든 사람에게 한번 죽음의 때가 정해지고 죽은 후에는 심판이 있게 되는 것이다.

(3) 심판의 성격

1) 승리

이 마지막 결산은 각 개인에게서 놀랍게 서로 다른 효과를 가져온다. 현재 상황에서 관상이 각자에게 다른 효과를 내는 것과 마찬가지다. 어떤 이들은 매우 풍요로운 결과를 거두고, 어떤 이들은 생각만 해도 지겨워지며, 어떤 이들은 간절하게 거기로 달려가는 데 반해, 또 어떤 이들은 심판석으로 끌려가야 한다. 글자 그대로 그리스도의 엉뚱한 언행을 본받았던 성 도미니코와 성 토마스에게 심판은 승리이다. 그들은 세상에서는 어리석은 이들이었고, 영원에서는 지혜로운 이들이었음이 심판에 의하여 드러났다. 왕좌에 앉은 임금은 멸망했고, 동방에서 온 세 사람은 동굴에서 임금이신 하느님을 경배한 데에 대한 갚음으로 더 큰 왕국을 얻었다.

2) 감사

무자비한 폭력이 그들을 약탈하고 비방하고 때리고 침 뱉고 죽일 때 무력하게 서 있던 사람들이 감사의 한숨으로 심판을 맞이하는 것은 어렵지 않게 볼 수 있다. 그들의 몫은 그들에게 되돌려질 것이고, 그보다 훨씬 많은 것을 받게 될 것이다. 부자의 식탁에서 떨어지는 부스러기를 맛있는 음식으로 여겼던 라자로는 심판 후에는 더 이상 부스러기에 개의치 않을 수 있게 된다. 이것은 불의 속에서 의지할 곳이 없는 이들이 괴로움과 미움과 절망으로 고통을 겪는 것과 대조되는, 인내로이 고통을 받는 그리스도인들의 비결 가운데 하나이다. 이는 형제 없는 아이가 학교의 들볶는 아이의 못된 장난을 당하는 것과, 장난하는 그 아이는 알지 못하지만, 사실은 다섯 명의 형을 가진 아이가 당하는 것의 차이와 같다.

3) 두려움

심판에서 승리와 감사가 있을 수 있음을 이해하는 것은 그리 어렵지 않다. 심판에 대한 두려움을 이해하는 것도 전혀 어렵지 않다. 그리스도의 어리석음을 비웃었던 세상의 지혜로운 자들, 약함을 조롱하고 짓밟았던 세상의 강한 자들은 두려워하게 될 것이다. 그들은 두려워할 이유가 충분하다. 그러나 같은 이유들을 갖고 있지 않은 우리도 두려워한다. 보통의 시민이 간절히 행사하려 하지 않는 시민권의 특권 가운데 하나로서, 재판관 앞에 서거나 선고를 받을 특권이 있다. 그는 법정을 실제로 두려워한다. 그 두려움은 자신의 범죄 기록으로 인한 것도 아니다. 실제로, 무죄할수록 더 두려움을 느끼기 쉽다. 그는 하느님의 심판이 아니라 인간의 심판을 두려워한다. 그리고 두 심판 사이에는 상당한 차이가 있다.

2. 심판의 두려움의 기초

(1) 인간적 심판에 대하여

이 인간적 두려움은 우리가 창문에 커튼을 달고 일기를 비밀 장소에 두는 것과 같은 이유에서 나온다. 우리는 우리의 삶이 공공연히 조사되도록 문을 열어 놓으려고 하지는 않는다. 그것은 범죄 활동을 숨기는 것이 아니라 매우 신성한 것을 감추는 것일 수도 있다. 그러나 우리는 낯선 이들의 냉랭한 태도를 알고 있고, 우리의 사생활의 세부 사항들은 조롱받지 않아야 한다. 이때에도 우리는 인간적 판단의 한계를 안다. 우리는 적어도 그 판단이 맹목적이라는 것, 오류를 범할 수 있고 불완전함을 피할 수 없다는 것, 그 바탕에 적대감이 깔려 있을 때 편견과 악의가 있을 수 있음을 들어 알고 있다. 그러한 심판을 받는 것은 모험이다. 이긴다고 하더라도 잃어버리는 것이기 때문이다. 한순간에 삶에서 베일이 젖혀지고 온 세상이 들여다볼 수 있게 되기 때문이다.

(2) 하느님의 심판에 대하여

하느님의 심판(iudicium Dei)에 대한 두려움의 이유는 또 다르다. 여기에는 편견, 악의, 또는 적대감에 대한 염려는 없다. 여기서 우리는 심판관이 모든 증거를 완전히 파악하고 있고 객관적인 심판을 내리리라는 것을 확신할 수 있다. 우리는 그분이 모든 동기와 참작할 상황을 영원히 지혜롭게 고려하시리라는 것을 믿을 수 있다. 우리는 온전하고 완전한 정의를 확신할 수 있다. 하지만 죄인들에게 정의는 당연히 두려운 것이다. 우리가 두려워하는 것은 하느님이 아니라 우리 자신이다. 우리가 심판을 두려워한다는 것은 그 자체로 우리가 직면하기를 두려워하는 우리 편의 잘못을 인정하는 것이다.

(3) 두려움과 진리

이 재판석에서 두려움을 느끼는 이들과 흔들림이 없는 이들 사이의 차이는, 죄인들이라서 두려워하고 천사와 같이 무죄한 성인들이라서 두려워하지 않는 것이라기보다는 오히려 자신들의 죄를 제쳐두거나 잊어버리거나 무시하면서 어리석은 자의 낙원에서 살았던 이들과, 살아있는 동안 자신들의 죄라는 사실을 대면하기에 충분한 용기를 가지고 그 죄들에 대해 무언가를 했던 이들과의 차이이다. 죄는 언제나 불쾌한 일이다. 그러나 우리가 우리 자신을 대면하기를 거부하고 그래서 심판자이신 하느님의 행위에 의하여 죄들을 있는 그대로 보도록 강요되어야 한다면, 그때에만 죄들은 우리를 두려움에 희생되게 한다. 직면할 수 없는 진리보다 더 무서운 것은 없기 때문이다.

3. 개별 심판

(1) 심판의 사실과 방법

심판에 대한 두려움이 임종 때의 두려움에서 절정에 이를 때까지 쌓여있는 것이 아니라 평생 모든 일에서 건강한 양념 역할을 한다면 훨씬 나을 것이다. 어쨌든 모든 사람은 심판을 마주해야 할 것이다. 이 심판이 죽음 직후에 온다는 것은 확실하다. 지체하는 재판관을 기다리는 초조한 고통의 기간이나 재판이 연기되는 것과 같이 불확실한 시간이 끝없이 지속하지는 않을 것이다. 이 심판은 죽음 후에, 그리고 즉시 이루어진다. 그래야 한다는 것은 명백하다. 의인들의 영혼이 그들의 삶이 어떤 가치를 지녔었는지 알게 되기까지 세상의 모든 세대가 지나가는 것을 기다리며 열망으로 고통에 시달리게 하는 것은 공정하지 못하다. 죄인들에게 여러 시대에 걸쳐 어떤 식으로, 어떤 방법으로 그들이 이 마지막 시험을 빠져나가리라는 근거 없는 확신을 품고 독선적인 자만심을 지니게 할 이유도 없다. 인간은 즉시 자신의 운명을 알 권리가 있다. 죽음 이후에 그는 그 운명을 위하여 더 이상 아무것도 할 수 없다. 따라서 기다리는 것은 의미가 없다. 영혼은 징벌 또는 보상에 대하여 준비되어 있고 그것을 받을 수 있기 때문이다.

인간은 자신의 심판을 위하여 여러 세기를 기다리게 되지 않는다. 그는 한순간도 기다리지 않는다. 그것은 하느님의 신속한 조처로 이루어지는 하느님의 심판이다. 인간적 질서에서는 하나의 사건에 대해 모든 시각에서 논의하고, 심의하고 잘 헤아려서 선고하고, 마지막으로 그 선고를 집행하는 것이 상식이다. 그러나 하느님이신 심판관에게는 논의나 심의는 필요하지 않다. 그분은 사건에 대해 조금씩 알아가지 않으시고, 그분의 심판은 순간적이다. 현실에 있어서는 영혼이 자신을 심판한다. 이 심판은 진리를 드러내는 것이고, 그 진리를 대면하고 인정하는 것은 영혼이다. 평생 한 행위들은 한 순간에, 분리된 영혼이 인식하는 본성적인 방법에 따라, 신적으로 주입된 형상들을 통하여 인식된다. 신적 빛의 도움으로 한순간에 이 행위들의 온전한 의미가 드러난다. 한순간에 영혼은 자신을 알고, 자신이 무엇을 받을만한지 알게 되고 그 보상을 받는다. 심판받은 영혼은 자신의 위치가 정해지고, 그곳으로 내려가거나 올라간다. 마치 탑 꼭대기에서 돌이 떨어져 탑 아래의 땅에 파묻히듯이 사탄이 하늘에서 지옥으로 떨어지는 그림에는 극적인 진리가 들어 있다.

(2) 심판의 장소

우리는 보통 이 심판에 대해 은유적인 표현들로 생각한다. 천사가 기록하는 생명의 책이 장엄하게 열린다. 두려움에 사로잡힌 한 사람이 그리스도의 법정으로 나아간다. 또는 심판자이신 그리스도께서 임종자의 침대 곁에 오셔서 심판을 선고하신다. 이렇게 생각하는 데에는 이유가 있다. 어떤 일을 잘 살펴보기 위해서는 그것을 따로 떼어 보아야 하기 때문이다. 조사할 대상이 하느님 심판의 순간이라 하더라도 그러하다. 그러나 죽은 사람의 영혼은 사실상 그리스도의 심판석 앞에 서기 위하여 하늘로 뚫고 들어가지 않는다. 아직 심판을 받지 않은 상태에서는 결코 하늘로 들어가지 않으며, 이 세상에서 임종자의 침상에서 심판하기 위해 그리스도의 물리적 현존이 하늘을 떠나지도 않는다.

심판은 죽음 직후의 순간에, 죽음의 장소에서 이루어진다. 영혼은 심판을 받는다. 무엇을 심판받는가? 영혼은 어디로 가는가? 이렇게 생각하는 것은 우리가 상상력을 마구 펼친다는 것을 뜻하지 않는다. 오히려 그것은, 우리가 교회의 절대적으로 보편적인 가르침에 따라 생각하고 있음을 의미한다. 물론 우리는 인간의 영혼과 같은 영적 실체에는 양(量)이 없고, 일반적인 의미에서의 공간이 필요하지 않다는 것을 안다. 통조림에 정어리를 넣듯이 또는 지하철에 시민들을 밀어 넣듯이 영혼들을 차곡차곡 쌓을 수는 없다. 물론 부활 후에는 다르다. 우리가 육신을 지니게 될 때는 공간이 있어야 한다.

(3) 결과 : 영혼들의 장소

1) 적합성과 다양성

부활 이전에 이들은 순전히 영적인 실체들이다. 이들은 측량할 수 있는 방식으로 어떤 공간을 차지하지 않는다. 크기를 잴 수 있는 연장된 표면이 아니기 때문이다. 오히려 이들은 힘들의 접촉을 통하여, 곧 그들의 작용을 통하여 또는 징벌의 경우 그들이 작용을 받는 것으로 인하여 어떤 장소에 존재한다. 이것은 영적 실체의 본질 자체가 요구하는 것이다. 성경에 암시된 바와 같이, 이러한 영적 실체들에게 하느님의 안배로 자유로이 작용하거나 계속해서 벌을 받는 그들의 상태에 상응하는 물리적 공간들이 할당되는 것이 적합하다.

이에 따라 의인들의 영혼에 할당된 장소가 있는데 그것은 천국이라고 부르고, 단죄받은 영혼들의 장소는 지옥이라고 부른다. 중간의 장소, 천국을 위해 준비하는 정화의 장소는 연옥이다. 마지막으로 초자연적인 것의 햇빛이 들어간 적이 없는 자연적 행복의 장소가 있는데, 이는 림보(limbus)라고 불린다. 이것이 죽은 이들의 영혼에게 가능한 상태들과 이 상태들에 상응하는 장소들이다.

우리는 천상의 도성이 두꺼운 담이 있고 베드로가 큰 문들을 지키고 있다고 상상하거나, 사탄의 왕국이 모든 이에게 문을 활짝 열어놓고 있다고 상상한다. 이것은 우리의 정신을 도와주는 상상 이상의 의미를 갖는다. 실제로 천국에 들어가는 것은 담장이 쳐진 도시를 뚫고 들어가는 것보다 어렵고, 지옥(infernus)에 들어가는 것은 그렇게 어렵지 않으나 거기에서 나오는 것은 어렵다. 사실 그 두 장소에서 나오는 것은 문제가 되지 않는다. 영혼은 죄수가 감옥에서 나오는 것과 같은 의미로 두 곳 가운데 어디에서 나오지 않는다. 언제나 어디서나 단죄받은 영혼은 자신의 징벌을 지니고 있으며, 축복받은 영혼은 그 행복을 지니고 있다.

2) 그 결과

축복받은 이들의 영혼을 보자. 그들이 육신을 통하여 물질 세계에 접촉하는 데에는 두 가지 목적이 있다. 그들이 완전성에 이를 수 있게 하기 위해서, 그리고 감각적 사물들을 통하여 지식을 얻기 위해서이다. 그런데, 몸이 없다면 영혼은 하위의 세계로부터 아무것도 배울 수 없다. 영혼의 모든 지식은 위로부터 와야 하기 때문이다. 그리고 그 영혼이 완전하게 될 수 있는 시간은 모두 지나갔다. 그 시간이 되돌아와야 할 이유는 없다. 아, 그렇다. 하지만 뉴욕은 아직도 뉴욕이고, 방문할 만한 대단한 장소이다! 결국, 그들 가운데 일부는 되돌아왔다. 어떻게 그리고 왜 돌아왔는가? 천사는 물리적으로 발현할 수 있다. 천사는 영적 실체로서 직접, 지성과 의지로써 작용하도록 만들어졌기 때문이다. 그러나 우리가 커피를 마시기를 원한다면, 의지력만으로는 절대 충분치 않다. 영혼은 직접적으로가 아니라 육체를 통하여 작용하도록 만들어졌다. 달리 행하려면 기적이 필요하다. 보통 죽은 이들의 발현은 천사들의 활동으로 설명된다. 그러나 발현이 천사의 발현인지 아니면 죽은 영혼의 기적적 활동인지를 결정하는 것은 어려운 일이다. 하지만 기적은 많아질 수 없으므로, 이론의 여지가 없는 반대 증거가 있지 않다면 그것은 천사라고 가정된다.

3) 분리된 영혼들의 도움

a. 그들로부터

그러나 영혼들이 천국(paradisus)에서 세상의 사건들로부터 완전히 고립되어 존재한다고 상상하는 것은 잘못이다. 오래전의 파리에서 이주민들이 미국 신문 파리 판의 빈약한 페이지들을 훑어보듯이 천국의 영혼들이 가족들의 소식을 듣기 위하여 새로 오는 사람들 하나하나의 주위에 몰려든다고 생각하는 것도 그렇다. 이 영혼들은 지성과 의지를 가진다. 그들은 생각하고 사랑하고 기도할 수 있다. 하느님을 뵙는 가운데 이들은 이 지상의 사건들 가운데 그들과 연관된 모든 것을 본다. 실상 그들은 현세의 삶에서 볼 수 있었던 것보다 훨씬 더 많은 것을 본다. 그들이 하느님의 눈으로 보고 있으며 그 눈은 인간의 얼굴에서 멈추지 않기 때문이다. 우리가 성모님과 성인들에게 전구를 청하는 것은, 비록 엄밀한 의미에서 그것이 유익한 시간은 죽음으로 끝나지만, 매우 좋은 이유가 있다. 이들은 하느님의 참된 친구들로서 그분과 영원한 친밀함 안에서 살고 있으며, 우리의 상태를 온전히 알고 있기 때문이다. 그들은 우리를 크게 도울 수 있으며 실제로 그렇게 돕는다. 우리가 갚음으로 그들을 위해 할 수 있는 것은 친구에게 그의 도움을 청하며 아름다운 칭송을 하는 것 정도 외에는 없다.

b. 그들을 위하여 : 연옥

① 그 존재와 본성

그러나 우리의 도움을 간절히 필요로 하고 온전히 우리의 자비에 맡겨져 있는 다른 영혼들이 있다. 이 영혼들은 소죄 중에 죽었거나 죄로 인한 벌을 지닌 채로 죽어서, 천국의 순수한 공기로 들어가기 위해 검열을 통과할 때까지 연옥(purgatorium)에 머무르는 이들이다. 그들도 지성과 의지의 능력을 지니고 있고, 그래서 생각하고 사랑하고 기도할 수 있다. 그들은 지복직관의 지식을 지니고 있지 않으며, 육체로부터 분리된 그들의 상태는 영적 실체가 본성적으로 인식을 위해 필요로 하는 주입된 형상을 요구한다. 우리가 전구로 이들을 도울 수 있다는 공통된 믿음은 견고하다.

② 연옥의 고통

중요한 것은 그들의 상태가 도움을 주기보다는 도움이 필요한 상태라는 것이다. 그들이 공로를 쌓을 수 있는 시간은 지나갔다. 그들이 천국에 도달하기 위하여 사용할 수 있는, 그들에게 보증된 유일한 수단은 마지막 한 닢까지 갚기 위한 오랜 과정이다. 그러나 우리에게는 아직 공로를 얻을 수 있는 시간이 있다. 이 영혼들은 고통을 겪어야 하는데, 우리는 그들을 위하여 보속할 수 있다. 그들은 지옥의 고통에 비길 수 있는 이중의 벌을 겪고 있다. 그들은 모든 환상, 주의 산만, 세상의 하찮은 것들에 의한 흥분, 열정의 열기와 무지의 어둠을 벗어난다. 그 다음에 그들은 지체되는 모든 순간을 고통의 한 세기처럼 느끼게 만드는 갈망의 고통 속에서 그들의 전 존재로 천국을 향한다. 이것은 지옥의 영원한 "상실의 고통"에 병행된다.

무엇보다 먼저 "감각의 고통"이 있다. 교부들의 공통된 견해와 시에나의 성녀 카타리나 같은 성인들의 계시에 따르면 그것은 현세의 삶에서 겪을 수 있는 어떤 고통보다 더 큰 고통이다. 공통된 교리에 따르면 이 고통은 초자연적으로 하느님 심판의 도구로 작용하는 불에 의한 것이고, 그 불은 본성적 힘으로 육체들에 작용할 때보다 더 많은 고통을 준다. 그러나 이 영혼들은 이 처벌의 정의로움을 본다. 그들은 기꺼이, 열심히, 심지어 사랑으로 그 벌을 받는다. 이 고통은 순간마다 영원한 직관이 더 가까워짐을 의미하기 때문이다. 그들은 어떻게 해야 하는지를 아는 하느님의 친구들이고, 고통을 겪을 준비가 되어 있다. 소죄의 잘못은 아마도 죽음 직후에 씻어질 것이고, 그들은 순수하고 불타는 사랑으로 하느님을 향할 수 있게 될 것이다.

③ 대리기도의 도움

그들에게 우리의 도움이 필요하다는 것은 명백하다. 우리가 그들을 도울 수 있다는 것은 트리엔트 공의회에 의하여 장엄하게 정의되었다. 그 정의는 미사, 대사, 성인들의 통공의 본성과 그 교리로부터 쉽게 흘러 나온다. 이 영혼들은 교회의 공식적인 기도, 미사의 희생 제사, 대사를 얻는 것으로부터 도움을 받을 수 있으며, 더 약하게는 우리 친구이신 하느님이 간절히 주고자 하시는 너그러운 보상을 받을 수 있는 모든 선행으로 도움을 받는다.

4. 모든 이의 부활

(1) 세상의 현실과 그 구성

영혼의 즉각적인 심판은 순전히 본성적인 근거들로 논증될 수 있을 것이다. 연옥은 합리성을 지니고 있지만, 신적 계시만이 우리에게 연옥의 존재를 확인해줄 수 있다. 육체의 부활은, 분명 인간의 본성에 무리를 가하지는 않지만 온전히 초자연적인 것이어서 이교 세계에 부활을 말하는 것은 외국어를 말하는 것과 같다. 그리스와 로마 철학자들에게 이것은 상당히 뜻밖이었다. 그리스도교는 유다 전통을 따라 영원히 지속되는 인격 개념을 도입했으며, 이것은 서방 문명의 기초가 된다. 이 개념은 물질 세계를 악한 것으로 보거나 영혼이 육체의 감옥에서 풀려나는 것을 기쁨으로 고대하는 모든 철학자에게서 경멸을 받으며 거부되었다. 부활은 자유주의적인 개신교에서 놓친 진리들 가운데 하나이다. 영적인 것은 물질적인 것처럼 행동하지 않으며 실험실에 갇혀 있지 않기 때문에 현대인들은 영적인 것을 혐오하고, 부활의 진리가 그저 마음 약한 사람을 겁주기 위해 꾸며낸 도깨비라고 생각한다.

인간 정신이 죽음의 장벽 앞에서 멈추어 서는 데에는 충분한 이유가 있다. 그 장벽은 이성이 뛰어넘기에 너무 높다. 죽음이라는 명백한 사실, 그리고 육체의 완전한 소멸과 분해는 육체의 그 이후의 생명이라는 문제를 결정짓는 것으로 보일 수 있다. 다른 한편으로는 인간 자신의 본성으로부터 부활을 시사하는 것들이 있는데, 이는 육체로부터 분리된 불멸의 영혼의 불완전성, 죽음으로 중단되는 상벌의 불충분함, 죽지 않는 사랑과 상실의 비극이 없는 행복에 대한 인간의 갈망, 영원에 대한 인간의 내적 취향 등이다.

(2) 부활의 보편성과 원인

그러나 이 모든 것은 암시일 뿐이다. 육체의 부활(resurrectio)이라는 진리는 초자연적이며, 오직 하느님의 계시로 인식된다. 그러나 그것은 알려져 있다. 하느님이 계시하셨기 때문이다. 인간의 영혼만이 아니라 인간 자신이, 그 전부가 영원히 살 것이다. 이 사람 또는 저 사람만이 아니라 모든 사람이, 각자 자신의 육체를 지니고 있을 것이다. 이 사실은 확실하다. 또한, 같은 권위에 의지하여, 일반적인 부활 곧 모든 사람이 동시에 부활하는 일이 마지막 인간이 태어나고 죽은 후에 있으리라는 것도 분명하다. 가톨릭 교리는 그것을 세상의 파괴와 연결한 일은 없으며 오히려 세상의 신비로운 정화와 연결했지만, 우리는 이를 세상의 종말이라고 불리던 것과 연결할 수 있다.

성경에는 마지막 정화에 관한 어렴풋하고 신비로운 묘사들이 있다. 그러나 이들은 예언적이어서, 때가 되기 전에는 완전히 파악될 수 없었다. 토마스에게 그것은 세상의 불완전함을 소멸시키는 불의 정화였고, 그 다음에는 변화가 없는 완전성이 있을 것이라고 생각되었다. 그는 지옥이 모든 부스러기를 모으는 쓰레기장으로 되어 있다면 좋으리라고 생각했다. 지옥은 단순히 천체의 움직임이 정지되는 것으로 설명되었는데, 이로써 모든 변화, 소멸, 생성이 끝나는 것이었다. 과학은 그의 시대부터 계속 발전했고, 그 결과 정화의 과학적 측면은 오늘날 그렇게 쉽게 설명되지 않는다. 세상이 지속되어야 하는 이유는 무엇인가? 그러나 다른 한편으로, 완전히 선한 세상을 황폐하게 만들 이유는 또 무엇인가? 이것은 마치 언제나 천상 고향으로 돌아갈 수 있는 복된 이들이 땅으로 다리를 뻗고 싶을 때 산책할 공원을 만드는 것과 같은 일이 될 것이다. 어떻게 그것이 가능한가? 아마도 우리가 쉽게 생각할 수 있는 방법으로 이루어지지는 않을 것이다. 하지만 하느님께는 우리가 알지 못하는 방법들이 많이 남아 있다.

세상에 어떤 일이 일어나든지, 모든 사람은 선한 이나 악한 사람이나, 젊은 사람이나 늙은 사람이나 모두 죽은 이들로부터 다시 일어날 것이다. 그들은 나팔 소리가 울릴 때 일어날 것이다. 죽은 지 오래되어 먼지가 되고 땅의 표면에 흩어진 귀가 그 소리를 듣는 것은 아니다. 죽은 지 나흘 된 라자로는 그리스도의 목소리를 초조하게 기다리고 있는 것이 아니었지만, 그럼에도 그는 그 목소리에 곧 응답했다. 오히려 그 나팔 소리는, 미사의 축성에서 사제의 목소리가 그렇듯이 하느님의 도구일 것이다. 분명 빵은 그리스도의 몸으로 변화되기를 기다리며 그 거룩한 말들에 귀를 기울이지 않는다. 이 마지막 부활의 모델이며 본보기가 되는 것은 부활 주일에 그리스도께서 살아나신 그 첫 부활이다. 그 원인은 물론 신성(神性)이어야 한다. 그리스도의 인성(人性)은 여기서 그리고 그리스도의 다른 신적 업적들에서 언제나 신성의 도구이다.

성 토마스는 인간의 부활에서 천사들이 하게 될 역할에 대해 즐거운 말을 한다. 이것은 필요한 역할이 아니라 마치 어머니가 자녀에게 전차 값을 내게 하거나 복잡한 길에서 보따리를 가져가게 하는 것과 같이 하느님께서 사려 깊게 마련하신 몫이다. 천사들은 처음부터 사람들과 함께 일해 왔다. 그들은 사람들을 인도하고 보호하고 가르치고 돕는다. 그러므로 그들이 인간 삶의 이 마지막 절정에 어떤 역할을 한다는 것은 매우 적절하다. 토마스는 그들이 "부활을 위한 재료를 준비할 것."이라고 말한다. 그러나 그들이 땅끝까지 돌아다니며 인간 육체의 먼지들을 모아 분류하고 덩어리로 정리한 다음 하느님의 말씀을 기다린다고 상상하는 것은 분명 과장된 것이다.

(3) 부활의 때와 방법

성 토마스는 이어서 부활의 때에 관해 말한다. 그 문장은 그 아름다운 단순함으로 인하여 주목할 만하다. 그는 부활이 "천사들의 일이 끝나면" 이루어지리라고 말한다. 이것이 그들이 인간을 위하여 하는 마지막 일이다. 이것이 끝나면, 그들과 그들의 보호를 받는 이들은 모두 쉴 수 있다. 성 토마스는 부활의 때를 결정하려고 하지 않는다. 그리스도 자신이 그것은 아버지만이 아신다고 말씀하심으로써 이러한 사변을 끝내셨다. 그때가 비밀이고 또한 그와 동시에 이루어지는 세상의 끝이 비밀임을 전제하고, 토마스는 아마도 이것이 천사들의 일이 끝났을 때 갑자기 이루어지리라고 말한다. 하느님의 능력은 한순간에 작용하기 때문이다.

그리스도의 부활이 보여 주신 본보기를 따라 사람들의 부활은 새벽에 이루어질 것이다. 이는 마치 시간이라는 바퀴의 회전이 완성되는 것과 같다. 시간의 시작인 창조 때에는, 그 시작으로부터 낮이 시작되었다. 낮잠 시간 또는 늦은 저녁 시간이 아니라, 동쪽에 해가 뜨고 서쪽에 달이 떠 있는 새벽이 될 것이다. 그 마지막 순간에 세상은 오래 전 시간 자체가 시작할 때와 같이 보일 것이다. 실제적인 의미에서 시간은 다시 시작될 것이다. 사람들이 다시 살기 시작할 것이기 때문이다. 영혼이 아니라, 새로운 인류가 아니라, 처음에 땅에 살았던 같은 사람들이 육체와 영혼으로 다시 살아날 것이다.

(4) 결과

1) 부활한 몸의 조건 : 완전성, 동일성, 자질

사람들이 영원히 살려면 부활은 필수적이다. 그러나 각 영혼이 처음의 육체와 다른 육체를 갖게 된다면 그것은 의미가 없다. 그렇다면 같은 사람이 아니라 다른 사람이 사는 것이기 때문이다. 영혼은 같은, 동일한 육체를 향하게 된다. 그 육체는 보상과 징벌에 참여할 자격이 있는 육체이고, 심판을 받아야 할 육체이다. 뒤섞인 부활로 레슬링 선수가 합창단 소녀의 몸을 받게 된다면 그는 당연히 언짢을 것이다. 본래의 몸과 같은 성을 지니고 같은 형태를 지니는 것으로는 충분치 않다. 부활한 몸은 본래의 몸과 유사할 뿐만 아니라 수적으로 동일해야 한다. 그렇지 않다면 그것은 같은 사람이 아니다. 그것은 부활이 아니라 새로운 피조물이 구성되는 것이다.

이 점은 비웃는 이들에게 많은 웃음거리가 되었다. 바로 이 때문에 하느님은 일종의 모욕을 당하시어, 우리에게 사실을 보증하시면서도 그것이 이루어지는 방법에 대해서는 정보를 주지 않으셨다. 반론들이 있었으나 그것은 우스운 것이 되고 말았다. 유명한 예로 식인종의 경우가 있다. 문제는 그가 뜯어먹은 뼈 쪽에 있는 것이 아니라 식인종 쪽에 있다. 그가 죽게 되면, 그의 몸에는 다른 사람의 살과 골수에서 취한 부분이 있을 것이다. 그러면 누군가는 부활하지 않아야 할 것인데, 아마도 그 식인종이 부활하지 않을 것이다. 그러나 실제로 이렇게 되기 위해서 이 반론은 그 식인종이 어머니에게 잉태된 첫날부터 고기를 먹기 시작했다고 보아야 하는데, 이는 식인종에게도 지극히 어려운 일이다. 반대자가 이것을 받아들인다면 그는 벌레들의 부활까지 포함하여 모든 것을 받아들이는 데에 어려움이 없을 것이다. 이 모든 것은 인간의 몸을 그가 평생 소유하는 물질들 전체와 혼동하는 데에서 비롯된다. 사실 그 물질 가운데 많은 부분은 지금 우리에게 필수적이다. 부활을 위해 요구되는 것은 그 동일한 물질 일부가 부활한 몸으로 들어가는 것이고, 물질적 존재에서 결핍된 부분은 신적 능력으로 채워질 것이다. 만일 어떤 아이가 일곱 살에 죽어서 삼십 살에 부활한다면, 또는 귀가 하나밖에 없이 태어난 사람이 부활 때에는 완전하게 된다면, 어떤 물질이 첨가되어야 한다. 그래도 몸은 여전히 동일하다.

인간의 몸이 죽은 후에 화학적 구성 요소들로 되돌아가 채소, 꽃, 동물, 그리고 그 후에 다른 사람의 몸의 일부가 되는 것이 분명해서 부활할 수 없다고 말한다면, 그 반론은 과학적인 힘을 지니게 된다. 그러나 대답은 바뀌지 않는다. 부활은 하느님께, 큰 액자에 2kg의 살을 넓게 펼치는 문제를 제기하지 않는다. 처음의 물질 모두는 하느님의 명령으로 생겨났다. 하느님에게는 그 물질 전부가 필요하지 않다. 그러나 하느님도 완전히 다른 물질들로부터 같은 몸을 만들 수는 없으시다.

그렇다면, 사람들은 같은 사람들이지만 훨씬 개선되어 있을 것이다. 그들은 흠없이 완전할 것이다. 인간의 몸의 완전성에 속하는 모든 것을 소유하고 있을 것이다. 특히 성 토마스는 손가락, 손톱, 머리카락을 언급한다. 이는 대머리를 위로하기 위한 것이 아니라, 이러한 잉여적인 것들에 대해서는 약간의 의심이 있을 수 있기 때문이다. 만일 사고, 질병, 또는 선천적 결함으로 죽을 때에 어떤 부분이 결핍되어 있다면, 부활 때에는 그 부분도 보완될 것이다.

성 토마스는 인간이 자신의 성장과 완성이 절정에 이르고 쇠퇴를 시작하기 전의 나이로 부활하게 된다고 생각한다. 그는 그것이 대략 삼십 세가 되리라고 생각했다. 그리고 모든 남녀는 같은 나이로 부활할 것이어서, 어머니는 자신의 딸과, 또한 할머니와 마찬가지로 젊을 것이다. 아마도 그때에야 우리는 우리 조상들을 알게 될 것이다. 물론 거기에는 어머니들과 할머니들이 있을 것이다. 모든 이가 같은 성으로 부활하는 것이 아니기 때문이다. 그들은 동일한 사람들이어야 한다. 분명, 할머니가 수염이 있다면 그것은 우리가 이 지상에서 알았던 그 같은 할머니가 아닐 것이다. 그뿐 아니라 성의 차이는 종의 완전성의 일부이다.

모든 이는 나이가 같겠지만, 크기가 같지는 않을 것이다. 인간에게 특별히 완전한 크기는 없다. 어떤 이는 크고 어떤 이들은 작고, 어떤 이는 키가 크고 어떤 이는 키가 작을 것이다. 그러나 본성의 결함들은 교정될 것이고, 너무 거대하거나 너무 왜소하거나 키가 너무 크거나 키가 너무 작은 사람은 없을 것이다. 한 마디로, 즐거운 다양성이 있을 것이고 그 다양성은 지금의 다양성만큼 클 것이다. 결점들이 조정된, 정확히 지금과 같은 개인들이 있을 것이기 때문이다. 그러나 이 모든 신체적 완전성을 지니고서는, 동물적 삶의 작용들은 전혀 없을 것이다. 이러한 활동은 아무 의미가 없을 것이다. 인간은 이성적 동물로 남지만, 그의 동물성은 온전히 영적인 것이 될 것이다. 단죄받은 이들까지도 모든 동물적 생명을 앞서갈 것이다.

2) 영광스럽게 된 몸의 속성 : 고통받을 수 없음, 섬세함, 민첩함, 분명함

의인들에게서, 몸은 영에 의하여 완전히 지배되는 물질의 본보기가 될 것이다. 인간은 본성상 이성적 피조물이고, 그에게서는 영이 지배하도록 만들어져 있다. 영광스럽게 될 때, 영혼에 대한 육체의 복종은 본성을 훨씬 넘어서게 된다. 신학자들은 육체에 대한 영혼의 지배에서 네 가지 예를 말한다. 그러한 육체는 "고통을 받을 수 없다."고 일컬어진다. 이는 어떤 감각에서도 피해를 입을 수 없고, 감각 기능들의 실행에 있어 가장 예민한 감각인 고통도 겪을 수 없음을 말한다. 영혼은 육체의 형상으로서 그리고 그 원동자로서 육체를 지배할 것이다. 첫 번째 경우, 그 결과는 '섬세함'인데, 이는 육체의 유기적 특성을 영혼에 종속시킨다. 둘째 경우는 '민첩함'인데 그것은 육체가 생각의 속도와 같은 속도로 움직일 수 있게 한다. 마지막으로, 육체가 영혼의 어떤 작용도 가로막지 않듯이 의지도 영혼의 아름다움을 흐리게 하거나 가리지 않을 것이다. 이것이 '분명함'으로, 영혼의 광채가 육체를 통하여 빛나게 하고 그럼으로써 마치 현세의 삶에서 신체적인 아름다움이 우리에게 보이는 것과 같이 영적인 아름다움이 드러나게 되는 것이다.

3) 단죄받은 몸의 속성

단죄받은 이들의 몸은 이러한 초자연적 완전성 가운데 어느 것도 지니지 않을 것이다. 그들은 본성이 요구하는 모든 것을 갖고 있을 것이므로, 결함과 기형은 없을 것이다. 그러나 그들은 그밖에는 불사성 외에는 다른 것을 더 갖지 않을 것이다. 불사성은 그들을 소멸되지 않게 하는데, 그들에게는 손상을 입음이 없이 소멸되지 않는 것이 아니라 영원한 벌이 보장될 것이다. 모든 사람이 육신을 지니고 영원히 부활할 때 그들은 인류 역사의 마지막 대단원을 맞게 될 것인데, 그 대단원이 우리의 마음에 큰 두려움을 불러일으키는 것은 우리가 이성적으로보다 감각적으로 그것을 바라보기 때문이다. 그 대단원은 마지막 심판이다.

5. 공심판

(1) 사실과 방법

공심판(iudicium universale)의 근본적 이유를 간단한 말로 표현하려면, 그것은 그 심판이 우리에게서 불평을 멈추게 한다고 말하는 것으로 충분하다. 어떤 죄인도 "우리는 강탈당했다."고 중얼거리면서 지옥으로 돌아가지는 않을 것이다. 더 품위 있게 말한다면, 공심판은 하느님의 정의와 자비의 궁극적인 요구이다. 인간은 한 개인에 그치지 않는다. 그는 시민이고, 큰 인류 가족의 일원이다. 그는 죽은 후에 즉시 개인으로서 정의롭고 최종적으로 심판을 받으며, 그 판결은 바뀌지 않을 것이다. 그러나 시민으로서 그는 공심판 때에 온 세상 앞에 선다. 그때에 모든 이는 하느님의 놀라운 길들과 처음의 판결의 완전한 정의로움을 알게 될 것이다. "저렇게 훌륭한 사람이 어째서 지옥에 있다니!" 또는 "조니 스미스가 천국에 있다니! 몇 세기 있으면 그를 찾아낼 거야." 같은 생각은 근거가 없다.

처음의 판결은 최종적이다. 그러므로 의인들은 불행을 겪을 수 없다. 그들의 죄가 세상에 드러나는 것은 그들이 죄를 없애는 용기와 참회를 부각하는 것이며, 두려움과 수치를 일으키는 것이 아니라 하느님의 자비에 대해 경탄하고 감사하게 한다. 지금 천국에서 막달라 여자 마리아는, 성무일도 때에 공적으로 그녀의 죄들을 기억하는 것을 부끄러워하지 않는다. 그 이야기를 듣는 이들도, 다른 사람의 약함이 드러나는 데에서 불경하게 환호하지 않는다. 오히려 마리아 자신과 마찬가지로 그들도 하느님의 선하심에 경탄한다.

단죄받은 이들의 상황은 상당히 다르다. 어떤 변명도 불가능하다. 그들의 사악함, 편협함, 어리석음이 명백히 드러나고, 그들은 어떤 이유도 댈 수 없으며 오직 그 죄를 부끄러워하게 될 것이다. 이 심판에서는 심판자이신 그리스도와 그분의 말씀을 따라 십자가를 지고 그분을 따르는 이들이 공적으로 변호된다. 그러한 완전한 정의는 이 세상에서는 개별 심판에서도 불가능하다. 여기에서는 인간의 육신과 영혼 모두가 최종적으로 상 또는 벌을 받는다.

(2) 목적

공심판은 신앙으로부터 확실성을 갖는다. 그 심판이 심판받을 무한한 수의 사람들 모두에 대해 지루하게 세세한 내용들을 열거하며 영원히 계속되지는 않으리라는 것은 이성 자체에게 자명하다. 개별 심판에서는 신적 조명에 의하여 한순간에 그들 자신의 죄와 심판을 알게 된다. 공심판에서는, 신적 조명이 모든 다른 이의 모든 덕과 죄를 드러낼 것이다. 지성은 분명히 자명한 것에 언제나 동의해야 하므로, 모든 정신은 하느님의 정의에 의해 사람들에게 내려지는 처분에 동의할 것이다.

(3) 시간과 장소

이 심판이 언제 일어날 것인지는 하느님의 비밀이며, 절대적으로 아무에게도 알려지지 않았다. 예언자들이 요사팟 골짜기를 언급하는 것은 우의적일 수도 있고 그렇지 않을 수도 있다. 요사팟 골짜기의 위치 자체도 논쟁의 여지가 있다. 토마스는 예수님께서 지상의 삶과 죽음의 승리를 거두신 후 승천하신 올리브산 근처가 적절하리라고 생각한다. 그분은 당신의 영원한 승리를 위하여 그곳으로 내려오시고, 그분께서 사도들을 축복하시며 그들을 사람들의 손에 내맡기신 그 자리에서 모든 선한 이를 데려가시리라는 것이다.

본 장의 첫 부분에서 우리는 죽음과 그 후를 바라보는 서로 다른 방식들에 대해 말했었다. 이들은 인간의 선택에 맡겨져 있는 다양한 관점들이 아니다. 선택은 없다. 우리는 우리 마음에 드는 것을 취할 수 없다. 그 가운데 하나만이 참되기 때문이다. 죽음에 대한 두려움은 실제로 삶에 대한 두려움의 결과이며, 그 두 가지는 궁극적으로 인간의 책임이라는 진리, 죄의 진리, 죄에 대한 벌의 진리에 대한 두려움이다. 그러나 두려움은 그 진리들을 무너뜨리지 않는다. 이들은 삶의 드라마의 중심적인 특징들이기 때문이다. 우리는 이들을 두려워한다고 해서 거기서 벗어날 수 있는 것이 아니며, 진리를 존중할 때 진리 자체가 인간의 일상적인 꿈을 넘어 자유를 준다.

[결론]

1. 진리의 자유

(1) 불의로부터

(2) 불의의 결과들로부터

(3) 심판으로부터

정치적, 경제적 자유가 아무리 소중하다 해도, 이 자유에 비하면 그것은 사소한 자유이다. 죽음과 그 결과들의 진리에 의하여, 그리고 심판의 진리에 의하여, 인간은 그에게 가해진 불의로부터 그리고 다른 이들에게 불의를 행하려는 욕구로부터 자유롭게 된다. 그는 자신이 받은 불의가 바로잡히지 않으리라는 생각에 절망할 필요가 없다. 그것은 바로잡힐 것이다. 그는 복수심에 불타지 않을 것이다. 그의 박해자는 마지막 한 푼까지 갚아야 하고, 그 갚음을 요구하는 것을 서두를 필요가 없기 때문이다. 그는 짧은 삶 동안 할 수 있는 것을 붙잡으려고 달려가지 않는다. 그의 삶의 갚음은, 그가 잡으려고 달려가지 않아도 오게 될 것이다. 그는 더 훌륭한 삶에 대한 책임을 회피하려고 하면서 모든 사람에게 주어진 짧은 삶마저도 잃어버릴까 두려워하지도 않는다. 결국, 그는 처음에 집중하고 마지막을 소홀히 함으로써 삶을 이해할 수 없음을 안다.

2. 인간 삶의 진리

모든 시대에 이 모든 진리는 어떤 사람들에게는 분명치 않았다. 우리 시대에는 그 진리가 거의 상실된 것으로 보인다. 삶의 소유와 진보에 대한 우리의 지식을 자랑하면서, 그 삶의 목적은 간과되고 부인된다. 이렇게 되면 삶의 의미를 잃어버리는 것은 불가피하다. 이 실수에는 더 근본적인 실수가 반드시 함께 있다. 그 실수는 어린아이를 당황하게 할 수도 있는 것으로, 모든것이 허무하고 세상이 그 자체로 설명된다고 전제하는 것이다.

3. 육의 자유와 영의 자유

다른 한편으로, 진리에 의하여 자유롭게 된 인간은 인간의 삶을 알고 무엇보다도 그 삶을 살 수 있는 자유를 누린다. 다른 이들은 육의 자유를 주장할 수도 있다. 그러나 그 자유는 언제나 인간에게 영광이라기보다 수치이고, 그들에게 인간성, 희망의 권리, 자신의 삶에 대한 지배를 잃게 한다. 진리의 자유는 인간을 육에서 벗어나게 하지 않지만 육에 대한 예속에서 벗어나게 하고, 욕구 앞에서 비굴해지거나 욕구 아래 항복하지 않게 한다. 그 자유는 그에게 영의 자유를 주는데, 이는 삶을 살아가는 자유에서 바로 표현되며 그 마지막 절정은 부활한 인간의 영광이다. 이로써 그는 생명의 잔을 깊이 마실 수 있게 되고, 그 잔이 언제나 넘쳐 흐른다는 것과 그 잔을 마시는 자신의 능력이 줄어들지 않고 끊임없이 증가한다는 것을 발견하게 된다.

제20장 영원한 시작 (보충부, 제92문제 ~ 제99문제)

1. 일시적인 것의 약속
   (1) 끝
   (2) 시작
2. 구체적인 약속들
   (1) 비그리스도교적인 시작
      1) 그 다양성
      2) 편안함
   (2) 그리스도교적인 시작
3. 삶의 시작
   (1) 천국의 본질적인 행복
      1) 본성
      2) 주어지는 때
      3) 외관상의 어려움들
   (2) 천국의 부수적인 행복
      1) 지참금
      2) 관
      3) 열매
      4) 친구들과 외적 특성들
4. 죽음의 시작
   (1) 지옥의 존재와 영원성
   (2) 지옥의 처벌의 본성
      1) 상실의 고통
      2) 감각의 고통
         a. 지옥불의 영원성과 실재성
         b. 감각의 고통의 차이들
      3) 부수적 고통들
         a. 지성과 의지의 고통
         b. 다른 이들의 동반의 고통
5. 림보

[결론]
1. 영원한 시작에 대한 혐오
   (1) 지옥에 대하여
   (2) 천국에 대하여
2. 시작의 진리
3. 영원한 시작의 결정

제20장 영원한 시작 (보충부, 제92문제 ~ 제99문제)

어떤 시간에 대해서든지 완전히 확실한 한 가지는, 그것이 끝에 이른다는 것이다. 다음으로 확실한 것은, 그 끝이 또 다른 시간의 시작이 된다는 것이다. 지나가는 순간들이 고통의 시간이고 죽음과 싸우는 긴 한 시간이라면, 시간은 너무 느리고 오래 머문다. 그러나 그 순간들이 시간을 헤아리며 지나가는 기쁨의 시간이라면, 죽음을 맞는 한 시간은 그 탄생의 반향이다. 그다음 시간은 너무 빨리 오지만, 기다려온 기쁨으로 환영받는다. 환영하든 두려워하든, 지나가는 모든 것들이 그렇듯이 시간은 끝에 이르고 다시 시작된다.

1. 일시적인 것의 약속

(1) 끝

인간은 이 진리를 충분히 잘 알고 있어서, 삶의 단계들에서도 유년기, 소년기, 청년기, 성인기, 노년기를 구분한다. 실상 매일의 삶 안에서도 우리는 같은 진리를 발견한다. 하루의 모든 순간에서도 미소에서 웃음이 시작되고, 눈물로 우울함이 끝나며, 마지막 망치질로 일이 끝나고, 첫 입맞춤으로 사랑의 축성이 시작된다. 이것은 지나가는 모든 것의 특징이고, 지속하지 않는 것들보다 인간에게 더 친숙한 것은 별로 없다. 그런데 어떤 사람이 삶의 끝을 피할 수 없다는 것을 인정하면서 그 끝이 무엇의 시작인지 보지 않는다면, 그것은 이상할 것이다. 그의 모든 체험은 지나가는 것들의 일반 법칙에 대한 예외를 인정하지 않을 것이기 때문이다.

(2) 시작

실제로, 잠깐만 생각해 보아도 아무도 여기에 저항할 수 없었다. 아무도 인간 삶의 끝에서 비롯되는 그 시작에 대한 진술이나 양식에 저항할 수 없었다. 때로는 너무 많은 것을 보지 않도록 눈이 멀어지기도 했다. 다른 때에는 실망의 연기에 또는 근거 없는 낙관의 안개에 눈이 흐려지기도 한다. 어떤 때에도 인간은 인간 영혼의 불멸성이라는 것을 넘어 그들의 정신을 만족시켜 줄 증거를 손으로 붙잡을 수는 없었다. 다른 모든 것은 하나님의 입으로부터 들어야 했고, 많은 이는 오직 다른 사람들이나 악마에게서 그들의 이야기를 듣는 것을 매우 주저해 왔다.

2. 구체적인 약속들

(1) 비그리스도교적인 시작

1) 그 다양성

여하튼, 죽음으로 시작되는 시작에 관한 사람들의 견해들은 편안함을 중심으로 하는 것들과 진리를 중심으로 하는 것들로 대략 구분된다. 어떤 이들은 딱딱한 침대를 좋아하고 어떤 이들은 부드러운 침대를 좋아한다. 어떤 이들은 계란을 이렇게 익히기를 고집하고, 다른 이들은 다른 식으로 하기를 고집한다.

찬물로 샤워하는 것은 어떤 사람에게는 영웅적인 일이고 다른 사람에게는 그저 상식적인 일이다. 편안함에 대한 사람들의 생각은 그 폭이 매우 넓기 때문이다. 그러므로 죽음이 편안한 시작이 된다는 것은, 그렇게 한 가지로 말하기는 매우 곤란하다. 이런 생각을 하는 이들은 진리를 직면하는 데에 깊은 반감을 느낀다는 것 이외에는 서로 공통점이 없다.

2) 편안함

그 가운데 가장 기이한 편안함은 아마도 죽음의 결말이 망각이라는 약속이 주는 편안함일 것이다. 이렇게 생각하는 이들에게 모든 끝은, 그것이 개인에게는 무의 시작이기 때문에, 전멸시키는 일격을 통하여 또는 감기에 의한 죽음처럼 희생자를 안심시키는 느리고 꾸준하고 꿈같은 흡수에 의하여 이루어진다. 개인이 미래의 인류에 흡수되는지, 또는 현재의 계급이나 미래의 인종, 또는 괴물 같은 정치적 이상에 흡수되는지 하는 것은 큰 차이가 아니다. 중요한 것은 그들에게 죽음이 오직 무를 시작하는 것이라는 점이다.

다른 이들 특히 평생 별빛의 반짝임이나 폭풍의 위협을 본 일이 없는 사람들은 죽음이 그들에게 익숙한 것과 비슷한 멋진 삶을 시작하게 한다는 것에서 이상한 편안함을 찾는다. 그들에게 죽음은 아마도 조금 더 불분명하고, 조금 더 당황스럽고, 조금 더 흐릿하고, 그러나 마찬가지로 지루하고 희망 없는 일상의 되풀이이다. 이 사소한 편안함을 얼마나 간절히 바라는가 하는 것은, 사기꾼들이 많다는 것과 삶이 지루해져 만족을 찾는 이들에게 이러한 편안함을 거저 나누어주는 악마의 지속적이고 경멸스런 조력으로 확인된다. 또 다른 이들은, 명백한 사실들에도 기가 죽지 않는다. 그들은 불쾌한 것들을 쳐다보지 않음으로써 그것을 밀어내려 하는 명랑한 이들이다. 그들은 좋은 지향을 갖고 있지만 인간성을 추켜세우고, 그들의 어색한 칭찬이 사실은 감추어진 모욕이라는 것을 깨닫지 못한다. 그들에게 죽음은 모든 시대의 모든 사람이 모여드는 어떤 상태의 시작이며, 그저 그들 마음과 같이 착하고 밝고 작은 어린아이처럼 행복한 것이다. 그들은 아무도 사람들이 스스로 생각하는 것처럼 또는 그들이 되려고 노력하는 것처럼 악하지 않다고 생각한다. 좀 해로울 수는 있지만, 정말로 악한 것은 불가능하다고 생각한다. 그래서 생각하기가 싫은 것이다. 게다가 하느님은 인간을 영원히 벌할 수 없으시다고 여긴다. 우리의 예민함을 생각해 보라는 것이다.

(2) 그리스도교적인 시작

하느님께서 말씀하시는 죽음의 결과는, 무한한 영감과 솔직한 두려움을 갖게 한다. 그러나 삶의 미로를 거치면서 우리 스스로 만들어내는 편안함에 내포된 이완의 여지는 거의 없다. 하느님의 설명에서는 삶이 모든 일시적인 것들과 마찬가지로 끝에 이르고 그 끝이 다시는 끝나지 않는 시작이 될 것을 요구하기 때문이다. 죽음은 인간의 공로와 죄과의 끝이며, 그가 자신의 덕으로 얻은 천국의 영원한 행복 또는 자신의 죄로 선택한 지옥의 영원한 비참함의 시작이 된다. 하느님이 우리에게 이미 말씀하셨으므로, 그것이 우리가 인간과 하느님에 대해 알고 있는 것과 조화를 이룬다는 것을 어렵지 않게 볼 수 있다. 우리의 영적인 영혼은 영원한 생명을 요구하고, 우리의 혼합된 본성은 개인적 공로에 끝이 있다는 것을 보여 준다. 우리의 행위는 정의를 요구하고, 상급 또는 처벌을 요구한다. 반면 하느님의 본성은 처벌이 영원하고 두려울 것을, 그리고 상급이 영원하고 형언할 수 없을 것을 요구한다.

때때로, 비열한 악마가 사람들의 무리 속에서 머리를 쳐든다. 그 반동은 전적이고, 삶에 입에 담을 수 없는 것을 새겨 넣으려는 그 힘찬 공격은 타격을 피하는 본능적 행동처럼 민첩하다. 때로는 잠시의 미풍이 영웅적 덕의 얼굴에서 베일을 들어올려 인간에게 하느님의 아름다우심을 잠시 보게 해 준다. 그것은 고요한 평화, 영감을 주는 격려, 승리감을 주어 그 인간은 갑자기 형언할 수 없는 것을 파악하고 의식하게 된다. 이 두 경우 모두 인간은 잠시 동안 인간 삶의 절정에 접하게 되는 것이며, 그들의 마음 깊은 곳에서 죽음이 미래를 위하여 무엇을 의미하는가를 깨닫게 된다. 죽음은 악의 지극한 비참함, 또는 선의 순수한 행복을 가져온다.

3. 삶의 시작

(1) 천국의 본질적인 행복

1) 본성

어떤 이들에게 죽음은 천국의 삶의 시작이다. 천국의 본질적이고 구성적인 행복에 대해서는 특히 본 시리즈 제2권의 첫 부분에서 상당히 길게 다루었다. 천국의 근본적인 행복이 하느님을 소유하는 데에 있다는 것을 기억하는 것으로 충분할 것이다. 그분의 완전성, 아름다움, 선하심의 희미한 그림자가 우리의 사멸할 날들의 공간 안에 있었던 모든 실제적인 것, 아름다운 것, 선한 것을 설명해 준다. 같은 것을 인간 편에서 다른 식으로 표현하면, 천국은 인간의 가장 높은 기능의 최고의 완전성이고 인간의 완전한 완성이라고 말할 수 있다. 우리가 지복직관을 통하여, 곧 하느님의 본질이 인간의 지성과 매개 없이 결합되는 데에서 오는 직관적인 지식으로 얼굴을 마주 봄으로써 하느님을 소유한다는 것을 기억한다면, 이 두 가지는 결국 같은 것이다. 이렇게 하느님을 파악하는 데에서부터 천국의 끝없는 기쁨이 인간의 의지 안으로 흘러들고, 그의 가장 깊은 갈망들을 완전히 충족시키며 그가 완전한 평화를 누리게 한다.

하느님을 뵙는 것은 시작되지만 결코 다함이 없는 행위이다. 하느님은 인간이 "나는 그것을 모두 알고 있다."고 말할 수 있게 해 주는 인간적 개념의 유한한 한계 안에 갇혀 있지 않으시다. 오히려 신적 본질과 인간 지성의 결합으로 시작된 인식 행위는 하느님의 풍요로움의 깊은 곳까지 관통하는, 영원히 지속되는 순간이다. 신적 본질은 단순하여 인간은 그것을 모두 보게 되지만, 인간은 그가 온전히 이해할 수 없는 것을 바라보기를 결코 끝내지 않을 것이다. 하느님의 본질 안에서 인간 각자는 자신에게 속한 모든 것, 자신이 연관되어 있는 모든 것도 본다. 그리고 이 지식들과 더불어 그가 현세의 삶에서 모은, 하느님이 직접 형상(species)을 주입함으로써 얻어진 지식도 있다.

앞에서 나왔었지만 여기서 다시 지적해둘 것이 몇 가지 있다. 예컨대, 천국이 모든 사람의 가장 강렬하고 끊임없는 정신과 의지의 활동을 요구한다는 사실이다. 천국은 전혀 아무것도 할 일이 없다는 의미에서의 영원한 휴가가 아니다. 천국의 깊고 지속적인 평화는 영원한 정체가 아니라 인간의 모든 기능이 가장 충만하게 작용하는 완전한 조화이다. 그것은 갈등의 부재가 아니며, 생명의 표지가 전혀 없는 것이 아니다. 천국에서 인간의 갈망들이 완전히 충족되는 것은 저녁을 잘 먹은 후에 깊은 잠이 들게 하거나 그의 욕구를 충족시킨 것을 혐오하게 하는 배부름과 혼동될 수 없다. 이러한 것들은 현세의 삶에서의 감각적 욕구들에만 해당한다. 인간의 영적 욕구들은, 그 반향이 인간의 감각들을 완전히 충족시키게 될 것인데, 충족으로 인해 완화되는 것이 아니라 더 일깨워진다. 그 욕구들이 진정되는 것은 더 이상의 활동을 하지 못하게 되는 것이 아니라 사랑의 적절한 표현에 온 힘을 쏟는 그 사랑이 진정되는 것이다.

2) 주어지는 때

모든 사람은 죽은 직후에 심판을 받으므로, 그는 즉시 상 또는 벌을 받는다. 우리의 신앙은 우리에게, 마치 천국의 매표소가 그 일의 분량을 처리하지 못하는 것처럼 오래 기다려야 하는 것이 아니라고 가르친다. 인간은 천국에 들어가기 위하여, 부활 후에 육신이 영혼과 결합하고 마지막 심판이 내려질 때까지 밖에 서 있어야 하는 것이 아니다. 죽음으로 육신에서 분리된 영혼에게 판결이 내려지는 즉시 영원한 갚음이 그에게 주어진다. 천국에서 마지막 심판 전에 판결이 뒤집힐까 불안해하는 것도 아니다. 지옥에서 첫 심판이 실수였기를 간절히 바라는 것도 아니다. 첫 판결은 최종적이다. 마지막 심판은 그 상급 또는 처벌에 인간의 육신을 포함시킬 것이며, 온 세상 앞에서 그 판결을 입증할 것이다.

첫 심판은 최종적이어야 한다. 천국의 행복은 상실될 수 없기 때문이다. 신성은 약해지거나 추해질 수 없고, 침체하거나 낡을 수 없고, 죽을 수 없다. 인간 편에서는, 이제 아무것도 인간의 눈길을 사로잡아 그를 푸른 풀밭으로 유혹하지 않을 것이다. 그는 모든 선을 소유하고 있을 것이고, 그의 모든 갈망은 완전히 충족되고 그의 정신은 최고 진리를 굳게 붙잡고 있을 것이기 때문이다. 무지, 열정, 충족되지 않은 갈망들에 의한 실수는 그 행복의 본성 자체에 의하여 모두 배제된다. 이 최종 목표가 어떤 외적인 힘에 의하여 그에게서 빼앗길 수 있는 경우는 없다. 인간도 악마도 이를 할 수 없으며, 하느님도 당신의 말씀을 거둘 수 없으시다. 그렇게 하신다면 하느님이 아니실 것이다. 이 행복이 영원히 지속되고 완전히 안전하다는 전적인 보장이 없다면, 인간이 최고도로 행복함을 말하는 것은 부조리할 것이다. 행복의 갑옷에 조금이라도 빈틈이 있다면 인간은 걱정이라는 쐐기를 박고 자신을 비참하게 만들 것이기 때문이다.

3) 외관상의 어려움들

천국에는 분명 불평등이 있을 것이지만, 불평이나 불만의 이유는 없을 것이다. 사람들과의 경험에 비추어 본다면 천국에 크고 작은 집들이 있으면서도 질투가 없고 모든 이가 완전히 만족하리라는 것은 거의 기적처럼 보인다. 그러나 근본적으로 각 사람이 죽을 때에 소유하고 있던 사랑의 정도에 기초하여 천국에서 서로 다른 정도의 완전성들이 있게 된다는 것은 신앙에 의하여 보증된다. 각자는 동일한 하느님의 본질을 보게 되지만, 보는 것을 가능하게 하는 영광의 초자연적 빛의 정도에 비례하여 그 본질을 꿰뚫어볼 것이다. 각자가 자신의 능력에 가득하게 행복의 잔을 마실 것이고 그가 소유할 수 있고 원할 수 있는 정도에 따라 영원한 행복을 누리게 될 것을 잊어버리는 데에서 오해가 생겨난다. 그러한 조건 하에서 본다면, 불만을 가진 사람의 모습은 조금도 생각하기 어렵다.

천국의 행복의 더 중대한 장애로 보이는 것은, 복된 이들이 지옥을 분명하게 본다는 것이다. 다른 이들이 영원하고 말로 표현할 수 없는 지옥의 고통을 겪는 것을 보면서 인간이 어떻게 행복할 수 있는가? 이러한 가능성 자체는 비인간적이고 잔인하게 들린다. 분명 다른 이들의 고통을 견디고 즐기기 위해서는 상당한 부패와 타락이 필요할 것이다. 다른 한편으로, 동정심은 합리적이어야 하고 그렇지 않다면 우리는 그것이 나약한 감상임을 알기에 동정심을 부끄러워할 것이다. 외과 의사는 환자에게 의도적으로 고통을 줄 수 있다. 이것이 건강을 위해서 할 수 있는 합리적인 일이기 때문이다. 반면, 아이를 의사의 칼의 고통 아래 처하게 하는 것을 견딜 수 없기 때문에 종양이 아이의 생명을 잠식하도록 내버려 두는 어머니는 지극히 불합리하고 비인간적이며 잔인한 것이다. 천국에서는 불합리한 것이 없다. 동정심도 이성의 지배에 부응하며, 비인간적인 감상에 빠지지 않는다. 단죄받은 이들을 천국에서 바라보면서, 복된 이들은 사람들과 또한 그들에게 증오심을 투하했던 천사들, 복된 이들이 그들의 비참함으로 끌려 내려오기를 바라는 천사들을 본다. 그들은 사람들이 스스로 선택한 고문을 당하는 것을, 그들이 지금도 포기하기를 거부하고 있는 죄 때문에 벌을 받고 그들이 그렇게 원했기 때문에 절대적으로 정의로우신 하느님의 심판을 겪는 것을 본다. 그러한 상황에서 동정심은 불합리하다. 고통을 바라보며 즐거워하는 기쁨은 비인간적이며, 천국에는 그러한 기쁨이 없다. 그러나 하느님의 완전한 정의에 대한 기쁨은 이와 다르다.

(2) 천국의 부수적인 행복

1) 지참금

신적인 덕들인 믿음, 희망, 사랑은 천국을 바라봄, 도달함, 향유 내지 끊임없는 기쁨에서 그 짝과 완성을 만나게 된다. 행위로 본다면 이 세 가지가 이들은 천국의 본질적 행복의 필수적인 부분이 된다. 그러나 행위의 원천인 습성이라는 의미로 본다면 이들은 천국의 부수적 기쁨에 속한 것으로 분류되며, 인간적인 단순함의 생생한 필치로 영혼의 지참금이라고 묘사된다. 지참금은 신부의 부모가 신랑에게, 결혼 생활을 시작할 때에 아내와 자녀로 인하여 증가된 재정적 부담을 덜어줌으로써 공동의 생활을 이룩하는 어려운 일을 도와주기 위하여 주는 것이다. 최소한으로 말해서 지참금은 신랑이 두 사람이 사는 것은 혼자 사는 것보다 비용이 많이 들고 생활을 유지하기 위해서는 사랑만으로 충분치 않다는 것을 깨닫게 될 때 불평할 명분이 없게 하고, 또한 신부가 사랑의 대상으로서 비굴해지지 않게 보호해 준다. 물론 지참금은 신부의 여성성에 아무것도 첨가해주지 않고, 아내 또는 어머니로서의 본질적인 능력을 더해 주지도 않는다. 그것은 젊은 신부가 결혼 날에 자랑스럽게 지니는 장식이었다.

천국에서 영혼은 하느님의 신부이며, 어떤 신부가 결혼 생활을 시작할 때보다 더 놀랍게 충만한 공동 생활을 시작한다. 이 경우에는 불평하는 신랑은 물론 없다. 계산서는 월말까지 쌓이지 않으며, 용돈이 줄어들까 두려워하는 비굴함도 없다. 그러나 이 천상의 혼인에서 신부는 직관의 행위를 자신의 본성에 부합하게 해 주는 원리 또는 습성이 필요하다. 또한, 사랑의 충만함인 향유를 쉽고 거의 본성적인 것이 되게 해 주는 습성, 그리고 충만하고 완전한 하느님 소유에 장애가 되는 것을 제거해 주는 습성이 있어야 한다. 하느님과 함께 사는 삶이 힘들다는 것이 아니라, 그것이 온전히 즐거운 것이 되게 위해서 영혼이 천국의 영원한 결혼식에 들어갈 때 신부에게 영혼의 이 세 가지 장식이 주어진다는 것이다.

2) 관

천국의 삶 전체는 우리의 가장 뛰어난 말로도 묘사할 수 없으므로, 우리는 은유적 언어를 사용하지 않을 수 없게 된다. 그래서 예컨대, 창조되지 않은 신성(神性) 가까이서 받는 본질적 상급은 천국에 들어가는 모든 사람에게 주어지는 "금관"이라고 불린다. 분명 이것은 인간의 머리 한쪽에 얹히는 물건이 아니라, 그의 영혼에 깊이 뿌리를 내리는 것이다. 천국의 기쁨의 본질에 속하지 않으면서도 그 충만한 온전성에 속하는 부수적 기쁨들에 대해서도 같은 표현을 사용해야 한다. "작은 관" 또는 관들은 직접적으로 하느님의 본질에서 나오는 것은 아니지만 인간이 행한 일들의 완전성으로부터, 그가 거둔 뛰어난 승리들로 인하여 나오는 기쁨들을 지칭한다. 이것 역시 인간의 머리 위에 겹겹이 쌓이는 것이 아니라, 주로 그의 영혼을 위한 것이다. 이 "작은 관들"은 세 가지로서, 인간의 삶에서 거둔 뛰어난 승리들에 상응한다. 그것은 동정녀의 승리, 학자 또는 설교자의 승리, 그리고 순교자의 승리이다. 이들은 육체에 대한, 신앙의 적들에 대한, 그리고 죽음에까지 이르는 특별히 어려운 싸움의 결과이기에 뛰어난 승리들이다.

3) 열매

하느님 말씀의 씨앗이 인간 안에서 온전히 자라난 결과인 천국의 특별한 부수적 "열매들"은 하느님을 뵙는 데에서 또는 인간의 완전한 수고에서 나오는 것이 아니라 인간 자신의 조건으로부터, 그의 영성으로부터 나오는 기쁨이다. 신학자들은 이 열매들과 절제의 덕 사이에서 분명한 상관관계를 본다. 이 덕은 인간 영혼에 무질서한 열정이 침범하지 않도록 하는 장벽이고, 그래서 인간이 육적인 삶을 거부하고 영적인 삶을 받아들이게 하는 직접적인 수단이 되기 때문이다.

4) 친구들과 외적 특성들

앞 장에서 이미 성인들의 영광스럽게 된 몸의 탁월한 자질들을 다루었다. 여기서는 다만 복된 이들이 부활 후에 온전한 인간성을 지닌다는 점을 강조해 둔다. 그때 천국의 복된 이들은 육신과 영혼으로 합성된 남자와 여자로서, 육신과 영혼 모두가 온전히 완전할 것이다. 그 존재가 완전할 뿐 아니라 작용도 완전할 것이다. 이렇게 말해놓고 나면, 앞 장에서 기술한 육신의 특별한 완전성들을 기억할 수 있을 것이다. 그래서 예를 들면 천국에서 우정들이 회복될 것인지 묻는 것은 무의미하다. 그것은 당연하다. 우정은 인간 삶의 필수적인 부분이기 때문이다. 사람들은 거기서 웃고, 말하고, 듣고, 보고, 일어서고, 앉을 것인가? 물론이다. 이들은 인간이고, 복된 인간이지만 덜 인간적인 것은 아니다. 그것은 인간적인 삶의 왜곡이나 부인이 아니라, 그 삶의 신적인 완성이다.

4. 죽음의 시작

(1) 지옥의 존재와 영원성

이 모든 것은 죽음으로 시작되는 이야기의 한쪽 면일 뿐이다. 그 진리는 불편할 수 있지만, 천국이 존재하듯이 지옥도 존재하는 것이 사실이고, 죽음은 영원한 생명의 시작이 될 뿐 아니라 영원한 죽음의 시작이 되기도 한다. 적절한 상급만 있는 것이 아니라 적절한 징벌도 있다. 우리는 그릇됨이 없는 하느님 말씀의 권위에 따라, 지옥이 존재하고 그 지옥에서 악마와 사죄(死罪) 중에 죽은 이들이 영원한 벌을 받는다고 믿는다. 이것은 우리의 개인적 취향의 판단에 맡겨져 있는 것이 아니다. 계시 진리 가운데 일부는 받아들이고 – 은총, 육화, 성사, 천국 같은 마음에 드는 진리들은 받아들이고 – 특별히 거슬리는 진리는 거부하기로 결정할 수 있는 것은 아니다. 한 가지를 거부하는 것은 모두를 거부하는 것이다. 그것은 그 가운데 어떤 하나를 받아들이는 이유, 곧 그 모두를 계시하신 하느님의 그르침 없는 참되심을 거부하는 것이기 때문이다.

(2) 지옥의 처벌의 본성

1) 상실의 고통

영원한 지옥이 있다는 사실이 계시로부터 확실하다면, 그 사실의 합리성도 결코 불분명하지 않다. 사죄를 지음으로써 인간은 하느님과의 친교를 깨뜨리고, 하느님보다 못한 것에 자신의 마음을 준다. 사랑이 사라짐으로써 인간은 하느님으로부터 멀리 유배를 가게 되고, 그 사랑은 죽은 후에도 회복되지 않는다. 그러므로 하느님의 생명으로부터 멀어진 유배 역시 영원히 지속될 수밖에 없다. 그것이 바로 지옥의 본질이다. 다른 관점에서 보면, 사죄를 지음으로써 인간은 하느님 아닌 다른 것을 최종 목적으로 선택한다. 그 죄 중에 죽는다면 그의 의지는 그 선택에 확고하게 머문다. 다른 말로 하면, 그는 스스로 하느님으로부터 영원히 배제되기를 원한다. 폭력을 사용함으로써만 그를 천국으로 끌고갈 수 있다. 지옥은 그에게, 그가 원하는 것을 얻으리라고 보증해 준다. 다른 각도에서 보면, 그의 죄는 무한한 존재를 거스른 죄였고 따라서 그 행위가 아무리 빨리 끝났다 하더라도 그것은 무한하다. 그것은 무한한 벌을 받아야 하는데, 지속의 관점에서가 아니라면 하나의 피조물에게는 무한한 벌은 불가능하다. 이에 대해 의문이 없도록, 육화가 필요했던 이유는 오직 하느님의 아드님만이 인간의 무한한 죄에 대하여 요구되는 무한한 보속을 할 수 있으셨기 때문임을 기억해야 할 것이다.

또한, 인간의 죄가 지속되는 한 그는 그 죄에 대해 벌을 받아야 한다. 그리고 사죄 중에 죽고 그 직후에 심판을 받는 사람의 죄는 지옥에서 아무리 많은 세월을 보냈다고 해도 지워지지 않는다. 적절한 형벌이라는 것은 가벼운 문제가 아니다. 지옥이 영원하지 않다면, 인간은 마음대로 하느님을 거스르고 그분과 그분의 처벌을 조롱하면서, 언젠가는 처벌에 끝이 있을 것이고 그가 영원한 행복을 바랄 수 있다고 생각할 수 있다. 하지만 논거들을 쌓아 올려도 진리의 확실성과 지옥의 영원성이 더 증가되는 것은 아니다. 그 확실성은 하느님 자신의 말씀에 의거하므로, 다른 지지가 필요하지 않다.

지옥의 처벌이 지닌 본성을 이해하기 위해서는 앞의 2권에서 했던 죄에 대한 분석을 기억하는 것이 필요하다. 모든 사죄에는 두 가지 요소가 있다. 그 죄는 하느님으로부터 돌아서는 것이고, 또한 하느님을 대신하여 어떤 창조된 선을 향하여 돌아서는 것이다. 그 전자는 지옥에서 그 영속화로, 곧 하느님으로부터 영원히 분리되는 것으로 벌을 받는다. 이는 천국의 복된 이들의 본질적 행복인 하느님과의 영원한 결합에 대조된다. 이것이 지옥의 본질적인 벌인 상실의 고통이다. 이 징벌에는 다양성이나 정도 차이가 없음이 명백하다. 지옥의 모든 이는 동일하게 이 벌을 받는다. 이것은 지옥에서 가장 예리하고 가장 깊이 파고드는 고통이다. 이로써 단죄받은 사람은 가장 큰 선인 하느님 자신을 잃고, 그들의 상실을 극심하게 인식하게 된다. 그들은 삶의 목표, 질서의 원천, 삶의 절정을 하루나 일 년이나 한 세기가 아니라 영원히 잃었음을 알게 된다. 그들의 절망은 완전하다. 조금도 희망의 근거가 없다. 이것은 무한한 죄에 대하여 무한한 능력에 힘입어 이루어지는 무한한 정의이다. 여기서 벗어날 수는 없다.

2) 감각의 고통

a. 지옥불의 영원성과 실재성

창조된 선을 최종 목표로 여기고 그것을 향해 돌아서는 것은 지옥에서 신학자들이 감각의 고통이라고 불렀던 것으로 벌을 받는다. 지옥에 대한 인간적인 생각들에서는 감각의 고통들이 무대의 중심을 차지해 왔지만, 사실 그것은 부수적이다. 이것이 첫째 자리에 있었던 것은 오직 지금 우리에게는 지극히 높으신 하느님을 형언할 수 없이 소유함을 표현하는 것이 불가능하듯이 그 상실을 표현하는 것도 불가능하기 때문이다. 감각의 고통은 지옥불에 의하여 일어난다. 감상적인 생각이 여기에 대해 길게 반감을 표현하여 현대의 토론을 밀고 갔어도, 지옥불의 실재성은 보편적이고 오래된 신학자들의 교리여서 이를 문제삼는 것은 무모하다. 실제로 지옥불이 있고 그것은 실제적인 불이다. 그 불로 악마와 단죄받은 영혼들은 인간 육신이 부활할 때까지 벌을 받는다. 그 때에는 불의 벌이 부활한 몸들에까지 확장될 것이다.

그러한 불이 초자연적으로, 하느님 정의의 도구로 작용해야 하고 불의 자연적 능력을 완전히 능가하는 결과를 가져와야 한다는 것은 분명하다. 악마들이나 분리된 영혼들이 불에 타는 문제는 없다. 토마스는 불의 작용이 일차적으로 활동을 제한하고 우주의 가장 자랑스런 피조물에게 한계를 긋는 것이라는 견해를 제시했지만, 불이 그들을 벌하는 방법은 분명하지 않다. 부활 후에는 단죄받은 몸들에 불의 자연적인 효과가 나타날 것이다. 그러나 그 몸이 불에 타서 없어지지는 않을 것인데, 이는 가시덤불을 태우지 않아 모세의 놀라움을 불러일으켰던 불의 기적과 유사한 기적적인 효과이다.

b. 감각의 고통의 차이들

감각의 고통이라는 처벌에는 차이의 여지가 많다. 이 벌은 인간이 하느님보다 우선하여 돌아섰던 창조된 선이 어떤 것인지에 비례하여 가해지는데, 인간이 피조물들의 세계에 몰두하는 정도는 실제로 무한하다. 여기서 다시 한번, 천국의 행복의 위계에 상응하는 고통의 위계가 있다. 이것은 인간의 구원자께서 준비하신 천상의 집들과 첨예하게 대조되는 지옥의 집들이다. 상실의 고통이나 감각의 고통에는 그 경감도 없고 점진적 완화도 없다. 그 처벌의 이유에, 곧 죄인의 비뚤어진 의지에 변화가 없기 때문이다. 지각이 무디어짐으로써 이 벌의 영원성을 벗어나는 것, 점차로 무의식 속으로 들어가는 것 또는 망각은 없다. 이 처벌이 영원하고 그 완화가 없다는 것은 확실하다.

3) 부수적 고통들

a. 지성과 의지의 고통

예술가들이 지옥의 고통을 지극한 추함과 일그러짐으로 그렸을 때, 그것을 글자 그대로 받아들일 것은 아니다. 실상 지옥에서는 본성의 어떤 것도 변화되거나 상실되지 않는다. 악마들은 완전한 본성적 지식을 갖고 있고, 사람들은 현세의 삶에서 축적한 지식들을 그대로 보유한다. 그러나 두 경우 모두 바로 그 지식이 또 다른 고통의 원천이 된다. 그들의 정신 안에 그들이 잃어버린 선과 그들을 지금의 불행에 떨어지게 한 악을 생생하게 기억하기 때문이다. 그들은 복된 이들의 기쁜 영광과 부활하신 그리스도의 광채, 그리고 마지막 심판 때 하느님의 완전한 정의를 잠시 보았다. 그러나 그것을 영원히 잃어버린 사람은, 그 어떤 것에서도 조금도 위로를 받지 못한다.

b. 다른 이들의 동반의 고통

오히려 다른 길로 간다. 단죄받은 이들의 의지는 역경 속에서 확고하다. 계속 마셔도 결코 비워지지 않는 한잔 가득한 후회가 있고 겪어야 하는 징벌에 대한 깊은 통한이 있지만, 범한 죄에 대한 회개는 없다. 그들은 죄를 포기하고 하느님을 끌어안지 않는다. 하느님의 처벌이 지닌 정의가 흠이 없을수록 오히려 그들은 죄를 고수하고 하느님을 저주한다. 사랑은 지옥에서는 완전히 낯선 것이고, 증오는 단죄받은 이들이 숨쉬는 공기와 같다. 그들은 하느님을 처벌하시는 분으로서 증오하고, 복된 이들을 그들에게 결핍된 모든 것을 가진 이들로서 증오하며, 서로를 현재의 불행의 필수적 구성 요소로서 증오하고, 그들 자신을 완전히 증오하고 경멸한다. 그들은 고통으로부터 벗어나기 위하여 기꺼이 소멸과 망각을 받아들이려 하지만, 벗어날 수 없고 이렇게 괴로운 탈출마저도 없다는 것을 안다. 살아계신 하느님의 심판을 받는 것은 참으로 무서운 일이다.

5. 림보

지옥의 끔찍함은 성인의 마음에 두려움의 불꽃을 일으킬 수 있다. 그러나, 지옥의 무서운 광경에 움츠러들면서도 우리는 아무도 우연히 지옥으로 미끄러지지는 않는다는 것을 기억해야 한다. 지옥은 의도적으로 들어가야 하는 장소이다. 들어갈 수 있도록 허락을 청하며 꾸준히 문을 두드려야 한다. 아무도 그가 하느님을 거부했음을 입증하는 자신의 실제적인 사죄라는 여권이 없이는 지옥으로 들어갈 수 없기 때문이다. 지옥의 다섯 번째 기둥은 완전한 불가능성이다. 무죄함을 주장하는, 불의한 재판에 희생된 이들은 없다. 본죄를 지을 능력이 없는 어린아이가 지옥으로 가는 것도 불가능하다. 정신적 능력이 없는 이들, 선천적인 정신 이상자들, 죄를 지을 능력이 없는 이들도 그러하다. 그러나 이들이 세례로 초자연적 생명의 선물을 받지 않았다면, 그들이 천국에 들어갈 수 없음도 명백하다. 그들은 림보라고 불리는 중간 장소로 간다. 그곳은 자연적 행복의 장소로서, 지옥의 고통은 없지만, 천국의 신적 완전함도 없다.

[결론]

1. 영원한 시작에 대한 혐오

(1) 지옥에 대하여

우리가 지옥에 대해 두려워한다는 것은 놀라운 일이 아니다. 그 혐오 자체가 그 장소를 피하게 하는 첫째이고 가장 확실한 보증이 된다. 특히 의도적으로 길을 선택하고 스스로 자신의 신분증을 갖춤으로써만 지옥으로 들어갈 수 있기에 더욱 그러하다. 놀라운 것은, 그리고 인간에게 전혀 좋지 않게 보이는 것은, 인간이 우리가 영원한 고통의 장소인 지옥이 우리가 부인한다고 해서 망각될 수 있는 것처럼 여기며 지옥의 진리를 피하려 한다는 것이다. 진리를 이렇게 다루는 것은 비이성의 승리이고, 신적 진리를 이렇게 다루는 것은 비이성의 절정이다.

비이성 뒤에는 흔히 이성이 기어오르고, 그 비이성을 어느 정도 설명하여 이성적인 것이 되게 만든다. 그러나 그 비이성적인 것을 변명할 수 있는 것으로 만든다고 해도 그것은 그대로 비이성적이다. 분명 우리가 오늘날 지옥을 진지하게 받아들이기를 거부하는 이유에는 신인동형론(神人同形論)의 영향이 있다. 인간적 정의는 이렇게 작동하지 않을 것이기 때문이다. 그러므로 이 모든 것은 인간적 정의가 아니라 신적 정의의 실행이어야 한다. 여기에서도 현대는 감각적인 것의 영역을 넘어서기를 기이하게 두려워한다. 지옥은 감각적인 것이 아니고 우리는 그것을 경험할 수 없으며, 또한 영원성은 우리의 현재의 경험을 벗어나므로 지옥은 있을 수 없다는 것이다. 여기에는 그러한 중대한 결과들을 가져올 수 있는 행위들에 대한 책임을 두려워하는 소심함의 요소도 물론 있다. 처음의 두 관점의 경우, 인간은 자신을 비이성의 안개로 감싸고서는 심연 속에 실제로 빠지기 전까지는 어떤 확신을 갖고 심연에 다가간다. 그러나 셋째 경우 인간은 지옥의 대문을 열어젖히기 한참 전에도 자신의 지옥을 맛보기 시작한다. 실상 지옥의 가장 무서운 특징들 가운데 하나는 삶에 대한 두려움을 통하여 지옥이 현대의 상투어가 되고 있다는 점이다. 악마와 단죄받은 이들은 그들의 징벌에서 벗어나기 위하여 소멸을 원하지만 그렇게 될 수 없다. 한편 살아 있는 사람들은 징벌을 피하기 위해서가 아니라 인간적 삶을 사는 데에 내포된 위험보다 차라리 잊혀지는 것을 선호하기 때문에, 망각이라는 전망을 실제로 받아들이고 있다.

(2) 천국에 대하여

천국의 전망에 대해 사람들이 무관심하고 냉담하거나 적대적이기까지 하다는 것은 이해하기가 더 어렵다. 자신이 그 안에서 움직이는 이 세상에 대한, 또는 세상에서 눈이 볼 수 있는 부분에 대한 물질주의적 만족이 그 한 가지 이유가 될 수 있을 것이다. 이 세상은 그에게 친절했고 – 물질주의는 부유한 이들 또는 부유함을 바라는 이들을 위한 오류이기 때문이다 – 삶은 아직도 그에게 많은 위로를 줄 것으로, 긴 것으로 여겨진다. 그는 현재의 편안함에 안주하려 할 수도 있다. 그러나 불행하게도, 삶은 죽음으로 끝나는 것이 아니라 거기에서 시작된다. 많은 이가 절망의 깊이를 잘 헤아린 것일 수도 있다. 그들은 하느님에 대해서 절망하고 사람들에 대해서 절망했고, 그래서 그들이 사람들을 떠나는 바로 그때에 하느님을 만나야 하는데도 그 순간 너머를 바라보기를 고집스럽게 거부한다. 그러나 현대 미국에서 천국을 경시하는 가장 널리 퍼진 이유는 초자연적인 것에 대한 무지 또는 경멸과 – 이는 실증주의가 인간을 본성의 감옥에 가둔 자연적 결과이다 – 천국과 지옥에 관한 그리스도교 교리의 본성을 완전히 잘못 이해한 것이다.

2. 시작의 진리

흐려진 그리스도교는 이러한 비극적 상황을 조장하는 데에 큰 역할을 했다. 이러한 약화에는 일종의 무관심한 자비가 있었고, 타협의 나약함과 거짓말의 친절함이 있었다. 근본적인 것들이 의문에 부쳐지면, 이러한 살짝 타락한 허약함이 그것이 건드리는 모든 것을 파괴한다. 분명 이와 같은 냉담한 그리스도교는, 인간을 위해서 진행되지만 사실은 인간과 그의 행위에 대해 근본적으로 파괴적이며 또한 하느님과 그분의 행위에 대해서도 파괴적이다. 지옥은 감성에 호소함이 없이, 지옥을 제거하는 완화 과정 없이 받아들여져야 한다. 진리가 언제나 그렇듯이 그것은 글자 그대로, 솔직하게, 그 온전한 힘 그대로 받아들여져야 한다. 그리고 천국은 약화 없이, 그것을 주관적인 이상이나 단순한 사람들을 위한 객관적인 신화의 차원으로 축소시키는 상징적인 안개를 사용하지 않고 받아들여져야 한다. 이 두 가지는 신적 진리들이다. 이들 앞에서 인간은 선택하는 것이 아니다. 그는 받아들이거나 아니면 멸망한다.

천국을 거대한 자선소(慈善所)로, 부유한 이들을 위한 구역은 없고 가난한 이들을 위해서는 그들이 지상에서 살 동안 갖지 못했던 모든 것을 실컷 누리게 해 주는 모든 시설을 갖춘 장소로 본다면 천국에 대한 기대는 호소력을 잃는다. 만일 천국이 지상에서 박해받은 이들이 그들이 지상에서 겪은 것을 다른 이들에게 행할 일괄적인 복수의 장소여야 한다면, 인간이 평화와 고요함을 원한다면 그런 장소는 멀리해야 할 것이다. 천국이 지친 이들이 영원히 햇볕에 앉아 전혀 아무것도 하지 않을 수 있는 영원한 온천장 같은 곳이라면, 그것은 행복의 장소라기보다 마비의 장소가 될 것이다. 핵심은, 천국은 이런 곳이 아니라는 것이다. 천국은 가난한 이들에게 약속됐지만, 그것은 영으로 가난한 이들이다. 박해받는 이들을 위한 것이지만 그것은 정의를 위하여 박해받는 이들이다. 영원한 안식처로 묘사되었지만, 그것은 영혼의 안식이다.

달리 말해, 천국은 사람들이 지상에서 살았던 삶의 단순한 역전이 아니다. 오히려 그것은 지상에서 시작된 것의 완성, 성취, 성숙이다. 영으로 가난한 이들, 정의를 위하여 박해받는 이들, 영혼으로 지치도록 덕을 수련한 이들은 지상의 비참한 이들이 아니다. 그들은 그들의 외적인 삶의 조건들과 상관없이 땅 위를 걸어 다니는 모든 이들 가운데 가장 행복한 이들이다. 천국은 이들에게, 놀란 걸인에게 그의 꿈이 실현되듯이 또는 게으른 이에게 그의 낙원이 이루어지듯이, 또는 증오로 불타는 이에게 원수가 고통을 겪게 되듯이 이루어지는 것이 아니다. 천국은 아이가 어른이 되듯이 이루어진다.

3. 영원한 시작의 결정

천국의 집들과 마찬가지로 지옥의 집들 역시, 죽음의 어둠이 삶 위에 내려온 후에 세워지는 임시 거처가 아니다. 그 둘은 모두 천천히, 주의 깊게, 돌들이 차곡차곡 쌓여서, 한 사람의 삶의 길이와 같은 많은 순간을 거쳐 지어진다. 하느님의 심판을 받는 한순간에 지옥을 얻는 것이 아니라, 그가 죄를 끌어안을 때 지옥을 얻는 것이다. 하느님이 영원히 그를 끌어안으실 때 천국을 얻는 것이 아니라, 하느님께 반대되는 모든 유혹에도 불구하고 그가 하느님을 끌어안을 때 천국을 얻는 것이다. 다른 말로 하면, 천국이나 지옥은 결코 충격으로 오지 않는다. 이것은 오래전에 심고 돌보고 기르고 보호한 것을 지금 완전하게 거두어들이는 것이다. 그것은 다른 어떤 곳으로도 이르지 않는 한 가닥 길의 끝에 있는 집이다. 천국의 경우 그것은 집이다. 그리고 길가의 모든 것은 길을 알려주는 표지들이고 순례자들에게 주어지는 도움이며, 물어야 할 방향 표시이다. 그곳에 도달하면 인간은 그를 만드신 하느님께로, 집으로 돌아간 것이다.

A Companion to the Summa

성 토마스 아퀴나스의

신학대전 해설서 IV

용어 색인

용어 색인

(ㄱ)

(ㅇ)

Walter Farrell
***A Companion to the Summa.* Vol 4.**

Translated by **YOUN Joo-hyun and AHN So-Guen**

IMPRIMATUR
Suvon, die 20. Aprilis, 2022
+ Matthias I. H. RI
Episcopus Suvonensis

성 토마스 아퀴나스의
신학대전 해설서 Ⅳ

교회인가 : 2022년 04월 20일 수원교구
인　　쇄 : 2022년 08월 10일
발　　행 : 2022년 08월 15일

지 은 이 : 월터 패렐
옮 긴 이 : 윤주현 · 안소근 공역
감　　수 : 윤주현
펴 낸 이 : 박찬호

펴 낸 곳 : ©수원가톨릭대학교출판부
등　　록 : 1990년 1월 13일 제90-1호
주　　소 : 경기도 화성시 봉담읍 왕림1길 67
전　　화 : 031)290-8814

인　　쇄 : 쉐마북스
주소 · 서울시 중구 을지로 148 중앙데코프라자
등록 · 제 2-5005호
전화 · 02)2274-6629 / 팩스 : 02)2274-6714

ISBN : 978-89-7396-073-6
978-89-7396-059-0 (세트)

값 : 28,000원